大會主題發言
陳耀庭教授

大會主題發言陶立璠教授

大會主題發言金善豐教授

開幕儀式，由本園副主席馬澤華董事(華知道長)(圖中左一)、國際亞細亞民俗學會總會長陶立璠教授(圖中右一)、中國道教協會副會長謝榮增道長(圖中左二)及中國非物質文化遺產保護協會馬文輝會長(圖中右二)敲響銅鑼，宣佈研討會正式開始。

開幕典禮後，本園一眾董事、嘉賓及會員等大合照。

學者參觀嗇色園
黃大仙祠大殿

各學者在嗇色園山門處合照

與會學者訪問嗇色
園主辦的可蔭護理
安老院

閉幕晚宴上，陶立璠總會長宣佈「國際亞細亞民俗學會香港分會」正式成立，並邀請嗇色園監院李耀輝為香港分會名譽會長，游子安教授為分會會長。

研討會閉幕典禮大合照

與會學者出席「黃大仙師寶誕晚宴」於台上合照

呵護文化遺產

惠澤千秋萬代

陶先瑞題

黃大仙信俗

與

非物質文化遺產
國際學術研討會論文集

黃大仙信俗

非物質文化遺產國際學術研討會論文集

出　版
嗇色園
香港黃大仙竹園村二號

電話：　(852) 2327 8141　　傳真：　(852) 2407 30621

E-mail:info@siksikyuen.org.hk　　https://www.siksikyuen.org.hk

主　編
游子安　　蕭　放

責任編輯
危丁明

設計製作
書作坊出版社

版　次
2022年7月初版

ISBN 978-988-13076-7-5

Printed in Hong Kong

目 錄

1. 大會主題發言

2. 民間信仰與非物質文化遺產

3. 黃大仙信仰與民俗傳承

4. 地方神明與民間信仰

前　言

　　光陰荏苒，轉瞬間，黃大仙信仰於香港流傳已過百年，而本園建祠九龍獅子山下之竹園村亦已一百〇一年了。記得二〇一四年，在「三劍俠」（游子安、危丁明及鍾潔雄）的協助下，本園以「香港黃大仙信俗」榮登國家級非物質文化遺產名錄。本人忝為黃大仙信俗傳承人，一直遵循仙師訓示，以「傳承是我的使命」，絲毫未敢忘掉「普濟勸善」精神，以弘揚黃大仙信俗文化為己任。

　　多年以前，本人對於保育「香港黃大仙信俗」提出了多項建議，包括不定期舉辦黃大仙信俗國際研討會、成立「國際黃大仙信仰研究會」及建立「黃大信俗文化館」等設想。現在，「黃大仙信俗文化館」已於本園百年紀慶期間，正式落成啟用。至於國際性的黃大仙信俗會議及研究會，雖然進行期間舉步為艱，遇上不少障礙，但卻早已在二〇一六年便與珠海學院的香港歷史文化研究中心合辦了兩次學術研討會。隨後（二〇一六年九月廿一至廿三日），藉著本園九十五周年紀慶，更與「國際亞細亞民俗學會」合辦了「黃大仙信俗與非物質文化遺產國際學術研討會暨第十七屆國際亞細亞民俗學會大會」。此次會議成功舉辦，在慶功宴上，國際亞細亞學會北京分會陶立璠會長，宣佈成立「香港分會」；並授予本人為香港分會名譽會長、游子安教授為會長。會議結束後，會議論文集更一直未能集齊稿件編輯出版。延至二〇一九年，本有召開國際學術研討會的設想及出版與亞細亞合作之論文集，以慶賀本園創壇一百周年。可是，不幸地卻遭遇「香港社會事件」及後全球「新冠肺炎」的肆虐，原與游教授與中山大學中國非物質文化遺產研究中心的合作，只好全部取消，真是「好事多磨」。最近本人的弟子們（余君慶、吳家權及梁理中等）再與北京亞細亞商討，並請來「三劍俠」代勞——重新編輯論文及出版。如今索序於我，在此聊將「論文集」的成書始末，作一簡述交代。

　　二〇一六年的國際會議，除了與「國際亞細亞民俗學會」合作外，亦邀得了香港「非物質文化遺產辦事處」及「珠海學院香港歷史文化研究中心」為協辦單位。此次大會邀請約近百名本港、國內、澳門、台灣、日本、新加坡及馬來西亞等地的專家、學者、教授參與。此次會議特地安排「主題演講」，邀請了：非遺文化專家陶立璠教授、道教文化專家陳耀庭教授、民俗文化範疇的專家金善豐教授分別演講。同時開設「七大分題」：民間信仰與非物質文化遺產；黃大仙信仰與民俗傳承；地方神明與民間信仰；亞洲及其他地區非物質文化遺產保存與傳承；港澳地區民間信仰與非物質文化遺產；道教與非物質文化遺產：科儀與音樂；信俗與文獻、藝術、地域文化。

此外，在此次會前之籌備會議中，本人特別提出，想藉此良機請來一些博物館或藝術文化館之管理人員及專家教授與會，以便給正在籌設的非遺文物館給予意見。本人知道，「非遺」作為世界文化潮流，並為世界各國所重視是近二十多年來的事，尤其於二〇〇三年，聯合國教科文組織才公佈「保護非物質文化遺產公約」（參考「陶立璠」文章）。至於本港，先是政府在二〇〇六年成立「非物質文化遺產組」，後來更於二〇〇九年委托香港科技大學華南研究中心進行研究、調查。還記得廖迪生教授團隊曾光臨本園交流，同時提醒了本人有關「黃大仙信仰」的保育及傳承等問題。這也促成了後來專門請來游子安教授等代辦申遺事宜。

本園自從以「香港黃大仙信俗」榮獲國家級非物質文化遺產後，本人作為大仙信仰與習俗的承傳人，深知任重道遠，故於管理黃大仙祠的思想概念上，一直奉行著「傳承」的使命，秉持傳統文化為基礎，而以「創新」為目標。多年來不論是與大仙祠相關的「軟件」或「硬件」等方方面面，本人皆力求與時代接洽，加以改進，期望把此種本港獨特的信仰文化，保育傳承下去。我想，有關「黃大仙信仰研究」，仍有許多擴展、發掘及調查研究的空間。過去，大陸浙江金華的黃大仙祖宮已將「黃大仙文學」之「黃大仙傳說」列入國家級非遺項目。而黃大仙信仰於民間之流傳，尤其於晚清以後，大仙信仰實踐於地方社會的慈善救濟事業，我們於多次舉辦的「黃大仙信俗文化」會議皆有關注了。此次國際會議無論於黃大仙信仰、習俗及非遺文化等的研究廣度或深度，皆有所改進。此外，有關黃大仙之信俗文化，本人在近三十年內於大仙祠內的所編製之大小儀式、科儀等，皆是以傳統之道教文化（包含「儒、釋、道」三教文化）、黃大仙文化（扶乩文化）與民間風俗文化等交織在一起，至於宣道於社區的各項善業（學校教育、社區耆英護老中心及中西醫療等社會服務）亦皆遵從黃大仙師「普濟勸善」之寶訓和精神，落實到社區各層面。

此次與會的一些專家、學人、藝博館及非遺辦等專員人員，雖然他們沒有提交論文，但敦請他們參與，主要在於集思廣益，為「黃大仙信俗文化館」的籌建出謀獻策。現在文化館已落成啟用了，再次感謝中國內地及澳門等地的專員人士的參與。此次研討會論文集的付梓出版，要再次感謝「三劍俠」的襄助，如此大型國際會議的召開，除了感謝眾出席之嘉賓、學者外，本園眾多弟子的參與，園內上下工作人員的辛勤，本園義工團隊的無私奉獻……本人僅代表董事會全人致以萬分的謝意，並祈禱 仙師庇佑眾人，道德齊增，福壽無量！

李耀輝（義覺）
壬寅年暮春於悟道堂監院辦公室

序　言

　　宗教机构襄助文化研究是古今中外的传统,2016 年国际亚细亚民俗学会携手香港嗇色园召开了"黄大仙信俗與非物質文化遺產學術研討會暨第十七届國際亞細亞民俗學會大會"。大会收到来自日本、韩国、马来西亚、缅甸与中国大陆、香港、澳门、台湾等地学者参会论文 51 篇。参会人数达到百人之多。这是国际亚细亚民俗学会在中国香港召开的第一次盛会。在香港非遗处的协调下,在嗇色园监事会的大力支持与周到安排下,来自亚洲各地的学者济济一堂,共同探讨亚洲共享的民俗文化与非物质文化遗产保护传承问题。

　　根据本次会议主题,论文集中在三个方面,首先是民间信仰与非物质文化遗产研究,有 4 篇论文,北京师范大学萧放教授的论文"近代以来中国传统节日地位的浮沉与未来走向",该文对作为非物质文化遗产的中国传统节日在近代以来的时代大环境中地位的升沉进行了文化分析,并就传统节日的未来发展方向进行了探讨;中国社会科学院叶涛研究员的论文"大陆非遗保护中的民间信仰问题——以泰山东岳庙会为例",探讨了中国非遗保护中如何看待民间信仰的问题,民间信仰是非遗的组成部分,但是在非遗名录中如何安置它,对于非遗专家与管理者来说,需要认真思考。香港非遗研究所邹兴华所长的论文"香港华人民间信仰与非物质文化遗产保护",对在非物质文化遗产视野下的香港华人民间信仰进行考察;中国学苑出版社的刘丰编辑在论文中对数字化在非遗保护与传承的应用问题进行了专门探讨。

　　其次,是对黄大仙信仰与民俗传承的研究,这是会议比较集中探讨的内容,共有 11 篇论文。浙江师范大学陈华文教授论文"衰落与复兴:黄大仙信仰历程——以金华黄大仙信仰演变为例",复旦大学郑土有教授的"黄大仙信仰的生成与特质",中国社会科学院邹明华副研究员的"从人到神:黄大仙的传说与信仰演化"都讨论了黄大仙信仰的发生与时代演变,黄大仙信仰的生成与变化紧扣着时代生活。危丁明"筚路蓝缕:从嗇色园的成长看战前黄大仙信俗的发展",钟洁雅的"以启山林——黄大仙信俗与香港社会的发展",侯杰的"黄大仙信仰与 20 世纪上半叶香港华人社会研究"等文,围绕香港的黄大仙信仰与香港社会的互动，探讨香港华人社会的民间信仰状态，为我们理解这一时代人们的心理诉求提供了研究案例。宣炳善"黄大仙传说的财富伦理观及其现代意义"，翁烈辉的"黄大仙信仰的民俗传承与现代意义"，施怀德的"金华山黄大仙文化世界行销之我见"等文，对于黄大仙信仰的现代意义进行了开掘，作为一种影响广泛的社会信仰，黄大仙信俗成为影响当代人生活的精神因素。

第三部分，是对地方神明与民间信仰的研究。共收到6篇论文。有安德明的"作为民间信仰核心的地方神"，陈益源的"大学与寺庙关于信仰研究的合作之道——以成功大学与台南市大观音亭兴济宫的经验为例"，萧登福的"试论太岁的煞神及星神神格"，罗丹的"打醮與地方社會——河北省廣宗縣的例子"，徐天基的"華北鄉村的表功師傅：河北廣宗的例子"，黄海妍的"神樓：番禺石樓"洪聖王出會"的珍貴實物"等文，以详实的地方资料探讨了地方民间信仰运作的特点。

第四部分，是亞洲及其他地區非物質文化遺產保存與傳承，共有9篇文章，其中苏庆华的"集體記憶與身份認同：——以馬國檳城大山腳盂蘭勝會為探討中心"，DAW WIN（杜溫）的"緬甸華人"王公"信俗：從吳氏香火到"非遺"展演"，何彬的"文化分布图与民间信仰研究——实践民俗学运用探讨"，田英淑的"韓國西南海地區崇蛇習俗的歷史考察"，金京南的"The Assignment of after that time designation of Important Intangible Cultural"，柳春奎的"Act on the Safeguarding and Promotion of Intangible Cultural Heritage of Korea"，宗樹人（David A. Palmer）的The "' Bible of the Great Cycle of Esotericism ':"From the Xiantiandao Tradition to a Cao Dai Scripture in Colonial Vietnam"等文，分别探讨了马来西亚、缅甸华人信俗，以及韩国日本的信仰与非物质文化遗产保护传承情况。

第五部分，是港澳地區民間信仰與非遺，共有7篇论文。游子安的"樵港澳地區「大仙誕」：從「香港黃大仙信俗」列入「非遺」談起"，萧国健的"水神也移民——天后、洪聖、北帝信仰之傳入"，马健行的"香港粵調歌樂樂師群體研究"，黄競聰的"一個花炮會的「轉型」：以古洞義和堂為例"，王丹凝的"祖先的節日，子孫的節日：香港新界鄉村道教儀式中祖先與鬼的文化含義"，陈德好的"文化旅遊與旅遊文化——淺談香港非遺的保護和開發"，陈国成的"澳門媽祖文化旅遊節：在兩岸關係的角色"等文结合港澳地区民间信仰类非遗，对非遗保护传承进行了对策性研究。

第六部分，是道教與非物質文化遺產：科儀與音樂，共有 5 篇論文。刘楚华的"古琴審美中的道教元素"，陈进国的"道教正一派傳度科儀研究——以德化顯應壇為例"，王琛发的"八卦五雷錢：雷法傳承的民間傳播"，王忠人的"澳門道教科儀音樂的傳承與保育"，罗明辉的"現代都市中的民間儀式音聲：太平洪朝音樂"等文，对道教科仪与音乐进行了专门探讨。

　　第七部分，是信俗與文獻、藝術、地域文化，共 4 篇论文。钟亚军的"從寧夏隆德王官莊「祭山」活動看地域文化認同研究"，刘惠萍的"漢代老子的神化與宗教化—以傳世文獻及出土資料為主"，王宜峨的"年畫與道教神仙信仰"，志賀 市子的"東中國海域文化圈的有關無緣死者信仰－中國東南部、台灣、沖繩和日本"等文，对民间信仰与文化认同、文献图画与宗教信仰进行了探讨。

　　最后，还有三篇论文，值得单说，陈耀庭的"正確處理宗教和民間信仰的關係"，陶立璠的"從黃大仙信仰看"非物質文化遺產"的認同性、共用性"，金善丰的"Dream's will in the Eunsan and the Kangnung Dano Festival"等文，对于宗教与信仰的关系、信仰类非遗的文化功能等有精辟的阐述。

　　上述是提交会议的所有论文，但根据参加会议的论文情况，文章按实收付排，在啬色园成立 100 周年之际编辑成集出版。感谢啬色园李监院及各位同修的大力支持，感谢游子安教授协调与联络，感谢国际亚细亚总会陶立璠会长、金善丰荣誉会长的策划与亲自赴会支持，感谢为筹备本次会议的总会秘书长邹明华女士、副秘书长祝黔女士，以及来自韩国、日本、马来西亚等国的国际学者。在各位的努力下，我们举办了一次成功而具有学术推进意义的盛会，论文集是学术盛会的见证，是学术进步的足迹，也是我们将来继续合作研究的基础。值此啬色园成立 100 周年之际，衷心祝愿贵园松柏常青！

国际亚细亚民俗学会副会长兼中方会长
北京师范大学人类学民俗学系主任

萧 放 谨识

2021 年 9 月 1 日于北京

大會主題發言

正确处理宗教和民间信仰的关系

原上海社会科学院宗教研究所研究　**陈耀庭**

很高兴来参加"黄大仙信俗与非物质文化遗产国际学术研讨会"。从这个会议的名称就知道它和我过去参加的道教研究会议不大一样。因为，这个会议牵涉到两个学科，就是民俗学和宗教学。这个会议研究的对象牵涉到两个对象，就是宗教学研究对象神灵和道观黄大仙、黄初平和啬色园，另外一个民俗学研究对象黄大仙信仰民俗。从这样两个研究对象和两个研究学科，任何人都能够感觉到，这次会议的研究水平和学术要求，也一定是丰富多彩的，而且，在这样一个跨学科的会议上可以说些同两个学科都有关的话题。

中国的民俗学研究，一般认为是发端于上世纪初年，北京大学歌谣研究会征集歌谣的活动。其后北京大学和广州的中山大学成为南北二个民俗学研究的中心。不过由于社会动荡，民俗学研究虽然有了，但是并未形成气候。上世纪中叶以后三十年，除了民俗学中的民间文学和口头创作研究以及少数民族风俗习惯研究得到重视以外，民俗学的其他部分都在左倾思潮影响下，面临革命化的扫荡。民俗研究的最热门的事情就是改变民俗，不要民俗，移风易俗。直到改革开放以后，民俗学才正式成为独立的学科建立了起来。

和宗教学相比较，民俗学的创立和发展应该说还是好过宗教学的。中国的宗教学研究，特别是道教研究，在上世纪前八十年，可以说，几乎是一片空白。民国时期，有科学主义思想的教育，新中国成立以后，又有无神论的马克思主义思想的指引，宗教成了毒害人的鸦片。于是，没有人研究宗教，如果有研究宗教的也是研究如何消灭宗教。1985 年，任继愈先生在杭州会议和福州会议上都曾经感慨过，他说到道教研究。长期以来，道教研究就是中国人出资料，外国人出成果。直到改革开放以后，宗教信仰自由的政策才得到落实，宗教学作为一个人文和社会学科，才获得了承认，并且从哲学学科中分裂出来，成为一门独立的学科。道教研究也有了人马，出了成果，现在也走在了世界的前列。

今天我们在这里对于"黄大仙信仰习俗"的研究，有国家级"非物质文化遗产"名目的保护，有黄大仙观的支持，有海内外二个学科专家的光临，这样才有今天热闹的场面。

这些年来，中国的宗教学研究，在国外一直挨批评。其中一点就是中国的宗教研究受到西方影响太大，没有从中国的实际情况出发。这个批评有点令人奇怪，因为中国最讲究中国的实际，毛泽东思想就是马克思主义与中国实际相结合的产物，那么，中国的宗教学按照马克思主义、毛泽东思想作为指导，怎么会脱离中国宗教的实际呢？不过，事实上，确实有脱离中国实际的现象。

为什么这么说呢？我们有许多文章说，中国人大多数是不信教的。中国是个宗教徒占少数的国家，有人甚至认为中国是个无神论的国家。

为什么这么说呢？因为我们用了西方的标准，只有到教堂受洗的参加教堂活动的人才是宗教徒。而我们中国人信仰佛教和道教，除了住庙的和尚和道士以外，老百姓中信仰佛教和道教的都是习惯于：有事就信没有事就不信，临时抱佛脚。这在西方人眼睛里都不算宗教徒，于是，在这种看法的人嘴里，中国宗教徒自然就是少数。

现在，我们确定清明节是国定假日。逢到每年的清明节，全国休假上坟扫墓。每到清明在通向有坟的山岭和城市的公路两旁，你会看见上亿人拿着鲜花和香烛去祖先坟墓扫墓、祭祀。这些人中，可能许多人不是宗教徒，可是，从他们思想深处很难说没有灵魂的观念，他们相信他们祭祀的祖先会知道自己来祭祀他们，还会相信祖先会保佑他们，尽管他们的祖先活着的时候自己也吃不饱穿不暖。他们不是基督教徒，也不是佛教徒、道教徒，但是他们相信"苍天有眼"，"人在做，天在看"，"老天会有报应"。这些从坟上扫墓归来的人，还有个规矩，如果直接回家，就要在家门口放个火盆，脚要从火盆上跨过。或者不直接回家，要到顾客很多的大型百货公司转一下，这样二种做法就是因为怕坟场上有野鬼附在自己身上带回家。所以，这些人上坟祭祖的人，严格地说也不是无神论者。西方有学者认为，当中国国家确定清明是国定假日的时候，就已经默认了中国是一个"敬天祭祖"的国家。问题是，这个"敬天祭祖"在我们这里不算宗教？或者说不知道算什么宗教？

当然，中国人这样一种信仰习惯，对于现在人们用统计数字作为立论根据的习惯来说是很大的困难。于是，听说前不久，香港道教联合会为了申请道教节不得不委托专业公证机构，在 2010 年春节期间，对于到香港主要道教宫观烧香的人数进行统计。据说在统计结果是拜神人数达到一百三十五万人次。这个人数大约是当年香港人口总数的六分之一。另外，香港道教联合会委托香港大学民意研究机构对十八岁以上民众做的民意调查，推算香港有二百四十二万成年人赞成将太上道祖诞辰日列为法定假期，这个人数是当年香港人口总数的三分之一。所以，尽管佛教和道教没有受洗这样的统计数字，但是有人口六分之一信仰道教，这个比例还是可靠的。按照这个比例推算全中国的道教徒人数，大约有 2 亿人。

海外许多道教研究的学者，都对中国道教的概念提出不同看法。他们认为"敬天祭祖"是中国的。道教是中国的宗教。道教也是敬天祭祖的。当然"敬天祭祖"就是道教。可是，现在我们国家承认的道教的概念是很窄的，就是全真派和正一派的道士是道教徒，而且，原来就是指住庙的道士。于是，外国学者就认为这是用西方人的基督教的概念硬套在中国宗教头上造成的错误做法。还有一些外国学者又提出了一个大的中国宗教概念，认为中国有一个"common religion"，翻译成中文就有普通宗教，或者共同宗教、一般宗教。他们提出这个 common religion，企图用这个概念来总括所有有中国信仰特点的信仰现象，包括道教。其实，这是做不到的。

现在我们的道教概念从外延上看主要是概括了全真派和正一派的道士，住庙的和散居的。但是，还是把闽粤赣地区流传的闾山派道士（又称红头道士）排除在道教之外，也不承认林兆恩的三一教和德教是合法宗教。之所以如此，是因为，这三十年里，我们在认定一种宗教的时候，都要求宗教包含有五个要素：要有明确的创教人，要有系统的教义思想，要有完整的经典，要有固定的宗教仪式，要有专职的教职人员和独具的组织系统。只有具备这样五个要素，我们才承认它是正规而合法的宗教。而这样的标准就是西方学者以基督教为背景制定的宗教定义的标准。所以，海外学术界就批评我们的宗教研究不符合中国宗教的实际。

从中国的实际看，中国号称五千年文明史。这五千年积淀下来的中国文化现象，同信仰有关系的，除了现在承认的五大宗教以外，还有大约六大类信仰现象。其中有：

（1）信仰类：中国传统的功臣崇拜、英雄崇拜和祖先崇拜。
（2）祈禳类：各种祈福仪式和民俗，包括各种驱邪仪式和民俗。
（3）术数类：起卦术，算命、面相、手相和秤骨、衔牌等命相术和算命术。
（4）养生类：各种拳术、气功术、民间符水祝由医术等等。

（5）堪舆术：居住环境堪舆（阳宅堪舆）、坟墓风水（阴宅堪舆）等等。

（6）日用类：庙会、节庆和吉祥物等等。

这样六大类信仰现象，是在国家承认的合法的宗教之外的，在很长的一段时间里，在政策中将它们视作封建迷信活动，是公安局管理，要予以取缔的。

不过，这六类中有三类，也就是（1）信仰类、（2）祈禳类和（6）日用类，在已经公布的国家级三批"非物质文化遗产名录"中，都可以找到它们的位置，这就为这些民众的信仰现象获得了合法地位创造了条件。

例如，中国传统的功臣崇拜、英雄崇拜和祖先崇拜。这些崇拜进入佛教和道教的神灵崇拜谱系有一个漫长的历史过程。过去有皇帝可以敕封的做法，现在已经没有了。只能靠自然而然的吸收和融合。进入非物质文化遗产名录，可以成为这类崇拜合法化的途径。

在第一批名录里就有"黄帝陵祭典"、"妈祖祭典"等。

在第二批名录里就更加多了，"广西梧州龙母庙会"奉祀的神灵叫龙母，龙母是秦始皇时代的人，因为在水里拾到一个石蛋，孵化出了五条小龙，所以称为龙母。广西梧州有龙母庙。龙母庙里，春天有"龙母开金库"，夏天有"龙母诞"，秋天有"龙母得道诞"，冬天有"朝母节"。陕西榆林定西焉这个地方有个娘娘庙。每年3月有娘娘庙花会。中国北方有许多娘娘庙，或者庙里有娘娘殿。娘娘殿里供奉的娘娘很多，有送子娘娘、眼母娘娘。榆林定西焉娘娘庙就是求子女的。在花会里，求子女的百姓要拜娘娘，而且还可以起卦，从卦象中预测。甘肃庆阳的公刘祭典，祭祀的是公刘。公刘是庆阳出生的人，是周文王、周武王这个周族的祖先，是传说中的中国农耕文化的开创人。每年三月十八日是公刘的生日。这一天庆阳公刘庙老公殿都要祭祀公刘。据说每年参加祭典的人都有十万人以上。

类似这三个庙的还有很多，就在第二批非物质文化遗产名录里，这类庙就有三十座以上，至于在各地存在的小庙恐怕就更多了。这些小庙每逢庙会，都是上万上万人的聚会。这些活动显然是宗教活动，可是归在哪一个宗教里呢？没地方归。按照外国有些学者的说法，应该归在中国人的共同宗教（common religion）里面。说是共同宗教也有点冤枉，并不是全中国都共同的，只是一个地方，甚至一个小村镇共同。

如果要归在道教里，这个想法也不是没有道理，因为在历史上，道教确实有收纳不同时期民间祭祀崇拜的神灵的事实，例如，关帝就收纳成为"忠义神武灵佑仁勇威显关圣帝君"，妈祖就收纳成为"辅兜昭孝纯正灵应孚济护国庇民妙灵昭应弘仁普济天妃"。但是，道教吸收地方神灵都有个过程。现在的社会没有实现这个过程的历史条件。于是，保护民众的信仰自由这个历史任务，现在就让"非物质文化遗产"这个名义挑起来了。

在第二批"非物质文化遗产"名录里面还有二项很有意思的项目。一项是"湖北黄岗罗田县民俗遗产——火居道"。这个项目就是湖北罗田县的正一派散居道士的仪式活动。这个项目应该是合法的道教派别，属于湖北省宗教局和湖北省道教协会管辖的范围。如果湖北罗田的正一派散居道士算"国家级非物质文化遗产"，那么江南一带的各县市散居的正一派道士的仪式活动都是非物质文化遗产了。不过，这样做也有个好处，应该引起各地宗教局和道教协会对于散居的"火居道士"的重视。

另外一个项目是"蚩尤文化"。这个项目是由山东济宁申报的，但是，蚩尤文化最流行的地区却不在济宁，而是在湖南邵阳梅山一带。有关这个项目的介绍里，明确提出了梅山有个宗教派别叫做"梅山教"。梅山教的祖师是张五郎，民间流传张五郎是个山区农民的样子。梅山教没有经典和文字，但是张五郎传下来法术，被称为梅山法。梅山教供奉的女神是白氏仙娘。梅山法大约创立于宋代。在漫长的历史上，梅山教的法术和道教有过密切的联系。据说，在江西地区，梅山法和茅山法相结合，产生了"茅梅法"，在福建地区，梅山法和闾山法相结合产生了"闾梅法"。梅山教从来被当作封建迷信被取缔的，可是，在民间的散居道士中梅山法是不可忽视的一个成分。宗教政策里，梅山教根本排不上队的，可是，在"非物质文化遗产"中，在"蚩尤文化"的项目中，梅山文化成为保护的对象了。

梅山教和梅山文化，能够以"蚩尤文化"的名义得到保护，那么，是否闾山文化、三一教和德教等等问题能否也采用这些办法获得帮助和保护呢，我们拭目以待。

用非物质文化遗产的名义，防止这些信仰民俗被当作封建迷信被取缔或者被压制，被消灭，被移风易俗，可以得到比较长期的保护。这无论如何总是一件好事。虽然，在"非物质文化遗产"名义下，有些信仰民俗行为也很容易被某些人利用成为商业化，物质化，造成民俗行为的走样。

至于在民间流传的另外三类信仰民俗，也就是术数类信仰民俗：起卦术，算命、面相、手相和秤骨、衔牌等命相术和算命术等等。养生类信仰民俗：各种拳术、气功术、民间符水祝由医术等等。堪舆术信仰民俗：居住环境堪舆（阳宅堪舆）、坟墓风水（阴宅堪舆）等等。这三类信仰民俗，和前面说到的民俗神灵的崇拜和信仰，以及仪式庙会等等不在同一个层次上。因为这三类都是技术性的小术，操作性的小术。这三类小术都是为信仰民俗服务的，它可以像"梅山法"一样成为"蚩尤文化"的一部分。这些小术可以成为某种大的信仰习俗的一部分，但是，它们自身恐怕还难以作为"非物质文化遗产"得到完整保存。这是完全可以理解的。

中国公民的宗教信仰自由，在改革开放以来已经取得很大的进步。比起历史上任何时期，今天公民信仰的自由度应该说是很高的。为了达到这个程度，中国的宗教学研究和民俗学研究，在近三十年内都曾经发挥了很大的作用。但是，还有许多问题需要解决。所以，中国的宗教学研究和民俗学研究还有大量工作要做。其中"非物质文化遗产"的名录确定以及传承保护等方面的作用，是许多别的学科难以替代的。

我希望宗教学研究和民俗学研究都能够充分地利用保护"非物质文化遗产"这项工作和这块阵地，使得有中国特色的宗教学和民俗学建设得更加完整，为中华文化的振兴和繁荣作出更大的贡献。

從黃大仙信仰看"非物質文化遺產"的認同性、共用性

中央民族大學 陶立璠

【提要】非物質文化遺產的保護,近幾年來已形成一種世界文化潮流,得到世界各國的重視。這對世界文明和人類文化多樣性選擇具有重要意義。聯合國教科文組織公佈的《保護非物質文化遺產公約》特別強調的是某一傳承群體對所傳承的文化的"認同"感,認同意識。傳承群體和個人對某種文化遺產的認同,是聯合國教科文組織吸納其進入世界非物質文化遺產代表作名錄的重要條件之一。沒有認同,就不會有非物質文化遺產的傳承。這種"認同"意識是維繫和鞏固群體凝聚力的黏合劑,它不分人們的政治態度,年齡職務、性格愛好,把群體的生活與命運緊緊地聯繫在一起。香港非物質文化遺產"黃大仙信俗",同樣走過了從認同到享受,再到不斷傳承的過程。

非物質文化遺產的保護,近幾年來已形成一種世界文化潮流,得到世界各國的重視。這對世界文明和人類文化多樣性選擇具有重要意義。

但是什麼是非物質文化遺產,又是保護工作中經常遇到的問題。許多學者撰文希圖對非物質文化遺產的概念予以界定,然而就如同什麼是"民俗"的界定一樣,眾說紛紜。有人認為非物質文化遺產並非是學術概念,而是保護工作中的行政工作用語;有的學者認為非物質文化遺產不僅是學術概念,而且還努力創立所謂的"非物質文化遺產學"。可見非物質文化遺產概念的爭論,標誌著研究的進一步深入。

2003年聯合國教科文組織公佈的《保護非物質文化遺產公約》(2003年10月17日聯合國教育、科學及文化組織大會第32次會議通過),對非物質文化遺產的定義做了明確的闡述:指出"非物質文化遺產"是指"被各群體、團體,有時被個人視為其文化遺產的各種實踐、表演、表現形式、知識和技能及其有關的工具、實物、工藝品和文化場所。各個群體和團體隨著其所處環境、與自然界的相互關係和歷史條件的變化不斷使這種代代相傳的非物質文化遺產得到創新,同時使他們自己具有一種認同感和歷史感,從而促進了文化多樣性和人

類創造力的發展。"顯然這種定義不是從概念出發，而是從實際出發，通過敍述性的語言，表達非物質文化遺產的涵蓋範圍。如果說這就是非物質文化遺產的定義，它包含了好幾層意思。

（1）非物質文化遺產傳承主體是群體、團體和個人；

（2）非物質文化遺產傳承形式包括了各種實踐活動、表演、表現形式、知識和技能、有關的工具、實物、工藝品、文化場所等；

（3）群體和團體所處的環境與自然界的關係；

（4）歷史變遷中文化的創新以及對傳統與創新的認同感和歷史感；

（5）對非物質文化遺產的保護是為了促進文化多樣性和人類創造力的發展。

這五個方面囊括了非物質文化遺產的全部特徵和意義。它的概念、範圍比我們以前講的"民俗"及"民俗學"的概念、範圍無疑是大大地擴展了。

當然從狹義的概念講，非物質文化是人類在長期的歷史發展中所創造的，靠口頭和行為傳承的文化。它體現著人類的思維模式和行為模式，規範著人們的思想和行為，形成認同和共用特點。另外，非物質文化不是一成不變的，它具有流動性和變異性特點，即隨著社會的發展，不斷產生變異，以滿足人們生活的需求，體現人類追求文化的多樣性和創造力。就因為非物質文化是一種流動和變異的文化，具有口頭傳承和行為傳承的特點，所以它又是一種很脆弱的文化。人類對這種文化的記憶性消失是常見的現象。今天提出"非物質文化遺產"概念，雖具有歷史感，但它已不單純是歷史的文化，而是現實的文化，是經歷變化保存至今的文化遺產。對這種文化進行保護的目的，就是要留住記憶、留住傳統、留住歷史，讓後人知道我們的先人是怎樣生活和思考的。自然淘汰、人為毀滅非物質文化遺產的行為雖然在歷史上不斷發生，但當人類意識到這種文化資源的歷史的、文化的、美學的意義時；當人類文化自覺意識不斷提高時，為避免自然淘汰、人為毀滅，對它的保護就顯得格外重要，因為它是我們的祖先曾經付出心血創造的，為後人所享受而不斷充實的精神家園。

聯合國教科文組織公佈的《保護非物質文化遺產公約》特別強調的是某一傳承群體對所傳承的文化的"認同"感，認同意識。傳承群體和個人對某種文化遺產的認同，是聯合國教科文組織吸納其進入世界非物質文化遺產代表作名錄的重要條件之一。沒有認同，就不會有非物質文化遺產的傳承。這種"認同"意識是維繫和鞏固群體凝聚力的黏合劑，它不分人們的政治態度，年齡職務、性格愛好，把群體的生活與命運緊緊地聯繫在一起。每一種非物質文化遺產項目中，都包含著這種群體的或地域的認同，沒有認同，不可能形成特有的非物質文化遺產。所以我們常常把某一非物質文化項目看作是傳承群體和地域的文化標誌，這也就是所謂的文化的身份認同。我們所說的文化品牌，也是這個意思。不過這種品牌不是特意打造的，而是歷史的，自然形成的。

和非物質文化的認同性緊密相連的是非物質文化的共用性。沒有認同就沒有共用，共用是認同的結果。而這種認同和共用的主體，正是創造和傳承了這種文化的群體和個人。也正是他們的不斷創新、傳承、傳播，最後得到社會的認同（包括政府的認同），所以才有了保護這種文化的動因。從這種意義上講，目前在世界各國開展的保護非物質文化遺產的活動，才顯得具有非凡的活力，也才能持久地進行下去。

香港非物質文化遺產"黃大仙信俗"，同樣走過了從認同到享受，再到不斷傳承的過程。黃大仙信仰傳承的歷史，據文獻記載已有 2600 多年。最早的史料記載見於東晉·葛洪的《神仙傳》。根據中國民間造神的規律，或者從民間故事發生學的角度看，《神仙傳》中的皇初平，可能實有其人，是一位修煉得道的高人，後來被徹底神化。先有傳說，後有神跡，是民間造神的普遍規律。在這些民間傳說中記錄最詳盡的是《神仙傳》的記載：

> 皇初平者，但溪人也。年十五而使牧羊，有道士見其良謹，使將至金華山石室中，四十餘年，忽然，不復念家。其兄初起，入山索初平，歷年不能得見。後在市中，有道士善卜，乃問之曰："吾有弟名初平，因令牧羊失之，今四十餘年，不知生死所在，願道君為占之。"道士曰："金華山中有一牧羊兒，姓皇名初平，是卿弟非耶？"初起聞之，驚喜，即隨道士去尋求，果得相見，兄弟悲喜。因問弟曰："羊皆何在？"初平曰："羊近在山東。"初起往視，了不見羊，但見白石無數。還謂初平曰："山東無羊也。"初平曰："羊在耳，但兄自不見之。"初平便乃俱往看之。乃叱曰："羊起！"於是白石皆變為羊，數萬頭。初起曰："弟獨得神通如此，吾可學否？"初平曰："唯好道，便得耳。"初起便棄妻子，留就初平。共服松脂茯苓，至五千日，能坐在立亡，行于日中無影，而有童子之色。後乃俱還鄉里，諸親死亡略盡，乃複還去，臨去以方授南伯逢，易姓為赤初平，改字為赤松子。初起改字為魯班。其後傳服此藥而得仙者，數十人焉。

在這則傳說中，我們獲得如下資訊：1、傳說的主人公皇初平，是得道成仙的高人。曾易名赤初平，號赤松子；2、皇初平的修煉地在金華石室，即後來的金華赤松山；3、皇初平神通廣大，其神跡是"叱石成羊"；4、皇初平能度化眾生，他將自己的丹方留於後世，治病救人，還可令人成仙。

這一傳說始在金華地區流傳，形成黃大仙的許多神跡。之後金華地區圍繞地方風物，以皇初平兄弟的仙跡傳說為中心，興建了二仙祠、赤松宮等祭祀場所。更為重要的是這一傳說引起東晉道教理論家葛洪的注意，將其收入《神仙傳》，使皇初平傳說在更大的範圍內流傳開來。魏晉南北朝（西元 220 — 589）是中國道教發展的重要時期，也是道教逐漸走向成熟、定型的時期。此時，道教從早期比較原始的狀態發展為有相對完整的經典、教義、戒律、科儀和宗教組織的成熟團體，而且神的譜系越來越龐大，並由早期的民間信仰逐漸轉變為官方承認的正統宗教。皇初平被神化為神，正是在長期的流傳過程中，從民間到官方逐漸認同和共用的結果。

民間信仰的產生總是適應民間心理的需求。皇初平的神跡得到民眾的認同，即產生了對皇初平神跡的認同感，並通過祭祀活動，形成皇初平信仰的傳說圈。在這一傳說圈裡，信眾充分享受心理的滿足。沒有認同和共用這種文化心理的需求，就不會有黃大仙信仰及祭典，兩者是相輔相成的關係。應該看到，認同感是黃大仙信仰、傳播與共用的基礎，也是後來黃大仙文化產生的基礎。

信仰是人類心理活動，形象思維的產物。既然黃大仙的神跡是那樣奇特，這一神跡必然向四周傳播，形成黃大仙的信仰圈、祭祀圈和擴大了的文化圈。而這一祭祀、信仰圈的中心在浙江金華，之後隨著道教的傳播，逐漸由金華擴展到嶺南各地。而這恰恰與葛洪在羅浮山隱居煉丹有關，正是道教的傳播將黃大仙神跡帶到嶺南地區。嶺南的傳說還將黃大仙附會為葛洪的弟子，如蘇軾在《寄羅浮道士鄧守安》詩歌序言中所說"羅浮山有野人，相傳葛稚川之隸也。"（野人指黃大仙；葛洪，字稚川）北宋蔡絛的《西清詩話》也說："黃野人，葛仙弟子，或雲葛仙之隸。"屈大均《廣東新語》記載了許多黃大仙治病救人的傳說，這些都為黃大仙傳說在廣東地區的傳播奠定了基礎。終於在二十世紀初，黃大仙傳說又由嶺南地區傳到香港，在香港紮根傳播，並得到很好的傳承。

黃大仙信仰在嶺南地區的認同，給了嶺南地區的信眾以極大的精神撫慰，顯然是一個漫長的過程。首先，黃大仙傳說的產生和流傳，是和歷史上魏晉南北朝時期道教信仰的社會生態環境有關。道教本來就是在民間信仰的基礎上形成的，其供奉的神靈也來自民間。正是道教信仰的這種開放性和包容性特徵，使它能吸收中國古代的思想和哲學，諸如老莊思想，陰陽五行、神仙方術、醫藥衛生、養生健體以及民間巫術等，形成龐大的宗教理論體系；其次，是和魏晉南北朝時期頻繁的戰亂環境有關，這種戰亂環境差不多持續了 400 多年。在戰亂環境中，得失無常，禍福不定，宿命思想在民間蔓延，這不僅為道教的傳播提供了條件，也為黃大仙信仰提供了祈福禳災的信仰基礎；其三，更為重要的是這一時期出現了許多道教活動家，如葛洪、寇謙之、陸修靜、陶弘景等，他們不僅從事道教改革，建立教派，而且改造和完善了道教理論體系，使道教走向成熟和定型。特別是到了南宋孝宗淳熙十二年（1189 年），詔封二皇君（即皇初起、皇初平），初起真君特封為"沖應真人"，初平真君特封為"養素真人"。宋理宗景定三年 (1262 年)，又加封大君為"沖應淨感真人"，小君為"養素淨正真人"。這樣就形成了民間信眾、道教活動家、文人學士、政府官員對黃大仙的最大認同，共同分享黃大仙信仰帶來的社會福祉。這也就是黃大仙信仰的全民認同性和共用性。凡是信仰類的非物質文化遺產都具有這種性質。由此可見，非物質文化遺產的認同感和共用性是建立在信仰基礎之上的，信仰是黃大仙文化傳承的靈魂。失去信仰，失去由信仰觀念驅動所創造的宗教文化，包括物質的和非物質的文化，人們的生活將大為減色。

物質的和非物質的文化構成一個共用的文化空間，人們生活在其中，享受這一文化帶給人們的物質的或精神需求與愉悅。聯合國教科文組織關於非物質文化遺產的保護理念，就是通過非物質文化遺產的保護，在不同民族的文化傳統中，確認各自的文化地位，使"認同"和"共用"變為全人類共同的文化財富。維護人類多元文化現狀，減少文化衝突，構建和諧共處的社會。這也許正是聯合國教科文組織推動非物質文化遺產保護的意義所在。

香港的黃大仙信仰進入國家非物質文化遺產代表作名錄，不僅是中國政府對香港信仰文化遺產的認同，同時也表現出對保護信仰類文化遺產的認同和寬容。因為黃大仙信仰在中國存在著地域性的文化圈，浙江金華、廣東、廣西各地以及臺灣和海外華僑都有黃大仙信仰。正因為有地域的認同，又有香港嗇色園這樣的傳承機構，這對保護黃大仙信仰是極為重要的。黃大仙信仰不僅在於"普濟勸善"，而且推動公益服務，包括教育、安老及醫療等範疇。黃大仙在香港，不僅是信眾的精神寄託，而且無論保平安，求事業，問姻緣或者任何疑難雜症，都可以來這裡求解迷津。黃大仙信仰和黃大仙祠，無疑已是香港民眾的精神家園。

恩山別神祭와 江陵端午祭의 比較 研究

江陵端午祭與恩山別神祭 無形文化財的價値

金善豊(中央大學校 名譽教授)

1. 序 言

恩山別神祭는 忠淸南道 扶餘郡 恩山面 恩山里에서 열리는 鄕土 神祭로 重要無形文化財 第 9號로 指定되어 있다. 예로부터 恩山은 扶餘邑에서 西北 쪽에 位置한 農産物 集散地이자 驛院이 있었던 곳으로 5日場(場市)이 크게 열리는 産業의 中心地이기도 하다.

恩山 마을 뒷 山은 堂山里라고 부르는데, 옛 土城이 있는 點으로 미루어 軍事的 要衝地가 아니었나 推測된다. 主旨하다시피 過去 百濟의 歷史는 悲劇의 歷史였다. 悲劇 屬에 사라진 歷史의 主人公들, 그러나 그들의 生涯는 神話的 解釋에 依해 誇張되기도 하였지만 새로운 誕生을 演出하기도 한다. 그것은 決斷코 虛構나 幻像이 아니다. 이것은 民衆의 끊임 없는 歷史意識이요 念願의 發露였다.

堂의 位牌에 山神이 定座해 있고 人格神인 福信將軍과 土進大師가 奉安된 까닭도 바로 그로 말미암음이다.

春夏秋冬 四時의 變動은 地球의 秩序이자 宇宙의 秩序이다. 봄이 되면 森羅萬象이 復活하듯 死者는 봄이란 週期에 다시 復活한다고 믿는다. 이 같은 原始的 神話心理는 東西를 超越한 理念이기도 하다.

그間 恩山別神祭에 對한 研究 成果는 任東權 教授의 論文 한 篇이 있을 뿐이다. 筆者는 本考에서 說話를 分析해보고 그 恩山別神祭에 나타난 民衆의 꿈의 意志는 果然 무엇이며, 그 祭日의 復活祭(花祭)的 性格은 무엇이었던가를 살피고, 祝文에 나타난 祭儀性 等을 檢討해 보기로 한다.

2. 神話 屬 꿈의 意志

恩山別神祭에 關한 最初의 研究報告書로는 村山智順의《繹尊 · 祈雨 · 安宅》이 있으나 仔細한 說話紀錄이 없고 다음과 같은 口傳說話만이 傳하고

있다.

神話 <1>

옛날 恩山地方에 流行病魔가 들어와 뜻밖에 많은 사람이 죽어갔다. 特히 젊은 사람들이 날마다 죽어서 송장(屍體)이 되어나갔다. 마을 사람들의 근심은 이만저만이 아니었다.

그러던 어느 봄날, 마을의 한 古老가 暫時 午睡에 들었다. 마루에 앉아 있으려니 한 神仙이 白馬를 타고 나타나 하는 말이, "이 마을에 病魔가 들어 근심이 되고 있는 것을 풀어 줄 터이니 나의 請을 들어 주겠느냐?"고 했다. 마을 老人은 "病만 없어진다면 무슨 請이건 듣겠노라."고 對答했다. 그랬더니 神仙이 또, "나는 나와 내 部下와 함께 억울하게 죽었는 바 아무도 돌보는 사람이 없어 風雨에 시달리고 있으니 잘 埋葬해 달라."고 말하면서 그 場所를 가르쳐 주고 사라졌다.

老人은 깜짝놀라 깨어보니 꿈이었다.

老人은 바로 마을 사람들을 모아 놓고 現夢한 이야기를 하고, 마을 사람들을 거느리고 가르쳐 준 場所를 찾아가 보니 수많은 戰士의 白骨들이 散在해 있었다.

마을 사람들은 이 白骨을 잘 埋葬하고 그 冤魂을 慰靈하기 위하여 祭祀를 지냈더니 病魔는 없어지고 마을은 다시 平和롭고 幸福하게 잘 살 수 있었다는 것이다.

이 祭祀를 別神祭라 부르며 別神은 죽은 將兵을 慰靈한다는 것이다. <任東權 敎授가 어려서 古老들한테 들은 이야기>

神話 <2>

옛날 恩山은 驛村이었는데 靑年은 17~18歲면 得病하기가 일쑤이고 家畜도 낳아서 三個月이면 죽는 일이 많았다. 어느 날 恩山의 한 老人이 暫時 잠이 들었는데 꿈에 老將軍이 나타나 自己는 百濟의 將軍인데 나의 白骨이 某處에 흩어져 있으니 잘 묻어 달라고 付託하는 것이었다.

꿈에서 깬 老人은 죽은 百濟 將軍의 怨恨을 풀기 위해서 勝戰의 凶을 내는 別神祭를 지내게 되었으며, 別神할 때에 軍服을 입고 乘馬하며, 陣치듯

五方 도는 까닭도 여기에 있고, 山祭는 每年 지내지만 經費가 많이 드는 別神은 三年만에 한 번씩 하기에 이르렀다고 한다. <恩山里 金鍾太氏 談>

神話 <3>

옛날 恩山은 陣터였다. 큰 亂離가 나서 이곳에서 수 많은 將兵들이 戰死를 했다. 마을 사람들은 죽은 將兵들의 靈을 慰安하기 爲하여 別神을 지내게 되었으며 別神을 지낸 後로는 洞內가 泰安하고 모두 無病해서 잘 살게 되었다고 한다. <恩山里 尹相鳳氏 談>

上記 說話의 基本構造는,

① 恩山에 病魔가 돌다.

② 白馬 탄 將軍(老將軍 또는 神仙)이 나타난다.

③ 白骨을 修習해 준 報答으로 疾病 退治를 約束 받는다.

④ 白骨 埋葬 後 慰靈祭를 지내주었더니 마을이 太平하고 頉 이 없다.

⑤ 以後로 3年마다 큰 別神祭를 올린다. 는 內容이다.

3. 恩山別神祭와 江陵端午祭의 比較

여기서 우리는 恩山別神祭를 살피기 爲해서 重要無形文化財 第 13號로 指定된 江陵端午祭를 對比·擧論할 必要가 있다. 이들 두 祝祭는 韓國 別神祭의 代名詞인양 널리 알려져 왔기 때문이다.

于先 神話的 構造를 살펴보자.

江陵端午祭의 主神은 金庾信將軍과 梵日國師이다. 이들 두 祝祭는 主人公으로 將軍이 登場하고 僧侶가 登場한다는 面에서 類似性을 共히 안고 있다. 許筠의 《惺所覆瓿藁》(1611) 卷 14 文部11 '大嶺山神幷贊書'에도 나타났듯이 原來의 江陵端午祭는 金庾信將軍祭로 出發한 것이며, 後代로 내려오면서 武烈王의 後孫인 溟州(江陵) 鶴山 出身인 梵日國師神話가 揷入되어간 形態이다. 數많은 逸話를 남긴 金庾信將軍을 모신 花浮山祠에서는 지금도 金海 金氏 後孫들이 端午祭를 期해 祭享을 올리고 있다.

原來 祭儀는 神話 以上이요 神話 그 自體이기도 하다. 왜냐하면 祭儀行爲 自體가 神話의 片鱗들이기 때문이다.

아무튼 江陵端午祭의 別神祭가 海岸과 山岳地方의 神祭라면, 恩山別神祭는 內陸地方의 神祭라 할 수 있다.

江陵端午祭의 根源說話는 이야기의 展開에 있어 잘 짜여진 神話的 構成을 갖추고 있다. 後代로 넘어오면서 神話는 及其也 Eliade가 말한 '神들의 結緣 (Hieros games)'까지 이루어진다. 神들의 陰陽的 結合은 그 나름대로 嶺東地方(濊國)의 地方特素(oikotype)의 揷入으로 볼 수 있다.

金庾信將軍에 關한 神話는 出生譚으로 始作하는 課程은 없다. 《新增東國輿地勝覽》第 18卷 夫餘縣條에 依하면, "武王의 조카이며, 義慈王이 이미 降伏하니 福信이 僧侶 道琛과 더불어 周留城 에 雄據하여 王子 夫餘豊을 맞이하여 王으로 세우고 兵卒을 이끌고 唐 나라 將帥 劉仁願을 도성에 包圍하였는데 劉仁軌와 新羅가 合力 攻擊하여 包圍를 풀자 福信이 任存城으로 물러가 지키면서 自稱 霜岺將軍이라 하였는데 뒤에 夫餘豊에게 被殺되었다." 고 한다. 또 古小說《角干先生實記》에서는 唐 나라가 高句麗를 치기로 하자 新羅軍士도 北進을 하였고, 百濟 宗室 福信이 高句麗를 爲해 싸웠으나 金庾信의 計策으로 高句麗軍이 敗했다고 한다.

百濟가 亡할 當時 階伯將軍도 있었건만 階伯將軍은 異常하게도 神格化되지 않고 三忠祠(義烈祠)에 成忠·興首와 함께 位牌가 奉安 되어 있는 點이 興味롭다.

愚見으로는 그 죽음이 自意냐 他意냐에 따라 恨의 境界가 設定되기 때문이다. 階伯將軍은 崔瑩將軍, 林慶業將軍이나 端宗처럼 他意에 依해 冤魂이된 人物은 아니다. 그는 國恩에 報答하기 爲해 新羅軍과 싸우다가 壯烈한 最後를 마쳤다. 그러니 恨의 文學은 될 수 없다. 悲壯美의 文學이 될 뿐이다.

韓國의 一般的 守護神은 王神, 將軍神, 大監神 等의 人格神으로 表象되는數가 많다. 恩山 守護神의 境遇 山神의 人格은 알 수 없고 福信將軍과 土進大師가 山神과 함께 나란히 別神堂에 安住해고 있다.

陰陽으로 볼 때 魂과 魄은 區分된다. 人間이 죽어지면 魂은 이승(今世)을 떠나지만 魄은 이승에 남아 있는 一種의 精神的인 元氣라 할 수 있다. 그렇다 할 때 魂은 이승을 떠났을망정 떠도는 魂魄은 죽은 者뿐 아니라 百濟 땅에서 代를 이어 오는 이들의 中心情緒 屬에 자리하여 늘 意識·無意識的

恨의 아픔으로 남아 있기 마련이다.

꿈에 將軍이 나타나서 自己들의 白骨을 修習해 달라고 懇請한 內容도 實은 百濟 復興을 꾀하다가 죽은 이들에 對한 冤魂을 달래주지 못하고 살아온 이들의 蓄積된 意識 · 無意識的 潛在心理라 할 수 있을 것이다.

韓國人은 冤魂에 간 이들을 그대로 放置해 두지 않는다. 民衆은 오랜 歲月을 두고 評價한 다음 眞理라고 여길 때 새로운 意志로 對象을 浮刻시킨다.

꿈의 世界는 無意識의 世界다. 人間은 全人的 人格을 한꺼번에 지닐 수 없는 存在이다. 그저 意識의 한 斷面만을 眞理인양 바라 볼 수 있을 뿐이다. 人間을 일러 理性的 動物(Homo-sapiens)이라고 하나 수없이 되풀이 되는 誤謬를 犯해 가며 산다. 그럼에도 不拘하고, 꿈은 잊어서는 안 될 過去를 復活시킨다. 神堂 위의 福信과 土進의 出現 亦是 이 같은 意識 · 無意識的인 꿈을 通한 民衆 意志의 統合課程으로 理解되어야 할 줄 믿는다.

人間은 꿈을 먹고 살고 꿈을 再現시킬 수 있는 能力까지 지녔다. 百濟 復興 運動에서 將軍과 軍士들을 거두어 주지 못한 民衆들의 意識 · 無意識 潛在意識이 代를 이어오다가 神話의 原始的 心音을 發見하게 되었고, 새로운 意志로 꿈을 通해 탈바꿈하게 된 것이다. 그 意志야말로 神話와 祭儀 屬에서 悲壯美로 거듭 나타나고 있는 것이다.

將軍祭의 遺風은 三國에 끊이지 않고 高麗朝까지 代를 이어 그 傳統이 이어져 내려오고 있다.

夫餘郡 場岩面 長蝦里는 100餘 戶로 構成된 아늑한 農村이다. 이 마을 뒷편에 나직한 台城山이 마을을 감싸고 있고, 그 台城山 上峰에 2坪 內外의 堂이 서 있다. 現在는 브로크壁에 스래트 지붕을 한 堂이 되고 말았다. 過去에는 이 堂을 일러 '太師閣'이라고 불러 왔는데 只今은 흔히 '城隍堂'이라고 부르고 있다.

여기 모시는 城隍神은 山神과 庾黔弼太師(?-941)이다. 高麗의 武將인 그는 平州 出身으로 太祖를 도와 高麗를 建國하는 데 功을 세운 人物이다. 925年 10月 征西大將軍이 되어 後百濟의 燕山鎭을 攻擊하여 將軍 吉煥을 죽이고, 또 任存郡(禮山郡 大興郡 大興面)을 攻擊하여 軍士 3000名을 殺獲하는 功이 컸기 때문에 忠節이란 諡號를 내렸고, 太師로 追增(成宗 13년)되어 城

隍神으로 모시게 된 것으로 미루어 斟酌할 수 있다.

每年 陰曆 正月 初 吉日인 丁日에 지내는데 不祥事가 發生하면 中丁日, 곧 두 번째 丁日로, 그 날도 좋지 않으면 下丁日에 지낸다. 祝文에서처럼 마을의 安過太平함과 農者 · 商者 · 凶者 · 福者를 爲한 禱祝이었음을 알 수 있다.

4. 恩山別神祭의 主神

恩山 天邊에 자리한 別神堂은 典型的 기와집으로 한 칸(間)의 房과 마루로 되어 있다. 堂宇 正面에는 山神이 자리하였고, 東便 壁에는 福信將軍이 西便 壁에는 土進大師의 肖像畵가 그려져 있다. 主神으로 모셔진 山神이 있는 것으로 勘案하여 原來는 山神堂만 있었는데 後代에 두 神을 더 모시어 山神堂 兼 城隍堂이 된 셈이다(江陵의 境遇는 山神堂이 좀더 높은 곳에 자리 잡고 있다). 그러니까 한 堂이 두 堂의 機能을 떠맡고 있는 셈이다.

그런데, 主人公의 問題는 아직도 수수께끼에 싸여 있다. 勿論, 福信將軍은 歷史上의 人物과 同一하나 土進大師가 누구인지 궁금하다. 神格이 將軍과 僧侶가 나란히 倂置된 例는 江陵의 境遇와 類似하다. 福信이 第30代 武王의 조카인 福信임은 分明하나 土進大師는 果然 어떤 분이었을까. 任東權 敎授는,

神堂에 있는 神像 土進大師를 道琛이라 主張하는 것은 아직 寡聞으로 土進大師란 이름을 찾아보지 못하였을 뿐 아니라 土進과 道琛은 國音이 비슷 하고 土進大師는 福信과 더불어 百濟 再建을 爲해 싸운 事實로 미루어 보 아 土進을 道琛의 誤記로 믿는 바이다. 이 土進大師에 對하여는 恩山의 많 은 古老들한테 問議하였으나 아무도 아는 사람이 없었고 福信에 對해서도 別로 아는 이가 없는 것으로 미루어 보아 오래 傳承되어 온 가운데 訛傳과 誤記로 道琛으로 傳한 것으로 生覺된다. 그러나 福信은 訛傳되지 않고 惟獨 道琛만이 訛傳되었는가 하는 問題에 對해서는 賢答이 없다.

고 하는 操心스러운 至論을 펴고 있다.

본 祭儀에 쓰이는 祝文에는 山神祝文 外에 將軍祝文이 있는데, 그 屬에 두 主人公이 登場한다.

將軍祝文

維歲次　月　朔　日　恩山洞頭民使代祝

（大將名：○○○）　敢昭告于

將軍列座之位

東方青帝將軍

南方赤帝將軍

西方白帝將軍

北方黑帝將軍

中央黃帝將軍

福信將軍

土進大師　外　三千將兵神位

謹以清酌庶羞敬伸奠獻尚　饗

百濟 復興의 悲劇的 近因은 內分에 있었다. 祖國의 復興을 꾀하다가도 서로 믿지 못해 同志를 죽이고 죽였던 史實, 곧 福信이 道琛을 죽이고, 豐은 福信을 죽이고 이내 高句麗로 달아나 버림으로써 百濟 땅에는 〈山有花歌〉라는 恨의 노래만 남을 수밖에 없었다.

果然 土進大師는 道琛大師의 誤記로만 볼 수 있을까. 1947年 李義純(韓醫師, 漢學者)이 쓴 別神堂(原來는 山神堂)의 〈山神堂重修記〉는 그것이 비록 光復 後에 지어진 것이기는 하나, 恩山別神祭의 根源說話의 口實을 充分히 하고 있음을 알 수 있다.

이로 본다면 重修記 屬에는 主神이 土地神으로 되어 있어 現在 別神堂 안 正面에 있는 撐畫 屬의 山神像과 混線을 빚게 된다. 그러므로 土進大師의 '土進'은 土地의 訛傳이 아닌지 疑問으로 남는다. 萬一 土進이 道琛의 訛音이라면 或是 서로 죽이고 죽은 魂魄을 한 堂에 同參시키는 것을 忌諱함에서 이름을 바꾼 게 아닌가도 推論해 본다. 申采浩 先生은 道琛을 自進大師로 看做하고 있고, 恩山 出身 黃貞翌(54)氏는 이곳에서 몇 十里 떨어진 곳에 位置한 道泉寺의 스님인 道琛大師로 類推하고 있어 앞으로의 研究課題로 남아 있다 하겠다.

5. 恩山別神祭의 祭日

《新增東國輿之勝覽》卷 18 驛院에 보면 龍田驛과 恩山驛 두 驛이 나오는데, 前者는 現 東쪽 8里에 있고, 後者는 現 西쪽 15里 밖에 안 되며 土壤이 肥沃하고 錦江의 支流인 恩山川이 흐르고 있어 四時 淸流를 이루고 있다. 또한 恩山은 交通의 要地로 隣近 農産物의 集散地였고 5日마다 큰 場이 섰다. 山神祝文에 '市正都會 財穀咸富'라는 文句가 證明하듯이 恩山은 市井(장사꾼)이 모두 모여 財物과 穀食이 다 豊富했던 고장일시 分明하다.

恩山場은 5日마다 서는데, '恩洪山'이라 하여 恩山場이 夫餘 16個 面 中에서 가장 컸고 그 다음이 洪山場이었다고 한다. 俗談에 "恩山場이 썩은 生鮮 다 친다."는 말이 있는데, 이는 사람들이 많아서 썩은 生鮮도 남아나지 않는다는 말이다. 마을 故老相傳에 依하면 倭政 때 중천鑛山(나까가와 重石鑛)이 이곳에 있어 全國에서 몰려오는 商人들로 하여 큰 市場을 形成했다고 한다. 特히 江景, 全州, 裡里 等地에서 巫女를 비롯한 商人들이 모여들어 亂場을 이루었고, 市場이 繁盛했다고 한다. 江陵端午別神굿도 마찬가지로 그 地域社會의 經濟에 寄與度가 높다.

別神祭는 치루는 이나 參與하는 이나 모두가 神明이 나야 이루어진다. 別神祭는 特別한 祝祭로 神人合一의 場이요 禁忌를 푸는 特祭(大同祝祭)이다.

祭日이 正月에 든 것은 復活祭的 性格이 짙은 것으로 解釋할 수 있다. 韓國의 正月祝祭는 季節的 分類로 본다면 春節祭에 屬한다. 循環의 法則에 依해 봄은 復活에 該當한다. 죽음(겨울)이 스쳐간 再生의 時間을 祝賀하는 祝祭이다. 우리 民族은 겨울을 '썩은 달', '죽은 달'이라 하여 집안에 蟄居할 뿐 祝祭를 벌이지 않았다.

韓國人의 長處인 崇祖思想은 再生意志와 共感帶를 形成하면서 崇祖的 祝祭를 벌였다. 祖上의 再生은 곧 未來의 自己 再生을 뜻한다. 이처럼 人間의 가장 큰 希望이 있다면 永遠한 봄, 곧 再生(再臨)을 맞는 일이다. 萬若 恩山別神祭가 五月에 들었다면 百濟復興에 對한 이미지는 半減되었을 것이다.

한편 江陵端午祭는 같은 別神祭이면서도 夏節祭에 屬한다. 여름은 旺盛한 陽의 氣運이 森羅萬象에 가득찬 季節이다. 그것은 再生 모티브가 들어있지 않은 祝祭이다. 恩山의 境遇처럼 江陵의 別神大祭가 正月에 들었다 할 때 그

또한 神格에 걸맞지 않다. 江陵의 神은 悲劇神을 主題로 한 解冤祭가 아니다. 勝戰神인 金庾信將軍을 山神으로, 그 地域 高僧인 梵日國師를 城隍神으로 모신 江陵端午祭의 主題는 豊農, 豊漁를 爲한 播種祝祭的 性格이 짙기 때문이다. 그렇다고 해서 勝戰將軍祭가 모두 端午날 祝祭로만 繼承된 것만은 아니다.

6.恩山別神祭의 日程과 性格

恩山別神祭는 郡單位의 村祭로 그 規模는 江陵端午祭에 比해 크지 않으나 祭儀性은 더욱 嚴肅하고 차분한 感이 없지 않다. 그러면서도 行進農樂 가락에 따라 움직이는 祭官과 將軍들의 行爲는 高句麗風의 北方 氣質을 담은 외泊子 가락 屬에서 儀式이 벌어지고 있어 興을 더한다.

이곳에서는 現地 恩山別神祭保存會가 整理한 祭儀 日程을 筆者의 所見을 곁들여 論及하기로 한다.

1) 물 封하기와 조라술 빚기

옛날에는 家庭에 우물과 水道 等이 없고 共同우물을 使用하게 되어 여러 사람들이 使用하는 바 不潔한고로 조라술 및 祭物에 所要되는 물을 使用할 때 祭祀日字를 化主의 生氣 福德日을 擇하여 擇日한 後에 祭祀日字가 決定되면 祭祀日 3日 前부터 祭官 一同은 누린 것 비린 것을 一切 禁食하며, 門前에 禁줄을 치고 沐浴 齋戒한 後, 이른 아침 7時頃 別座가 農樂手를 帶同하여 恩山川에 가서 禁줄(禁繩)을 치고, 祭祀한 後 上湯물을 떠다가 祭物과 조라술(神酒)을 釀造하고, 祭官 一同은 農樂演奏로 절하며 祭祀하는 行事이다. 祭官은 化主, 別座, 乘馬任員, 全員, 祝官, 執禮 等인데, 외拍子의 行進農樂에 따라 儀式을 擧行하는 것이 他 地域 別神祭와 다른 것이며 特徵이라 하겠다.

2) 집굿

化主는 別座를 시켜 집굿 칠 任員집에 금줄을 分配하여 준다. 집굿行事는 조라술을 釀造한 날 저녁부터 3日間을 저녁마다 別座가 農樂을 이끌고 任員

집을 다니면서 祈願 農樂을 쳐 준다. 이것을 '집굿行事'라 한다.

이렇게 精誠을 드리면 3日만에 完全히 좋은 祭酒가 된다. '조라술'은 일찍 (빨리) 빚어진 술이라고 한다. 이 期間 中에는 洞民들이 몸이 아플 때 藥을 服用하여도 效果를 보지 못함으로 그 집에 가서 집굿 곧 祈願農樂을 쳐 주어야 完快된다고 한다.

3) 진대베기

진대는 陳木이라고 한다.

진대베기 行事는 참나무 4本(참나무 크기 胸部 3 센티) 가량을 베어오는 行事인데 조라술 行事 다음 날 午前 9時부터 下堂 굿터에 募軍席을 設置하고 멍석을 깔고 멍석 위에 돗자리나 毯요를 깔고 設置한다.

于先 盛裝乘馬 任員들을 集合시킨다. 이 날은 實題 戰爭을 뜻하는 意味에서 起兵을 한다는 뜻으로 大將이 先頭에 서고 司令執事, 先陪裨長, 中軍領長, 後陪裨長, 座首, 都別座, 乘馬人員 順으로 集合시킨다. 또한 巫女가 三絃六角을 對同하고 順序別로 集合시킨다. 行事準備가 될 때까지 巫女와 三絃六角은 이 분들이 즐겁도록 풍장(農樂)을 울려준다. 行事 順序는 喇叭手 2名를 先頭로 領旗手 2名, 大旗手(農者天下之大本), 別神司令旗手, 24方旗手 24명, 司令執事, 先陪裨長, 三絃六角, 通引, 大將, 中軍, 領長, 後陪裨長, 座首, 都別座, 兵卒 30名, 任員 順序로 行軍하여 간다.

行事 途中 2~3次 陣 치는 場面을 連結한다. 大將은 軍士를 引率하여 넓은 廣場이나 벌판에서 圓形으로 行列 全體가 두 서너 바퀴를 돌아 빠져가는 行動을 하는데 陣 치는 것을 聯想하게 하기 爲함이다.

大概는 東北方으로 가서 미리 選定하여 두었던 참나무 4本을 採取하는데 採取 前에 祭官 一同이 祭祀한 後 베어 온다. 中食 前에 巫女는 三絃六角을 갖추고 舞踊과 노래를 하여 餘興 놀이를 한다. 그리하여 任員들은 謝禮金을 서로 쏟아 준다.

中食을 한 後에 回軍하여 돌아와서 敗戰兵을 聯想하여 大將과 後陪裨將을 뒤에 두고 나머지 全 任員은 募軍席에 돌아오면, 兵卒들과 24方 旗手들은 槍과 旗幟로 城門을 가로 막고 入城을 嚴禁한다. 大將이 入城하려할 때 中軍이 말하기를 우리 將軍임을 確認하기 爲하여 가게를 돌게 한 後 審表를 提示하도록 하여 確認한 後 入城을 許容하는 開閉門 意識을 擧行한다.

또 84年度 大將 유상렬 翁(當時 86歲)은 이 같은 進法놀이는 '戰爭놀이'라고 陳述하면서 敵이 쳐들어 오는 方向으로 마중나가는 形式을 取한다고 한다.

다음 참나무는 化主집에 두었다가 長丞祭(長承祭) 때 部落 入口 東西南北 장승터에 있는 장승과 같이 세워 두고 別座가 農樂隊를 對同하여 祭祀를 進行한다. 예전에는 人沙汰 날 程度로 구경꾼이 몰려들었다고 한다.

4) 꽃 받기

모든 行事는 擇日이 決定될 때부터 實施한다. 이 行事는 꽃과 花燈 製作者를 選定하면 花燈房을 決定하고 그 날부터 그 집 앞에 禁줄을 치고 外人의 出入을 嚴禁한다.

製作者 自身들도 그 날부터는 沐浴齋戒하며 꽃방에서는 禁煙은 勿論이고 양치질을 하는 等 온갖 精誠을 다하여 製作한다. 밖에 나왔다가 꽃방에 들어갈 때는 손을 씻고 양치질을 다시 하고 들어간다. 精誠이 不足하면 五色染色이 잘 되질 않는다고 傳해 오기 때문이다.

그렇게 製作된 꽃과 花燈을 隣近의 寺刹이나 祠堂 같은 데를 選定하고 꽃柄 6個와 花燈 6個를 作封하여 두면, 진대베기 行事 다음 날 行事와 同一한 節次로 가서 全 祭官이 祭祀하고 運搬하여 花主집에 두었다가 上堂 時에 祭物과 같이 別神堂에 올렸다가 花燈은 堂舍 庭園에 세워두고, 꽃柄 6個는 神位 앞에 바치고 祭祀한다. 下堂祭가 끝나고 諸般 行事가 끝나면 各 精誠을 주신 분들에게 꽃을 나누어 준다.

굿판에서 꽃을 받은 住民들은 양손에 꽃을 들고, '꽃춤(花舞)'을 추어 神이 내려준 恩寵에 感謝를 들인다. 꽃을 받은 사람들은 次期 別神祭 行事까지 '神花'라고 해서 所重히 집에 保管한다.

5) 上堂굿

上堂行事는 入祭行事인데 秩序 整然하게 別神堂으로 祭物을 運搬하는 行事이다. 行列順序는 喇叭手 2名을 先頭로 하여 領旗手 2名, 大旗手, 別神司令 旗手, 24方 旗手 24名, 農樂隊 5名이고, 祭物은 양초 2갑, 불백기 1, 노구메, 시루 1, 盞臺 3, 飯 2, 麵 2, 진편 2, 백편 2, 녹두나물 1, 도라지나물 1, 고사리나물 1, 콩 1, 쌀 1, 팥 1, 대추 1, 밤 1, 꽃감 1, 脯 1, 豆腐 3, 조

라술柄 1, 퇴각 1, 祝函 1, 香爐 1, 萬壽香 1, 꽃柄 6, 花燈 6, 사명執事, 先輩神將, 三絃六角, 通引, 大將, 中軍, 領將, 後陪裨長, 座首, 都別座, 兵卒 30名, 任員, 來賓 順序로 行進하는데 貞潔과 嚴肅을 보이기 爲하여 입에 종이를 물고 간다.

肉化主는 祭物이 上堂되면 卽時 生猪, 生鷄를 잡아서 堂에 올리고 生猪 배위에 큰 칼을 꽂고, 農樂演奏에 따라 肉化主와 全 祭官이 절하며 祭祀를 올린다.

肉化主가 生猪 • 生鷄를 다시 자기집으로 내려다가 삶는 동안 一旦 全員이 休息한다.

本祭行事는 熟猪 • 熟鷄가 堂으로 올려 오는 밤 9時頃에야 始作된다.

執禮의 指示에 依하여 擧行된다.

① 集禮가 (化主 焚香三拜)라고 笏을 부르면 化主와 別座 2名은 堂으로 올라가 化主를 도와주며, 化主가 焚香하고 農樂 演奏로 三拜한다.

② 集禮가 (化主 降神 三拜)라고 笏을 부르면, 化主가 乾杯 올리고 農樂演奏로 三拜한다.

③ 集禮가 (祭官 參神三拜)라고 笏 부르면, 祭官은 農樂 演奏로 三拜한다.

④ 集禮가 (化主 軺軒)라고 笏을 부르면 化主는 두 別座의 周旋으로 獻爵하고 祭物을 開封한다.

⑤ 集禮가 (山神祝 讀祝)라고 笏을 부르면 祝官이 山神祝을 督促한다.

6) 降神굿

本祭行事 다음 날 午前 10時頃에 全 祭官이 集合하여 降神굿을 始作한다.

大旗 꿩 長木 아래에다 방울을 달고 대쌀바지에 大旗를 세워놓고 化主와 大將이 農旗를 잡고 巫女가 巫歌를 부르고 舞踊을 하며 左右에서 三絃六角과 農樂을 치고 祈願을 한다. 祭祀에 致誠이 잘 되었으면 大旗가 動하여 방울이 搖亂하게 소리를 낸다. 農旗가 흔들리는 것을 '대(神대)가 논다'고 말한다.

그러나 致誠이 不足하였으면 大旗가 動하지 않는다. 그런 때에는 祭官 中에 精誠이 不足한 者가 있다는 徵兆임으로 祭官 全員이 恩山川에 내려가서 結氷된 때일지라도 어름을 깨고 沐浴齋戒하고 다시 巫女가 極盡히 祈願하면 大旗가 움직인다. 여기서 農旗대 끝에 있는 방울은 古代 蘇塗(짐대)나 馬韓

의 '鐸舞'를 聯想케 한다. 방울은 巫俗에서 神을 모시는 請神用 巫具이다.

대내림은 이러한 방울을 通해 神의 意思를 表示하는 行爲이다. 대쌀 바지에는 白米를 小豆 1斗 程度 담아 놓으면 乘馬任員들은 自己 誠意대로 돈을 대쌀바지에 던져 준다.

7) 下堂굿

下堂굿 行事는 上堂굿 行事가 끝난 다음 當日 午後 3時頃에 市街地 큰 槐木나무 아래 下堂굿터에 내려와서 大將 以下 乘馬任員 全員이 꽃반(祝願床) 白米 小斗一斗를 陳設하고 불백기에 촛불을 키어 놓으면 三絃六角은 자리에 整頓하며 巫女는 三絃六角 演奏에 맞추어 下堂굿 呪文을 부르고 舞踊과 노래를 부르며 大將을 비롯한 여러 수고한 분들에게 個別的으로 술盞을 올리며 祝願을 하여 주면 謝禮金을 誠意대로 쏟아준다.

또 그 자리에 參席한 住民들에게도 巫女는 술盞을 올리며 祝願을 해 준다. 이 술은 神酒라고 하여 飮酒한 사람은 기뻐한다.

8) 獨山祭

옛날에는 獨山祭를 化主 單獨으로 精誠을 드려 罷祭 3日만에 化主가 別座를 帶同하여 別神堂 下座에 獨山祭壇에 가서 불백기시루(녹음이시루)와 酒果脯로 祭祀하고 燒紙를 올리며 神意에 感謝의 뜻을 올리는 祭祀이다.

只今은 時代와 經濟的 要件을 勘案하여 罷祭 다음 날 長丞祭와 같은 날 밤 8時頃에 實施하고 있다.

9) 長丞祭

옛날에는 罷祭 4日만에 別座가 農樂隊와 領旗를 앞 세우고 東西南北 長丞터에 가서 새로 製作한 長丞과 陣木(참나무)을 세워놓고 酒果脯, 돼지머리 반쪽, 진편, 白편(백설기)을 陳設하고 燒紙를 올리며 農樂演奏에 따라 別座가 절하고 祭祀한다.

이것은 四野의 雜神들이 部落 內에 侵犯치 못하게 하는 防衛陣城과 守門者의 役割을 맡아 줄 것을 祈願하는 行事이다.

以上 祭儀 課程을 通해 가장 主題가 될만한 行事는 뭐니 뭐니 해도 꽃받기 行事라 할 수 있다. 筆者는 이 別神祭야 말로 韓國의 典型的 '花祭'(꽃祭

- 꽃祝祭)의 標本이라고 보고자 한다.

맨 처음 意識인 물 封하기와 조라술 빚기는 神이 드실 술을 빚기 爲한 禁忌行爲요 聖域空間 設定 行爲이다. 집굿 行事 亦是 祭官 및 任員들의 個人 禁忌行爲이다. 우리네 傳統으로 紙花는 스님이 아니면 박수巫堂이 만든다. 恩山은 過去에 道泉寺 스님이 紙花를 만들었다고 한다. 오늘날은 紙花쟁이가 花燈房을 決定하면 그 날부터 그 집 앞에 禁色을 치고 外人의 出入을 삼가 할 程度로 만들 때부터 精誠을 다 쏟는다. 製作된 꽃柄과 花燈 各各 6個를 皐蘭寺와 三忠祠에 作封해 두었다가 全 祭官이 祭를 올리고 運搬한다. 長長 16km의 長距離를 말을 타고 걸으며 모셔 온다. 그런데 이처럼 먼 거리를 꽃 받으러 가는 理由는 무엇 때문일까? 이는 꽃이 神이기 때문이다. 現地民들도 그 꽃은 '神花'라 이른다. 神花를 모셔 오는 데에 苦痛이 따를 수 없다. 法悅이 있을 뿐이다. 神竿木을 베어서 등에 지고 3~4 十里를 걸어 와도 무거운 줄 몰랐던 韓國人의 信仰心이 그 屬에 자리하고 있는 것이다. 오늘날 現代人의 生活與件으로는 實로 어려운 行事이다. 그러나 그렇게 힘겨운 路程을 그대로 踏襲하는 데에서 우리는 '꽃 받기'行列의 內延的 祝祭의 意味과 참 모습을 발견하게 된다.

꽃의 異動은 다음과 같다.

	俗界 →→→→→→→→→→→→→→→ 聖所 🚶🚶　　　　　　　　　　　　　↓ 🚶🚶 ←←←←←←←←←←←←←←←← ↓
祝祭空間	紙花(雜花)→→→→→→→→皐蘭寺 꽃 만들기　　　　8km　　　三忠祠 　　　　　　　　　　　　　　꽃 封하기 　　　　　　　　　　　　　　　↓ 　　　　　　　　8km　　　　　↓ 山堂굿(山神堂) ←←←←←← ↓ 　↓ 꽃 받기: 獻花祭 　↓ 下堂굿(城隍堂) 　↓ 꽃 내리기: 꽃춤(花舞)(散花祭)

꽃 받기란 別神祭의 神 앞에 바치는 여섯 個의 꽃燈과 꽃을 받아오는 行事이다. 꽃은 아름답고 깨끗한 것으로 裝飾的인 技能과 堂을 聖스러운 곳으로 聖域化하는 聖花로서의 技能이 있다. 一般的으로 天國에는 꽃이 많이 피어 있는 것으로 認識되어 있다. 神에게 바치는 가장 神聖한 物件도 꽃이다. 祈子나 育兒 祈願을 爲한 濟州道 '佛道 맞이'에서의 꽃의 意味는 生命의 꽃, 再生의 꽃, 呪力發動의 꽃이다. 古小說 <沈淸傳>에서 沈淸이는 蓮꽃 屬에서 再生하게 된다.

過去 恩山別神祭의 祝祭場은 期成會(後援會) 任員이 全州, 論山 等地에 가서 亂場을 運營할 사람을 만나 亂場을 팔았다. 난장판을 치는 사람이나 서간에 적자를 봐서는 안 된다. 日記가 不順하다거나 어떤 事情으로 赤字가 났으면 期成會 側에게 祝祭期間을 延長해 줄 것을 要請한다. 그러면 며칠 더 延長하여 난장을 연 이들이 赤字가 안날 程度로 하여 '꽃내림(꽃내리기)'을 한다.

下堂굿이 끝나고 꽃을 내리면 住民들은 너나 없이 꽃봉에 달린 꽃을 몇송이 씩 빼어들고 꽃춤을 덩실덩실 춘다. 그 꽃을 自己 집 門 앞에 꽂아 놓으면 厄이 없어지고 福이 온다는 俗信까지 있다. 이밖에 祭場에도 花煎이 있어 花祭의 特徵을 드러내고 있다.

그런데 神歌 中 꽃굿이 있어야 하고 꽃굿노래가 있어야 할 터인데 찾을 길 없어 아쉬움을 남기고 있다.

反面 江陵端午祭에서는 神을 맞는 迎神歌까지 있다.

꽃밭일레   꽃밭일레
四月 보름날   꽃밭일레
지화자 좋다   얼씨구 좋다
四月 보름날   꽃밭일레

이 노래는 大關嶺에서 山神 및 大關嶺國師城隍神을 맞이하여 모시고 내려올 때 부르는 神歌이다. 또 이 노래는 民謠로 들어가 '映山紅'이라는 民衆의 神맞이 노래로 變身하기도 했다.

百濟文化 屬에서 儀式謠가 사라진 理由는 첫째 百濟文化의 消滅을 들지

않을 수 없다. 恩山의 山神堂은 特定한 名山도 아닌 데다가 具體的인 山神名도 없다. 그러나 過去 百濟 時節에는 分明 別神굿에서 別神歌를 불렀을 것으로 보아 省略된 形態로 볼 수 있다.

《高麗史》樂志에 衣하면 百濟는 온통 산노래뿐이었다. 百濟歌謠는 曲名과 說話만 傳하고 있는 <方等山歌>, <無等山歌>, <雲山歌>, <智異山歌>와 歌辭가 傳하는 <井邑詞>뿐이다. 이들 中 <井邑詞> 4數 만이 山이 아니지만 노래를 지은 이가 부른 곳은 亦是 山이다. 百濟 땅에는 일찍부터 新羅 詞腦歌에 比較할 수 있는 山有花歌(山花歌)가 있었다. 이들 노래는 神歌調 노래로 出發하여 一部는 民謠로, 一部는 歌謠로 定着하기에 이르렀던 것이다. 朴堤上의 夫人이 稚述嶺의 神母가 되었듯이 井邑詞의 望夫石女人도 격이 下落된 神母說話의 한 形態가 아닌가도 類推해 본다. 오늘날 百濟圈에서 찾아 볼 수 있는 '산아지'라고 하는 山 노래는 山神祭 儀禮 때 불렀던 迎神歌의 殘影으로 推定해 보고자 한다.

民間信仰與非物質文化遺產

近代以来中国传统节日地位的浮沉与未来走向

萧 放

【提 要】传统节日是中国传统文化的重要存在形式，它与中国传统农业社会生存状态相配合，是传统社会的重要时间体系。19 世纪末开始，随着欧美经济文化的强力进入，中国社会逐渐发生改变，特别是民国政府采用了格里高利历，以西方公元纪年，中国出现了政府与民间两套时间体系，政府试图改变传统时间体系，传统节日遭遇贬低的命运，传统时间体系被视为革命的阻力。但政府的做法遭到民间的抵制。1949 年之后，中国承认传统大年的民俗地位，但其他节日没有受到相应重视，在"文化大革命"时期，传统节日再次被作为旧风俗进行批判。直到 20 世纪 80 年代以后，传统节日命运逐渐好转。随着中国经济的发展、国力的增强，中国人民重新重视传统节日。在 21 世纪初加入联合国教科文组织的《保护非物质文化遗产公约》之后，传统节日得到持续的关注，中国政府以"我们的节日"为题，持续推动传统节日复兴。中国民俗学会等民间组织与节庆专家为传统节日的回归付出了巨大心力。传统节日的复兴与重建成为中国当代文化史上的标志性事件。我们以此透视中国当代文化的一般形态与未来走向。

【关键词】传统节日、非物质文化遗产、复兴与重振

　　21 世纪是全球化加速的时代，信息技术与快速的交通方式将广袤的世界变成了一个共处的地球村落。原本天地悬隔、各自分离、独立自足的族群在世界经济一体化的过程中迅速成为声息相通的"邻里街坊"。各自独立成长的历史文化经验，使族群拥有各异的文化传统，这些有着独立文化传统的族群在全球化过程中猝然相遇，彼此之间的冲突、磨合、适应需要一个较长的彼此濡染的时间过程。其中民族节日作为民族文化的结晶与传承载体，是民族文化的重要遗产，它在当代社会尤其引人关注。对于民族节日文化遗产的历史与现状考察，对其未来的走向的预测与评估，值得我们深入思考。本文以中国当代传统节日

为例进行具体论述，本文所讨论的中国传统节日是指中国社会多数人口享受的传统节日。

（一）近代以来传统节日在中国的境遇

中国民族节日是中国传统文化的标志，它诞生于传统中国农业宗法文化土壤之中，它具有适应自然时序、协调家族活动的性质。从中国传统节日形成发展历史看，它起源于周秦时代，奠基于汉魏六朝，发展于唐宋，在明清至近代又发生了较大变化。传统节日虽然在中国走过近三千年的历程，节日内涵曾出现较大变化。自汉武帝太初元年（前104）颁布《太初历》，确定以夏历正月为岁首以后，中国传统社会节日体系的形成提供了稳定的时间保障。在天人感应观念、阴阳五行流转图式与儒家伦理观念的综合作用之下，汉魏之际中国社会围绕着季节时序形成了分布适当、结构完整岁时节日体系。在此后的两千年，无论是分裂时代，还是统一时代，虽然有节日兴衰与局部调整，但总体上保持着传统的节日框架，继承着节日习俗传统。节日时间体系在王朝时代是官民共享的社会时间，是人们年度生活的时间指南。

直到晚清西方列强的频繁叩关，直接诱导了近代中国革命。1911年以西方民主政治为蓝本的辛亥革命的成功，标志着在中国延续了二千多年的封建王朝的结束。民国政府为了显示自己认同欧美文化的世界性，引进格里高里历，以公历纪年。引进西洋历法之后，传统节日与日常时间密切配合的状态被强力打破，古已有之的官民共享传统节日面临着新的时间秩序的挑战。现代中国，激进的政治力量常常以压制民族传统节日为推行新政理念与管制社会的方式。

1912年1月1日，孙中山在南京就任临时大总统后，正式通电各省："中华民国改用阳历，以黄帝纪元四千六百零九年十一月十三日为中华民国元年元旦。"孙中山引进西洋历法，改变传统的正朔，以公历为标准纪年，将1912年1月1日定为民国元年元旦。民国元年（1912年）1月13日，孙中山发布《临时大总统关于颁布历书令》，令内务部编印新历书。内务部编撰的这部《中华民国元年新历书》，与旧历书相比，其特点有三：一是新旧二历并存；二是新历下附星期，旧历下附节气；三是旧历书上吉凶神宿一律删除。袁世凯就任临时大总统后，继续推行新历。在民国初年，政府虽然强力推行新的历法，但也考虑到民众生活的需要，一般采取调和折衷的方式。1914年1月北京政府内务部在致袁世凯的呈文中提出："拟请定阴历元旦为春节，端午为夏节，中秋为秋节，冬至为冬节。凡我国民均得休息，在公人员亦准给假一日。"袁世凯批准了该呈文。由此，传统农历新年岁首在官方意义上正式被易名为"春节"，传统的元旦、新年名称被安置在公历的 1 月 1 日头上。而一般百姓并不理会公历元旦，仍将农历正月初一称为新年。1919 年 2 月 1 日是农历新年，山西太原乡绅刘大鹏在他的日记中写道："五更各庙鸣钟，惊醒世人早起迎神，里中放炮接连不断，此其新年也。上年十一月三十日所过阳历之新年，百姓皆不以为然，惟官厅庆贺，民皆睨而视之，且谓是彼等之年，非吾之新年耳，民情大可见矣"。[1]

　　这样，由于政治变革的原因，在近代中国社会出现了两个新年，一是"民国新年"：公历元旦，一是"国民新年"：农历春节。公历元旦新定，没有任何民俗内涵；农历春节却有两千年以上的历史，民俗事象丰富。农历岁首，本来就建在孟春正月，它很早就与立春节气（这是最符合自然时序的春节）有着密切的配合，我们看汉朝以来迎接新年的节俗中，很多都包含着迎接新春的意义。所以民国时期直接将农历岁首称为春节，符合传统节日的内在性质，人们易于接受。而且作为一般百姓，人们照例称为新年或大年。

　　但急于现代化的民国政府曾一度不满足于与民族传统妥协的二元历法结构的存在，试图统一使用公历，将传统节日习俗全部搬到新的历法系统中，过公历元旦，废掉农历新年。据民国档案资料记载，1928 年 5 月 7 日内政部呈国民政府："对于国历，除官厅照例表示遵行外，一般社会，几不知国历为何事"，决定"实行废除旧历，普用国历"，原因是"考社会日常状况，十余年来，依然沿用旧历，罔知改正，除军政各机关及学校，表面上尚能遵用外，在商店清理账目则仍循旧节，在工业支付劳资，则率依旧岁，至一般民众之赛会、休沐，益复寻朔计望，蒙昧如故，于一国行政制度之下，百度维新之际，而政令与社会现状，如此悬殊，若不根本改革，早正新元，非惟贻笑列邦，抵牾国体，核与吾人革命之旨，亦属极端背驰。"因此"拟办法八条，冀从根本上谋彻底之改造"。其中，第二条办法是严禁私售旧历、新旧历对照表、月份牌及附印旧历之皂神画片等，理由是实行国历，必先严禁私售旧历始，至各省区民间习用之皂历，在城乡效力最大，尤应通令各省区市力加禁止。第三条办法是严令京内外各机关、各学校、各团体，除国历规定者外，对于旧历节令，一律不准循俗放假，

1　刘大鹏《退想斋日记》，山西人民出版社，1990 年，第 270 页。

黄大仙信俗與非物質文化遺產國際學術研討會論文集

理由是各机关、各学校、各团体之表面上尚遵用国历者固属不少，而实际上阳奉阴违依然放假度旧历节岁者亦所在多有，宜从严禁止，以免淆乱民众之观听。第四条办法是通令各省区市妥定章则。公告民众，将一切旧历年节之娱乐、赛会及习俗上点缀品、销售品一律加以指导改良，按照国历日期举行。原因在于民间不克实行国历之原因，多半为旧历上习俗所囿，非将旧岁旧节之一切正当习惯择其无背良善风化、不涉迷信者一律妥定章则，提倡导引，俾均移照国历日期举行，不足以谋根本之改造，例如旧历年节元旦日应有之各样点缀品及正月间一切热闹娱乐举动，可移至国历新年一月内举行。

1930 年，民国政府重申"移置废历新年休假日期及各种礼仪点缀娱乐等于国历新年：（一）凡各地人民应将废历新年放假日数及废历新年前后所沿用之各种礼仪娱乐点缀，如贺年、团拜、祀祖、春宴、观灯、扎彩、贴春联等一律移置国历新年前后举行；（二）由党政机关积极施行，并先期布告人民一体遵照办理，废历新年不许放假，亦不得假藉其他名义放假。"[2]

民国政府取缔阴历后，一度雷厉风行，据时人记述，春节期间派警察到关门停业的商店，强迫其开门营业，并将元宝茶及供祀的果品，叱责捣毁，有的还要处以罚金"甚至乡间售卖历本的小贩，亦一并捉去拘役。一时间人心惶惶，将一个欢天喜地的新年，弄出啼笑皆非之状"。[3]

政府将民族传统节日视为现代国家的敌人，认为它不仅让国际社会耻笑，并与自己的革命宗旨背离，必须在政治社会生活中全面禁止。这种企图全面抛弃民族节日传统的做法类似于成长过程中的叛逆青年，以简单、粗暴的方式否定传统，虽然态度激进，但并不奏效。对于文化传统深厚的中国来说，要想实现单一欧美标准的全球化非常困难，西洋节日要进入民众生活并不容易。当时一般社会人们照旧过自己的旧历大年，当局也无可奈何。1934 年初，南京国民政府停止了强制废除阴历，不得不承认："对于旧历年关，除公务机关，民间习俗不宜过于干涉"。民间又可名正言顺地过农历新年了。民国时期改变了朝野一致的时间体制，出现了官民分立的二元时间体制．民国政府机关只在公历元旦举行民国纪念日与新年庆祝活动。而民间依然从腊八开始到正月十五、甚至二月二日享受自己的年节。兹以南北两地为例，可见一斑。北京通县，元旦（农历春节），设香烛、果饼，拜天地，祭祖先，乡里往还叩拜，庆贺新年。

2　以上均见《中华民国史档案资料汇编》第五辑，江苏古籍出版社，1991 年。
3　文载道《风土小记》，辽宁教育出版社，1998 年，第 7-8 页。

正月十五元宵节，备元宵祭神，燃灯花祭祖。[4] 南京，正月新年习俗如旧，"正月元旦至初五日，此数日中，每饭必先祀祖。亲戚友朋，互相贺年。虽民国改用阳历，十年以来，习俗未尝移改。"[5]

中国在破除闭关锁国状态趋向国际化的努力过程中，一度矫枉过正，民族传统节日成为现代政治的牺牲品。1949 年中华人民共和国成立，历史进入新的阶段。在继承民国公历纪年的同时，将旧历节日中的春节作为国家法定假日，这是对传统节日地位的国家肯定。但是，春节之外的其他传统节日没有得到相应重视，春节本来是中国传统节日体系的重要环节，失去传统节日体系支撑的春节，显得势单力薄，传统的春节内涵也被视作落后的习俗被强制改造。1966 年至 1976 年十年期间，是"文化大革命"时期，这一时期中国社会出现史无前例的社会动荡，传统文化被认为是落后的旧文化，传统节日是旧风俗、旧习惯，不符合革命宗旨，因此在革除之列。1967 年 1 月 25 日当时上海《解放日报》刊登了一封工人造反派来信"……什么敬神、拜年、请客、送礼、吃喝玩乐，都统统见鬼去吧！我们工人阶级从来没有这些肮脏的习惯。"接着《文汇报》等各地报纸纷纷以"读者来信"与"倡议书"的形式，大造过革命化春节的舆论。几天之后（1967 年 1 月 29 日），国务院发出通知，适应革命形势，根据群众要求，春节不再放假。号召大家过"革命化"春节。当然这种春节都不放假休息的做法，除了激进意识的人外，人们是不满意的。人们还是渴望传统佳节能够休息，走亲访友。记得当时我们家乡在兴修水利工程，过年不让群众回家，但人们在领到节日食品后，晚上全部偷跑回家过年了。民族传统节日遭到贬抑是近代以来的常态，这种境况的出现与中国当政者的政治态度与社会意识有着深刻的内在联系。

（二）20 世纪后期以来，随着中国融入世界速度的加快，中国传统节日文化出现复兴重振态势

20 世纪 80 年代以来，随着对"文化大革命"错误的反思，人们逐渐改变了对待民族传统的激进政策，重新评估民族传统的内涵价值。1979 年 1 月 17 日《人民日报》发表了一篇针对性十分普遍、敏感的群众来信，题目是《为什么春节不放假》和《让农民过个"安定年"》。"农民一年到头，春节是放假休息的时候。

4　民国《通县志要》。

5　胡朴安《中华全国风俗志》，下编，江苏：岁时琐记。河北人民出版社，1986 年，第 131 页。

说实在的，春节不放假，搞疲劳战术，群众过不好年，心里不痛快，干活也干不上劲！"1980 年春节恢复为公共假日。

同时随着中国改革开放政策的深入，2001 年 11 月中国加入了世界贸易组织（WTO），中国社会日益成为世界现代化的重要组成部分，开放的中国面临着全球化浪潮的强劲冲击，中国民族主体文化价值也日益显现出来。上世纪 80 年代的"文化热"，21 世纪初出现的"国学热"等，人们都表现出对中国传统文化的浓厚兴趣。当然，我们还要看到 20 世纪后期以来联合国教科文组织在保护世界文化多样性方面卓有成效的工作，教科文组织的"非物质文化遗产"的保护计划与保护行动，对推动中国传统复兴运动有着重要的启示与促进作用。在国内外的合力之下，中国政府承担起保护传统文化的历史任务，2003 年中国文化部启动了中国民族民间文化保护工程，2004 年全国人大常委会批准中国加入联合国教科文组织颁布的《保护非物质文化遗产公约》，包括传统节日在内的非物质文化遗产得到政府角度积极而正面的评价。[6]2004 年韩国拟报江陵端午祭为世界非物质文化遗产，经报刊特别是网络媒体披露之后，在中国引起了民众的强烈反应。普通民众利用网络媒体纷纷发表意见，认为韩国是将本该属于中国的端午节，拿去申报世界非物质文化遗产，这是劫夺中国文化成果，认为一旦批准，我们就是过韩国的端午节了，与端午节有关的屈原也就要成为韩国人了等等。这样的网络舆论之所以出现，即是网络自媒体工具的普及，也是中国 GDP 显著增加的结果。自 2001 年加入世贸组织之后，中国国内 GDP 生产总值持续走强，2004 年 GDP 已经达到 16.7 万亿元。2004 年，人均可支配收入，城镇居民达到 9422 元，比较 2000 年 GDP10.8 万亿元的城镇居民人均收入 6208 元，增加了近 3200 元。在世界 GDP 排名中居第七位。这些经济数据说明，中国居民收入显著提高，中国人民生活水平显著改善，因此，他们在精神上的需求与文化上的满足感有了明显的期待。人们开始重视民族文化问题，以前认为可有可无、甚至认为是阻碍经济社会发展的负资产的传统文化，在这时变成了人们精神满足的资源。因此韩国申报端午祭为世界非物质文化遗产成为引发人们保护传统文化的导火索。在强大网络舆情之下，促成了政府在复兴传统文化是的更大决心。2004 年 5 月 6 日，《人民日报》发表了"不要冷落了自己的传统节日"的标题文章。这篇权威党报的文章如历史上其他文章一样成为政府对

6　李树文等主编《非物质文化遗产法律指南》，北京：文化艺术出版社，2011.231-245

传统节日态度显著变化的风向标。接着中国民俗学会利用自己的学术力量为政府撰写了关于传统节日历史源流与传承方式的对策建议。中国民俗学会为了推进传统节日假日化，2005 年 2 月 14-15 日在北京东岳庙与北京民俗博物馆联合召开了"首届东岳论坛"："民族国家的日历：传统节日与法定假日国际研讨会"。来自美国／日本／韩国／马来西亚／中国大陆与台湾的 50 多位学者参加了会议，就东西方的时间观念／传统节日和法定假日进行了深入研讨。中外学者专题研究节日文化在中国现代学术史上是第一次。[7] 在中国民俗学会等非政府组织及专家学者为传统节日复兴的不懈努力下，[8] 在国家文化政策出现重大调整的情况下，中国政府在对待传统节日的态度出现重大变化，不仅是简单的不要冷落的问题，而是要充分利用传统节日资源为民族文化建设服务。

　　2005 年 6 月 17 日，中央宣传部、中央文明办、教育部、民政部与文化部联合发出"关于运用传统节日弘扬民族文化的优秀传统的意见"的通知。这一通知应该是中国共产党首次系统评价中国传统节日的纲领性文件，通知对传统节日高度重视，予以积极的正面评价。通知认为"中国传统节日，凝结着中华民族的民族精神和民族情感，承载着中华民族的文化血脉和思想精华，是维系国家统一、民族团结和社会和谐的重要精神纽带，是建设社会主义先进文化的宝贵资源"。[9] 因此，要加强传统节日内涵研究，重视传统节日教育进入学校，传统节日教育要纳入学校教学活动之中。社会上要精心组织传统节庆活动节庆活动。充分发挥新闻媒体对宣传民族传统节日的导向作用，切实加强对民族传统节日的舆论宣传，积极营造尊重民族传统节日、热爱民族传统节日、参与民族传统节日的浓厚氛围。积极开展传统节日的研究和保护工作，积极探索保护传统节日的措施和办法，使传统节日得以不断传承和发展。强调依法保护传统节日。要求文化部门认真实施民族民间文化保护工程，切实加强民族民间文化保护工作，对具有历史、文化和科学价值的传统节日文化进行有效保护和合理利用。此前一直处于民间呼吁状态的传统文化复兴活动，获得政府层面高度肯定与积极推进，从而它成为当代中国国家文化建设的组成部分。

　　中国政府为了有效地履行《保护非物质文化遗产公约》，从 2005 年起，

7　中国民俗学会秘书处编印《中国民俗学会大事记》（1983-2013），第 111 页。此次会议成果结集为《节日文化论文集》，北京：学苑出版社，2006.

8　萧放／吴静瑾《近 20 年 1983-2003）中国岁时节日民俗研究综述》，中国民俗学会编《民俗春秋》，学苑出版社，北京：2006:334-361

9　李树文等主编《非物质文化遗产法律指南》，北京：文化艺术出版社，2011:184-189

将非物质文化遗产的的抢救保护工作列入政府工作日程。2005 年，3 月国务院办公厅颁发了《国务院办公厅关于加强我国非物质文化遗产保护工作的意见》，同年 12 月，国务院下发了《国务院关于加强文化遗产保护的通知》，非物质文化遗产保护工作列入了国家行政工作范围，这是巨大的历史进步。以传统文化为核心的非物质文化遗产抢救保护工作从此步入快车道。传统节日是非物质文化遗产的重要组成部分，春节／清明／端午／七夕／中秋／重阳名列 2006 年颁布的第一批国家级非物质文化遗产名录。在保护世界文化多样性的公约精神下，中国传统文化取得了合法地位，传统节日是其中耀眼的内容。

国人对传统文化的热情，影响到海外华人，2004 年美国纽约州长签署法令确定春节为华人与有此需要的亚裔为法定假日。[10] 海外华人的春节称为法定假日，反过来影响国内情绪。2006 年 2 月 5 日法国巴黎华人聚居的 13 区举行规模甚大大春节彩妆游行。这天芝加哥等地华人也举行了大型巡游活动。同年 2 月 4 日，马来西亚 7 万华人在槟城举行"全国新春大团拜"活动，国家元首／首相都赶赴现场参加。印尼总统也出席在雅加达举行的华人春节庆典活动。[11] 传统节日在中外呼应中，越来越受到人们的重视。2006 年，是中国传统节日受到国家与社会全面重视的年份。在北京带动下，在城市被禁止燃放了多年的鞭炮，在春节期间陆续燃放。节日气氛明显增强。2007 年国务院开始为传统节日放假调研，确定春节／清明／端午／中秋为国家公共假日。2008 年，正式实施。系列传统节日成为公共假日，这是中国近百年历史上的第一次。

在此期间，中央文明办为了落实 2005 年五部委关于弘扬优秀节日文化传统的通知，在全国发起了"我们的节日"的主题活动，要求政府文化部门／媒体与社区在传统节日期间开展系列节日主题活动，促成社会达成复兴传统节日文化的共识。在中央文明办的持续推进下，中国民俗学会的专家学者／非物质文化遗产专家积极在报刊／电视台／广播电台／公益讲堂／学校／社区等广泛宣讲传统节日，传统节日复兴活动有声有色。2010 年，中宣部／中央文明办／教育部／民政部／商务部／文化部／国家旅游局联合下发《关于深化"我们的节日"主题活动方案》，以深入接近生活／接近群众为原则，让传统节日真正回到民众生活之中。《人民日报》4 月 14 日张第四版发表了"'我们的节日'主题活动十

10　聂传清《中国春节"文化大餐"打动世界》，人民日报（海外版）2006-02-07

11　黄涛《保护传统节日文化遗产与构建和谐社会》，见中国民俗学会／北京民俗博物馆编第三届东岳论坛文集《传统节日与文化空间》，学苑出版社，北京：2007：262-263。

年回眸"专题文章，回顾十年来，"我们的节日"主题活动成绩，说："10 年来，'我们的节日'主题活动产生了良好的社会影响和教育效果，推动传统节日不断与现代生活相融合，成为人们心中的爱国节、文化节、孝老节、仁爱节、节俭节、绿色节、情感节，展示出与时代发展同向而行的强大正效应"。

中国传统节日正是在这样的历史情境中得到重振或复兴。我们不妨以中国几个重要传统节日为例，看看传统节日在当代中国复兴情况。

春节是传统节日体系中首要大节，传统节日的复兴从春节开始。春节本义是家庭团圆的节日，但在强调民族国家的当代，春节是官方民间公共的假日，也是全民族的庆祝日，在国家政治的框架下，为了显示对传统节日的重视，中国相关政府机构近 20 余年推出了三大举措：一、结合时代变化的需要竖立了新的年节象征，以四海同乐的春节联欢晚会，聚合海内外中华儿女。中央电视台在 1983 年策划推出了影响深远的春节联欢晚会。从此春节联欢晚会成为大年夜全国人民共享的"年夜饭"，春节晚会成为 20 余年来中国人的年节标志事象之一。二、春节长假保证人民的娱乐休闲时间。春节法定假期的延长是春节传统复兴的时间保障。在传统社会，大年是与民休息的大日子，从唐宋开始一般有 3 至 10 天公休假日，长的甚至一个月，官员封印，农人休息。民国初年大年尚有一天假日，后来取消，新中国成立之后，春节确定了为法定假日给三天假期。春节长假始于 1999 年。春节是回家的日子，从正月初一到初七的 7 天长假，给数千万离乡离土的游子提供了回归故里，享受家人团圆幸福的时间，大年前后城乡之间来回移动的人潮构成了当代春节的一道风景。三、恢复传统春节民俗。随着春节地位的日益提升，春节的传统民俗逐渐回归到百姓节日生活之中。春节祭祀、春节拜年、春节社火巡游表演等传统民俗重新成为年节的节日要素。特别是迎年鞭炮的重新响起，是中国传统年节复兴的重要标志。从 20 世纪 80 年代后期开始在城市禁放鞭炮的做法，到 21 世纪初期发生了改变。为了营造传统节日气氛，包括北京、上海在内的 200 多个城市在 2006 年前后相继解除了年节禁放鞭炮的禁令，由过去的一律禁放，改为有限禁放，市民在过了十多个无声无息的春节后，又迎来了喜庆的鞭炮声，人们重新享受着热闹欢乐的春节。

春节之外的清明、端午、七夕、中秋、重阳等传统节日在 21 世纪初同样受到人们的重视。经历了革命浪漫之后，人们重新认识传统的价值，人们依恋着对传统节日的温馨记忆与天然情感，将传统节日视为回归家庭，牢固亲情、友情的重要方式，这种发自民间的怀旧情绪，是传统节日复兴的重要动力。

清明节是祭祀祖先亡灵的日子，在破除封建迷信的"文革"时代，清明祭祀活动受到抑制，祠堂被捣毁或改建，人们不敢公开祭祀祖先。清明时节主要是官方纪念革命英烈等。文革结束后，清明祭祖活动日益兴盛。民间清明时节纷纷上墓祭扫，清明各地通往墓园道路拥堵现象严重，2004年3月27日至29日，北京通州区统计已有9万人上墓祭扫。同时随着改革开放政策的实施，港澳台同胞、海外华人清明定期入境祭拜黄帝陵认祖归宗举动对中国清明祭祖活动的复兴有着直接的推动。1979年陕西恢复了中断15年的祭陵活动。2002年清明节来自20多个国家和地区的10万人士共祭黄帝陵。2004年4月4日全国人大副委员长成思危代表国家对黄帝陵进行国祭，这是新中国成立以来的第一次国家领导人出面祭祀人文先祖，其象征意义极为深远。2006年黄帝陵祭典被列入国家级非物质文化遗产名录。面对现代西方生活方式的冲击，民族文化的根脉意识日益强烈，同时文化多样性的主张与非物质文化遗产保护的呼声，也促成了人们对包括清明节在内的传统节日价值的重新认识。2008年清明在现代中国首次列入国家法定假日。

端午节在当代中国地位的凸现与联合国教科文组织的非物质文化遗产名录直接相关。2004年，中国媒体报道韩国准备申报端午节为世界非物质文化遗产的消息，这则消息引起了中国大众的强烈反应，发源于中国的传统节日被邻国准备申请非物质文化遗产，这对普通中国国民来说在情感上不能接受。国民的激烈反应在于中国经济发展到一定程度，人们正在寻找文化自信，端午节申报事件成为激活文化自尊的导火索。其实，事情的真相是韩国准备申报的是端午祭（韩国1967年认定的13号"重要的无形文化遗产"），与中国端午节不是一回事。但端午事件对中国国民重新认识传统节日的文化价值是一次速成教育，是推动政府重视传统节日保护的重要契机，新世纪以来中国知识界屡次呼吁重视传统节日，但政府、民间反映稀少，本次意外事件刺激了国人神经。本来被多数中国人忽略甚至遗忘的节日，一夜之间家喻户晓，这是传统文化在传媒时代的胜利。当然最主要的原因是当代中国人对传统文化的态度的正在改变，他们不仅在乎物质生存，也在乎精神生存。

七夕节是全球化过程中中国节日重振的典型之一，它直接应对的是西方的情人节。中国本来没有情人的概念，中国重视的是家族社会关系，节日是服务于这种家族文化需要的。七夕节是传统中国的女性节日，女性庭院乞巧是主要节日习俗，伴随七夕节日的是中国四大传说之一"牛郎织女传说"。这一节日在传统社会是一般性节日，在传统社会生活中不大重要。20世纪末叶以来，西方节庆文化进入中国，对追新慕异的年轻人很有吸引力，情人节受到年轻人的追捧。受到西方节日的启发，或者是为了应对这种情况，人们发现中国传统的七夕节中有两情相悦的节日元素，于是对七夕进行改造，有意识地遗忘乞巧节俗，而扩张男女相会的节俗传说，提出七夕为中国情人节或爱情节的说法。2002年农历7月7日，河北文联在石家庄举办了首届爱情节，并举办七夕文化学术研讨会。本次七夕爱情节举办的动机在河北文联主席、首届爱情节组委会主任冯思德在开幕式上的讲话中有着直接的表露：中央强调弘扬与振奋民族精神，我们讨论到了七夕节，石家庄文联主席袁学俊说为了"与西方的情人节抗衡，想来想去还是把我国的七月七日乞巧节捡起来，重新定义一下，然后大张旗鼓搞一个中国的爱情节。"冯接着说："把七月七定位于爱情节，不单单是为了与西方情人节抗衡，更重要的是可以倡导忠贞爱情、稳定家庭"。[12]2005年，有全国政协委员提议将七夕定为中国的情侣节。这些看法反映了官方利用传统节日倡导民族文化、服务当代社会的态度。同时一些热衷传统文化的年轻人，他们利用传统七夕节来满足他们的情爱需要。以牛郎织女的爱情故事印证他们爱情的忠贞，以七夕作为他们表达情爱的机会。当有的民俗专家提出七夕本来没有爱情内涵的说法时，遭到广大网民的口诛笔伐。[13] 近年来，地方政府部门与商家开始利用七夕节日策划相关文化活动，如2005年，福建文化厅在世界自然遗产与文化遗产地武夷山举办七夕国际风情节，并举办中国传统节日高峰论坛；2006年河北邢台天河山第二届七夕爱情文化节；2007年8月19日（七夕节）第二届东方情感文化论坛在南京举办，号称东方情人节，举行万人相亲会；同日，舟山举行首届桃花岛中国七夕爱情文化节，在海边看牛郎织女相会，进行"山盟海誓"爱情漂流瓶放漂活动。无论是爱清节还是情人节，七夕节俗的新扩展给传统的七夕节注入了新的活力。

中秋节是中国传统大节，一向受到国人重视，虽然它目前同样没有假期，但民间仍然依照传统方式隆重庆贺这一节日。传统社会的中秋节有祭月拜月、

---

12 袁学俊等主编《七夕文化论文集》，中国文联出版社，2002年，第199-200页。

13 2006年武汉华中师范大学第四届民间文化青年论坛会议上刘宗迪提交了题为《七夕故事考》的论文，论证七夕由来，提出"七夕原本完全是一个农时节日，无关乎爱情与婚姻，更非什么中国的情人节"。经媒体报道，引起网民激烈讨论，主导意见是对刘说的批评与质疑。

赏月、丰收庆祝、商家账目结算等活动。新中国成立之后，中秋祭月拜月习俗作为旧习俗被废止，赏月也带上了宏大的民族感情，人们常用"海上生明月，天涯共此时"的诗句强调中国大陆与海外华人港澳台同胞的情感联系。改革开放之前，人们对中秋节相对淡漠，国家政治生活中以国庆节为最重要。20 世纪后期以来，中秋节重新受到重视，官方中秋节主办中秋晚会，商家营销中秋月饼，亲人互相馈赠礼物，互致节日问候。近年来流行的手机短信也为中秋节日增添了新的情趣，人们用美妙的言辞表达对亲人、朋友的思念与祝福。

重阳是一个古老的节日，重阳传统节俗是秋季户外登高活动，是祈求健康与长寿的节日。重阳在明清以来是次要节日，人们对它不大重视。但在 20 世纪末叶传统节日复兴中，重阳受到社会的广泛关注。重阳兴起的与中国当代社会语境有着密切关系，中国正步入老龄社会，关爱老人成为现实的社会需要。人们利用九九（谐音久久）重阳中祈求长命的传统节俗为老人祈福。1989 年政府将每年九月九日定为老人节，重阳时节城乡各地都开展了尊老、敬老、爱老、助老的社会活动。

20 世纪末叶以来伴随着中国改革开放的进程，中国传统节日处于全面复兴的历史阶段。在全球化时代，政府对传统节日在传承民族文化方面的功能与价值有了充分的认识，提出以传统节日弘扬优秀的民族文化。2006 年 5 月 20 日国务院颁布了第一批国家级非物质文化遗产名录，春节、清明、端午、七夕、中秋、重阳等六个节日列入其中。从国家层面保护传统节日这是近代以来的第一次，在中国近代化过程中屡被抨击的传统节日终于由旧习俗升华为"文化遗产"。广大民众充分地享受并创造着属于"我们的节日"。[14] 他们在传统节日中找到了久违的人性的温暖。

（三）中国传统节日面临的挑战与未来走向

20 世纪 80 年代以来日渐升温，以致形成轰轰烈烈的传统节日复兴运动，是中国难得的一次重新认识传统价值的社会总动员。传统节日的复兴经历了自下而上、又自上而下，最终达成全面共识的推动过程。传统节日重新回归社会生活是不可逆转的文化趋势。但是经济全球化时代的中国传统节日毕竟脱离了它赖以发生的农业社会土壤，在新的政治社会格局之下，它历史地位的下降与

14　中央电视台在 2006 年春节邀请专家学者共同制作了《我们的节日》电视系列节目，系统介绍中国传统节日。

蜕变是必然的结果。因此我们对传统节日在当今社会所面临的生存挑战与未来走向应该有清醒的认识，以使我们在背靠传统、面向未来中能脚踏实地建设我们的节日。

传统节日在传统社会是贯穿上下的统一标准时间体系，这种一元时间体系在 20 世纪初年被来自西洋的新式历法打破，传统节日一度当作妨碍现代社会时间秩序的旧习惯遭到排斥。20 世纪末叶，经历了百年沧桑的中国人面对日益深入的西方文化影响，对于自己祖先的文化遗产有了全新的认识，充满感情也充满理性的态度重新拥抱属于我们的节日。但当代的传统节日地位已经有了很大变化，它不再具有社会时间节奏的提示意义。当代社会处在全面变革的过程之中，中西古今各种文化因素错综复杂，在节俗文化上，同样有着多样化的表现。传统节日、新型政治节日、外来节日在当代节日习俗中都有各自的影响范围。传统节日以其特有的文化底蕴与天然的文化亲和力受到中国上下的拥戴。但我们必须看到，当代社会的传统节日生存条件面临重大挑战，具体表现有以下三点：

（一）传统节日习俗因为近百年的人为阻断，节日习俗本身损毁严重。在"革命"的旗帜下，人们对传统节日的有意漠视。对传统节俗进行禁止、改造、抛弃，导致传统节日的空洞化、表层化。由于记忆的缺失，人们有意无意地抛弃了许多传统节俗，使传统节日失去了其丰富的象征与内涵。传统节日习俗元素的失落，直接造成节日文化传承的困难。在当代传统节日复兴过程中，修复有价值的传统节俗刻不容缓。比如春节的社火表演、狮舞龙舞、鞭炮、年画等，都是烘托年节气氛的重要元素。

（二）传统节日赖以生存的文化语境发生重大变化。中国民族传统节日植根于农业社会土壤中，它是农业社会的生活节奏与农业时代伦理文化的产物，传统节日重视协调天人关系与家庭关系。在工业文明与信息化的时代，传统节日已经不是人们生活紧密依赖的时间坐标，人们对传统节日更多地是文化欣赏与精神留恋，享受传统节日是对生活的丰富而不是必需。同时新型社会政治节日、外来节日也在不断地分散国人特别是年轻人的注意力。传统节日虽然在复兴中热热闹闹，但我们必须看到大多是旧瓶装新酒，在复兴传统的旗帜下，添加的是现代生活的需求品，有的还是地方政府与商家为经济收益的联手炒作。因此在全球化的语境及多样化的文化选择面前，传统节日要想生存发展，并影响民族的未来就必须适应时代变化的需要，主动变革创新，必须对节日内涵与节俗形式进行合理的文化重组与再造，以获取新的生命力量。在继承传统的基础上，竖立新的节俗标志象征，是民族节日存续的关键。

（三）传统节日的公假地位急需稳定。将传统节日定为公众假日这在当代社会有着现实的意义，因为我们多数人的生活处在公共体系之中，这里有一个现代时间与传统时间的协调问题。在传统社会政府假日与社会节日是统一的，人们在统一时间体系之下，因此也就没有时间冲突。现代社会工作时间按照公历进行，传统节日是依照中国传统的夏历，节假日不统一。为了让人们享受传统节日，社会应该给大众以休闲的时间，从时间上保证传统节日的生存空间是特别关键的。2008 年国家给春节、清明、端午、中秋以法定假日，元宵、七夕、重阳尚无假日，特别是重阳节作为现代老人节，没有给予假期，很难体现现代国家对老人的关怀，这在老龄化日益突出的时代，十分必要。同时在中国社会还有相当部分人士对传统节日取代此前的消费假期，如五一黄金周，不理解，有试图改变传统节日公假制度的想法。因此，传统节日公假制度的稳定是中国政府在强调文化传承时，必需坚持的。人们只要有自己支配时间，才会自觉地传承创造节俗文化，让社会变成一个温情的文化社会。

当代传统节日的复兴是传统发明与文化再生的过程，在现代文明的全新环境中，奠基于农业社会的传统节日要适应当代社会，其内在性质与外在形式的变化及调整是必然的选择。全盘照搬昔日的节俗事象，固守传统形式，既不可能也无必要。我们强调节俗传统保护，主要在于保护它的生活服务功能与文化象征意义。同时我们也有责任与义务更新节日传统。更新的节日传统大概应该具有以下三种类型：

一是服务公众生活的节日传统。传统节日是家庭为主的节日，当代节日回归家庭依然有现实意义。但毕竟我们的社会已经是一个流动的多元社会，家庭之外的社会关系已经是人际关系的重要内容，对这些关系的协调自然应该在节日要素之内，而传统节日在这方面有着明显的不足，适当将传统节日主题由家庭向社会移动是积极的方向，符合当代社会的要求。在现代居民社区中，我们可以利用公共活动场所开展春节团拜活动，元宵、中秋节都可以有集体赏月联欢的社区聚会。通过公享的节庆习俗，增强公众的公共文化空间的意识与责任，以孕育培植社区共享的精神传统。

二是节庆娱乐为主的节日传统。传统节日重视神灵信仰与祭祀活动，精神信仰是传统节日的核心。在当今时代，人们更看重自身的精神愉悦与身体的放松，定期的娱乐休闲活动是振作精神与保持社会活力重要方式。因此节庆中娱乐因素应占据重要位置。

三是开放包容的节日传统。传统节日是体系完整、节俗鲜明的民族节日，它在传承民族文化方面有着独特的历史贡献，但在全球化时代，当地球人成为一个比邻而居的"村民"时，节日文化成为共享的文化，相互欣赏对方的节日文化是新世纪的公民道德。我们没有必要因为强调传统而排斥西洋节日，我们也无需因为世界各地参与春节游街活动而欣喜不已。民族节日正在成为世界文化遗产，我们传承民族节日是传承民族文化遗产，传承民族文化遗产就是在保持世界文化生态的多样性，保持文化生态多样性就是为了世界人民健全的心智生活。世界文明的未来趋于同质化，但不是同归于欧美文化标准，而是世界文化兼容之后的新形态。

我们从近年来的传统节日复兴实践中看到各大传统节日适应现实的积极变化，如清明节的网上祭祀活动、七夕节、重阳节节俗重心的移动，说明了传统节日积极演化能力，新的节俗传统正在形成过程中，我们从节日复兴变化中看见了民族节日的未来。

数字化时代的非物质文化遗产保护与传承

——学苑出版社"中华非物质文化遗产数字资源网络服务系统"项目设想

学苑出版社 **刘丰**

[**摘　要**]　20世纪90年代以来,以信息技术、网络手段为代表的数字化技术得到了长足的发展,数字化技术也给非物质文化遗产保护事业开辟了新的途径。

一、项目背景

中国是历史悠久的文明古国。在漫长的岁月中,中华民族创造了丰富多彩、弥足珍贵的文化遗产。非物质文化遗产是指各种以非物质形态存在的与群众生活密切相关、世代相承的传统文化表现形式,是以人为本的活态文化遗产,是流淌在中华民族血液中的无形的文化遗产,包括民间文学、传统音乐、传统舞蹈、传统戏剧、曲艺、传统体育、游艺与杂技、传统美术、传统技艺、传统医药、民俗等等。截至2013年12月,中国的昆曲、古琴艺术、蒙古族长调民歌、蚕桑丝织技艺、福建南音、南京云锦、安徽宣纸等37项入选联合国教科文组织评定的人类非物质文化遗产名录,成为世界上入选世界级"非遗"项目最多的国家。

为使中国的非物质文化遗产保护工作规范化,2006年起,国务院批准文化部先后确定并公布了四批国家级非物质文化遗产名录和扩展项目名录,包括中医诊法、春节、琉璃烧制技艺、中医养生、庙会、秦腔、藏族唐卡、蜡染技艺、傣族泼水节、蓝夹缬技艺、壮医药、中元节等。随后,各省(区、市)也都建立了自己的非物质文化遗产保护名录,并逐步向市/县扩展。截至2015年年底,全国各级非物质文化遗产项目近万项,其中国家级项目1519项。这些非遗项目及其作品是中华民族优秀文化传统的载体,是最具民族性、地域性、群众性的文化形态和艺术形式。2011年6月颁布实施的《中华人民共和国非物质遗产法》(以下简称《非遗法》),更为非物质文化遗产的保护和传承提供了法律保障。

　　随着经济全球化和现代化进程加快，中国的传统生产和生活方式日渐改变，中国非物质文化遗产及其生存环境受到了严重威胁，面临着逐渐衰弱乃至部分传承中断的危机。我社早在 20 世纪 90 年代，在"非遗"对大多数国人还比较陌生的时候，就开始加强对中国非物质文化遗产领域文献资料的收集整理，出版中国非物质文化遗产领域的学术刊物、专著，支持中国非物质文化遗产的传承，这是我社近 20 年来重点做的工作之一。2011 年颁布的《非遗法》规定"国家鼓励开展非物质文化遗产的记录和非物质文化遗产代表性项目的整理、出版等活动"，"新闻媒体应当开展非物质文化遗产代表性项目的宣传，普及非物质文化遗产知识"。

　　我社在 20 多年搜集整理出版非遗内容图书过程中，深感纸质图书对于完整记录和保存非遗内容的不足。例如，在出版介绍中国传统蓝印花布制作技艺的图书——《中国蓝夹缬》的过程中，就发现文字描述、图片展示尽管已经十分翔实，但仍不能逼真、生动地展示、记录蓝夹缬整个制作工艺流程；再如，"十一五""十二五"国家重点图书规划出版项目《中国京剧流派剧目集成》，已将人物行当、服装扮相、脸谱勾画、念白、唱腔等凡与舞台表演相关之事项一一记录，但京剧毕竟是表演艺术，若再加上图像、声音，会更加鲜活。因此，我社也在不断尝试用新的载体形式来弥补单纯纸质出版的不足。例如，为民间传说故事《陆瑞英民间故事歌谣集》配了传承人讲述的音频光盘；为图书《京剧盔头和彩绘制作技艺》制作了反映制作流程的视频光盘。

　　传统出版物存在体积庞大、纸张易损、制作成本高昂、稀有版本印刷量极小且难以再版重印等问题，在数字化技术的冲击下，面临纸质出版物日益减少的情况。随着数字、网络技术的广泛应用，互联网和电子出版物在社会中日渐普及，传统纸质出版向全媒体出版转型已是大势所趋。数字化、网络化所形成的新的载体和平台又极大丰富了传统媒体的表现形式、传播方式，这种转型有利于文化保存保护和传承传播。对于传统制作技艺、戏曲曲艺、民间舞蹈、传统节日等非遗内容，利用音频、视频、影像能使其得以较完整地记录。为此，我社在立足于多年非遗出版资源的基础上，设想建设"中华非物质文化遗产数字资源网络服务系统"，以促进中国非物质文化遗产在国内外的快速、广泛传播，为中国非物质文化遗产的研究保护和传承贡献一份力量。

二、学苑出版社基本情况

学苑出版社，成立于 1987 年 10 月 12 日，隶属九三学社中央委员会，以弘扬民主、促进科学的宗旨，以成为名副其实的科学成果荟萃之地、科学文化传播之桥为目标，坚持以中华文化遗产的传承为纲，以传统医药、民俗、民族民间文化艺术与生活方式、考古文物、文史和古籍整理、戏曲曲艺、文化景观、科技史等领域选题为目，侧重基础文献资料、田野作业材料以及研究成果的收集、整理与记录。

我社对非遗领域内容的整理、出版、宣传工作已经开展了 20 多年。迄今已出版了逾 6000 种图书，图书总销量已达上亿册，销售范围包括港澳台地区和日本、韩国、东南亚、欧洲、北美等地。在"中国出版社世界影响力 2014 年年度排名"中，我社排在第 16 位（中国文化"走出去"效果评价中心在全世界 112 个国家和地区调研，全国全部 500 多家出版社参评）。

1. 已有出版成果是系统建设最可靠的数据来源

我社出版的民间文化、民族学、历史学、社会学、文物学等领域研究成果、文献资料以及少量大众普及读物，内容覆盖古代木刻版画、戏曲脸谱、身段扮相谱、戏曲文献、历史景观地图、民俗景观地图、剪纸、年画、农民画、织锦、绣品、皮影、传统纹样、民间习俗和信仰、民间文献、民国期刊、西部人文资源、汉文藏学典籍、北京善本珍贵古籍、地方志等历史文献，特别是许多印数很小的珍本、善本资料。如：列入"十一五""十二五"国家重点图书出版规划项目的《中国戏曲脸谱》书系和《中国京剧流派剧目集成》（耗时十余年，投资 700 余万元，同时还入选原新闻出版总署第二届"三个一百"原创出版工程）；各类古籍、版画的整理出版；《中国藏学汉文历史文献集成》（200 余卷，近 1 亿字）等典籍；等等。

在我社出版的大量图书中，有许多用文字和图像表现的文化事项或对象已经日渐消亡，甚至不复存在，如《中国蓝夹缬》、《陆瑞英民间故事歌谣集》、《土家织锦》、《全像山海经图比较》、《三足乌文丛》、《中国西南民族象形文字资料集》等；更有许多珍本善本如果不及时复制出版，随时可能消失，如《傅惜华藏古本戏曲珍本丛刊》、《旧京社戏图》、《北京皇城建筑装饰》等。

2. 多年经营的强大智库支撑体系

我社是九三学社中央主管主办的出版社，九三学社中央一向大力支持中华文化遗产抢救工作。九三学社是知识分子集中的团体，其中黎锦熙、启功、俞平伯、金克木等在语言学、古典文学等人文科学领域的大师地位世人公认，九三学社（现已有成员近15万人）旗下的知识分子与我社关系紧密，是我社智库主力之一。

我社在中国民俗学会、中国艺术研究院、国家大剧院等许多专业单位的支持下，主办了一系列国内外以及海峡两岸的学术活动和展览活动，取得了宝贵的经验。我社与北京大学、北京师范大学、复旦大学、厦门大学、中国戏曲学院、中央民族大学等40多家高等院校，中国艺术研究院、中国社科院等10多家科研学术机构，中国民俗学会、台湾民俗学会等10余个学术团体；国家文物局、故宫博物院、国家博物馆、国家图书馆、首都图书馆等100余家文博机构，建立了广泛和紧密的联系。

我社在民间文化、民族学、历史学、社会学、文物学等多个领域，与国内上千位专家学者有着广泛和深入的联系。

3. 数字化建设已有一定基础

2009年，学苑出版社完成了社门户网站的改版，进行了社网站（品牌及产品宣传门户）、社资源库（出版资源数字化）、社博客（网络营销平台）、社论坛（文化交流社区）资源整合和功能提升。利用这些平台，再加上QQ群、微信公众号等网络即时沟通工具，数千万次的点击量，学苑社建立起了一套行之有效的网络营销平台。在由中国出版工作者协会、中国出版科学研究所主办的2009年全国出版业网站评选中，学苑社网站蝉联"全国出版业优秀网站"奖并入围2009年出版业最具商业价值百强网站。在新浪网举办的"2009年终文化盘点"活动中，学苑社新浪博客被评为"十大文化机构名博"。2011年，学苑出版社门户网站在全国出版业网站系列荣誉评选中荣获"最具创新网站"。

学苑出版社在信息化建议方面的努力受到了上级领导的肯定与支持，"中国传统戏曲文化资源总库"和"学苑出版社数字化转型升级项目"被列入2014年国有资本经营预算项目，这些通过对内容资源整理的外向型服务系统的建设，可以使学苑社在非物质文化遗产、戏曲资源方面的优势得以强化，从而更好地服务大众，更好地服务于相关领域的专业机构、师生、研究人员，进行传统文化的普及，强化我国的民族文化优势。

总体来说，学苑出版社基础工作扎实，已拥有大量精品图书资源，也有一支精干、敬业、勤勉的编辑出版队伍，在历年专注于传统文化传承的出版事业的耕耘中，积累了丰富的人脉资源与作者队伍，在信息化建设服务于大众方面也有一定成就。

三、项目主要内容

"中华非物质文化遗产数字资源网络服务系统"项目，是以学苑出版社的数字资源为基础、预留各种资源来源的可扩展空间的数字资源库为基础，以网站为发布平台，包括资讯服务、数据服务、社交服务功能，以聚集非遗领域专家、学者、爱好者、大众为目标的数字资源网络服务系统。

设想以学苑出版社20多年来积累的丰富的非物质文化遗产类图书的出版资源为基础资源依托，联合北京大学、北京师范大学、复旦大学、厦门大学、中国戏曲学院、中央民族大学等40多家高等院校，文化部民族民间文艺发展中心、中国艺术研究院、中国社会科学院等10多家科研学术机构，中国民俗学会、台湾民俗学会等十几个学术团体；国家文物局、故宫博物院、国家博物馆、国家图书馆、首都图书馆等上百家文博机构，组织民间文化、民族学、历史学、社会学、文物学等多个领域和国内上千位专家学者，汇总、整理中国非物质文化遗产资源，进行数字化处理，建立一系列支持数据资源碎片化、全文检索，可以在线使用（阅读、观看、收听）、按需印刷、按需服务的专题数据库群，为非遗领域的专家、学者、高校和相关研究机构的学生服务；以网站为发布平台，通过论坛、评论、微信群、线上线下活动等社交功能聚集对非遗项目感兴趣的用户，普及和传播非遗知识；为非遗传承人提供展示作品、工艺流程的平台，为他们找到"买家"和"徒弟"，以留住传统手工艺的"根"。总之，本项目旨在以数字和新媒体技术为支撑，促进中国非物质文化遗产的保护、传承、传播和保护，推动中国非遗在海内外的传播和推广，实现良好的社会影响和经济效益。

（一）用　户

以网站方式呈现的阅读和互动平台，面向的用户群体为一般互联网用户。

用户在注册登陆后可以搜索、在线阅读和下载数据库中的文字、图片、视频、音频资料。用户通过论坛的各个版块交流；会员用户还可自主上传拥有知识产权的内容，来补充平台资源，使得平台资源不断丰富。"非遗"领域的资源涉及人们日常生活的衣食住行，专业人员注重"田野调查"就是为了收集整理来自民间的一手资料，但专业人员的"田野调查"毕竟受时间限制，而发动广泛的大众，就能最大限度地收集整理"非遗"的资料。一般用户对自己上传的"非遗"资料的认识也许是不足的，但通过他们的上传，专业人员可以甄别，进而对有价值的资料进行跟踪、调查，从而不断地丰富"非遗"领域的资料，促进"非遗"的学术研究和保护、传播。

针对图书馆、高校、科研机构等机构用户，销售服务系统的本地镜像服务器，为专业用户服务。由于实现了数据资源的碎片化和全文检索，因此数据库可以作为开发按需定制、数字出版、专题信息资源服务等业务的素材库。而且，我社还将继续出版"非遗"类出版物，还会继续扩展数据库资源，通过不定期远程服务器的数据更新实现数字资源库的更新。

（二）网站功能设计

1. 整体设计

内　容	说　明
整体网站策划	网站整体品质协调完善、整体策划创意，使网站拥有完美品质；网站细节与整体品质控制、整体 CSS 样式表、合理性、（浏览器、分辨率）兼容性、后期调试等。
编程语言	使用 Java Web 开发技术
页面设计	首页、各级页面均体现出中华传统文化的深厚内涵； 方便用户浏览和参与互动讨论，美观、流畅、快捷； 页面内引导性、推荐性的链接，提高页面浏览量和点击量。
网站后台设计	实现网站管理人员的分级权限； 网站信息录入方便、快捷，可随时更新内容（包括文字、图像、视频、音频等）。
数据库维护	实现数据库强大的检索功能； 用户访问行为的数据分析处理功能； 定期对数据库进行备份。

2. 网站前端展示模块

网站前端展示模块如图 1 所示：

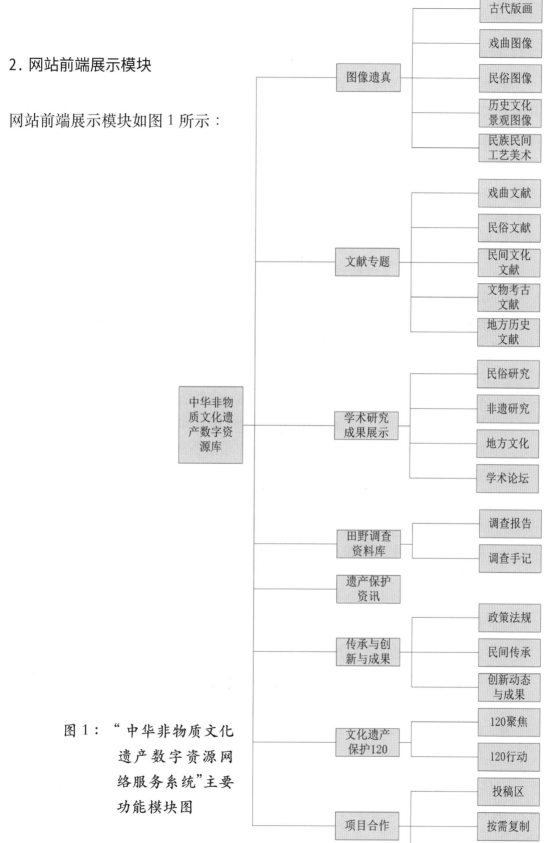

图 1："中华非物质文化遗产数字资源网络服务系统"主要功能模块图

(1) 图像遗真

本部分主要功能：收集"非遗"领域图像资源，形成图像资源库。主要有古代木刻版画、戏曲图像、民俗图像、历史文化景观图像、民族民间工艺美术等。能为非遗研究、民间工艺美术研究、文化创意产业、文创产品开发等提供资源，为普及宣传传统文化、促进文化传播服务。例如：我社拥有自主知识产权的"历史文化景观图像"系列出版物之《重庆母城地图》，对于人们了解清末民国初期的重庆历史文化风貌提供了一份直观明了的纸质出版物，同时还可以在此基础上采用动漫、游戏、虚拟全景等技术进一步开发产品。

- 古代木刻版画：包括戏曲版画、古典园林版画、宫廷版画、铜版画等；
- 比如，戏曲版画，包括我社出版的《古本戏曲版画图录》《明代版刻图释》《明清珍本版画资料丛刊》《吴晓铃先生珍藏古版画全编》等，收录明清珍本戏曲版画 7000 余幅。
- 比如，古典园林版画，包括我社出版的《中国古典风景园林图汇》等，收录中国古典风景园林图汇 1000 余幅。宫廷版画，包括我社出版的《清殿版画汇刊》等，收录清朝武英殿版画 1000 余幅。铜版画，包括我社出版的《清代铜版画战功图全编》等，收录清朝武英殿珍贵版画 8 种 92 幅。
- 戏曲图像：包括脸谱、戏服、扮相谱等。比如，脸谱，包括我社出版《易俗社秦腔脸谱》《三意社秦腔脸谱》《蒲城张氏藏秦腔古谱》《秦腔历代故事戏脸谱》《川剧脸谱》《豫剧脸谱》《京剧净角经典脸谱》等，收录京昆及各主要地方剧种明清古谱及传承人绘制舞台经典脸谱 5000 余幅。
  戏服、扮相谱，如清代皇家如意馆画师所绘升平署内外学伶人戏装扮相近 200 幅。
- 民俗图像：包括古代民俗画、现代民俗画等；
- 历史文化景观图像：包括历史景观地图、民俗景观地图、历史地图、民间图绘、老照片等；
- 民族民间工艺美术：包括剪纸、年画、农民画、织锦、绣品、皮影、传统纹样等。

(2) 文献专题

有关非遗方面的专题文字文献资源。主要有戏曲文献、民俗文献、民间文化文献、地方历史文献、其他文献等模块。系统在提供各类专题的非遗资源数据服务的同时，通过知识管理服务平台的运营，吸引用户不断上传拥有知识产权的资源（包括文本、图片、音频、视频等），丰富专题资源库的内容。

- 戏曲文献：包括京剧流派剧目集成、傅惜华藏戏曲资料、京昆史料等；民国以来经典京剧、地方戏曲剧本，包括我社出版的《中国京剧流派剧目集成》、《中西名剧导读》系列等。《中国京剧流派剧目集成》总规模40余卷，约1600万字。收录自民国初年四大名旦、四大须生以降，迄于"文革"以前，囊括生旦净丑各行当50余位流派创始人和优秀继承人擅演的经典剧目250余出，以存留京剧鼎盛时期演出风貌。《中西名剧导读》共选戏曲剧本60个，包括京昆及各地方剧种、经典版本、专家导读。
- 民俗文献：包括生产商贸习俗、消费习俗、人生礼俗、岁时节令、民间信仰、其他（如医药卫生、物候天象灾害、数理知识、测量营造等，收录按照民俗事项分类的中国古代典籍文献）等；
- 民间文化文献：包括谱牒、经书、乐谱、历书、生活文书、神话传说、故事、史诗长诗、谚语等；
- 地方历史文献：包括东北区、华北区、西北区、中南区、华南区、西南区、沿海等；
  其他文献：包括历史地理研究、字帖、文史典籍等。

（3）学术研究成果展示

主要收录关于民俗学、非遗领域的学术成果。主要有民俗研究、非遗研究、地方文化、学术论坛等模块。

- 民俗研究：包括生产劳动民俗、日常生活民俗、社会组织民俗、岁时节日民俗、人生礼仪、游艺民俗、民间观念、民间文学；
- 非遗研究：包括民族语言、民族文学、民间音乐、民族舞蹈、传统戏剧、杂技与竞技、民间美术、传统手工技艺（如工具和机械制作、农畜产品加工、烧造、织染缝纫、金属工艺、编织扎制、髹漆、造纸、印刷等）、传统医药；
- 地方文化：包括东北区、华北区、西北区、中南区、华南区、西南区、沿海；
- 学术论坛：主要是学界关于非遗或民俗研究的一些争论话题。

(4) 田野调查资料库

主要收集非遗田野调查资料，形成数据库，便于用户检索。主要有调查报告、调查手记等。由于纸质载体的形式、字数限制，许多田野调查的原始文本记录、照片、访谈录音录像等资料不能在纸质图书上完整整理保存，而基于数字技术的田野调查资料库，可以收集在纸书上不能承载的图文、音频视频资料，为用户提供更加丰富的知识服务。

- 调查报告：民俗现象调查报告、民族调查报告、非遗项目专题调查报告、文物调查。

  例如，我社与文化部民族民间文艺发展中心就"百部民族史诗""传统节日"等非遗影像志的文本、影像出版的合作，就把影像的真实记录和文本的整理紧密结合，并能根据学者研究、大众宣传等不同需求提供知识服务。再如我社出版的《西部人文资源研究丛书》中的"论著系列"和"考察报告系列"——《西部人文资源研究报告书——从文化遗产向人文资源转化过程的研究》《西部人文资源论坛文集》《全球化与文化多样性——西部人文田野的探索与思考》，《西部人文资源考察实录》《西北少数民族仪式考察——傩舞·仪式·萨满·崇拜·变迁》《中国第一座生态博物馆——梭嘎苗寨的考察与分析报告》《呼图克沁——蒙古族村落仪式表演》《关中民间器具与农民生活》。

- 调查手记：民俗调查手记、民族考察手记、考古发掘手记。

  例如，我社整理出版的《宋兆麟民族考察记》，可以将其20世纪七八十年代到各地民族调查所收集整理的数千张照片图像、多册调查笔记等分类整理；《民族大调查亲历记》一书，可以把对参加民族大调查的近百位老专家的访谈放在数据库中供用户研究使用。类似的还有，我社出版的《西部人文资源研究丛书》中的"考察笔记系列"——《黄土地的记忆——陕北民间艺术田野笔记》《寻找逝去的历史——陇戛苗寨人类学考察笔记》《陕西药王崇祀风俗考察记》《西南山地文化考察记》。

(5) 遗产保护资讯

主要发布有关非遗方面的消息，例如，文化考察活动、专题研讨活动、展览、表演、文化产品发布等。主要是联合相关机构，提供相应的资讯服务。

(6) 传承与创新

主要包括政策法规、民间传承、文化创新等模块。

■ 政策法规：主要是国家和各地有关非遗的管理政策和法规；

■ 民间传承：非遗传承人、工艺大师及相关研究者；

如我社出版的《热贡唐卡·中国工艺美术大师斗尕口述史》，通过作者对有"中国工艺美术大师"称号的热贡唐卡（被列入世界非物质文化遗产名录）传承人、73岁的斗尕的访谈，记录了热贡唐卡艺术的历史、制作工艺。类似的还有上述《中国蓝夹缬》等。通过对非遗代表性项目内容的整理出版，对非遗传承人的项目的出版，向公众宣传、传播非遗内容。又如《中国民间文化守望者》一书，收录了为抢救民族文化数十年如一日，成果斐然的文化守望者的资料。

■ 文化创新：创意与设计（关于创新的研究想法和设计作品）、文化产品。充分利用出版社的作者和读者资源，建立非遗传习馆，既可收藏和展示这些非遗作品，又可请专家学者做非遗主题讲座，请非遗传承人和民间工艺大师现场演示和交流，同时在网上可开辟虚拟传习馆，利用虚拟博物馆技术（VR、AR技术）充分展示这些非遗文化，促进非遗文化的跨地域跨时空传播。

充分利用出版社的多学科专家资源，为非遗传承人、民间工艺大师等提供针对性的知识和智力服务。例如：我社为土家织锦工艺大师刘代娥分别邀请民俗学者、纺织织绣专家、美术创作研究学者以及现代工艺品设计等学科的专家学者，就"刘代娥式土家织锦"的特点把脉，以利于同类非遗传承人作品的产权明晰和品牌化，促进非遗的传承与创新。

(7) 文化遗产保护 120

供社会各界反映非物质文化遗产保护问题。主要包括120聚焦、120行动等模块。

■ 120聚焦：网友反映非遗保护中问题。

■ 120行动：专家、政府及社会各界反馈。

(8) 项目合作

主要呈现项目合作信息。主要包括投稿区、按需复制、征求合作项目等模块。

- 投稿区：为出版纸质图书、电子出版物，以及包括音视频内容的多载体出版物征集稿源。
- 按需复制：一些印数极少、已经断货或不可能重印的出版物，根据用户需要完成按需印制；
- 征求合作项目：我社与合作机构规划的项目及民间自发申报的项目，在平台上征求合作投资者。

（9）服务与分享

主要是基于本资源库内容，提供互动展示、交流和服务的平台。主要包括田野考察、民间之美、工艺之美等模块。

田野考察：主要提供田野考察的多媒体资料，以及会员自主上传的相关田野考察的多媒体资料。

民间之美：主要提供或会员上传反映中国各地各民族社会生活的一些多媒体资料，包括各地节庆民俗、人生礼俗、餐饮服饰、音乐舞蹈、民间小调等。

工艺之美：主要提供展示中国传统手工技艺的多媒体资料，以及会员自主上传的相关传统手工艺的多媒体资料。

3. 网站系统架构

网站架构如图 2 所示：

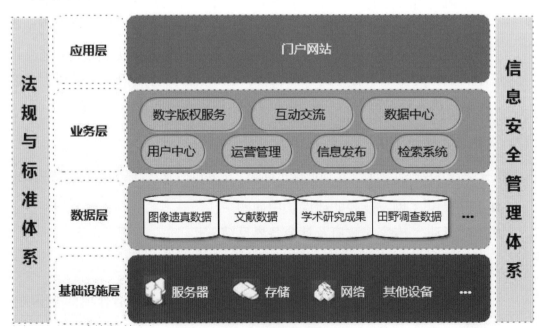

图 2：网站系统架构图

系统整体架构包括基础设施层、数据层、业务层和应用层，法规与标准体系、信息安全管理体系贯穿整个架构。

(1) 基础设施层

基础设施层主要包括服务器、存储资源、网络资源和一些其他设备，这些基础设施为系统的搭建提供支撑。

(2) 数据层

数据层为上层应用平台提供结构化和非结构化数据的存储服务，主要包括图像遗真数据、文献数据、学术研究成果、田野调查数据、遗产保护资讯数据、项目合作数据等。

建设数据库引擎。用户统一通过数据库引擎访问数据库，避免在客户端直接连接数据库所导致的不安全因素。数据库引擎的建设满足支持多数据源、支持跨数据源、连接缓冲池技术的要求。

(3) 业务层

业务层主要提供的功能模块包括：用户中心、信息发布、检索查询、数字版权服务、互动交流、数据中心和运营管理。

(4) 应用层

将系统所有的功能模块以门户网站的形式提供给用户。通过门户网站，用户可以进行各种非物质文化遗产资源的查找、自主信息的发布等操作。

4．网站主要功能模块

功能模块	说　明
信息浏览	普通用户不用注册，方便浏览网站页面内容； 会员用户订制 RSS、邮件等信息服务； 准确的定位以及目标用户群定位。
数据库查询	强大的数据库支撑； 实现关键词模糊查询，提高搜索范围； 提供多个关键词 OR 和 AND 的高级搜索，实现个性化需求。
社区论坛	定期组织专家、学者活动，提供专家在线与用户交流； 设置论坛版块，版主管理，聚集用户交流。

用户信息平台	实现 Web2.0 及以上网络环境下，用户展示自我、自主发布信息的需求。 实现形式：博客、微博、拍客等。
网站服务平台	提供 QQ 在线服务，提供对用户的实时交流、帮助； 按需订制信息、按需复制、按需提供精准数据库，满足多层次用户服务。

四、项目的主要目标

项目完成后，形成非物质文化遗产交流门户，成为我国非物质文化遗产知识服务、学术研讨、传播展示、信息交流的重要数字资源平台之一，有力促进非物质文化遗产的传播与交流。

（1）将学苑出版社多年形成的"非遗"类出版物按照不同分类、主题转换为碎片化的数字资源，形成专题资源库群，在镜像服务器、互联网平台上展示，让用户方便地获取（部分免费、部分付费），以最大限度地使社会公众享有和利用这些"非遗"资源。例如：立足于我社古代版画纸质图书资源的"古代木刻版画数字资源库"，能向各类用户提供诸如戏曲版画、古典园林版画、宫廷版画、木版画、铜版画等不同主题或分类的版画资源。

（2）在专题数字资源库群建设的基础上，形成非物质文化遗产研究资源检索系统，建立健全各种检索找寻方式，为"非遗"学术研究和开发利用提供基础资源平台。例如：立足于我社戏曲图像纸质出版资源的"中国戏曲脸谱数字资源库"、"中国戏曲戏服扮相谱数字资源库"，能为用户提供戏曲剧种、戏曲人物、戏曲服饰、工艺美术等不同类型的资源，为用户研究和开发利用提供基础资源。

（3）在已有资源的基础上，还可根据用户需求形成个性化资源库。同时，提供用户上传资源空间，不断增加平台资源内容。从而，促使出版社传统出版向数字出版和知识服务转型升级。在用户使用基础上，通过数据分析，形成非物质文化遗产研究和使用的用户数据平台，根据用户需求，再形成针对用户个性化需求的专题数据资源库。例如，立足于我社《中国地方志中的民俗文献集成》、"北京旧闻故影书系"等民俗文献资源的"民俗文献数字资源库"，能按用户需求提供用户所需地区、所要查找民俗事项的专题资源；立足于"中国藏学汉文历史文献集成"的"中国藏学汉文历史文献数字资源库"，能根据藏学研究、西部开发研究、行政管理等不同需求形成用户所需地区的、历史时期的、人物的等专题文献资源。进而，通过注册用户在平台上进行互动交流、自主上传，为数据库再不断增加用户拥有知识产权的非遗相关资源（包括文本、图片、音频、视频等），从而不断丰富平台上的数字资源。

（4）将传统纸质图书出版业务扩展到旅游纪念品、工艺美术产品的开发及展览展示等领域，丰富"非遗"项目的表现和传播形式。例如：立足于我社《中国纹样图典》《中国蓝夹缬图案集》《土家织锦纹样集》等出版资源的"民间工艺美术图像数字资源库"，能为文创产品的开发提供参考。2006年，我社在《土家织锦》出版过程中，对民间工艺大师就织锦材料的改进提供了指导建议，整体提升了土家织锦工艺品的品质，提高了土家织锦的知名度和美誉度；我社曾成功地在国家大剧院举办"蓝夹缬上的戏曲"等非遗展览，向公众展示、宣传，使得"蓝夹缬"这种濒临灭绝的传统印染技艺走进国家大剧院，提升了该技艺的知名度，促使当地政府对该技艺进行保护。

（5）充分挖掘和利用文化遗产资源，推动中华文化"走出去"，不断扩大中国文化的国际影响力。例如：立足于"故园画忆"系列出版资源基础上的"故园画忆图像数字资源库"，能利用大量记录中国各地历史文化景观、民俗风情的绘画作品举办各种展览，让世界通过绘画作品了解中国文化。

五、项目的预期效果

本项目的主旨在于提高全民保护中华非物质文化遗产的意识，立足长远。

（1）中华非物质文化遗产传播、展示作用。面向普通大众（尤其是青少年），展示中华民族传统文化的精髓，起到传播优秀民族文化、让受众增长知识的作用。

（2）学术研究参考作用。能为学界研究提供原始的真实的基础资料，促进学术研究，加强非物质文化遗产的保护。

（3）信息交流平台作用。促进国内外传统文化领域学术组织、保护机构和学者等之间的学术交流、信息共享；使专门机构更便捷地搜集散布在民间的非物质文化遗产相关信息；为不同地区、不同民族、不同知识层次的人群提供信息、观点交流的平台。

（4）为旅游产品开发、工艺品设计、文化展览展示活动等提供具有独特文化特点的原始素材，既能起到宣传普及非物质文化遗产知识的作用，又能带来高额的文化创意产品附加值。

　　以上是我们对于建设"中华非物质文化遗产数字资源网络服务系统"的一点不成熟的想法，希望各界关心这一领域文化事业的同人提出宝贵的建议、给予有力的支持，期望这一设想能够变为现实。

香港華人民間信仰與非物質文化遺產保護

香港非物質文化遺產辦事處前館長　**鄒興華**

一、前言

香港自 19 世紀 40 年代開埠以來，一直奉行宗教自由。佔人口大多數的華人，除信奉中國傳統的儒、佛、道三教外，也有信奉近世傳入的天主教、基督教，伊斯蘭教、印度教等主流宗教，一般基層百姓則多信奉各式中國傳統的神靈，包括土地、伯公、大王爺、城隍、洪聖、北帝、天后、譚公、關帝、楊侯、車公、哪吒、濟公、樊仙、魯班、華光、文昌、朱大仙、黃大仙、玉皇大帝……這龐雜的民間信仰體系，及由其衍生的各類傳統禮儀、節慶和風俗，歷史悠久，文化沉澱深厚，既是華人的精神所依，也建構了華人的文化身份、道德價值，並維繫著社會的規範和秩序。今天，由民間信仰而產生的傳統禮儀、節慶和風俗，以及相關的傳統表演藝術和手工技藝等，已成為聯合國《保護非物質文化遺產公約》的主要保護對象，各國政府都採取積極措施，去保護和傳承這些活的文化遺產，以發揮其凝聚社區的功能。

由於「社會風俗、禮儀、節慶」與民眾的精神信仰關係密切，便成為保護非物質文化遺產的核心。聯合國教育、科學及文化組織在 2003 年通過的《保護非物質文化遺產公約》，把非物質文化遺產分為五大類別，包括（一）口頭傳統和表現形式，包括作為非物質文化遺產媒介的語言；（二）表演藝術；（三）社會實踐、儀式、節慶活動；（四）有關自然界和宇宙的知識和實踐；（五）傳統手工藝。[1] 不少學者的研究指出，這五大類別的非物質文化遺產，其實與大眾的生活息息相關，是民眾生活的不同部份，因此，各類別之間不會有明顯的界線，反而是互相結連在一起。不過，屬第三類別的「社會風俗、禮儀、節慶」，由於與公眾的精神和信仰相關，往往影響地方社羣的價值取向和生活模式，因此，「社會風俗、禮儀、節慶」類的非物質文化遺產，應是《公約》保護的核心。香港自開埠以來民間宗教信仰自由發展，所衍生的傳統禮儀、節慶和風俗呈現多樣

1　聯合國教育、科學及文化組織：《保護非物質文化遺產公約》，2003 年 10 月 17 日。http://unesdoc.unesco.org/images//0013/001325/132540c.pdf

性，順理成章地成為香港各類非物質文化遺產的核心，也成為保護的主要對象。

二、香港非物質文化遺產清單

香港特別行政區政府一向重視非物質文化遺產的保護。早於 2004 年底，香港特區政府已透過中央政府向聯合國教科文組織遞交文件，確認《保護非物質文化遺產公約》將適用於香港。隨著公約於 2006 年 4 月正式生效，特區政府即在香港文化博物館內增建了「非物質文化遺產組」，並配合公約編製非物質文化遺產清單的要求，積極籌劃進行第一次香港非物質文化遺產普查。至 2009 年中，特區政府委聘香港科技大學華南研究中心，正式展開普查工作。經三年多的詳細調查和研究，普查隊於 2013 年提交了約 800 個非物質文化遺產項目的調查報告。經「非物質文化遺產諮詢委員會」[2]對調查報告的仔細審議，及經過四個月的公眾諮詢之後，政府於 2014 年 6 月正式公布了第一份香港非物質文化遺產清單，[3]涵蓋 480 個項目，成為保護工作的基礎。按照公約的五個類別，480 個清單項目分布情況如【表一】：

類別	主項目	次項目	總數 *
口頭傳統和表現形式	10	14	21
表演藝術	21	18	34
社會實踐、儀式、節慶活動	74	248	292
有關自然界和宇宙的知識和實踐	4	3	6
傳統手工藝	101	36	127
總數	210	319	480

從【表一】可見，在香港非物質文化遺產清單項目之中，以「社會實踐、儀式、節慶活動」類別最多，共有 292 項，佔全部項目的六成；其次是「傳統手工藝」類別，有 172 項，約佔全部的二成六。普查的結果和清單項目的分布，正好說明「社會實踐、儀式、節慶活動」類的項目是香港非物質文化遺產最重要的組成部份。

對「社會實踐、儀式、節慶活動」類的項目進一步分析，便會發現其中實包涵兩大類型的項目，一是傳統民間信仰，二是傳統武術。當中又以傳統民間

2　香港特區政府民政事務局於二零零八年中設立「非物質文化遺產諮詢委員會」，委任十多位學者專家和社區代表為成員，主要工作是督導非物質文化遺產普查的進行，以及向政府提供保護非物質文化遺產工作的意見。委員兩年一任，現屆詢委員會主席是鄭培凱教授。

3　香港立法會民政事務委員會（文件）：〈公布香港份非物質文化遺產清單〉，2014 年 6 月 13 日。http://www.legco.gov.hk/yr13-14/chinese/panels/ha/papers/ha0617cb2-1719-4-c.pdf

信仰類型的項目最大宗，共有 190 項，包括各式神誕廟會、建醮祭祀、遊神等活動，詳見【表二】。

清單編號	主項目名稱	次項目
3.1	車公誕 (沙田車公廟)	
3.2	大王爺誕	大埔三門仔、大埔元洲仔、梅窩
3.3	天公玉皇大帝誕 (樂富天后聖母古廟)	
3.4	關帝誕	大埔汀角、大澳
3.6	太平洪朝	上水丙崗、上水金錢村、粉嶺圍
3.8	土地誕	上水金錢村、上水圍大元村、大澳半路棚、大澳創龍社、大澳福德宮、元朗南邊圍、西區常豐里、土地婆婆誕（西區常豐里）、廈村田心村
3.10	文昌誕 (上環文武廟)	
3.11	洪聖誕	大澳、孔嶺、西貢布袋澳、西貢滘西、沙螺灣、河上鄉、梅窩、錦田鄧氏宗族、鴨脷洲
3.12	觀音誕	上水蕉徑、白沙灣、大澳
3.13	廣澤尊王誕 (北角開元禪院)	
3.14	三山國王誕 (牛池灣)	
3.15	北帝誕	長洲、梅窩
3.17	真君誕 (青衣真君廟)	
3.18	天后誕	十八鄉、大埔舊墟、屯門三洲媽、屯門后角、屯門沙洲、打鼓嶺坪源、「石澳、大浪灣、鶴咀」、西貢、西貢佛堂門、西貢糧船灣、坑口、汾流、坪洲、青衣、長洲西灣、南丫島索罟灣、南丫島鹿洲、屏山、香港仔、茶果嶺、荃灣、馬灣、廈村、蒲台島、鯉魚門
3.19	譚公誕	黃泥涌、筲箕灣
3.20	李靈仙姐誕 (薄扶林)	
3.21	金花娘娘誕 (坪洲)	
3.23	端午龍舟遊神	大澳龍舟遊涌、大埔石鍾二氏遊夜龍、長洲遊龍
3.24	龍母誕	坪洲、荃灣
3.25	文武二帝誕 (梅窩白銀鄉)	
3.26	周王二公誕	
3.27	楊侯誕	大澳、東涌
3.28	魯班誕 (西環魯班廟)	
3.29	七姐誕 (坪洲)	
3.30	盂蘭勝會	大澳水陸居民盂蘭勝會、青山灣水陸居民盂蘭勝會、長洲水陸盂蘭勝會、上水虎地坳德陽堂盂蘭勝會、小西灣居民協會盂蘭勝會、中區卅間盂蘭勝會、田灣邨坊眾盂蘭勝會、田灣區街坊協進會盂蘭勝會、竹園南邨富、貴、榮園樓互助委員會盂蘭勝會、西區正街水陸坊眾盂蘭勝會、西灣河街坊盂蘭勝會、李鄭屋麗閣蘇屋元洲海麗邨坊眾盂蘭勝會、赤柱街坊盂蘭勝會、坪洲悅龍聖苑盂蘭勝會、坪洲街坊建醮、旺角街坊盂

			蘭勝會、南涌協天宮中元盂蘭盤法會、流浮山街坊盂蘭勝會、軍地居民盂蘭勝會、香港仔、黃竹坑、鴨脷洲、華富邨街坊盂蘭勝會、香港仔水陸居民聯合社中元法會、柴灣居民盂蘭勝會、馬灣汲水門盂蘭勝會、啓業麗晶街坊盂蘭勝會、梅窩中元法會、梅窩桃源洞佛道社盂蘭勝會、華富邨華生樓盂蘭勝會、華富邨華昌樓盂蘭勝會、華富邨華泰樓盂蘭勝會、華富邨華景樓盂蘭勝會、華富邨華翠樓盂蘭勝會、順安邨街坊盂蘭勝會、塔門天后宮盂蘭勝會、筲箕灣南安坊坊眾會盂蘭勝會、橫頭磡邨樂富邨竹園天馬苑街坊盂蘭勝會、寶福山盂蘭法會、觀塘商販協會盂蘭勝會、九龍油塘高超長龍田村盂蘭勝會、牛頭角工商聯誼會坊眾盂蘭勝會、坪洲中元建醮、南丫島北段盂蘭勝會、香港天神老爺盂蘭勝會、香港仔惠陽大洲水陸居民盂蘭勝會、香港海陸豐盂蘭勝會、香港惠東平海水陸居民盂蘭勝會太平清醮、柴灣惠州海陸豐同鄉會盂蘭勝會、順利邨、彩雲邨、啓業邨盂蘭勝會、慈雲山鳳德竹園惠僑街坊盂蘭勝會、灣仔街坊盂蘭勝會、九龍城潮僑街坊盂蘭勝會、瓜灣區潮僑工商盂蘭勝會、三角碼頭盂蘭勝會、元朗潮僑盂蘭勝會、牛頭角潮僑盂蘭勝會、石籬潮僑盂蘭勝會、西貢區潮僑街坊盂蘭勝會、西環盂蘭勝會、李鄭屋麗閣邨潮籍盂蘭勝會、沙田潮僑盂蘭勝會、秀茂坪潮僑街坊盂蘭勝會、旺角潮僑盂蘭勝會、東頭村盂蘭勝會、油麻地旺角區四方街潮僑街坊盂蘭勝會、長沙灣潮籍盂蘭勝會、紅磡三約潮僑街坊盂蘭勝會、香港仔田灣邨、華貴邨、華富邨潮僑坊眾盂蘭勝會、柴灣潮僑盂蘭勝會、粉嶺潮僑盂蘭勝會、荃灣潮僑盂蘭勝會、荃灣潮僑街坊盂蘭勝會、彩雲邨潮僑天德伯公盂蘭勝會、深水埗石硤尾白田邨潮僑盂蘭勝會、黃大仙新蒲崗鳳凰邨街坊盂蘭勝會、慈雲山竹園邨鳳德邨潮僑街坊盂蘭勝會、葵涌潮僑盂蘭勝會、德教保慶愛壇盂蘭勝會、潮州公和堂盂蘭勝會、潮州南安堂福利協進會盂蘭勝會、錦田八鄉大江埔潮僑盂蘭勝會、藍田潮僑街坊盂蘭勝會、觀塘順天邨街坊盂蘭勝會、觀塘潮僑工商界暨街坊盂蘭勝會
3.31	地藏王誕		大窩口、荃灣石籬邨、觀塘
3.33	大聖誕（秀茂坪）		
3.34	黃大仙誕（黃大仙祠）		
3.35	玄天上帝誕（藍田）		
3.36	地母元君誕（觀塘）		
3.37	華光誕		大澳、香港八和會館、香港普福堂粵劇樂師會、儀仗行業
3.40	張飛誕（筲箕灣）		
3.42	太平清醮／打醮		八鄉元崗村、大埔泰亨、西貢井欄樹、西貢北港、塔門、西貢蠔涌、沙頭角慶春約、長洲、南丫島索罟灣、南鹿社、屏山山廈村、粉嶺圍、蒲台島、大澳朱大仙醮、香港仔合勝堂朱大仙醮、三角阿媽醮

從清單可見，香港公眾所信奉的神明有車公、大王爺、天公玉皇大帝、關帝、土地、文昌、洪聖、觀音、廣澤尊王、三山國王、北帝、真君、天后、譚公、李靈仙姐、金花娘娘、龍母、文武二帝、周王二公、楊侯、魯班、七姐、地藏王、大聖、黃大仙、地母元君、華光、張飛等二十多位，祂們的廟宇和神壇，幾乎遍及香港境內每一角落。在神明的誕辰日舉行盛大的廟會和祭祀儀式，已成為地方社羣的年度重要活動。此外，周期性的建醮活動也在香港各地頻繁舉行，地方羣體透過建醮，邀請諸天神佛降臨社區，用神聖的力量超度幽鬼亡魂，以達致禳災祈福、闔境平安的目的。清單中的建醮項目，便有農曆正月的太平洪朝、四月的長洲太平清醮、七月的盂蘭勝會或中元建醮、以及各鄉約主要在十至十一月舉行的太平清醮等，前三類都是每年一度舉辦，至於鄉約舉辦的太平清醮，週期各有不同，有每年、兩年、五年、十年、甚或六十年一醮的情況，但不論長短，太平清醮每每是鄉約中的大事，受到所有村民的重視。香港境內的建醮活動，不少已傳承了超過百年，由新界的大宗族如鄧、文、侯、廖、彭、陶氏等舉辦的太平清醮，更有幾百年歷史，一直世代相傳，積極維繫社區秩序、建構族羣文化身份。

除神誕、建醮、遊神項目之外，清單中還有其他類別的項目與民間信仰有關。按照傳統，神誕和建醮祭祀的儀式，必須由熟識齋醮活動的道教科儀專家負責，香港現在傳承了正一派道士和全真派道士兩大傳統。正一派火居道士，俗稱「喃嘸先生」，在新界為圍村村民及水上人進行儀式的喃嘸先生，又稱為「鄉村喃嘸」或「圍頭喃嘸」，主要承繼廣東東莞和新安縣的科儀傳統，通過父子相傳或師徒相授的方式，傳承施行道教的儀式，並為鄉村地區村民，擔任齋醮祭祀儀式中人神之間的中介角色。[4] 在香港市區謀生的正一派道士，大多數是二次大戰前後，從廣州來港避難的，他們基本上以繼承民國時期廣州市道館的道士傳統為主。[5] 至於在宮觀道堂修行為主的全真道派道，主要在二十世紀上半葉，從珠江三角洲的祖堂分支至香港，逐漸演化成各大全真教道觀如蓬瀛仙觀、青松觀、圓玄學院等。自上世紀八十年代始，不少全真道觀的經生道士，也承接神誕和建醮祭祀的科儀，形成了新的傳統。此外，屬於「傳統表演藝術」類項目之中，有粵劇神功戲、手托木偶粵劇、道家科儀音樂、釋家科儀音樂等，

---

4 黎志添：《廣東地方道教研究——道觀、道士及科儀》（香港：中文大學出版社，2007），頁 185。

5 同上，頁 170-175。

都是在神誕和建醮活動之中常見的表演，既娛神、又娛人的重要環節。至於在「傳統手工技藝」類之中，與民間神明崇拜息息相關的技藝有木神像雕刻技藝和神像鏡業等，尤以水上人喜歡訂製各式神像在漁船上供奉。此外，在神誕和建醮祭祀活動中，都可以容易找到用傳統技藝搭建的神功戲棚、神棚、喃嘸棚，又有酬神用的大型紙紮製品如大士王、山神、功曹馬、

2021年屏山山廈村打醮，正一道士帶領緣首進行祭祀。

花炮、花牌，而在長洲太平清醮會景巡遊最能吸引觀眾的飄色，也是用傳統工藝製作而成。還有，屬於「有關自然界和宇宙的知識和實踐」類的傳統曆法，往往在選定太平清醮和遊神等活動的舉行日期中發揮作用，香港著名的堪輿曆法師蔡伯勵，可按地方的需要推演各地方族羣舉行建醮的日程表。可見，傳統民間信仰實際是非物質文化遺產的核心，由信仰而衍生的一系列祭祀、儀式、祭品、表演、信俗，都與不同類別的非物質文化遺產環環相扣。

2019年大埔大王爺誕的花炮，花炮是紙紮的神龕。

三、民間信仰與嶺南地方社會的建構

　　包括香港在內的嶺南地區，在先秦時期仍屬化外之地，在這裡生息的百越先民，被中原人士稱為南蠻，他們的風俗好巫鬼，信奉各式各樣的神靈，有很多崇拜和祭祀活動。自秦始皇於公元前214年派軍征服嶺南，設立南海、桂林、象三郡之

後，嶺南才成為中國皇朝的一部份，開始受到皇朝典章制度所規範和中原文化的影響。但從秦代至五代的一千多年間，嶺南地區文教、經濟和社會發展緩慢，朝廷一直視嶺南為邊陲之地，被貶的官員，不少謫戍嶺南，以作懲罰；而嶺南民間好巫鬼的風俗也沒有多少改變，一直盛行多樣的神靈崇拜。

從宋代開始，嶺南才加速發展，尤其南宋皇朝 (1127-1279)，受遼、金、夏等強鄰壓迫，只得偏安江南，定都杭州，隨著中原漢族的南遷，國家的經濟重心也南移。由於陸上的絲綢貿易之路已被阻隔，朝廷就大力發展海南貿易，在廣州、泉州、明州等地設市舶司主管各路海上貿易，更派遣使臣招誘海外商客，使國家的經濟欣欣向榮，南宋成為當代世界最富裕的國家。[6] 在這背景之下，位處南海邊沿的香港地區也逐漸開發，根據本地宗族的族譜記載，主要姓族如錦田鄧氏、新田文氏、屯門陶氏、竹園林氏、上水侯氏等的先祖，都在兩宋時期在本地開基建村，其後子孫不斷繁衍，至明代晚期，已發展成為多支本地的大宗族，並建立宗祠和族產，以祭祀祖先；也在村中建立廟宇，崇祀朝廷認可的正統神明。為祖先立祠堂和為官方正統神明建廟，是嶺南地方族羣逐漸接受皇朝教化，成為皇朝編戶齊民的標志。

把地方神明納入皇朝的祀典，在地方推行官方正統祭祀神明的禮儀規範，是中央對地方進行教化的重要內容。由各式神明構築的神聖世界，往往支配著人間世界的道德倫理、價值取向、行為規範，對維繫地方社會秩序，建構地方族羣文化身份，是極為重要的力量。正因如此，中國歷代皇朝，為有效管治百姓，都會借助神靈的力量，對百姓進行教化。朝廷一方面把官方認可的神明體系和祭祀禮儀，推行至民間，另一方面又對地方上信奉的神明進行區分，經朝廷認可的神明，可以列入國家祀典或地方祀典，稱為「正祀」，朝廷和地方官員必須定期祭祀，民間更可建廟拜祭；至於朝廷不認可的神明，都稱為「淫祀」，其祠廟稱為淫祠。自秦漢以來建立的官方宗教祭祀系統與各地民間信仰之間，其實沒有根本的衝突，基本上分享相同的宇宙觀，分別只在於關懷的重點各異，官方正祀所關懷的，是國家社會的福祉，民間信仰和祭祀，則與百姓的日常生活關係密切。[7]

嶺南地區自宋明以降文教漸開，其實與宋明儒生，把國家正統禮儀逐步推向地方息息相關。儒生以正統禮儀教化地方人士，建立起正統性的國家秩序，

6　顧潤清等著：《廣東海上絲綢之路研究》，廣州：廣東人民出版社，2008 年，頁 10-11。

7　蒲慕州：《追尋一己之福：中國古代的信仰世界》，上海古籍出版社，2007 年，頁 15-16。

他們所推動的國家正統禮儀，當然包涵了對國家祀典所列神明的崇祀。科大衛指出，自南宋定都浙江的臨安（即今天杭州），鄰省福建的地位便變得十分重要，很多福建的地方神祇，便得到朝廷的敕封，列入國家祀典，並建立廟宇，由地方官員定期祭祀。[8]其中媽祖（香港地區稱天后）崇拜便是典型例子，在南宋一百多年間，朝廷對媽祖進行了九次褒封，封號由初時的「夫人」，進升為「妃」，[9]因朝廷的鼓勵，媽祖崇拜在沿海地區迅速傳播，香港西貢大廟灣天后廟，相傳便是建於南宋後期的。朝廷對民間神祇的褒封，代表了國家對民間信仰的承認，也是對地方信仰羣體的接受。反之，那些不被朝廷認可的地方民間神祇，全部稱為邪神淫祀。可是，明代以前，對這些所謂邪神淫祀的崇拜，早已深入民間社會，在珠江三角洲地區的鄉村裏，佛、道、巫覡的影響十分深刻，他們利用文字的法力，在民間社會傳授科儀，並在祭祀的娛樂活動如戲劇和歌謠中傳播觀念，溝通鄉民與神鬼的聯繫，透過各種各樣的法術和宗教儀式，安排鄉中日常的生活秩序。[10]

四、洪聖與天后

在香港非物質文化遺產清單內載列的二十多位民間神祇之中，有兩位重要的海神——洪聖和天后（媽祖），都是國家祀典內重要的神明，但神格不同，身分有異，其中洪聖是從中央推向地方的神明，天后卻是從地方逐漸上升至中央的神明，祂們自宋代以降一千年來的發展軌跡，正反映了民間信仰的轉變。洪聖即南海神，早在先秦時期，南海神已是國家對四方岳鎮海瀆進行郊祀的一部份，隨著六朝時期南海貿易的興盛，至隋文帝開皇十四年(594年)，朝廷於廣州東面創建南海神廟，在地方上開創了祭祀南海神的制度。唐玄宗時(712-756年)封南海神為廣利王，屬國家中祀，顯示朝廷對海外貿易的重視。到北宋仁宗康定二年(1041年)，封南海神為「南海洪聖廣利王」，民間因而有崇拜洪聖之名。仁宗皇祐四年(1052年)平定儂智高在嶺南起兵作亂後，朝廷認為是南

8 科大衛　劉志偉：《宗族與地方社會的國家認同——明清華南地區宗族發展的意識形態基礎》，2016年6月23日發布，載中國農村研究網：http://www.ccrs.org.cn/index.php?m=article&a=show&id=2006

9 鄭麗航：〈宋至清代國家祭祀體系中的媽祖考述〉，載寧波市文物保護管理所編：《海峽兩岸媽祖文化學術研討會論文集》，北京：中國文史出版社，2010年，第72－102頁。

10 科大衛　劉志偉：《宗族與地方社會的國家認同——明清華南地區宗族發展的意識形態基礎》，2016年

黃大仙信俗與非物質文化遺產國際學術研討會論文集

海神廣施神通之功，遂於翌年褒封南海神為「南海洪聖廣利昭順王」，並擴建南海神廟。由於朝廷的提倡，民間對南海神崇拜日漸興隆，在東莞、惠州等地紛紛建立南海王分廟，即洪聖廟。南宋高宗紹興七年（1137 年），進一步加封南海神為「南海洪聖廣利昭順威顯王」，以庇佑社稷。當時，南海神崇拜在民間更為興盛，每年農曆二月十三日的南海神誕，廣州充滿節日氣氛，曾任廣東市舶提舉的劉克莊（1187-1269 年），有描述南海神誕盛況的詩文：「香火萬家市，烟花二月村，居人空巷出，去賽海神祠」。[11] 萬人空巷的南海神賀誕廟會，正好說明南宋時期，南海神已逐步從高高的國家祭祀神壇走下，漸變成親近百姓、庇佑中外商人平安的保護神。可是，元代朝廷卻不大重視南海神，把祂回復為一般的庇護國家安定社稷的神靈，使洪聖崇拜在民間出現停滯不前的局面。至明清兩朝，南海神雖仍在國家祭祀中保留一定地位，但祭祀僅流於形式化，南海神在地方官員心中地位已低。相反，南宋時期在廣州南海神廟形成的神誕廟會，明清時期民間仍然盛行，風流所及，在粵中和粵西沿海縣市，多建有洪聖廟以祀南海神。香港境內也有十數所洪聖廟，主要建於清代中晚期，也是皇朝教化滲透到地方的象。

　　與洪聖相反，媽祖是從地方逐步走向中央的神明，過去一千年來媽祖信仰的不斷發展和壯大，正反映華南地方社會文化逐步與國家正統文化融合的過程。媽祖信仰始於北宋前期，相傳福建莆田湄洲有巫女林默（960-987），生前濟世行善，於哲宗元祐年間（1086-1094），當地人士已在湄洲建神女祠拜祭。至徽宗宣和五年（1123），因神女保佑使臣路允迪出使高麗有功，朝廷賜

2011 年上水河上鄉侯氏宗族的洪聖誕廟會

11　王元林：《國家祭祀與海上絲路遺迹——廣州南海神廟研究》，北京：中華書局，2006 年，頁 184-191。

「順濟」廟額予林默神女祠，是媽祖受到朝廷封賜之始。及南宋偏安江南，福建的政治經濟地位上升，不少福建的地方神祇受朝廷賜封，其中莆田神女林默，於高宗紹興二十六年 (1156) 被封為靈惠夫人，又於光宗紹熙元年 (1190)，褒封為惠靈妃。總計在兩宋時期，媽祖因不斷顯靈，庇佑行旅安全、病疫消除、風調雨順、旱澇止息、寇亂消平等有

2009 年西貢滘西洲漁民的洪聖誕廟會

功，先後獲朝廷十五次的封號。而拜祭媽祖的祠廟，除莆田之外，更遍及福建、廣東、江蘇、浙江等沿海省份，也在都城杭州艮山門外建有靈惠妃祠，可見媽祖已逐步由地方走向中央了。[12]

　　元明清三朝，隨著華南地方日漸開發，海外貿易對國家經濟日益重要，朝廷對媽祖的封賜也逐步上升。在元明清三朝六百多年間，媽祖受朝廷褒封二十多次，其中多次與重大歷史事件有關，如元朝至元十五年 （1278），因認為媽祖滅宋興元有功，元世祖忽必烈封媽祖為「護國明著靈惠協正善慶顯濟天妃」，媽祖於是進升為天妃，為國家的守護神；明成祖永樂七年 （1409），因保祐太監鄭和下西洋有功，朝廷封媽祖為「護國庇民妙靈昭應弘仁普濟天妃」；至清康熙二十三年 (1684)，因天妃顯靈收復台灣，於是進升天妃為「照靈顯應仁慈天后」；至嘉慶二十二年 (1817)，媽祖升為朝廷祀典小祀，在都城北京建有廟宇，由朝廷祀官定期祭祀，行三跪九叩禮，國家對媽祖禮遇之隆，可說到達頂峯。[13]清晚期，崇祀媽祖的廟宇達數千座，不僅遍布全國，更隨著華商和移居海外華僑的足跡，可在日本、菲律賓、越南，泰國、馬來西亞、印尼等國的貿易港口

12　王元林：《國家祭祀與海上絲路遺迹——廣州南海神廟研究》，北京：中華書局，2006 年，頁 191-196。

13　鄭麗航：〈宋至清代國家祭祀體系中的媽祖考述〉，載寧波市文物保護管理所編：《海峽兩岸媽祖文化學術研討會論文集》，北京：中國文史出版社，2010 年，第 72 － 102 頁。

黃大仙信俗與非物質文化遺產國際學術研討會論文集

找到媽祖的祠廟，到了大清帝國晚期，媽祖已不單是國家的保護神，更已走出國門，隨著海外華僑的擴散而走向世界。

踏入 20 世紀以後，媽祖信仰在中國曾經歷巨大的起伏跌宕。國民政府曾大力推動移風易俗，把民間宗教標籤為迷信、封建和落伍，不少地方政府對天后崇拜等民間信仰傳統進行批判和打壓，這情況到 1949 年新中國成立後仍然繼續，至文化大革命時期 (1966-76)，一切民間的神誕廟會和祭祀活動都被禁絕；1979 年改革開放以後，官方對民間宗教信仰的管制才漸次鬆弛，民間奉祀媽祖的活動也逐漸活躍。八十年代初，湄洲的媽祖祖廟開展了重建工程，以推動台灣海峽兩岸的「祖廟認同」和文化交流，媽祖因而被學術界添加「海峽和平女海神」之封號；[14] 至 2004 年中國加入《保護非物質文化遺產公約》後，各地的媽祖崇拜祀傳統經過非物質文化遺產化之後，重新獲得合法的地位；至 2009 年，「媽祖信俗」被教科文組織列入「人類非物質文化遺產代表作名錄」，成為中國首項獲得世界級非遺地位的傳統民間信俗，媽祖也成為全球化下的中國文化符號。

五、民間信仰在香港

1840 年第一次鴉片戰爭爆發，英軍於 1841 年 1 月佔據香港島，隨著中英兩國簽署南京條約，香港島於 1843 年正式成為英國的殖民地。開埠之初，香港島上人煙稀少，只有約五千多名華人聚居於黃泥涌、赤柱、香港仔等地。當時港島的廟宇只有三數

2008 年西貢糧船灣天后誕，天后海上巡遊。

間，包括建於乾隆年間的銅鑼灣天后廟、建於乾隆三十二年 (1767) 的赤柱天后廟，以及建於乾隆三十八年 (1773) 的鴨脷洲洪聖古廟等。為安撫島上居民，當

14　王霄冰、林海聰：〈媽祖：從民間信仰到非物質文化遺產〉，《文化遺產》2013 年第 6 期，第 35 — 43 頁。

時的英國駐華全權公使兼商務總監義律 (Charles Elliot 1801-1875) 曾向島民發出一份告示：「一切禮教儀式、風俗習慣及私有合法財產權益，概准仍舊自由享用，官吏執政治民，概依中國法律風俗習慣辦理……」[15] 由義律所確立的華人社會中「一切禮教儀式、風俗習慣」保持不變的原則，基本上為歷任港督所遵行，因此，在英國殖民統治的 150 多年間，香港華人享有高度的宗教自由，傳承自華南地區的民間信仰，也一直在香港華人社會中蓬勃發展。隨著港島北岸維多利亞城的急速建設，開埠的二十年間已吸引了大批華人移居香港，這些早期移民，會把家鄉的神明帶來香港崇拜，以保平安。為團結地方族群，維持社會秩序，一些華商和地方精英又開始倡議按中國傳統建立廟宇和公所，以調解華人社區之間的糾紛，因此，開埠不久，維多利亞城內便出現了多所廟宇。位於上環的文武廟，是由華商盧亞貴和譚才於 1847 年倡建的首間廟宇，廟內正殿供奉的文昌和關公兩位主神，都是列入清朝祀典的國家正祀，而偏殿還供奉了包公和城隍。位於下環（今天灣仔）海旁的洪聖廟，也於 1847 年由下灣坊眾依山岩而建；而 1863 年，下環坊眾又集資興建了玉虛宮以奉祀北帝，廟的規模和佈置，近似上環文武廟，屬三進三間式建築物，是下環最具規模的廟宇，成為當區華人的祭祀中心。也在 1863 年，客家人曾泰源在銅鑼灣大坑村旁興建了蓮花宮，主祀觀音菩薩，此廟造型獨特，分前後兩殿，前殿呈半八角形寶塔狀，

1847 年建立的上環文武廟，後交由東華三院管理，每年都舉行秋祭活動。

重檐攢尖屋頂；後殿呈長方形，依蓮花石而建，分上下兩層祭壇，下層主祀觀

15　《香港與中國歷史文獻資料彙編》，香港：廣角鏡出版社，1981，頁 164。

黃大仙信俗與非物質文化遺產國際學術研討會論文集

音,上層祀太歲。隨著港島東區的發展,在筲箕灣阿公岩一帶聚居了不少漁民和採石的客家人,他們在 1873 年在筲箕灣海旁興建了天后廟,為深兩進、闊三間的建築佈局;四年之後,筲箕灣坊眾在天后廟以西不遠處建福德祠,以崇祀土地;至 1905 年,筲箕灣的水陸居民,又集資向政府投地,建成譚公廟,廟內除奉祀譚公外,更有關公、黃大仙、龍母等神明。此外,由於維多利亞城的高速發展,建築行業特別興旺,建築商人和工人便於 1884 年,集資在堅尼地城青蓮台興建了的魯班先師廟,以供奉保護建築行業的神明魯班,並組織了廣悅堂去管理廟宇,每年農曆六月十三日是魯班先師誕,行內稱師傅誕,魯班廟的值理會舉辦隆重的祭祀儀式,很多建築工人及機構都會在這天到廟拜祭。可見港島北岸眾多重要的華人廟宇,都是在香港開埠之後數十年間建成,以滿足華人崇拜神明的需要,並發揮凝聚社區的作用。

　　與港島的情況相似,九龍區內華人廟宇的興建,也隨著華人移民的增加、社區的開發而不斷興建。九龍半島是第二次鴉片戰爭之後,於 1860 年根據北京條約割讓給英國的,在此之前,九龍區內最重要的廟宇,要算是位於九龍寨城後山坡上的侯王廟,根據廟內古鐘銘文推斷,此廟應建於清雍正八年 (1730),[16] 顯示清初朝廷復界之後,九龍半島東面的九龍灣沿海一帶逐漸開發,已有多條村莊成立,侯王廟是村民的信仰中心,

1863 年在銅鑼灣大坑村興建的蓮花宮,主祀觀音菩薩。農曆八月十四晚上,火龍在蓮花宮進行開光儀式後,才開始舞火龍活動。

及至 1847 年九龍寨城建成後,駐驛在寨城內的大鵬協官兵,也經常到侯王廟

16　華人廟宇委員會:〈聯合道侯王廟〉網頁,http://www.ctc.org.hk/b5/directcontrol/temple17.asp

祭祀。自九龍成為英國殖民地後，發展迅速，人口也不斷擴展，在半島西面的油麻地一帶，原是漁民聚居之地，並建有一小廟奉祀天后，至 1870 年，當地居民組成油麻地五約（包括尖沙咀、官涌、油麻地、旺角、深水埗），並把天后小廟擴建，成為五約的祭祀和活動中心，可惜此廟毀於 1874 年的甲戌風災。翌年，五約商戶集資在廟街重建天后廟，並在兩旁增建公所和書院，後更增建城隍廟和觀音樓，成為頗具規模的廟宇羣，由於募捐費時，整體廟宇羣建築到 1890 年才告落成。油麻地以北的深水埗，本是一條小村落，隨著九龍市區的發展，深水埗也日漸繁榮，在 1898 年英國租借新界之前，位於界限街以北的深水埗，成為走私客、賭徒和罪犯的避難地，以逃避英國司法的

1884 年在堅尼地城青蓮台興建的魯班先師廟，每年農曆六月十三日舉行魯班先師誕會。

管轄，[17] 反映當地經濟活躍。而深水埗的居民，也在英國租借新界前後約十年間興建了三所新廟宇，首先是位於海壇街的關帝廟，建於 1891 年，出資興建的除水陸居民和工商各界，更有大鵬協鎮官員，甚至遠至金山各埠的居民；[18] 其次是位於汝州街的三太子廟，建於 1898 年，由深水埗的客家人集資興建，他們從廣東惠陽請來三太子哪吒供奉，目的是驅除瘟疫；[19] 最後是位於桂林街的天后廟，由水陸居民和商戶集資於 1901 年建成。可見廟宇是華人社區重要

17　梁炳華：《深水埗風物志》，深水埗區區議會，2011 年，頁 46-47。
18　華人廟宇委員會：〈深水埗關帝廟〉網頁，http://www.ctc.org.hk/b5/directcontrol/temple16.asp
19　梁炳華：《深水埗風物志》，深水埗區區議會，2011 年，頁 81-82。

黃大仙信俗與非物質文化遺產國際學術研討會論文集

的設施，隨著社區的擴展，廟宇的數目必然增加，廟內供奉的，也是皇朝認可的正統神明。

新界在 1898 年租借給英國之前，早已是大小宗族林立、生齒眾多的地方，幾乎每處村落都可找到廟宇的影蹤。以元朗區為例，根據族譜，元朗錦田鄉早於宋代便由鄧氏族人開發，鄉內現存有建於明末清初的洪聖廟，以及建於康熙年間的天后廟，都是拜祭皇朝正祀的主要海神，其中洪聖廟尤為重要，鄉民以農曆正月十五日為洪聖誕，鄉中各房共組織了 12 個花炮會賀誕，還搭建戲台，演唱歌曲以娛神，年度的洪聖誕，鄉中各房族人都會參與，是維繫鄧氏族人的重要節日。[20] 由錦田鄧族人於康熙八年 (1669) 建立的元朗舊墟之內，也有兩所廟宇，其中建於開墟之時大王廟，供奉洪聖和楊侯，為舊墟的政治和宗教信仰中心，廟內有五塊碑刻，記載元朗墟的建立和演變過程；[21] 另外的玄關二帝廟，為商户於 1714 年興建，以供奉北帝和關帝。元朗區內除錦田外，還有屏山和廈村兩支鄧氏大宗族，他們在清初至中葉已建有大宗祠以祭祀祖先，也建廟宇祭祀官方正統的神明，如在屏山鄉內便建有洪聖宮和楊侯古廟，在廈村鄉則有楊侯宮，廈村市內則有關帝廟。此外，在三支鄧氏強宗支配下的元朗，還有很多細小的「圍頭」和「客家」宗族，他們多於明清時期才遷居至元朗一帶，在缺乏耕地之下，他們大多變成鄧族的佃户，這些佃農為爭取權益，會透過廟宇的祭祀活動來組織鄉約，與強宗抗爭，元朗平原南面大旗嶺的十八鄉大樹下天后廟，便是其中一例。大旗嶺一帶定居的圍頭和客家佃農，在清朝中葉逐漸發展成十八條雜姓村落，稱為十八鄉，鄉民成立聯鄉組織，稱為「十八鄉公益社」，每年由公益社各村輪任值理，主理大樹下天后廟的祭祀活動，以團結鄉誼。清乾隆年間，十八鄉鄉民因田租問題與鄧族發生爭執，後演變成械鬥而驚動了官府，經廣東巡撫審理後，判十八鄉鄉民勝訴，新安縣令把案件經過和裁決勒石為記，並把石碑分別置於由鄧族控制的元朗舊墟大王廟，以及十八鄉控制的大樹下天后廟內。[22] 為答謝天后娘娘庇佑，「鄉人初次開演梨園賀誕，嗣後三年一屆，依例演戲。」[23] 從此十八鄉大樹下天后廟每年都籌辦盛大的天后

20　城市大學中國文化中心：〈錦田洪聖誕〉網頁，http://www.cciv.cityu.edu.hk/jiedan/jintian/template.php

21　科大衛、陸鴻基、吳倫霓霞（編）：《香港碑銘彙編》，香港市政局，1986 年，第一冊，第 47 — 48 頁。

22　科大衛、陸鴻基、吳倫霓霞（編）：《香港碑銘彙編》，香港市政局，1986 年，第一冊，第 47 — 48 頁。

23　陳秀：〈十八鄉天后廟歷史文獻〉，載《元朗十八鄉慶祝天后寶誕會景巡遊特刊》，1965 年。

誕廟會，至今仍然是香港重要的民間宗教活動，廖迪生認為十八鄉天后廟屬於「聯鄉廟宇」類型的廟宇，因其運作形式，有聯繫十八鄉內各村的實際社會和政治功能。[24]

踏入二十世紀以來，中國的政局和社會出現了翻天覆地的變化，對傳統民間信仰帶來莫大的衝擊。首先是 1911 年的辛亥革命，孫中山先生領導革命黨人推翻滿清，結束了二千多年的封建皇朝體制，成立中華民國，國民政府以追求西方的「德先生」（民主）和「賽先生」（科學）為口號，倡導「改革風俗、破除迷信」運動，否定甚至攻擊所有傳統民間信仰，以至不少地方上的宮觀祠廟被拆毀，身為祭祀儀式專家的喃嘸道士被迫停業或改行；[25] 至 1937 年，日本侵華，中國陷入長達八年的抗日戰爭，國家經濟凋零，國民死傷枕藉，民間信仰當然不能發展；1945 年抗日戰爭勝利後不久，中國又陷入國共內戰，百姓再以飽受炮火煎熬，最終國民政府戰敗而退守台灣，共產黨於 1949 年成立中華人民共和國；但立國後最初三十年，國內又陷入一波接一波的政治運動之中，更由於意識形態問題，所有宗教活動都被視為非法的，十年文化大革命期間，對傳統宗教的打擊更為徹底，很多祠廟被拆，一切民間信仰祭祀活動被禁絕，

傳統文化傳承出現巨大的斷層。直至八十年代開始，才恢復部份民間信仰活動。進入二十一世紀後，在保護非物質文化遺產的框架之下，很多民間信仰活動才重新得到合法地位，重獲傳承的空間和機遇。相反，在動盪的二十世紀期間，英人管治下

2018 年元朗十八鄉大樹下天后誕廟會。

24　廖迪生：〈由「聯鄉廟宇」到地方文化象徵：香港新界天后誕的地方政治意義〉，載於林容、張珣、蔡相輝編，《媽祖信仰的發展與變遷：媽祖信仰與現代社會國際研討會論文集》，台灣宗教學會、北港朝天宮出版，2003 年，第 79 － 94 頁。

25　黎志添：《廣東地方道教研究——道觀、道士及科儀》，香港：中文大學出版社，2007，頁 5-6。

的香港政局仍保持相當穩定，社會不斷向前發展，這與歷任港督的治港理念和
目標有莫不關連。自佔據香港以來，英人的首要任務是保持香港這貿易港口長
期穩定，使他們可賺取最大的經濟利益。港英政府一貫採取與中國內地昏亂政
局保持距離的政策，為防止內地的新文化運動和共產思潮影響香港，港英政府
便拉攏本地華人紳商，鼓勵傳統經典教育，保存中國文化，其中第 17 任港督
金文泰（Sir Cecil Clementi，1925 年至 1930 年在任）是推行政策的表表者，他
對中國文化和古典文學造詣頗深，在他和華商的推動下，於 1925 年籌劃第一
所官立漢文中學，在港推行舊式中文教育，又於 1926 年在香港大學籌建中文
學院，延聘清朝遺老賴際熙太史 (1865-1937) 等任教授。[26] 宗教方面，雖然政府
於 1908 年頒佈了第一份與傳統宗教管理有關的法例《文武廟條例》，目的只
是將上環文武廟及其所屬廟產撥交東華醫院管理；至 1928 年頒佈的《華人廟
宇條例》，主要著眼點依然是廟產的擁有權和管理權，將各廟財產移交華民政
務司保管，以防止原屬公有的廟產被人刻意私吞。兩條例的管理重點，「在於
宗教的實體性資產，而不在其抽象的意識型態。」[27] 港英政府保守的文化政策
及自由的宗教政策，自然有利於中國傳統民間宗教信仰活動在香港的世代傳承
和發展，時至今日，這些在香港地方社會傳承了幾百年的民間宗教祭祀和禮儀，
已成為香港極其珍貴的非物質文化資產，值得我們珍而重之，永續傳承。

六、非物質文化遺產保護與可持續發展

香港非物質文化遺產普查的結果反映，傳統民間信仰類型的項目最多，由
民間信仰活動而衍生的一系列祭祀、儀式、祭品、表演、風俗，又與不同類別
的非物質文化遺產環環相扣，因此民間信仰可說是非物質文化遺產的核心，如
何保護和促進民間信仰活動在社區內可持續地發展，是特區政府與市民共同面
對的課題。根據《保護非物質文化遺產公約》，保護措施有九個方面，包括對
遺產的確認、立檔、研究、保存、保護、宣傳、弘揚、承傳（主要通過正規和
非正規教育）和振興。[28] 在確認、立檔、研究方面，特區政府已完成了第一次

26　陳學然：〈金文泰與 1920 年代香港的文化空間〉，載蕭國健、游子安編：《1894-1920 年代：
　　歷史鉅變中的香港》，香港：珠海學院香港歷史文化研究中心、嗇色園，2016 年，頁 252-
　　265。

27　危丁明：〈香港的傳統宗教管理初探──從《文武廟條例》到《華人廟宇條例》〉，《田
　　野與文獻》第四十九期，2007 年 10 月 15 日，頁 35-44。

28　文化部對外文化聯絡局（編）：《聯合國教科文組織〈保護非物質文化遺產公約〉基礎文
　　件匯編》，北京：外文出版社，2012 年，頁 10。

非物質文化遺產普查，並於 2014 年公布了首份共有 480 個項目的非物質文化遺產清單，其中包括有 190 項的傳統民間信仰項目，是我們保護的基礎。在保存、保護、傳承方面，特區政府曾先後三次向國家文化部申報，並成功把十項本地的非物質文化遺產，列入國家級非物質文化遺產代表性項目名錄，包括粵劇、涼茶、長洲太平清醮、大澳端午龍舟遊涌、香港潮人盂蘭勝會、大坑中秋舞火龍、西貢坑口客家麒麟舞、黃大仙信俗、全真道堂科儀音樂、古琴藝術（斲琴技藝），其中長洲太平清醮、大澳端午龍舟遊涌、香港潮人盂蘭勝會、大坑中秋舞火龍、西貢坑口客家麒麟舞、黃大仙信俗、全真道堂科儀音樂等七項，皆與不同社區和族羣的民間宗教信仰活動有關，加上粵劇中的神功戲，以及客家麒麟舞在神誕節慶中的表演，可說香港的國家級非物質文化遺產代表性項目，其實以民間宗教信仰活動為主軸，也反映傳統民間信仰對香港社會的廣泛影響。

在宣傳、弘揚、振興方面，特區政府圍繞十項國家級非物質文化遺產代表性項目，在過去數年間與各項目的傳承團體合作，共同舉辦各式的宣傳推廣活動，如展覽、公開講座、研討會、工作坊、傳承人示範、實地考察、導賞和出版書籍等，增加市民對非物質文化遺產的認識。例如與大澳傳統龍舟會攜手合作，舉辦龍舟遊涌體驗活動，在端午節當天大清早，把百多名市民或老師接送到大澳，並分配到多所

2019 年東涌侯王誕，粵劇神功戲例戲《天姬送子》。

漁民的棚屋內，一面觀看三個傳統漁民組織，各自划著龍舟拉動載有楊侯、天后、關帝、洪聖神像的神艇，巡遊於棚屋之間的水涌，以神聖力量潔淨社區的過程，一面與棚屋主人交流，瞭解棚屋漁民的生活；又與長洲太平清醮值理會

合辦考察活動，給市民現場講解打醮期間各項祭神活動的流程，及透過神明力量去超度亡魂、潔淨社區的宗教意義；近年又與香港潮屬總會合作，於農曆七月舉辦盂蘭文化節以推廣潮人盂蘭勝會，透過展覽、攤位遊戲、搶孤比賽、親子盆供堆疊比賽等活動，使公眾明白孝道是盂蘭祭祀活動的核心意義。此外，為宣傳和弘揚每年中秋節前後三天在大坑舉行的舞火龍活動，政府透過第四期活化歷史建築伙伴計劃，於 2014 年把位於大坑書館街十二號的舊「孔聖義學」校舍，交予舞火龍活動的傳承團體大坑坊眾福利會，活化成為大坑火龍文化館，[29] 以社會企業模式營運，目的是傳承大坑舞火龍的文化、保存大坑原有客家文化和歷史，並透過社區參與，增強社區凝聚力，以達至弘揚和振興本地非物質文化遺產的目標。

由民間信仰而產生的神誕廟會、祭祀儀式、會景巡遊、神功戲表演等民俗活動在列入非物質文化遺產名錄或清單後，往往能引起公眾的關注和興趣，因而成為地方上推廣文化旅遊的重要元素。一些國家和地方因重視文化旅遊的經濟效益而忽畧了保育的重要性，以致把民間信仰和傳統風俗類的非物質文化遺產過份商業化、觀光化、甚至是碎片化，使民間傳統被扭曲而失去原來的意義，這實在有違《非物質文化遺產公約》所提倡的「可持續發展」的核心理念。《公約》第二條對非物質文化遺產進行的定義中，便規定「只考慮符合現有國際人權檔，各社區、群體和個人之見相互尊重的需要和順應可持續發展的非物質文化遺產」，《公約》的序言中也指出非物質文化遺產的重要性在於：「它是文化多樣性的熔爐，又是可持續發展的保證」。[30] 為提高各國對可持續發展理念的關注，聯合國教科文組織在 2016 年 6 月的《保護非物質文化遺產公約》締約國大會上，通過修訂公約的《業務指南》，在指南內加入新的第六章《國家層面保護非物質文化遺產和可持續發展》，要求締約國從社會、經濟、環境三個方面的可持續發展考慮非物質文化遺產的保護，尤其在涉及商業活動方面，締約國應「採取適當的法律、技術、行政和財政措施，尤其是通過運用智識產權、隱私權及其他法律保護的適當形式，以確保在提高創造、維護和傳承非物質文化遺產的社區、團體和個人對遺產或參與商業活動的認識時，其權利得到

29　文物保育專員辦事處：〈第四期活化計劃：大坑火龍文化館〉網頁，https://www.heritage.gov.hk/tc/rhbtp/Tai_Hang_Fire_Dragon_Heritage_Centre4.htm

30　聯合國教育、科學及文化組織：《保護非物質文化遺產公約》，2003 年 10 月 17 日。http://unesdoc.unesco.org/images//0013/001325/132540c.pdf

應有的保護」，並「確保相關社區、群體和個人是其非物質文化遺產所帶來收入的主要受益人，且其收入不會被剝奪，特別是不可因以為他人創收為目的而被剝奪。」[31] 由此可見，要被免民間信仰和傳統風俗類的非物質文化遺產過份商業化，關鍵在於保障傳承的社區、團體和個人的權利，要以他們為保護的主體，也是商業創收的主要受益者。香港自十九世紀中葉開埠以來，殖民政府一直保持宗教自由的政策，也一直容許華人社會中「一切禮教儀式、風俗習慣」保持不變；至 1997 年回歸祖國之後，特區政府仍然保持一貫的宗教自由政策，這對於社區的民間宗教祭祀活動可持續發展至關重要，至於非物質文化遺產的保育政策方針：「政府重視保護非物質文化遺產，致力提升社會對非物質文化遺產的認知及對保護這種文化資源的重視。政府一方面支持非物質文化遺產的保護、傳承和推廣工作，並且鼓勵社會參與，令香港文化傳統得以保護、延續和發展。」[32] 政府深信，只有社區、團體和個人的全力參與，以及政府的支持，才可令非物質文化遺產發揮凝聚社區的功能，使社羣自發地傳承他們的教仰活動，令傳統朝著可持續的軌道上發展。

31　《保護非物質文化遺產公約》締約國大會第六屆會議，2016 年 5 月 30 日至 6 月 1 日，臨時議程專案 7：對實施《公約》業務指南的修訂（文件 ITH/16/6.GA/7），http://www.unesco.org/culture/ich/en/6.ga

32　香港立法會民政事務委員會（文件）：〈保護非物質文化遺產〉，2012 年 3 月 15 日。http://www.legco.gov.hk/yr11-12/chinese/panels/ha/papers/ha0315cb2-1325-1-c.pdf

黃大仙信仰與民俗傳承

衰落与复兴：黄大仙信仰历程

——以金华黄大仙信仰演变为例

浙江师范大学　陈华文

[摘　要] 黄大仙信仰既是道教的，同时也是民间的。它发端于民间传说，却成全于道教信仰；它出现于浙江的金华山，却兴旺于香港的啬色园并由此而传遍五大洲。它在内地，尤其是在浙江金华的兴盛衰落，不仅缘于社会的变革这一主轴发展起伏的必然性，也与时代过程中某个特殊因缘，即所谓的偶然性息息相关。金华黄大仙信仰演变的历程，在个案意义的背后，也折射出共性的特征。这是我们需要特别关注和特别重视的。

[关键词] 黄大仙，信仰历程，演变

黄大仙的信仰并没有轰轰隆隆的过程，它好像在不经意之间从民间生长出来，然后在一种不经意之间被葛洪记录；然后默默地进入了道教系统，人们甚至把它与师父等混淆，[1] 因为他们都是神仙之流；然后在经历了唐宋发展兴盛之后于明代逐渐衰落；然后又由于特殊的原因和特殊的社会阶段，因香港黄大仙信仰而重烧金华黄大仙的信仰并开始重新兴盛。本文试图通过这一过程的简单梳理，找到一个信仰个案发展变迁的必然性和偶然性，共方家批评。

一、从故事到信仰：源起的突兀性

黄大仙信仰的源头，从目前可知的最早出处是葛洪记录于《神仙传》的一则关于黄初平的故事。这则故事讲述的是黄初平从十五岁去放羊，一直没有回家。他的哥哥后来在浙江金华山[2] 找到他时，已经成了有法术的仙人。哥哥于是

1　《神仙传》中黄大仙修炼得道后改名为赤松子。赤松子，传为神农时的雨师，亦作赤诵子。《楚辞·远游》："闻赤松之清尘兮，愿承风乎遗则。"刘向《列仙传》卷上载："赤松子者，神农时雨师也，服水玉以教神农，能入火自烧。往往至昆仑山上，常止西王母石室中，随风雨上下。炎帝少女追之，亦得仙俱去。"黄大仙修道得仙后因改名赤松子，民间就称他为赤松黄大仙。至今，金华山有赤松山、赤松涧、赤松宫等。

2　参见陈华文：《黄大仙研究》的有关内容，文载《中国民间文化》1994 年第 3 期。

陈华文：衰落与复兴：黄大仙信仰历程——以金华黄大仙信仰演变为例

与弟弟一起修仙，兄弟俩共同得道成仙，并因此影响了许多人修仙得道。

> 黄初平者，丹溪人也。年十五而家使牧羊。有道士见其良谨，使将至金华山石室中。四十年忽然，不复念家。其兄初起，入山索初平，历年不能得见。后见市中有道士善卜，乃问之，曰："吾有弟名初平，因令牧羊，失之今四十余年，不知死生所在，愿道君为占之。"道士曰："金华山中有一牧羊儿，姓皇名初平，是卿弟非耶？"初起闻之惊喜，即随道士去，寻求果得相见，兄弟悲喜。因问弟曰："羊皆何在？"初平曰："羊近在山东。"初起往视，了不见羊，但见白石无数，还谓初平曰："山东无羊也。"初平曰"羊在耳，但兄自不见之。"初平便乃俱往看之，乃叱曰："羊起！"于是白石皆变为羊数万头。初起曰："弟独得神通如此，吾可学否？"初平曰："唯好道，便得耳。"初起便弃妻子留就初平。共服松脂茯苓。至五千日，能坐在立亡，行于日中无影，而有童子之色。后乃俱还乡里，亲族死亡略尽，乃复还去。临去，以方授南伯逢，易姓为赤，初平改字为赤松子，初起改字为鲁班。其后传服此药而得仙者数十人焉。[3]

故事强调的是黄大仙与兄弟成仙后，有三个异能，叱石成羊、坐在立亡（消失）和日中无影。因为神奇，所以受到民众的崇拜，这本来也是常事，生活中就有。不过他们的持续影响是与道教的提倡和相关信仰空间的建立密不可分。我们知道，葛洪是道家杰出的代表，他的《神仙传》记录了多们神仙，有的是上古的传说人物如彭祖等，有的是历史人物如刘安、张道陵等，但大量的是民间传说人物如黄初平等，把生活中的传说人物与上古传说人物，尤其是历史人物放在一起作为道教中修道成仙的典范，所起的信仰影响作用是非常巨大的。《神仙传》中大量的神仙后来在历史的过程中不断被推崇并被大量的故事所演绎，成为民间影响巨大的仙人或神人，长期受到崇拜。黄大仙仅仅是其中之一。

通过民间日常方式的修炼就可以成仙，是道教在早期发展过程中提倡的一种特殊方式，目的是以此引起平民百姓的关注和加入。《神仙传》中大量民间人物故事的进入就是例证。黄大仙是一位放羊的，非常普通。但却通过自己的

---

3 葛洪：《神仙传》卷二，中华书局1991年，第9-10页。许多版本的黄初平皆为皇初平，黄与皇在金华一带方言中发音相同，民间传说中一直称黄大仙。

修炼和仙师的指点，最后成仙了。故事因为发生在浙江的金华山，当地百姓藉此为他修庙并进行供奉和崇拜，于是，道教和民间信仰相辅相成的形态就形成了。这种信仰的源起非常突兀但却也非常自然，而且带着地方民众朴素的感情，因此，具有浓厚的民间土壤和持续传承的生命力。

二、必然与偶然：社会变迁到庙宇淹毁

从传说到信仰有其偶然和必然性。偶然是这一传说被葛洪记录并进入道教系统，而必然是一旦进入信仰系统，各种因素就会叠加累积并放大，民众的推波助澜就成为非常重要的依托。应该在南北朝时期，金华地方民众感于黄大仙的信仰，于是就建了祠宇进行祭祀和崇拜，于是就有文人墨客前来游历凭吊感叹抒发感情。沈约是非常有代表性。沈是南北朝时人（公元441～公元513年），字休文，吴兴武康（今浙江湖州德清）人，南朝史学家、文学家，曾任东阳（治在今金华）郡太守。有一次他到赤松山去，就写下了《赤松涧》一诗如下：

> 松子排烟去，英灵眇难测。
> 惟有清涧流，潺湲终不息。
> 神丹在滋化，去鞯于此陟。
> 愿受金液方，片言生羽翼。
> 渴就华池饮，饥向进霞食。
> 何时当还来，延仁青岩侧。[4]

赤松涧[5]是金华山中的一条山涧，因游历到此而生发出许多感慨，原因是黄大仙遗留的相关遗迹。文人或特殊人物的推崇，如沈约、李白、曹唐、贯休等，[6]推动了黄大仙信仰的不断壮大。同时，另一个值得特别注意的就是修建固定的信仰空间如宫观庙宇等进行崇拜。

道教的非常兴盛时期是在唐宋期间，这是历史的常识了。宋代时金华赤松

4　诗文引自石夫主编《赤松黄大仙》一书《诵咏赤松黄大仙诗文选》一节，南海出版公司 1995 年 10 月。

5　《太平寰宇记》卷九七："赤松涧。赤松子游金华山，以火自烧而化，故山上有赤松之神祠。涧自山而出，故曰赤松涧。"其地在今浙江金华北山中，现仍有赤松乡。

6　参见陈华文：《论典籍、诗文与传说的交错互动——以浙江金华的黄大仙为例》，《民间文化论坛》2004 年第 5 期。

山有一个道士叫倪守约，他写了一本《赤松山志》，主要叙述的是赤松山的景观文化，尤其记录了赤松宫，当时已经叫宝积观的情况。宝积观"即赤松宫。按观碑，自二皇君因赤松子传授以道而得仙，同邦之人议曰：昔崆峒访道，帝王有顺风之请；濑乡立祠，桑梓置栖神之所，兹为胜地，可得忽乎？遂建赤松宫。真庙大中祥符元年始改今额。宫与卧羊山对，宫前有二派水合为一流，其一自不宵而下，其一自棋盘穿小桃源而下。宫内由在此庑而上可问桃源之津；由右庑而入可寻濯缨枕流之胜。又数步，可坐过清亭而观漱玉；绯徊官厅可览骚人胜士之风韵。朝廷所降御书及石刻并诰敕等见奉安于宸翰堂。宫中自冲真董先生立名于东京中太乙而显道振宗，代不乏人；自紫虚黄先生重兴观业，而规矩一新。"说的是黄大仙得道了，乡人应该为他立祠祭祀。为什么？因为古时有广成子，黄帝有顺风膝行请教之事，伍子胥于濑水投金乞食，民众就给他立祠纪念，这些是榜样呀。于是大约在南北朝时当地人就已经为黄大仙建了赤松宫[7]。到了宋代时，已经非常壮观，香火也非常兴盛，高道辈出。《赤松山志》"二皇君"条说的"自晋而我朝，香火绵滋，敬奉之心，未有涯也"便是写照了。

明清之后，虽然赤松宫及黄大仙信仰有所弱化，但依然保持着巍峨的建筑，有着相对从多的信众。万历《金华府志》卷二十四"寺观"条载："赤松观，一名宝积观，在县东北二十里。……观东有二仙祠，祀黄初平、黄初起。南有卧羊山、炼丹井、太清殿。浚井得铁老君像，相传二黄所事者。昔年宫殿、台亭、廊庑、碑碣、诰敕、御墨及名公钜卿题跋墨迹，为江南道流冠冕。元至正戊戌我高皇帝（朱元璋）下婺城，驻跸于其观。"此处的昔年不知具体所指，大约应该是宋代前后。雍正《浙江通志》卷二百三十二"寺观七"也说，"旧宫殿庭院廊庑甚盛，为江南道宫之冠。"明代时曾复修，说明此前有被毁坏的事实。到咸丰末年，再次毁坏。[8]

由于社会变迁，黄大仙的信仰虽然处于不断的衰落之中，但即使到1950年代时，赤松宫依然还是非常可观。据原赤松宫道丈陈金凤口述，杜寿权整理的《古代江南道宫之冠——赤松宫》一文叙述，陈金凤，本地人。16岁皈依佛

---

7 《晋书》卷一十五，《地理志下》载："东阳郡吴置。统县九，户一万二千。长山有赤松子庙。"东阳郡治所即今金华。

8 光绪《金华县志》卷五"建置第二"："旧宫殿为江南道宫之冠，后毁于火。成化戊戌道纪余永福募，双溪驿丞程自信等重建玉皇殿，并像如旧规（《万历府志》）万历甲申知县汪可受重建（据王三锡碑文），旋圮。……皇朝道光元年道士龚广佳、钱德有复募建（道光志）。咸丰季年毁。"

教，1942 年避难赤松宫，当时的经堂等六间房子在日本人占领时被烧毁，不久原道丈胡海牙避战乱还俗，宫务交与陈金凤主持，直到 1949 年 10 月离开。期间，陈金凤在抗战后主持修复了部分宫宇。复建后的赤松宫规模，陈金凤是这样描述的："雄伟的头门朝东，门上面客'赤松宫'。门内两旁架设大钟、大鼓。大门一进去，有一片 200 多平方米的大院子。往前是巍巍的三进大殿：前进并排五间大殿，塑着黄初平、黄初起两仙的神像……中进有 3 间大殿，无门，供奉着诸仙。前有一小殿，供奉王灵官；大殿左右两边接有厢房各三间。在此厢是厨房、膳厅。厨房再进去还有 3 间平房……"当时的香火也还算兴旺。[9]

1949 年后，金华供奉黄大仙的赤松发生了巨大的变化。陈金凤说："1949年下半年，钟头村农会成立，接管了赤松宫，从此我还俗离宫务农。1950 年土改运动中，宫房、田地、财产全部分配给农民。1958 年，建造山口冯水库，房屋拆迁他处，宫址淹于库水之下。丢掉名刹，只存一大钟和部分石碑。"[10]

时社会发展变迁，朝廷改朝换代，有它的必然性，人们无法阻挡。道教的起起落落与黄大仙信仰的起起落落是一致的。但 1958 年的水库建造，却有它的偶然性，正是这种偶然性，在经历中改朝换代之后本来还有一丝生机的赤松宫和相关的黄大仙信仰，却在水库建造后彻底被人为的自然淹没。从此很长一段间，黄大仙信仰由于缺乏必然的信仰支撑物和固态的空间，悄然地退出金华及周边民众的信仰生活。金华黄大仙信仰的兴依托的是赤松宫的修建——古代乡贤贡献至伟；金华黄大仙信仰的衰也同样受制于赤松宫的淹毁——今人的一次偶然的水利设施建设。因此，在对待文化的存续和保护，细节工作非常重要。

三、空间再现：政府与民间的合力价值

改革开放给黄大仙信仰的复兴带来了机遇。这个机遇的源头则在香港黄大仙信仰的兴盛而给金华人民的直接刺激。1980 年代中期，金华市政府的代表团到香港访问，直接带回了香港黄大仙信仰的信息，而六十年代之后随着香港经济迅速发展而兴盛的黄大仙信仰，已经成为当时香港人不或或缺的一种精神支持。"黄大仙——有求必应"成为全香港人所共识的熟语。大约在 1987 年，由金

9　陈金凤口述，杜寿权整理的《古代江南道宫之冠——赤松宫》，见石夫主编《赤松黄大仙》，南海出版公司 1995 年 10 月，第 131-136 页。

10　陈金凤口述，杜寿权整理的《古代江南道宫之冠——赤松宫》，见石夫主编《赤松黄大仙》，南海出版公司 1995 年 10 月，第 133 页。

华民间文艺协会牵头而进行的黄大仙传说的搜集整理工作就已经开始，后来，相关的故事在《婺江文艺》中刊出，1990 年根据这些传说和会员们搜集的资料撰写了部分研究论文，并于金华的兰溪市召开了第一次学术研讨会，第二年开了第二次学会研讨会，有关论文结集印行。当时在兰溪主政的郑宇民极其支持这一研究，形成了民间与政府的第一次合力，这对于黄大仙信仰及其相关知识、文化的宣讲和普及，起了极大的推动作用。后来从政府到民间主办的学术研讨以及黄大仙文化节，就是在此基础上的一种升华。

民间对于政府的推动以及政府与民间力量的合流，在后来的黄大仙信仰的复兴中起了主导作用。主要有两个典型的事例：

1．赤松宫原址和其上高坡上的二仙殿及赤松道院的复建和新建。1992 年开始，在山口冯水库北岸的赤松宫遗址旁重建了二仙殿，奉祀黄初平黄初起二仙。原有大铁钟及供台等遗物，放置于其中，并立"赤松宫遗址"碑。1997 年于北坡高上兴建了"赤松道院"，其资金来源基本上为民间募集，现在也是无门票开放。

2．黄大仙祖宫的新建。1990 年代中期，政府为了赤松宫的重建，出资建造了黄大仙祖宫，设计过程本人参与过论证。当时为了纪念黄大仙 1668 周年诞辰[11]，赶在 1996 年时完工。并 1996 年（道历 4693 年）9 月 28（农历丙子八月十六日）举行了开光仪式和纪念典礼。黄大仙祖宫的"祖"字就是为了突出它的出处，尤其是对于香港啬色园赤松黄大仙祠而言。祖宫占地 7.9 公顷，宫殿建筑群占地 1.8 公顷，海拔 562.8 米，进深 716 米，七进阶祖庭由 19 处宫楼、阁、台组成。

另外，双龙洞洞口不远处复建的金华观、兰溪黄湓村的黄大仙宫及所谓的故居和二仙井等的修建和修复，从场所上为黄大仙信仰提供了足够的空间。一方面是信众有了空间依托；另一方面是这种空间的再现，为政府与民间的互信和民间信仰的自主延展，提供了足够的维度。因为光有政府的提倡，没有民间的认同，信仰不可能深入民间；同时，政府在信仰方面如果控制极其严格，民间黄大仙的信仰也同样没有自由发展和发挥的空间。物理空间的复建和修复，为信仰的空间打开了无限的想像的余地。因此，改革开放后藉由香港兴盛的黄大仙信仰，在经济开放和引资需求的地方发展前提下，得到了空前的复兴。由

11　按照宋代道士《赤松山志》中有关"二皇君"条中的记载，黄初平生于晋成帝咸和三年（公元 328 年），到 1996 年时为 1668 周年。

此也可知，政府与民间如果合力，那么对于一方的经济和文化发展都是有利的，金华黄大仙信仰历程的的繁盛和起落就说明了这一点。

四、余论：信仰是一种移动的生命体

不仅是金华的黄大仙信仰经历了这样的一个历程，其他区域存在的黄大仙信仰也同样经历了这样的一个过程和相似的特点，尤其是改革开放后的重新兴盛，大都与香港的黄大仙信仰的兴盛有着直接的关系：1987 年广东东部，1989 年广东新会，1990 年广东仁岗，1999 年广东广州芳村的黄大仙祠等都供奉有黄大仙。[12] 当然，这些地方原来都有黄大仙信仰，只是在历史的过程中已经消失或衰落，但由于特殊的导火索而重燃。因此，可以说，信仰是一种移动的生命体，由于特殊的原因可以在香港生根开花结果，也可以漂洋过海到达世界上的任何地方，同时，一些缘于特殊原因而弱化甚至灭失的信仰群体或区域，也可以藉由特殊的因缘而重新获得生命。黄大仙信仰之外的其他民间信仰，又何偿不是这样？

12　高致华：《金华牧羊——黄大仙传》，宗教文化出版社 2006 年，第 107-108 页的表格。

从西南少数民族傩文化的道教元素
看民间信仰的现代意义

北京市信息管理學校學前系　**祝黔**

[摘　要] 中国西南地区的傩文化在斋醮仪式、供奉神系及傩事活动的执行者等方面都蕴藏着浓厚的道教元素，研究与传承傩文化对传承中华文化根脉有着积极的意义。

中国大陆民间宗教信徒以农民占有绝对多数，具有低级、原始、分散、自发等特点，这与农民所处的自然环境和人文环境，及其潜在素质有很大的关系。从信教动因和宗教意识看，民间宗教信仰带有明显的原始宗教痕迹，它们都可以追溯到上古社会人类的自然崇拜、鬼神崇拜，都是在对大自然的恐怖与敬畏之下诞生的。在长期历史发展中，又与儒、释、道教产生各种融合与渗透，这些特点在西南少数民族地区表现尤为突出，影响少数民族最深、最广的仍然是朴素的原始宗教信仰。毋庸置疑带有宗教色彩的民间信仰活动是一种准宗教行为，属宗教文化范畴，虽然它没有宗教必须的诸多要素，如教义教规、宗教团体、教职人员等。但从其有神观念和对超自然现象的崇拜来看，从活动的形式、内容等方面来看，却与宗教有着深层的关联。其中，最典型的就是至今仍广泛传承于西南少数民族地区的"傩"文化。

"傩"是远古时代人们以驱逐疫鬼，酬神纳吉为目的而举行的一种祭祀活动，是一种原始文化现象，它滥觞于史前，盛行于商周，在周以前，图腾崇拜、巫祀之风就已盛行。而自周朝以后，原始宗教色彩的巫术、祀神仪式逐渐生活化、政治化、宗教意识更趋世俗化。以驱鬼逐疫为中心内容的巫傩活动就是这一历程的代表。它最初在宫廷和军队中进行，后来逐渐走向民间，而后变成为一种奇特的民间祭祀和民俗活动，是多元的和多民族的。其特征是驱逐疫鬼的角色戴威猛的面具，手中挥舞着戈盾，发出"傩，傩"之声，以驱逐恶鬼。

道教与巫傩有着密切的关系，巫傩作为原始信仰早于道教产生，它始于秦汉，殷商时发展到顶点。进入封建社会以后，特别是东汉随着道教的迅速发展，巫傩开始从道教的宗旨、教义、典籍、科仪中吸取养料，以保存自己的地盘。

而道教脱胎于巫傩，巫傩对它的影响也是无处不在，这就形成了傩坛仪式中道教与巫傩，你中有我，我中有你的渊源关系。

傩文化现存的主要载体是傩戏，傩戏是由傩祭、傩舞发展而成的，傩坛（堂）是傩祭与傩戏演出的组织与场所。傩戏孕育于宗教文化的土壤之中，直接脱胎于傩戏（舞）形成于唐宋，是多种宗教文化互相渗透、混合的产物，各地傩戏，明显地受巫道、儒、释、宗教思想的影响。就西南各少数民族的傩坛而言，其教派传承有玉皇教、元皇教、麻阳教、河南教、湖南教、梅山教、茅山教等，这些教派都和道教有着渊源关系。傩与道教的渊源关系，主要体现在傩仪（戏）的斋醮化、傩神道教化、掌坛师的道士化三个方面。

一、傩仪的斋醮化

西南少数民族傩坛与道教关系密切，道教神仙信仰与科仪法术深深影响傩坛，傩坛科仪的许多仪节都蕴涵着道教文化的元素，傩坛科仪仪节展示的道教神仙信仰，是道教长期浸润影响西南少数民族的结果。按照道教的解释，"斋"即斋戒、洁净，就是在祭祀前沐浴更衣，不食荤酒，不居内寝，以表示祈祷祭祀者的庄严和虔诚。"醮"的原意是祭祀，是对中国古代礼仪的继承与发展。斋法与醮法本来是不一样的，后来才相互融合，到公元 7 世纪以后，"斋醮"逐渐合称，流传到今，成为道教科仪的代名词"斋醮科仪"是指斋醮活动所依据的法规，所有的道教宫观里每逢朔月、望日，重要的宗教节日，以及各派的祖师圣诞时，都要举行祝寿、庆贺等典礼，这些常行的仪规都属于斋醮科仪。道教斋醮经历了由杂乱到规范、由繁到简的发展过程。

傩坛应该早于道坛。道教是最具有浓厚巫觋色彩的宗教，保存在傩坛中的巫舞、占卜、禁忌、符咒、巫风傩俗均为道教所承袭。傩坛由于缺乏宗教组织和理论规范，其科仪已趋道教化。但与道坛不同的是，它教规不严，要求不高，有很大的随意性。道坛与傩坛斋醮科仪虽五花八门，名目繁多，同一内容有不同称谓，但集中起来无非是请神 —— 祈神（娱神）—— 送神的仪式。做道场一般由音响和造形两部分组成，前者为道场音乐、咒、赞、偈的吟唱、律令、禁戒的念白；后者由道场法师们巡回、礼经、拜神等动作来完成。手诀和罡步在道门大法中有重要的地位，是演法时最基本的两种形体动作。傩坛所使用的罡诀、科仪、法器与道教大多相同。

道教的斋醮源于巫觋祀神仪式，但各派的"斋"法不一。五斗米道曾以"书病人姓名，说服罪之意"、"使有疾病者皆疏记生身以来所犯之辜"的方法，以后才逐渐程式化，形成道教正规的斋。上清派的斋法有两种，叫"绝群离偶法"和"孤影夷豁法"；灵宝派有"金箓斋"、"黄箓斋"、"三元斋"等六种。在举行斋仪时，要事先筑好三层神坛，每层都要用竹栅栏或绳子围起来，并且要开八卦门，高悬长灯、色灯，台案上书"五方天文"。做斋的时间一般为三天、五天或七天，也有长达十四天的。这与贵州傩坛的斋仪非常相似，其傩坛祭祀前也要设坛，坛内有一神案，神案设在一个纸糊竹编的神殿之中，神殿四周用绳子高悬各种彩色莱文（类似道教的五方天文），时间也是三天、五天或七天，长的也有十天半月。傩与道教在斋法上的如此相似，说明它们之间的相互融合已达到了一定的深度。

道教的斋醮既是从古代巫觋演变而来，就必然带着浓厚的巫门色彩，他们建坛设醮的目的是祈禳、怯邪、消灾、还愿、求雨、求子、安宅、扫寨等，这些正是傩坛所要解决的问题。道士设坛时要"头戴宝冠"，傩坛巫师头戴法扎，道士"身披俊峡"，傩坛巫师身着神裙，道士"手持玉简"，傩坛巫师手执法牌等等。除此之外，道教斋醮中还有一种"缭绕"之法，同今日傩坛巫仪中的罡步关系密切。所谓缭绕即步是踏斗，它从禹步衍变而来。禹步相传是夏禹祭祀时的一种舞步，后来成了道教斋仪中的一项重要内容。目前仍流行在贵州农村的傩坛罡步正是道教"缭绕"之遗存。它严格按照八卦模式的规范，以卦艾为向标，五行定位，同傩坛巫词配合组成名叫"踩九州"的祭仪。

西南少数民族傩坛科仪的许多仪节，都显示出法事中强烈的道教色彩。贵州湄潭县傩祭仪式在"开坛"、"申文"、"交牲"、"回熟"、"喊茅"等仪节，都有"三清台前请太清，玉皇殿内请老君"的唱词。以西南少数民族傩坛"祭五猖"科仪为例，追魂捉鬼的五猖神本为道教神兵。傩坛的五猖是掌管五路五营阴司兵马的凶神，傩坛有关于其来源的传说等都可以说明这一点。

二、傩神道教化

在西南少数民族傩坛的神案中，供奉着少数民族信奉的儒释道三教和民间土俗神的神灵，其中属道教的神祇占有一定比例。道教的玉皇、三清被列为尊崇的地位，道教神灵占据了傩坛的主导地位。道教神系融合了儒、佛二教与中国诸多民间信仰，体现了中华民族自身的历史融合与民众的选择，诸神按照他们在各民族中的权势影响，排列着自己的神格地位。西南少数民族傩坛布置的宗教意义，是以艺术的形式创造一个神圣空间，以传达神秘的宗教教义、观念和情感，吸引和感化信徒与观众。

三清图、师坛图和功曹图是在西南各民族傩坛中常见的，三清图是绘在纸上的三轴彩画，每轴画上绘着一位主神和若干小神，三清图的一百多位神祇不尽相同，其中属于道教的神祇有玉皇大帝、太上老君、南极仙翁、北极紫微、三元将军、五岳大帝、真武祖师、北斗七星、南斗六星、三元盘古、赵公明、张天师、王灵官、马元帅等。傩坛法师举行傩祭仪式时，必须先请道教的三清、太上老君，经三清、太上老君按职授权后，法师才能在仪式中驱使神将鬼兵。三位主神是道教的三清尊神，即玉清元始天尊、上清灵宝天尊、太清道德天尊。

师坛图是历代祖师的神位图，师坛图下面书写本傩坛历代祖师的传承表，师坛图的上面则绘有驱鬼行傩的场景，绘有赵侯圣主傩公大法老师、三十六代天师、行兵祖师、度关王母、三曹将军、引兵土地、统兵圣母、翻坛小三和五猖等神祇画像。正一道以符箓驱鬼著称，师坛图列三十六代天师，旨在借助张天师法力驱鬼行傩。功曹图又称为七洲五庙图，功曹图有十九个神像，共分为五层。功曹图中主要有四值功曹，就是道教的值年、值月、值日、值时四位值班天神。道教斋醮科仪中有四值功曹负责呈送上奏天庭的文书，傩坛的功曹同样承担傩祭仪式中传达天庭神灵的职责。傩坛的功曹图张挂于傩坛外侧，以表示将傩坛文书及时传送天庭的意蕴。

西南诸省傩坛与天师道也有着密切的渊源关系，随着道教在民间的普及，以及道士插手傩坛，巫道融合，道教诸神涌进傩坛。加之民间宗教信仰的宽容与混乱，以及儒、释、道融合的总趋势，傩坛出现了三教神系混杂，而道教诸神居于首位的格局。这从傩坛案子里神谱图像可以得到证实。傩坛的神灵谱系，主要集中绘画在傩坛神案上。神案又称案子或神图，进行傩事活动时高悬于仪式中心场所。傩坛是神人交流、天上人间联接的场所，纸扎的三清殿则是神灵住所、天界的象征。有一种绘有神灵的"桥图"则是沟通两界的通道。神图所绘神灵，与寺庙宫观所塑神像具有同样的祭祀功能，其区别仅为前者有固定的祭祀场所，而后者则没有固定场所，是流动的，为适应事主家堂屋或庭院活动必须具备的灵活性。

贵州岑巩县是多民族杂居的县域，居住于这里的仡佬族傩坛的神案有三清图、圣公图、圣母图、祖师图、王灵官图、马元帅图、七洲五庙图。有的傩坛甚至以单幅道教神仙图，张挂于傩祭坛场以增强神圣的气氛。而这里的侗族傩

黄大仙信俗與非物質文化遺產國際學術研討會論文集

坛张挂的七幅神案，是玉清图、太清图、上清图、马元帅图、王灵官图、师坛图、七洲五庙图。苗族傩坛则张挂九幅神案，分别是王灵官、证明上师、观音、太白金星、玉皇、李天王、李老君、马元帅、雷神。王灵官与马元帅本是道教的护法监坛之神，但又转化为少数民族傩坛的守护神。其中河南派苗族傩坛供奉的神像，有玉皇、李天王、太白金星、李老君、观世音、证明上师、王灵官、马元帅、雷神。各民族的傩坛神案虽各有差异，但都以道教神祇为主，也充分说明了傩坛神系的道教化。傩坛神系是巫觋诸神、民间俗神、世俗祖先神和道教系统的诸神的杂糅，以后又有佛儒的神参与进来，但道教神灵一直是傩坛的主导神灵。

道教作为生长于中华本土的传统宗教，历来注重在中国少数民族中传教。早在东汉张陵于蜀中传教的时期，就奠定了在少数民族中传道的格局。张陵倡行的教化"四夷"的思想，为后代道门人士所遵行，在历代道教的经典中，都有关于吸纳少数民族入道的教义。唐宋时期科仪经书的"出官"仪格，都有请出"四夷"神将吏兵的内容，说明在道教的神仙世界中，历来就包括少数民族的神祇。唐代道经《元始洞真慈善孝子报恩成道经》有"治化中国，旁摄四夷"之说。明代道经《灵宝无量度人上经大法》卷六十六说："凡人世四夷八蛮、九州十道、六戎五狄"之人，都在道教的救度范围。明代张宇初《岘泉集》，亦立有"道化四夷品"。道经中所谓的"四夷"，其实是沿袭儒家的说法，用以泛指中原周边各少数民族。早在春秋战国时期"东夷"、"西戎"、"南蛮"、"北狄"被合称为"四夷"。历史上道教在西南少数民族地区的传播，是少数民族傩坛道教化的根本原因。

三、掌坛师的道士化

西南各民族傩事活动的执行者称为掌坛师，从一个普通农民成长为傩坛掌坛师（法师），一般都要经历投师拜表，跟班学艺，抛牌过职三个环节，死后还要经过"开天门"等特殊仪式，才能进入"天国"，掌坛师授徒有父传子的"家传"和传授外人的"外传"。贵州傩坛，大多毫不隐饰地打出道教旗号，声称他们都是玉皇门下的弟子，各地都有不同教派，黔东地区就有茅山教派、师娘教派、梅山教派；黔北地区有玄皇教派、五显教派、梓橦教派之说。各地坛门信仰混乱，大多带有巫道合流的民间道教性质，傩坛掌坛师认为自己是属于道教，当地农民也有称呼他们为道士先生或端公的。

傩坛通神的手段五花八门，诸如歌舞通鬼神、动物（牺牲）通鬼神、占卜符咒通鬼神、法器通鬼神、药料通鬼神等的道理和操作，都在傩坛弟子学习之列，主要采取口耳相传、跟班学艺的方式进行。这些通神本领与道教正一教派相同或相近。傩坛弟子经过三年五载的跟师学艺，各项操作娴熟的弟子，便可向师傅提出抛牌过职的要求，待同意后，由师傅主持，在众师傅和师兄弟，以及公众面前，表演一堂完整的傩坛法事、傩戏和傩技，经过师傅传法和考试合格后，由师傅安排新的坛榜，便取得了掌坛师的资格，以后就可以自立门户，开坛收徒，其地位得到公认。傩坛法师抛牌过职后也要取法名，如德江张金辽傩坛，已传二十七代，其梅山起教师祖张法娘起坛传至张法兴（张金辽），每一辈法名的第一字都是法字。傩坛传承辈份不像道教那样清晰明确，按谱诗每一辈变换一字，而是每个坛从启坛祖师开始都用同一字取法名，而明确师徒传承关系的是悬挂于傩坛的司坛图上的坛榜。从上述比较可以看出傩坛掌坛师道士化的倾向已很明显，其组织亦向道教靠拢。此外掌坛师的服饰和使用的法器也与道士相同、相似或变异，呈明显的道士化走向，仅以头冠为例：冠就是道士的帽子，有四种，即偃月冠、三台冠、五岳冠、莲花冠，按修行的深浅分别戴用。平时则不分道行深浅，常戴一种青色、圆形、扁平的帽，叫混元冠。傩坛掌坛师表演时戴的是一种自称的五岳莲花冠，是道冠的变异，冠上绘有三清神像故又叫"三清冠"。掌坛师为了将傩坛和自己列入道家行列，并显示神力无边，故在道冠上直接展示。

四、结 语

纵观历史，任何一种文化的产生和形成都是已有文化的基础上继承和繁衍而来的，都不是孤立的。以西南少数民族傩戏为代表的傩文化作为一种古老的民间信仰活动，以不同的形式流传于中国南北各地，属于典型的巫术文化体系。道教是我国土生土长的宗教，其产生和发展也同巫术关系密切，它既继承了古代的民间巫术、神仙传说及成仙方术，又吸收了先秦道家、儒家、墨家以及阴阳五行家的哲学思想。通过前文的阐述，可以看出傩文化和道教虽有不同但它们之间的相互影响与渗透是显而易见的。从根本上来说，无论傩还是道，都可以追溯到人类早期万物有灵的文化心理，是万物有灵促发了鬼神信仰的产生并且催生了充满巫术意味的原始宗教文化行为。加上人类对于生死问题天生的迷惑和期望获得永生的欲望，又从另一个侧面促成了人与鬼神之间神秘的勾联。在这些层面上，道教与傩文化都有极深的渊源。

西南少数民族的傩文化，是原始宗教与民间艺术相结合的产物，是西南少数民族民间信仰的特殊表现形式，傩文化中除了保持着浓厚的道教色彩外，还蕴藏着社会学、戏剧、舞蹈等文化价值。因此在信息发达的现代研究傩文化，绝不是鼓吹鬼神观念，而具有更深远的社会意义。

首先可以通过"傩文化"了解各民族人民不同的信仰、爱好、审美及价值观，从而探索其深层的文化心理，了解各民族不同的生命观和价值观，更清楚地认识到中华民族的文化品格。其次通过对傩文化中音乐、舞蹈、戏剧、服饰等的剖析，去粗取精，探索形成傩仪、傩歌傩舞等的历史与现实的原因，揭开傩文化的的神秘面纱，提取其艺术与美学价值。三是把傩文化当作一个曾长期存在于我们民族的历史中、现今仍存在于我们现实生活中的一个社会现象，通过修建博物馆、组织研讨会、田野调查等不同的形式改变社会上对傩文化的偏见，探讨它的本身与对社会生活中的政治、道德、宗教、民俗、经济、家族组织等等方面的影响，让傩文化这种独特的文化现象成为当地文化的特色和亮点，从而带动相关学术研究与推广，真正让傩这个非物质文化遗产得到自觉的保护与传扬，发挥它的文化附加值，成为地方文化的品牌。

中国是一个有着几千年历史的文明古国，从古代的夏文明到现代，世界文明经历了三个阶段，夏文明在经历了商文明-周文明-汉文明-唐宋文明-明清文明，一直到今天，是为数不多的还在传承着的古老文明的国家。有学者认为，中国是这些古老文明中唯一没有信仰的国家，他们所指的信仰是宗教信仰，而他们忽略了影响中华民族几千年来的众多的深厚的各有特色的民间信仰，"傩文化"肯定是这众多民间信仰中一个特殊的存在。随着非物质文化遗产保护的重视，随着众多的傩文化被认定为国家级和省级的文化遗产项目，傩文化资源的保存保护与现代开发，已成为政府行为，文化遗产保护的意识也逐渐深入人心，愿像"傩"这样的植根于老百姓日常生活的，不善于形式和哲理的，直接而质朴的民间信仰，能与长期占据主导地位的儒释道文化一样受到重视，将这些原本有着千丝万缕联系的信仰汇聚一堂，为现代生活所理解所服务，也只有这样，才能从根本上留住中华文化的根脉。

传说与集体记忆的建构

——以金华黄大仙传说为例

杭州师范大学 袁 瑾

[摘 要] 集体记忆是特定群体共同分享、传承的历史和文化，它以物质或者非物质的承载物作为文化符号，通过民众的社会生活实践被建构起来。传说就是其中重要的建构符号之一。金华一带黄大仙信仰积淀深厚，至今仍流传一批情节丰富、生动的传说。这些传说有着新奇有趣、时空交错、虚构迷幻的文学色彩，但其特有的历史性、解释性、事实性又使它成为特殊的历史记忆符号。

[关键词] 黄大仙传说 集体记忆 文化建构

集体记忆，是群体内共同分享、传承的事和物，记忆的载体可以是物质的，也可以是非物质的，它经由历史的沉淀，获得人们的认同，进而成为该群体文化遗产中标志性的文化要素。对民间信仰的神灵来说，传说正是这一集体记忆空间的重要载体，它以形象化的叙述方式直接表达着民众对过去生活的建构性记忆，并被认为是关于过去真实的经历，潜移默化地影响着人们现实的行为和价值取向，具有超越当下的历史感。

以金华兰溪为中心的黄大仙信仰自东晋一直延续至今，影响范围大，文化积淀深厚，是当地最具代表性的地域文化事象之一。时至今日，这一带仍流传着大量有关黄大仙修炼成仙、惩恶扬善、治病救人、扶危济困的传说，并有二仙井、二仙桥、赤松亭等遗迹。这些传说相互交织，成为这一带民众有关黄大仙集体记忆的"历史话语"。

关于黄大仙的公共认知

传说与神话、民间故事并列为三大散文体口头叙事，指的是围绕特定历史人物、历史事件、风俗习惯以及地方风物而展开的口头叙事，通常对其依附物进行描述或者解释，情节带有传奇性特征，通常被视为民众对其社会生活的一种记忆和充满意象的反映。传说必然有其附着物，典籍记载中的黄大仙形象与基本故事情节奠定了与之相关的一大批传说的总体基调，形成了社会各阶层对黄大仙的公共性认知。

有关黄大仙的记载最早见于东晋葛洪的《神仙传》卷二"皇初平"条。据书中记载，黄大仙俗名皇初平，金华丹溪人（今兰溪）。15 岁时牧羊进山，40 余年不见归家。他的哥哥皇初起入山寻找到他时，他已有了"叱石成羊"的法术。于是，皇初起也留在山中，二人共服松脂茯苓，俱成仙。初平改字为赤松子，初起改字为鲁班。后来文献中称二人为"二皇君"，尊皇初平为赤松黄大仙，历史上供奉二仙人的庙宇也多以"赤松"相称。这就是著名的"叱石成羊"的故事，表达的是当时人们对长生不死、法术超群的神仙的无比向往。

葛洪在序言中称编写《神仙传》的目的是为了回答弟子滕升关于有无神仙的问题。他"复抄集古之仙者，见于仙经服食方及百家之书，先师所说，耆儒所论，以为十卷"，共收录 80 余位神仙的事迹。这些仙迹或见载于古书，或在民间广为传播，可见有关黄大仙的民间流传应当较之更早。

作为道教经典的《神仙传》体现了东晋社会盛行的早期神仙风气，顺应了人们追求长生不死的古老神仙心理原型。《史记·封禅书》就记录了齐威、宣，燕昭等君主派人入海求蓬莱、方丈、瀛洲三座仙山的活动。《韩非子·说林》中有献不死药于楚王的记载，屈原的作品中也提到了黄帝、赤松子、韩众等神仙飞升的事迹。可见在战国时期人们对神仙就充满了虔诚的景仰与向往之心，并孜孜以求，顶礼膜拜。秦汉时期，神仙信仰愈加盛行，为社会各个阶层所推崇，无论是帝王将相、士大夫等统治者阶层，还是贩夫走卒等升斗小民无不为长生不死的神仙方术所吸引。当时修仙的方法主要有两种，一是服食仙药，二是辟谷食气。葛洪《神仙传》所载的黄大仙基本上还体现秦汉以来的早期神仙观，依靠服食松脂、茯苓两种仙药成仙，获得了类似于"叱石成羊"之类的变形法术，这与当时人们的仙家思维方式也十分符合。黄大仙的故事也随之得到了社会各阶层的认同，他的基本特征也逐渐稳定下来。

魏晋时期，神仙思想渐趋复杂。儒家忠孝仁义、天命观，佛教的因果轮回思想渐渐渗透入神仙思想，一些方士在此基础上创立了道教，一大批道教经典应时而出，黄大仙的事迹也被不断收入各类典籍中。《道藏》中收录的相关条目有唐王松年《仙苑编珠》中有《初平松脂凤纲花卉》、宋陈葆光《三洞群仙录》中有《张哥呼蝶初平叱羊》、宋张君房《云笈七签》中有《皇初平》，元赵道一《历代真仙体道通鉴》卷五之《皇初平》，明洪应明《逍遥墟经》中《黄初平》等。除此之外，宋代《太平寰宇记》卷九十七，南宋倪守约《赤松山志》，宋李昉《太平广记》，清代陈梦雷《古今图书集成》中都有记载。在这些记载中，"叱石成羊"、"兄弟修仙"作为基本情节单元逐渐固定下来。

其中《赤松山志》尤其值得注意。南宋倪守约"惟恐灵踪仙迹无以启迪后人耳"，因而作《赤松山志》。其书以皇初平、皇初起兄弟仙迹为引，"采摭源流，举其宏纲，撮其机要，定为一编"。全书先述二皇君仙迹，再分丹、洞穴、山、水、宫宇、人物、制诰、碑籍等 8 类。书中对二皇君的师承、家族谱系以及宫宇等做了内容上的补充，描述得更为详尽，试图通过厘清谱系传承，将仙话转变为"史实"，以备来者可考。

明清以后，黄大仙的事迹进入当地方志系统，如明代义乌人吴器之《婺书》收录《皇初平传》，清雍正《浙江通志》，康熙《金华府志》，道光《金华县志》光绪《金华县志》等都有收录。这些记载大多没有脱离葛洪的范式，只在山川风物上着力不同。依托于各类典籍，长期以来在主流话语中，黄大仙的形象、事迹已然成为上下阶层所公认的"历史事实"，近世流传的各种传说便以此为依附，散发开去，形成了一段更加完整而生动的记忆。

传说与记忆空间维度

记忆的空间维度指的是记忆所依凭的自然风物、人造物等围合的地理空间。金华一带风景秀丽，名胜古迹众多。当地民众便将传说与地方的自然物、人工物或者一种风俗习惯相粘联，解释其来历，从而形成了一批在黄大仙传说中最具地域性色彩的风物传说。通过传说的诠释演绎，地方风物被注入历史感，文化内涵得以提升，并成为当地人集体记忆的重要历史资源，并赋予记忆鲜明的地域空间感。

《夜筑斗鸡岩》讲的是黄大仙为了让老家地方热闹起来决定将金鸡相啄的景象搬到老家水口。于是到了夜里，他便做法招来两只金鸡，想让它们相斗。谁知被山下紫岩殿里的紫岩老爷察觉，施法定住了两只鸡。金鸡不能动弹，都不起来，便化作两座大山，被人们称为"斗鸡岩"，成了双龙的一道美景。《卧羊岗》的传说讲当年金华北山一带没有吃的东西，百姓生活十分困苦。黄大仙派自己的羊儿出去寻找粮食，一只老白羊用嘴将一块石头啃出个深坑。黄大仙因此找到了金灿灿的谷穗，当地百姓得以种谷度日，而老羊却因过于劳累而死了。后来，它啃石找谷的地方就被叫做"卧羊岗"。

此外，黄大仙还帮助当地溪东、溪西两村建起了"二仙桥"，两个村子也因此改名为桥东村和桥西村，并保留了农历二、五、八过桥赶集的习俗。（《二仙桥》）赤松宫的由来则是当地百姓为了纪念黄大仙所种的赤松树（《赤松宫》）。还有兰溪的大公殿，棋盘石上的徐公庙都是因为黄大仙度化徐公成仙为民造福而建的（《赠桃度仙》）。

柳田国男曾说过："传说，有其中心点。……传说的核心，必有纪念物。"[1] 传说的纪念物可以是亭台楼阁、寺庙庵观，也可以是山川飞瀑、古木清泉等等，"尽管很少有人因为有这些遗迹，就把传说当真，但毕竟眼前的实物唤起了人们的记忆，而记忆有联系着古代信仰"[2]。集体的记忆是时间的积淀，它根植于共同的生活经历和情感体验，但记忆必定是在空间框架下展开的。在漫漫时间长河中，人们往一个空间中不断添加带着意识、情感信息的标记物，以至于这个空间本身成为了记忆延续的标志，装满了记忆的象征符号，在当下具有延续的意义。

传说与记忆的伦理维度

集体记忆是群体对于其自身在文化、社会生活上相似性的共同认同，曾经存在的思想观念、道德伦理信念等如同河床一般规定着民众的生活流向，并通过传说这种表达方式不断加以确认，深深镌刻在一代又一代人的脑海中，绵延着群体的认同。

魏晋时期，神仙思想渐趋复杂。儒家忠孝伦理观、天命观与佛教的因果轮回理论逐渐深入神仙信仰。经过两汉独尊儒术的发展，儒家所倡导的道德伦理思想获得了极大的发展，成为社会主流价值观的代表。是否达到了"忠孝仁义"成为成否成仙的重要评判标准，同时也出现了成仙是命中注定的说法。在民间传说中就出现了感应成仙、积善成仙的内容。

比如葛洪认为能否成仙在结胎时就已注定，"命之修短，实由所值，受气结胎，各有星宿"，"命属生星，则其人必好仙道。好仙道者，求之亦必得也。

---

1   柳田国男著，连湘译：《传说论》，中国民间文艺出版社 1985 年，第 26 页。
2   柳田国男著，连湘译：《传说论》，中国民间文艺出版社 1985 年，第 27 页。

命属死星，则其人亦不信仙道。不信仙道，则亦不自修其事也"。民间亦有黄大仙感应出世的传说。传说《初平出世》讲述了东晋时玉皇大帝派绿毛仙龟下凡寻找善良人家，赐个仙胎，拯救乱世。绿毛仙龟来到金华双龙山地界打听到当地有梁伯义、黄九丐两个好人，一时决定不了该将仙胎赐予哪人，于是他扮成丢失银子的失主、饿昏的老太婆试探二人，最终借一道闪电将仙胎赐予黄九丐之妻。后来生下了黄初起和黄初平两兄弟。黄大仙感应天意，应时而生，出生虽是凡人，但带有神奇的品格。

而他自幼变表现出了勤奋好学、聪明过人、勇敢无畏等品质。比如《对句戏秀才》中，黄初平十几岁便能吟诗作赋，以作对联的方式讽刺占便宜的懒秀才。《仗义取银》讲的是一位教书先生一年挣的辛苦钱被一个讲蛮话的人骗走了，黄初平路见不平，同样用将蛮话的方式帮先生讨回来银两。除了聪慧外，少年黄初平还表现出勇敢、机智的品格。《引虎救人》借黄初平为救同伴以身犯险引开猛虎的故事赞颂少年的英雄气概。这些美好的品德堆积在黄初平的身上，以此说明成仙的潜在合理性。

在传统社会中，作为社会主流意识形态的儒家伦理道德观是民间信仰善恶判断的重要标准，民众将之与神灵的法力直接联系起来，形成了一个可以证明的因果逻辑关系。这一道德价值的判断在"神仙考验"型传说中表达得尤为清晰。

神仙考验型故事是我国民间传说中常见的一个类型，特别是在宗教故事中应用十分广泛。这一类故事通常说的是一位神仙设计了一系列难题考验凡人。这些困难可以是各种难以想象的艰难困苦，可以是几乎无法抗拒的美色金钱，也可以是令人难以抑制的功名利禄。故事的结局通常呈现两种结局，一种是凡人通过了考验，最后成仙了，或者得到了他所期望的东西；另一种是没有通过考验，失败了。它成为一个独立的故事，也可以作为一个情节单元被其他类型的故事所吸收，并成为其中一个重要组成部分。

在金华地区流传的黄大仙传说中，主持考验的神仙有绿毛仙龟、太白金星和观音娘娘或者老道士等。神仙们下凡，变化真身，通过生活中不经意的小事，出其不意地试探人心善恶。《避雨遇道》中绿毛仙龟化成白胡须老道士，装作滑倒在地，要黄初平背他回去。途中设计了过山涧、读藏头诗、找元宝三个考验，最终收黄初平为徒。《撞石升仙》讲的是观音化成美貌女子投宿于黄初平的道观，以美色相诱，试探他修仙的决心。其后又留下金镯子离开，黄初平不贪女色与钱财，在追赶女子归还金手镯的途中撞到石头，飞升成仙。试探和考验有时是在两个人身上进行的，如上文提到的《初平出世》采用二元对立的方式，在黄九丐和梁伯义之间展开竞争，最后梁伯义因为私心加害黄九丐而瞎了双眼，而黄九丐的妻子得到了仙胎。

考验的标准并不是完成某种任务，而是充分展现人心的善良美德，那些符合传统社会"仁义礼智信"标准的便通过了考验，也具有了成仙的最重要的依据。而品德不佳，表现出贪婪、自私等恶习，危及社会他人的，根本就不具备修仙的资格，反而会受到神仙的惩罚。神仙传》中其他几个神仙考验型故事充分展现了这种朴素的因果逻辑。如卷一《魏伯阳》，卷二《李八百》、卷四《张道陵》等，此外《壶公》、《太真夫人》等篇中也有考验的情节。

"考验"也是一个世界性的民间故事母题，汤普森在他所编制的《民间文学母题索引》中为"考验型"故事设置了一个"H"大类，下设 1600 中情节，可见它在世界范围内分布的广泛性。从人类社会早期部族首领通过考验获得地位，成人礼必须经过一系列考验，婚姻经过考验，到后来的各种宗教考验，考验伴随着社会文化进程而发展，早已成为一种生活原型塑造着人们的思维模式，并活跃在口耳相传中故事中。在黄大仙的传说中，这一情节类型以及它所附带的伦理观与信众现实生活之间建立起了紧密的纽带，获得了信众观念与情感的认同，因此它们就不再是讲一讲的故事，而被判断为"真"。

传说与记忆的生活维度

民间信仰作为一种信仰习俗是从地域社会的共同生活中自然孕育出的，作为其重要载体的民间传说渗透于生活的方方面面，承载着民众的生活诉求与情感。典籍记载中，黄大仙是长生不死、得道成仙的代表，在民众口头，他更多的是一位一位救苦救难、有求必应的保佑神。在众多显圣传说中，神灵显示神迹，运用神力惩恶扬善、扶助贫苦、度化他人。

显圣传说较多地围绕生活中常见的主题展开，比如治病救人。传说《济世治病》说有一位年轻的书生前往赤松宫途中两眼突然发疼，无法视物。黄大仙现身用几株药草搓成药丸，治好了他的眼睛。从而书生读书更加精进，后来当了大官，还跟黄大仙讨教当官为民的道理。另一则《五仙岩寻药》讲述了黄大仙为救治得了怪病的百姓而克服各种困难上五仙岩采草药的故事。道教追求长生不老，这种信仰促使信奉者孜孜追求长生不老之药，并通过避世养生、清心寡欲来达到延年益寿，强身健体。在修炼的过程中积累了不少有关医药养生、祛病、保健的方法和知识，并采集花草、树木、矿物等材料配制成药，也有符咒斋法治病。免除病痛的折磨是最基本的生存诉求，民间亦有请道士奉经、持戒，主持科仪活动消除病邪，达到治愈的习俗。黄大仙显圣，妙手除病，正是民众淳朴生活愿望的反映。

作为地方保护神明，黄大仙运用神力惩戒贪官和剥削劳力的地主（《惩贪官》、《补垒》、《剑劈珠宝山》）；铲除作恶的妖怪，为民除害（《除蟒》、《清水潭》）；帮助农民种植庄稼（《卧羊岗的传说》）、帮助工匠克服严苛的自然条件造桥、铺路、建房（《二仙造桥》、《二仙桥》）；教化民众、整顿世风（《写戏劝善》、《演戏谕人》）等等。

民众同时赋予他凡人的感情，让他经受爱情的考验。比如传说《忍痛割爱》讲的是黄大仙和牧羊女笙儿相爱的故事。传说黄大仙十五岁上跟着一位老道修炼，在山中救了笙儿一家，并与笙儿互生情愫。黄大仙为了修仙，忍痛与笙儿割断情缘，继续修炼。凡此种种，不一而足。

在传说中，人们总是戴着放大镜看人物，将人物某一方面的特点无限扩大，久而久之，各种相似情节的故事都被堆积到他的身上，他也就成了所谓的"箭垛式"的人物。黄大仙传说就属于这种情形，在流传过程中情节不断变异，数量不断增加。但是，无论是民间故事母题的粘连，还是其他传说情节的附会，都不是无条件的、随意的，新的故事本体必须与所粘连或者依附的对象有内在的一致性，要符合对象的特征，必须是同一类型的。而这种相似性的判断取决于民众对生活场景内在的类化记忆。黄大仙既然作为神灵而出现，那么看病救命、帮助穷人、惩治恶人等等自然就成了理所当然的职责。民众对这一类事件的认知正是来自日常生活体验，当其在口头被不断重复后，不仅成了一种故事类型，也成为了一种民众自我心理暗示。一旦有相似情节出现，这种定势化的思维因子会立马被激活，在民众心中产生"当然会这样"的心理"真实感"。黄大仙的显圣传说就这样在口头叙事不断的重复中，日渐丰富，从而为神灵的信仰提供更加合理的依据。

余 论

已经发生的事实永远无法完全地再现，不同的民族、族群、社会阶层等都会以各自不同的方式保留他们对以往生活经历、历史图景的记忆，传说就是其中一种。金华一带的黄大仙传说有着新奇有趣、时空交错、虚构迷幻的文学色彩，但其特有的历史性、解释性、事实性又使它成为特殊的历史记忆符号。

传说或许以某个真实的历史事件、历史人物作为起点，但它毕竟不是历史，并不是对历史的直接叙述。传说的流传就是不断重复的过程，在具体的社会生活情境中，民众根据自身的生活经验、个人爱憎对祖辈们流传下来的传说进行有意无意地再创作，由此当下的存在、历史的大背景以及各种观念便一同交织起来。

从历史事实的角度来看，传说在流传和变异的过程中，越来越偏离事实；然而从心理观念上来看，民众添油加醋、不断再创作的过程，却是他们把握过去、解释当下观念的真实反映。正是从这种意义出发，传说被视为历史记忆的遗存，对它的研究"不是要解构我们既有的历史知识，而是以一种新的态度来对待史料———将史料作为一种社会记忆遗存。然后由史料分析中，我们重新建构对'史实'的了解。我们由此所获知的史实，不只是那些史料表面所陈述的人物与事件；更重要的是由史料文本的选择、描述与建构中，探索其背后所隐藏的社会与个人情境，特别是当时社会人群的认同与区分体系。"[3] 我们要从传说中获得和把握的正是传说得以流传的社会情境与相应的民众观念。

3　王明珂：《历史事实、历史记忆与历史心性》，《历史研究》2001 年第 5 期

黄大仙信仰的生成与特质

复旦大学中文系 **郑土有**

皇初平（黄大仙）的事迹最早见于东晋葛洪（284~364）《神仙传》卷二的记载："皇初平者，丹溪人也。年十五，家使牧羊，有道士见其良谨，使将至金华山石室中，四十余年忽然，不复念家。其兄初起，入山索初平，历年不能得见。后在市中，有道士善卜，乃问之曰：吾有弟名初平，因令牧羊失之，今四十余年，不知死生所在，愿道君为占之。道士曰：金华山中有一牧羊儿，姓皇名初平，是卿弟非耶？初起闻之，惊喜，即随道士去寻求，果得相见。兄弟悲喜，因问弟曰：羊皆何在？初平曰：羊近在山东。初起往视，了不见羊，但见白石无数。还谓初平曰：山东无羊也。初平曰：羊在耳，兄但自不见之。初平乃俱往看之，乃叱曰：羊起！于是白石皆变为羊，数万头。初起曰：弟独得神通如此，吾可学否？初平曰：唯好道，便得耳。初起便弃妻子，留就初平，共服松脂茯苓，至五千日，能坐在立亡，行于日中无影，而有童子之色。后乃俱还乡里，诸亲死亡略尽，乃复还去。临去，以方授南伯逢，易姓为赤，初平改字为赤松子，初起改字为鲁班。其后传服此药而得仙者，数十人焉。[1]"其后，宋代道士倪守约的《金华赤松山志》、明正德《兰溪县志》、明万历《兰溪县志》、明万历《金华府志》、清康熙《兰溪县志》、清康熙《金华府志》、清光绪《浙江通志》等地方志书中都有大量记载。历代文人的诗词中也多有反映。黄大仙"叱石成羊，点石成金，普济劝善，有求必应"的圣迹广为传播，其信仰一直延续到今天。除了中国大陆的浙江金华、广东岭南等地外，已传播至香港、澳门、台湾地区以及新加坡、马来西亚、柬埔寨、泰国、法国、澳大利亚、美国、加拿大等世界 20 多个国家，尤其是香港黄大仙祠的影响举世闻名。

一、黄大仙信仰生成原因

首先是魏晋时期仙人信仰的盛行。以长生不死为最终追求目标的仙人信仰，产生于春秋战国时期，是中国独特的信仰现象。《中国科学技术史》作者、

1　上海古籍出版社 1990 年据明《正统道藏》本影印。

英国著名学者李约瑟博士指出：希腊的传统（欧洲所有其他传统都源于此）和中国的传统巨大和根本的区别，在于希腊或西方的传统仅有赝金和药金的概念，而长寿或长生不老的概念，或青春或永生的概念则只源于中国。[2]日本著名道教学家洼德忠先生也指出："神仙说的观点就是在地球上无限延长自己的生命。似乎可以认为现实的人使具有天生肉体的生命无限延长，并永远享受快乐的欲望导致了产生神仙说这一特异思想。这种思想在其他国家是没有的。"[3]为什么会在中国产生仙人信仰，主要是与生存环境与农耕生产方式有关。自殷商后期始，我国的主要经济生产方式转向农业，一般来说农业民族比较重实际、重视人的作用。《孟子》中说："不违农时，谷不可胜食；数罟不入洿池，鱼鳖不可胜食也；斧斤不入山林，林木不可胜用也。"虽稍有理想化，但基本上反映了我国古人的生活：只要按时耕种收割，经过辛勤劳动后的成果能满足生活所需。在这种情况下，人的作用就能充分体现，人们的着眼点是现实而不是来生。由于农业是以土地为对象的，定居成为可能，随着生产力的发展，人类自身的繁殖也快速增长，到周朝宗法家族制度基本确立。这种制度以同居共财为主要特点，夫妻子女、全家老少居住一堂，过着男耕女织的和谐生活。人们能充分享受到天伦之乐，容易使人满足现状、重视现世享受、重视人的寿命。《尚书·洪范》中就说："五福：一曰寿，二曰富，三曰康宁，四曰攸好德，五曰考终命。"把"寿"列为首位，可见当时人对生命价值的看法。长寿当然越长越好，于是便有了"万寿无疆"的祝语。寿的极致是不死，于是《山海经》中就有了不死民、不死国。而不死民之所以能不死，就是因为吃了不死药。《海外南经》中记载："不死民在其东，其为人黑色，寿不死。"郭璞注云："有员丘山，上有不死树，食之乃寿。亦有赤泉，饮之不死。"《大荒南经》中也有记载"有不死之国，阿姓，甘木是食。"随后，不死民又有了不同的专名，如《庄子》中的真人、神人、至人。翦伯赞先生曾说："神仙之说……在战国时，就已经发生了。庄子所谓'真人'就是仙人。因为他所说的真人'乘云气，御飞龙，而游于四海之外'，不居在中国本土，并是餐风饮露，不必吃饭就可以活，入水不湿，入火不热，任何刑罚也不得死。"[4]直到战国时期，这个想象性、充满期待的特殊群体——"仙"的名称才被最后固定下来。此后，追求长生不死成仙的信仰就在中国大地上不断蔓延。《史

2 《中国古代金丹术的医药化学特征及其方术的西传》，载《中华文史论丛》，1979 年第 3 辑。
3 《道教史》，上海译文出版社 1990 年 7 月版，第 55-56 页。
4 翦伯赞《秦汉史》，北京大学出版社 1985 年版，第 98 页。

记·封禅书》中记载了中国历史上第一次大规模的求仙活动："自威、宣、燕昭使人入海求蓬莱、方丈、瀛洲，此三神山者其传在渤海中，去人不远。患且至，则船风引而去。盖尝有至者，诸仙人及不死之药皆在焉。其物禽兽皆白，黄金银为宫阙，未至，望之如云；及至，三神山反居水下。临之，风辄引去，终莫能至云。世主莫不甘心焉。"经过秦始皇的倡导，仙人信仰至汉代达到第一个高潮："汉代是一个神仙思想、方士势力最盛的时代，上至帝王，下至愚民，莫不沉溺其中"，"神仙故事弥漫整个朝野，造成了这样一个富丽的神仙故事时代。[5]"至魏晋六朝时期，仙人信仰仍然非常盛行。如一代枭雄曹操"好养性法，亦解方药"，遍招天下方术之士。据张华《博物志》卷七记载，曹操共招纳方士16人，其中有"能辟谷，饵茯苓"的郗俭、"善行气、老有少容"的甘始、"知补导之术"的左慈、"爱啬精气，行房中术"的东郭延年以及封君达、鲁女生、苏子训等，还封郗俭、甘始、左慈为军吏，让"能含枣核，不食可至五年十年，又能结气不息，身不动摇，状若死人，可至百日半年"的上党人郝孟节统领诸方士。[6]张华、郭璞、殷仲堪、郗愔、嵇康、王羲之、许迈、王嘉、葛洪等文人士大夫人都相信神仙可成、仙术可行。由于仙人信仰盛行，新的"仙人"不断出现。如葛洪《神仙传》中所载84位（一说96位）仙人事迹，都是当时社会上广为流传的，除容成公和彭祖两人与汉代刘向《列仙传》重复外，其它皆新出。黄初平成仙就是其中之一。

其次是东晋的时代因素。魏晋南北朝是中国历史上最为黑暗动乱的时代。三百多年时间，三十个朝代和小国像走马灯似地相继更替，整个社会陷入分裂混乱的局面。各统治集团争权夺利，互相残杀，征战不已，使广大人民蒙受兵荒马乱的巨大灾难，"出门无所见，白骨蔽平原"，"千里绝烟，人迹罕至，白骨成聚，如丘陇焉。"在这种险恶的社会现实面前，人们哀告无门，悲观绝望，于是转向宗教信仰，祈求神灵救苦救难，以求心理寄托。在这种情况下，汉代盛极一时的仙人信仰和东汉末年在仙人信仰基础上形成的道教，以其"长生不死，消灾灭祸"的特殊诱惑力，既迎合醉生梦死的统治者的心理，又符合那些陷入人生苦闷而希冀得到解脱的士大夫的需要，也给了艰难挣扎的贫苦百姓一些希望的曙光，所以信仰者颇多。如曹丕《典论》中记载："初，俭（郗俭）至之所，茯苓价暴贵数倍。……后始（甘始）来，众人无不鸱视狼顾，呼吸吐

5 郭箴一《中国小说史》，上海书店 1984 年 3 月影印本，第 40、72 页。
6 《后汉书·方术列传》。

纳……左慈到，又竟受其补导之术。……人之逐声，乃至于是也。[7]"郗俭、甘始、左慈都是汉末著名方士，至三国时已传说他们是仙人，因此人们争相向他们学习成仙术，以冀成仙。《魏书·释老志》中也说："化金销玉，行符勅水，奇方妙术，万等千条，上云羽化升天，次称消灾灭祸，故好异者往往而尊事之。"仙人信仰乃是魏晋六朝宗教信仰的主体（道教信仰实际上是对仙人的信仰），故李剑国先生在《唐前志怪小说史》中指出："从三国到隋，历代统治阶级及封建文人很多信奉神仙道术，从中寻找所追求的东西，淫逸贪欲者好其服食采补之术，愚妄不轨者好其召神劾鬼之法，嗜奇好事者好其恍惚迷离之说，愤世嫉俗者好其清静无为之旨。"仙人信仰就像"灵丹妙药"能治好各种各样的心病，就像魔鬼的"黑匣"能满足各种各样的欲望。黄初平在金华山修炼四十年，正是因动乱而隐世现象的反映。《神仙传》中所记载的仙人有不少都属于这种类型。

三是地域文化的影响。黄初平修炼的金华山，历来是隐士隐居的地方。在中国古代无论是儒家还是道家都主张国盛则仕以倡其国、国衰则隐以全其身，因此，每遇乱世，耿介之士便纷纷避世隐遁，如东汉时："汉室中微，王莽篡位，士之蕴藉义愤甚矣。是时裂冠毁冕，相携持而去者，盖不可胜数。[8]"隐士们不求功名利欲，但求去危图安、保其志、全其道。这些特征与仙人极为相似。从楚狂接舆口言藐射山神人看，仙人正是隐士心目中的理想人物。所以，隐士常常追随仙人的行为举止，以仙人的形象出现，并以仙人自居。人们也往往把偶尔出现、形貌与行为怪异的隐士当作仙人看待。如尧时的方回、夏时的务光、战国时楚国的接舆、晋国的介子推等皆被刘向《列仙传》归入仙人之列，汉时隐士刘根、修羊公、黄阮丘等也都成了仙人。据《金华赤松山志》记载："皇氏显于东晋，祖上隐德不仕。"也有可能黄初平从祖上开始就是隐居金华山的隐士，后来逐渐被人们认为是修炼成仙的仙人。

二、黄大仙信仰的三种形态

从现有的资料看，黄大仙的信仰主要有三种形态：

首先是庙宇及民俗信仰。关于供奉黄大仙的庙宇始建于何时没有明确的文献记载，推测东晋以后就已经出现，如相传宝积观即建于东晋，其中二皇君祠供奉黄初平、黄初起，宋时为"江南道宫之冠"；金华观（又名赤松观）在唐代时名重

7　《后汉书·方术列传》注引。

8　《后汉书·逸民列传》。

一时，著名诗人陈子昂有《春日登金华观》："白云仙台古，丹邱别望遥；山川乱云石，楼榭入烟霄。鹤舞千年树，虹飞百凤桥；还疑赤松子，天路坐相邀。"由于黄大仙列入了道教仙班，称为"养素净正真人"，据《金华赤松山志》记载：黄初平成仙后，玉帝命小皇君（黄初平）主持南岳衡山，号司天，主管世界分野。所以唐宋以后供奉黄大仙的庙宇应该不少。目前最著名的当属浙江省金华市北山上的黄大仙宫和香港黄大仙祠。黄大仙宫的前身是金华观，唐宋以来香火一直很旺，清代以后逐渐废圮。改革开放以来，港澳等地的善男信女纷纷寻根到黄大仙修炼成仙的金华北山，当地重新修建，1991年重建开放，接待来自世界各地的黄大仙信众。香港黄大仙祠，据记载是道侣梁仁庵等人于1915年从广东西樵山迎黄大仙神像到港，建坛设供开始。1971年黄大仙祠重建，成为香港最大的宗教场所。庙前有一大石门坊，石坊正中题有四个大字"金华分迹"，意谓此庙是浙江金华祖庙的分庙。庙门横匾上写着："赤松黄大仙祠"，庙内主殿金瓦红柱，彩饰辉煌，殿内供黄大仙像。黄大仙是全香港地区香火最旺的神，每天进香朝拜求签的香客，络绎不绝，热闹非凡，求财的，求福的，求子的，求工作的，求良缘的，求医问药的，五花八门，应有尽有。

目前在浙江金华兰溪的黄大仙信仰民俗活动，除了每月初一、十五的上香祭供外，较大规模的有三次：第一次是正月十五，迎"大仙龙灯"；第二次是春祭，为黄初平的升仙日，农历三月十八日；第三次是秋祭，为黄初平的诞日，农历八月十三。春秋两祭的中心活动场所是设在缘源园主殿黄大仙宫广场。参加祭祀活动的黄湓村（相传是黄大仙出生地）村民，组成九个纵队，统一穿白衬衣、深衣裤、黑布鞋，腰扎黄色丝绸带，丝绸带两头印有两个小八卦。每队都有黄布铺地，队前分别置有一面黄底黑边的旗帜。队前设三张八仙桌，桌上供六副三牲祭品。祭拜者每人手握二支红蜡烛、三炷清香。祭拜程序为：读祭文，焚祭文；由主持者领拜、焚香；再由参加祭祀的所有人员点亮红蜡烛、清香，双手举过头顶默祭一分钟，再行鞠躬礼，三跪三拜；再由主持人带队，一个个跟着走向祭坛朝拜，每人拜三拜；朝拜完毕，依次返回原地列好队，再行鞠躬礼，三跪三拜，然后退场。整个祭祀活动，场面壮观，仙乐悠扬。1995年秋祭（即黄大仙诞日），在黄湓村还举行过一次规模较大的"百舸迎仙"活动。是日十时整，先在兰溪的兰荫山之巅迎仙坛举行接仙仪式，在锣鼓声中，领队将黄大仙宝像接至兰荫山脚的彩船上，然后在三艘引船带领下，一队由披黄缎带、插七彩旗的二十三艘帆船组成的长龙紧跟其后。龙船后，又有一列插着八卦旗与灯笼的小船尾随而行。整个迎仙船队按红、蓝、绿、黄、紫、青六色分成六组，沿兰溪三江口顺流而下，直到黄湓码头，再由三名村民将黄大仙宝像护送入缘源园黄大仙宫神龛。

二是仙话叙事。有关黄大仙的仙话在金华、广东乃至港澳、东南亚一直广为流传，仅在浙江金华地区目前已搜集到五十多篇，除了著名的"叱石成羊"外，还涉及黄大仙的生平事迹、自然景观、人文景观、民风民俗、土特产、黄大仙显灵等各个方面，如《黄大仙出世》、《撞石成仙》、《引虎救人》、《避雨遇道》、《忍痛割爱》、《除莽》、《恩报》、《夜筑斗鸡岩》、《二仙造桥》、《黄大仙写"劝善戏"》、《九峰茶》、《仗义取银》等。

三景观遗址叙事。在金华北山周围地区至今仍有大量涉及黄大仙的地名、遗迹，如兰溪黄湓村的二仙井（相传为黄初平兄弟所凿）、外圩洲（相传黄初平少时牧羊地之一），兰溪的黄大山（相传黄初平由此入山经六洞山至北山修炼得道成仙，山上有仙人脚印、仙人洞、仙人台桌等）、六洞山（相传黄初平修道游憩之所）等；金华的赤松山（黄初平得道处）、卧羊山（黄初平叱石成羊处）、炼丹山（黄初平炼丹处，曾有丹灶、丹井遗址）、二仙桥（黄大仙兄弟所造）等。

三种形态共生，互为作用，共同促进了黄大仙信仰的传播与传承。

三、黄大仙信仰的特质

首先，黄大仙保留了早期仙人的样态，集中表现在服食茯苓松脂成仙和"叱石成羊"仙术。早期的修仙方法基本上是两种：一是服仙药，二是辟谷食气、呼吸导引。魏晋南北朝时期的修仙方法开始走向复杂：一方面是儒家的忠孝仁义与天命观思想渗入到了仙人信仰之中，出现了因"忠孝"而成仙的情况，也出现了是否能成仙是命中注定的说法；另一方面是佛教自东汉永平二年进入中国后，佛教徒运用各种手法进行布教，尤其是其轮回报应思想颇具吸引力，信徒不断增多，其思想也开始进入仙人信仰；而更重要的是东汉末年，一部分方士在仙人信仰的基础上，"袭老庄之玄言，学巫师之祭祷，行方士之数术，摹仿佛教"而创立了道教，从此以后，仙人信仰便出现了两种情况：一是单纯的仙人信仰仍在社会上流传，二是以道教的面貌出现的神仙信仰，在神仙的身上羼杂了许多道教的思想和思维方式。在魏晋六朝时期，这两者尚属并驾齐驱。虽说黄大仙后来也列入了道教的仙班，他也是被一位道士（民间传说该道士即上古仙人赤松子）带上金华山修炼的，但他身上仍保留了早期仙人的特征：第一，其成仙的手段服食松脂茯苓，是典型的早期修仙行为，在汉代刘向《列仙传》所记叙的仙人中就有不少是通过服食这两样仙药而成仙的，与后世的存思守一、守庚申等修炼手段有较大的区别；第二，黄大仙的"叱石成羊"仙术，在中国历史上名声很大。这种仙术同飞行术、变形术、耐寒热术、坐致行厨术等都属早期仙家的理想，即能随心所欲驾驭自然万物的能力，表现的是仙家的思维方式。

其次，信仰延续时间长。中国的仙人信仰产生于春秋战国时期，当时就出现了许许多多的神仙，相传秦朝大夫阮仓曾作《列仙图》一书，记叙当时社会上流传的仙人700多人；汉代刘向的《列仙传》记仙人70余人。但是这些仙人及其信仰大多已经销声匿迹。秦汉时期著名的仙人如安期生、修羊公、刘安、黄石公、王子乔、壶公等等，大多在后世被湮没、被人遗忘了。我们今天所熟悉的仙人大多是唐宋以后尤其是明清时期产生的，如八仙等。而对黄大仙的信仰则自东晋以来一直延续到今天。

第三，海外影响大。由于中国漫长的封建社会中，普通百姓的生活极为困苦，有不少人背井离乡，流落海外，长期以来形成了庞大的海外华侨集团，在有些国家还有专门的华人居住区。他们虽在异国他乡但仍然保持着华夏文化传统，在神灵信仰方面也是如此，在家庭和会馆中普遍供奉关公大帝、观音菩萨等神，华人居住集中地还有他们的庙宇。但相对而言所信仰的神灵是比较单一，只有关公、妈祖等少数几位。而黄大仙就是其中之一，在东南亚国家以及美国等地均有黄大仙祠。

黄大仙在仙界中的地位虽算不上非常显赫，但有其明显的特点，尤其在信仰方面是很突出的。黄大仙信仰现象是一种值得我们认真研究的文化现象。

筆路籃縷：從嗇色園的成長看戰前黃大仙信俗的發展

珠海學院香港歷史文化研究中心　**危丁明**

今日的香港黃大仙信俗已成為國家級非物質文化財產，它在文化上所受到重視可謂是空前的。當然，信仰也許不會因為受到文化上重視就一定飛躍發展，但可以確定的是，若一種信仰在文化上受到輕視乃至卑視，其發展必然會受到影響。從以嗇色園為代表的香港黃大仙信俗的歷史看，正切切實實地印證了這一點。

黃大仙信俗在傳入香港之前，對珠江三角洲一帶基層社會，已經是名聞遐邇。作為一種以靈乩為傳教手段，以驗跡顯著而深入民心的廟神信仰，無論是 1897 年在番禺菱塘大嶺創立普濟壇，或是之後 1899 年遷到廣州花埭的黃仙祠，又或是 1901 年梁仁菴道長奉乩回故鄉南海西樵稔岡創立的普慶壇赤松黃大仙祠，其與廣東其他地方廟神信仰區別其實並不大。黃大仙信俗之所以能突破地域局限，由番禺發展至省城廣州，又從省城擴至南海，之後又由南海傳到香港，除了其靈驗之大名，應該說更與其適時高張的「普濟勸善」宗旨有關。亦正是眾弟子對普濟勸善的堅持和落實，使到因為時代變遷和價值差異，而出現來自政治、經濟和文化等各方面的壓力時，黃大仙信俗依然能克服種種困難，逐步開展。

一、普濟勸善宗旨的確立

中國基層社會，特別在農村，民眾背向藍天，臉朝黃土，日出而作，日入而息，關心的大多是自己、家庭、家族的事，對神靈的祈求，本來也不會離開這樣一個範圍。然而黃大仙初降大嶺時，在列強堅船利炮的打擊下，中國已失去了藉閉關鎖國得到的穩定，傳統小農經濟不得不走向破產的過程，民眾被迫面向自己茫然不可知的命運。在這樣的狀況下，祈求神靈佑護一家一戶的家宅安寧，變得不合時宜。神靈與信眾的關係隨時代需要重整。神靈與其說是幸福生活的施與者，不如說成為追求幸福生活的人的指引者。民眾開始認識到所謂幸福，其實不只是自己、家庭、家族的平安，而必須關注到之外的其他人。誠如廣東黃大仙信俗首部善書《驚迷夢》所載：

> 嗟嗟，世道縱橫，人心妄作。狼煙四起，如飛沙漠。漫天狂惡，田園難耕耘，程途難上落。地土不安然，早些尋跡托。夫世道迍迍，本天地定數。或奔走而不能逃，或居家而得福者，何哉？無他，作善而降之百祥，不善降之百殃……奈世人昏迷不悟，為善者少，為惡者多。吾恐禍患猝疫，雖日來禱祀，亦無益也。[1]

《驚迷夢》書名，通過扶乩由玉帝錫封，其中之立意，顯然亦與上引所說「世人昏迷不悟，為善者少，為惡者多」的估計有關。而《驚迷夢》就是希望信徒從只追求個人幸福的迷夢中覺醒，致力行善，並且通過自己對別人的幫助，推動對方也認識到只有相互幫助才有可能達致真正的幸福，從而不斷地把這種精神發揚光大。這種精神就是「普濟勸善」。而從迷夢中驚醒的黃大仙信仰者，自然應有一種上帝選民式的自覺，實踐神聖使命，不論貧富眾寡，盡本分幫助他人。

> 普濟勸善，甚為美舉。昨聞赤松仙言曰：此壇諸生欲行善事，難得合結群賢。然為善不拘何人，貧富皆可為之，或眾或寡，亦可為之，不外居心而已。富者為善，本費些錢財，逢冬令則濟人之飢寒，暑令則施茶施扇。貧者則剪礙道荊棘，除當途之瓦石。倘聯友設壇普濟，亦是無限婆心。惟未得其人，亦可自存善念。若立此堅意無虧，天亦斷無負汝。汝可誠心力為，則便為美境也。[2]

在普濟壇創壇初期，黃大仙師更降《普濟壇賦》，鋪演行善與個人關係，俾使弟子有所遵循：

> 廣濟世人，休嫌事苦。積善修身，為福之祖。改過不為遲，存心先立主。卑己尊人，敬兄孝父。或為士農，或為商賈，須守分而聽天，當循規而蹈矩，勿思嗜慾而欲狂，勿與淫濫而相聚。視惡則如夙怨新仇，見善則如爭先快覩。倘有頹風敗俗，必思亟挽狂瀾；早宜立志存心，須作中流砥柱。寄安樂於不飢不寒，思艱難於半絲半縷。勿因小

1　《驚迷夢初集》，見《驚迷夢》（上卷），香港：嗇色園，1991 年，頁 11。
2　《驚迷夢初集》，見《驚迷夢》（上卷），香港：嗇色園，1991 年，頁 17-18。

惡而心自灰灰，勿得小善而意先栩栩。勿將愚昧而暗欺，勿以老成而慢侮。因材施教，為武為文；己分自安，學稼學圃。親當承歡，幼當育撫。風俗欲開，典型先樹。設壇濟世，造去誠意須堅；救急扶危，算來積功甚普。倘欲安寧，亟宜勉勵。恃強欺弱，不過娛快之為；利物益人，方作日後綿長之計……欲積陰功，勿為乖戾。施德莫念錢財，受恩莫忘仁惠。待人接物，遜讓謹記丁零處；處友交朋，善惡須分子細。務宜早立操持，切莫自甘頹憊。為善無窮，去惡自誓。倘無餘積而博施，亦可實心而普濟。夫能如是，想亦非難。善念既存，雖一時之貧乏；善功倘滿，免世代之飢寒。聞說孝言，留心細聽。見說淫言，錯眼休看。善中之言，無人不自得；意外之事，當作如是觀。格其非而慕古道，正其語而黜異端。兢兢慎修，自可名成利就；朒朒法守，何至犯科作奸。見疾病之無依，周以湯藥。見屍骸之暴路，斂之衣棺。方今人心多變，天怒重千。癘風擾擾，瘴氣漫漫。為善則災殃可免，為惡則劫數難寬。[3]

從黃大仙信俗的發展歷史看，花埭普濟壇在普濟勸善方面的落實開展，還是比較傳統的。

　　「普渡眾生」就是解答信眾人生遭遇的各種疑難；「濟施時疫」就是施醫贈藥。而「勸善」……意思是「勸人從善」，即通過編集各仙神在普濟壇降的乩文，出版公諸於世，具體就是出版《驚迷夢》，使「文人雅士看之，其善益深；俗子愚夫觀之，其心日廣。使能旦夕不忘，作善與書永垂不朽。」（《驚迷夢》四集）。[4]

普濟壇的主要成就，除了是開創廣東黃大仙信俗的傳承，更重要的是其在理論上對普濟勸善宗旨的闡明。這對於日後南海西樵普慶壇赤松黃大仙祠和香港嗇色園赤松黃大仙祠的創立，經營和發展，都有關鍵性的影響。南海西樵普慶壇赤松黃大仙祠在實踐上，積極根據普濟勸善宗旨，開辦各類善業，除了傳統的贈醫施藥，更加強社會服務，如設海勝益善會收殮西江水上浮屍，又設普慶善堂、黃大仙福善堂等，施濟貧民，造福鄉梓。[5]普慶壇在善業方面的實際經

3　《驚迷夢初集》，見《驚迷夢》（上卷），香港：嗇色園，1991 年，頁 16。

4　游子安主編《香江顯跡——嗇色園歷史與黃大仙信仰》，香港：嗇色園，2006 年，頁 28-29。

5　游子安主編《香江顯跡——嗇色園歷史與黃大仙信仰》，香港：嗇色園，2006 年，頁 44-45。

驗，對後來港嗇色園普宜壇赤松黃大仙祠亦是很好示例。

二、三教合一，立足香港

　　1915 年，普濟壇弟子、普慶壇創立者梁仁菴父子自西樵來港，創辦福慶堂藥店，以後壇前鋪的形式開拓黃大仙信仰。1918 年因福慶堂燬於火災回鄉。[6]1919 年，五四運動爆發，由此掀起新文化運動熱潮很快波及全國。提倡文明，破除迷信的呼聲，在輿論上逐潮變得強大。傳統信仰和宗教活動，成為嘲弄和批判的對象，取締、禁止、沒收、改造之聲不絕於耳。北洋政府再度公布《管理寺廟條例》。在信仰自由的旗幟下，對全國廟宇寺觀實行管理權與擁有權的分離，將寺廟住持的管理權弱化為義務，把所有廟產的擁有權統歸於政府。[7]雖然北洋政府的權力範圍未能包括割據一方的廣東，甚至在其有效管治地區內亦未能完全實施相關政策，惟其影響力仍不容忽視。對於 1901 年花埭普濟壇如日方中時，卻率先離壇歸鄉自創辦新壇的梁仁菴，此際相信自會啟動狡兔七窟之思。再加上港地弟子的熱誠相邀[8]，梁仁菴終在 1920 年再度來港，在灣仔海傍東街 96 號三樓恢復設壇，名「金華別洞」。

　　3 月 23 日，金華別洞開乩，黃大仙師臨壇。當日兩名弟子入壇：其一是創壇的梁仁菴，獲賜元覺道號，其二是高浩文，由梁仁菴介紹入壇，賜號常覺。高浩文是香港殷商，曾任商業通濟公會主席，孔聖會值理。在《普宜壇同門錄》填報地址是著名的孔教團體：中華聖教總會。[9]其後兩人又以介紹人身份，為金華別洞增加不少弟子。由梁仁菴介紹入壇的有：高浩文，莫頌廷，何星甫，馮萼聯，黎孔昭，葉蓂階，葉竹軒等；由高浩文介紹入壇的有：劉宇文，招大發，馮其焯，何明達，伍逢春，歐陽炳初，唐梅初，梁環昭等。這些弟子各有特點，梁仁菴帶入的大致是普濟壇或普慶壇的舊人，道歷資深。如何星甫，道號富覺，

6　游子安主編《香江顯跡——嗇色園歷史與黃大仙信仰》，香港：嗇色園，2006 年，頁 51。

7　《管理寺廟條例》最初公佈於 1915 年 5 月，條例規定：「寺廟財產由主持管理，但不得抵押或處分之，但遇有公益事業必要及得地方官之許可不在此限。寺廟住持違反管理之義務，或不遵守僧道清規，情節重大者由當地長官訓斥，或予撤退。」可參考馬莉《現代性視閾下民國政府宗教政策研究》相關論述，北京：中國社會科學出版社，頁 66。

8　1919 年聯名相邀梁仁菴的在港道侶，包括：何星甫、葉竹軒、葉蓂階、梁邦賢、梁湘衡、梁鈞轉、高浩文、梁獻逑等。見梁鈞轉《本壇以往各事登記簿》，香港：嗇色園藏。

9　《普宜壇同門錄》入道序號二號高浩文，香港：嗇色園藏。按：中華聖教總會在高浩文入壇時尚未正式成立，所列地址應是後來填報。

西樵普慶壇二派弟子[10]，時號果生；馮萼聯，道號悟覺，花埭普濟壇弟子，時號悟謀子。高浩文帶入的大致是香港本地商界翹楚，信仰方面或是孔教弟子，或是三教中人。如馮其焯，道號活覺。馮是著名商人，中華聖教總會創辦人之一，三教總學會會長和粉嶺軒轅祖祠的創立者；何明達，道號通覺，即何廷璋，是先天道證恩道長，明達是他的證號。[11] 先天道正是力倡儒、釋、道三教合一的民間教門。

金華別洞以及由此發展而來的香港嗇色園普宜壇赤松黃大仙祠，是廣東黃大仙信俗的直接繼承者。除了普濟勸善的宗旨和善業開展的主動性，其別具一格的特色，就是對三教合一的積極支持。嗇色園創辦前不久，在韋仁舟的入道乩文中，黃大仙師就以三教合一為基礎，對即將建立的道場的發展繪畫出宏偉的願景：

> 吾奉玉勅，普濟勸善，乃代天行化之職……特派傳道（梁仁菴——引者注）到港，隨用悟謀（馮萼聯——引者注）開通虞盛（唐麗泉——引者注）。擬以三教合一而申明其宗。彼道一風，無爾我之分畛域，方能成大同世界；世界大同自然無障無碍，復古返今，災異消除，救民衛國，須如此方能合道……先要建祠宇，後隨開辦各善舉，方能昭人信仰。若徒然租小地方，而開辦善舉，必不能昭信而易招風。所謂因地制宜，吾今設建小小功德各弟子除些劫，此使他有慧善焉，方能招置善人……道、釋、儒三教明宗，華、夷、異均能在此修同一族……地甚相宜，福極厚矣。天開地闢，留以待時。創辦善事，以此為基。名傳中外，感化華夷。一勞永逸，史傳稱奇。此舉由如平地立為山，有力之人擔多擔，無力亦勿畏艱難，免教中蹊虧一簣……教育教嬰，撫孤恤寡。菱滅禾興，共樂太平。後人感戴，神仙欽敬。[12]

這段乩文，可謂制訂了嗇色園成立後的發展方略。即以三教合一推行普濟勸善宗旨為基本方針，以及用寬容化解界限，以大同跨越障礙，接續傳統，消災去異，救民衛國的基本方向。具體任務，則明確要因地制宜，必先創建具一

10　普慶壇以「道、果、德、修、誠」為字派，二派弟子即果字派。

11　咸豐九年（1859），先天道領導層在四川議定將所有道眾分為五個次第，即十地、頂航、保恩、引恩、證恩，所有道號順次為「道、運、永、昌、明」。

12　《普宜壇同門錄》入道序號二十三號韋仁舟，香港：嗇色園藏。

定規模祠宇，隨開辦各項善舉。由此同氣相求，達到以慧善氖招置善人，不斷發揚普濟勸善精神，同修三教，通達華（華人）、夷（西方人）、異（其它民族）的願景。為此仙師勸勉，此因地制宜而成的祠宇，將是道壇一切善業的根基，而且假以時日，終必名傳中外，稱為傳奇，神人共欽。

自全真派興起，道教已是以提倡「三教同源」、「三教合一」為特色。在《驚迷夢》中，仙師對儒家傳統倫理的肯定，對佛家因果報應說的強調，顯然亦屬此反映。但在奉祀神靈方面，無論普濟壇或普慶壇，除了黃大仙師，都只是道教或民間神祇，如齊天大聖、當坊城隍、文武二帝等，沒有儒、佛神靈。1921 年 8 月 23 日，金華別洞在九龍獅子山麓新園落成開光，時僅設大殿、鸞台及客堂三座建築，大殿由仙師乩賜名為「赤松仙館」，基本仍是濟、慶兩壇的餘緒。當夕扶鸞，群仙到駕，燃燈聖佛下壇，詩曰：「龍華三期會已定，攜帶弟子往西京。」後創壇人梁仁菴得病回鄉休養，不久即告仙逝，弟子均認為燃燈聖佛乩語原來早含玄機。梁仁菴去後，壇務由馮萼聯執掌，高浩文副之。1922 年 3 月 1 日（陽曆二月初三）文昌帝君誕，帝君臨壇，賜新園名為「嗇色園」。8 月，颱風肆虐，初建時限於法例，嗇色園所有建築只能用竹木及鋅鐵搭成，故在風暴中悉數被摧毀。馮萼聯等在重建時，除了原建築外，加建「麟閣」及工人宿舍，開始在奉祀上加強三教色彩。該年 10 月 13 日（農曆八月廿三日）仙師寶誕，玉帝委使者臨壇，賜封「普宜壇」。金華別洞完成歷史使命。[13]

三、適時應化，突出儒教

嗇色園所以重視三教合一，除了事關未來的發展方略，實際上亦是現實的生存策略。當時香港道教發展並不活躍，現在可考者，除大嶼山純陽仙院（1882年創辦）[14]、從善堂（1896 年創辦）外，著名的道場幾乎全屬力倡三教合一的先天道佛堂。而且先天道高道又具有一定的社會影響，如先天道引恩老師、大埔桃源洞田邵邨道長，就與著名報人胡禮垣相交甚深，胡臨終前親囑田氏安排出版遺著。前述的何明達，他是著名的文化人、教育家、書法家，曾任教香港漢文女師範，三教總學會學務兼《國粹雜志》編輯。剛自南海飄泊而至的嗇色

13　以上年代主要根據梁本澤道長《金華風貌》卷三相關記述。

14　筆者甚至認為純陽仙院亦有很大可能屬先天道派。詳可參看拙文〈佛跡仙蹤──香港早期信仰風貌〉，見蕭國健、游子安主編《鑪峰古今──香港歷史文化講座 2012》，香港：珠海學院，2013 年，頁 64-89。

園普宜壇，顯然不宜與此主流的信仰文化相頡頏。況且三教合一早見於《驚迷夢》、《醒世要言》等典籍，本來就不外於黃大仙信俗，創壇道長對三教合一自然亦樂見其成。

至於加建麟閣，強調對孔子的崇奉，則更可圈可點。從廣泛的層面看，三教合一，其實是中國傳統宗教最大公約數，能夠很大限度地使不同的信仰團體共存共融，合作無間。而在具體的操作層面，三教合一以何為主則是各說各話。先天道自稱禪宗正統，強調佛戒，清規嚴格，許多時強調的是以佛教為主的三教合一。韋仁舟入道乩文，仙師提出「道、釋、儒三教明宗，華、夷、異均能在此修同一族」，強調的自然是以道教為主的三教合一。然而，嗇色園在奉祀上以修建麟閣，尊奉孔子為本道場加強三教色彩的開始，而不選擇仙師乩文中緊隨「道」後的「釋」，應該是有其深層次的考慮。

事實上，三教團體在香港開展雖早，地位卻遠不如發展較晚的孔教。孔教，真正被獨立作為宗教提出，不過始自清末民初的康有為。1909 年，香港才出現第一個孔教團體——孔聖會。然而，港英政府對孔教的重視卻遠超於其他傳統宗教。事實上，當時的孔教團體確是香港具代表性的華商和文化精英的集結，劉鑄伯、李葆葵、李亦梅、馮平山、馮其焯、楊碧池、盧湘父、何明達等等，均有直接或間接參與。孔聖會在華文義務教育的開展亦甚為勇猛精進，甚至一度擁有學校達 35 間，包括香港第一間華文中學，成為全港最具規模的華人辦學團體。孔聖會甚至傚仿基督教青年會，成立俱樂部，設閱覽室，又成立足球隊，乒乓球隊、象棋會等等，以豐富廣大市民的文娛體育活動。[15] 孔教團體又成功開展了農曆八月廿七日孔聖誕慶祝活動，使這個誕日成為團結全港華人的重要節日，熱鬧程度比美西洋的基督聖誕。甚至連康有為都不禁贊嘆：

> 近在香港、新架坡舉行聖誕之典，全港商店停市，乃至各國銀行亦停市一日，衢道人家，莫不張燈結彩，飲酒歡呼，於是典禮大盛矣。[16]

劉鑄伯（1867-1922）是香港中央書院畢業生，香港華商總會（即今香港中華總商會）創辦者之一，又是港府潔淨局議員、定例局（即後來的立法局，今立法會），首席非官守議員等等。孔教可以短時間興起，應該說與孔教中人的

---

15 有關香港孔教的基本情況，可參看拙著《香港孔教》，北京：宗教文化出版社，2016 年。

16 康有為〈曲阜大成節舉行典禮序〉，見姜義華、張榮華編校《康有為全集》第 10 集，北京：中國人民大學出版社，2007 年，頁 199。

社會地位，及他們跟港府之間保持的良好溝通有關。不過，雖然如此，但當時的孔教團體應該說似同人結社多於信仰團體，其成員大部分都是社會賢達，並沒有專職的神職人員，儀式亦未完備，甚至連一個具規模的奉祀地點亦缺乏。早在孔聖會成立之初，劉鑄伯便倡議建立孔聖大會堂，卻因為各種原因和時機，直到他離開人世都未成事。

1922 年 8 月，嗇色園修建麟閣，開闢出香港首個奉祀孔子殿宇，可謂是對剛在 5 月份過世的劉鑄伯之安魂曲。對當時的嗇色園來說，麟閣是仙師殿以外，唯一的一個奉祀神靈殿堂，重要性不言而喻。麟閣為招集本為孔教信徒的社會賢達入園，起到重要作用，使嗇色園儼然成為重要的孔教道場。不少知名的孔教信徒，陸續成為嗇色園弟子。如李亦梅、林紹銘、吳伯鏞、何藻雲、勞海應、何華生等等。1927 年 9 月 24 日《香港華字日報》載孔誕盛況：

> 九龍嗇色園黃仙祠向崇奉儒釋道、三教同宗。昨日聖誕，同人多到慶祝。如前清進士之何天輔、舉人左慶欣，與何藻雲、吳伯鏞、何華生、林紹銘、勞海應等數十人，齊誦聖經。自「大學之道」，誦至「未之有也」。《中庸》自「天命之謂性」，誦至「萬物育焉」。《孝經》誦一時之久。各人復演說，發揚聖道。是晚暢飲而散。

嗇色園不是傳統廟宇，發展重點不只在香火，更在於集攏本壇弟子或信眾的資助或捐獻，開辦各項善舉。這首先就需要得到社會的理解、信任和支持。仙師在韋仁舟入道乩文中，之所以反對租小地方，而提出「建祠宇」，就是為了增強社會對嗇色園的信任。而以尊孔招集社會賢達，就不但可以加強社會的信心，而且「有慧善炁，方能招置善人」，有能力、願發心的成員，自然同氣相求，為嗇色園增加更多的善人，這無疑有助於嗇色園實踐普濟勸善，陸續開辦善舉的宗旨。嗇色園創辦初期發展比較順利，有力地印證了此發展方略的合理性。

四、《華人廟宇條例》的制訂與實施

進入到 1920 年代末期，隨着內地北伐成功，國家統一，國民政府成立，香港亦在發生微妙改變。此時任香港總督是金文泰（Cecil Clementim 1875-1947）。金文泰雖然在 1925 年才開始其港督任期，但此前的 1900-1913 年他已曾在香港服務。此番崔護重來，是因為其前任司徒拔在省港大罷工錯判形勢，令殖民政府進退失據，需要借助其熟悉中國文化的長材，改善香港與內地關係。

金文泰履新後，積極與蔣介石領導的國民黨展開對話。不但解決了省港大罷工的遺留問題，還在 1928 年 2 月，北伐戰爭節節勝利之際，代表英國政府正式承認南京國民政府。文化教育方面，在金文泰的提倡下，香港大學增設中文系，前清太史賴際熙、區大典等在此教授儒家典籍，子曰詩云，與 1919 以後中國以新文化為主流的情況大異其趣。金文泰又在孔聖會中學的基礎上，成立首間官立漢文中學。在力倡儒學的同時，金文泰卻對華人廟宇實行監管。1928 年 4 月 27 日港府定例局三讀通過的《華人廟宇條例》（時華文報紙稱為《華人廟宇則例》，亦有稱為《中國廟宇條例》者），以防止廟宇管理失當及資金濫用為由，強制全港華人廟宇（包括廟、寺、觀及道院、庵和相關宗教所供奉神明的地方）必須進行登記，由港府所設的華人廟宇委員會接收廟宇及財產，並全權控制。[17]

　　《華人廟宇條例》，實際就是對香港傳統宗教廟宇的一通廟產沒收令。雖然自清末民初，中國內地已不時有「廟產興學」之議論和掠奪廟宇財產作為他用的情況發生，惟中國歷史素重神道設教，不少寺廟均是歷代王朝、地方政府或達官貴人撥款興建，其廟嘗田產也是由國家發給，有一定的公共財產性質。民國以後，信教自由，國家認為必須將廟產收歸國有，以免公共財產因政教分離缺乏管理而流失。這亦有一套可以自圓其說的道理。而在香港，英人佔港以前廟宇大部分是鄉祠，由鄉民自行捐資創立；英人佔港以後亦不曾動用分毫公共財產興建或支持過任何廟宇，因此可以說所有廟宇絕無公共財產性質。雖然取得廟產的目的是作為華人慈善基金之用，但實行英國法律、強調私有財產神聖不可侵犯的香港，卻放任政府對華人廟宇財產公然侵吞，相信仍是許多人始料不及。更令人奇怪的是，此例的通過實行，得到當時華人領袖全力支持，甚至是出面解釋。華人廟宇於是缺乏反彈，完全一副噤若寒蟬，任人魚肉模樣。相比此前不久的省港大罷工時華人社會上下一心的巨大聲威，簡直判若雲泥。顯然這種情況不能單純以殖民政府強制推行政策可以解釋，它實際上反映當時華人社會部分人士對傳統宗教的負面態度。如提交此案的正是議政局（即後來的行政局，今行政會議）首任華人非官守議員兼定例局非官守議員周壽臣。他曾出任清廷關內外鐵路總辦，官拜二品，民國成立後又榮獲三等嘉禾勛章，辭官回港後深受華商尊崇和港府的重用，成為本地華人社會的重量級領袖。除他

17　關於《華人廟宇條例》制訂的基本情況，可參看拙文〈香港的傳統宗教管理初探——從《文武廟條例》到《華人廟宇條例》〉，見香港科技大學華南研究中心、中山大學歷史人類學研究中心合編《田野與文獻》，香港：香港科技大學華南研究中心，2007 年 7 月第 49 期，頁 35-44。

以外，其他華人領袖亦持同一立場，如華商總主席李右泉與華人代表羅旭龢對《華人廟宇條例》制訂的解釋：

> 此例之所以立，原為華人廟宇有租一層樓，前便奉神，後便為住眷者；又有租一小房而供人參拜者。其中良莠不齊。政府遂與華人紳商磋商，以廟宇中祀正神者固多，而藉神行騙如最近兩年發生誘人（種銀樹案等）亦不少。政府為激底清查起見，不能不實行取締：此取締《華人廟宇則例》之所由立也。此例既已頒行，凡有司廟宇之責者，第一級須速往註冊。註冊後華人廟宇值理調查明白，或令其取消，或准其保留，此則完全視乎良莠二字而分別之云云。
>
> ……
>
> 華人代表……羅旭和博士……解釋此例更為明白……此例之所以立，無非防範歹人藉借宗教或神佛為名，勒索棍騙實者，但華人習俗上對於祈禱亦不能全免。華人值理亦只有調查清楚，秉公辦理而已。[18]

港府則着重強調，條例對於傳統華人悼亡業者沒有妨礙：

> 本報訪員往見華民政務司那大人。（問）此例之頒行，目下以道士與南巫先生為最恐懼。蓋此輩之事業，係專與人拜神或祈禱為生涯。此例頒行後，未審於彼輩之飯碗問題有無妨碍？……司憲答曰：照例文所載，如道士南巫先生等包租一房為自用，而非任人往拜神祇、出外為人祈禱者，當然不受此例所束縛也。惟此輩勿招人往其屋之一部分參神，則無□矣。（又問）然則尼姑庵或和尚寺常有在庵內為人打齋超度亡魂者，如此亦作為犯例否？（答）照此例第一件，須先往註冊。若註冊後，如果有佔全間屋一部分之廟宇，欲免為此例束縛者，可同時入一禀章到本署。本司接受禀章後，當即交由華人廟宇值理調查後，方有酌奪。如果查得其人有犯借神勒索者，則必傳其到署，先行警誡。至於控告，政府必慎重將事，未必第一次即行控告也云云。[19]

《華人廟宇條例》的實施，使到華人廟宇完全受制於華人廟宇委員會之下，

18　〈關於廟宇則例之談話〉，見 1928 年 6 月 29 日《香港華字日報》。

19　〈華人廟宇管理人須知〉，見 1928 年 6 月 28 日《香港華字日報》。

香港華人傳統宗教的發展空間大大收窄：

> 政府決定實行取締不正當廟宇後，經推定值理，專辦理此事……
> 係由華民政務司那魯君為主席，定例局華人代表周壽臣、羅旭和，潔
> 淨局華人代表曹善允、黃廣田，團防局代表李右泉，東華醫院代表鄧
> 肇堅，廣華醫院黃少卿，保良局代表馬敘朝，九人擔任。將來所有取
> 締不正當廟宇，及開投公眾廟宇事宜，均由各值理會商進行。現聞不
> 正當廟宇有二三十家，經由政府下令限期關閉。不日此等不正當之神
> 棍，將可由此消滅矣。[20]

五、華人傳統宗教的邊緣化

如何判別廟宇是否正當，在《華人廟宇條例》而言首先就是廟宇是否已經
登記，沒有登記者不容許存在；而所謂登記亦即將廟產的所有權和實際的管理
權轉交給華人廟宇委員會。條例公佈後，起初大多數廟宇都在觀望，沒有馬上
進行登記，就是這個原因。港府則通過各種方式施壓，一方面開始加強執法，
另方面則通過輿論，強調只有登記的廟宇才屬正當，沒有登記者必須取締，從
而脅迫華人廟宇自投羅網：

> 自華民署宣佈凡公眾廟宇，均須註冊後，本港各廟宇，多已遵例
> 註冊。惟一般私人設立，或藉神欲財之廟宇，均為華民署取締。查九
> 龍之黃大仙廟、必利啫士街之財神廟、灣仔之赤腳大仙廟等，近日為
> 華民署所取締云。[21]

報章說九龍黃大仙廟——即嗇色園黃大仙祠——已被取締肯定是誤報，但
也看作是當局通過媒體發放的警告。嗇色園在信仰上強調三教合一，並將儒教
置於一個相當重要的地位，努力地使自己成為儒教活動的重要場所，集合城中
華人精英共同開展普濟勸善活動，然而卻始終無法自外於中國神仙信仰傳統。
嗇色園有赤松黃仙祠崇拜黃大仙師、麟閣供奉孔聖先師，有飛鸞台奉請仙師降
乩普救，有各種科儀祈福消災，在《華人廟宇條例》這就是一間廟宇。報章上
指名道姓地公開說要取締，除了反映創立只有七年的嗇色園已經非常矚目，可

20　〈不正當廟宇已奉命關閉〉，見 1928 年 12 月 15 日《香港工商日報》。
21　〈華民署執行廟宇則例〉，見 1928 年 11 月 26 日《香港工商日報》。

能亦是代表當局直接發出的信息敦促嗇色園必須盡快登記。嗇色園是以普濟勸善為宗旨，自覺並非一般廟宇，況且登記後等於交出管理權，亦有違仙師「創辦善事，以此為基」的乩示，於是展開了與華人廟宇委員會的對話和相當長時間的周旋。嗇色園在 1928 年、1932 年，都有對華人廟宇委員會的華人慈善基金進行捐助。此項舉措明顯表現出嗇色園與普通華人廟宇的不同，被學者認為是嗇色園可以與港府審慎建立關係的開始。[22] 到條例通過六年之後的 1934 年：

> 是年，華民欲收回另投司祝，因此地與政府租出無年期，只有見一年租一年。因此故將大閘關閉，免外界到參拜。因近年到參拜日則日盛，惟關門及只有同人家人到參拜則開之，否則亦關鎖。及至何華生（香覺），與周峻年解釋，至遞年正月初，照舊復開此門，任人來往參拜。此時香火更為繁盛。[23]

經過數年時間的溝通和解釋，嗇色園與華人廟宇委員會似乎達成這樣的默契。華人廟宇委員會視嗇色園為私人修道場所，而嗇色園則需緊閉園門，日常不能公開接眾，唯有農曆新年可以例外。桃李無言，下自成蹊，雖然被成為私人修道場所，仙師靈名仍不脛而走。1937 年，甚至德高望重的華人領袖、華人廟宇委員會委員鄧肇堅亦到來參拜：

> 是年，廟宇委員會長鄧肇堅，元月初間曾到本壇參拜仙師。斯時外界善男信女到參拜仙師，極為擠踴，川流不息。迨至四月間又關閉第一洞天之大閘，所有外界到遊玩不得其門而入。惟有到參神者，只在閘外便竹樹邊而拜。後至解簽檔，多數在該棚內妄奉仙師，又設備簽筒及香燭就便來往參神者。斯時甚為渾亂，華民至之不理也。[24]

與華人廟宇委員會的博弈雖然在 1934 年得到一個暫時的結果，卻亦使嗇色園仿如被加上了金剛箍，連生存都成了問題，普濟勸善的開展當然就更談不上了。從 1928 年《華人廟宇條例》實施到 1956 年正式對外開放，嗇色園的發展竟足足蹉跎了二十多年。雖然如此，在這樣的條件下，乃至於日治時期更為

22 林舟〈天后宮之重建與活力〉，見林美容主編《媽祖信仰的發展與變遷：媽祖信仰與現代社會國際研討會》，台北：台灣宗教學會，2003 年，頁 108
23 梁鈞轉《本壇以往各事登記簿》，香港：嗇色園藏。
24 梁鈞轉《本壇以往各事登記簿》，香港：嗇色園藏。

嚴酷的環境下，嗇色園仍然可以一直維持中藥局的施醫贈藥，已足見當時諸弟子對堅持普濟勸善的拳拳之心了。

《華人廟宇條例》的實施，除了實現港府對華人廟宇的管控，亦大大改變了香港華人傳統宗教格局。條例實施初期，孔教雖仍然一支獨秀，卻越來越遠離傳統宗教。1935 年開幕的孔聖堂，是劉鑄伯生前遺願，然而原計劃中的崇奉孔子先師及四配七十二賢的大成殿始終沒有出現，反而成為全港華人首個公共會堂，對後來的抗日宣傳和新文化的普及提供了強而有力的協助。到是年 9 月港府委任許地山為香港大學中文系教授，主持改組和改革，新文化運動成果如潮湧至，孔教孤軍作戰，備受衝擊，地位難復獨尊。倒是麟閣和始建於 1941 年的孔道門留存至今，標誌着提倡三教合一的嗇色園對於儒教的虔誠待奉。

雖然《華人廟宇條例》沒有區分正信邪教、正祀淫祀、正見迷信等等，但其所針對僅是華人傳統宗教，不能不使到華人傳統宗教被極大程度地邊緣化。港地對華人傳統信仰的歧視由此變得正式化、全面化，從而帶來深遠的文化影響。市民在一面倒的輿論對迷信的撻伐聲中，名不正、言不順地賡續着自己的信仰傳統。在此過程中，他們不能不對宗教場所、宗教人士，乃至宗教儀式和崇拜對象，甚至對教義所宣揚的傳統倫理價值都產生懷疑。緊閉園門的嗇色園黃大仙祠，猶如一個仙風道骨的長者，施醫贈藥，默默無言、不望回報地在救度人間的種種苦難。這恰恰就是對《華人廟宇條例》防止廟宇行騙的立法原意的一種否定。大眾在對嗇色園黃大仙師的奉祀中，除了可以祈求仙師排憂解難，指導迷津，還可以找回對自己的肯定和作為中國人的傳統價值。從這個角度，也許更容易理解嗇色園園門緊閉，仙師信徒卻越來越多的原因。

六、小　結

嗇色園赤松黃大仙祠的創辦和開展，恰值中國社會不穩，思想文化動盪之時，雖然香港可藉殖民統治的特殊政治處境，偏安一隅，但始終無法完全逃避歷史的急風暴雨。嗇色園在成長中摸索，亦在摸索中發展。普濟勸善始終像一道接引的光，引導着嗇色園邁向康莊。而正是嗇色園道眾對普濟勸善的執着堅持，使到香港黃大仙信俗始終保持着一種獨特的魅力，並不斷在基層社會發酵。在經歷過日治時代的同生共死，戰後復元時相濡以沫，到了 1950 年代中嗇色園黃大仙祠終得以向公眾開放，金剛箍永遠消失，黃大仙信俗亦迅即成為香港華人傳統信仰重要標誌。

以啟山林：黃大仙信俗與香港社會的發展

珠海學院香港歷史文化研究中心　**鍾潔雄**

中國的近代，是一段喪權辱國，割地求和，但戰火仍不能因之平息的歷史。二戰前的外侮不斷，及至二戰後的經濟復甦期，種種的政治原因，中國內地社會極度不安與紛亂。香港與中國大陸一衣帶水，血脈相連，香港雖是殖民地，但卻巧妙而適時地成為內地政治風雲和戰亂的避難所，大量華人遷移香港。與此同時，1915 年黃大仙信仰由嶺南法化香江，在香港經百年的傳承和社會實踐，已育成為宗教慈善文化信俗。黃大仙信俗與戰後香港社會的發展息息相關，所以得到廣泛的認同。

在此基礎上，嗇色園在 2013 年底，以「黃大仙信俗」名目，經香港特區政府向國家文化部提交列入「非物質文化遺產名錄」的申請。2014 年 12 月正式獲批。特區政府康樂及文化事務署公告稱：「香港黃大仙信俗主要包括流傳已久的、對黃初平大仙的信仰；嗇色園作為的承傳人，是黃大仙信俗文化的集中代表；宗教與慈善結合的特色；普濟勸善，有求必應的精神。」[1]

一、由以「香港黃大仙信俗」名目申報「非遺」談起

這次申遺的過程，是一次對黃大仙這種信仰文化的一次重新整理和思考，申請建議最初在 2012 年 6 月由嗇色園的監院——李耀輝道長提出。當時是基於一種對大仙信仰的推崇，認為應廣為傳頌而未有具體確切的申報名目考慮。翻查其時在特區政府康文署委聘科技大學進行全港性非物質文化遺產普查，蒐集研究數據，調查和整理而成的《香港非物質文化遺產普查建議清單》，有關黃大仙信仰的思考，只是「黃大仙誕」。名錄的注釋是：

黃大仙誕：嗇色園於每年農曆八月二十三日在黃大仙祠舉辦黃大仙

1　香港特別行政區康樂文化事務署 2015 年 5 號公告。

誕，有誦經儀式活動。[2]

受嗇色園董事會所托，由蕭國健教授、游子安教授、危丁明博士和我組成申遺項目的工作小組，負責整理和填報、申報的事宜。經過對嗇色園百年史的再一次審視，我們認為假若簡單地以「黃大仙誕」作為申報名目，並未能反映香港黃大仙信仰的核心價值。「普濟勸善」是此信仰的原則，早於清末在嶺南建立時已經確定，香港嗇色園黃大仙祠一直奉行，在初創以及其後的數十年間，即使經濟極為拮据，仍努力維持贈醫施藥服務，並向政府的華人慈善基金捐款以用作教育及修廟的功德。如今嗇色園已發展成醫療、教育、安老及扶危的多元和綜合的宗教慈善團體。正是此信仰原則的長期和積極奉行，在香港這樣一個移民社會中，無論是早期艱苦創業，戰時慌亂求庇，戰後社會重建，及今日經濟起飛，受惠于嗇色園營辦公益事業者甚眾。事實上，黃大仙信俗深入港人生活各個方面。不少市民在家中供奉黃大仙師以保家宅，亦有人會在汽車擋風玻璃前懸奉仙師像，以求出行平安。甚至黃大仙區警局內也設像以示尊崇，其他地區奉像廟宇亦不在少數。民間每年的歲末還神，歲初的頭炷香，農曆八月廿三大仙寶誕，已成為香港重要的歲時風俗。嗇色園近年推動的多項大型宗教文化活動如大獻供、祈福法會、廟會等，這使到黃大仙信仰越來越廣為市民接受，黃大仙祠更是以此作為平臺，推動廣大信眾共同行善，使此傳統神仙信仰出現了質的飛躍，黃大仙師成為本地社會的一種宗教慈善的精神象徵，其信俗進而得到廣大民眾的禮敬和親近。嗇色園作為致力弘揚香港黃大仙信俗的核心團體，其變化和發展，是香港黃大仙信俗百載風華的集中體現。從初期簡陋始創的清修道場，到戰後初期開門辦道，廣結善緣，到經濟起飛時莊嚴殿宇，力行各類慈善事業，嗇色園與所在社區，乃至與香港社會共同成長。

因此，若只按這名錄中所議定的名目，以「黃大仙誕」進行申請，遠遠未能反映黃大仙信仰在香港的影響和作用。根據聯合國教育、科學及文化組織於2003年通過的《保護非物質文化遺產公約》（《公約》），非物質文化遺產包括五方面，其中第（三）項是：「社會實踐、儀式、節慶活動」。據此，我們決定將是次的申報名目和內容，集中在更廣義的「社會實踐」方面，而非一般的科儀或節誕，並以「黃大仙信俗」為名目上報。起初，這份上報的資料經香港申遺的有關部門審核時受到一些質疑，認為還是以科儀和節慶來表達黃大仙

2　　《香港非物質文化遺產建議清單・社會實踐、儀式、節慶活動・黃大仙誕》，見《清單》頁25

信仰的存在會更形像些。這可能是受到過去幾批已申報成功的項目都是較具像的內容如孟蘭、太平清醮、舞火龍等等所影響吧！尤幸這個決定以及經整理填報後的內容，嗇色園的道長們都是讚同的，因為事實上嗇色園自建園以後，從未懈怠過以仙師信仰為核心，展開各式各樣的善業和社會服務。這樣的分析、歸納、總結，對這個信仰的百年傳承，作了文化意義上的定位。

二、移民社會需要傳統宗教的撫慰與救助

經過百年的承傳和發展，今日的嗇色園黃大仙祠玄門洞開，殿宇莊嚴，香火鼎盛，善業輝煌。然而回顧上世紀初草創乃至五十年代，雖然嗇色園的道侶，一直堅守普濟勸善的精神，集合各人力所能及的捐獻。[3] 戰前甚至有變賣家業以支付藥局的開支者，贈醫施藥因而從無間斷。另外，施棺、賑災等等善業的展開，更多次啟建超幽法會，撫慰因疫災和戰火痛失親人的民眾，這一切都是源於一種對社會悲情的感懷，對宗教信仰的虔虔道心，但即便如此，嗇色園還是幾度處於頻臨關閉的絕境。

1861 年至 1921 年間，香港人口由 11 萬增至 60 多萬，社會極需傳統宗教的撫慰與救助。香港的一位政治及行政學的學者關信基曾描述過早年香港移民社會的現狀：[4]

> 逃難的移民，其生活的苦況不是我們今日可以想像。他們都需要救助。雖然政府基本上是沒福利事業，但來自西方天主教、基督教的學校、醫院、孤兒院、盲人院、戒毒所還是有的。另一方面，華人團體就以商會、同鄉會、廟宇的值理會贈醫施藥、恤貧賑濟、旅棺殮……但都有一定局限性，會員、同鄉、同行……就是後來出現東華醫院，但都是零敲碎打，對不斷增長的移民人口的援助需求，是不足夠的。

> 香港早期的歷史，主要是移民在異地求生存的歷史，不同時期，大批中國人因為逃避中國的政治動盪跑到香港來，動盪過後又跑回老家去，這種情況基本上延續到第二次世界大戰……但從長期的積累角度看，流動人口也有變成"定居的移民"……

> 一群不以香港為家的統治者自然沒有動機為一群不以為家的被統治者

3　〈繼續辦理嗇色園醫院〉，見《香港工商日報》1927 年 7 月 25 日。

4　關信基：〈香港政治社會的形成〉，見《二十一世紀》，總第 41 期，1997，頁 152-159。

做多少事。

嗇色園自 1921 年建園於獅子山下的竹園村始，很長時間都是以私人道場的性質自處。1928 年，隨著香港政府為加強對傳統宗教的管制，訂立《華人廟宇條例》，促所有的廟宇壇堂進行登記。嗇色園的道侶因恐一經登記，即受管制及被沒收園產，無法再實行仙師「普濟勸善」的救助。1934 年，嗇色園被界定為私人修道場所，無法開門辦道。自此到五十年代中，一直都是在極艱難的條件下保持施醫贈藥，甚至在日佔期間收容居民暫避戰火、代表居民與日軍週旋交涉、收殮轟炸後的屍體……「這段期間，嗇色園礙於『廟宇法例』，關上園門，壇務一時難開展，雖是如此，黃大仙信仰與港人的親切關係已在共渡時艱中形成。」[5]

三、開門辦道成轉機

二戰前後，內地大量移民湧至，戰後香港總人口劇增接近 180 萬。嗇色園所在位置本屬市郊，此刻迅速成為人口密集地區。附近新搭建的木屋層層疊疊，居住和生活條件均極為艱苦。嗇色園在區內的服務越加重要，除了藥局為這群新移民提供了免費醫療外，其及時的接濟，如施飯施衣等亦使他們心中充滿暖意。火災以後施粥、施飯………經歷戰火洗禮，黃大仙信俗的普濟勸善主旨早已深入民心，此時黃大仙「有求必應」的美名更不踁而走。信眾雖不得其門而入，但門外膜拜者絡繹不絕，附近一帶，漸已形成近似廟會般的市集。[6] 這些居民深信，在仙師的慈護下，他們終會在香港扎下深根，並重新展開幸福的生活。嗇色園黃大仙祠的香火越加興旺。

五十年代由於人口不斷膨漲，大多數新移民居住在山頭和田野的木屋，嗇色園附近的所在地附近一帶可以說是全港木建寮屋屋最多的地區，據政府的調查，九龍東一帶由 1948 年 3 萬間至 1950 年急增至 33 萬間，居民逾百萬人。這些木屋經常發生大火災，情往往釀成過萬人無家可歸。1952 年附近的東頭村木屋大火後，政府開始有"屋宇建設委員會"負責建屋計劃。1956 年，附近已有幾幢徙置木屋區居民的新廈落成，政府亦於此時提出收回嗇色園的租地以建屋之用。

5 　羅斯、梁景文：《移民的神祇》。

6 　見香港《華僑日報》，1930 年 3 月 13 日。

面對再一次的關門危機，嗇色園的道侶一改清修道場的原則，改為開門辦道，收入以公益性質，為東華三院辦學之用。此舉不但化解了園地被收回的可能，也促使了一次內部組織的變化——嗇色園將原來自辦的慈善事業社會化、管理走向現代化的肇端。首先進行的是內部體制的整頓，重新登記會員會籍、1958 年成立建設基金保管會，1965 年成功註冊為有限公司，嗇色園開始了從私人清修道場向宗教慈善團體的蛻變。

1956 年 9 月，嗇色園開放黃大仙祠供大眾參拜。開放首年春節，香客雲集，門外簽檔，標明籍貫，如四邑、潮汕、廈門、上海等，以分別接待。許多在地化信俗的逐步育成。大家將生活的喜悅，前景的信心，都寄附在這個信仰上，疾苦時的祈求幫助、病痛時求醫又或是祈福許願。大家在這個移民而至的土地上，形成不少習慣性的風俗，除了許願新福，如民眾自辦大仙會，將子女上契大仙、正月初一的頭柱香等等。

這是嗇色園宗教慈善事業進入現代化管理的進程。另一方面，從香港的宗教慈善事業發展史看，戰後香港人口猛增，構成政府很大壓力，特別是醫療衛生方面。在戰前，香港政府慣常做法是發動華人團體解決問題，但在戰後因為冷戰思維，英國人怕傳統的華人社團基於民族感情會親中或建立密切關係，所以政府是傾向與基督教團體合作，讓他們成為合作伙伴或承包計劃，為戰後急增的人口提供教育及其他服務。嗇色園在五十年代後期的變化，可以說是這種思維的化解，加上其社會影響，政府是極願意共同合作，開展各項社會服務。

四、善業政策適時應化

這是一個概念和觀念上的轉變。善業是施予的，社會服務是指有能力者，因應社會所需，在施、受者之間是平等的幫助。嗇色園在六十年代中以後，配合香港社會政治和經濟發展，適時地將園務正規化和社會化，註冊成立公司，組成董事局和各項工作的委員會，並按計劃逐步開展醫藥、教育、安老、撫幼等等方面的社會服務，其要旨都是根據社會發展的預期，主動與政府配合並符合法例。

在上世紀六十年代中以前，香港政府是未有一套完整的社會福利政策的！1965 年，英國倫敦大學教授威廉斯夫人（Lady Gertrude Williams）應香港政府之邀，來港研究辦社會福利服務及有關事項。次年她發表報告書，香港第一個大型量化的社會調查，亦在這個時候出現。報告指出，香港政府需要整理全面而系統的數據，以規劃社會服務。她認為香港可能如其他急速工業化的城市一樣，人口有老化的趨勢，家庭制度卻在種種壓力下發生變化，無力長期資助赤貧之親屬。報告亦指出，到六十年代中期，香港作為一個「現代都市」的形象，已浮現出來，而且，是夾雜在殖民地政府轉型（開始關心社會福利）中，她提出：對香港政治及經濟前途有信心、政府不能提供的經濟援助，由志願團體承擔，因志願團體有服務社會的優勢、致府可津貼志願團體，輔助其用專業人員。[7]

當時嗇色園的一些道長，同時也活躍在華人社會的其他慈善服務社團，如黃允畋就曾擔任孔教學院院長、香港佛教聯合會副副長等職。當意識到政府對社會服務工作看法的這種變化時，一直以來以施醫贈藥為主體慈善工作的嗇色園道長們所以早著先機，相信是當時深刻地感受到社會所需。在 1962 年已開始審視社會慈善工作的社會變化，著手籌建學校並組成委員會以襄其事。倡議建校的原因，是戰後出生的人口迅猛增加，但學位卻嚴重不足、不少適齡學童浪蕩街頭。據調查資料所示，五十年代初已有 33 萬間寮屋在九龍東一帶（即嗇色園周邊，這個數字一直到七十年代後期才逐步因遷折減除），而後在五六十年代逐步建起來的徙置屋、廉租屋全港約 68 萬人，而其中四分之三聚集在九龍東一帶，換句話說，保守計算約 160 萬生活清貧的基層民眾聚居於此。[8] 據統計，1961 年在黃大仙附近，僅有專上學員 2 所、私立中學一所、英文中學一所、公立小學 2 所、私立小學 20 所、津貼及補助小學 2 所、幼稚園 1 所。[9]

按後出生人口的年齡分析，社會最急需的是中小學的教育學位。上述的私立小學，絕大部份就是設立在新建的徙置區的天台，尚可因陋就簡地授課。但中學的設置就需一定的配套和規模。嗇色園雖然從未有辦學的經驗，但仍力爭辦一所有規模的中學以解社會學位缺乏問題。獲政府撥地和經費的津貼補助，嗇色園可立中學 1969 年落成，近八十個課室和活動室，在當時來說是具相當規模的中學了。自此不斷積累辦學經驗，至今因應香港各社區發展的需求，現時辦有四所資助中學、三所資助小學、一所連貫式中小學、六所非牟利幼稚園 / 幼兒中心、一所自然教育中心暨天文館，以及一台流動實驗室。

香港社會到了七十年代，浮現出來的社會服務需求是安老問題。二戰前後

7　整理自《有關香港舉辦社會福利服務及有關事項之可能性報告》G‧威廉斯 (1966)。

8　整理自《有關香港舉辦社會福利服務及有關事項之可能性報告》G‧威廉斯 (1966)。

9　詳見：游子安主編《黃大仙區風物誌》2003 年，黃大仙區議會出版。

移民至此的青壯年至此已垂暮，前述的 G·威廉斯的報告，對老年人口的統計，1961 年 12.12 萬人，估算到 81 年是 45.43 萬人。[10] 基於這個社會現實，1979 年，嗇色園一是因應時機，一是因應與政府合作的契機，在遠離九龍東的西貢開辦了第一所護理安老院。嗇色園的社會服務由原先的面向地區逐步向香港社會各區開展。為了回應各地區的社會需要，已辦有 5 間護理安老院、8 間耆英鄰舍中心、1 間耆英康樂中心、1 間健康服務中心，以及 2 間耆英地區中心。為接近 2 萬的長者提供各式各樣的適切服務。

再回顧嗇色園已行之近百年的傳統善業——贈醫施藥，如今設在園內的中藥局的中醫治療仍在社區起著濟世的作用。隨著社會人口的劇增，人們對西醫及其他治療有普遍的要求，為此，嗇色園西醫診所在 1980 年 10 月於黃大仙祠內醫藥大樓地下成立，以低廉收費開始為社會大眾提供醫療服務。及至 1999 年 2 月，更建設社會服務大樓，診所由黃大仙祠內遷至大樓繼續服務。並陸續設物理治療中心、牙醫、中醫服務中心。

五、結 語

黃大仙信俗肇端於浙江金華，清末民初以來在廣東珠三角地區有相當影響。二戰以後，浙江金華以及後來廣東的幾所黃大仙祠，先後一度廢置。香港黃大仙信仰則相反，香港作為中外文化薈萃之地，使傳統神仙信仰得以淬鍊昇華。黃大仙信仰在流傳至今百年中，脫胎換骨，煥發出燦爛異彩，更以輻射效應，延展至海內外的華人社群，說明其「普濟勸善」的信仰核心價值及「有求必應」的信仰共識，是獨特並相輔相承的，是具有生命力的表現，香港黃大仙信俗更以此發展成獨具特色並卓有成效的傳統宗教慈善文化。

時至今天，香港黃大仙信俗已經成為在香港乃至海外華人地區廣為流傳，是海外華人社會極為重要的精神價值體現，反映出中國人的善良本性，樂於助人的傳統以及對和諧社會的追求。其在淨化人心，優良風俗，凝聚社會各階層、各族群的向心力，具有重大的作用。其宗教與慈善結合之特色，更使此信俗成為帶動大眾參與社會建設，推動社會和諧的重要力量。

10　整理自《有關香港舉辦社會福利服務及有關事項之可能性報告》G·威廉斯 (1966)。

金华山黄大仙文化世界传播之我见

金华山文化研究院　**施怀德**

【论文提要】发祥于"侨仙祖庭"金华山、弘传于"侨仙母港"啬色园的金华山黄大仙文化，作为中华道教文化的象征与代表之一，业已衍生为具有唯一性、包容性、独特性、神秘性、世界性的一种文化。为弥补中华道教文化世界传播缺乏核心承载体和主体文化符号之不足，铸魂丝路，将朋友圈做得更大，拟将金华山黄大仙文化输出战略上升为国家战略，并成立世界黄大仙文化联盟，举办世界侨仙文化大会，启动世界非物质文化遗产申报，在"一带一路"沿线国家建宫设坛，开办侨仙学院，以进一步促进金华山黄大仙文化的世界传播。

【关 键 词】金华山　黄大仙文化　世界　传播

金华山，其历史亦久矣！若以金华山区域之上山文化为源，赤松山之神龙雨师为宗，其历史可上溯至万年上山和万年神龙时期。

金华山，为人文圣山，道、释、儒"三源（侨仙源——世界侨仙黄大仙文化发祥地、和会源——世界和会文化寻根地、婺耕源——世界稻作农业文明起源地）汇流，五圣（师圣——赤松子、人圣——黄帝、财圣——黄大仙、道圣——葛洪、佛圣——达摩）鼎立"的文化定位和内涵支撑，形成了金华山冠为"人文圣山"的基本构架，而其中被誉为"世界侨仙、东方财圣、华夏名神"的黄大仙，其上承"中华帝师"赤松子，下启"中华道圣"葛洪，作为中国道教名山、中华万年道脉真源地——金华山道教的代表人物和传衍人物，千百年来，不仅受到了皇帝的褒扬和封诰，百姓的顶礼与膜拜，同时，作为随华商侨胞足踪走向世界的一位"侨仙"，业已衍生为具有唯一性、包容性、独特性、神秘性、世界性的一种文化。在国家实施"一带一路"战略的大背景下，寻找金华山黄大仙文化与"一带一路"战略的文化接点，铸魂丝路，并由此促进金华山黄大仙文化的世界传播，正当其时。

一、黄大仙文化世界传播意义

其一，可弥补中华道家文化世界传播缺乏核心承载体和主体文化符号之不足。与儒家相对应，道家文化也堪称中华文化的主干文化和本源文化。二十一世纪，是东方文化世纪，也是中华文化世纪，要推进中华文化走向世界，作为中华文化主干和本源的道家文化责无旁贷。纵观目前世界道家文化的传播趋势，相关道家文化的承载体，诸如老子文化的传播也仅局限于高校或学界层面的交流与传播，而未形成像黄大仙一样，在各国建宫设坛所形成的民间信仰层面的传播态势。作为在全球以数以亿计信众和华商侨胞为信仰基础，其文化业已波及世界 20 多个国家和地区的黄大仙文化，正可顺势而为，成为中华道家文化在世界传播的核心承载体，并弥补道家文化世界传播缺乏主体文化符号之不足。

其二，可为丝路文化铸魂。广义的丝绸之路，是指从上古开始陆续形成的，遍及欧亚大陆，甚至包括北非和东非在内的长途商业贸易和文化交流线路的总称，其东达韩国、日本，西至法国、荷兰，通过海路还可到达意大利、埃及，为亚洲和欧洲、非洲各国经济文化交流的友谊之路。21 世纪海上丝绸之路，则将串起联通东盟、南亚、西亚、北非、欧洲等各大经济板块的市场链，发展面向南海、太平洋和印度洋的战略合作经济带，并将以亚欧非经济贸易一体化为发展的长期目标。"一带一路"战略，高屋建瓴，视野宏阔；"一带一路"，作为面向全球，布局世界的战略，不仅要促进经济联通，更重要的是要促进文化的联通。人文交流纽带，丝路联通桥梁，"世界侨仙黄大仙，洒向五洲都是善"，黄大仙"叱石成羊（羊，洋钱，铜钱，"一叠人民币"的谜底，即是"羊"；羊，吉羊，吉祥；羊，通"阳"，三羊开泰之"阳"，谓"乾"，谓"正"，谓"光明"；故"叱石成羊"之"羊"，乃财富之喻，正财之谓也），点石成金（聚财），普济劝善（善，从羊从言，本义"吉祥"，亦"吉羊"之谓也；善，"德之建也"，"善人国之主也"；善，"知善致善，是谓上善"；善，上善若水，以善为美，普济劝善，从善如流，乃黄大仙"善美"文化之核心），有求必应（散财）"文化内核所呈现的世界财富（聚财）和世界善美（散财）文化意蕴，契合人们求财、求富、求善、求美心理，也契合习近平主席在联合国大会和达沃斯论坛上提出的"构建人类命运共同体，促进共赢（聚财）共享（散财）"的丝路文化精神，正可为凝聚全球华人意志，共创丝路文化辉煌，提供文化支持和智力支撑，以铸造丝路文化之魂。

其三，可让朋友圈做得更大。发祥于金华山的黄大仙文化，业已波及广东、香港、澳门、台湾、马来西亚、柬埔寨、泰国、法国、澳大利亚、美国、加拿大等 20 多个国家和地区，并在世界形成了一个庞大的黄大仙信俗文化圈。在此背景下，再以黄大仙文化发祥地金华山为内核，并以"一带一路"为经，以"中华三地（香港、澳门、台湾），世界五洲（亚洲、欧洲、非洲、太洋洲、美洲）"为纬，在"一带一路"沿线国家布局设立黄大仙"分迹"机构和侨仙学院，其编织的黄大仙文化传播网络，不仅能促进黄大仙信俗文化圈的延伸、辐射和扩张，更能让金华山黄大仙文化的朋友圈做得更大。

二、黄大仙文化世界传播策略

首先要确立金华山"侨仙祖庭"、香港"侨仙母港"之定位。金华山与香港为黄大仙文化世界传播体系建构的重要环节和支点。为了使两大环节和支点，承担起黄大仙文化世界传播体系建构的主体功能和作用，在确立"侨仙祖庭"和"侨仙母港"定位的同时，更应强化其"祖庭"、"母港"文化内涵的挖掘和物质承载体的构建。在"侨仙母港"香港，世界侨仙黄大仙文化弘传地——啬色园，积近百年打造黄大仙文化道场、弘传黄大化文化之功，不仅使硬件建筑契合金（飞鸾台）、木（经堂）、水（玉液池）、火（盂香亭）、土（照壁）"五行"要旨，在软件建设方面，亦融道释儒"三教"文化于一体，形成了具有啬色园特色的教义、教规和完善的宗教文化体系，使其成为了中国宗教文化历史演化的参照系，以及"侨仙母港"引领传播与弘扬黄大仙文化的世界标杆和典范。而"侨仙祖庭"金华山，若要进一步确立其定位，彰显其特色，呈现其魅力，扮演和引领中华道教文化与黄大仙文化世界传播的角色，则拟从如下两个方面作出努力：一是挖掘内涵。

1、概念内涵。将散点布局在金华山南麓与北麓的鹿田黄大仙祖宫、赤松山赤松道院、仙侨财富圣典园、兰溪黄大仙宫，视作一个整体来观照，并美其名曰：世界侨仙文化园；

2、景点内涵。将与世界侨仙黄大仙有关的诸如炼丹山、丹灶、丹基、丹井、太清殿、二皇君祠、圣石仙宫祠、卧羊山、羊石、大黄山、石棋盘、撞仙石、背孩石等景点串点成线，为"侨仙祖庭"提供景观文化支持；

3、"祖庭"内涵。鹿田黄大仙祖宫、仙桥财富圣典园，拟确立"世界华商侨胞朝圣地"、"东方财圣第一道场"和"东方财圣第一圣坛"定位，并着力侨仙源牌坊群、金华山侨仙宫、世界侨仙圣迹图、侨仙学院、祖庭道友林、祖庭养生园以及财圣主坛、圣典广场、财富中心、善美大厦等规划和建设。二是放大外延。

即放大双龙风景区，或世界侨仙文化园外延。以金华山"三源汇流，五圣鼎立"为文化基本构架，由世界侨仙、东方财圣、华夏名神黄大仙文化，串连起上承师圣赤松子、人圣黄帝，下承道圣葛洪的"中华万年道脉真源地"的道脉和道教文化，以及佛圣道摩的"中华禅宗三教融合原始宗风开宗地"的三教融合、三教"和会"文化。同时，为放大外延，拟使与赤松子、黄帝、葛洪、达摩文化有关的湮没景点和遗迹，得到重新布点与恢复，如"赤松真源"赤松山"赤松子庙"、赤松涧、赤松亭、折竹岩赤松羽化处，黄帝缙云岭、缙云堂、始祖南宫"轩辕宫"、"鼎定南国"黄帝鼎，葛洪修道炼丹处、"丹鼎正脉"葛洪"丹鼎宫"，达摩、傅大士文化纪念堂"和会堂"、和会文化展示馆等。

其次要将金华山黄大仙文化输出战略由地方战略上升为国家战略。金华山黄大仙文化输出战略，是以人文圣山、道教名山、侨仙祖庭金华山为背景，以中华道教代表人物、标杆人物"世界侨仙"黄大仙为主角，以黄大仙"叱石成羊，点石成金，普济劝善，有求必应"为信仰基础，以黄大仙"叱石成羊"的聚财（财富）文化和"普济劝善"的散财（善美）文化为表征与核心精神，以"世界财富、世界善美"文化为输出内容的战略。为了使金华山黄大仙文化输出战略在世界财富、世界善美文化传播和"一带一路"战略中发挥"铸魂"作用，拟像儒家的孔子文化、佛家的少林文化一样，由地方战略上升为国家战略，并借力国际组织和国家有关机构来助推金华山黄大仙文化的世界推广和传播。

第三要着力黄大仙主体形象概念定位、世界侨仙黄大仙文化系统建构、"侨仙祖庭"金华山定位的研究。黄大仙主体形象的概念应定位为：世界侨仙、东方财圣、华夏名神。黄大仙叱石成羊，点石成金，普济劝善，有求必应的"聚财"与"散财"文化内核呈现的世界财富和世界善美文化，应成为世界侨仙黄大仙文化系统建构所蕴含与包容的物质与精神文化内涵的两大文化支撑。人文圣山金华山，作为"侨仙祖庭"和世界侨仙黄大仙文化之源，应定位为：世界侨仙黄大仙文化发祥地、世界华商侨胞朝圣地、世界财富文化寻根地、世界善美文化输出地。

三、黄大仙文化世界传播途径

（一）成立世界黄大仙文化联盟，促进"侨仙祖庭"、"侨仙母港"与世界各地黄大仙"分迹"机构的文化交流与联系。发祥于大仙故里、赤松真源、侨仙祖庭、人文圣山——金华山的世界侨仙黄大仙文化，作为中华道教文化的象征与代表之一，业已与儒家的孔子文化、佛家的少林文化，成为东方文化在世界传播的重要载体和文化符号。为进一步确立金华山"世界华商侨胞朝圣地"文化定位，促进金华山黄大仙文化世界传播，适时筹建"世界黄大仙文化联盟"，已成当务之急。

1、指导思想

以"尊道贵德，济世度人"为宗旨，以"叱石成羊，普济劝善"为精神，以"世界侨仙黄大仙，洒向五洲都是善"为核心理念，以"寻根侨仙源，共筑世界梦"为追求目标，以金华山"世界侨仙源"系统建构和中华三地、世界五洲黄大仙"分迹"以及世界侨仙学院的布局建设为抓手，进一步确立金华山"侨仙祖庭"文化定位，彰显世界侨仙黄大仙文化魅力，凝聚全球黄大仙信众意志，聚焦世界目光，促进"金华山黄大仙文化输出"战略与"一带一路"战略的布局、联通与融合，为东方文化、中华文化、金华山文化的世界传播与"走在前列，共建金华"作出积极贡献。

2、基本架构

"世界黄大仙文化联盟"，拟按周易八卦思维布局其基本架构。即以世界侨仙源、世界侨仙黄大仙祖庭——金华山象征"道"、象征"太极"、象征"仙源中心"，以中华三地、世界五洲特选的八大黄大仙"分迹"，象征"三生万物"、象征"八卦"、象征"仙源八部"，并以此为联盟的核心架构和支撑中心，联合全球20多个国家和地区的黄大仙"分迹"机构和数以亿计的黄大仙信众，以"一带一路"为经，"中华三地，世界五洲"为纬，布局设立黄大仙"分迹"机构和世界侨仙文化学院，编织世界侨仙黄大仙文化传播网络，以促进东方文化、中华文化、金华山文化的世界传播。

3、工作步骤

由"侨仙祖庭"金华山黄大仙祖宫与"侨仙母港"啬色园黄大仙祠领衔，成立"世界黄大仙文化联盟"筹备小组，确定创盟永久会员和管治委员会以及首任秘书人选。并按"联盟"基本架构，在内地金华山"仙源中心"和中华三地、世界五洲的"仙源八部"，设立九大管治委员会，授权委任主席各一名，副主席若干名；然而，在香港完成"联盟"注册并设立"联盟"办事处，在金华山召开"联盟"成立会。

（二）举办世界侨仙文化大会暨世界华商领袖峰会和世界丝路财富论坛，培育世界性文化品牌节会。即以党的十八届五中全会精神和"五大"发展理念为指导，以"侨聚名山，仙回故里"为策划点，以"借助侨仙，凝聚侨心、发挥侨力"为着力点，以"人文交流纽带，丝路联通桥梁"为定位，以"以侨为桥，广织丝路善网；以仙为媒，广结世界善缘"为核心理念，以"寻根侨仙源，共筑世界梦"为主题，举办世界侨仙文化大会，开展世界华商领袖峰会暨世界丝路财富论坛、世界华商侨胞朝圣会、世界侨仙祖庭祭祖大典等系列主题文化活动，共商世界侨仙黄大仙文化弘传大计，为世界财富、世界善美文化交流传播、国家"一带一路"战略实施、金华"丝路枢纽"城市建设提供文化支持。

（三）启动"金华山黄大仙文化"世界非物质文化遗产申报工作，扩大金华山黄大仙文化世界影响。内地的"黄大仙传说"与香港的"黄大仙信俗"，均已被列入国家级非物质文化遗产名录，为进一步挖掘金华山黄大仙文化内涵，推动金华山黄大仙文化传播，促进金华山黄大仙文化的保护与发展，使金华山黄大仙文化成为人类共同文化遗产，建议拟由金华市政府有关部门组织成立"金华山黄大仙文化"申报世遗工作组，并联合广东罗浮山、香港啬色园和世界各地黄大仙宫观，按照联合国教科文组织《保护非物质文化遗产公约》的要求，以金华山黄大仙文化"为申报名称，以金华山黄大仙文化所涵盖和包容的历史文献、诗词歌赋、故事传说、艺术作品、研究论文、祭祀仪式、民间习俗、图片资料为申报文本和电视宣传内容，启动世界非物质文化遗产名录申报工作。可以说，世遗申报过程本身就是金华山黄大仙世界性文化品牌宣传推广和传播的一个过程。

黄大仙信仰与 20 世纪上半叶香港华人社会研究

南开大学中国社会史研究中心　　侯　杰

南开大学历史学院　　　　　　　　庄钊滢[①]

中文摘要：黄大仙信仰在 20 世纪上半叶的香港得到迅猛发展，不仅与香港华人社会关系极为密切，而且产生多方面影响，形成多重互动关系。复杂的政治、经济、社会、宗教、文化环境，加之香港特殊的地理位置，都促使黄大仙信仰成为当地华人社会的重要组成部分，并被赋予多种功能。

本文以 20 世纪上半叶的香港为时空坐标，在揭示黄大仙信仰于香港的发展历程之同时，努力探求不同历史时期黄大仙信仰是如何不断地融入当地华人社会，以及在华人社会所拥有的价值和意义。黄大仙信仰作为中华文化的重要组成部分，不仅是两地的文化纽带，也是加强华人民族认同和信仰认同的载体。

关键词：20 世纪　香港　黄大仙信仰　华人社会

Abstract

During 20 century, the cult of Wong Tai Sin had a great development in Hong Kong. It not only built up a close relationship with local Chinese society, but also had multiple effects and interactions in many fields. The complex environment of politics, economy, society, religion and culture, in addition to the Hong Kong's special location, they all gave substance to this cult to be a important content of local Chinese society and brought it multiple functions. Regarded Hong Kong of this period as a space-time coordinate, this essay illustrates its development process and seeks how it intergrated into the local Chinese society in every historical period gradually and what it means to them. As one of the symbols of Chinese culture, the cult of Wong Tai Sin is a link between Hong Kong and motherland, also a considerable approach to reinforce the nation identity and ascription of Hong Kong Chinese.

---

① 侯杰，男，南开大学中国社会史研究中心教授，历史学院、博士生导师；庄钊滢，女，南开大学历史学院研究助理。本文为《中华文化的海外表达——香港黄大仙信仰历史与现状的调查研究》项目阶段性成果。

Keywords: 20 century   Hong Kong   the cult of Wong Tai Sin   Chinese society

"有求必应黄大仙",这是在香港常能听到的一句话,看到的一个场景。黄大仙信仰在 20 世纪初从内地传到香港之后,经过广泛而深入地传播,已经逐渐为华人所接受。2014 年,"黄大仙信俗"被列入国家非物质文化遗产第四批名录。"黄大仙信仰"在 20 世纪上半叶与香港华人社会建立起怎样的联系,如何形成多重互动关系,值得深究。

一、黄大仙信仰研究状况

伴随着黄大仙信仰的广泛传播,相关研究也与日俱增。在 20 世纪除了啬色园收藏、出版了一些历史文献《惊迷梦》、《醒世警言》外,也有一批学者出版了一系列研究成果。如梁景文(Graeme Lang)和罗思(Lars Ragvald)合著《难民之神的崛起:香港黄大仙(The Rise of a Refugee God: Hong Kong's Wong Tai Sin)》[①]、《攀上社会阶梯的难民神祇:香港黄大仙(Upward Mobility of Refugee God:Hong Kong's God)》[②]以及《难懂的神明:黄大仙和罗浮山的黄野人(Confused Gods:Huang Daxian(Wong Taisin) and Huang Yeren at Mt.Luofu)》[③]。其中,《难民之神的崛起:香港黄大仙》是研究香港黄大仙信仰较早出现的一部作品,包含着许多田野调查得来的详实材料[④]。此外:黄兆汉的《黄大仙考》[⑤];吴丽珍的《香港黄大仙信仰》[⑥]等论著也有助于认识和了解黄大仙信仰的流传。

进入 21 世纪之后,黄大仙信仰的研究成果大量涌现。其中,游子安等人用力颇勤,成就卓著。游子安除主编《道风百年——香港道教与道观》[⑦]设专题介绍啬色园外,还主编《黄大仙区风物志》对黄大仙信仰与啬色园亦有涉及[⑧]。更

[①] Graeme Lang and Lars Ragvald , *"The Rise of a Refugee God: Hong Kong's Wong Tai Sin"*, Hong Kong: Oxford University Press, 1993.

[②] Graeme Lang and Lars Ragvald , *"Upward Mobility of Refugee God:Hong Kong's God"*, *Stockholm Journal of East Asian Studies*, Vol. 1, 1988, pp.54-87.

[③] Graeme Lang and Lars Ragvald , *"Confused Gods:Huang Daxian(Wong Taisin) and Huang Yeren at Mt.Luofu"*, *Journal of the Hong Kong Branch of the Royal Asiatic Society*, Vol. 27 (1987), pp. 74-92.

[④] 梁景文在接受《中国民族报》记者采访时曾说过,1984 年被大年初一黄大仙庙的人潮所震惊,继而产生浓厚的兴趣,并发现还未有人做过关于黄大仙信仰历史的研究,或是给出了令人信服解释。参见卢云峰:《大仙信仰源于香港经济的成功——访香港城市大学梁景文教授》,《中国民族报》2008 年 9 月 19 日。

[⑤] 黄兆汉:《黄大仙考》,《中国文化研究所学报》第 16 卷,1985 年。

[⑥] 吴丽珍:《香港黄大仙信仰》,香港:三联书店(香港)有限公司,1997 年版。

[⑦] 游子安主编:《道风百年——香港道教与道观》,香港:道教文化资料库、利文出版社 2002 年版。

[⑧] 游子安主编:《黄大仙区风物志》,香港:黄大仙区议会 2003 年版。

为重要的是，游子安在《香江显迹——啬色园历史与黄大仙信仰》[1]一书和《狮子山下谱传奇：香港地区黄大仙信仰》[2]等论文中对黄大仙信仰与啬色园的历史发展进行了深入、系统地发掘和研究。啬色园也出版了几部研究黄大仙信仰的纪念集，论文集。除了推出《啬色园医疗服务就是周年发展回顾》[3]外，还与珠海学院香港历史文化研究中心合作，联合举办学术研讨会，并出版萧国健、游子安主编的《1894-1920年代历史巨变中的香港》[4]。在该会议论文集中，集中了孔庆茂的《黄大仙信仰的溯源——从魏晋地仙信仰谈起》、陈晨的《岭南黄大仙信仰的形成：以普济、普庆、普化三坛为中心》、陈景熙的《潮汕地区黄大仙信仰略考：惠来县龙藏洞赤松观的案例》、危丁明的《海角仙踪：20世纪初黄大仙信仰在港澳社会的传播》等多篇力作，为黄大仙信仰与香港华人社会研究奠定基础。

这一时期 陈慎庆的《道教在现代社会的转变 :以香港啬色园作为研究个案》[5]和陈蒨的《中国的庙宇建造与文化遗产（Temple-Building and heritage in China）》[6]等论文以啬色园为个案，研究道教的现代转型、中国寺庙与文化遗产保护等议题。而高致华的《明代以后的黄大仙信仰》[7]、阎江的《黄大仙民间传说与庙宇的考察——以粤港为背景》[8]、吕书宝的《民俗信仰与精英解读——论黄大仙文化价值定向整合的现代意义》[9]、陈晨的《对汉民族传统民间信仰的考察——以黄大仙信仰为个案》[10]等论文从不同的视角集中探讨浙江金华、广东境内的黄大仙信仰。既揭示出香港黄大仙信仰与内地的信仰、文化联系，又有助于深入思考内地黄大仙信仰的兴起、发展与香港黄大仙信仰、啬色园的错综复杂的关系。本

[1] 游子安主编：《香江显迹——啬色园历史与黄大仙信仰》，香港：啬色园2006年版。
[2] 游子安：《狮子山下谱传奇：香港地区黄大仙信仰》，萧国健、游子安主编《铲峰古今——香港历史文化讲座2012》，香港：珠海学院香港历史文化研究中心2013年版。
[3] 《啬色园医疗服务就是周年发展回顾》，香港：啬色园2014年版。
[4] 萧国健、游子安主编：《1894-1920年代历史巨变中的香港》，香港：珠海学院香港历史文化研究中心、啬色园2016年版。
[5] 陈慎庆：《道教在现代社会的转变：以香港啬色园作为研究个案》，《辅仁宗教研究》第十六期（2007年），第109-130页。
[6] Selina Ching Chan, "*Temple-Building and Heritage in China*", University of Pittsburgh-of the Commonwealth System of Higher Education: *Ethnology*, Vol.44, No.1 (Winter 2005), pp.65-79.
[7] 高致华：《明代以后的黄大仙信仰》，田澍、王玉祥、杜长顺主编：《第十一届明史国际学术讨论会论文集》，天津：天津古籍出版社，2007年7月。
[8] 阎江：《黄大仙民间传说与庙宇的考察——以粤港为背景》，《学习与实践》，2007年第5期，第160-165页。
[9] 吕书宝：《民俗信仰与精英解读——论黄大仙文化价值定向整合的现代意义》，《非物质文化遗产研究集刊》，2011年。
[10] 陈晨：《对汉民族传统民间信仰的考察——以黄大仙信仰为个案》，《宗教与民族（第六辑）》（2009年8月）。

侯杰／庄钊滢：黄大仙信仰与20世纪上半叶香港华人社会研究

文将聚焦黄大仙信仰与 20 世纪上半叶香港华人社会之间的关系，为深化相关研究尽绵薄之力。

二、黄大仙信仰在香港的传播

虽然有关黄大仙信仰的文献记载出现得很早，晋代葛洪在《神仙传》卷二"皇初平"中，将其描绘成能"叱石成羊"的神仙。而浙江金华等地区习惯把敬拜黄初平大仙的信仰文化称为"赤松黄大仙信仰"[①]。黄大仙信仰流传入港却是 20 世纪初的事情。1901 年，陈天申在《香港华字日报》上刊登香港建庙的告白，声明供奉的神灵包括"黄大仙佛爷"，系"由省花地（埭）请令来"。[②]

实事求是地说，黄大仙信仰传入香港与 1894 年爆发的鼠疫，以及由此造成的社会恐慌有关。1894 年鼠疫最早在广州爆发，致使 80,000 至 100,000 人[③]死亡。许多人逃至香港，集聚太平山上。此地于是也就成为了香港的传染中心，高峰时每天有 100 个人去世。虽然香港的死亡人数不及广州（见表 1），但足以说明香港的鼠疫危害十分严重。

表 1：1894—1902 年间香港地区因鼠疫死亡人数统计表[④]

年份	1894	1895	1896	1897	1898	1899	1900	1901	1902
死亡人数	2,485	36	1,204	19	1,325	1,487	1,056	1,637	540

由于鼠疫爆发的原因及其传播途径直至 19 世纪与 20 世纪之交才被了解，所

[①] 参见陈晨：《岭南黄大仙信仰的形成：以普济、普庆、普化三坛为中心》，萧国健、游子安主编：《1894-1920 年代历史巨变中的香港》，第 180 页。

[②] 《香港太平山倡建庙宇告白》，《香港华字日报》，1901 年 10 月 8 日。转引自危丁明：《海角仙踪：20 世纪初黄大仙信仰在港澳社会的传播》，萧国健、游子安主编：《1894-1920 年代历史巨变中的香港》，第 225 页。

[③] Simpson, W. J: *"Report of the Causes and Continuance of Plague in Hong Kong and Suggestions as Remedical Measures"*, London: Waterlow and Sons, Printers,1903. pp.23.

[④] 资料来源：Simpson, W. J: *"Report of the Causes and Continuance of Plague in Hong Kong and Suggestions as Remedical Measures"*. pp.38. 又由于鼠疫的传播与气候、季节有关，因此 1895 年与 1898 年死亡人数较少，但在有些月份死亡人数还是相当多的。

以一度使港粤两地的华人陷入恐慌。人们不仅千方百计地尝试各类药物和治疗方法，而且虔诚地向神明祈祷，求得救助。

1902 年，陈天申在港岛太平山街建起庙宇，名为新孖庙。庙里供应了黄大仙的灵验药方和黄大仙圣茶，以方便信众。"庙内黄大仙有灵验药方，凡大小男妇科、眼科、外科，诚必求应。如有求者，祈向庙内司祝人取签筒，祈祷自然应验。惟眼科一款，先祈三杯，如有一胜杯者则赐灵丹；若无胜杯者，要待来日虔诚再求，便得灵丹矣……本庙有黄大仙圣茶，每包一仙，仅收回药资，利便于人而已。"[1]1903 年，又有人从花埭请来了黄大仙，在上环必列街建黄大仙庙。但由于港岛多次发展，两处庙宇早已湮灭。此外，在 1905 年所建的筲箕湾谭公庙和 1902 年所建的上环太平街绥靖伯庙均供奉黄大仙。[2]

1921 年，现今香港最著名的黄大仙庙——香港啬色园在狮子山下竹园建立。创始人梁仁庵原是祭祀黄大仙的广州普济坛创建人之一，由于得到黄大仙降乩"广州必有动乱"的谕示，至家乡南海稔岗创设普庆坛；后因局势不稳，于 1915 年携黄大仙画像至香港，会同道侣在中环乍畏街万业大药行和大笪地某号三楼先后开坛阐教。1916 年再迁至湾仔皇后大道东日、月、星街某号二楼供奉黄大仙，楼下开设福庆堂药店。1918 福庆堂不幸失火，梁仁庵返回普庆坛。稍后，何星甫、叶竹轩等多位在香港经商的普庆坛同道力邀梁仁庵恢复坛务，才又于湾仔海旁东街九十六号三楼重建乩坛，名为"金华别洞"。1921 年，梁仁庵等人建起啬色园。[3]值得一提的是，在啬色园的早期信众中有些来自普庆坛，因此直至 1949 年，每年仍有至少 10 名普庆坛的信众会前来参加典礼[4]。

由此可见，香港黄大仙信仰来源于内地，具有浓厚的中华文化色彩。如梁仁庵等人兼有商人、道教信仰者等多重身份，集扶乩、感应、科仪于一身，并与文人交往甚密，深受中华文化熏陶，且造诣深厚，在托文著述、整理文化典籍方面多有成就，所创建的道观、秉持的宗教理念融入大量中华文化元素。因此，"道教'扶乩'文化、善业及建立道坛的传统，得以在港兴盛，并传承下去的主要原

[1] 《太平山新孖庙进伙》，《香港华字日报》，1902 年 1 月 29 日。

[2] 资料来源：游子安：《狮子山下谱传奇：香港地区黄大仙信仰》，萧国健、游子安主编：《铲峰古今——香港历史文化讲座 2012》，第 95 页。郑宝鸿：《凉茶杂记》，The Voice On-line，2009 年 9 月，

网址 http://www.thevoice.org.hk/thevoiceOnline/article.asp?Position=8&ToPage=2&Class=11。

[3] 参见游子安主编：《香江显迹——啬色园历史与黄大仙信仰》，第 51 页。

[4] Graeme Lang and Lars Ragvald , *"The Rise of a Refugee God: Hong Kong's Wong Tai Sin"*，pp.32.

因，便是缘于这些办道者的多重身份及深厚资历。"[1]此说，很有道理。

日本侵略者占领时期[2]，黄大仙信仰在香港华人社会迅速传播。自1931年日本发动侵华战争开始，大量移民为躲避战火，持续涌入香港。在短短10余年间，香港的人口几乎是过去的两倍。

表2：1931年与1941年香港地区（除新界外）人口统计表[3]

时间＼地区	香港岛	九龙	水上	总数
1931	410,921	264,675	75,250	750,846
1941	697,674	568,955	154,000	1,420,629
增长率	169.78%	214.96%	204.65%	189.20%

在日本侵略者占领之前，香港的经济情况较好，财政收入逐年增加。这为黄大仙信仰在香港华人社会的传播，信众的增加创造了条件。

表3：1937—1940年间香港地区财政收入和支出统计图[4]

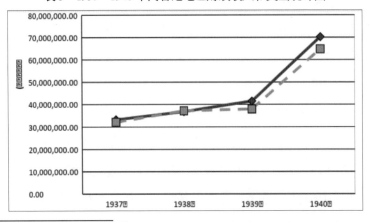

---

[1] 李耀辉：《略论晚清广东文人对香港道教之影响》，萧国健、游子安主编：《1894-1920年代历史巨变中的香港》，第11-12页。

[2] 从1941年12月24日开始，日本侵略者占领香港达3年8个月之久。

[3] 1931年数据来源：Registrar General's Office, "*Hong Kong: Report on the Census of the Colony, 1931*", *Hong Kong Sessional Papers 1931*, No.5/1931, pp.101.
1941年数据来源：Registrar General's Office, "*Report on Census of the Colony of Hong Kong (Exclusive of the New Territories)*", *Hong Kong Sessional Papers, 1941,* No.5, pp.7. URL: http://www.grs.gov.hk/ws/rhk/en/1940s.htm。

[4] 1937年数据来源："*Hong Kong Blue Book for the year 1937*",pp.83.1938年数据来源："*Hong Kong Blue Book for the year 1938*",pp.83. 1939年数据来源："*Hong Kong Blue Book for the year 1939*",pp.85. 1940年数据来源："*Hong Kong Blue Book for the year 1938*",pp.1.URL: http://sunzi1.lib.hku.hk/hkgro/browse.jsp.

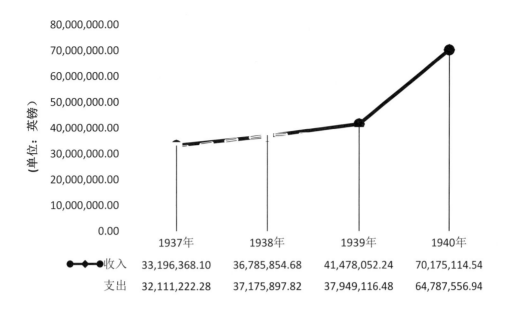

	1937年	1938年	1939年	1940年
收入	33,196,368.10	36,785,854.68	41,478,052.24	70,175,114.54
支出	32,111,222.28	37,175,897.82	37,949,116.48	64,787,556.94

侯杰／庄钊滢：黄大仙信仰与 20 世纪上半叶香港华人社会研究

　　除了日本侵略者的疯狂入侵之外， 1937 年香港九龙城爆发的霍乱，也加剧了黄大仙信仰在香港华人社会中的传播。据 1938 年的官方报告，这场传染病是 1937 至 1938 年间最严重的一场传染病。它在香港发生，后因从广东等地大量进入香港的难民而疫情加剧。1937 年，有 1,690 个病例，1,082 人死亡。1938 年 7 月 16 日，疫情达到高峰。仅这一天就发现患病者 63 例，死亡 53 名。[1]

　　随着疫情的蔓延，贫病交加的难民对黄大仙的"仙方"和啬色园的赠医施药给予厚望，纷纷涌向啬色园。因为人数实在太多，啬色园无法保证涌至关闭的大殿门口参拜者的安全，为不触法令唯有将"第一洞天"的大闸锁上。[2]然而，人们并未因此而却步，齐集庙门的竹树坡上进行参拜。黄大仙信仰为香港华人特别是生活较为困苦的难民提供的不仅仅是心灵上的慰藉，更是在医疗治病等方面的帮助。

　　日本侵略者占领香港期间，九龙等地多有日军驻守，信众难以进入啬色园内参神问事。因此有位潮州信众进入寺庙带出一些香灰，在 1942 年由几位潮州籍的商贾出资，于私人住处设了一座新乩坛即元清阁。除了日本侵略军的人为阻力外，建元清阁还有以一个原因，即来自潮州的黄大仙信众想要建立一个属于自己的更私密的庙宇。因此，它在相当长的一段时间内仅对潮州籍人士开放。[3]从某

[1] "Hong Kong :Administration Reports for the year 1939", pp.9.
　　URL:http://sunzi1.lib.hku.hk/hkgro/browseAR.jsp?the_year=1938.
[2] 吴丽珍：《香港黄大仙信仰》，第 54 页。
[3] Graeme Lang and Lars Ragvald , " The Rise of a Refugee God: Hong Kong's Wong Tai Sin", pp.131.

种意义来说，这座庙宇是一座"潮州庙"，是黄大仙信仰对香港华人社会进行社会整合的典型代表。"族群的特征是在与共同分享传说和历史记忆，由共同的原乡、祖先或文化所强化的一种共属感"[①]。这些共同分享传说和历史记忆的过程中，又有祖籍地缘、血缘、业缘乃至方言作为紧密联结的认同纽带。潮州的宗教传统与广州的宗教传统不同；两者的语言也不同，相对于其它语言，潮州话属于极小数的族群。对于第一代移民而言，这些问题促使他们联合起来建造一座满足潮州人信仰要求的庙宇。

在香港被日本侵略者占领时期，华人社会流传着许多黄大仙"显灵"的故事，使信众克服了恐惧心理，增强了抗击日寇的信心。在香港的日本侵略军之某些不正常举动，也促进了这些故事的产生和流传。例如日本侵略者攻入九龙城后，本想在啬色园驻军，但是在看了供奉黄大仙的大殿之后便离开了，并再也不提驻军之事。因此，许多华人就以为是黄大仙"威灵显赫"的宝像慑服了穷凶恶极的日本侵略者，不敢来此驻扎。还有许多类似的故事都被人们视为黄大仙"显灵"的明证。[②]

其一，1942 年，日本侵略军进入啬色园，想将鸾台外的"飞鸾台"匾额据为己有。在强行拆取之际，却失足跌倒，失手后的日本侵略者还像黄大仙像鞠躬而去。时人都称这是黄大仙"显灵"，教训了无所不用其极的日本侵略军。

其二，1944 年 5 月某夜，日本侵略军突然闯入啬色园搜查，逼迫园内的所有人都集合起来，并出示证明自己身份的证件。当时有一名员工因受惊逃遁，另一名未带证件。正在担心日本侵略军追究之际，盂香亭，突然闪现红光，令日本侵略军大惊失色，放弃追查。

其三，1945 年，日本侵略军要征用啬色园及附近数十条乡村。梁氏和乡民在请愿后，曾在啬色园大殿问卜，结果求得上签。果然征地的危机，不久化解。此外，还有梁钧转被日本侵略军盘问之时，祭坛上的香突然燃烧起来。以及各乡长在机场候见区长时，区长和所长乘坐日本侵略军的军车到来之后，在下车之际，不约而同仆地跌倒，擦伤面部，浑身泥泞，无暇提及征用土地等等不同的版本。

这些故事、传说在香港被日本侵略军占领时，更被华人视为非神力不能为之

① 孟庆梓：《历史记忆、仪式场景与社群整合：新加坡华人社群保护神崇拜》，《东南亚研究》，2012年第 5 期。
② 《啬色园大事回顾》中关于战时黄大仙"显灵"的故事详见吴丽珍：《香港黄大仙信仰》，第 58 页。

的"神迹"。加之啬色园的道长们在应付日本侵略军的过程中始终不卑不亢，以及啬色园在极其恶劣的环境下巍然屹立等事实，都令人不得不更加相信黄大仙的神力。

其中，保留了扶乩的传统的元清阁，遵从黄大仙旨意的信众不仅没有避难到异地他乡，而是留港发展，果真众人无事，反而有人发迹。如元清阁阁长黄伯雄作为米商，就联合其他富人施粥行善，践行了黄大仙信仰"普济劝善"的宗旨，[1]使更多的华人接触并信仰黄大仙。此外，元清阁还有一则乩文被认为是对日本侵略军投降的预言：

国事夏端时，炎炎过劫期。四四三三日，人民安乐天。[2]

抗战结束后，黄大仙庙有幸逃过日本侵略军的摧毁，但周边基本上被夷为平地，被用于建造移民的居所——"寮屋"。因此，黄大仙庙附近成为主要寮屋集中区。[3]部分移民从广东来到香港，或先前已有黄大仙信仰或对该信仰有所了解；或对黄大仙了解不多，但经由香港信众的传播也很迅速地成为了信众，供奉这位具有典型中国形象的神明，并得到免费供药等益处。这一点恰恰与其他庙宇形成鲜明对比。早在1948年《工商晚报》上刊登的一则新闻就一语道破天机：九龙城外某神庙"因索香油甚多，故游客及参神者无多，独啬色园之黄大仙"香火鼎盛，[4]啬色园反其道而行之的做法，既遵循并贯彻了"普济劝善"的宗旨，也令移民和社会各界人士更加信服。

故而，啬色园和黄大仙在华人社会的影响力也不断扩大。其一，拥有更多的信众，扩大了知名度。在华人的口口相传中，黄大仙进一步神化，与人们生活的联系逐渐加强；其二，由于移民的到来，香火的繁盛，啬色园的规模不断扩大。

1949年9月后，香港人口剧增，为啬色园发展创造良机。

表4： 1947——1949年香港人口估算表[5]

---

[1] 吴丽珍：《香港黄大仙信仰》，第86页。
[2] 1945年端午节，黄大仙箕示：四四三三日即农历八月初六（9月11日）过劫期，人民恢复平静的生活。吴丽珍：《香港黄大仙信仰》，第90页。
[3] 游子安主编：《黄大仙区风物志》，香港：黄大仙区议会2003年版，第50页。
[4] 《九龙城黄大仙祠香火甚盛》，《工商晚报》，香港：工商日报有限公司，1948年2月15日，第4页。
[5] Census & Statistics Department, "*Hong Kong Statistics, 1947-1967*", Hong Kong, 1969. pp.14.

年　份	人　数	年增长率
1947	1,750,000	—
1948	1,800,000	2.86%
1949	1,857,000	3.17%

表5： 1947——1949 年香港进出港人数统计表[①] （单位：千人）

年　份	进　入	离　开
1947	1,549	1,654
1948	2,028	2,174
1949	1,738	1,789

　　以上统计数据显示，1949 年入港人数激增。可在这些移民中，除部分富商外，绝大多数为贫民。这些贫民来港后无依无靠，只能寻找空地，搭建临时木屋，卫生条件非常恶劣。为解决这个问题，港英政府徙置屋村，后在此建成居住区，成立名为"黄大仙"的行政区，各项公共设施也日趋完备，在啬色园邻近建造了名为"黄大仙"的地铁站。黄大仙区周边的建设，使得信众以及游客能够更容易、便捷地前来奉祀、参观，增进了啬色园的人流量和知名度，有利于吸引更多的华人信众。可以说，黄大仙信仰与 20 世纪的香港华人社会存在着一种相辅相成、多重互动的关系。

三、黄大仙信仰与香港华人社会的互动

　　在 20 世纪上半叶，黄大仙信仰与香港华人社会互动较多，联系紧密。1989年，梁景文教授和罗斯教授在社会调查中发现，虽然内地到香港的大规模移民潮已经结束几十年，但是仍有信众在接受采访的时候告诉他们黄大仙是如何帮助他们或帮助他们认识的人在香港安家的，而且还有一位女士正在为其申请来港的内地朋友前来询问。[②]可见，黄大仙信仰对即将或已经到达香港的内地移民的影响

① 资料来源： Census & Statistics Department, "*Hong Kong Statistics, 1947-1967*". pp.199.
② Graeme Lang and Lars Ragvald , "*The Rise of a Refugee God: Hong Kong's Wong Tai Sin*", pp.103.

依然存在。

　　显而易见，黄大仙信仰是内地移民融入香港华人社会的重要媒介之一。至于内陆移民接受黄大仙信仰的原因很多，其中就包括1、黄大仙信仰具有内地移民所熟悉祭祀方式和理念，并且能在很大程度上满足他们精神、物质上的需求，成为他们初来乍到香港时的信仰、情感、生活寄托；2、黄大仙信仰在香港华人社会拥有巨大的影响力，是内地移民融入社会，建立网络的重要途径。

　　首先，黄大仙信仰具有内地移民所熟悉的祭祀方式和理念，并且能在很大程度上满足他们精神上、物质上的各种需求。就精神层面而言，诚如有些学者指出的那样："信仰的发展不能单靠灵验，由教义、教理、仪式及崇拜对象共同组成的信仰文化，发展信仰的企图心和远大目标，稳定而积极的弘教队伍等等，才是信仰发展的根本。"[①]在1921年2月25日，韦仁舟道长入道时，仙师赐予乩文："吾奉玉敕普济劝善，乃代天行化之职……特派传道到港，随用悟谋，开通虞盛。拟以三教合一而申明其宗。彼道一风无尔我之分畛域，方能成大同世界，世界大同自然无障无碍，复古返今，灾异消除，救民卫国，须如此方能合道……道儒释三教明宗，华夷异均能在此修同一族，吾言非今日始，可搜看前数年之乩，便见明晰鳌头腊起，费我心机，达道有心尽其布置，地甚相宜福极厚矣。"[②]由此可见，黄大仙信仰在香港流传的过程中，不论是教义，还是教理上都融合了三教的许多理念、精神，主张世界大同，致力于"普济劝善"。1933年乩示之《黄大仙啬色园坛规》更明确指出："本园以提倡阐扬儒释道三教之理性道学，并增设增医施药，以期劝善普济为宗旨"。这样的宗旨比较符合中国民众长期以来所形成的信仰习惯，容易为内地移民所接受，进而形成信仰认同、文化认同等。

　　众所周知，黄大仙本是道教神祇，而崇尚黄大仙信仰的啬色园却是崇奉佛、道、儒三教的团体，是集三教为一体的道堂。在园内建筑、殿堂之上，充分体现出这一特色。如1921年初建的主殿赤松黄仙祠内壁上，装有三教的经文和图画，兼容三教于一殿。同样是1921年初建的麟阁供奉孔子，改建时加入配祀的四配及十二哲等。1924年初建的鸾台是黄大仙的静室。1925年初建的福德祠供奉土地。1933年建的盂香亭供奉的燃灯圣佛及韦陀。吕祖、观音、关帝初祀于意密

① 危丁明《海角仙踪·20世纪初黄大仙信仰在港澳社会的传播》萧国健、游子安主编《1894-1920年代历史巨变中的香港》，第235页。
② 《普宜坛同门录》入道序号二十三韦仁舟，啬色园藏，转引自游子安：《狮子山下谱传奇：香港地区黄大仙信仰》，萧国健、游子安主编：《铲峰古今——香港历史文化讲座2012》，第34页。

堂，后建三圣堂予以祭拜。[1]对于认定求一神不如求众神的中国普通民众来说，能够在啬色园内的不同宗教场所满足自己逢庙就烧香，见神就叩头的传统习惯，解决自己的各种各样的问题再好不过了。除了大事小情皆可问、皆可求黄大仙之外，还可以扶乩问事之名，祈求儒、释、道其他众多神灵的降恩赐福，解除生活急难。这对于刚刚来到香港万事皆难的移民来说，无疑是十分便捷的。于是，以黄大仙信仰为代表的"中国传统社会风俗和民间信仰对于满足普通民众的心理和情感需要，以及维系香港华人社会的重要地位和作用"[2]不容低估。设想在受到英国殖民者、日本侵略者统治的背景下，黄大仙的信众们将啬色园等地作为自己的精神家园，在参与各项信仰活动的过程中，获得了中华民族的民族和文化的认同感，顽强地生存下来。

为了贯彻"宣法弘道、育才兴学、安老护耆、救疾扶伤"的宗旨，啬色园在不同历史时期采取了很多举措，取得了明显的效果，并在最近若干年达到高峰。在"宣法弘道"方面，举办各种形式的讲道活动，劝人向善，不断弘扬道教文化；在"育才兴学"方面，提供教育，开办了 4 所资助中学、3 所资助小学、1 所连贯式中小学、7 所非牟利幼稚园、1 所自然教育中心暨天文馆，以及 2 个生物科技教育服务项目；在"安老护耆"方面，长期开展敬老活动，并设有首座老人福利单位"可敬护理安老院"；至于在"救疾扶伤"方面，自黄大仙信仰由梁仁庵等人带入港后，一向以赠医施药为特色。并形成历史传统。

如前所述，梁仁庵自 1916 年初来港之时便开设了福庆堂药堂。后由于药堂走水而返回广州。返港再创啬色园后，于 1924 年又设长安街药局，并驻有中医师，为有需之人提供赠医施药服务。1933 年订立的啬色园园规也要求道侣需要缴纳 50 元的"助施药费"。日本侵略者占领香港期间，药局被迫解散。但唐福骈道长依然慷慨解囊，后又有陈精博、梁钧转和冯讲葊道长等人相继加入，使求方者可持方至九龙城的仁生堂或泽民药局免费领药一剂，每日限 50 剂。香港光复后，啬色园在大殿东侧再设青云巷药局。[3]

在"普济劝善"的共同目标下，啬色园开设药局提供免费医疗服务，黄大仙信仰团体施饭施粥，元清阁、啬色园还聘请部分难民为庙宇服务，使贫穷的民众

[1] 参见游子安：《香江显迹——啬色园历史与黄大仙信仰》，第 62-63 页。
[2] 李净昉：《<香港华字日报>与近代<迷信话语>的形成与传播，萧国健、游子安主编：《1894-1920 年代历史巨变中的香港》，第 134 页。
[3] 吴丽珍：《香港黄大仙信仰》，第 110 页。

获得工作机会，得到了实际的利益。而华人商贾，通过捐资合作，扩大了黄大仙信仰在华人中的社会基础；有些人也因此提高了自身的社会影响力，实现了向黄大仙许下的誓言。

作为一所宗教慈善团体，啬色园较好地承担起救疾扶伤的神圣使命。20世纪上半叶，香港遭受了多次瘟疫袭击，啬色园在减弱疫情，恢复社会安定等方面做出了努力和贡献。现今位于啬色园社会服务大楼的医疗机构包括了西医诊所、牙医诊所、物理治疗中心、中医服务中心及啬色园——香港理工大学合力眼科视光学中心等，并且资助了多所医院和各项医学研究。[①] 其他奉祀黄大仙的道堂也一贯恪守这一传统，自觉履行职责，尽管规模无法与啬色园媲美，莫以善小而不为。啬色园的最新发展充分体现出黄大仙信仰对20世纪香港华人社会产生持续的影响力，现实是历史累积的结果。

其次，黄大仙信仰除了能够帮助移民在香港的华人社会中获得生活希望和实际帮助，满足为现世的宗教情怀之外，还成为内地移民建立彼此联系、融入华人社会的重要方式之一。鸦片战争后，由内地迁居香港的华人既受英国殖民者的统治、压迫，又无本国政府做坚强后盾，势单力薄，生存艰难。因此，华人自发地行动起来，延续中国传统，以血缘、地缘和业缘为纽带，陆续组织成立各种各样的群体，承担起保护自身利益的社会职能。[②] 甚至连会党等秘密社会团体在香港的华人社会中亦十分活跃。随着局势的不断发展、演变，19世纪下半叶香港华人社会团体大致可分为四种类型：街坊、商工、慈善、会党，基本上也延续到了20世纪上半叶。

自古以来，中国的社会慈善功能大多是由寺庙所承担，加之黄大仙信仰的信众秉持"普济劝善"的宗旨，力行善事，吸引了众多在港华人，服务着新老移民。因此，以黄大仙信仰为中心的啬色园在香港凝聚了日益增长的社会力量，成为了令人瞩目的华人慈善社团，不断确立自身的主体身份，并扮演了非常重要的角色。尽管"潮州庙"元清阁在一段时间内仅对潮州籍人士开放，但是在日本侵略者占领香港时期，元清阁给予普通民众以极大的帮助，使人们度过米荒，受惠者并非只是潮州籍人士。

对于刚刚来港的内地移民和生活艰难的当地华人来说，在向神明祈求帮助外，

---

① 啬色园：《啬色园年报（2013年度）》，香港：啬色园。
② 参见余绳武、刘存宽主编：《十九世纪的香港》，北京：中华书局，1993年，第406页。

来到供奉黄大仙的庙宇还能够得到同为信众的商贾们的帮助，更加坚定了对黄大仙的信仰，以及对啬色园、元清阁的依赖。由于黄大仙信仰的信众很多，分布在香港社会的各个角落，那些内地移民和生活需要帮助的人还能够通过各种信仰仪式、社会活动结识到更多的同道，在一定程度上解决实际困难。这有利于香港华人社会的"再社群化"，由此产生新的商工社团等，互相依傍，进一步发展。

事实上，黄大仙灵验事迹不仅在抗日战争时期吸引了许多华人信仰黄大仙，即便是在战争结束之后对移民到香港的人们来说仍然产生着一定的影响，增强了内地移民凭借着黄大仙信仰融入当地华人社会，与其他移民建立广泛联系的勇气和信心。他们将生活中所遭遇的种种坎坷、不幸，以及对新生活的种种憧憬都寄托在黄大仙的身上，希望自己能够得到这位神灵的庇佑，摆脱厄运，迎来转机。

1938年疫病爆发时，啬色园为不触法令曾将"第一洞天"的大闸锁上。然而，信众并未因此而却步，云集庙门的竹树坡上参拜。[1] 战后，来啬色园参拜黄大仙的人数不断激增。这招致港英政府的注意，借口有信众违反华人庙宇委员会的条例——"凡私人修道院，未经许可，不得参拜"之嫌，致使啬色园一度关闭。闭园公告中指出："本园乃同人修养之所，非为利便公众参神而设，关于此事，曾经一再郑重声明，标示门外。讵料如春以来，四方人士，纷至沓来，自朝至暮，络绎不绝，竟将一片清净之地，化为挤拥之地，同人等处纷扰之下，不得不将远门关闭，谢绝游客，此等措施，尚希各界人士原谅，此布"。尽管啬色园门已经关闭，谢绝一般游客与参拜者，仍有许多信众改至啬色园旁的竹树坡顶礼膜拜，解签摊档也未少。后因信众多次请求，啬色园每日上午9时至下午1时局部开放，只需求药不能求签，参拜者一如既往。这种状况一直持续到50年代，据报刊媒体披露：1952年，"近日前往参拜者，并不因该庙关闭而告减少"[2]；1956年"昨日上元佳节，虽雨湿上元灯，大煞风景，然而，不少善男信女，纷赴各庙宇进香……黄大仙庙，尤为鼎盛"。[3] 报纸中的这些具体描述，似乎也可以成为20世纪上半叶啬色园在不同情境下深受信众拥戴、顽强发展的一种注解，一种真实写照，足以说明黄大仙信仰已在香港华人社会中占有极为重要的地位。

---

[1] 参见吴丽珍：《香港黄大仙信仰》，第54页。
[2] 《九龙城黄大仙庙今日重开》，《华侨日报》，香港：华侨日报有限公司，1952年1月31日，第6页。（关于标题"重开"消息有误，该报在该年2月1日的报纸中已更正。）
[3] 《黄大仙庙前有无数参神男女下跪膜拜》，《工商晚报》，香港：工商日报有限公司，1956年2月27日。

四、结语

经过 20 世纪上半叶的传入和发展，黄大仙信仰在香港已经落地生根，成为一个极具特色的中华宗教、文化符号。在香港华人社会中，黄大仙信仰成为一大信仰习俗，每逢正月初一到啬色园抢头香是港人新春的一件大事。

在笔者看来，黄大仙信仰 20 世纪上半叶在香港的发展并非偶然。20 世纪上半叶，香港独特的区位优势以及特殊的历史背景吸引了大量的内地移民，与本土港人共同构成了较为庞大的华人社会。这些华人在香港的处境尽管大不相同，但是多面临着社会、政治、经济、文化、宗教信仰、个人生活因剧烈的时代变动而产生的变化。正如费尔巴哈所言宗教产生于人的精神依赖，对此时的华人来说，宗教不仅成为精神上的依赖，更是生活的必需。在这个过程中，黄大仙信仰对华人进行了"社群整合"。作为一位具有中华文化特质的神明，黄大仙信仰较为容易地与华人的宗教理念、情感间产生"共情"作用；加之天灾人祸降临之时所给予华人们的信心、慰藉，使处在不安和挣扎之中的人们更加信服、依赖这位神明。

黄大仙信仰在香港华人社会的发展，也并不仅仅是依靠"灵验"故事，而是从成立之初就确立了教义、教理，及其传播策略，并在发展过程中结合香港的实际情况加以贯彻、调整。黄大仙信仰在内地传播时，不同的传说、信仰方式，在香港经由啬色园等加以整合，在继承的同时，不断创新。这些都使得黄大仙信仰逐渐脱离了最初在广东时期的家族鸾堂模式，并取得了超过其他同时期在香港发展的道观的巨大成就。"普济劝善"的理念与实践，不仅助推黄大仙信仰在香港的广泛传播，而且与华人社会的联系日益紧密，并一直发挥着积极的作用和影响。

时至今日，在全球化的背景下，黄大仙信仰的意义和价值需要进一步探究。2014 年，香港特别行政区所提出的黄大仙信俗被列入第四批"国家非物质文化遗产"名单。这不仅显示了中央政府对这一民间信仰习俗的充分肯定，也寄给厚望。在 20 世纪上半叶，作为中华文化的典型代表，黄大仙信仰已经融入了香港华人社会，与华人的日常生活产生了十分紧密的联系。在 1997 年香港回归之后，黄大仙信仰不仅仅是香港与内地广大信众之间的文化纽带、信仰纽带，也维系着两地人民的情感，是引发香港华人对中华民族的认同感和归属感，对中华文化、宗教认同感和归属感的载体和契机，因此对中华民族文化的跨地域表达和中华文化的跨地域认同都将产生十分重要的作用和影响。黄大仙信仰在"普济劝善"的同时，也将中华民族的价值取向和文化色彩传递给香港和内地的信众乃至社会各界人士，发挥"上善若水"的力量，加强各地华人的民族认同感，推动国家统一。

随着香港华人向海外的不断移动，黄大仙信仰也不断地向其他国家和地区流播。迁离香港的信众自然会将黄大仙作为保护神，并将这种信仰带至新的迁移地，并注入大量的中华文化情感，在其他国家和地区建立起各具特色的黄大仙信仰分支机构，满足当地华人的信仰需求，使移民间彼此联系更加紧密、丰富和发展华人社会的生存样态。

黄大仙传说的财富伦理观及其现代意义

浙江师范大学 **宣炳善**

【提　要】黄大仙传说数千年来流传于中国浙江省金华市一带，当地民间传说认为黄大仙祖上九代讨饭，其父亲名为黄九丐，点明其乞丐家世。黄大仙虽家境贫困，但正因为不贪财，善于公正分配财富，于是在民众的文化想象中，黄大仙多被视为"财神""侨仙"。道教典籍系统或文人诗文系统往往忽略黄大仙作为一方神灵造福民众的日常生活故事。而民间传说系统则将黄大仙生活的另一面展示在公众面前，塑造了一个可信、可亲、可敬并具有人情味的艺术形象与信仰对象。论文主要分析财富伦理主题的黄大仙传说，并以《羊伏箱》《初平出世》《仗义取银》《惩贪官》、《补垄》《剑劈珠宝山》六则传说为代表，彰显财富公正分配、不取不义之财、反对见利忘义的民间文化与道教的财富观念。财富伦理主题的黄大仙传说是民间财富伦理观的文化资源，也是道教财富伦理观的集中体现。在当今贫富分化的全球化社会中，金融资本主义的发展速度远远超过工业资本主义，财富不公现象突出，因此，黄大仙传说财富伦理的文化内涵也具有积极的现代社会意义。

【关键词】黄大仙传说；道教伦理；民间财富伦理；贫富分化；财富分配

引　言

在历史上，黄大仙传说在东晋之前已在当时的东阳郡（相当于现在的金衢盆地的地理范围）流传。东晋时期，葛洪将东阳郡民间流传的黄大仙传说写入《神仙传》并作了一定的取舍，突出了修道成仙的方式与叱石成羊的法术的神奇性，而黄大仙传说丰富的伦理道德的内容则被忽略了。古代有关黄大仙的文化内容主要是以道教典籍与文人诗文的方式传承并为文人学者所认知，而浙江金华民间一直传承的黄大仙传说则默默无闻，并没有进入文化的主流，也没有得到应有的关注。自二十世纪九十年代以来，中国民间传统文化得以逐渐复兴，黄大仙传说所蕴含的丰富的文化内涵才引起学者的关注。结合当下全球贫富分化的现实状况，本文将重点分析黄大仙传说中的财富伦理主题，也就是财富伦理观。

一、黄大仙传说的典籍化及其传说类型

从 1984 年民间文学三套集成普查开始，金华文化部门的相关人员就开始搜集整理黄大仙传说故事，并陆续在《金华日报》、《婺星》等报刊发表。从 1998 年始到 2014 年为止，已出版了有关黄大仙传说的出版物数种，如《婺星》（黄大仙传说专辑）《黄大仙传奇》《中国仙话》《丹溪风情》《黄大仙资料选编》《赤松黄大仙》《金华山民间传说选》《金华市故事卷》，另外还有浙江省非物质文化遗产代表作丛书《黄大仙传说》以及金华市双龙风景名胜区管理委员会编的《黄大仙传说》等相关材料。[1] 2005 年 10 月，金华市黄大仙文化研究会成立后，还出版了《黄大仙文化》的不定期内部资料，《黄大仙文化》也搜集整理了相关的黄大仙传说。2008 年 6 月，黄大仙传说列入第二批国家级非物质文化遗产名录。在国家层面，黄大仙传说获得一席之地，并为将来结合黄大仙文化与侨仙信仰，进一步申报人类非物质文化遗产名录奠定了基础。

黄大仙传说最初是以金华北山一带的民众对道教养生成仙的文化传统的文学化想象与表达，并集中在黄大仙这个人物身上，黄大仙也成为传说学上所说的"箭垛式人物"。黄大仙传说的产生受到中国道教文化传统的影响，但同时也更为生动形象地呈现了中国民间社会的人生观、伦理观与财富观。黄大仙传说的口头讲述，是民众价值观的形象呈现，也是深入了解民众文化心理的重要窗口，因而具有极为宝贵的文化遗产价值。

黄大仙传说在金华民间流传过程中，先后被中国道教与中国作家文学所吸收，丰富了中国的道教体系与中国文学的内容。但黄大仙传说在金华民间传承过程中，始终保持了口头文学传承的自主性，并与金华北山的自然环境与文化

1　在这些出版物中，关于黄大仙传说搜集相对集中的具有代表性的有 1989 年由中国民间文艺出版社出版的《浙江省民间文学集成·金华市故事卷》，收录 9 则黄大仙传说。施怀德主编的《中国民间文学集成·兰溪市故事卷》1989 年也相应出版。兰溪市黄大仙研究会编的《黄大仙资料选编》，1994 年。陈晓勤、郑土有编《中国仙话》，上海文艺出版社，1994 年，该书收录黄大仙传说 19 则。石夫编《赤松黄大仙》，南海出版公司，1995 年。施怀德主编《丹溪风情》，浙江大学出版社，1995 年。《婺星》杂志 1998 年 3 月，刊登黄大仙传说 42 则。金华市双龙风景名胜区管理委员会编《黄大仙传说》，百花洲文艺出版社，2011 年。邱瑜、孙希如等编著《黄大仙传说》，浙江摄影出版社，2014 年。在黄大仙传说的搜集过程中，马骏先生起到了主要作用，1993 年，马骏的《黄大仙传奇》一书在香港的金陵出版社出版。

景观紧密结合。

陈华文教授从传说学的角度对黄大仙传说开展分析考证，指出传说人物中心故事的产生、形成必须有一定的时日，只有当它在民众间具有一定的势力和影响，才会被文人学者所采录。金华民间的黄大仙传说在东晋时期已被中国的道教体系吸收，葛洪是第一个将黄大仙民间传说记载下来的人，因而出现了民间传说的典籍化现象，并很快获得文人们的认可。而文人的吟咏诗文体系强化了典籍记载的权威性。典籍系统一脉相承的内容和几乎不变的故事结构模式，源于文人道士对于典藉的崇信。陈华文教授通过研究指出，道教典籍记载、文人诗文吟咏、民间传说这三个系统都自成体系，但在内容方面，民间的黄大仙的生平传说是道教典籍记载、文人诗文吟咏系统所没有的，惩治贪官、造福百姓的的民间传说也是道教典籍记载、文人诗文吟咏系统所没有的，黄大仙传说体现的是民间的道德感。[2]

因此，可以说黄大仙传说源于金华民间，黄大仙在道教文献记载中则称为"皇初平"，在金华民间则尊称为"黄大仙"。因为文献记载的源头是来自于民间传说，所以流传在民间的黄大仙传说与道教文化是基本契合的，也就是说从民间的黄大仙传说中也可以分析出相应的道教思想，并与典籍记载相对照，从而发现一些民间文化与道教文化的差异性。因为在中国历史上，道教是中国的本土宗教，道教在其产生的过程中，吸收了大量的民间信仰、民间法术、民间传说、民间仪式的广泛内容，在汉代道教产生时，其主要的宗教目标就是成为神仙。有研究者指出，东汉中后期文献和出土文物显示，崇拜黄帝老子、慕求神仙不死的黄老道信仰，在上层社会已经形成巨大影响，皇帝亦信奉黄老道教。黄老道教在东汉后期已成为皇家和宫廷的宗教信仰。[3] 而到了东晋时期，这一信仰已从上层社会向中下层民众普及，逐渐为民众所接受。在这样的历史背景下，弟弟黄初平与哥哥黄初起双双成仙的传说就在民间产生了。

东晋葛洪《神仙传》一书以"皇初平"的条目形式记录皇初平、皇初起兄弟修炼成仙的民间传奇故事。黄大仙传说中修炼成仙的人生传奇故事就进入道教系统，后来在《仙苑编珠》、《云笈七签》、《三洞群仙录》、《历代神仙通鉴》、《历世真仙体道通鉴》及《赤松山志》等典籍中都有相关记载。黄大仙

2 　陈华文《黄大仙研究》，《中国民间文化》，1994 年第 3 期。另见陈华文《论典籍、诗文与传说的交错互动——以浙江金华的黄大仙为例》，《民间文化论坛》，2004 年第 5 期。

3 　姜生：《汉画孔子见老子与汉代道教仪式》，《文史哲》，2011 年第 2 期。

传说因为被道教谱系所吸收，在发展过程中，民间的黄大仙传说也就逐渐成为道教传说，也因此丰富了中国的道教文化与道教传说。

东晋葛洪《神仙传》卷二的第一个条目就是"皇初平"条目。该条目记载弟弟皇初平、哥哥皇初起两兄弟修炼成仙的民间传奇故事：

> 皇初平者，丹溪人也。年十五而家使牧羊，有道士见其良谨，使将至金华山石室中，四十余年，忽然，不复念家。其兄初起，入山索初平，历年不能得见。后在市中，有道士善卜，乃问之曰："吾有弟名初平，因令牧羊失之，今四十余年，不知死生所在，愿道君为占之。"道士曰："金华山中有一牧羊儿，姓皇名初平，是卿弟非耶？"初起闻之，惊喜，即随道士去寻求，果得相见，兄弟悲喜。
>
> 因问弟曰："羊皆何在？"初平曰："羊近在山东。"初起往视，了不见羊，但见白石无数，还谓初平曰："山东无羊也。"初平曰："羊在耳，但兄自不见之。"初平便乃俱往看之。乃叱曰："羊起！"于是白石皆变为羊，数万头。
>
> 初起曰："弟独得神通如此，吾可学否？"初平曰："唯好道，便得耳。"初起便弃妻子，留就初平。共服松脂茯苓，至五千日，能坐在立亡，行于日中无影，而有童子之色。后乃俱还乡里，诸亲死亡略尽，乃复还去，临去以方授南伯逢，易姓为赤，初平改字为赤松子，初起改字为鲁班。其后传服此药而得仙者，数十人焉。

值得注意的是，这段记载没有标明具体时间，也就是说全文见不到历史背景。可见葛洪在记录时省略了许多民间的细节，这也是《神仙传》这本书的特点，行文过于简约。从南宋倪守约《金华赤松山志》我们才知道黄大仙是诞生于东晋成帝年间。在这段记载中，可以发现葛洪主要是按照道教修道求仙的主题组织整理民间材料，其中最神奇的道教法术就是世人熟知的"叱石成羊"。但让人奇怪的是，这段记载只记了"叱石成羊"，却没有记载把羊变回石，也许是显示了神奇的法力后就忘了。按照道教的财富伦理，这样的处理方式是不妥的，因为这样的的记载方式没有按照道教的教义，也没有采纳民间传说中的完整的石羊变化的说法。葛洪的这段东晋时期的文献只记载了"叱石成羊"，却把金华民间传说中一直传承的"叱羊成石"省略了。从表面上看，似乎"叱石成羊"与"叱羊成石"都是形容道教法术的高超，能够做到"石羊变化"。其实，"叱石成羊"与"叱羊成石"有很大的不同，"叱石成羊"是将低附加值的普通的山上乱石变成高附加值的可以商品出售的羊，这是明显的财富增值过程。道教中的许多法术都有点石成金的手段，这和"叱石成羊"的道理相同。点石成金是使石头变成黄金，"叱石成羊"是使石头变成羊，都是财富瞬间巨额增值的过程，但是按照道教的财富伦理，财富瞬间巨额增值其实都是过眼烟云，从哪里来就要回到哪里去，从而完成一个自然循环。道教思想强调的是清静无为，回归自然，所以法术固然高超，最后还是要回归自然原型，也就是"叱羊成石"。"叱羊成石"就是财富瞬间巨额减值的过程，也就是对财富无动于衷，对财富持超然的超越态度，清心寡欲，做到这一点，才是道教精神。

唐宋时期的李白和苏东坡对此有深刻的财富认知。李白《古风五十九首》第十七记载表达了自己对黄大仙的仰慕追随之情。

> 金华牧羊儿，乃是紫烟客。
> 我愿从之游，未去发已白。
> 不知繁华子，扰扰何所迫。
> 昆山采琼蕊，可以炼精魄。

李白在诗中说有钱的繁华子扰扰有所迫，就是指一般追求功名利禄的人，不愿放弃家中的财富，但也不愿去游仙，而李白则表示虽然自己头发已白，年事已高，但仍然渴望追随黄大仙而去。李长之曾在民间时期写过一本题为《道教徒诗人李白及其痛苦》的著作，分析李白视金钱如粪土、千金散尽的道教徒心态。

宋人苏东坡在《顾恺之画黄初平牧羊图赞》一诗中则描述了黄大仙的的超然心态：

> 先生养生如牧羊，放之无何有之乡。
> 止者自止行者行，先生超然坐其旁。
> 挟策读书羊不亡，化而为石起复僵。
> 流涎磨牙笑虎狼，先生指呼羊服箱。
> 号称雨工行四方，莫随上林芒屏郎。

嗅门舐地寻盐汤。

在这首诗中，苏东坡赞赏的是黄大仙超脱的养生之道。黄大仙的养生之道就和放羊一样，黄大仙就坐在羊群边上，任羊群自由来往，不担心羊会跑掉，只管自己静心读书。因为这些羊最后还是要变回石头，变回其原型，所以一切将回归自然。

其实，在金华民间，有大量的石羊互变的传说，如《叱石成羊》这则传说则指出放羊其实是磨练道性，所以不能丢了羊，而"叱石成羊"与"叱羊成石"这两种手段不只是法术，而是要做到心无杂念，意念合一，积德行善。[4] 但这些传说在道教的典籍里面只简化为"叱石成羊"而没有"叱羊成石"的记载。所以石羊互变的民间传说在道家典籍中被简化了。

一方面黄大仙传说在流传过程中被中国的道教吸收，另一方面黄大仙传说也逐渐被中国作家文学吸收，极大地丰富了中国文学的内容，促进了中国文学的想象与发展。黄大仙传说被文人雅士采写入诗文之中，成为他们感怀时事、表达人生理想和追求的文学对象。南朝宋代的文人沈约曾任东阳郡太守，其《赤松涧》一诗体现了对黄大仙的渴慕之情。唐宋以来，如李白、曹唐、皎然、贯休、舒道纪、苏轼、黄庭坚、韩元吉、吴师道等，都有大量的诗文吟诵黄大仙这一传奇人物。

黄大仙传说在流传过程中，虽然被中国的道教与中国的作家文学所吸收，但是黄大仙传说在金华民间仍然保留口头文学的强大的文化生命力，在金华的乡村代代传承，至今不绝。黄大仙传说始终保持民间文学传承的自主性、地方性与口头讲述的生命力。黄大仙传说内容丰富，主要分为以下五类传说[5]。

（一）黄大仙生平事迹传说

这一类传说主要以文学化想象介绍黄大仙不同凡响的由来以及在来到金华北山修炼得道之前的生平事迹，突出的是黄大仙人物出生的神奇性。这一类传说以《初平出世》《救人引虎》《仗义取银》为代表，通过仙人试诚心、下凡投胎、讲理等故事母题，渗透了浓厚的善恶分明、善有善报、恶有恶报的民

4　金华市双龙风景名胜区管理委员会编：《黄大仙传说》，百花洲文艺出版社，2011年，第41-46页。

5　黄大仙五类传说分分析框架来自陈华文的《论典籍、诗文与传说的交错互动——以浙江金华的黄大仙为例》，《民间文化论坛》，2004年第5期。本文采用这一类型分析方法。

间伦理观。其中《引虎救人》传说讲述黄大仙在年幼时便胆识过人，面对凶猛的饿虎，采用机智的方法将其引走，终于救下同伴和羔羊，自己也脱险回家，表明黄大仙生而异能，非同凡响的人物品格。

（二）黄大仙修炼成仙传说

金华北山在中国历史上是道教第三十六洞天福地，是中国道教养生成仙的重要圣地。金华北山文化积淀深厚，在东晋南朝时期，金华北山的佳丽山水吸引北方士人来此居住，也带来了北方文化。黄大仙传说是中国南方文化与北方文化融合的产物，集中体现在对道教修炼成仙的民间想象方面。

这类传说故事生动传神地讲述黄大仙如何获得叱石成羊、又变羊为石的法术，讲述黄大仙的日常服食松子、茯苓之类植物的道教养生之道，并与为百姓做好事的民间伦理观念相结合。这一类传说以《叱石成羊》《撞石成仙》为代表。"叱石成羊"等故事情节相当神奇，体现民众丰富的艺术想象力，也塑造了一个活泼可爱又富有责任心的牧羊童艺术形象，突出了黄大仙传说故事情节的传奇性。

（三）黄大仙惩恶助弱、为民造福传说

在民间的文学想象与情感信仰中，黄大仙除了拥有法力无边的仙术之外，还多有造福一方民众的善举。道教典籍记载或文人诗文吟咏往往都忽略了黄大仙为一方神灵造福于民的日常生活故事。民间传说系统将黄大仙在生活的一面展示在公众面前，塑造了一个可信、可亲、可爱并具有人情味的艺术形象。这一类传说以《二仙造桥》《惩贪官》《补垄》等为代表。这一类传说讲述黄大仙两兄弟斩恶龙、惩治贪得无厌的县太爷、金华知府等故事情节，一方面展现黄大仙的神奇法力，另一方面造福于民，也体现民间对于贪官的批判态度。这一类传说也集中展示了财富公正分配、不取不义之财、反对见利忘义的民间财富观，是社会财富教育的优秀文化资源。

（四）黄大仙与金华北出自然风物传说

金华北山在文献中被称为"金华山"，民间则称为"金华北山"，与金华南山相对。金华北山风光秀丽，山峦叠翠，是典型的喀斯特地貌，这一独特的自然环境孕育了黄大仙传说的产生。金华北山现为国家级风景名胜区，自然景观与文化景观都非常丰富。奇山、奇水、奇洞构成了金华北山的奇景，而奇景又通

过黄大仙传说形态加以文化的叙述，从而使传奇情节与自然景观交相辉映。自然景观因黄大仙传说而富有文化生命，新奇独特的黄大仙传说情节则长存于金华人民的心中。

黄大仙传说具有浓郁的地方文化风格与，黄大仙修炼成仙传说与自然景观传说中的《卧羊山》《夜筑斗鸡岩》《撞石成仙》等作品有机结合，体现民众在口头文学创造过程中对于地方家乡文化的热爱。

黄大仙传说中关于金华北山的文化景观传说也十分丰富，如《二仙桥》《赶石造桥》《赤松宫》等，正是这一类传说赋予了金华北山风景区的名胜古迹文化生命的意义。另外，还有一系列金华北山的风俗传说和特产传说，如《赠桃度仙》《黄大仙写"劝善戏"》等属于风俗类传说，而《九峰茶》《丹水植香黍》及《赐方种萝卜》等则属于特产类传说。

（五）黄大仙显圣香港与返乡显灵传说

随着移民的流动，黄大仙传说的流传与黄大仙信仰的传播，黄大仙的传奇故事也在香港一带传承。香港的黄大仙祠位于九龙竹园区，人称"香港第一大庙"，由"金华分迹"而来，其祖庙则在金华北山。在香港流传许多关于黄大仙的传说，其中如《接大仙》是一则关于香港黄大仙及其信仰由来的传说。《返乡显圣》与《石羊托梦》则是两则现代传说故事，前一则讲述黄大仙在1991年新金华观落成时落雨解除金华秋旱的事；后一则讲述在建造新金华观时香港商人使金华观移位以保存类似于石羊之类的石头的故事，这些石羊目前就在金华北山的金华观大殿之内原样保存。

黄大仙传说也有一些相应的社会习俗。如在金华民间对黄大仙兄弟的二仙信仰一直传承，金华地名上有二仙桥镇，金华民间的饮食习俗中还有二仙桥馒头，二仙桥馒头主要用于婚丧嫁娶的节日饮食。在金华北山一带的二仙庙中有相关祭祀活动，并伴有黄大仙传说的讲述。传说与信仰、民间习俗共生共存。黄大仙祖庙在金华，而随着信仰与传说的传播，在广东惠州市博罗县罗浮山以及在香港，人们都相信黄大仙有求必应，具有广泛的民众社会基础，信仰圈广阔。

目前傅讨饭老人是黄大仙传说的国家级代表性传承人，傅讨饭是金华婺城区双龙乡盘前村人，其黄大仙传说运用金华方言讲述，风格生动有趣，具有艺术魅力，体现了民间艺人对于神圣人物的丰富想象与崇敬之情。目前调查确定的具有一定代表性的黄大仙传说讲述人主要有以下14人，分别是：傅讨饭、赵祖庆、金本龙、郑基云、楼和根、郑基水、方启迪、方永林、周锦标、钱明月、马奶茶、汪凯来、范天继、楼根禄。

二、黄大仙财富伦理主题传说的文本分析

黄大仙传说类型多样，内容丰富，这里只分析财富伦理主题传说。财富伦理主题就是指财富伦理观，是指对财富的看法与观点，并以此指导影响一个人的财富态度与财富处置方式。黄大仙传说一定程度上是汉代以来金华地区的民众对神仙思想的想象与文学化的表达，也是这一地区的民众价值观的体现。下面主要分析六则与财富伦理主题相关的传说，并一一分析。由于这六则传说的篇幅并不长，因此，均全文引用。第一则传说则把黄大仙视为民间的财神，并通过神仙的考验母题开展故事的叙事。

（一）羊伏箱

宋朝苏东坡有一首《顾恺之画黄初平牧羊图赞》，其中最末一句是"先生止呼伏箱"。意思是说，黄大仙叱羊成石的喝声一停，那些羊就一动不动伏在一边，变成石头了。古时"箱"通"厢"，厢就是这边或那里的意思。不过，在民间却还有另一种"羊伏箱"的传说。

相传当时上天的太白金星时刻关心着黄初平的修炼，见他边放羊边读书，钻研道教非常专心，连最漂亮的女孩站他身边也不动心。他渴了饮山泉，饥了食松子，可谓不贪吃，不贪色，不偷懒。不过太白金星还要考验他，看他贪财不贪财。

这日，黄初平放着羊正坐在树下看书，忽见一道金光从山下飞到他前面，"当"的一声落下一只小箱子。他打开箱子一看，果面全是金银财宝。黄初平甚感奇怪，他站起身朝山下望去，见山下一个财主正对家奴吼叫："快，快到山上去，把珠宝箱给我找回来！"原来这箱子里的金银财宝是财主从多方敲诈勒索而来的，当他捧回家时，遇上一阵狂风，把箱子刮到山上去了。

黄初平知道这个财主不是个好东西，这箱子里装的必定是不义之财。现在眼看财主的家奴马上就会冲上山来抢箱子，便朝不远处的一块大石头轻声一喝，石头变成羊，把木箱子全盖了，再轻喝一声，羊

又变成了石头，不露一丝痕迹。等那财主和家奴们赶到山上，怎么也找不到那只宝箱，只得下山走了。

这事儿，上天的太白金星看得清清楚楚，心想，我看你黄初平下一步怎么处理这箱财宝，是不是会据为己有呢？谁知当天晚上，黄初平装扮成一个卜卦老头，捧着改装过的箱子来到附近村里，专挑穷苦人家及有病人的农家，开箱赠送金银财宝，而有钱人向其索要，他则"一毛不拔"。太白金星看在眼里，喜在心里，将此事禀报玉帝。

后来，黄初平修成正果成了大仙，玉皇大帝非常信任他，就赋予他广施财运的灵气。从此，黄大仙就成为人们求财得财、求利得利的富贵神仙。[6]

这则传说的是太白金星对黄大仙不放心，认为黄大仙可能有贪财，于是通过天上掉下一个金银箱子的的方式故意给黄大仙设了一个局，看黄大仙贪财不贪财。这则传说用的是考验母题，如果考验通过，就成功了，通不过，就失败。而通过与否，其实取决于被考验的主人公黄大仙的道德水平，如果道德高尚，就可以通过，道德败坏，就不能通过，那么玉皇大帝也不会让黄大仙扮演财神的角色。因为财神首先自己不贪财，而且要能够公平分配财富。最后的结果当然是通过了，黄大仙用自己的行为证明自己不贪财，而且对于财主的不义之财，进行了适当的处置，就是采用劫富济贫的古老方式。另外，不但财神自己不能贪财，在黄大仙传说的叙事中，每一个人都不能贪财。面对财富，够用就好，应适可而止。这在下面的《剑劈珠宝山》的传说中有所体现。

（二）剑劈珠宝山

黄初平祖上九代讨饭，从来未拿过别人一根稻草，未偷过别人一个番芋。到了黄初平手上，仍旧勿贪色，勿爱财。王母娘娘晓得黄初平可靠，渡他升仙后就叫他掌管北山一座珠宝山。这座珠宝山里面样样都有，但从来没有人晓得这里面有铜钿银子、粮食还好出借。

有一年大旱，山上的青柴蓬晒死了，地里的庄稼晒干了。盘前村有个章老汉，他的萝卜种在珠宝山上，也让日头晒死了。老汉一年的

黄大仙信俗與非物質文化遺產國際學術研討會論文集

---

6 金华市双龙风景名胜区管理委员会编：《黄大仙传说》，百花洲文艺出版社，2011年，第215-216页。下面引用的五则传说均出自该书，不再一一标明。

吃用全靠这块萝卜地，看着萝卜晒死，就伤心得坐在地时哭。他哭了三日三夜，眼泪哭干，肚皮饿瘪，昏过去啦。那天半夜光景，一阵凉风吹过，一个老神仙走到章老汉身边，手上还拿着两只喷香的麦饼。那个神仙对章老汉讲："老伯伯，我晓得你一个人过日子不容易，萝卜晒死不要伤心过度，你三日三夜没吃过东西，我这里有两个麦饼分你吃。如果日子过不下去，就写个借条到这里来，你要借什么都有。记住，三年后一定要归还。"神仙讲完，就把两个麦饼塞到章老汉手里。章老汉感激的流出眼泪，正想讲声"谢谢"，那个神仙已勿见了。

章老汉"忽"一下醒来，原来是个梦。章老汉感到奇怪，听完麦饼，就回家写借条去借粮食了。他背了两只箩筐，放在珠宝山上，借条上写明借谷一担，明年归还。第二日五更，箩里当真装满了谷，章老汉就高高兴兴把谷挑回家去。村上人见章老汉清早五更挑回一担谷，问他是哪里来的，章老汉把经过一讲，村里人都去借了。有的借铜钿银子、有的借粮食，结果户户人家都借到了自己缺少的东西。

珠宝山好借银借粮的消息，七传八传传到山下一个财主耳朵里。这个财主叫田伯满，是个贪心不足的家伙。他看看今年大旱，粮食歉收，估计下半年粮食一定能卖好价钱。就写了一张借三百担谷的条子，带着几百伙计，到珠宝山来。他自己呢，身上披着只破麻袋，装作个无米落镬的穷人，坐在山上哭。到了半夜，那个老神仙来了，他问田伯满："你一个人要借这么多谷做啥？"田伯满讲："我是帮乡亲们借的，求老神仙勿要让我空手回去。"老神仙讲："这可以，但三年内一定要由你归还。"田伯满见老神仙同意借谷，连忙点头哈腰，讲："对对对！俗话讲'有借有还，再借不难'，我一定归还，一定归还。"

田伯满借到了谷，心想要是挖开这座宝山，子子孙孙都用不光铜钿银子。他带了一伙打手上山，一连挖了几个月，终于发现一个洞，只见里面金光闪闪，金元宝、银元宝、珍珠、玛瑙、谷、麦、豆、粟，样样都有。田伯满高兴得直流口水，叫打手们拿来几百只麻袋，想把财宝搬搬光。正要动手，突然山顶上有人喝问："田伯满，你借的三百担谷不还，还想独吞珠宝的宝贝，太狠心了！"田伯满一看，是那个老神仙，心想：我有这么多打手还怕你不成。就叫打手们一齐围上去，要抓老神仙。老神仙见田伯满不见棺材不落泪，不挥手里宝剑，把珠宝山劈为两半。山里的金元宝、银元宝这时都变作大石头，朝山下的田伯满砸去，那些珍珠、玛瑙变成沙石朝打手们击去。一会儿功夫，田伯满和打手们就葬身在珠宝山脚了。剩下的半座珠宝山呢，就变成了各式各样的岩石。

原来这个老神仙就是掌管珠宝山的黄大仙。

这则传说的叙事方式是通过树立正反两个人物开展叙事。正面人物是贫穷的章老汉，由于生活困难，于是向黄大仙借一担谷，并写了借条，说明一年后归还。这则传说与上面的《羊伏箱》传说的财富内容完全不同。在《羊伏箱》时，黄大仙直接把财富分给需要的穷人，穷人就是因为穷，从而免费获得财富。而在这一则传说中，穷人获取他人的财富却并不是无偿的，而是有期限的，黄大仙的放货规矩是三年归还，期限一到，相应的财富就要归还，而黄大仙也并不收取利息，而是原物归还就可以，相当于无息贷款。但章老汉很朴素，或者说民间金融意识不强，他写的借条却是一年归还。当然，章老汉一定是说到做到，一年后一定还一担谷，否则这则传说就没法讲了。

而这则传说中的反面人物则是田伯满，当然田伯满是"填不满"的谐音，在民间文学中创作这样的反面人物就是起到社会伦理教育的作用。田伯满要三百担谷还不满足，并且是三年归还，不是一年归还，而且还要挖空整座珠宝山，并且欺骗黄大仙，并指挥打手暴力攻击黄大仙，最后当然是死路一条。

当然，在金华民间，在传统社会，有一对双胞胎，特别是一对男的双胞胎，被认为是有福气的象征，是上辈人积德的结果，这种观念一定程度上是受佛教的影响。下面的黄初平出身的传说则点明其父亲是个乞丐，虽然贫穷，却不贪财，因此，仙龟用财富考验他之后，最后还是把仙胎送给了黄九丐，没有送给梁伯义，因为梁伯义品德不好。

（三）初平出世

一千六百多年前的东晋时，风气勿正，凡间乱。玉皇大帝晓得了，就派绿毛仙龟落凡，择户善良人家，赠个仙胎，为凡间做个"好有好报"的榜样，让凡间人都学好。仙龟领了玉帝旨意就下凡了。

这日，仙龟来到浙江金华北山双龙地界，一打听，晓得北山有两个好人，一个叫梁伯义，住在北山后面，夫妻俩靠砍柴过日；一个叫黄九丐，住在鹿田村东的山神庙里，是个讨饭的。这个仙胎该赠那份人家呢？仙龟定不下，就准备试试两人的心肠后再定。

一日，仙龟去试黄九丐，变了一包银子丢在路上，黄九丐看到银子，就守着银子等失主。一等等了三日三夜，肚皮饿了就摘山楂、毛栗吃，口渴了就喝泉水，旁边地里有萝卜勿拔，有番芋勿挖。直到仙龟变作失主寻来领回银子，九丐才跟跟跄跄地回家。仙龟试过黄九丐，又去试梁伯义，它变作一个饿昏的老太婆倒在路上。这日，梁伯义挑着一担柴从山上下来，见路中央有个老太婆饿昏了，就从柴担上取下饭蒲包，拿出剩下的两个苞萝饼给变作老太婆的仙龟吃。仙龟吃了饼，又说肚皮痛，伯义顾勿得挑柴，把仙龟背到家里去料理了。仙龟试过两人，觉得两个人良心都好，还是定勿落该把仙胎赠哪家，就准备再试试。

一日，梁伯义又上山砍柴啦，仙龟私下跟着伯义来到山上，把伯义蒲包里的饭偷吃了。结果仙龟让伯义抓住，伯义抽出柴刀要斩仙龟的头，仙龟讲："伯义，你良心好我晓得了，头嘛勿要杀，我给你一只眼睛你就有福享了。"伯义连忙问："给我一只眼睛怎么会有福享？"仙龟讲："我这只眼睛是神眼，你如果把我这只眼睛挑破，把血水沥在你的眼睛上，你就可以看透山川龙脉，成为一个天下第一的风水先生。到那时，你柴勿用砍，人家都用轿子来接你去看风水，又省力，又赚钱，还勿享福呀！"梁伯义听了大喜，就用两腿把仙龟夹牢，折了一枚金刚刺，"嚓嚓"两下，把仙龟两只眼睛都挑破，取血水沥在自己的双眼上，然后"嘟"一下，把仙龟捧下了万丈岩头。梁伯义眨眨眼，嗬！真当灵，山川龙脉果然看得灵灵清清。这样，梁伯义就专门看风水啦。

黄九丐听讲北山后面出了个风水先生，想想自己家九代单丁独子，九代讨饭过日，估计是祖宗坟地犯凶，就请梁伯义来看看。梁伯义一看，见九丐祖坟坐落伏兔山，面朝金星山，要出神仙，就想把这块宝地霸占过来。他对九丐讲：九丐啊，勿瞒你讲，你的祖坟是犯凶啊！还是移移好。"九丐讲："那就请梁先生给我择个吉利的地方吧。"伯义想：要是我霸了黄家的风水宝地，将来让他晓得了，一定要和我结仇，不如趁移坟时，弄个犯凶地方把黄家灭掉算了，主意打定，就指着一个岩石似箭样的地方讲："要是把祖坟移到这里，你后代就可出武官了。"九丐讲："就请梁先生作主。"

移坟时，梁伯义把九丐祖坟移到那块叫"万箭灭族"的山上，私下把自己祖宗的骸骨移到伏兔山上。当日夜里，突然一个响雷，万道忽闪，落起了大雷雨。黄九丐和老婆连忙开门，看看祖坟是否被天雷打掉。刚把门打开，一道忽闪射在九丐老婆的肚皮上，九丐老婆只觉得肚里发胀，就关上大门回房去了。

第二日五更，九丐去看祖坟，只见对面山上箭一样的岩石都竖了起来，远远看去好像万炷香火。而伏兔山上梁伯义新迁的祖坟，被天雷打了一个大洞。

到了第二年，就是晋朝咸和三年八月，黄九丐的老婆生了一对双胞胎，哥哥叫黄初起，弟弟叫黄初平。

原来这是绿毛仙龟回到天上，跟玉帝禀报后，玉帝赠给黄九丐家的两个仙胎，黄初起、黄初平出世的那天夜里，良心变坏的梁伯义双眼就瞎了。

上面的这则关于黄初平与黄初起两兄弟出生的传说，在传说里，为了强化传说的艺术感染力，就说成了两兄弟是双胞胎，这样强化传说中仙胎的神奇性。这则传说同样也使用了考验母题，只是人物换了一下，从太白金星换成仙龟，但都是道教人物。这则传说采用的叙事策略也是树立正反两个人物，只是程度没有上面说的章老汉与田伯满那么明显对立。

下面的三则传说，则都是惩罚型母题的叙事方式，分别讲述蛮话先生、县官、财主三个人因为不讲理、贪财，都受到了惩罚。因为属于同一个惩罚型母题，因此下面的分析就放在一起，不再一一分析。

（四）仗义取银

有一年快过年的时节，北山落了一场厚雪，黄九丐年纪大了怕出门，就叫初平到市镇上籴米过年。初平走到离市镇不远的一个凉亭里，见一个教书先生要上吊，初平一面夺下绳子一面问："先生为啥要寻死？"教书先生流着眼泪，跟初平讲了他要上吊的原因。

原来，这个教书先生在外地教了一年书，带回二十两银子准备过年。当他经过前面市镇，见一个"蛮话先生"摆摊讲"蛮话"。教书先生想：天下哪里有"书理"讲不过"蛮话"的？就去与摆摊的人赌讲。"蛮话先生"讲："要跟我赌讲，就要押出二十两银子。"教书先生就把二十两银子全部押上了。"蛮话先生"呢，倒也硬碰硬，自己也押上二十两银子。押好后，"蛮话先生"讲："我讲蛮话，你讲书理，谁赢就把押的银子归谁。"两人议定后就开始讲了。

教书先生一思考，指着一株大柳树念："柳树青时万张叶。""蛮话先生"连忙讲："先生，对不起，你输啦。"一边说一边就把押的银子全部收去。教书先生问："我输在哪里？""蛮话先生"讲："我就勿相信前面那株柳树青的时候刚好是一万张叶，你勿服输，就把脱落的和留在树上的叶摘来数。"教书先生气坏了，连忙讲："'万张叶'我是形容多呀，这样蛮缠怎么行呢？""蛮话先生"说："讲话嘛，要实实在在，怎么好形容呢？你说我蛮缠，我本来就是靠蛮缠吃饭的嘛！"教书先生没办法，只好白输二十两银子。他想想自己一个教书先生，还弄不过一个讲蛮话的；再说没银子拿回家，老婆孩子怎么过年？他想想又倒霉又对勿起家里人，所以就在凉亭里上吊啦。

初平听教书先生一讲，很勿服气，对教书先生讲："先生，你在这里等，我帮你把输掉的银子取回来。""你？"教书先生对十几岁的初平还有些不放心。初平讲："先生放心，我袋里有籴米的银子，先押上再讲。"说完就到市镇上去寻"蛮话先生"了。

"蛮话先生"赢了银子，正在跟别人吹牛，见一个十来岁的鬼王头要跟他赌讲，就笑着对初平说，"算了吧，教书先生都输给我，你介小年纪还想到我头上拣便宜。"初平讲："你怕输给我是不？要是怕输就给我二十两银子算了。""蛮话先生"见初平蛮老气，就说："你一定要跟我赌，那就这样吧，你拿十两银子，我押二十两，省得别人讲我在小孩头上骗钱。"初平拿出袋里仅有的十两银子押了上去。"蛮话先生"押了二十两，两人就开始赌讲啦。

初平开口就念："先生全身十斤肉。""蛮话先生"连忙讲："对勿起，我的身上起码有八十斤肉，你输了。"他刚想来收银子，初平一把摁住他的手，说："我讲十斤就十斤，一两勿多，一两勿欠，先生如果勿相信，就割下来称称看。"说完，就从旁边卖肉摊上取来一把刀，要动手割肉。"蛮话先生"见了，吓得面孔煞白，只好说："我输我输，你把银子拿去吧。"

初平拿了银子，赶到凉亭里送还教书先生。自己在市镇上籴了米，就笑眯眯回家了。

（五） 惩贪官

有一年，金华三个月无雨，老百姓求雨接龙脚膝踝跪掉皮，县官却十分贪财，百姓死活他不管，一年到头不是东边挖古坟，就是西边寻宝贝，老百姓恨死了他。有一日，他寻到北山脚下，听讲"放生塘"底有个古坟，坟头里有三节金藕，就叫手下人挖。横挖直挖，古坟挖着了，但坟墓里没有金藕，只有几块死人的脚骨。他想：三节金藕一定让古坟的主人取走了，就命手下人把古坟的主人抓来，问他三节金藕现在放哪里？主人讲："大概你贪财，金藕变成死人骨头罗。"县官见他顶撞，就命手下人把他绑起来，扔进塘底那个古坟洞里，准备活葬。这时节，只见一位白胡须老人走上前来对县官讲："大老爷，你只要饶了这位古坟主人，我赔你比三节金藕还要值钱的一样东西。"县官问："你是什么人?比金藕值钱的东西在哪里?"老人讲："我是徽州人，专门找宝的，宝在哪里我自然晓得，但这里这么多人……"老人讲到这里，故意看了县官一眼。县官会意，就对白胡须老人讲："好好好，我相信你，但你要跟我一起去县衙作个人质。"白胡须老人满口答应。县官放了古坟主人，就带着老人回衙门去了。

夜里，县官请白胡须老人来到房里，问他宝贝在哪里?白胡须老人讲："宝在金华北山的'活龙潭'里，是个全身镶金的乌龟。"县官又问："乌龟身上怎么会镶金?"白胡须老人讲："喏，这个乌龟就是龙，只要把他抓住，就会下一场大雨，下一次雨，百姓就在乌龟甲上穿一个金戒指。由于它显灵的次数多，所以通身都穿了金戒指，就好比镶过金一样。大老爷如果得了它，再献给皇上，不但能落一场大雨救百姓，而且皇上还要升你三级呢！"县官听了，高兴得一夜困不着。第二天天未亮，就坐上大轿，叫白胡须老人带路，到北山的"活龙潭"里去抓金乌龟了。

来到"活龙潭"，县官一看，这个潭只有面盆大，里面根本没有镶金乌龟，就命手下人把白胡须老人抓起来。可是老人勿见了。县官气死啦，牙齿咬咬说："哼！什么活龙潭，明明是个牛屙井。"话未讲完，只见活龙潭的水泛了起来，浑水铺天盖地向他涌过来。县官吓得连忙钻进轿中，叫四个轿夫抬着逃命。逃了三四里，四个轿夫歇下轿子一看，县官早已断气了。

后来，百姓们才晓得，惩罚贪官的那个白胡须老人就是黄大仙。

（六）　补垄

有一年秋天，黄大仙回北山看望乡亲，当他来到北山脚，见路上有个老汉，双手捂着血淋淋的屁股，伤心地痛哭。黄大仙问他为了什么，老汉讲："我村有个财主，叫张百万，他说黄初平住过的那座庙地下，有个金菩萨，强迫我们几百民工上山挖宝，结果挖了三年，连屁也没挖到一个。现在，那条垄里已挖了半里长、几丈深的沟，可是张百万还勿死心。前日，我儿子被石头压死了，张百万要我去接替儿子，我求他让我葬了儿子再去，他不但不答应，还用银子买通金华知府，告我抗交皇粮国税。那个贪官得了银子，不问青红皂白就叫手下打了我四十大板。"黄大仙听了非常气愤，就决心要让张百万和金华知府吃吃苦头。

黄大仙解下背上葫芦，倒出一粒仙丹送给老汉，自己就急急忙忙去北山看究竟了。

黄大仙来到鹿田东面的山垄里，见自己当年住过的那座山神庙已被挖掉，垄里果然挖了半里长、几丈深的沟。黄大仙心里说："好啊！你这狠心的张百万，你既然会勾结知府，借刀杀人，我就给你个一箭双雕。"黄大仙想好了对付的办法，就下山到金华城里去了。

第二日，金华知府突然得了头痛病，请了好几个名医也医不好。

这日，一个自称九代祖传、专门医头痛的老医生来到衙门里。一听名医上门，知府连忙巴巴结结请了进去。老医生搭了搭知府的脉，讲："老爷的病一不是伤风所至，二不是劳心所得，而是有人挖破了金华龙脉，激怒了山神土地才得的病。要是我讲的没错，你得病一定很突然，头痛起来房子都会旋转，你说是伐?"知府讲："老医生真是活神仙，说得句句都是。请问老医生，金华府的龙脉在哪里?我好派人去查看。"老医生讲。"金华龙脉在北山金星山，请老爷赶快想办法才是。"知府派人一查，果然金星山那条垄里挖了一条又深又长的沟，就求老医生为他开方。老医生讲："你这病一不用开方，二不吃药，只要你想办法把挖破的龙脉补回去，头痛就会好了。

知府听老医生讲得句句都准，心想，他叫我补回那条垄能医好头痛也不会假。垄该怎么补呢?知府想：自己掏腰包去补，多年搜刮来的银子岂不完了！仔细一想，就叫手下人先去查一查，龙脉是谁挖破的。结果一查，挖破龙脉的是张百万。知府这时节为了自己勿吃苦头，也顾不得收过张百万几千两银子，就下令叫张百万去补。

张百万没办法，只好请来四乡八村的民工去补垄。那些民工都嫌工钱少，不肯来，张百万只好一边讲好话，一边加工钱。民工们上山后，个个磨洋工。张百万就特意买来一匹马，一日两趟亲自上山监工。讲起那匹马也真当奇怪，当张百万骑到北山脚，那匹马就要直起喉咙叫三声，好像对民工讲："张百万来监工了！"等张百万回去的时候呢，那匹马又要叫三声，好像对民工们讲："张百万回去啦，你们放心歇力吧！"就这样，民工们横误直误，那条垄一直补了五年才补好。这五年呢，张百万只有支出，没有收入。一份家当败得精光，后来只得去讨饭。民工们呢，好比蚕吃桑叶，无意中分了张百万的家产，份份人家日子好过起来。那个知府老爷呢，垄补了五年，他的头也痛了五年，直到把刮来的银子医光，头痛才止住。

原来，这些都是黄大仙安排的。

上面的三个传说，都属于惩罚型母题的叙事方式，传说中的主人公因为不仁不义，都受到了惩罚。

其中第四个实际是机智型故事，体现传说的故事化发展的特点。黄大仙通过自己的智慧，为教书先生讨回了二十两银子。因为蛮话先生不讲理，于是黄大仙就采用既以其人之道，还治其人之身的方法惩罚蛮话先生。中国有句古话，君子爱财，取之有道，只要通过合理合法获取的财富，就是可以的，这就是传说中体现的财富伦理现，讲的是财富流动的故事。

第五个传说是针对贪官而言。而且这位贪官通过挖人家祖坟的方式获取财富，本身就是不义的行为，既坏了人家的风水，而且也是对死者的不敬，于是黄大仙化作白胡须老人，通过设局的方式利用全身镶金的乌龟的财富引诱贪官，结果贪官淹死在水潭里。

第六则传说则通过黄大仙的医术使金华知府相信要治好头痛，就要补垄，也就是补龙脉，这样就不会头痛。于是知府为了省钱，不动用自己的钱，就让张百万去补垄，结果补了五年，张百万的不义之财全部消耗完了，张百万的家产也败光了，就这样实现了财富的再分配，讲的也是惩罚型母题。

三、后金融危机时代财富伦理观的再认识

在中国传统农业社会，财富伦理还是集中在公正分配财富，反对不义之财的传统财富伦理观念上，上述六则黄大仙传说体现了这一点。特别是后面三则惩罚型母题的黄大仙传说，则对缺少伦理道德的蛮话先生、官员、财主实施惩罚，通过树立反面人物，从而强化财富伦理观念。但在2008年的后金融危机时代，财富不公现象甚至更为严重，而且金融市场越来越趋向不稳定，道德风险日益暴露。在当代的金融市场，像黄大仙传说中的田伯满这样的反面人物太多，公正的财富观难以建立。在一定意义上，黄大仙传说中的财富伦理型传说也是民间对于建立一个公平正义的财富伦理秩序的强烈渴望。

"道德风险"（moral hazard）本意指一方不道德的经济行为导致利益相关的另一方的经济损失，也就造成了对方的经济风险。"风险"是一个金融学术语，而"道德"是一个文化范畴的概念，这样"道德风险"概念的产生就使金融行为与一定的社会文化传统联系在一起，实际上也揭示了经济发展的道德限度，也就是说经济的发展不能以破坏道德为代价，因此"道德风险"这一概念的提出具有一定的批判性力量。

当代美国的注册金融分析师威廉·贝克在其著作《金融的困境》一书中详细分析了金融业的内在道德风险。威廉·贝克也指出，"道德风险"一词本是金融领域的专用术语，最初是指保险业中受保人诚信度不确定的现象。如今这个

短语更多地被用于形容导致 2008 年危机的系统性金融风险因素。而我们这个年代的两个最大的货币问题一是过度负债，二是道德风险。[7] 威廉·贝克提到的 2008 年危机就是指华尔街的道德风险引发的全球金融危机。

自 2001 年以来，由于美国华尔街在房地产市场过度投机，开发并销售大量不道德的金融衍生品，2008 年 9 月金融危机终于爆发，雷曼兄弟作为具有一百年历史的投资银行也在这场金融危机中破产了。而这次华尔街金融危机又引发了全球金融危机，并最终引发欧洲债务危机、全球经济危机与全球的经济衰退。因为在上世纪二十年代末三十年代初的全球金融危机也是由华尔街引发的，1929 年由于华尔街股市的暴跌，全球第一次金融危机爆发，并引发持续数十年的经济大萧条，这些都是由于华尔街的道德风险引发的金融危机。

有分析人士认为，当具有不稳定性特征的金融业如果在整个产业结构中的比例不断上升，而政府又缺少有效的监管，那么金融危机就必然会产生。美国的政治经济评论家凯文·利普斯指出，在美国的产业结构中，制造业与金融业的比例发生了很大的变化。因为制造业比例不断下降，金融业比例却不断上升。2007 年，美国金融服务业占美国 GDP 达到 21% 这一相当高的比例，但金融业的每次兴起无不以牺牲工业、农业及其他经济活动的利益为代价。[8]

可以说，当资本主义从产业资本主义发展到金融资本主义时，也在更大程度上激发了人们对财富疯狂追求的欲望乃至人性贪婪的本能。由于农业、制造业等行业的利润获得相对于金融业来说需要付出更多的体力与时间，同时利润总量也是比较低的，而金融业由于巨大而快速的利润获得，在制度性层面激发了人类的贪婪本能。正如所罗门的瓶子一旦打开，魔鬼就会被释放出来。一旦人类的贪婪本能被一种制度有效激发，那么道德风险也就应运而生。美国耶鲁大学的经济学家罗伯特·希勒引用引用一位股市评论员的话说：

> 诚实在华尔街从来挣不到钱，只不过过去经纪人还装出一副诚实的面孔，现在他们都懒得装了。所谓的股票研究比以往任何时候都更像一个销售部门。因此，投资者要小心啊！[9]

7　（美）威廉·贝克《金融的困境》，李凤译，中信出版社，2011 年版，第 121 页、第 114 页。

8　（美）凯文·菲利普斯《金融大崩盘》，冯斌、周彪译，中信出版社，2009 年版，第 6 页、第 27 页、第 36 页。

9　（美）罗伯特希勒《非理性繁荣》，李心丹等译，中国人民大学出版社，2008 年版，第 48 页。

黄大仙信俗與非物質文化遺產國際學術研討會論文集

184

　　可见在华尔街，追求金融冒险与创新的金融交易并非建立在"诚实"这样的道德基础上，而是一种不道德的经济行为，但这种不道德的经济行为却导致社会阶层之间的社会关系更为紧张，也给整个社会带来了巨大的灾难。美国总统奥巴马曾批评华尔街的投资银行家是肥猫银行家，这实际上也是指出投资银行家的不道德，只肥了自己，而损害广大投资者利益，最终导致社会伦理的失衡。德国的一位经济学博士也指出，金融业不是不道德，而是根本就无视道德的存在。[10]

　　民间传说作为民俗的一部分，我们会发现民俗的发展必然是从陋俗、恶俗向公序良俗的方向发展。也就是说，在道德意义上，民俗的文化价值是正面的、向上的，这与金融的发展之路完全不同。金融过度发展的最后结果就是内在的道德风险爆发，产生金融危机，引发经济危机，最终导致社会的混乱。

10　（德）苏珊娜·施密特《没有道德的市场：国际金融精英的失误》，马倩茹译，法律出版社，2012 年版，第 25 页。

黄大仙信仰的民俗传承与现代意义研究

潮汕历史文化研究中心 / 潮汕历史文化汕尾民俗研究院　**翁烈辉**

【提　要】我们需要做好黄大仙信仰的民俗传承工作，在人文建构的领域里，用传统和历史记忆结合在一起；用中国民俗文化的内蕴力和现代文明结合在一起；用博采众长的手段，来诠释和建构黄大仙信仰的民俗内涵和现代意义。黄大仙信仰的民俗传承，要重视其思想意识形态和历史文化价值，存精弃劣，要以现实生活为背景，用道家人文精神，发挥信仰功能的积极作用，黄大仙除害兴利、泽被四方、淡然处世、平易近人的形象，符合了中国民众和世界华人的审美心态；他对于中国民众和世界华人的平视，强化了中国民众和世界华人的亲善情怀；他对于中国民众和世界华人的文化传播，巩固里中国民众和世界华人的爱国热情。黄大仙信俗作为中国精神文化的一部分，其人格魅力、人文特性、以及民族精神，是吸引中国人乃至人类对它尊崇的原因之一，黄大仙信仰中，有着中国人的民族情怀、民族魂魄、民族精神，等等，其文化中的积极因素，还需要我们积极、稳妥地发挥它的积极作用，利于社会和谐。

【关键词】黄大仙　信仰　传承　现代　意义

假如中国文化是一个"人"，那么，道教文化就是中国文化的"血肉"和"骨"；儒家文化就是中国文化的"脉搏"；佛教就是中国文化的"皮肤"；为何道教文化是中国文化的"血肉"和"骨"呢？笔者认为，道教文化强调"我命在我不在天"、"道以养性，术以延命"、"道法自然"等文化理念，其要求在自然中超越自然，提倡用人自身具备的精与神进行养性、得以长生，一句话，道学文化内在的拼搏精神就是中国精神的养料、中国文化的血肉和骨梁！在中国南方，特别在香港地区，道教文化中的黄大仙信仰，在中国的南海地域之中，就是一座独特的文化高峰。黄大仙，姓黄名初平，又名赤松仙子，公元 328 年出生，原为牧羊童，能叱石成羊，他羽化登天之后，常常以"药方"度人济世，因此得到人们的信仰和崇祀，记载其人其事最早的典籍，应是晋代葛洪《神仙传》卷二。香港啬色园黄大仙祠，香火十分鼎盛，是香港最著名的庙宇之一，在中国及海外享负盛名，该祠是香港唯一一所可以举行道教婚礼的道教庙宇。据说，民国初期，香港啬色园正式成立，黄大仙祠建成之初，原为私人道场，及至1956年，祠门正式开放给公众人士入内参拜，自此，信众渐多，香火日渐鼎盛。2014年12月，"香港黄大仙信俗"被列入国家级"非物质文化遗产"名录。香港啬色园黄大仙祠，能作为"香港黄大仙信俗"之承传人，说明其在民俗传承方面的重要性，其民俗文化地位也是首屈一指的。黄大仙信仰最初发源于黄大仙的故乡浙江金华，但在香港得以发扬光大，笔者个人认为，现在，香港黄大仙信仰的文化位置十分重要，为什么呢？因为中国大陆本土道教文化，特别是黄大仙信仰，在"文革"时期出现了断裂，而香港黄大仙祠，不但保留了中国道教文化的精粹，而且其是集儒、释、道三家文化于一身的庙宇，因此，它具有中国文化的互构性和互补性。香港黄大仙信仰文化，有了中国文化的"血肉"和"骨"、中国文化的"脉搏"；以及有了中国文化的"皮肤"，也就是说，其完完整整是中国文化的一个"完人"，再加上香港是国际贸易港口，是全球高度繁荣的国际大都会之一，素有"东方之珠"、"美食天堂"和"购物天堂"等美誉，也是全球最富裕、经济最发达和生活水准最高的地区之一，因此，"香港黄大仙信俗"被列入国家级"非物质文化遗产"名录是名至实归的，可以说，香港啬色园黄大仙祠，是一处中外民俗文化交汇的窗口，其对于中国民俗文化的记忆和传承，充满了持久有力和精彩绝伦的魅力，其在中国民俗文化的传承地位是举足轻重的。

为了把香港啬色园黄大仙祠中包蕴的中国民俗文化"完整篇"（主要是道教文化，但其包蕴儒、佛文化），为世界华人和国际民俗学界所熟知，并把香港啬色园黄大仙信仰和中国内地黄大仙信仰推向国际，我们要做好其各项民俗文化工作，来更好地流播、见证、保留、定格黄大仙信仰思想意识形态和其历史文化价值，我们需要做好黄大仙信仰的民俗传承工作，在人文建构的领域里，把传统和历史记忆结合在一起；用中国民俗文化的内蕴力和现代文明结合在一起；用博采众长的手段，来诠释和建构黄大仙信仰的民俗内涵和现代意义。

一、 黄大仙信仰的民俗传承，我们要重视其思想意识形态和历史文化价值，存精弃劣，互构、互补和互动，形成一种新的文化体系，规范世道人心，利于构建和谐社会。

黄大仙信仰，是一种反映中国人生活和习俗的文化方式，是一种道教式的思想意识形态，在中国，你如果不认识中国的道教文化，你就无法进入中国生活领域，正如日本民俗学家宇野精一所说："若将道教式信仰除开，可以说便无法弄清楚中国人的生活和习俗。"[1] 黄大仙信俗就是一种反映中国人生活和习俗的文化现象，这种民俗现象，有着深远的历史意义，也有着丰富的现实意义。在中国，神庙文化也有着其互构性和互补性，比如，笔者的家乡汕尾海陆丰，现本地人口 300 多万人，就有 100 多万汕尾人侨居香港，在信仰黄大仙的背景下，在香港的汕尾人回家乡建了一座黄大仙庙，这座庙宇的信众拜神的方式就是香港方式的，环保简约，跟汕尾海陆丰当地的祭拜神明的风俗方式有些区别；在香港荔景山道荃湾大窝山，有一座地藏王庙，它是汕尾海陆丰移民把家乡汕尾东涌龙溪村的地藏王香火，由我家族中的二公翁木九，自解放前时，带到香港的，现在，香港荔景山道荃湾大窝山地藏王庙香火比较旺，但其拜神的方式是汕尾地域福佬方式的，这是一种生活和习俗文化现象的互构和互补。如果人们能从道家文化，特别是黄大仙信仰文化之中，重视其思想意识形态，从中汲取黄大仙超然处世的道家文化方式和文化养料，现代人快节奏的生活，不就是有了一种超越物质的洒脱吗？不是一种精神的互构和互补吗？黄大仙信仰的民俗传承，我们要重视其历史文化价值，黄大仙最初身份是一个牧羊童，他的一生充满美丽的传说，经过仙人的点化，他能叱石成羊，这种丰富的历史文化养份，千百年来，不断地滋润着他的信众，互构和互补他们的人生经历。芸芸众生，终日奔劳只为饥，生活的辛劳，人生的平凡，人们的生活需要有一个传奇，来缓解精神压力，来给他们平淡的生活增添美丽的向往、神奇的寄托。身为牧羊童的小平民也能有奇遇，那么，人只要活着，就有希望、就有飞黄腾达的一天，这是黄大仙信仰给人的一种神奇的希冀。从此，他的信众们，也就心态平和、心胸豁达了。黄大仙信仰，我们要重视其的民俗传承和其历史文化遗产，以及其历史文化价值，千百年来，悠久的历史，芸芸的信众，这就是道教"救世"文化——黄大仙信仰的一大文化景观，我们民俗学人的责任是：把黄大仙的历史传记、黄大仙的美丽传说、黄大仙信众的故事、黄大仙的普济劝善、治病救人、超然处世、崇尚自由、除暴安良、治病救人、助人为乐等等善的行为，有针对性地进行分类，我们通过田野调查、文化梳理、真伪辨识、写作归纳、主题提炼、开会总结等等环节，定格黄大仙的神化人格，神化人格定格后，在文

1　【日】宇野精一 主编《中国思想---道家与道教》，台北幼狮文化事业公司，1977 年版。

化的领域上，我们可分类对其进行流播。黄大仙的历史传记、美丽传说等等故事，我们可以在地方史、文学戏曲、民间故事中，进行搜集整理，把其整理成通俗易懂、易为民众所接受的连环故事，必要时，我们也可以根据历史和故事，进行黄大仙编年体的文化序列，在文化上，对中国文化精神进行互补和互构、互动，这既能让信众了解黄大仙信仰的由来，又能让其思想意识形态不断地扩展，这样做，黄大仙信仰的历史文化价值得到了不断地提升。在学术方面，我们就可以根据黄大仙信仰的各种资料，进行存精弃劣学术筛选，形成一种新的文化体系，这种文化体系，能规范世道人心，利于构建和谐社会。

二、黄大仙信仰的民俗传承，我们要以现实生活为背景，用道家的人文精神，关注弱势群体，服务大众，利于构建和谐社会。

黄大仙信仰的民俗传承，我们要用文化为铺垫；要把真情作为招牌；要用关心为引力；要以现实生活为背景；来引导黄大仙信仰者到达心灵的故乡，有利于社会和谐。在现实生活里，黄大仙信仰者，都是芸芸众生，都是为生活奔波的群体，世态人情、浮生百态、生老病死、富贵贫穷、人情冷暖，等等现实生活，无不在幽隐和明显处互动着信仰者的整个人生道路，这些复杂的现实生活；这些生离死别的现象；这些人生百态；这种种现象、种种生活，你想让这些在幽隐和明显处互动着的生活现象，在现世中隐去，是不可能的事情。那么，人遇到了老病、贫穷、人情冷、世态凉等等现实生活时，人，该怎么办呢？是自暴自弃、自卑自怜，还是奋发图强、迎难而上呢？如果是没有信仰的人，在这种情况下，人生也就没有了方向，但在有信仰的人们面前，特别是黄大仙信仰者的面前，在这种情况下，他们的人生因为有了信仰的方向，虽然痛苦，还是要继续前行，在前行中，我们要以现实生活为背景，用道家的人文精神，来激励他（她）们走出困境，走到阳光大道里。那么，道家的人文精神是什么呢？李道湘先生说："所谓的人文精神，指的是人对自身的关注，对人的生存意义、价值的思考，对人自身的尊严和权利的重视，对人生的终极关怀，实际上，人类一直被这一问题所困扰。一方面，人类要为自身的生存而奋斗，创造更多的物质财富以满足人类自身的需要；另一方面，又时刻担忧追求财富的欲望无限膨胀会导致人生意义和价值的失落，人丧失其人之为人的本性。"[2] 道教的人文

2　李道湘〈庄子的人格理论与现代人格的建构〉，载方立克主编《走向 21 世纪的中国文化》第 313 页，山西教育出版社，1999 年 1 月版。

精神，包蕴在黄大仙信仰当中，人对于自身的健康、财富、人生等的关注，是自发性，对人的生存意义和人生价值的思考，就是有了道教的人文精神基础，当人能对自身的尊严和权利重视；对人生的终极关怀有着清醒的认识时，这不论从道德还是从法律角度来看，均与现代社会所倡导的精神文化体系相吻合，所以说，黄大仙信俗文化的精神基础和人文境界，和现代社会倡导的精神文化体系是相对应连接的。人，追求财富到了一定的程度，物质财富虽然满足了自身的需要；这时，有思想的人，会担忧追求财富的欲望无限膨胀，导致人生意义和价值的失落，人丧失其人之为人本性的焦虑感出现了，道教的人文精神，黄大仙信俗的人文，就是在这两者之间期求一种平衡力，这一种平衡力，它包蕴在黄大仙信仰的行动之中，这一种平衡力，就是要我们道教人士、民俗学人以现实生活为背景，来因势诱导；来循循善诱；使黄大仙信仰者能树立形象，并把黄大仙作为精神的支柱，建立独立人格，有了一种走出困境的超越精神，这是道教糅合了历史和现实的文化结构，以及黄大仙道教哲理的人文内在体现，香港啬色园黄大仙祠就是其中的佼佼者，因为三教文化在这里结合，其又凝聚了西方文化，所以我说，香港啬色园黄大仙祠完完全全是最鲜明的、最有凝聚力的、最有中国民俗文化内涵的、最有代表性庙宇之一，其庙宇在香港，并没有把西方文化作为无根的嫁接，而是把中国最传统的民俗文化作为根蒂，来凝聚各种文化，来完全满足中国民众和世界华人社会的需求心理，来给信仰者指明了生存意义，以及人生价值、社会生活、经济形态等等方向。黄大仙信仰能改变信仰者的人生，也能顺应民心。我们要以现实生活为背景，用道家的人文精神，关注、关爱弱势群体，为他们提供各种帮助，用黄大仙文化精神来激励他们，为他们树立形象，来满足他们的精神需要。我们要用黄大仙文信仰文化，凝聚各种力量，形成中国民俗文化特有的向心力，来传承文化，服务大众，顺应民心，利于构建和谐社会。

黄大仙信仰里面，有着中国深厚的民俗文化内涵，时至今日，其也有着重要的现代意义：

一、 黄大仙信仰可以参与现代社会人格的建构，其崇尚自由、开拓、进取、博大开放的人格魅力和文化特性，有利于社会和谐。

黄大仙信俗里，有一种中国独有的人文精神，这种人文精神就是崇尚自由、开拓进取，中国文化的崇古、循古，从传承方面来说，我们对文化的继承是有力度，它也能有效地激励中国人去了解中国文化，但是，中国人喜欢对中国文化进行不疑的继承，这个不疑，就会使中国文化无法存精弃劣，比如，循古不疑去理解"道"和"无为"，你就会认为中国文化完全有明哲保身、清静无为的保守思想，其实不然，如果你能在疑古中创新，你就会发现，中国文化，特别是包蕴民俗文化内涵的黄大仙信仰，是没有排他性，在香港的黄大仙信仰里，它就糅合了中国三教和西方文化的优点，这也使黄大仙信仰赋予了现实意义和积极意义的文化内涵，黄大仙信仰能循古崇古，厚古不薄今，也能疑古创新，没有排他性，博采众长，道教在唐代时，就能散发出的一种博大开放的文化特征。现代社会，人们崇尚自由，但人的生存的压力又很大；现代社会，变化多端，人要开拓进取，才能立足于社会。这样子，人们就不能不向黄大仙学习啦！黄大仙崇尚自由、开拓进取、博大开放的人格魅力和文化特性，能使人在激烈的社会竞争中，随时保持平和的心态，其又能开拓进取，满满的充满正能量，其博大开放的人格魅力，其包蕴在人格魅力和文化特性中的人文精神，有着各种平衡力，这平衡力能促进团结，营造出一种平等而安宁的社会氛围，这种社会氛围的构成，与现代社会人格的建构保持一致，有利于社会和谐。

二、黄大仙信仰包蕴现代民族精神，其乐善好施、除害兴利、泽被四方的情怀，可以参与现代世界观的建构，有利于社会和谐。

黄大仙信仰里，有一种中国独有的民族精神，这种民族精神，包含在黄大仙乐善好施、除害兴利、泽被四方的故事中；包蕴在中国文化的世界观里面。这种民族精神，是一种中国人特有的情怀，这民俗情怀，是扎根在中国人乃至世界华人内心中的、一种亲和力民族情绪，这种情绪，是爱庙、爱乡、爱国的纽带，这情绪，就是爱的牵引、情的呼唤。一句话，这种情绪，就是文化的民族性，所谓文化的民族性，如王树人先生所说："文化的民族性，是同这些民族的规定性相联系，或者说是反映和表现这些民族特性的。反过来说，如果作为具有特定民族文化的成员，一旦丧失了他原来的民族文化，那么，尽管他的长相还是原来那个民族的长相，然而，由于他已经丧失了原来民族的规定性，他也就不属于原先那个民族了。"[3] 黄大仙信仰，其文化传承，都和中国的民族

---

3 王树人〈论文化的民族性与世界性〉，载方立克主编《走向21世纪的中国文化》第313页，山西教育出版社，1999年1月版。

的规定性相联系，在语言、文字、风俗、礼仪等等方面，都是中国化的，其又积极地反映和表现这些民族特性，这种民族性，在黄大仙的信仰，特别在香港的黄大仙信仰中，就积极地反映和表现。香港的黄大仙信仰，其庙宇以中国语言、文字为载体，文字是繁体字，更是文字学上的源头，风俗、礼仪等等方面，以道教文化为主，儒、佛文化并行，所有的这些，都有民族文化精神。然而，现代民族精神是什么呢？就是他失去了中国民族的规定性，比如他从小居住在国外，接触不到中国民族性的东西，或许他们本来是蓝眼睛黄头发的外国人，但是，他们一接触到中国文化，就爱上中国，并且，他很积极地反映和表现这些民族特性，他（她）们爱中国，也没有背叛之心，他（她）们的长相虽然同或不同于中国人，然而，他们就是地道的中国人！我认为，文化上的认同，比肤色的相同，更有亲切感，这就是我的现代世界观。黄大仙信俗包蕴现代民族精神，这种现代民族精神，可以体现在是爱庙、爱乡、爱国上；这种现代民族精神，可以体现在其乐善好施、除害兴利、泽被四方的情怀上；这种现代民族精神，以中国民俗文化为主，以民族文化精华立为中国之魂魄为要，然后就可以服务于现代社会，规范世道人心。黄大仙信仰中博采众长，虚怀若谷的文化底蕴，可以参与现代世界观的建构，有利于社会和谐。

　　黄大仙信俗的现代意义很多，其独立人格、淡然处世、平易近人的形象，符合了中国民众和世界华人的审美心态；他对于中国民众和世界华人的平视（不是让人俯视和仰视），强化了中国民众和世界华人的亲善情怀；他对于中国民众和世界华人的文化传播，巩固了中国民众和世界华人的爱国热情。黄大仙信仰的独特文化形式、社会价值和现代意义，我们如果进行保留、发掘、研究、充实、传播，必将使其成为世界华人乃至人类所接受的信仰。我们要做好黄大仙信仰的民俗传承工作，也要好好地研究黄大仙信仰的现代意义，正如民俗学家仲富兰说："着眼长远，立足现实，努力发掘，弘扬风俗与信仰文化中的积极因素，积极、稳妥地发挥风俗与信仰功能的积极作用，才能为构建社会主义和谐社会作出应有的贡献。"[4]黄大仙信仰作为中国精神文化的一部分，其有着中国人的民族情怀、民族魂魄、民族精神，等等，其文化中的积极因素，还需要我们积极、稳妥地发挥他的积极作用，有利于社会和谐。

4　仲富兰著《我们的国家：风俗与信仰》第 177 页，复旦大学出版社 2012 年 8 月第 1 版。

道 與 樂
──試論道教神性和音樂意韻的契合及其作用

香港演藝學院　許菱子

【提　要】道樂是道教文化的重要組成部分，道教的神性與音樂紛呈意象有諸多的契合，道與樂的相互交融，形成了特有的「神」「韻」，道教追求自然無為，反映在音樂上，表現為空靈清淨，重視對人的心理調動，本文試論道與樂的契合及作用。

【关键词】道教　神性　音樂　意韻　契合

一、諸　論

　　道教產生於漢代，是春秋時期道家哲學的宗教化、神學化，「道家和道教同出一種原始宗教即巫教，可暫稱古道教」。[1]道教源於遠古的巫術，而道教音樂繼承了「巫以歌舞降神」的傳統，[2]巫覡的祭儀、原始的圖騰崇拜、祭祀樂舞所使用的音樂是道教音樂的原始狀態，道樂的表演形式和道教經韻的內容結合，以表達「道」的精神，也是道家藝術精神的感性顯現。除了從民俗長期形成的鬼神崇拜、方術、神仙意識之外，它的思想性既有外來的佛家，亦有賴於長期植根於中國的儒、法、墨等諸家，相互吸納和滲透，形成了中華民族的世界觀、宇宙觀和人生觀念，成為其獨特的習俗生態、影響著人們在這種大人文環境中的角色演繹，生成了國人的行為、習慣和理念，而音樂由三分損益法求得的如黃鐘、大呂等十二律以及中國特有的宮、商、角、征、羽調式，豐富的音律以及富於中國風格特色調式，包含著博大精深中國傳統文化藝術的精髓，道家學說更是賦予了道教音樂以深奧的內蘊。道與樂的相互交融，形成了特有的「神」「韻」，結合科儀儀式在祈福謝恩、祛病延壽、解厄禳災、煉度賑濟等齋醮法事以及自我修煉中達到濟世救己、性命雙修的效果。

1　聞一多，引自匡傳英，〈從「道」的「無為」看道教音樂的特點〉，《大舞臺（期刊）》，2014 年 3 月，頁 23。

2　周振錫史新民，《道教音樂》（北京：燕山出版社，1994），頁 2。

二、道教、道樂的發展

1、道教為原始宗教演變而成，它以黃老學說為理論基礎，與各宗教的唯一性不同的是，它從創教之初已經顯示出華夏民族的包容性，它的思想性既有外來的佛家，亦有賴於長期植根於中國的儒、法、墨等諸家以及陰陽五行、醫家養生等的修煉理論。道教自身也發展出了如上清派、全真派、正一派等具有規模和影響力的道派以及各地域的道派，它超然自在、逍遙飄逸，反映了道教的神仙追求，包含了老子的自然、豁達而飄逸的人生觀、宇宙觀和方法論。道教的對各家的收納和摒棄顯示出道教思想的智慧，體現在道家哲學中宇宙本體運行的「道」的根本。道教的教理、教義、以及神仙信仰，在涓涓流河、潤物細無聲中醞釀著華夏的民族性、滲透華夏子民靈魂裡，鑲嵌在骨子裡，凝聚了華夏民族之情，成就了中華民族之魂；某種意義上說，道教音樂乃至中國音樂在如此潤韻細無痕中形成了獨特的風格特性。西方科技史家的研究也道明道教與中華民族就如樹根與大樹的關係，強調了道教對中國民族性的重要性。

2、道教的神性與樂的神韻結合，相得益彰，神妙至極。道樂依附於道教的的儀式，「道教經韻音樂現今能見到的最早記載是北魏神瑞二年（西元415年）嵩山道士寇謙之撰《雲中音誦新科之誡》」，[3] 至唐代的道教的地位處於儒教和佛教之上，居三教之首。尤其是唐玄宗對老子思想的推崇，是道教繁榮、昌盛的時期，著名的《霓裳羽衣曲》正是唐代的作品；至宋代帝王多崇奉道教，尤其宋徽宗不僅對繪畫有高深造詣，也以崇奉道教著稱。而宋真宗命編的《道藏》中，也具有豐富的音樂記載和論述。宋時所輯錄五十首唐宋道曲的《玉音法事》是目前能見到的最早道教音樂歌腔譜集。至明初已有道教音樂譜集，尤其是明嘉靖年間宮廷齋醮日盛，「不齋則醮，月無虛日」；[4] 道教音樂也漸趨於規範化。至清代道教音樂已含有曲藝、戲曲的元素。並向世俗化發展，從葉夢珠在《閱世編》卷九中「讚頌宣揚，引商刻羽，和樂笙歌，竟同優戲」，中可看出端倪。道樂因各個歷史時期因政治、經濟、文化以及各特定地理環境的因素影響，決定著各個特定歷史環境民族的世界觀和審美意識。在歷史發展中，時代戰亂，社會的不穩定，人們長期積澱於胸的情懷通過音樂抒發「可道」的和「不可道」的胸中之逸氣，實在不失為一種最佳管道。

3　武漢音樂學院道教研究室編，《全真正韻譜輯》（北京：中國文聯出版社，1991），頁8。
4　武漢音樂學院道教研究室編，《全真正韻譜輯》，頁13。

三、「道」「樂」的「神」「韻」

「『韻』在道教音樂的概念體系中佔有重要地位，已是道教仙樂的代名詞，如『九天之鈞』、『天鈞』（魏晉）、『音韻』（南宋）、『陽韻』（元代）、『聲韻』（明代）、『法韻』（清代）。清代後也用『鈞樂』，特指器樂曲牌，或用作道樂曲譜書名，以至於有象徵道派、地域風格的全真韻、東北韻；曲名連用的澄清韻、清虛韻」。[5]「韻」的運用於靜態的繪畫中有「氣韻生動」，中國歷朝中數元朝最多有志之士或文人墨客成為了傳道者，或隱居林山之中，我們常能見古山水畫作品中，表現山靈之氣，具有道骨仙風、寂寥空淡的意境中，在幽靜、清虛的林、山、水之間隱約中見一位操琴之人，清幽之中顯「韻」致，當為道和樂「神」「韻」的最佳體現；而在動態的音樂演奏上講究「氣韻貫通」，以達到表現空間感，在中國傳統樂曲《出水蓮》、《平沙落雁》、《蕉窗夜雨》，雖為景色的描寫，卻景中見情，人才是意象中要表達的對象，只為借景抒情、以心性、道性帶出出水蓮花，雁落平沙、雨滴芭蕉的心境，是一種道性和音樂意境的交融。

一個好的演奏者，表演狀態中對觀眾存在著一種超然的心靈感應，能感應到觀眾的心靈與審美的要求，因為這種感應表演者本身會產生一種自然的、外人不易覺察的、內在的表現的狀態的調整，有時在自我的操控之中，有時卻是一種不自覺的行為，與觀眾之間似有一種無形的溝通的橋樑，與觀眾同呼吸，共同進入一種忘我之境，神妙的音樂意、念，恰似一種無形的磁場的引力，音樂演奏可以「用氣韻貫通去感受舞臺演奏的『人 -- 琴 -- 觀眾』合一的大『氣場』」。[6] 這也許可以解釋道教通過儀式，音樂可以達到與神靈溝通的目的，是一種內在的念力，道人和樂家均可以通過修煉，達至念力、內力、張力、磁力的另外一種玄妙的「韻」的境界。如「莊學的清、虛、玄、遠，實為『韻』的性格、內容，超拔世俗之謂清，清則韻，韻則遠，遠則玄，故晉代有清韻、遠韻、玄韻的觀念」。[7]

5　蒲亨強，〈陰柔清韻——道教音樂審美風格論〉《中央音樂學院學報（季刊）》，1998 年第 1 期，頁 66。

6　許菱子教學語錄，引自「古箏網」。

7　蒲亨強，〈陰柔清韻——道教音樂審美風格論〉，頁 66。

四、道與樂的太極形態

1、道教吸收陰陽家的太極原理，而太極，是「道教哲學中的一個重要範疇。意蘊深遠博大，其將深刻的對立統一的辯證原理，抽象為一太極圖，構思的簡潔和高遠是世上罕見的。而以音樂的內涵來表現太極的內涵，則是道教的一大創造」。[8]中國音樂講究對仗，講究起承轉合，常從主題的呈示、發展至最後的再現，代表一種圓滿的迴旋再現，即使是循環往復，也萬變不離其宗，在深邃、廣袤博大的天、地、人大宇宙空間、事物的矛盾運動、互為轉化的運程中，音樂以宮、商、角、徵、羽五音系統組成的音調，是一種至精至簡的道的內涵的體現。無論從道樂、甚至於宮廷音樂、文人音樂或地方音樂，均可以包含有中國道教的太極含義。在《呂氏春秋・大樂篇》關乎音樂的描寫也體現了道和樂的神與韻的太極關係：「樂之所由來者遠矣，生於度量，本於太一，太一出兩儀，兩儀出陰陽」，[9]而出自《易經》的「一陰一陽之謂道」；[10]具有萬物之奧的道、玄天之韻的樂的太極形態中，實在也是「道」和「樂」的「神」「韻」的玄奧之妙。正如西方音樂學家的研究，音樂遠遠不止音樂，把音樂定義為一種意圖，正因為如此，道教儀式中利用音樂「可和陰陽」的特性以加強義理的宣導作用，道教音樂在儀式中增加了「傳言奏善」和信仰的力量。

五、道樂與自然

《漢志》言術曰：「函三為一。極，中也，元，始也。始動於子，參之......曆十二辰。得十七萬七千一百四十七。此陰陽合德，氣鐘於子，化生萬物者也，殊不知此乃求律呂長短體算立成法耳」，[11]雖然為沈括于班固關於時辰與音樂律數的計算法的反例，但也說明了中國陰陽化合，元氣變化滋生萬物與音律之間的變幻互通之關係。或如「角者，物生之始也。徵者，物之成，羽者，物之終」。[12]沈括把音樂中宮、商、角、徵、羽與天地萬物生長規律相聯繫。又如「聽其聲，求其意，考其序，無毫髮可移，此所謂天理也。一者人鬼，以宮、商、

8　蒲亨建、〈琳瑯振響古韻幽〉《國際音樂交流》1995 年 2 期，頁 32。
9　周振錫史新民，《道教音樂》（北京：燕山出版社，1994）頁 16。
10　周振錫史新民，《道教音樂》（北京：燕山出版社，1994）頁 16。
11　沈括，《夢溪筆談》（北京：人民音樂出版社，1979），頁 36。
12　沈括，《夢溪筆談》（北京：人民音樂出版社，1979），頁 45。

角、征、羽為序者」；二者天神，三者地抵，皆以木、火、土、金、水為序者」；[13]
有關樂對自然的影響有諸多的描述。道教經書《太平經》記載有中國最早的音
樂理論：「又五音乃各有所引動，或引天，或引地，或引日月星辰，或引四時
五行，或引山川，或引人民萬物。音動者皆有所動搖，各有所致。是故和合，
得其意者致善，不得其意者致惡」。[14] 說明音樂能引動天地人、日月星辰、山
川萬物，反映時事；正是「音聲正天地陰陽五行之語言也。聽其音，知天地情，
四時五行之氣和」的反映。[15]「樂，小具小得其意者，以樂人；中具中得其意者，
以樂治；上具上得其意者，以樂天地」，「得樂人法者，人為其快喜；得樂治
法者，治為其平安；得樂天地法者，天地為其和」。[16] 如上兩段對音樂的描寫
顯示出了《太平經》撰寫者在更高層次上闡述音樂與自然的關係，同時作者的
感悟性顯示其專業的音樂觸覺和政治智慧。「樂與人共之；地有德，樂與人同之；
中和有財，樂以養人。故人生樂求真道，真人自來，唯天將欲興有德人君也，
為其生神聖，使其傳天地談，通天地意」。[17] 音樂可以益國家、調天氣、壽個人，
我們可以看到《太平經》中對音樂的描述，它的功能和作用在至乎道的層面上
的通天、通神、達地以及對自然和時局的影響。

六、「道」·「樂」的「非常道」

《道德經》第一句「道可道，非常道」，真正的道理非我們的語言可以表
達，從某種意義來說，音樂的語言中有著這樣的「非常道」的原理，內心的情
感非言辭可以道明，音樂與道共同的是體悟，更講究感悟，講究心靈的感受，
而這種體悟和感受受時間性、地域性、最重要是個人修為形成的世界觀，審美
層次決定著當下的真實感受，同樣的人在不同時間聆聽同一首作品感受也會有
變化，不同人的演奏技術，學識修養在演奏同一首樂曲所表現的音樂內涵層次
可以大相徑庭。所謂「意在音外」正是這個「道」裡。所以，欣賞音樂不需要
懂得音樂，只需要去感受音樂，隨著樂音使自己的思想馳騁四方，去「見」景；

13　沈括，《夢溪筆談》（北京：人民音樂出版社，1979），頁 46。
14　《太平經》卷一百十五至一百十六，引自周振錫史新民，《道教音樂》（北京：燕山出版
　　社，1994），頁 17。
15　《太平經》卷一百三十七至一百五十三，周振錫史新民，《道教音樂》，頁 18。
16　《太平經》卷一百十三，引自周振錫史新民，《道教音樂》，頁 130。
17　《太平經》卷一百三十，引自周振錫史新民，《道教音樂》，頁 130。

去「悟」性；去「感」情。「在《史記‧樂書》中『大樂必易，大禮必簡』」。[18]
與老子《道德經》四十二章中「大音希聲，大象無形，道隱無名」。所體現的
「道」，簡約而不簡單，是為中國宗教的神性和哲學思想，「道」的體悟和「樂」
的感悟如此契合，以之坊間才有「師傅領進門，修行在個人」的說法，正是這
樣的哲學思想的主導作用，中國的宗教的多樣化，這一個奇異的現象也反映在
箏音樂各流派的產生。如以「秦聲見稱的陝西流派；鄭衛之聲的河南箏；齊魯
雅韶的山東箏；武林的浙江箏；韓江絲竹的潮州箏；中州古調、漢皋舊譜的客
家箏□□□」；[19]以俞伯牙鐘子期高山流水遇知音為題而成的浙江流派箏曲《高
山流水》，王昌元和項斯華兩位箏樂大師，她們同出師門，但是所表現該樂曲
樂曲的意象，王師表現出泰山、黃河之雄偉壯麗的氣勢；項師卻以秀美流韻見
長，表現偏於秀麗、華美的富春江山、水意象之別，這是演奏者自身的區別，
就欣賞者來說，對兩位大師的演奏也各有所好，當中體現出道和樂的本一和生
萬物之確定性和不確定性的變幻形態，道教的神性與音樂的氣韻、神韻、風韻
極為吻合，「道」的「體悟」及「樂」的「感悟」，各秉自身的「道行」，體
現出「非常道」的形態。

七、 道人‧樂家

傳說中唐玄宗遊月宮作著名的《霓裳羽衣曲》，據沈括《夢溪筆談》：「然
《霓裳》本謂之道調法曲」。[20]玄宗尊奉道教，好神仙，並創《降真召仙之曲》、
《紫微送仙之曲》，說明其對道曲的熱衷，還能於道場親授道士《步虛聲》韻，[21]
宋代著名的道人樂家姜夔，創作多首自度曲，自製樂譜，有《祀神曲》、《越
九歌》、《大樂儀》，自創新詞牌，尚有流傳至今的《白石道人歌曲》四卷；
而宋徽宗指令編著的《玉音法事》創制道詞的歌曲大多沿用至今，[22]元代的大
畫家黃公望，既是全真道的傳道人，也是音樂家，善於吹笛；最熟悉的莫過生
於清末民國時期的華彥鈞（阿炳）的《二泉映月》及其他部分二胡、琵琶曲，是
「道」和樂結合的最佳演繹，道教音樂給予阿炳不可磨滅的創作思維靈感和影

18 田青，《禪與樂》（臺北：香海文化事業有限公司，2014），頁 114。
19 、曹正，〈序〉《中國古箏名曲薈萃》（香港：香港上海書局出版，1994），頁 1。
20 、沈括，《夢溪筆談》（北京：人民音樂出版社，1979），頁 327。
21 、張承宗，《中國古代音樂》（北京：科學技術出版社，1995），頁 89。
22 、蒲亨強，〈明代禳制齋醮音樂史料研究〉《中國音樂》，2006 年第二期，頁 45。

響，從某種程度來講，玄宗、姜夔、阿炳的音樂創作靈感來自于道樂，大量掌握道曲的基礎以及本身的音樂稟賦，非凡的音樂才能以及長年累積而生髮的靈感；這種「靈感」與宗教的「頓悟」尤其相似，是認識過程、積累過程中的飛躍和靈性的超越狀態，用音樂的感官去體會道的本質。同時道樂也是他們「悟道」的手段之一，通過音樂宣揚道法。當前仍然被經常演奏的著名傳統樂曲《月兒高》其中的分段段落中有「玉宇千層」、「瓊樓一片」是道樂神仙信仰與音樂意象的絕佳結合；樂曲《將軍令》其中有兩段為「太極兩儀」、「五行正氣」，在表現古典儀仗音樂中卻有「道」意在其中，體現了音樂的內裡乾坤。

八、道與樂的契合及其作用

　　道教音樂除了擁有道教本身的豐富底蘊，音樂成份也吸收了民間音樂，佛教音樂，宮廷音樂，文人音樂，因而使音樂既有道性的真及人性中不同層次的審美取向。背後隱藏的文化內涵，起著烘托宗教氣氛，渲染法事情節的作用，也是營造和諧氣氛不可缺少的部分，道教音樂通過絲弦曼妙之音、法器的金石鳴響與發自心靈的虔誠誦經之聲來表達神仙信仰，既吸取民間音樂的精華，通過「神化」了的民間音樂，又從不同層面推向民間，互相影響和滲透，從民間的各種廟會、善堂、節慶以及正統法事的音樂中可窺見一斑。而殿堂的肅穆，煙香繚繞，飄渺的樂聲，以及經生的詠誦，經詞和道樂相匯而導入了一種虛幻的意境和空靈的聲響，在科儀儀式中，道內的經師在修持中，道樂是修煉的途徑之一，通過音樂喚起內在念力，達到與神交往、煉養身心的目的；道外，從社會功能來講，一般信眾通過儀式中道樂的輕逸飄渺、加強善念。道教的科儀儀式在祈福謝恩、袪病延壽、解厄禳災、煉度賑濟等齋醮法事以及自我修煉中達到濟世救己、性命雙修的效果。

　　「道是一個不可阻擋的變化的過程，也是所有運動變化的原因和規律，道是本源，是永恆。它處於永遠的運動中，而本身卻從不發生改變」。[23] 音樂作為最核心部分的每一個單音，保持著永恆不變的震動頻率，而音與音之間的組合變化，卻幻化出無窮的音樂意象。道教追求自然無為，「道」以自然靜心本性為宗，反映在音樂上的空靈疏淡，在守靜，澄清的修煉與道樂音聲中，進入一種自我透視的，虛空中溝通神靈、溝通天地，調動心中善念，以達到道家所

23 　、漢斯（德）尹耀勤譯，〈源自道的精神的音樂〉，《中國音樂》，1996、1 期，頁 47。

追求的修行養生的效應。

　　具有哲學和神學概念的道教，內容豐富龐雜，人們對「道」的理解也各有不同，「既可以解釋為道德原則、政治原則、事物發展的基本規律、以及與天象有關的自然規律」。[24] 從《太平經》關於音樂的描述，我們很容易感受到音樂在很多方面反映出了「道」的概念，是「道」的感性顯現。筆者曾經接觸過「太極五行功」，具體運作是在規整、簡練而伴有鐘、磬的道樂聲中，以意念想像太極的運轉，先以呼吸法接收日、月、宇宙精華，再以木星、火星、土星、金星、水星對應肝、心、脾、肺、腎人體器官，配以綠、紅、黃、白、紫五色及在鐘磬音樂聲中角、徵、宮、商、羽五聲調式的道樂，在兩個小時的時段中，根據筆者的體驗，的確能夠進入物我兩忘的境地，當為「道」與「樂」交融中的實際操練，實實在在體驗到道與樂契合中達到輕身去瘀修身養性的效果，受益終身。下面列出「太極五行功」中五行、五色、五音與人體五臟的對應表：

　　　　木星--肝—綠色—角（音樂E音）

　　　　火星--心—紅色—徵（G音）

　　　　土星--脾—黃色—宮（C音）

　　　　金星--肺—白色—商（D音）

　　　　水星--腎—紫色—羽（A音）

結　語

　　歷史的演化決定著個人的思想意識的變化，也決定著個人的思維方式，其中，道教對中國的民族性起到相當重要的影響，正如魯迅所說「中國文化的根柢在道教」，人作為一個主觀的個體，他的人文屬性、天賦、性格、知識和品德修為、甚至於骨子裡和融于生命中的基因、受到生命歷程中階段性的所見所聞，包含了一種人生感、歷史感，所以常說「外師造化，中得心源」、「胸羅宇宙，思接千古」，這是一種很複雜的攪合、形成了個人的世界觀和審美意識，體現在音樂中則如《太平經》中：「語談」，音樂體現了不同的內心追求，體現個體韻味特質，為此情此景的交匯，此意此象的融通，因此，道樂包含了道的確定性和不確定性的大統之外，也包含主觀想像或意象，具有道性的縱向和

24　、周振錫史新民，《道教音樂》（北京：燕山出版社，1994），頁35。

橫向、宇宙空間的深度的意蘊，表達著音樂中的複雜性、獨特性和神奇性，因此道的神性和音樂的神韻，也是形成中國文化底蘊之重要因素。在全球化的大統體，思想解放、追求個性解放的今天也具有其現實意義和獨特的價值。

古老的道樂以其「大音希聲」的道心、核心意蘊，渲染和烘托了道對人性自由、自然、無為、豁達、飄逸的人生觀、宇宙觀，是「神」「韻」的契合。道樂的每一個音符本身無論從它的內核的音和外延的韻，滲透著道教道家深邃雋永思想的精神，成就了華夏民族的人格、品性。

參考文獻：

1、 王純五、甘紹成，《中國道教音樂》。成都：西南交通大學出版社，1993。

2、 曹本冶，王忠人，《中國道教音樂史略》。臺北：新文豐出版公司，1996。

3、 曹本冶、朱建明，《中國儀式音樂研究叢書——海上白雲觀施食科儀音樂研究》。上海：文化藝術出版社，2012。

4、 曹本冶，《大音》，第四卷。上海：文化藝術出版社，2011。

5、 曹本冶，《中國民間儀式音樂研究》。上海：文化藝術出版社，2011。

6、 曹本冶，《香港道觀之：盂蘭盆會個案研究》。上海：文化藝術出版社 2011。

7、 周振錫，史新民，《道教音樂》。北京：燕山出版社，1994 年出版。

8、 胡軍，《中國道教音樂簡史》。北京：華嶺出版社，2000 年。

9、 田青，《禪與樂》。新北市：香海文化事業有限公司，2014。

10、 呂錘寬，《臺灣的道教儀式與音樂》。臺北：臺灣學藝出版社，1994。

11、 陳紅，〈道樂：道家藝術精神在音樂中的顯現〉《音樂探索》。成都：（季刊），2008 年 2 月。

12、 蒲亨強〈陰柔清韻——道教音樂審美風格論〉。北京：《中央音樂學院學報》（季刊）。1998 年第 1 期。

虚与实之间：岭南黄大仙灵验传说
及其对信仰的建构

中央民族大学 哲学博士　　**陈晨**[1]

【提　要】文章通过梳理黄大仙信仰在岭南初传、发展及兴盛等不同阶段的灵验传说，分析岭南黄大仙灵验传说群的特点及发展脉络，揭示其衍生与传播机制，并探讨灵验传说与岭南黄大仙信仰建构和发展之间的互动关系。

【关键词】灵验传说；黄大仙信仰；岭南

引　言

本文所讨论的"黄大仙信仰"，是指敬奉"黄初平大仙"的道教民间俗信。黄初平[2]，道号赤松子，相传为晋代浙江金华人，金华普遍认为当地信仰黄大仙的历史可追溯到晋代，至今已延续 1700 多年，期间虽经历兴衰但从未中断。葛洪《神仙传》有"皇初平"条，描写了他"叱石成羊"的神迹故事，这是关于黄初平大仙的最早记载。

明朝中晚期，黄大仙传说传入岭南，清末始有专奉黄大仙的道坛，其中影响最大的要数普济、普庆、普宜[3]及普化四坛。四坛因应时代变迁、岭南社会背景及信仰文化，提出以"普济劝善"为信仰宗旨，大力发展宗教慈善，表达道坛的社会关怀；又以"三教共尊"为信仰原则，汇聚儒释道信众并提升道坛信仰内涵；同时亦着力塑造黄大仙"有求必应"的灵验形象，以符合岭南民众的信仰心理。

在岭南，黄大仙"有求必应"的灵验形象是通过大量的灵验传说从而得以确立及巩固的。如果以传说的角度切入去观察黄大仙信仰文化，可以发现虽为同一种信仰，但岭南与金华的差异是很大的。

1　作者简介：陈晨，女，汉族，哲学博士，中国社会科学院世界宗教研究所博士后，汕头大学文学院讲师。
　　基金项目：国家社会科学基金项目"周边国家宗教发展态势及其对我国稳定、文化安全的影响"（项目批准号：14@ZH028），作者为项目参与者。
2　亦有历史文献写作"皇初平"。
3　普宜坛即啬色园，1915 年创坛于香港，1921 年定名为"普宜坛"，同年成立"啬色园"作为普宜坛的核心管理机构，此后信众及文献多称啬色园。

金华黄大仙传说最大的特点就是与地方风物民俗的紧密结合，其传说群几乎都是展现地方风物民俗风貌的故事。其中包括黄大仙与当地自然景观，如"叱石成羊"与金华羊石、"夜筑斗鸡岩"与斗鸡岩、"增桃度仙"与棋盘石等；黄大仙与当地人文景观，如"二仙造桥"与二仙桥和二仙桥村、"二仙井"与二仙井和黄溢村等；黄大仙与当地物产，如"赐方种萝卜"与北山萝卜、"九峰茶"与九峰银毫、"丹水植香黍"与贡米香黍、"黄大仙菜"与黄大仙菜等；黄大仙与当地民俗，如"二仙造桥"与肯酒和市日风俗、"斗牛伏虎"与金华斗牛等。金华黄大仙传说的故事中心基本都在说明这些风物民俗的来源，继而刻画黄大仙的慈悲，以及他对于故土的深厚感情。当地学者们有一种观点很能说明问题，即认为在金华人眼里黄大仙首先是一位故里，然后才是一位神仙。

然而，岭南的黄大仙传说基本都是灵验故事，集中塑造黄大仙的"有求必应"，岭南人眼里的黄大仙是一位灵验而又全能的神仙。同一种信仰发展出两套风格迥异的传说故事群，岭南的黄大仙灵验故事究竟是如何发展演变的，灵验传说对于黄大仙信仰在岭南的确立、发展及至兴盛又起到了怎样的推动作用？文章尝试通过梳理岭南黄大仙信仰在不同阶段的灵验传说，分析黄大仙灵验传说群的特点及发展脉络，揭示其衍生与传播的相关机制，并探讨灵验传说与岭南黄大仙信仰建构、发展之间的互动关系。

普济坛的黄大仙灵验传说

普济坛，岭南第一个黄大仙道坛。1897 年，普济坛创建于番禺大岭村[4]，它的前身是一个家族鸾堂，创建人陈启东是乡间私塾的教师，生平好善，尤喜扶鸾遗兴。普济坛成立时有弟子 10 人，他们都是陈启东的家人、族人及同好，"业"则都为"儒生"。普济坛成立后发展迅速，先看参拜信众的盛况，按劝善书《惊迷梦》的记载是"问事者日环其门"[5]，《金华风貌》则形容为"每日前来求方者，川流不息，门槛为穿"、"善信日多"且造成了"原址不敷应用"的困难，因

---

4   广东番禺大岭村，原名"菩山村"，因背靠菩山而得名，明嘉靖年间改名为"大岭村"，因此普济坛也常称创坛于"番禺菩山"。

5   惊迷梦·三集.啬色园七十周年纪庆普宜坛重印版，1991：4。《惊迷梦》是普济坛的劝善书，记载了道坛创建发展的历史。

而决定"择地建坛"。再看入道弟子之遽增,《普济坛同门录》的序言之中写道:"钦慕而入者百余人,因其远来着罢,遂支分于城邻花地,建一祠尊",可知一方面弟子数量有大幅增长,从 10 人跃升至"百余";另一方面这种增长又是十分迅速的,普济坛在 1898 年农历八月的乩文首次谈及建祠,这距离道坛成立不过短短 1 年时间;而且,弟子的地域来源也大为扩展,远来着众,早已不再限于大岭村陈氏。

建祠一事很快得以推进。1899 年,普济坛走出大岭乡村,在芳村花地建成"黄仙祠"。芳村当时是广州的后花园,与城中心隔江相望,又依靠花地河接入珠三角水路网络,黄仙祠借助优越区位,得以面向广州乃至整个珠三角的广大信众,祠庙建成后道坛有了更大的发展。关于普济坛黄仙祠当年之盛况,曾有回忆文章这样写道:

> 据一些老人回忆,每年的农历七月十四和农历正月初七、初八是善男信女前来许愿、还愿最热闹的日子,不但市区的人乘艇过江而来,南海、顺德也有不少信徒来上香。是日黄大仙祠前约三十亩宽的广场形成香烛、食品和工艺品的集市,还有唱戏的,卖艺的,热闹非凡。

普济坛创建初期,对于岭南信众而言,黄初平仍是一个陌生的神仙,而由一群儒生所领导的家族式道坛也并不精通于推广传播。那么,普济坛是如何达到如此迅速发展的呢?答案是灵验传说。

> 高深善在家,其妻难产二胎,当天祷告,即安然无事。
> 不少患者,闻风而至。……,仙师亦抱济世之心,凡求方者,随方施治,无不药到病除。而黄大仙之名,早已远近驰名,善信日众矣。

显然,正是黄大仙乩(药)方的灵验,以及由此演说而成的传说故事,在

---

6 梁本泽.金华风貌.卷一.啬色园藏本,第 4 页及第 5 页。梁本泽是啬色园创建者梁仁菴的孙子,自幼受家庭影响而笃信黄大仙。他深感岭南黄大仙信仰"但因缺乏文献记载,近世言者,多属揣测之辞",因而搜集整理普济、普庆、普宜及普化各坛历史资料,写成《金华风貌》,记录了岭南黄大仙各道坛从清末至战后初期的发展历程,是研究岭南黄大仙信仰重要的文献资料。

信众之中广泛流传，从而促使普济坛迅速形成了"户限欲穿"、"远近驰名"的兴盛局面。

但迅猛的发展很快又为普济坛带来了危机。1897 年十一月初八的乩文，首次提及有人质疑黄大仙"言吾等非神非仙，其心半信半疑"。神奇的乩方自然成为被质疑的中心，黄大仙多次概叹"旁人谤我是庸医"；在得乩方而病愈的信众传扬黄大仙灵验之同时，"闻风而至"却未得痊愈的信众开始怀疑黄大仙，"反疑吾之不灵兮……更毁吾谤吾兮非神非仙"。事件愈演愈烈，影响到坛中弟子，弟子中有人表现出不诚信之意，"惟各生居心不一，大仙所训皆有疑为不是"。为解决质疑危机，黄大仙首先对乩方的"灵验"问题作了解释，"惟问病之事，不是示药，必得全愈，则天下无死人之理也。吾居仁慈之心，故问病必答，以安人心，免至彷徨号泣而已。"继而，普济坛又决定收敛锋芒，减少乩方并慎选前来问乩之人，在事态最为严重的关头，甚至一度停止外人问乩。弟子的不恭敬与不诚信则让黄大仙大怒，普济坛一再严明坛规，警戒"各生务宜遵吾辈训，勿半参疑信为是"，更借关帝之口严厉斥责并欲以重罪惩戒怠慢之人，要"将生等善字革除"，逐出道坛，甚至"以结此坛"。同时为坚定弟子的虔信之心，关帝更施展"神迹"：

> 如不信试看香炉处，是时香炉柱中柱香已尽仍如有香竖起书字后其乩飞掷丈余，各生皆为之色变。

停乩持续了一个多月，当1898年四月乩坛重开时，黄大仙又再"乐哉乐哉"，普济坛最终顺利渡过了道坛成立以来的第一次危机事件。而值得注意的是，在质疑事件发生之同时，普济坛并没有停下它迅速发展的步伐，一方面是部分信众与弟子的"半信半疑"，另一方面同期的乩文又一再说"坛前如蚁又如山"、"随坛随坛，事务如山，人来人往，那有偷闲"。质疑事件之后，黄大仙的灵验仿佛得到了验证，质疑事件本身及其圆满解决被演说成为一个灵验传说，在种种神迹故事的烘托之下，刻画黄大仙的神机妙算。

当人们去考察围绕着普济坛而流传的黄大仙灵验传说，容易发现，信众津津乐道的既不是"久远的"晋代时之"叱石成羊"，也不是"遥远的"金华之风物民俗故事，而是像"质疑事件圆满解决"或得乩方而病愈的故事一样，是与道坛发展、信众生活相互交织的，发生在普济坛身边的黄大仙灵验故事。而与道坛发展、信众生活相交织，也就意味着这些故事并非完全虚构，黄大仙显现的"神迹"与真实事件共同组成了灵验传说，信众弟子在经历真实事件时，仿佛同时体验了黄大仙的"灵验"。随着这些传说故事的广泛流传，黄大仙"有求必应"的灵验形象得以确立，而这在金华的传统之中是未曾得以挖掘的。这灵验的黄大仙迅速带动了普济坛的发展及兴盛，对于岭南信众而言，原本陌生的神灵以及新生的普济坛，正是借助着这些广泛流传的灵验传说，迅速打开了信仰局面，稳定了信众群体，建立了社会影响，为黄大仙信仰在岭南的进一步发展奠定了坚实基础。

啬色园初创时期的黄大仙灵验传说

1915 年，梁仁菴[7]父子依照黄大仙乩示南下香港躲避战乱，并准备再次开坛阐教。几经周折，在香港众多经商道侣的协助下，香港新坛终于稳定了下来。1921 年，道坛定名"普宜坛"，同年在九龙蒲岗竹园村择得"凤翼吉地"建成祠庙，并成立"啬色园"作为道坛的核心管理机构。经过 90 多年的发展，啬色园大兴于香港，黄大仙被誉为"香江第一显神"，每日过万善信入园参拜，终年香火旺盛；道坛善业的发展尤为突出，啬色园现已是香港最大的华人宗教慈善团体，属下的医疗、教育、安老机构遍布全港，善名远播。

与普济坛一样，啬色园在草创时期，得以顺利在香港扎下根来，仍然是有赖于黄大仙灵验传说的推动。而这些灵验传说最大的特点，也仍然是发生在啬色园身边的故事，且与生活现实相交织。

例如梁仁菴及何小相离世的故事：

> 1921年某日，啬色园得乩文曰："龙华三期会已定，携带弟子往西京"，众人皆不明所指。翌日梁仁菴即患病，就病问乩于黄大仙时，仙师促其早日还乡；且不必服药，每日煎服一粒大悲咒豆即可。梁仁菴回乡后不久就离世。弟子们这才明白乩文实际上就是暗示梁仁菴的仙逝，而黄大仙让其还乡是为了让弟子落叶归根。[8]

7　梁仁菴是岭南黄大仙信仰历史上的关键人物，他是普济坛早期成员之一，后更成为主鸾，也是普济坛花地黄仙祠的主要创建者。普庆坛及啬色园则由他直接领导创建。

8　详见《金华风貌》·卷三的相关记载。

何小相道长，前清进士，啬色园早期弟子，寄住于啬色园内，1928年任副总理。1931年九月，何道长获仙师乩示："汝不回乡省墓已三年，今重九将临，宜归祭扫。"何道长于是回乡。数日后，其长子又蒙仙师赐乩，命速回乡，见乃父最后一面。长子回乡当晚，何道长急病遽逝。对于此事，啬色园道侣均认为乃仙师慈悲，不忍何道长客死异乡，故命他回乡祭扫，以落叶归根，而后更促其子回乡与父永决，免终生遗憾。

黄大仙向来以乩方灵验而闻名，这一时期乩方灵验的传说也很多：

梁[9]年幼曾染上怪病，在大腿，生有一个硬如卵石的疽，群医束手，性命危在旦夕。父梁仁菴命他向黄大仙乞药方，均服食乩方药十余日，怪病竟的痊愈。自此，均黄大仙深信不移。

迨至五年前（1920-1930年之间，笔者注），有友人在本港供奉黄赤松大仙，公余扶乩事及治病，无一不灵异常。……后遇小儿因往学堂上，雨大途滑，跌左手，月未愈，中西医束手，一日携之前往求方，其跪下默禀，由大仙乩示，出用某堂跌打丸一敷即愈字样，遂照治，果一敷即瘥。因此心信仰。……弟子由此遂信大仙又察各同人或病事，无一不如神，次不爽。……于是同人信者多。"[10]

啬色园创建初年，香港大众对于黄大仙知之甚少，据统计早期每年善信香油钱不过数十元而已。但随着这些灵验传说的流传，黄大仙的"有求必应"，尤其是乩方与药签的灵验在香港逐渐广为流传。1935年，啬色园首次开设"普济乩期"，开放信众到园内向黄大仙求取仙方，每日入园人数高达数百人。须知当时啬色园所处之竹园村仍是荒郊，交通并不便利，这每日汹涌而来的信众完全出乎上下同人意料之外。

从此普济一开，求方者纷纷前来，由早至晚，每日高达数百人。
道侣中亦有不少回坛协助，及职工尽出，仍难应付。

1937年，因到园参拜信众过多，担心触犯政府庙宇管理条例，啬色园一度

---

9   梁钧转是梁仁菴的儿子。

10   这是啬色园早期协理黄筱伟所讲述的灵验故事。原文见《哆哆婆婆诃菩萨应化事迹》，转引自游子安（主编）.炉峰弘善——啬色园与香港社会.香港：啬色园，2008：221.

闭门拒客，但仍不减信众的热情，他们在门外聚集继续参拜，啬色园周边的签档也已发展到相当规模。

> 本年外界士女到园大殿外参拜者，应接不暇，恐触庙宇法例，乃于四月间，将第一洞天之大闸封锁，参拜者只得拜于门外之竹树边。
>
> 后来解签档多于其档内安奉仙师，游人皆争向签档参拜及求签。

可见这时啬色园已经在香港扎下根来，"20 世纪 30 年代后期，黄大仙信仰在香港民间信仰之中，已经稳占一席。"在灵验传说的塑造下，黄大仙的"有求必应"已为香港社会大众熟悉了解，尤其以乩方及药签的灵验而闻名。在此基础上，当其时以"施医赠药"为主体的宗教慈善与乩方药签的传说群形成良性互动，善务从而得以大面积铺开，不但举办了"普济乩期"，更多次针对严重的难民瘟疫而展开施赠救济，为啬色园赢得了良好的社会声誉，黄大仙慈悲与灵验的美名一并流传开来。而这初创时期所奠定的根基，为后来黄大仙信仰及啬色园在香港的进一步发展及兴盛揭开了序幕。

香港沦陷时期啬色园黄大仙灵验传说的爆发

正是有了初创时期的铺垫，当 1941 年日军轰炸香港时，啬色园发生了令人意想不到的一幕：

> 本园因有仙师座镇，无形成为避难之所。难民扶老携幼，并带备杂粮行李，蜂涌而至，不俱何处，甚至树下及空地，皆有人露宿。直至战事稍平，难民方见陆续散去。

啬色园并不是适宜躲避轰炸的地方，甚至连道坛自己的文献都说"其实本园建筑简陋，难以抵御炮火"，广大民众之所以把性命托付于此，只能解释为出于对黄大仙的信仰。而以此事件为基础，大量黄大仙灵验传说开始酝酿并流传，使得沦陷期间成为啬色园黄大仙灵验传说的爆发时期。而且在这生死存亡关头，信众把得以在战乱之中保命的幸运归因于黄大仙的护佑，黄大仙被形容为"救命恩人"，信众与啬色园之间的信仰情感自然大为巩固并提升。

这一时期所流传的黄大仙灵验传说，包括有黄大仙预示香港沦陷的故事：

1941年（农历）十月十四日夕，众人贺诞后扶鸾。仙师在其下坛诗中日："朦胧月色挂碧天，园外四方起狼烟，但得盂香石一现，漫天烽火化红莲"。众人正在议论间，日军已经挥军南下，进占香港。

黄大仙与击退日军的神迹故事：

1941年，日军到来，欲在啬色园驻军，但大殿及各处门户均关闭，日军命梁钧转道长带往开大殿门，仰见仙像威灵显赫，不敢谈及驻军。只索取蚊帐被铺而去。

1942年，四、五月间，日军入园游览，行经鸾台，欲除取"飞鸾台"三字横额，梁钧转道长婉拒，日军强行登上取之，方动手，竟失足跌下，只能向仙师鞠躬罢手而去。

1944年，五月某夜，日军入园搜查，如临大敌，要本园个人，齐集经堂，检阅身份证件。其时一员工受惊，离园外去，另一员工，则未备身份证随身。正当日军向梁钧转道长盘问之际，盂香亭侧，忽然发出红光。日军即时离去，不再追查。

1945年，（日军要征用啬色园及附近数十条乡村，梁钧转道长偕乡民往区所所长处请愿毕）同返本园，齐集大殿，求签卜吉，得赐上签，群众之心稍安。初七早各乡长与梁钧转道长到机场候见（山下）所长，不久见有插红旗之汽车驶来，乃山下所长，下车时失足仆地，随后又插蓝旗之汽车亦至，乃区所所长，见山下仆地，即下车往扶之，竟又滑在地上，二人均擦伤面部，浑身泥泞，不暇理及征用事，谓延期再定，着令回去。事虽巧合，亦足见仙灵显赫也。[11]

而啬色园及竹园村得以安然渡过战乱，这在信众看来本身就是一个灵验故事，如没有黄大仙的庇佑是不可想象的。

日军拟扩建机场，将附近民居分为三期拆迁，第一期乃临近机

11 　详见《啬色园五十年来概录》中的记载，啬色园《本坛以往各事登记部》也有关于日据时期黄大仙灵验传说的记载。

场一带，而啬色园药局也在此范围之内。某日，有日军高层，带同职员及卫兵多人，驾车直到园门，甫下车，因天雨地滑，失足仆跌。从人扶起，乃信步入园参观。忽见红光一闪，出自"盂香亭"中，即命令卫兵，前往查看，但一无所见。直到大殿，但见仙师画像，法相庄严。日人迷信，鞠躬而去。回到办事处后，命人将本园之拆迁日期，改为第三期方行拆迁。因此本园及附近村民，方能幸免。而年余之后，日军亦宣告投降矣。[12]

香港多处地方被炸毁，九龙城砦及宋皇台一带的建筑物，多被日军拆毁，以扩建机场。但位近九龙城的啬色园却完好无缺，据说当时临近啬色园的乡村也安然无损。当时的人们自然就更深信黄大仙的灵异了。

于是，就在这一系列灵验传说的作用下，啬色园及香港黄大仙信仰在物资最为匮乏、阐教条件最为艰苦的沦陷时期，信仰反而有了突破性的发展。这种突破性发展首先体现在信众群体的进一步扩大，许多信众因灵验传说影响而开始敬拜黄大仙。

一个在战时住在竹园的村民，于1987年同样在竹园接受梁景文的访问时，肯定指出，战前竹园没有一个乡民信仰黄大仙，但到战争结束时，他与其他乡民一样，都成了黄大仙的信徒。他解释说，是因为他们目睹了两个日本官员的仆地事件，感佩于大仙的显赫神威，而且他们也把日军由始至终未能进入他们的乡里从事破坏，归功于大仙的庇佑。

黄大仙与普罗大众的生活也更为密切，在家庭之中设坛供奉黄大仙的习俗，就是从沦陷时期开始的。

（沦陷期间）市民们即使在极为不便的情况下，也会到园参拜，实在无法常来者也有从啬色园黄大仙祠请圣，另行设坛，日夕供奉的。

12　详见《金华风貌》·卷三中的相关记载。

黄大仙信俗與非物質文化遺產國際學術研討會論文集

随着香港信众对于黄大仙信仰情感的深化及认同感的形成，信众开始讲述并流传发生在自己身上的黄大仙灵验故事。

> 我阿妈15岁时（1943年）被人传染瘟疫，先是发烧，昏睡不醒。没钱看医生，也没什么东西吃，只能一直喂她喝水。眼看着就要死了，邻居太太可怜她，就教她爸爸到黄大仙求仙方。求到方了，又排了两天队才拿到药。她阿爸第一天去就没回来过，守在药局门口不吃不喝死等，瘟疫时期啬色园门口都是一排一排的长龙，没钱的穷人也有，医生治不好过来碰运气的人也有。药吃了以后她最后病好了，她阿爸见到人就说黄大仙是她的救命恩人，一辈子都是这样，她也一辈子都是这样，她临走（死）说要带黄大仙一道符一起葬。我在竹园村附近住了60多年，这样的救命故事在我们的父辈祖父辈之中很多。[13]

于是，这些"自己的故事"就开启了岭南黄大仙灵验传说衍生和传播的新机制，广大信众取代道坛而成为了灵验传说的创造者和传播者之主体，这正是沦陷时期黄大仙灵验传说大量爆发的最主要原因。伴随着啬色园在战后的发展及兴盛，这种影响一直延续到现在，笔者在啬色园内及周边社区随机采访游客[14]及居民[15]共70人，当问及自己或家人是否有亲身体验黄大仙灵验的事件时，有

13　笔者访谈资料，采访对象陶太太，1951年生，在竹园村一带居住超过60年，退休前为黄大仙区某中学行政文员。

14　70位受访对象之中，游客35人，居民35人，各占50%。35位游客之中，有17人明确认为自己是黄大仙信徒，其中12位有不定期入啬色园参拜的习惯；17人均认为自己很熟悉黄大仙灵验传说，其中有10人表示自己或家人亲身体验的黄大仙"灵验故事"，5人较为完整地讲述了自己的"灵验故事"。35位游客之中，有12人认为自己虽然会敬拜黄大仙但未能算作信徒，但12人都曾听说过黄大仙的灵验传说，且这是促成他们前来敬拜的重要原因；2人表示自己或家人亲身体验的黄大仙"灵验故事"，并都较为完整讲述了故事。其余6人明确认为自己不是黄大仙信徒，前来啬色园仅属游览参观，但"灵验"是促成他们慕名而来的首要原因，其中4人曾听说过黄大仙灵验故事，2人未听说过完整的灵验故事，只是知道这个祠庙非常灵验而已。

15　35位受访居民，年龄在50至70岁之间，在竹园村周边社区平均居住时间为26年（居住时间最长的为50年，最短的15年左右）。所有受访居民均表示非常熟悉啬色园的灵验传说。35位居民之中，23人明确认为自己是黄大仙信徒，自己或家庭有不定期入啬色园参拜的习惯，16人表示自己或家人有亲身体验黄大仙灵验的故事，15人完整地向笔者讲述了自己或家人的灵验故事。35位居民之中，有7人认为认为自己虽然会敬拜黄大仙但未能算作信徒，但其中5人表示自己或家人有亲身体验黄大仙灵验的故事，2人完整讲述了自己或家人的灵验故事。其余5人明确认为自己不是黄大仙信徒，由于长期居住于啬色园周边，对于黄大仙灵验传说均非常熟悉，但有1人表示自己曾亲身体验过黄大仙的灵验故事（发生在父亲的身上）。

34 人作肯定回答，其中 25 人还完整地讲述了所"亲身体验"的灵验故事。

沦陷时期是黄大仙信仰在香港发展的转折时期，所谓转折的真正意味在于香港社会与广大信众对于黄大仙信仰及啬色园认同感的提升。啬色园及黄大仙不再是来自于广东乡村的民间俗信，它们已与香港广大信众、与香港社会有了患难与共的共同记忆。正是伴随着认同感及信仰感情的加深，广大信众成为了黄大仙信仰的自发推动者。

> 香港的黄大仙信仰进入了新的阶段却可确定……原本主要依靠普宜坛弟子推动的黄大仙信仰，就开始转变成由本坛弟子及香港广大信众共同推动的黄大仙信仰——一种属于香港人的信仰诞生了。

> 1945年香港重光，普天同庆。是年八月廿三日，适仙师宝诞，附近村民，以家园幸获保存，乃因仙师显灵所致。所以各村村民，舞狮舞麟，敲锣打鼓，来园答谢神恩，情况十分热闹。

而这一切都成为啬色园在战后迅速恢复，捕捉发展机会，最终走向兴盛的重要原因。

然而，战后随着社会的进步，尤其是身处现代化的香港都市，黄大仙灵验传说开始演变，乩方、药签、神迹显现等神秘主义的仙话故事渐渐淡化，信众更多地讲述他们与啬色园之间的信仰情感、信仰与生活之间的关系，以及对于啬色园善业及信仰文化之间的认同等。与此同时，信众也开始用新的眼光去解读从前那些充满神秘主义色彩的灵验传说。于是，黄大仙"灵验传说"开始显得不那么"灵验"，这成为岭南黄大仙灵验传说发展历程之中尤为值得关注的现象。

> 我小学的英文老师，广州沦陷前孤身一人到香港，本来逃难就苦，染上了瘟疫日子更难过。有人好心扶他去啬色园，求一剂药试试能不能救他一命，竟然好了。他后来和我们讲，这个病在今天看来可能根本不算病，或者只是水土不服，但当时的情境，他们给了我一副药，一条命就捡了回来。有个机会去排队等药，起码不用等死，在人生地不熟的战乱之中有了一些安慰，于是病就好了。[16]

16　笔者访谈资料，采访对象曾太太，1948 年出生，竹园村居民，退休前为黄大仙区某中学教师。

我的妈妈18年前患上胃癌，手术后虽不曾复发，但这始终对于她是一个沉重的心理压力。她曾因此患上忧郁症，她向心理医生说，怎么可能不复发呢，应该是复发了医生检查不出来，今天如果他们告诉我已经复发了，我反而安心了。心理医生对于她帮助不大，她认为她是从小契给了啬色园的[17]，只有啬色园能救她。于是，她每日去啬色园与黄大仙"聊天"，参加啬色园的养生班，帮忙做义工。她的忧郁症有了很大的改善，我妈妈更坚定这就是黄大仙又显灵救了她。当然，我更倾向于从心理寄托的角度去理解此事。但无论如何，我认为在这个时候有所寄托对于我妈妈是一件好事，所以我非常支持她去啬色园，去拜神，去与黄大仙"聊天"，前提是她要答应我，如果她要按药签吃中药，必须得到她的医生和营养师同意。[18]

啬色园并不反对这种"去灵验化"的"灵验传说"，相反地，它本身就是重新解读黄大仙灵验传说的引领者。近年啬色园重新编著发行的《黄大仙灵签正解》收录了不少药签乩方，主编者就一再主张以现代医学、现代化学的角度去理解这些签方的"灵验"。

有仙方是喝符水，我觉得有趣便作出分析。写符是用红色的硃砂，硃砂有水银成分，但经过炼制后可以入药，神经错乱可以服硃砂定惊，古代中医有以硃砂治疗心悸、失眠、癫狂、咽喉肿痛等病，而古方中如定神丸、黄升丹、定痛丸等都含有硃砂成份，因此喝符水可收治疗之效也并非无因。

与此同时，啬色园更主动检讨仙方药签，提出要调整修正黄大仙药签之中与现代医学发现不符的部分。例如有乩方使用了西藏红花，如孕妇不当饮用可能会造成不良影响，新版的签方就改用了第二种功效相同但更适合大众服用的药材。这些"不再灵验"的"灵验传说"，以及啬色园对于药签乩方的调整更新，非但没有削弱信众对于黄大仙的认同及信仰，相反地，信众认为这是一种适时

17　"契给黄大仙"，广东方言，意即让孩子成为啬色园的干儿子／女儿。这是战后在香港黄大仙信众之中形成的一种新的民俗。

18　笔者访谈资料，采访对象王先生，27岁，与父亲一同经营餐厅，他的妈妈在竹园村出生长大，现在他们的居住地距离啬色园需30分钟左右车程，但如妈妈希望前来与黄大仙"聊天"，他常常驾车送妈妈前来。

应化，代表着黄大仙信仰随社会发展而作的革新，这反而帮助啬色园建立起现代化、专业化的良好社会形象。

结　语

"灵验"是建构、维系及推动民间信仰发展最为关键的因素。为什么有的祠庙香火鼎盛，有的祠庙门可罗雀，很大程度上有赖于信众对于神灵"灵验"的认同，这是由中国普罗大众现实功利的信仰心理所决定的。灵验传说推动黄大仙信仰在岭南初传、发展及至兴盛的过程，再次证实了这种现象及解释路径。

而当人们试图进一步考察灵验传说的衍生与传播机制、及其对于信仰的建构、驱动功能时，就岭南黄大仙信仰的个案，我们发现有这样两个特点：

首先是岭南黄大仙灵验传说之中"虚"与"实"的交织，神迹故事与真实事件交相结合。在岭南，几乎每个黄大仙灵验传说都可以追溯到具体的时间、人物、地点；信众弟子们在讲述或复述灵验传说时，多强调这是亲眼目睹及亲身体验（或身边亲人朋友的亲身经验），以此印证黄大仙的"有求必应"。在这样一个传说故事群的影响下，广大信众自发地把身边的"幸运事件"归因于黄大仙的灵验，大量虚实交错的灵验故事从而产生并流传，岭南黄大仙灵验传说的衍生机制得以形成继而稳定，成为信仰进一步发展壮大的重要动力。

其次，岭南黄大仙灵验传说具有很强的时效性和更新能力。灵验故事既要结合真实事件，就必须随着事件的演变而适时更新，岭南黄大仙灵验传说鲜有讲述"久远的"典籍故事，也鲜有讲述"遥远的"金华或是其他道坛的神迹故事，影响最为广泛的都是当时的、当地的、围绕着当下社会处境、道坛发展及信众生活演说而成的黄大仙灵验故事。从而，不同的时期就有了不同的黄大仙灵验传说，每个道坛又都有了自己的灵验故事群。

于是，在这"虚"与"实"之间不断衍生更新的黄大仙传说，既增强了灵验的说服力，更加深了岭南信众对于黄大仙信仰的认同感，使得"有求必应"的黄大仙灵验形象持续得以塑造、巩固及深化。而这"有求必应"的灵验而又全能的黄大仙，又极大地符合了岭南信众追求现实的信仰心理，从而成为了岭南黄大仙信仰发展兴盛的重要推动力。

参考文献：

1. 陈菊宁：黄大仙及花地黄大仙祠 [J]. 芳村文史，1992 年 (4).

2. 惊迷梦·四集. 啬色园七十周年纪庆普宜坛重印版，1991：16.

3. 梁本泽. 金华风貌·卷一. 啬色园藏本，第 4 页.

4. 惊迷梦·初集. 啬色园七十周年纪庆普宜坛重印版.1991：27.

5. 惊迷梦·三集. 啬色园七十周年纪庆普宜坛重印版.1991：14.

6. 惊迷梦·四集. 啬色园七十周年纪庆普宜坛重印版.1991：27.

7. 惊迷梦·三集. 啬色园七十周年纪庆普宜坛重印版.1991：14.

9. 惊迷梦·二集. 啬色园七十周年纪庆普宜坛重印版.1991：27.

10. 惊迷梦·二集. 啬色园七十周年纪庆普宜坛重印版.1991：29.

13. 吴丽珍. 香港黄大仙 [M]. 香港：三联书店有限公司，2012：51.

14. 梁本泽. 金华风貌·卷三. 啬色园藏本，第 17 页.

15. 啬色园年记 (1921-1981).

16. 吴丽珍. 香港黄大仙 [M]. 香港：三联书店有限公司，2012：55.

17. 梁本泽. 金华风貌·卷三. 啬色园藏本，第 20 页.

18. 梁本泽. 金华风貌·卷三. 啬色园藏本，第 20 页.

19. 梁本泽. 金华风貌·卷三. 啬色园藏本，第 20 页.

20. 吴丽珍. 香港黄大仙 [M]. 香港：三联书店有限公司，2012：57-60.

21. 游子安（主编). 香江显迹——啬色园历史与黄大仙信仰 [M]. 香港：啬色园，2006：86.

22. 游子安（主编). 香江显迹——啬色园历史与黄大仙信仰 [M]. 香港：啬色园，2006：82.

23. 游子安（主编). 香江显迹——啬色园历史与黄大仙信仰 [M]. 香港：啬色园，2006：75.

24. 梁本泽. 金华风貌·卷三. 啬色园藏本，第 22 页.

25. 啬色园医疗服务九十周年发展回顾.2014：65.

地方神明與民間信仰

神楼：番禺石楼"洪圣王出会"的珍贵实物

广东民间工艺博物馆　黄海妍

2015 年 10 月，广东民间工艺博物馆（广州陈家祠）在文物仓库中整理出一批木构件，其中的金木雕非常精美。经过一个多月的细心拼接复原，发现这竟是一座体量巨大的神楼，是清末民初番禺石楼镇在"洪圣王出会"时，接神安座时使用，迄今已有百年历史！神楼与"洪圣王出会"有什么关系？神楼背后发生过怎样的故事？沧海桑田，百年间神楼曾经受过怎样的劫难，如何得以较完好地在博物馆里保存至今？

发现与复原

2015 年 10 月，我馆在文物仓库的整理过程中，发现了一批保存较为完整的木构件，包括木框架若干、带彩绘的木板 10 余块、带金漆木雕的屏门 12 扇和长约 4.2 米的长条形木箱子 8 个。其中屏门上的金漆木雕非常精美，保存完好；木板上的彩绘内容为人物故事、龙凤和暗八仙等，色彩依旧鲜艳，保存完好；8 个木箱盖板上分别阴刻"拨呼云月"、"企阳花（上）"、"拱顶鳌鱼帮口"、"横眉"、"龙柱（左）"、"龙柱（右）"、"人物柱（左）"、"人物柱（右）"等字样，显然是作为木箱的编号，箱内存放着大量精细的木雕构件，保存状况良好。

木箱内的金木雕龙柱和构件

这些是什么建筑的构件？经咨询我们的老馆长何民本，得知这是一座体量巨大的神楼，上世纪 50 年代末征集自番禺石楼。经过资料搜集、到石楼地区实地调查和相关研究，我们决定对木构件进行安装拼接。

在完全没有图纸，没见过神楼原貌的情况下，我馆文物保护修复中心的同事们经过一个多月的琢磨和研究，凭借着对木作榫卯结构的熟悉和经验，终于完成了整座神楼的复原安装。

在仓库中发现的木构件

木箱上的编号

木箱内的金木雕龙柱
和构件

清理金漆木雕表面的
灰尘

拼装木雕构件

修补了部分缺失的结构构件，保持了神楼结构的稳定性和完整性。

复原后的神楼

"洪圣王出会"与神楼

根据文献记载及实地调查得知，出自番禺石楼的这座神楼源自清代和民国时期广州番禺冈尾社十八乡著名的民间祭祀活动----"洪圣王出会"。

洪圣王也就是南海神。对南海神的崇拜，源自中国古代皇朝礼制中的四海之祭。它正式列入国家事神祀典之中始于隋文帝开皇十四年（594）。之后，历代皇朝多次册封南海神，皇帝或派遣使者，或遣地方官到南海神庙致祭。

南海神庙始建于隋文帝开皇十四年（594）。据《隋书·礼仪志》记载，文帝开皇十四年闰十月，颁定诏书立南海祠于广州南海镇，就近取巫师一人，负责洒扫等事宜，以祭祀南海神祝融。"南海祠"位于今广州黄埔区南岗镇庙头村。

据收藏在南海神庙中的韩愈《唐南海神广利王碑》记载，唐天宝十年（751），封四海为王，册封南海神祝融为"广利王"。到宋仁宗康定元年（1040），朝廷发出《中书门下牒》，差官到南海神庙致祭，并加封南海神为"洪圣广利王"。自此，民间又将南海神称为"洪圣王"。

南海神庙虽然是一处由中央朝廷委托地方官举行国家祭礼的场所，但到了明清时期，广州地方社会以及附近的乡村都希望通过各种渠道，举办庙会、举行各种仪式把自己同这座庙宇联系起来，以便置身在南海神的荫庇之下。珠江三角洲的不少乡村还建立了南海神庙或洪圣庙，供奉南海神洪圣王，在每年的南海神诞期即农历二月十三日举行祭祀活动，通过各种故事、以及举行游神赛会使自己与南海神洪圣王联系起来。番禺岗尾社十八乡一年一度的"洪圣王出会"活动就源于此。

番禺岗尾社十八乡包括现在石楼镇、石碁镇和化龙镇的多个乡村（见下图），地处狮子洋畔，他们联合起来建庙。据记载："我十八乡冈尾神庙，创始国初，自顺治戊子，迄今二百余年。"[1] 清顺治戊子即顺治五年（1848），岗尾社十八乡联合在乌石冈乡（现化龙镇谭山村）建立了冈尾洪圣王庙（俗称冈尾庙）。

冈尾洪圣王庙建立后，每年农历二月二十三日洪圣王诞时，冈尾十八乡的各乡轮流主办迎神赛会的"洪圣王出会"活动。乾隆《番禺县志》详细记载了冈尾十八乡洪圣王诞的盛况："冈尾庙，祀南海王，在潭山村，十八乡居人建。每

---

1 光绪《重修冈尾庙碑记》。该残碑现存于谭山村天后庙中。

岁神诞前茭日出游，仪仗执事春色分乡轮值置办，争新斗艳，周而复始。至诞期，演戏七日，岁时祈赛之盛，亚于波罗。"[2]也就是说，其隆重程度仅次于在南海神庙举办的波罗诞。

番禺冈尾社十八乡分布示意图

据番禺文史研究者陈铭新调查所记，每年农历二月二十三日为洪圣王诞，由十八乡轮流主办"洪圣王出会"。每次出会，巡游队伍巡遍十八乡。"因为每十八年才轮得一次，所以主办的乡村都特别隆重其事，第一年要请花、安神衔、开光等，第二年迎神出会，第三年送神，第四年焚化龙袍，才算把迎神的整个程序做完。……接神时，男女老少齐齐参与，出动马色、板色、八音锣鼓，……到乌石冈冈尾庙内，用銮舆将洪圣王神像抬回本乡祖祠，供人们全年参拜。洪圣王神像接入祠堂后就进行参拜祭祀，祭祀仪式一般都是由本乡一些取得科举功名的、德高望重的头面乡绅主持，按照当时的祭祀仪式进行。"[3]

又据陈铭新的记录，巡游队伍出会巡游时，会有洪圣王的銮舆（神轿）一顶、神龛一座、"避邪宝刀"一把以及刻有"南海王"、"肃静回避"等字样的高脚牌等用具，按下述的次序出会：1. 头锣开道；2. 大灯笼一对；3. 清道旗，头度长幡；4. 八音锣鼓；5. 出色；6. 马队；7. 令牌队伍；8. 山花罗伞；9. 二度长幡；10. 锣鼓音乐；11. 御林军前后簇拥洪圣王坐轿，老者当衙差，少者当侍卫；

2　（清）乾隆《番禺县志》，卷之八，《典礼十》。

3　陈铭新：《闲话岗尾社十八乡迎神赛会》，收入广州市番禺区文化馆、番禺区非物质文化遗产保护中心编：《民间信仰与诞会文集》，广州：世界图书出版广东有限公司2015年，第64页。

12. 横额"南海广利昭明龙王";最后是男女老幼组成的巡游队伍,场面极其壮观。[4]
调查所见,在赤岗、山门、西山三个曾属冈尾十八乡的村落至今仍保存着当时出会的实物。

辗转被广东民间工艺博物馆收藏的神楼,原来是冈尾社十八乡中最富庶的石楼为"洪圣王出会"接神而制作。此神楼由大约100件木构件构成,整体呈宫殿式布局,结构完整,长5.5米、宽4.8米、高5米,占地面积约26平方米。神楼正门左右两侧门框上分别刻有"宣统元年岁次己酉"、"东中西龙楼社敬送"字样。表明神楼建于宣统元年(1909),由石楼的三个组成部分东龙楼、中龙楼和西龙楼共同捐资建造。

陈铭新根据《石子头古诗联杂钞》、

赤岗村洪圣王出会高脚牌
(陈华佳摄)

赤岗村洪圣王出会高脚牌
(朱光文摄)

《石子头古联钞》、《凌边古诗联杂钞》、《大岭村志》、《日初手记存》等书以及石楼、赤岗村民记述的资料,整理出了《冈尾社十八乡洪圣王出会年份表》[5],从表中可知,自清乾隆年间至1950年,"洪圣王出会"活动一共持续了300多年,是当地乡间每年一度的盛事。

在宣统二年(1910)和民国三十一年(1942)石楼曾承办过"洪圣王出会"

4　陈铭新:《闲话岗尾社十八乡迎神赛会》,收入《民间信仰与诞会文集》,第66页。
5　陈铭新:《闲话岗尾社十八乡迎神赛会》,收入《民间信仰与诞会文集》,第69-70页。

赤岗村洪圣王銮舆 　　　　　 山门村洪圣王銮舆
（陈华佳摄）　　　　　　　 （陈铭新摄）

石楼村陈氏宗祠（善世堂），始建于明正德元年（1505 年）

活动，而神楼是宣统元年（1909）建造的，建好的次年就轮到石楼当值，负责举办巡游活动。显然，神楼是为宣统二年（1910）的当值而专门建的。在活动前夕，神楼在该村祠堂善世堂中安装好，等待"洪圣王出会"。活动结束后拆卸放入樟木箱中，存放于祠堂中。

神楼的价值

神楼是见证番禺石楼地区神诞活动的珍贵实物资料,具有很高的历史价值、文物价值和艺术价值。

首先,神楼正门左右两侧门框所刻的"宣统元年岁次己酉"、"东中西龙楼社敬送"字样、背面门框人物柱上方还刻有"何秉记造"等字样,制作年份、赞助人和店号等信息明确,有助于我们了解神楼的制作、神诞活动的组织等情况,极有史料价值。

其次,神楼采用宫殿式布局,结构完整,为考察清末珠江三角洲神诞活动建筑提供了有力的佐证。神楼的主要构件采用圆雕、镂通雕、高浮雕,浅浮雕等多种雕刻工艺,髹漆贴金而成,还配合彩绘等装饰手法,造工精湛、工艺精美,反映了清末广州地区金木雕工艺的水平,有很高的文物价值。其三,神楼的金漆木雕和彩绘装饰取材自吉祥如意图案、戏曲故事和民间传说,反映了清末民间艺术的审美情趣和价值取向,具有很高的艺术价值。

神楼的保护与利用

神楼为何来到陈家祠?据广东民间工艺博物馆的老馆长何民本回忆:"1958年,广州市文物管理委员会筹建广东民间工艺馆,组织人员到全省各地征调文物。当时通过番禺县文化局,将番禺石楼的神楼征集到馆,于1959-1964年在广州陈氏书院中展出。"1964年,展览结束,神楼拆下装箱存放在后西厅。

1966-1980年,广州市新华印刷厂占用了陈家祠,对古建筑造成了较大的破坏。何民本回忆:"1966年,红卫兵冲入广东民间工艺馆'破四旧',在后西厅看到装神楼构件的大木箱,坚持要打开检查。对那几个压在下面无法打开的木箱,他们找来一把十字镐,强行凿开了木箱的盖板意欲破坏。经过留守人员再三解释,这是博物馆的文物,是不能够破坏的,才慢慢平息下来,神楼总算保住了。"但我们重装神楼时发现,正立面左右两侧的6件花板已不知所踪(见下图)。

近年来这些木箱还曾经受到白蚁蛀蚀的威胁,我们一直采取相关措施对木箱进行保护。

2015年11月,在重新安装神楼后,我馆推出了《劫后重生:神楼的故事》

展览，受到观众的喜爱，许多人一进馆门，就打听神楼展览在哪个展厅。今后，我们还将继续进行相关的研究，包括更深入的田野调查、资料收集，丰富对神楼及其背后的地方社会的认识。另外还将对神楼进行 3D 扫描，数字化采集，以便更有利于将来的保护和开发利用。

正立面缺失的花板（图示红圈处）

被十字镐破坏的木盖板

其中一个木箱内发现了白蚁痕迹，所幸未对木雕造成破坏

試論太歲的煞神及星神神格

國立台中科技大學應用中文系　蕭登福

【提　要】煞神以降禍為主，星神以賜福為德，兩者截然不同，但由
於歷史的演變，太歲神則兼具了星神與煞神的功能。太歲一詞在周朝
已存在，原是由歲星（木星）運轉所發展出來的虛擬星神。太歲的神
格，自周以下，為世人避忌的神煞。但由於太歲本來即是由木星衍化
而成，也是星神，所以南北朝而後，也成了護佑人命的星神。

以太歲為神煞者，如周朝的面向太歲為凶，漢代王充稱之為直符，並
把背向太歲稱為歲破；直符、歲破都是不吉。其後術家更發展成以太
歲為首的十二神煞：太歲、太陽、喪門、太陰、官符、死符、歲破、
龍德、白虎、福德、弔客、病符[1]，而台灣小兒過關渡限中所言關煞
有太歲關，亦是以太歲為神煞。此外，以太歲為護佑人民之星神者，
則始自南北朝時北魏道武帝「立歲神十二，歲一祭」；宋代將太歲配
祀於十神太乙，入供於太乙宮。

太歲主要的神格為煞神與星神，其後也有演變成為宅土之神及本命元
辰神者，今以其牽涉太廣，且太歲為宅神，性質近於神煞；太歲為本
命元辰神，近於星神，所以略而不論。

【关键词】　太歲　神煞　星神

太歲神的由來——以太歲為神煞，以趨吉避凶

太歲信仰，始於周朝而盛於漢代。《荀子·儒效篇》云：「武王之誅紂也，
行之日以兵忌，東面而迎太歲。」唐·楊倞注引《尸子》云：「武王伐紂，魚
辛諫曰：『歲在北方，不北征。』武王不從。」《荀子·儒效篇》、《尸子》
都說武王征紂王是面向太歲之方而用兵，但《荀子》說是東方，《尸子》說是
向北方，如以當時的形勢來看，紂王在東，周在西，所以武王的征紂，應以東

1　十二神煞之說，或說起於唐李淳風及張果老，此應是自託，其部分名相，有的在《赤松子
　章曆》中已出現，但十二神的源起，殆在唐末五代。又，張果老《星命溯源》五卷，收入
　《四庫全書》卷一〇九子部一九術數類二，其書疑明代人所撰以自託。

征為是。關於子書的這段記載，也可以在地下出土文物中得到印證。1976 年陝西臨潼出土的西周最早有銘文的青銅器《利簋》，上有銘文云：

> 「珷征商，隹甲子朝，歲鼎，克昏夙又（有）商。辛未，王在闌師，賜有吏利金，用作檀公寶尊彝。」

《利簋》又叫《武王征商簋銘》，是武王征商後命人所作。高 28 釐米，口徑 22 釐米。圓形，侈口，鼓腹，雙獸耳垂珥，圈足下附有方座。一般學者的解釋是武王征商在甲子日的早上，正對太歲之位（歲鼎，歲當），在天尚昏暗將亮時攻克商朝（克昏夙又商）。辛未日，武王軍隊在闌地，賞賜有司精銅（賜有吏利金），用以鑄造這件紀念檀公的珍寶禮器。文中的「歲鼎」，張政琅〈《利簋》釋文〉解釋為「歲當」指歲星正當其位[2]，學者大都認同其說。文中的「昏夙又（有）商」印證史料，應是「昧爽」之意，昏為暗，夙為早，意謂昏夜至天曉時，《尚書‧牧誓》說：「時甲子昧爽，王朝至于商郊牧野，乃誓。」昧是暗，爽是明，昧爽是指天將亮未亮的時候。又，《淮南子‧兵略篇》說：「武王伐紂，東面而迎歲。」這些都說明武王伐商是逆太歲而行。

由出土的西周最早青銅器《利簋》及《荀子》、《尸子》所言，可見在周世已有值符、歲破的觀念了，並且已有出兵作戰，須避忌太歲的作法，這種概念在近代出土的文物中也得到了印證。1960 年湖北荊門漳河車橋戰國墓出土銅戈，上有坐姿神人，雙足分踏日月，戈上有銘文「太歲辟兵」四字，李零及李學勤，均有專文研究，稱之為「太歲辟兵」戈。戈上之坐姿神人，李零、李學

2　張政琅〈《利簋》釋文〉，《考古》第一期，1978 年，58-59 頁。

勤等認為是太一神[3]，李學勤《四海尋珍》〈台北古越閣所藏青銅器叢談‧神人紋劍〉P130 說湖南長沙馬王堆三號漢墓帛書《辟兵圖》：「帛書上的神像，標名為太一，坐姿戴冠，胯下有三龍，左右又有數神，文字中明述避兵之事。」[4]李氏用以證明戈上的神人為太一神。二人所言的太歲辟兵戈，見下附圖。戰國時出現此戈，筆者以為在兵戰上，難免會遭遇到面迎太歲而出兵的情形，為了避禁太歲，所以便抬出了更高神格的「太一」來壓制太歲，因此在兵器上雕刻太一神像，寫上「太歲辟兵」，便可不懼太歲的沖破。太一神，在秦始皇至漢武帝時，是階位最高的神祇，《史記‧秦始皇本紀》載秦始皇時，宰相王綰等人奏言：「臣等謹與博士議曰：『古有天皇、有地皇、有泰皇；泰皇最貴。』」「泰」字通「太」，泰皇即是太一。太一生天生地，所以泰皇在天皇、地皇之上。到了漢代，太一主宰天界之說更盛，《史記‧孝武本紀》載薄忌向武帝奏祠太一之方：

「亳人薄誘忌奏祠泰一方，曰：『天神貴者泰一，泰一佐曰五帝。古者天子以春秋祭泰一東南郊，用太牢具七日，為壇開八通之鬼道。』於是天子令太祝立其祠長安東南郊，常奉祠如忌方。其後人有上書言：『古者天子三年一用太牢具，祠神三一：天一、地一、泰一。』天子許之，令大祝領，祠之忌泰一壇上，如其方。」

上引文中的「天一、地一、泰一」，即是秦始皇時王綰所說的天皇、地皇、泰皇；泰皇最貴。且太一為最高級天神，不僅在秦始皇時如此，周世時應已如此。由於周世太一神最尊高，在天、地神之上，所以作戰時

兵避太歲戈

3　李零〈湖北荊門「兵避太歲」戈〉，收入《文物天地》，1992(3)。李學勤〈「兵避太歲」戈新證〉，收入《江漢考古》，1993(2)，武漢。

4　李學勤《四海尋珍》，北京，清華大學出版社，1998 年。

抬出了太一神來壓制太歲，這樣的話，縱使須面迎太歲而作戰，亦可不須避忌，而戰國時的「太歲辟兵」戈便因此而生。

由上述文獻上看，周世已開始避忌太歲了，那麼什麼是太歲呢？《周禮·春官·保章氏》「以十有二歲之相，觀天下之妖祥」，漢·鄭玄注說：「歲謂太歲，歲星與日同次之月，斗所建之辰也。歲星為陽，右行於天；太歲為陰，左行於地。十二歲而小周。其妖祥之占，甘氏歲星經其遺象也。」《周禮·春官·馮相氏》：「掌十有二歲，十有二月，十有二辰，十日，二十有八星之位。」鄭玄注：「歲謂太歲。」賈公彥疏云：

> 「云有十二歲者，歲謂太歲，左行於地，行有十二辰，一歲移一辰者也。……此太歲在地，與天上歲星相應而行。歲星為陽，右行於天，一歲移一辰，又分前辰為一百三十四分而侵一分，則一百四十四年跳一辰。……（太）歲左行於地，一與歲星跳辰年歲同。……歲星為陽，人之所見；太歲為陰，人所不睹。既歲星與太歲，雖右行左行不同，要行度不異，故舉歲星以表太歲。」

歲星，是金、木、水、火、土五星中之木星；太歲則是古人所假想出來的星神。古人把黃道附近的一周天，區分為十二等分，由東向西，並以十二地支來表示方位。太歲是由歲星的觀念演變而來的。歲星即是木星，由西向東運行，每年行十二支中的一個方位，十二年運行一周天。由於歲星的運行，和人們所熟知的十二時辰方向和順序相反，因此假想出一個和歲星運行方向相反的星，稱為太歲，並用它來記年。太歲在子，就是太歲運行到子（正北）的方位，此為直符，是太歲所在的方位；而和太歲相對沖的方位午（正南），則為歲破。直符、歲破都是犯太歲。再舉例而言，丁卯、己卯、辛卯年等，這些年的太歲在「卯」為東方，東方為直符，而正西方則為歲破，這兩個方位都是犯太歲。依此類推，子丑寅卯等十二方位，太歲每年運行所在的方位即是直符，相對沖的方位即是歲破。犯太歲之說，已見於周世，至漢世更為流行。東漢王充《論衡·難歲篇》中說漢代的人深信太歲所在（直符）及所沖（歲破）的方位，這兩方是不適宜動土興建宅第及遷移、嫁娶，否則會諸事不遂，甚至疾病、死亡。王充《論衡·難歲篇》云：

> 「移徙法曰：徙抵太歲凶，負太歲亦凶。抵太歲名曰歲下，負

太歲名曰歲破，故皆凶也。假令太歲在甲子，天下之人，皆不得南北徙，起宅嫁娶，亦皆避之。其移東西，若徙四維相之如者，皆吉。何者？不與太歲相觸，亦不抵太歲之衝也。」

後來的道書及數術之書，大都沿承王充歲破之說。《月令廣義·歲令二》：「太歲者，主宰一歲之尊神。凡吉事勿沖之，凶事勿犯之，凡修造方向等事尤宜慎避。又如生產，最忌自太歲方坐，又忌於太歲方傾穢水及埋衣胞之類。」[5]《協紀辨方》卷三引《神樞經》：「太歲，人君之象，率領諸神，統正方位，幹運時序，總歲成功。……若國家巡狩省方，出師略地，營造宮闕，開拓封疆，不可向之。黎庶修造宅舍、築壘牆垣，並須目避。」《欽定協紀辨方書·卷三·歲破》云：「《廣聖歷》曰：『歲破者，太歲所衝之辰也。其地不可興造移徙，嫁娶遠行，犯者主損財物及害家長。惟戰伐向之吉。』」[6]太歲所在的方位和太歲所衝（對面）的方位都是凶方，古人忌諱大興土木或遷徙、嫁娶等。術家避太歲，這些都是沿承周漢以來的關念，以太歲所在為凶方，逐漸的也把太歲變成了凶神，有的為求行事平安，而奉祀太歲。而由太歲而衍生的神煞，在魏晉南北朝時已存在，《赤松子章曆·卷三·謝土章》出現騰蛇、伏龍、太歲、太陰、太陽、司命等神，所謂：「移籬換柱、造立屋舍、起土興工、平高就低、改動門戶，六甲禁忌、瓦石萬靈、沈屍伏藏、銅鐵白土、黑土黃土、土皇土王、土相土府將軍、土公、土下君侯二千石、陰土陽土、四時五行、中央太皇、宅前宅後、宅左宅右、五土神王、中庭令長、夾門大夫、門丞戶尉、井竈精靈、青龍、白虎、朱雀、玄武、騰蛇、伏龍、太歲、太陰、太陽、司命、十二時辰將吏、天剛、太一、勝先、小吉、傳送、從魁、河魁、登明、神后、大吉、功曹、太衝、拘刑、破殺、土中真靈，四孟、四仲、四季，子午卯酉，天門地戶。」[7]《赤松子章曆·卷五·大醮宅章》有太歲、蠶室、奏書、博士等神煞之名，文云：「恐動土興工，驚動宅上諸神，并及家口行年、本命、蠶室、奏書、博士。不敢自專，今謹請鎮宅十二禁忌紙章一通，防保宅上人口平安，具如所列。」[8]以上《赤松子章曆》所說的雖是宅土神煞，但太歲、太陽、太陰、青龍、白虎等神也是

5　《四庫全書總目提要·卷六十七·史部二十三·時令類存目·月令廣義》題：「明·馮應京撰、戴任續成之。」

6　台灣商務印書館影印文淵閣欽定《四庫全書》第八一一冊，206 頁上。

7　《中華道藏》第八冊 649 頁中下。

8　《中華道藏》第八冊 664 頁上。

年月日時的神煞。所謂神煞，神指善神，煞指凶神。善神助人，凶神禍人。

神煞一般區分為年、月、日、時四種，年煞以太歲為首，神煞源於漢代動土，而見諸曆書者，大概在唐代至五代的具注曆已出現。先秦《日書》是今日黃曆的遠祖，而東漢王景《大衍玄基》[9]則應是今日黃曆或通書的近源。其後日本・圓仁《入唐求法巡禮行記・卷二・開成五年曆日》云：

> 「開成五年曆日：干同支同納音本。凡三百五十五日，合在乙巳上。取土修造。大歲申，大將軍在午，大陰在午，歲德在申，歲形（刑）在寅，歲破在寅，歲煞在未，黃幡在辰，豹尾在戌，蠶宮在巽。正月大，一日戊寅土建，四日得平，十二日雨水，廿六日驚蟄。二月小……右件曆日具注勘過。」[10]

圓仁為日本留學僧，在日本仁明天皇承和五年（838 年）隨船由新羅入唐，其年為唐文宗開成三年，所記開成五年（840 年）在新羅所見唐頒之曆書，可見彼時曆書已流行於唐朝之蕃屬國。今敦煌寫卷出土，尚保留了許多晚唐、五代至宋初所留下來的《具注曆》殘卷，鄧文寬《敦煌天文曆法文獻輯校》[11]140 頁載敦煌寫卷 P2765 唐文宗太和八年（834 年）《具注曆日》，文中已有太歲、大將軍、太陰、歲刑、歲破、歲煞、黃幡、豹尾、地囊、地矩、地激等神煞之名。而五代後周世宗顯德三年（西元 956 年）及六年（959 年）的《具注日曆》，所載神煞較詳盡。Ｓ95 號顯德三年的卷子，前有文字說明今年歲次年神所在，云：

> 「今年太歲在丙辰，大將軍在子，太陰在寅，歲刑在辰，歲破在戌，歲煞在未，黃幡在辰，豹尾在戌，三公在未，九卿在巳，奏書在艮，博士在坤，力士在巽，蠶官在乾，畜官在申，害氣在巳，大耗在酉，小耗在戌，伏兵在丙，發盜在亥，天蠶在壬，劫煞在己……」[12]

9 　東漢光武帝時的王景便集合眾說，採其可適於事用者，而撰成《大衍玄基》一書，見《後漢書・卷七十六・循史王景列傳》。

10　圓仁《入唐求法巡禮行記》，41 頁，台北，文海出版社，1976 年 10 月。

11　鄧文寬《敦煌天文曆法文獻輯校》，江蘇，鳳凰出版社，1996 年 5 月出版。

12　S2404 號《日曆》亦有相類似的話，其年屬申猴，與 S95 號丙辰年屬龍者，年神之方位不同，文云：「今年太歲在申，太陰在午，大將軍在午，歲煞在未，歲破在寅，歲刑在寅，黃幡在辰，豹尾在戌，三公在亥，九卿在酉，博士在艮，力士在乾，奏書在坤，害氣在巳，畜官在子，大耗在丑，小耗在寅，蠶官在巽，伏兵在丙，發盜在卯，劫煞在巳，喪門在戌，五鬼在申，吊客在□。」又，伯二六二三號《顯德六年己未歲具注曆日》亦有之，為當時曆書共有之特色，不另述。

文中所說的歲煞、黃幡、豹尾、力士、博士、奏書、歲刑、歲破、大耗、小耗、蠶室、五鬼、喪門、吊客等等名相，與今日《通書》及《黃曆》所見者大抵相同。這些名相既出現在敦煌寫卷上，則應是在唐宋之際這些說法已存在。至於歲煞、黃幡、豹尾、力士、博士、奏書等這些名相的意義，清乾隆朝允祿、梅轂成等編纂的《欽定協紀辨方書》有詳細解說。上述《具注曆》等，都已有太歲神煞名稱出現。太歲十二神煞分別為：太歲、太陽、喪門、太陰、官符、死符、歲破、龍德、白虎、福德、弔客、病符。其後又細分為善神惡煞二類，善神有：博士、奏書、歲德、太陽、太陰、龍德、福德、天乙貴人、玉堂貴人、祿勳貴人、文昌貴人等。惡煞有：歲破、黃幡、豹尾、歲煞、歲刑、金神、力士、蠶官、蠶命、喪門、天狗、弔客、五鬼、官符、病符、死符、劫煞、白虎、大耗等。台灣常見的通書及黃曆中，上述的神煞至為常見。

太歲除成為曆書擇日的神煞外，也成為世人生命成長時的神煞。人自出生後，由於出生時辰所遭遇的凶煞及時日吉凶不同，因而在成長過程中，會出現各種不同厄難關限。這些關卡，小者傷病，大者喪命，這種關限偏重在小兒身上，主要原因是小身抵抗力較小，易致夭折，因而必須藉由術法以渡過。過關即是渡限，渡也以寫成「度」。林靖欽編《閭山過關渡限科儀》[13] 對「過關」一詞，有所詮釋，文說：「何謂過關？小孩子出生之後大多會請人排個八字，在命盤中會有小兒命帶百日關、千日關、閻王關、銅蛇鐵狗關、和尚關、五鬼關……等等的關煞，所以為求平安，都會請法師祭送過關渡限。」另外，台灣正一壇所使用閭山派《保童醮啟聖度關科》，此書書末題「正一天師清微弟子洪鼎堅恭錄於己巳年仲夏」，洪鼎堅即友人洪百堅之道號，在台北吳興街開設道壇，筆者曾去過。所言的關煞名稱有：「百日、千日、四季、四柱、金雞、斷橋、夜啼、閻王、金鎖、天弔、直難、休庵和尚、金橋、鬼門、金雞落井、埋兒、撞命、將軍箭、五鬼、鐵蛇、湯火、雷公打腦、雞飛、閻王取命短命、急腳、鬼限、斷魂、無情、浴盆、雞鳴、深水、吞啖、迷魂、水火、白虎、太歲、太陽、喪門、太陰、五鬼、死符、歲破、龍德、白虎、福德、天狗、病符、飛簾、空亡、刀占、吊客、羊刃、劍鋒、官符、口舌、血光、流霞、雌雄、黃幡、豹尾、大耗、小耗、歲破、天殺、地殺、年月日時諸般神煞。」上述的關限，小者致病，大者傷亡，都須加以避忌或化解。

13　此書收錄於林靖欽《閭山正宗科儀寶典》，台北，進源書局，1999 年出版。

黃大仙信俗與非物質文化遺產國際學術研討會論文集

太歲在曆書及民間，成為年月日時的神煞，因而在遇到太歲所值時，便有吉凶趨避及制煞渡限的情形出現。

以太歲為星神，奉以祈福

奉祀太歲神來為百姓祈福，在南北朝時應已存在。據唐‧杜佑（734-812）《通典‧卷五十五‧禮十五‧諸雜祠》云：「後魏道武帝初有雨彗星見，劉后使占者占曰：『祈之則掃定天下。』后從之，故立其祀。又立歲神十二，歲一祭，以十月，用牛一，雞三。」北魏道武帝在位期間為 386-408 年，彼時已立「歲神十二」，太歲原只有一個，每年運行十二支方位的一個方位，十二年運行一週，在漢時仍是如此，到北魏（東晉孝武帝）時卻演變成十二個太歲，並設有專祀。但這僅是北魏如此，並不是常態，杜佑把它列入「雜祠」中，唐代帝王並沒有遵行。《唐會要‧卷九上‧雜郊議上》所見唐代諸帝在郊天時所祀的星象之神，有「北辰、北斗、天一、太一、紫微五帝座……五星十二辰、二十八宿籩豆各二，簠簋俎各一，四時祭風師、雨師、靈星、司中、司命、司人、司祿。」所祭包括日月五星、二十八宿、南北斗等等，但並無太歲。到了宋代，十神太乙的信仰盛行，太歲成為太乙宮之配祀神。宋太宗趙匡義於太平興國八年（983 年）春三月，詔建太一宮於皇城開封東南，甲申年（雍熙元年，西元 984 年），太宗親詣太乙宮禮祀，命扈蒙撰此文。其後四十五年，宋仁宗天聖六年（西元 1028 年）春三月，皇帝詔命於開封西南隅建西太乙宮，仁宗及太后親往禮拜，命宋綬撰《宋西太乙宮碑銘》刻于碑石。再經四十五年，至於宋神宗熙寧四年（1071 年）於開封城內南邊詔命所建太乙宮，係由呂惠卿撰《宋中太乙宮碑銘》。宋代帝王所以會分三次興建太乙宮，其原因和太乙之神每四十五年一徙宮有關，所以自太宗雍熙元年（983 年）建廟，經四十五年至仁宗天聖六年（1028 年）又建新廟，再經四十五年至宋神宗熙寧四年（1071年）而三建廟。宋代的三座太乙宮，都是「分祠十太一與太歲之神，而五福居其中」。可見宋代的太乙宮，主祀太乙十神，十神以五福太乙居首，安於中座，其餘九神及太歲為從祀。又，宋‧洪邁《夷堅志‧戊‧卷三‧張子智毀廟》載，宋時常州東嶽廟後有一殿，內供身穿袞冕者為「太歲靈君」，兩旁為四瘟司神。這是民間道廟中開始設太歲殿供祀太歲見諸記載者，而太歲神的裝扮則是帝王冕旒的造型。

又，太歲行年會有沖破以致噩運纏身，所以宋代薦拔時所立壇，也豎有太歲燈，隨年而立，此是以太歲為主年運之星神。《靈寶玉鑑・卷一四・壇儀法式門・壇燈章》：

> 「壇外然燈，總十有六，合一百五十九燈。太歲燈，隨年建。本命、行年、大小墓燈，隨齋主生屬安之。本命行年燈，隨十二支轉。大小墓燈，以五姓納音推。十方、九宮、二十八宿、五嶽燈，並於逐方然之。七祖、九幽燈，本法然於中庭。恐妨行事，可於西南然七祖燈，於鬼戶然九幽燈。壇圖又有六申十直諸燈，無所經據。金籙簡文，亦無禮祝之法，今故刪去。壇席狹處，不可鋪燈，可於別處安之，依儀禮呪。此廣成先生之意也。道戶燈二。本命燈三：隨生年。行年燈七：男一歲起寅，女一歲起申。太歲燈：隨本年。大墓燈三：宮羽辰，商丑，角未，徵戌。小墓燈五：宮羽戌，商未，角丑，徵辰。七祖燈七：東北，分八方，中央寄西。八卦燈八：分八方，各立牌。九幽燈九：南立牌云，東方風雷地獄之額。夾門燈二：與道戶燈相對，列于門之左右。二十四炁燈二十四：東南。九宮燈九：分八亦安，中安寄坤，各立牌名某宮燈。十方燈：立牌。二十八宿燈二十八：勻布四方，起角之軫，立牌某宿燈。三十六燈三十六：天門。五嶽燈五：分四方安，中央中燈寄西南，各立牌。」（《中華道藏》第三十五冊五五二頁下）

《靈寶玉鑑》一書約撰成於宋代，詳筆者《正統道藏總目提要》第543條《靈寶玉鑑》提要[14]。文中在薦拔壇場豎燈中有本命燈三、行年燈七、太歲燈一，把本命、行年和太歲放在一起，似乎也把祂當星神來看待。

元後太歲的祭祀，開始出現在《道法會元》等道典中。清・孫承澤撰《春明夢餘錄・卷十五・太歲壇》載：「洪武二年（1369年），以太歲、風雲、雷雨及嶽鎮、海瀆、山川、城隍諸神，止合祀於城南。」《明史・卷四十九・吉禮三・太歲》云：

> 「太歲、月將、風、雲、雷、雨之祀。古無太歲、月將壇宇之

14　蕭登福《正統道藏總目提要》，台北，文津出版社，2011年11月。

制，明始重其祭。增雲師於風師之次，亦自明始。太祖既以太歲諸神從祀圜丘，又合祭群祀壇。已而，命禮官議專祀壇壝。禮臣言：『太歲者，十二辰之神。按《說文》：「歲字從步從戌。」木星一歲行一次，歷十二辰而周天，若步然也。陰陽家說：又有十二月將、十日、十二時所直之神。若天乙、天罡、太乙、功曹、太衝之類。雖不經見，歷代因之。元每有大興作，祭太歲、月將、日直、時直於太史院。若風師、雨師之祀。見於周官，後世皆有祭。唐天寶中，增雷師於雨師之次。宋元因之。然唐制各以時別祭，失享祀本意。宜以太歲、風雲、雷雨諸天神合為一壇，諸地祇為一壇。春秋專祀。』乃定驚蟄、秋分日，祀太歲諸神於城南。三年，復以諸神陰陽一氣流行無間，乃合二壇為一，而增四季月將，又改祭期，與地祇俱用驚蟄、秋分後三日。嘉靖十年，命禮部考太歲壇制。禮官言：『太歲之神，唐宋祀典不載，元雖有祭，亦無常典。壇宇之制，於古無稽。太歲天神，宜設壇露祭，準社稷壇制而差小。』從之，遂建太歲壇於正陽門外之西，與天壇對，中太歲殿，東廡春秋月將二壇，西廡夏冬月將二壇，帝親祭於拜殿中，每歲孟春享廟、歲暮祫祭之日，遣官致祭。王國府州縣，亦祀風雲雷雨師，仍築壇城西南，祭用驚蟄、秋分日。」

由《明史》看來，明代帝王所祭的太歲，是主管一年十二月之神，和十二月將相類，「太歲、風雲、雷雨諸天神合為一壇」，可見其職司在於祈求風調雨順，屬於星斗之神，並不是分祀六十個太歲。

清·翟灝《通俗篇·卷十九·神鬼》說：「太歲之有禁忌久矣。其祀典定於明。《餘冬序錄》：『國初肇祀太歲，禮官雜議，因及陰陽家說，十二月將、十二時所值神名，謂非經見，唐宋不載祀典，惟元時每有大興作，祭太歲、月將、日直于太史院，太祖乃定祭于山川壇之正殿，而以春夏秋冬四時月將，分祀兩廡。』」文中《餘冬序錄》，是明世宗嘉靖七年戊子（1528 年）何孟春所撰。以上引看來，太歲神在宋代開始走入道廟太乙宮中，成為十神太乙的配祀神。到明太祖洪武以後才成為帝王正式供祀之神，清代沿承明制而來，清末民初·趙爾巽《清史稿·卷八十三·禮志二·天神》：

「太歲殿位先農壇東北。正殿祀太歲，兩廡祀十二月將。順治初，遣官祭太歲，定孟春為迎，歲暮為祖。歲正月，書神牌曰：『某干支太歲神』，如其年建。歲除祭畢，合祝版燎之。凡祭，樂六奏，承祭官立中階下，分獻官立甬道左右，行三跪九拜禮。初獻即奠帛，讀祝，錫福胙，用樂舞生承事，時猶無上香儀也。」

上引是清代仍將太歲劃入「天神」中，所謂的天神，是指雲、雨、風、雷、太歲、日、月等神，基本上是沿承明代之祀，文中說將該年的太歲，書於神牌，其實所指的是在神牌書寫「甲子年太歲神位」之類的作法，並無六十太歲名諱，也不是元辰神的六十太歲。劉錦藻撰《清朝續文獻通考·卷一百五十二·郊社六》載乾隆五十七年遣官「分詣天神、地祇、太歲三壇虔祭七日以求雨。」[15] 可見清朝所供的太歲，仍是司掌風雨之天神。也許由於清初順帝已設六十太歲之神牌，所以後來柳守元受此影響，因而撰《太上靈華至德歲君解厄延生法懺》時，便賦予六十太歲名諱，其後更把太歲脫離屬於風雨神格的天神，而轉變成為本命元辰神。再者，清帝祭祀太歲時，特別標明該年干支太歲於神牌上，以及孟春迎奉太歲和歲暮祖送太歲，而「歲除祭畢，合祝版燎之」，將神牌、祝版一起火燎。這樣的做法，也深深影響民俗，台灣民間道廟所見奉太歲的習俗，正月（孟春）供太歲，歲末送太歲，以及有些規模較小的廟宇，有太歲神牌而尚未有六十太歲塑像，這些都應是受清世祭太歲神牌的影響而來。只是清世之祭是為國家祈求風調雨順，和近人之求平安及避禁歲直、歲破，並把祂當成自己出生年之元辰神來供奉有別。

結　論

太歲起源於方便計算歲星運行方式而設置的星神，在周世已存在，周朝的文獻如《荀子·儒效篇》、《尸子》，已提到武王征紂王是面向太歲之方而用兵，是兵家所應避忌的。再由 1960 年湖北所出土的戰國銅戈「太歲避兵」戈看來，在周朝確實有兵戰避忌太歲所在之方的信仰存在。到了漢代，由王充《論衡·難歲篇》看來，漢代人在搬家遷徙、興建房屋、嫁娶都要避開太歲所在的方向，即對衝的方位，在周秦兩漢的時代，太歲神儼然成為煞神，做為煞神的太歲，也一直保留在民間的過關渡限的信仰上。台灣民間小兒有百日關諸、金雞關、斷橋等關限，其中太歲關也是諸多關限之一。以上所見是煞神神格的太歲。

15　劉錦藻撰《清朝續文獻通考》，第二冊 9102 頁，浙江古籍出版社，2000 年 1 月。

　　另外由於太歲是歲星所衍化，它也是星神，星神自然和風雨雷電等有密切關係，而「歲」又和「年」有關，於是太歲也成為被祈求施降風雨，助成歲收的星神，以及司掌瘟疫時節流行命的神祇。太歲以星神的形式出現被奉祀，是北魏道武帝時，至宋代流行十神太乙信仰，興建三座太乙宮，以祈求國泰民安，太歲以五福太乙從神的形式，配屬於太乙宮，而據洪邁《夷堅志》所載，宋代的民間也有祀太歲以驅瘟病者。明代正式把太歲列為和風雨雷電等神格相同的天神，並正式列入國家祀典中，清代沿承明代並有明白的祭祀儀法，在正月孟春的時侯迎奉太歲，立某年干支太歲神位的神牌加以祭祀，至該年年終十二月時送太歲，將神牌和祝版一起燒毀。以上是做為星神的太歲神格。

　　太歲所行和歲星不同，是左行於地，所以太歲也被當做是宅土之神。周朝的宅神是中霤，漢代的宅神分神與煞，宅中正神為青龍、白虎，宅中之煞神則為土公、飛尸。漢代開始出現興工動土建築屋室，在房屋落成時須解謝土神，漢代王充、王符書中所解謝的土神並不包涵太歲神，但到了南北朝的道經中如《赤松子章曆》、《太上安鎮九壘龍神妙經》等，逐漸把太歲變成了宅第之神。而《太上洞淵神咒經・卷十三・龍王品》等以五方龍王為國土及家宅的保護神，於是龍神成為宅第之主神。但到了南宋，家中宅第之主神，則轉而為太歲神，青龍、白虎反成了太歲之輔神。做為土神神格的太歲，在唐代把從土中挖出的肉團，視為太歲神體，而敬畏有加，於是宋元的殷郊太歲出生時便是一塊肉團。以上是宅第等土神神格的太歲。

　　太歲到了清代以後，由於柳守元扶鸞書賦予六十太歲神名諱，逐漸而轉成為本命元辰神。在清代之前，自漢而下，世人以出生年所值之北斗星神為本命星君，以出生時所值之日月五星等九曜為本命曜，以所值二十八宿之一宿為本命宿，以所值六十甲子神之一神為本命元辰神。到了清代，六十甲子神的地位，被六十太歲取代。於是六十太歲和南北斗星神、二十八宿、九曜等同樣成為本命元辰之神祇。

"妈祖信俗"及其在沿海地带的影响

中國人民大學學報編輯部編審　林坚

【提　要】"妈祖信俗"是源于人们对妈祖的景仰而逐渐形成的一种常规化的民间信仰习俗。妈祖信俗也称为娘妈信俗、娘娘信俗、天妃信俗、天后信俗、天上圣母信俗、湄洲妈祖信俗，是以崇奉和颂扬妈祖的立德、行善、大爱精神为核心，以妈祖宫庙为主要活动场所，以庙会、习俗和传说等为表现形式的民俗文化。妈祖信俗由祭祀仪式、民间习俗和故事传说三大系列组成。对妈祖的信仰和纪念已经深深融入沿海地区中国人以及他们后裔的生活，成为该信俗团体身份认同感的一个重要文化纽带。妈祖信俗也是中华民族共有的精神家园和全球华人文化认同的标志。华人在侨居国建妈祖庙，并以此来践行妈祖精神，与所在国居民友好相处，共创新家园。

【关键词】妈祖信俗；沿海地带；文化认同

"妈祖信俗"是源于人们对妈祖的景仰而逐渐形成的一种常规化的民间信仰习俗。妈祖，原名林默娘，公元 960 年农历三月二十三出生于福建莆田湄洲岛。她生前经常为渔民预测出海时的天气情况、义务采药治病、拯救遇险渔船，还曾点燃自家的房子，用火光当做航标引导迷航的商船脱离险境。公元 987 年农历九月初九，在她 28 岁时因在海上救人而献出年轻的生命，后来人们把这一天称为妈祖"升天"的日子。

妈祖是中国官民同敬、最有影响力的航海保护神。岛上渔民为她建庙，奉为海神，希望世世代代学习妈祖精神多做好事，也希冀妈祖继续保佑百姓航海平安。宋代（公元 1123 年），因为保护路允迪出使高丽，当时的朝廷首次将"顺济"庙额赐给妈祖庙。此后，妈祖因护佑南粮北调、郑和下西洋等而被历代朝廷褒封为天妃、天后、天上圣母共 36 次，逐渐成为一种常规化的民间信俗。随着航海业发展和华人移民，妈祖庙遍布世界各地港口，如澳门地名葡萄牙文 MACAU 就出自"妈祖阁"的发音。1000 多年来，妈祖信俗从湄洲妈祖祖庙分灵传播到世界 20 多个国家和地区，现在拥有 2 亿多信众和 5000 多座妈祖庙，成为妈祖信仰地区民众文化遗产的组成部分。2300 万台湾同胞中，有 1700 万信仰妈祖。联合国教科文组织于 2009 年 9 月 30 日审议通过关于"妈祖信俗"列入世界人类非物质文化遗产名录的决议。

妈祖信俗也称为娘妈信俗、娘娘信俗、天妃信俗、天后信俗、天上圣母信俗、湄洲妈祖信俗，是以崇奉和颂扬妈祖的立德、行善、大爱精神为核心，以妈祖宫庙为主要活动场所，以庙会、习俗和传说等为表现形式的民俗文化。

妈祖信俗由祭祀仪式、民间习俗和故事传说三大系列组成。

祭祀仪式分为家庭祭祀和宫庙祭祀。家庭祭祀，在家中、船上供神像或对海祭拜，祈求家人平安和航海顺利。宫庙祭祀，日常有献花、点香、燃鞭炮等仪式，庙会时举行祭祀大典：①司祭：祖庙主持人为主祭，各地妈祖分灵庙负责人为陪祭。②祭器：烛台、香炉、钟鼓等。③仪仗：清道旗、銮驾、仿古兵器等。④祭品：用面粉、香菇、木耳等食品制成仿海洋生物和自然山景。⑤祭礼：行献寿酒、寿面、寿桃和三次跪、九次叩头礼。⑥祭乐：乐生用唢呐、鼓、磬、琴、笛等 28 种乐器演奏地方曲调和曲牌。⑦祭舞：舞生执凤羽、龠管，采用云步、叠步等传统戏曲舞步。

庙会有：①每年农历三月廿三妈祖诞辰和九月初九妈祖逝世纪念日举行。②各家各户恭请妈祖神像参加元宵活动。③各地建妈祖分灵庙时要捧着神像到祖庙举行"取香灰"分神仪式。④妈祖分灵庙每隔一定时期到湄洲祖庙谒祖进香，俗称"回娘家"。⑤祖庙妈祖在湄洲岛和妈祖分灵庙巡游，接受膜拜。庙会配以舞龙、舞狮、摆棕轿、耍刀轿、舞凉伞等民俗表演。

民间习俗包括：妈祖分灵庙庆贺活动、戏剧演出或家族感恩苍天、祭奠祖先仪式，男女老少列队敬请妈祖。渔民、农民、市民等在节日之夜提"妈祖灯笼"绕游；湄洲妇女头梳帆船状发髻，着蓝色上衣和红黑相间的裤子，表示敬仰；用木质半月形"圣杯"，向妈祖祈求解决疑难问题的方法；妇女换下妈祖头上的花来求孕；到妈祖宫庙祈取小香袋戴在小孩身上，以保平安；渔民在妈祖诞辰日前后不下海捕鱼，体现人与自然和谐。

妈祖生平有许多故事传说，据《天后志》记载的有十五则，据《天妃显圣录》记载的有十六则。它们分别是：

1. 妈祖诞降：妈祖父亲林惟悫（讳愿），母亲王氏，二人多行善积德。惟悫年 40 多岁时，已生有一男五女。但担忧一子难保传宗接代，所以经常焚香祷告，想再生一个儿子。惟悫夫妇的虔诚感动了南海观音，一天晚上，观音托梦给王氏并对王氏说："你家行善积德，今赐你一丸，服下当得慈济之赐。"不久王氏便怀孕了。北宋建隆元年（960 年）三月二十三日傍晚，王氏分娩时，西北处一道貌岸然红光射入屋中，并伴有隆鸣之声，妈祖降生了。因妈祖是女孩，父母非常失望，但妈祖生得奇异，因此十分疼爱。妈祖从出生到满月，一声不哭，所以，其父母给她取名林默。相传妈祖诞生在湄洲岛。

2. 菜屿长青： 湄洲岛旁边有一个小屿，传说有一天，妈祖到小岛上游玩时将菜子撒在地上，不久菜子奇迹般成长，花开满地。随后，每年无需耕种，自然生长。当地人视仙花采之。以后，人们就把这个地方称为"菜子屿"。

3. 窥井得符： 相传妈祖十六岁的时候，有一次，与一群女伴出去游玩，当她对着井水照妆时，一位后面跟着一班神仙的神人捧着一双铜符，拥井而上，把铜符授给她，一起玩得女伴们都吓跑了，而妈祖则接受铜符，并不怀疑。妈祖接受铜符后，灵通变化，符咒避邪，法力日见神通，以至她常能神游，腾云渡海，救急救难，人门称她是"神姑"、"龙女"。

4. 救父寻兄： 相传妈祖 16 岁那年秋天的一天，其父兄驾船渡海北上之际，海上掀起狂风恶浪，船只遭损，情况危急。这时妈祖在家织布，忽然闭上眼睛，使劲全力扶住织机，母亲见状，忙叫醒她，妈祖醒来时失手将梭掉在了地上，见梭掉在了地上，妈祖哭道：父亲得救，哥哥死了！不久有人来报，情况属实。兄掉到海里后，妈祖陪着母亲驾船前去大海里寻找，突然发现有一群水族聚集在波涛汹涌的海面，众人十分担心，而妈祖知道是水族受水神之命前来迎接她，这时海水变清，其兄尸体浮了上来，于是将尸体运回去。此后每当妈祖诞辰之日，夜里鱼群环列湄屿之前，黎明才散去，而这一天也成为当地渔民的休船之日。

5. 祷雨济民： 相传妈祖 21 岁的时候，莆田地方出现大旱，全县百姓都说非妈祖不能救此灾害。于是，县尹亲往向妈祖求救，妈祖祈雨，并说壬子日申刻就会下大雨。到了那天，上午晴空无云，丝毫没有要下雨的征兆，申刻一到，突然乌云滚滚，大雨滂沱而下，久旱遇甘雨，大地恢复往日生机。

6. 挂席泛槎： 有一天，海上起风浪，妈祖要渡海，停靠岸边船上没有船桨，也没有船篷，加上风急浪大，船手不敢开船。妈祖对船手说：你只管起船。随即叫人将草席挂在桅杆上用作船帆。船开上海面，乘风破浪，飞弛而去。

7. 化草救商：湄洲屿西边有个出入湄洲的要冲叫门夹（今天的文甲），有一次，一艘商船在附近海上遭到巨风袭击触礁，海水涌进船舱，即将沉没，村民见狂巨浪，不敢前去营救。在这紧急时刻，妈祖信手在脚下找了几根小草，扔进大海，小草变成一排大杉划到并附在即将沉没的商船上，商舟免遭沉没，船中人免难。

8. 降伏二神：相传在妈祖23岁时，湄洲西北方向有二神，一为顺风耳，一为千里眼。二神经常出没贻害百姓。百姓祈求妈祖惩治二神。为了降服二神，妈祖与村女们一起上山劳动，过了十多天，二神终于出现了。当二神将近时，妈祖大声呵斥，二神见妈祖神威，化作一道火光而去。妈祖拂动手中丝帕，顿时狂风大作，那二神弄不清所以，持斧疾视，妈祖用激将法激二神丢下铁斧，二神再也收不起铁斧，于是认输谢罪而去。两年后，二神海上再次作祟，十分厉害，妈祖用神咒呼风飞石使二神无处躲避，二神服输，愿为妈祖效力，于是妈祖收二神为将。

9. 解除水患：相传妈祖26岁时，那年上半年，阴雨连绵，福建与浙江两省倍受水灾之害。当时当地官员上奏朝廷，皇帝下旨就地祈雨，但毫无改观。当地请求妈祖解害，妈祖道：灾害是人积恶所致，既然皇上有意为民解害，我更是应当祈天赦佑。于是焚香祷告，突然天开始起大风，并见云端有虬龙飞逝而去，天空晴朗了。那一年百姓还获得了好收成，人们感激妈祖，省官于是向朝廷为妈祖请功并准得到褒奖。

10. 恳请治病：有一年，莆田瘟疫盛行，县尹全家也染上了疾病，有人告知县尹妈祖有解难之法力。于是，县尹亲自拜请妈祖，妈祖念他平时为官不坏，加上他是外来官，告诉他用菖莆九节煎水饮服，并将咒符贴在门口。县尹回去后遵嘱施行，不日疾病痊愈。

11. 收伏二怪：相传妈祖在世时，湄洲有嘉应和嘉佑二怪，经常出没害民。有一天，一位船客遭怪物作怪，船将沉没。妈祖见之即化作一货船，前去救难。嘉佑见货船前来，立即来追货船。妈祖口念神咒，将其制服。嘉佑当即叩首服罪，妈祖将其收入水阙仙班。为制服嘉应，妈祖施计，于山路独行，嘉应以为只是民间美女，便起歹心前来触犯，妈祖一挥尘拂，嘉应见之不妙逃去。时隔一年，嘉应又出来为害百姓，妈祖说："这个怪物不归正道，必然扰害人间。"于是叫村民带符焚香斋戒，自己则乘小舟，到海上出其不意，降服嘉应。妈祖也将嘉应收为水阙仙班一员。

12. 驱除怪风：湄洲对面吉蓼城西面，有一座跨海石桥，是当地百姓南来北往的要道。有一天，忽然怪风刮起，刮断了全部桥桩，一时交通断绝，人们无法过往。百姓以为是风神所为，于是祈求妈祖解难。妈祖到石桥处察看，见远处天空一道黑气，知道是有怪所为，于是施展灵术将怪驱逐远去，从此石桥通畅无害。

13. 收伏晏公：相传海上有一怪物叫晏公，时常在海上兴风作浪，弄翻船只。有一天，妈祖驾船驶到东部大海，怪物又开始兴风作浪，妈祖乘坐的船只摇晃的非常厉害。妈祖即令抛锚，见前方波涛中一舟上有一金冠绣袖、掀髯突睛之神在作怪。妈祖不动声色，掀起狂风巨浪与之抗击，晏公害怕妈祖的神威，叩拜荡舟离去。但怪物一时为法力所制有所不服，于是变成一条神龙，继续兴风作浪，妈祖说到："此妖不除，风波不息"，在中游抛锚，制服神龙。妈祖命令晏公统领水阙仙班（共有十八位），护卫海上船民，后来晏公成为妈祖部下总管。

14. 收高里鬼：相传有一个叫高里的地方出了一个妖怪，当地百姓受其害，染上百病，当地百姓前去求妈祖医治，妈祖给求治者一符咒，叮嘱百姓回去后，将符咒贴于病人床头上。妖怪知符咒法力巨大，于是变成一只鸟逃去。妈祖追出，见鸟藏在树上，鸟嘴还喷出一团黑气，妈祖口中念到："此怪物不能留此，为患乡里"，追击并将鸟抓获。原来是一只鷾鸆，妈祖用符水喷洒小鸟，小鸟落地变成一撮枯发，妈祖取火烧之，枯发现出小鬼原相。小鬼忙叩请妈祖收留，妈祖于是将它收在台下服役。

15. 铁马渡江：相传有一天，妈祖要渡海，可是没有船只，这时候，妈祖见旁边屋檐前悬有铁马，于是灵机一动，取之挥鞭，铁马奔海对面风驰而去。待人上了对岸，忽然之间，铁马无影无踪，旁边的人无不惊叹"龙女"的神通广大。

16. 湄屿飞升：宋太宗雍熙四年，妈祖时年 28 岁。重阳节的前一天，她对家人说："我心好清净，不愿居于凡尘世界。明天是重阳佳节，想去爬山登高。预先和你们告别。"家人都以为她要登高远眺，不知将要成仙。第二天早上，妈祖焚香诵经之后，告别诸姐，一人直上湄峰最高处，这时，湄峰顶上浓云重重，妈祖化作一道白光冲入天空，乘风而去。此后妈祖经常显灵显圣，护国佑民，救人危难，当地百姓感激她，在湄峰建起祠庙，虔诚供奉。据传祖庙后的摩崖"升天古迹"处就是妈祖飞天的地方。

关于妈祖显灵的传说有十八则，分别是：

之一：**神女搭救**：北宋宣和初年，莆田人洪伯通有一次航行在海上，突然遇到飓风，帆船差一点覆没，急忙呼神女搭救，喊声刚刚结束，大海突然风平浪静起来，洪氏躲过了灭顶之灾。

之二：**神女救船**：北宋宣和五年，宋朝派使者率船队出使高丽（今朝鲜），在东海上遇到大风浪，其中八条船沉了七条，只剩下使者所乘的船还在风浪中挣扎，忽然船桅顶上闪现一道红光，一朱衣女神端坐在上面，随即风平浪静，使者所乘的船转危为安。使者惊奇，船上一位莆田人说是湄洲神女搭救。

之三：**圣泉救疫**：宋绍兴二十五年（1155 年），兴化一带发生瘟疫，无药可治，妈祖托梦给白湖一村民，说离海边不远的地下有甘泉，喝了可以疗愈疫病。第二天群众前去控掘并取水饮用，果然灵验。消息传开后，远近人都来取水，络绎不绝，染疫的人全都得救了，这口井被誉为"圣泉"。

之四：**托梦建庙**：宋绍兴二十七年秋（1157 年），莆田城东五里处的白湖这个地方，有章氏、邵氏二族人共梦神指地立庙，随后验其地果然是吉地，于是建庙，第二年庙建成。宋绍兴三十年，海寇侵扰，百姓到庙里祈祷，忽然狂风大作，海浪滔天，敌畏惧而退。后来又来侵犯，再次显灵威，很多敌寇被官军擒获。

之五：**护助剿寇**：淳熙十一年（1184 年），福建都巡检姜特立奉命征剿温州、台州一带海寇，临战前官兵乞妈祖神灵护助。战时隐约看见神在云端之上，于是乘风进兵，擒获贼首，大获全胜。

之六：**旱情解难**：1192 年夏，闽地干旱严重，瘟疫蔓延，群众向妈祖祈求保佑，祷天即下雨；嘉定十年（1217 年），兴化大旱，百姓祈求于妈祖，神示梦下雨之时，果然灵验；宝祐元年（1253 年），莆、泉大旱，两地共祷于神，旱情即除。

之七：**神助宋师**：宋嘉定元年（1208 年），金兵聚集在淮甸一带，宋廷兴师北伐，向妈祖祈祷神助，宋朝军队三战三捷，解了合肥之围。

之八：**神助修堤**：1239 年，钱塘江决堤，江水漫到艮山天妃宫时，水势倒流不前，百姓借势筑堤，大家都说是神力捍御；宝祐四年（1256 年），又得妈祖神助建筑浙江钱塘江堤。

之九：**神助擒寇**：宋乾道三年，海寇侵扰，官兵数次围歼都无法得手，后凭妈祖神助获胜。嘉定十年，海寇再次犯境，官兵又得妈祖神助，擒寇首而胜。景定三年（1262 年），海寇作乱于兴、泉、漳之间海域，官兵得到妈祖神助，在莆田湄洲一带海域擒获海寇。

之十：保护使节：郑和七次下西洋中，3 次是船队遇到海寇掠夺和受到锡兰山国王亚烈苦奈儿陷害；1 次是船队为苏门答剌国生擒；3 次是船队在海上遇到飓风和险情。每次都说得到妈祖神灵庇护而脱险。

之十一：天妃神助：明永乐七年，钦差尹璋出使，同年钦差陈庆等往西洋；永乐十三年，钦差内官送甘泉于榜葛剌国，同年太监王贵等又奉命往西洋；洪熙元年（1425 年）乙未，钦差内官柴山往琉球；嘉靖十一年（1532 年），钦差给事中陈侃等人往琉球册封；嘉靖三十七年，复遣郭汝霖等出使；均得天妃神助而安全往返。

之十二：庇佑漕运：清道光六年（1826 年），江南有一只千余艘的漕运船队，一日船队抵达黑洋，遭到风暴，得到妈祖神灵护助，整个船队二、三万人安然无恙。

之十三：使节脱险：康熙二年（1663 年），张学礼等往琉球国，归舶过姑米山遇风暴；康熙二十二年（1683 年），册使汪辑等出使，归舟遇飓风；康熙五十八年（1719 年），册使海宝等奉命赴琉球册封存，归舟遇旋风；乾隆二十年（1755 年），册使全魁于姑米山遇台风；道光十九年（1839 年），册使林鸿年等赴琉球途中两次遇风暴。均得妈祖显灵庇佑而脱险。

之十四：甘泉济师：康熙二十一年（1682 年）十月，清军水师提督施琅奉旨率三万水兵驻扎平海，等待乘风东渡台湾。当时正遇到干旱，军中缺水。平海天后宫旁有一被填废井，施琅命令挖掘，并暗向妈祖祈祷，井挖好后泉水甘口，解了老百姓、兵士用水之难，泉水从此不竭。施琅以为这是神赐甘泉济师，亲书"师泉"二字，此井至今仍存。

之十五：佑助收艇：康熙二十一年（1682 年）十二月二十六日夜，施琅第一次率兵渡海攻打台澎，因缺风船行很慢，施琅下令回航平海。不久，忽起大风，战舰上小艇被风刮下海，不知去向。第二天风停息后，命令出海寻找小艇，均安然停在湄洲湾中，艇上人报告说：昨夜波浪中见船头有灯光，似人揽艇，是天妃默佑之功。施琅大为感动，命令整修平海天后宫，重塑妈祖神像，捐重金建梳妆楼、朝天阁,并请回妈祖神像一尊奉祀在船上。

之十六:澎湖助战:康熙二十二年(1683 年)六月,施琅第二次率兵东渡攻打澎湖,军中士兵感到神妃在左右助战,个个英勇向前,千总刘春梦天妃告之二十一日必克澎湖,七月必克台湾。后来清兵强攻澎湖七昼夜,并台湾统一。当时清兵出战攻澎之日,妈祖派千里眼、顺风耳二神将助战,即妈祖"澎湖助战"的神话故事。

之十七:官员脱险:清康熙四十二年(1703 年),御史孟劭前往台湾巡视,在海上遇到飓风,得妈祖神佑而脱险;乾隆二十五年(1760 年),漳州镇总兵奉命南巡时,河流横急,遇到险情,得妈祖显应而平安无事。

之十八:庇佑致胜: 1)康熙十九年(1680 年),水师提督万正色驻守崇武,夜梦神妃佐风,于是进兵,迫郑军舍厦门入台湾;2)乾隆五十二年(1787 年),钦差大臣福康安等赴台,返回至大担时迷失航向,得神火引导而顺返;3)乾隆五十二年,张均等率水兵剿海贼,遇风得神助,脱险并擒贼五十余名;4)嘉庆十一年(1806 年),官军在鹿耳门赖妈祖佑助,击败蔡牵;5)道光二十一年(1841 年),侵华英军驻进上海潮州会馆,裸卧天后神前,夜里梦见受到棍击,个个惊喊救命。

按照古礼,凡能御大灾、捍大患和有功大于国家者宜得礼。自南宋以来,历代帝王不仅对妈祖频频褒封,还由朝廷颁布谕祭。元代,曾三次派朝臣代表皇帝到湄洲致祭。明永乐则在南京天妃宫举行御祭,由太常寺卿主持,并配备乐舞。清康熙统一台湾后,又屡次派朝臣谒湄洲致祭。清雍正复诏普天下行三跪九叩礼。

为弘扬中华传统文化,将妈祖祭仪引向规范,1994 年参照历史资料和民俗祭仪,制定了《湄洲祖庙祭典》。几年来,对祭奠乐舞不断进行艺术加工,以期宗教祭礼兴艺术观赏的更完美结合。司祭、祭品、舞蹈、音乐等通过师带徒方式传承。 对妈祖的信仰和纪念已经深深融入沿海地区中国人以及他们后裔的生活,成为该信俗团体身份认同感的一个重要文化纽带。

在维护家庭和睦、社会融合以及弘扬大爱精神等方面发挥独特作用。妈祖信俗也是中华民族共有的精神家园和全球华人文化认同的标志。华人在侨居国建妈祖庙,并以此来践行妈祖精神,与所在国居民友好相处,共创新家园。

河伯娶妇在殷商
——甲骨文祀河卜辞研究

北京第二外国语学院 / 京都外国语大学　　常耀华

[摘要] 战国时代的魏国为河伯娶妇的习俗因见载于《史记·滑稽列传》而广为后世流传。其实，为河伯娶妇的习俗起源甚早，在晚商甲骨文中有关于"取女""见河"卜辞。"取女"即"娶女"，"见河"即"献河"，此即河伯娶妇的殷商版本。为河伯娶妇实为祷祭河神种种媚神形式中的一种。

[关键词] 河伯娶妇　甲骨文　祀河卜辞

　　《史记·滑稽列传》里有一篇《西门豹治邺》非常有名，是中学语文课本的经典篇目。文章不长，迻录于此，以便讨论：

　　魏文侯时，西门豹为邺令。豹往到邺，会长老，问之民所疾苦。长老曰："苦为河伯娶妇，以故渐贫。"豹问其故，对曰："邺**三老、廷掾**(yuàn)常岁赋敛百姓，收取其钱得数百万，用其二三十万**为河伯娶妇**，与**祝巫**共分其余钱持归。当其时，**巫行视小家女好者**，云'是当为河伯妇。'即娉取。**洗沐之**，为治新缯(zēng)绮縠(hú)衣，**闲居斋戒**；**为治斋宫河上**，张缇(tí橘红色；浅绛色)绛帷，女居其中，**为具牛酒饭食**，行十余日。共粉饰之，如嫁女床席，令女居其上，浮之河中。始浮，行数十里乃没。其人家有好女者，恐**大巫祝**为河伯取之，以故多持女远延亡。以故城中益空无人，又困贫，所从来久远矣。民人俗语曰'即不为河伯娶妇，水来漂没，溺其人民'云。西门豹曰："至为河伯娶妇时，愿三老、**巫祝、父老**宾女河上，幸来告语之，吾亦往宾女。"皆曰：身"诺。"

至其时，西门豹往会之河上。**三老、官属、豪长者、里父老皆会，以人民**往观之者三二千人。**其巫，老女子也，已年七十。从弟子女十人所，皆衣缯单衣，立大巫后。**西门豹曰："呼河伯妇来，视其好丑。"即将女出帷中，来至前。豹视之，顾谓三老，巫祝、父老曰："是女子不好，烦大巫妪为入报河伯，得更求好女，后日宾之。"即使吏卒共抱大巫妪投之河中。有顷，曰："巫妪何久也？弟子趣之？"复以弟子一人投河中。有顷，曰："弟子何久也？复使一人趣之！"复投一弟子河中。凡投三弟子。西门豹曰："巫妪、弟子，是女子也，不能白事。烦三老为入白之。"复投三老河中。西门豹簪笔磬折，向河立待良久。长老、吏傍观者皆惊恐。西门豹曰："巫妪、三老不来还，奈之何？"欲复使廷掾与豪长者一人入趣之。皆叩头，叩头且破，额血流地，色如死灰。西门豹曰："诺，且留待之须臾。"须臾，豹曰："廷掾起矣。状河伯留客之久，若皆罢去归矣。"邺吏民大惊恐，从是以后，不敢复言为河伯娶妇。

这篇文章，绘声绘色，状两千多年前之情景如在目前。

有趣的是，甲骨文中也有为河伯娶妇的类似记载。《甲骨文合集》8935版："贞见河。｜…取于🐚。"见通献，河指河川，亦指河神，亦即魏国邺地所称的河伯。取通娶，🐚，地名，也是族名。"取于🐚"极有可能是取🐚族之女。此残辞孤证，似不能断定商代有为河伯娶妇之俗，再看以下辞例：

令须🐚多女。《甲骨文合集》675

🐚，有征集之义。

取⸗女。《甲骨文合集》676反。⸗，地名。

甲午卜，□，贞于〔河侑〕报。

贞酚于河，报。

贞酚王亥。

贞乎雀酚河五十〔牛〕。

勿五十牛〔酚〕于河。

五十牛于王亥。

　酚河五十牛。

　　酚　河三十牛，以我女。《甲骨文合集》672

　　丁酉卜，贞于河女。

　　惠四牛。《甲骨文合集》683

侑、酚皆祭名。屮,侑，祭名。《诗·小雅·楚茨》："以为酒食，以享以祀，以妥以侑，以介景福。" 毛传："侑，劝也。"孔颖达疏："为其嫌不饱，祝以主人之辞劝之。"《仪礼·特牲馈食礼》："尸三饭，告饱。祝侑，主人拜。"郑玄注："侑，劝也。或曰，又劝之使又食。"酚祭亦应与酒食有关,有人认为酚祭实际就是酒祭。王亥，又名振　,契的六世孙,冥的长子,上甲微之父。王亥协助父冥治水，有大功。殷人祀河伯时同时也祀王亥或其他先祖。

来辛亥燎于王亥三十牛。

我侑于河女。

酚五十牛于河。《甲骨文合集》1403

…圭、女…四宰。《甲骨文合集》15147

上揭辞例中"侑于河女","乎雀酹河五十〔牛〕","酹五十牛于河"诸语,与褚先生笔下的**"巫行视小家女好者,**云'是当为河伯妇;**即娉取。洗沐之,为治新缯绮縠衣,闲居斋戒;为治斋宫河上**,张缇**絳帷,女居其中,为具牛酒饭食**,行十余日。"何其相似乃尔!

褚先生"为具牛酒饭食"的话,一笔带过,略显笼统,甲骨文则交代得很具体:"酹五十牛于河","燎于王亥三十牛","圭、四百"与"女"并列。

1)贞盅河。

2)王占曰:其侑隹羌。

3)翌辛亥乎往于河,侑𢾎于女。英藏1163

第(1)条中的盅字从卣从皿,当为酒器,也应是祭河神之祭名。王占曰"其侑隹羌",所选择的河女当是羌女。羌是殷商的敌国,甲骨文中常有伐羌的记载。"侑𢾎于女",𢾎亦祭名。

邺地为河白娶妇的习俗为何能够风行?褚先生没有明言。甲骨祀河卜辞有这样的内容:

贞亡其𡿦。

贞勿取河。

贞翌癸卯40其雨。《《甲骨文合集》》14576正甲

贞其屮(有)𡿦。

贞取河。

贞翌癸卯40雨。《《甲骨文合集》》14576正乙

庚申57卜,㱿,贞取河,侑。从雨。《《甲骨文合集》》14575

"亡"通"无"，"其"，拟测语气词，表推测。"疒"，当是"疒"（疾）字之简写。 "其有疒" "亡其疒"是卜问会有疾吗？不会有吗？疾，痛苦，困苦。《管子·小问》："凡牧民者，必知其疾，而忧之以德。"《汉书·沟洫志》："〔治河〕可以上继禹功，下除民疾。"从，"纵"的古字。"从雨"即"纵雨"也。

"上继禹功，下除民疾"，祷雨祈年，才是帝王祀河原因之所在。应劭《风俗通义》卷八《祀典》云："日月星辰，昭卬也。地理山川，所生殖也。功加于民，祀以报之。"祭祀山川河流是为了报答其生殖之功，没有山川生殖万物，烝民将无以为生。故《西岳华山庙碑》亦云："天子祭天地及山川，岁遍焉。自三五迭兴，其奉山川，或在天子，或在诸侯，是以唐虞畴咨四岳，五岁以巡狩，皆以四时之仲月，亲至其山，柴祭燔燎。"依此，奉祀山川可溯至三皇五帝时代。三皇五帝的确切资料难易确定，坐实可信的最早资料当属甲骨文。陈梦家在其《殷墟卜辞综述》中指出："卜辞中山川之祭是存在的。除了岳和河……，尚有其它的山川之神。"[1]魏国邺地为河伯娶妇实际上是上古祭祀山川礼俗之孑遗。甚至可以直截了当地说，邺地为河伯娶妇之上水，可以直接导源殷商。为什么敢于这么肯定？因为邺本来就是殷商故地。《汉语大辞典》邺字条下云："古都邑名。春秋齐桓公始筑，战国魏文侯建都于此。秦置县。汉后为魏郡治所。东汉末年又先后为冀州、相州治所。袁绍镇此。建安十八年(公元213年)，曹操为魏王，定都于此。曹丕代汉，定都洛阳，邺仍与洛阳、长安、谯、许昌合称

[1]陈梦家《殷墟卜辞综述》第504页。

五都。晋避司马邺 (愍帝)讳，改名临漳。十六国时后赵、前秦、北朝东魏、 北齐皆定都于此。有二城：北城曹魏因旧城增筑，周二十餘里，北临漳水，城西北隅列峙金虎、铜爵、冰井三台。旧址在今河北省临漳县西南。南城筑于东魏初年，大于北城，今属河南省安阳县辖境。隋开皇十年(公元590年)复名邺县，宋(熙宁)六年(公元1073年)并入临漳。"

西门豹治所治之河，并非是古汉语中所谓的黄河，而是安阳西北边的漳河，漳河发源于山西长治。由于流域上游的清漳河、浊漳河，落差巨大，下游下泄不畅，所以历史上漳河就是一条灾害频发之河，甲骨文中之所以有数百版祭河卜辞，盖缘于此。漳河非旱即涝，其旱尤其著名，安阳"红旗渠"就是与天地河岳之神抗争的奇迹。

吃饭是人类永恒的主题。天地山川风雨雷电诸神主宰着天下烝民的命运，人类靠天吃饭，所以，不能不乞灵于天地山川诸神。

于河祷年。《《甲骨文合集》》10080

戊午卜，宾，贞彭祷年于岳、河、𡥀。《《甲骨文合集》》10076

戊寅15卜，争，贞祷年于河，燎三〔小〕羍，沈三牛，宜羍。

辛亥48卜，古，贞祷年于岳燎三小羍，卯三牛。二月。

□□〔卜〕，殼，贞我受年。

…我受黍年。二月。

…祷年于河，燎三羍，〔沈〕□□，卯三牛，宜羍。《《甲骨文合集》》10094正

〔王占曰：吉。〕甲其雨。受年。

乙巳42卜，殼，贞于河祷年。《《甲骨文合集》》10094反

乙巳42卜，殼，贞于河祷年。《《甲骨文合集》》10092

□卯卜，殼，贞㞷年娥于河。《《甲骨文合集》》10129

□□〔卜〕，宾，贞侑报于〔河〕。《《甲骨文合集》》10942

丁未44卜，争，贞㞷雨，匄于河。十三月。

□子卜，〔殼〕，贞王令…河，沈三牛，燎三牛，卯五牛。王占曰：
丁其雨。九日丁酉允雨。

□□卜，殼，〔贞〕〔王〕勿令…河。二月。《《甲骨文合集》》12948
正

丁。王亦占曰：其亦雨。之夕允雨。《《甲骨文合集》》12948反

从上揭卜辞看，祀河、祀岳多系祈雨祷年。

史载："汤克夏而正天下，天大旱，五年不收，汤乃以身祷于桑
林……用祈福于上帝，民乃甚说，雨乃大至。"[2]殷人对于旱灾的印
象难以磨灭。

往〔于〕河…

往于河，亡〔其〕从雨。《《甲骨文合集》》8333

贞〔京〕受黍年。

辛丑卜，□，贞往于岳，有从雨。《甲骨文合集》9981

既然祭祀河岳之神关乎着天下烝民的福祉，那么，为河伯娶妇的媚神
之举也就不是什么匪夷所思之事了。《甲骨文合集》14755中以下几
条刻辞确有可能是祈雨取女之占：

---

[2]见《吕氏春秋．顺民》篇。《竹书纪年》亦谓："十八年癸亥，王即位居亳。……二十四年，
大旱，王祷于桑林。雨。"见四库全书，史部，编年类，竹书纪年，卷上。

贞翌丁卯祷舞，有雨。

翌丁卯勿，亡其雨。

贞有从雨。

贞⬚王亥十牛。

贞⬚东。

贞⬚允其取女。

上辞"取女"应即娶妇。⬚，祭名，大概是一种用牲方式。由此辞看，祷雨的祭仪相当热闹，所谓"祷舞"，应该就是美轮美奂的桑林之舞。《书》传："汤伐桀之后，大旱七年。汤乃翦发断爪，以身为牲，祷于桑林之社，而雨大至，方数千里，或谓祷桑林以得雨，遂以名其乐。"[3]《左传·襄公十年》："宋公享晋侯于楚丘，请以《桑林》。"杜预注："《桑林》，殷天子之乐名。"《庄子·养生主》："庖丁为文惠君解牛，手之所触，肩之所倚，足之所履，膝之所踦，砉然向然，奏刀騞然，莫不中音，合于《桑林》之舞，乃中《经首》之会。"用牲十牛，可以想见其场面之宏大。《《甲骨文合集》》14588辞曰："丙子卜，宾，贞⬚、珏，彭河。"该辞是说：丙子日卜人宾贞问，要不要用⬚、珏为牺牲彭祭河伯。⬚字不识，从字形看，两人挟一女，很容易让人想到何伯娶妇的场景。为河伯娶妇之事若发生在殷商，一点也不应该感到惊奇，大凡参观过殷墟者，相信殷代的人殉的凄惨场景一定挥之不去。身首异处者，有劳有少，有男有女。甲骨文里不止一处提到活人祭：

---

[3]張尚瑗：四库全书，經部,春秋類,三傳折諸_，左傳折諸,卷十五。

□亥卜，⿰方二方白其用于祖丁、父甲。《《甲骨文合集》》26925

…方白用… 　《《甲骨文合集》》38759

"方白"即"方伯"，为诸侯之长。《史记·周本纪》："周室衰微，诸侯强并弱，齐、楚、秦、晋始大，政由方伯。"裴骃集解引郑司农曰："长诸侯为方伯。"⿰，羌族之别种。"用"，杀人以祭或杀牲以祭谓之"用"。《左传·僖公十九年》："夏，宋公使邾文公用鄫子于次睢之社，欲以属东夷。"杜预注："盖杀人而用祭。"杨伯峻注："昭十一年《传》云：'楚子灭蔡，用隐太子于冈山。'《论语·雍也篇》云：'犁牛之子骍且角，虽欲勿用，山川其舍诸？'杀人以祭，杀牲以祭，皆谓之用。""⿰二方白其用于祖丁、父甲"即用⿰方两个首领的头祭奠祖丁和祖甲。

　　如果说，上面所谈的用方伯作祭牲是处置战俘的方式，还不足以证明祈雨祭牲也用人而且是用女性的话，那么，下面这版卜辞则足可以把此铸成铁案：

(1) 贞今丙戌23⿰（焱）⿰，有从雨。

(2) 贞⿰，亡其从雨。

(3) 惠己丑祷。

(4) 勿惠今己。

(5) 舞岳侑。

(6) 勿舞岳。

(7) 于翌庚祷。

(8) 勿于庚祷。《甲骨文合集》9177正王占曰，隹翌丁不雨，戊雨。

庚〔寅〕有〔从雨〕。《甲骨文合集》9177反

(1) 炆姢。

(2) 女乇。四月 《甲骨文合集》19801

(1) 有大雨。吉

(2) 其炆永女，有雨。大吉

(3) 弜炆，亡雨。吉 《甲骨文合集》30169

□□卜，其炆否女，有大雨。大吉 《甲骨文合集》30172

(1) 戊申…惠雨，祷于…

(2) 戊申卜，其炆永女，雨。

(3) …炆永女。《甲骨文合集》32297

(1) 戊申卜，其炆永女。

(2) 弜炆，雨。

(3) □□，贞…〔祷〕禾 《甲骨文合集》32298

(1) 丙戌卜，炆婆。

(2) 丙戌卜，炆女。

(3) 己丑卜，今日雨。

(4) 庚戌卜，王希直大甲。

(5) 庚戌卜，王希直祖乙。

(6) 庚〔戌卜〕，燎一□，宜…于〔岳〕。

(7) 庚戌卜，燎一牛，〔宜〕一牢。

(8) 庚戌卜，惠王自祷于岳。

(9) 庚戌卜，王希直大乙。

(10) 丙辰卜，于土宁〔风〕。

(11) …土宁风。

(12) 王祷雨于土。

(13) 己雨。《甲骨文合集》32301

，从交从火，应隶作炆，《玉篇》："交木然之以燎柴天也。"

此版也是祈雨祭，提到的祭祀对象是岳。河岳之神地位相侔。由字字形可知，交字非从木，而象人双胫交叉状。此字是一幅活脱脱点天灯燎人图。祭河沉水，祭山火燎升天，符合事理。炆后的"炋"字，从女从才，当是女性人牲。[4]祭山神与祭河神一样有乐舞，其舞亦为桑林之舞无疑。

祷祀河伯与祭山岳一样，也有乐舞。例如：

…河，舞…从雨。《甲骨文合集》12834

褚先生笔下的河伯娶妇没有乐舞场面的描写，作为一种习俗礼仪在流传过程中或有损益是极为正常的。《西门豹治邺》中所描写的故事主干，在甲骨文中都有存在。

---

[4]被作为人牲炆祭的还有炋。合集1136、1137辞同文："贞…有〔从〕雨。|贞炆，有从雨。|贞勿炋。"

《娘娘分身图》故事考

北京师范大学中国社会管理研究院 / 社会学院 **鞠 熙**

摘 要

1890 年，北京白云观住持高仁峒主持绘制了一套表现碧霞元君成神经过的画卷《娘娘分身图》，讲述碧霞元君从凡女修炼内丹最终成神的故事。当代道教学者刘迅认为，这一画卷的绘制背景应该从白云观与晚清宫廷贵族之间的关系上去理解。但是，《娘娘分身图》所表现的故事并不是高仁峒的创造，它与河北涿州鸡鸣驿泰山行宫的壁画在情节内容上极为相似，都讲述国王的小女儿孤身离家，去往山中修行，最终得道成神的故事。两幅长卷都有诸如道路遇险、神灵相助、城门遇难、感化世人、灵猴献桃、猛虎作伴等内容。绘画风格有一些相似之处，但总的来说风格不同。泰山行宫壁画绘制于清早期，其内容直接来自于明嘉靖年间出现的宝卷《天仙圣母源流宝卷》，而这一宝卷与清代教派组织净空教有关。因此，与其说是高仁峒为了迎合上层妇女的需要，创造出了这样一个《娘娘分身》的故事，不如说，他是引用了民间早已广泛流传，甚至带有一定秘密宗教性质的碧霞元君传说，并在里面加上了全真道内丹修炼的内容。这使我们进一步思考，所谓"民间"宗教是否只在社会下层流行？泰山和妙峰山等地的进香行为，是否与道教内丹修行有关等一系列问题。

1890 年，在北京著名道观白云观住持高仁峒的主持下，一套表现碧霞元君成神经过的画册《娘娘分身图》完成，为了庆祝这一事件，高仁峒还专门举行了全真斋醮仪式。道教研究学者刘迅发现，与以往的碧霞元君画像或神像相比，这套图册对碧霞元君的表现方式有很大不同，主要表现在两个方面。首先，从明代以后，碧霞元君的形象基本固定，一般被表现为女性生育能力和幼儿健康的保护神。然而《娘娘分身图》却与之不同，它聚焦于碧霞元君自我修炼，尤其是修炼内丹最终成神的经过。在这套图册中，碧霞元君不再被表现为众生的

"母亲"，而是孝顺的女儿、勤勉的学生、杰出的学者、反抗世俗生活追求大道的人、驯化猛兽的巫师、感化官员的传教者，而最重要的，她也是获得道家最高内丹的修行者。她不再以拯救女性集体身体的形象（神体）出现，而是以她个体的身体形象（人体）出现，正是这具身体的努力与虔诚，最终使她具有了"神"的能力。另外，《娘娘分身图》还打破了宋代以来的，只有男性修炼内丹，而女性只能作为负面自然力量的象征出现的传统，女性成为内丹的学者与修炼者。总之，这幅图卷清晰地传达出新的女神观念：自我实现、自我实践与自我超越。为什么会有这样的转变？刘迅认为，《娘娘分身图》的出现以及白云观住持高仁峒对它的重视都是意味深长的，其原因应被归之于全真教道士与满洲贵族之间的关系。他指出，晚清时期，白云观与清宫廷政治之间有错综复杂的联系，高层道士与宫廷贵族妇女，包括慈禧之间保持了密切的关系，出于神化慈禧并帮助她获得政治权力的目的，高仁峒打破了道教的传统，创造出了这幅《娘娘分身图》。换句话说，他创造一个新的"娘娘"形象，一个反抗性的、永远青春和充满魅力的、自我赋权的女神，以此来迎合当时贵族女性的需要。[1]

刘迅的研究相当具有开创性和启发性，尤其是对满洲贵族与道教之间关系的梳理，更是具有重要的学术史价值。但是就《娘娘分身图》本身而言，刘迅的分析建立在一个前提基础上，即这套图册的核心故事是高仁峒的创造，并不见于以往的道教传统。但是，《娘娘分身图》的故事的确如此吗？这是本文研究问题的起点。

《娘娘分身图》全册包括22幅图画，全部收录于白云观编辑出版的《道教神仙画集》中。由于每幅图上都有四字题签来说明该图内容，因此我们可以判定这22幅图画组成了一个完整的故事：以娘娘的母亲"梦吞凤月"开始，至香客们上妙峰山进香，娘娘"崇祀千年[2]"为终。故事讲述：皇后（她的身份可以从后面的"辞朝"一句，以及女神的父亲着戏台皇帝装这两点判断出来）梦见九凤朝月，而月亮被她吞下，因而有孕。在娘娘出生当天，有九条龙飞来，在盆里注水，为她洗浴。娘娘在闺中孝顺生病的母亲，同时常常在书房诵读经典（也许暗指此时开始对道教修炼产生了兴趣）。为了修炼，她上朝与父亲辞别，拿着雨伞和包袱只身离家。父母送她上路，在入山的山口处挥泪拜别。此时，她

1　Xun LIU., Visualizing Perfection: Daoist Paintings of Our Lady, Court Patronage, and Elite Female Piety in the Late *Qing, Harvard Journal of Asiatic Studies*, Vol. 64, No. 1 (Jun., 2004), pp. 57-115.

2　由于《道教神仙画集》印刷质量的问题，最后一个"年"字难以判定，此处根据语意推断。

的服装也由宫廷中的少女装改成了道姑装。一路上她饥食松子，临流洗心，收服恶棍、感化众人，使很多人皈依正道。迷路时，观音变幻呈樵夫为她指路。遇到贼寇时，王灵官施法救了她。最终，一位神人化作凡人，将她负至山顶，她得以在山中古洞内修行。有白猿前来献桃、白猿前来作伴。通过一系列的内丹炼化，她终于得道，最终从山上跳下，魂灵归真，被召至南天门，受封成神，出现亿万分身，感化众生。从此以后，信徒年年上妙峰山，她的香火祭祀千年不绝。[3]

熟悉中国民间故事的学者很快就能看出，《娘娘分身图》故事与中国其他女神故事，例如妙善传说或妈祖传说之间的相似：年轻美丽的公主勤劳、善良而且孝顺，由于拒绝婚姻，一心修道，她离开皇宫独自修行，经历一系列磨难后，最终成为神灵。这一故事至少从公元1100年开始，已经出现在中国读者的面前。[4]可以说，《娘娘分身图》的故事内核来自于另一个传统——一个在中国与道教内丹一样有着悠久历史的女神信仰传统。

事实上，不仅是故事的内核部分，这个故事本身——包括它的图画部分，都不是高仁峒自己的创造。在河北省涿鹿县鸡鸣驿的泰山行宫内，我们发现了和《娘娘分身图》极为相似的图画与故事。

河北省涿鹿县鸡鸣驿的泰山行宫，曾于清顺治年间重建，在其正殿两侧墙壁上，绘有碧霞元君得道成神的壁画。今天，鸡鸣驿已经成为河北省知名的旅游胜地，在当地旅游局印发的导游手册上，声称此壁画绘制于明代。但考虑到寺庙在清代曾重建，应定为清代以后更为妥当。[5]壁画采用通景连环画的形式，每幅都有榜题说明其内容，同样表现了娘娘从下凡、投胎出生，到修炼成道的故事，东西壁各24幅，共计48幅。这48幅壁画与《娘娘分身图》的22幅之间，有许多情节非常相似，甚至有的几乎完全一致。下表是二图的内容比较。

《娘娘分身图》	鸡鸣驿泰山行宫壁画	二者比较
	须弥山辞古佛菩萨下降 劝世	
	灵霄殿奉玉旨金星下天 点化	

---

3 《道教神仙画集》中，22幅图画的前后顺序似乎有些问题，此处根据我对故事的理解进行了重新排列。

4 关于《娘娘分身图》与妙善传说等女神故事的相似，参见鞠熙《身体、家庭与超越：凡女得道故事的中法比较》，《民俗研究》，2015年第2期，第81-90页。关于妙善故事的源流，参见 Glen Dudbrige, *The Legend of Miaoshan*, Revised edition, Oxford Universitty Press, 2004,

5 关于这一壁画的情况，有学者已做过简短描述。参见郝建文《鸡鸣驿清代庙宇壁画浅析》，收入安俊杰主编《旷世奇迹鸡鸣驿》，国际炎黄文化出版社，2004，第197-203页。

《娘娘分身图》	鸡鸣驿泰山行宫壁画	二者比较
梦吞凤月	生圣母皇宫院音乐花香　最美	都是"感梦而生"，相似
九龙临盆	降国王箩仙花宫人报喜　吉兆	都有九龙临盆洗浴，相同
煎药奉亲		
书房诵读		
	午门外等圣旨金星见驾　上殿	
	金銮殿捧圣母金星赐名　？花	
	御花园告天地一心修真　为忠	
辞朝修炼	皇宫院辞父王要上泰山　修心	相同
	对父王讨宝　国母不忍　难别	
别母入山	銮驾送宫　？？？列？圣	相同
	出朝来夜难行神灯引路　光明	
	松林下想泰山神灵赐衣　感应	
中途遇寇	青龙关遇歹人名叫张青　心惊	相同
	神感应叫陈通箭射张青　除暴	
	见圣旨待皇姑张钦敬膳　排宴	
	送皇姑出关去张钦饯行　雨别	
	上船遇陡氏女起意自害　不良	
	三郎神救圣母斧劈赵恩　该死	
	神保佑出九关拜谢苍天　有云	
	观碑文河难渡水母送身？好	
负驾飞升	十八寨背圣母驾云走过？？	相同
	走听雀音神搅转	
饥餐松子	寒冷天千松峪土地显化　送饭	大致相似，都是娘娘在松林中吃了最后一顿饭。
	柿林下遇刘氏起意不正	
	骗卖身张兴刘氏下地狱　正该	
皈依从正 指点？公	两家桥王员外捉歹敬圣　心诚	内容相似，都是感化众生，使之皈依
	送皇姑善王忠佛慈善果　好人	
	双岔路观石碑松柏茂盛　好景	
	炒米店无好人万世缺水　该当	
樵夫指路	愁云起玉帝知金星来渡　上山	相似，只是一个指路者是金星，一个是观音化作樵夫
古洞修真	驾毫光出祥云雾时得到　清净	相同
白猿献桃	桃花洞白猿鹿献果得道　不远	相同
雀巢垒顶		
火候熏蒸		
乾坤交媾		
沐浴温养		
取坎填离		
蟾光吐？		

《娘娘分身图》	鸡鸣驿泰山行宫壁画	二者比较
慧剑调息		
三家相见		
移炉换鼎		
道判两仪		
阳神现象		
聚火载金		
	朝阳山圣观景天显楼台 最爱	
	坐洞中鹿角女来献菜果 心想	
引龙入化、与虎同眠、婴姹合一、和合四象	功果到龙虎伏感动天地 道德	相似
金丹发现	同打坐磨牟珠霞光朝元 光气	相同
静夜译经	圣母游阴山后赦鬼魂魄 慈悲	相似，都出现了拯救鬼魂的意象
五? 朝元		
水火既?		
	功果满要舍身神灵难救 真心	
南天应召	景阳天来见佛诸神接驾 相会	相同
	到皇宫圣母看双亲不见 相	
	到西天佛下旨该受衣冠 双料	
	二神童功果到佛旨来迎 借光	
	九品莲听佛法带管幽冥 监察	
	凤车驾送圣母执掌泰山 好看	
	太山旨九 魂夜叉钩到 开肖	
	童引路陈王入地狱游遍 善得	
	三大士封二府明目光胤 办驾	
锻炼金身	流金身恩人拜万古流名 传世	内容相同，都有碧霞元君神像居中，两旁是经她感化而成神的两人和曾帮助过她的众神。
分身感化		
崇祀千年		

由此可以看出，两种画作所表现的故事内容大致相同，都讲皇帝之女，感梦而生，天资聪慧，但向往修道。为修道，她离家去国，寻访神山。在路上，她遇到种种困难，但总有神灵相助，也一路感化世人，获得人们的信服。最后由神灵化作的帮助者背负她到达深山中的山洞。她在古洞中日夜修行，有白猿、龙虎等动物帮助和相伴。修道大成之日，她毅然舍身，最终获得百亿化身，奉祀之香火千年不绝。

《娘娘分身图》中碧霞元君
离开皇宫后的装束

泰山行宫壁画中碧霞元君离
开皇宫后的装束

壁画中碧霞元君
出生的场景

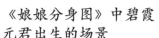
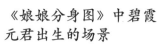

《娘娘分身图》中碧霞
元君出生的场景

壁画中碧霞元君成神后的场景

《娘娘分身图》中碧霞元君成神后的场景

两种画作的区别，主要在于强调重点上，《娘娘分身图》重在表现娘娘修炼内丹时精进的过程，而鸡鸣驿壁画则主体为表现行路中的磨难。有意思的是，虽然两种画作的内容相似，但表现手法却并不相同。我们能看出一些相似的细节和画作母题，例如娘娘离开皇宫后，着装以蓝色为主，头发在头顶处挽成发髻并佩戴蓝色饰物，且都拿着雨伞和包袱。但这种细节的相似很少，即使在表现同一主题、同一内容时二者的风格也有极大的不同。例如，娘娘得炼金身一幅图中，虽然我们能看出，画面表现的人物和构图方式大致相同，但二者似乎完全没有互相借鉴之处。这让我们推测，两幅画作可能来自于同一底本，而这一底本是有丰富的文字内容却少有图像内容的。这一底本真的存在吗？

2001 年我在河北鸡鸣驿进行田野调查时，看守寺庙的秦老太太说，1949年以前，鸡鸣驿泰山行宫的碧霞元军圣前供奉着"经本子"，"经本子"里讲述的就是壁画上的故事。每年阴历 4 月 15 日举行娘娘圣诞庙会时，还会有人在庙会上吟唱这套"经本子"，有时甚至会连唱三天。但"文革"期间，经本被毁坏，如今也再找不到会唱经文的人。这一线索至关重要，它证明了鸡鸣驿泰山行宫壁画的底本是长期在民间流传的经卷。此经卷有故事情节，可念诵吟唱，即学术界通常所说的"宝卷"。

根据车锡伦的研究，关于碧霞元君的宝卷主要有三种，其中明代两种，为《天仙圣母源流泰山宝卷》和《灵应泰山娘娘宝卷》，另外，明代隆庆末王之纲《玉女传》中引《玉女卷》，但《玉女卷》今已不存。[6] 近年来，新发现清初南无教《泰山圣母苦海宝卷》一种。[7] 研读这三种宝卷发现，鸡鸣驿泰山行宫壁画和《娘娘分身图》的故事底本就是《天仙圣母源流泰山宝卷》。

　　《天仙圣母源流宝卷》是中国民间宗教史上一部有名的宝卷。据马西沙、韩秉方研究，道光十五年（1835）直隶当局在通州、顺义、三河一带发现了静空门无为教徒，并察知该教传有《静空开心宝卷》和《天仙圣母源流宝卷》两种，可以确定《天仙圣母源流宝卷》是清代秘密宗教静空教的重要宝卷。而据宝卷内文称，《天仙圣母源流宝卷》为汴梁陈州西南泾陀园静明庵普光和尚所撰[8]。普光往普陀山进香五次，一日进香后回游至海边，见水面漂流经匣一个，内有一十九卷《天仙圣母源流宝卷》，另有《泰山真经》一部，为泰山朝顶进香的禁忌与规则，包括泰山进香香道的各个地名。据车锡伦研究，该宝卷最早有明嘉靖二十七年（1548）刊折本，共五册。后有明刊本五册，清康熙元年（1662）刊折本五册，康熙四十六年（1707）仁门李氏抄本五册，民国十四年（1925）北京永盛斋刻字铺刊本五册、民国十四年张至德、张至芳刊本五册、民国二十五年（1936）高彬仿明刊摹写本。[9] 可见其影响力很大，自明代至民国不断刊行，从未间断。今国家图书馆所藏为清康熙元年刊本，原刊板存于河北省沧州地区东光县城北关帝庙内焚修弟子房一庵处，此经卷的捐资者中，有山东省昌府地、河北沧州河间县城东张吉村、河北献县城东淮镇、河北交河县迁民屯的信徒。很明显，此宝卷的刊行与流传，与清初时以河北沧州地区为核心的信仰圈有关。

　　国家图书馆藏清康熙刊本《天仙圣母源流宝卷》，共五卷，主要讲述古佛与无生老母两位的女儿观音老母，为解救众生之苦，而下凡投胎。古佛与无生老母不忍她独自下落凡尘，便先行一步，化作国王和黄氏娘娘，菩萨果然于甲

6　车锡伦：《中国宝卷研究》，广西师范大学出版社，2009，第 437 页。

7　车锡伦：《新发现的清初南无教＜泰山圣母苦海宝卷＞》，《河南教育学院学报（哲学社会科学版）》，2009 年第 1 期，第 18-22 页。

8　连立昌、秦宝琦判断，这位普光和尚可能就是静空教教主净空的徒弟孤峰祖。对此观点，本文作者持保留意见。参见连立昌、秦宝琦：《中国秘密社会》，福州：福建人民出版社，2002，第 372-374 页。

9　车锡伦编著《中国宝卷总目》，北京：北京燕山出版社，2000，第 264 页。

子年四月十八日降生，起名为千花公主。是时，"两条龙，在宫内，金甲天神。扶将起，净水盆，香汤沐浴。"在皇宫内长到 14 岁，不愿结婚生子，发愿去泰山修行。一路经过黑松林、青龙关、黄河、扶桑林、乌龙江、白邙荒草坡、黄草关、白虎关、泾河套、三圣庙、水泉关、天台关、三条大涧、白马关、黄花关、黄河三义口、转经山、三家店、泰安境内王老庄炒米店、泰山莺愁涧等诸种磨难，最后由金星化作的老人背上泰山桃花洞修行。白云洞通背白猿送来献桃，白鹿仙女送来鲜花野菜山果，千花公主终于修成"婴儿"境界。遇阴灵告苦，于是度化山后阴灵超生。最后，千花公主于志心石上舍弃肉身，终于真性归空，坐定九品莲台，回上天宫。父母也随之升天归位，都至南岳天台，母子团圆聚会。最后，千花公主成为碧霞元君，座下"同东岳，合地藏，掌管幽冥。有眼光，合子孙，坐了二府。管温灾，掌生死，取送儿孙。"俨然已是掌管生死的至上神。

可以确定无疑，鸡鸣驿泰山行宫壁画完全是《天仙圣母源流宝卷》的图像化。故事情节、地名、人名等均可一一对应，只不过壁画中省略了宝卷中的大量内容。那么与鸡鸣驿壁画极为相似的《娘娘分身图》呢？

至少从故事上看，《娘娘分身图》与《天仙圣母源流宝卷》在内容上是非常相似的。有的相似之处，可以理解为二者都由一个更深远悠久的传统所产

《娘娘分身图》之"沐浴温养"

生，例如，《娘娘分身图》和《天仙圣母源流宝卷》都提及，碧霞元君原为公主，出生时有神龙下降洗浴。前者可能是来自于《妙善传说》的影响，后者显然能看到佛祖出生时，神龙吐水浴佛的影子。但有的相似之处似乎是更加直接的。例如，《娘娘分身图》中，公主离开皇宫后，自始至终手中拿着雨伞和包袱，这是《天仙圣母源流宝卷》中反复强调的碧霞元君的"宝物"，是临行前父母所赠，在它们的帮助下千花公主才顺利通过了"水泉关"，

《娘娘分身图》之"白猿献桃"   《娘娘分身图》之"与虎同眠"

而过关的情况又与《娘娘分身图》中"沐浴温养"一幅内容相似。

　　另外，诸如她在松林中吃柏子充饥。迷路后，神仙化作老翁背她出山入洞，（《娘娘分身图》里是观音菩萨，《天仙圣母源流宝卷》中是金星和南岳仙帝）。在洞中修行时，有白猿送来仙桃，有猛虎前来相伴等情节，都与《天仙圣母源流宝卷》如出一辙。

　　事实上，《娘娘分身图》中还有很多内丹修炼的意象，如"鬼魂归真"、红日出于海上、婴儿等，也出现在《天仙圣母源流宝卷》中，但因本人在道教内丹方面没有研究，难以判断它们之间是否有直接关系。故仅存疑，供方家研究。

　　然而，《天仙圣母源流宝卷》如果是清代被严禁的邪教"净空教"的宝卷的话，它怎么可能成为白云观高仁峒创作《娘娘分身图》的底本呢？尤其是如刘迅所说，高仁峒是为慈禧创作此图的背景下？我认为，《天仙圣母源流宝卷》作为《娘娘分身图》直接底本的可能性不大，至少不是如鸡鸣驿泰山行宫壁画一样直接把宝卷内容图像化，但《天仙圣母源流宝卷》曾在北京地区广泛流传，在民间有极大的影响力，形成了一种关于碧霞元君来源故事的民间传说传统，而《娘娘分身图》可能正是这一传统的产物。

　　首先，在《天仙圣母源流宝卷》成书之后，几乎所有关于碧霞元君的民间宝卷，都采用"皇帝女儿，得道成仙"的说法，而以往文献中所记载的其他说法则再不见诸流传。[10] 成书于明万历末年的《灵应泰山娘娘宝卷》"开经偈"中说："起根立地，原是西牛贺洲升仙庄。金员外，母黄氏，娘娘圣体投胎。三岁吃斋，七岁悟彻心明。聪明智慧，智广才高，万法皆通。感天子，取坐昭阳，娘娘愿不恋皇宫。被父母赶出升仙庄。信步游行，来到东土泰山，隐姓埋名。苦修三十二载，亦得明心见性，神通广大，指山山崩，指水水冽，呼风风至，唤雨雨来，降妖灭怪，无所不通"。另"初展泰山宝卷品第一"中又说："话说三官大帝上奏玉帝，得知下方西牛贺州升仙庄上金门氏女，智广才高，君王宣妃不授。东土泰山苦行三十二年，神通广大，奏上帝得知，敕封为神。[11]"记载虽然极为简略，但与《天仙圣母源流宝卷》内容一致。而清初尹喜所编《泰山圣母苦海宝卷》，更是几乎原封不动地保留了观音投胎、不愿出嫁、千花过关、泰山修行等情节主干。[12]

其次，在北京地区的其它文献中，也能看到来自于《天仙圣母源流宝卷》的元素。例如，清康熙四十二年（1703），北京香头司门王氏为纪念涿州圣母香会进香走会多年，刻立《天仙圣母碑》于会址法通寺内，碑文说："向聞聖母以國王之女，不願駙馬，遠離塵世，不受□□□□□□□登山□歷辛苦，棲止泰山巖中，清净修持，功成果滿，受封天帝，住證天仙，其道，讀之無窮，慈悲充滿宇宙，是以男女盡皆知之，雲車鳳輦，週巡四方"。辞文虽简略，但"国王之女"、"不愿出嫁"、"山林修行"等核心母题均有提及 [13]。而"男女尽皆知之"一句，也暗示了这一传说在北京深入人心。无独有偶，清乾隆二十一年，北京安定门内九顶娘娘庙住持自善为娘娘香会立碑，碑文中说："蓋聞慈心至切，顯法身於泰山頂上；悲海洪深，轉法輪 1 於金光寶殿。廣垂接濟，誓度群迷。成正覺於志心石 2 上，坐道場於源留會裡。"所谓碧霞元君"转法轮于金光宝殿"，即《天仙圣母源流泰山宝卷》中说她坐镇泰山金光殿中，"成正觉于志心石上"，即宝卷中说她从志心石上跳下，终成正果之事。起"源流圣会"，似乎暗示了这一香

10 关于碧霞元君得道故事的研究，参见罗香林：《碧霞元君》，《民俗》1929 年第 69、70 期合刊，第 8-11 页。叶涛：《论碧霞元君信仰的起源》，《民俗研究》2007 年第 3 期，第 194-201 页。

11 早稻田大学藏《灵应泰山娘娘宝卷》，明万历末年黄天教教徒悟空编。据早稻田大学图书馆宝卷数字化成果，文库 19 F0399 0016。

12 车锡伦：《新发现的清初南无教＜泰山圣母苦海宝卷＞》，《河南教育学院学报（哲学社会科学版）》，2009 年第 1 期，第 18-22 页。

13 （清）不著撰人：《天仙圣母碑》，清康熙四十二年（1703），北京图书馆金石组编《北京图书馆藏中国历代石刻拓本汇编》，中州出版社，1991 年，第 66 卷第 28-29 页。

会与《天仙圣母源流宝卷》之间的关系[14]。北京香会立碑中出现宝卷文本的内容，反映出至清初时，千花故事已在华北泰山信仰圈中成为共识。

总之，与其说是高仁峒为了迎合上层妇女的需要，创造出了这样一个《娘娘分身图》的故事，不如说，他是引用了民间早已广泛流传，甚至带有一定秘密宗教性质的碧霞元君传说，并在里面加上了全真道内丹修炼的内容，创造出这幅融合上层道教与民间传统的《娘娘分身图》。

以上，只是关于《娘娘分身图》初步的研究，我们仍有许多问题需要解答，例如下面这样一些：

1. 何为"民间"。按刘迅所说，正统道教对碧霞元君的塑造是有传统的，可是为何高仁峒舍弃了这一正统的传统，而采用一个来自民间宝卷的说法？这促使我们重新思考民间宗教的合法性问题。另外，宫廷与民间的关系也值得我们思考。如果说，的确是慈禧的个人品味，以及她与高仁峒的关系促成了《娘娘分身图》的产生的话，我们是否应该重新思考慈禧的"民间趣味"问题？我们是否应该考虑，以往我们所说的"民间"宗教，其实并不意味着"草根"宗教或者"秘密"宗教，与之相反，正如许多汉学家已经指出的那样，"民间的"真正含义是"大众的"或"普及性的"，是上下层共同参与的、雷德菲尔德所说的"大传统"与"小传统"共同认可的。[15]

2. 进香活动与道教内丹修炼之间的关系。无论是《娘娘分身图》还是泰山行宫壁画及《天仙圣母源流宝卷》，都强调行路过程本身也是一个内丹修炼的过程，而且也都专门辟出章节，表现信徒们行山进香的场景，《天仙圣母源流宝卷》中更是详细规定了泰山进香的过程与禁忌。这很难不让我们联想到《西游记》，也正是以九九八十一难来模拟道教内丹的养成。[16]是否我们应该从这个角度，重新思考妙峰山进香的意义？

14　（清）不著撰人：《传膳放生碑》，清乾隆二十一年（1756），北京图书馆金石组编《北京图书馆藏中国历代石刻拓本汇编》，第 71 卷第 93-94 页。

15　关于"民间宗教"应该是 popular religion 而不是 folk religion 这一问题的讨论，可以参见 John Lagerwey, Questions of Vocabulary, or How Shall We Talk About Chinese Religion?, in 黎志添编：《到教育民间宗教研究论集》，香港：雪峰文化，1999，第 165-181 页。

16　另外，晚清时期也是道教内丹被可视化的时期，例如《黄帝内经图》的出现，也是白云观历史上的重大事件之一。内丹修炼过程可视化的理念，是否也对高仁峒绘制《娘娘分身图》有一定影响？

亞洲及其他地區

非物質文化遺產保存與傳承

集體記憶與身份認同:

——以馬國檳城大山腳盂蘭勝會為探討中心

蘇慶華博士（遺稿）
原馬來亞大學中文系主任

前言

　　馬來西亞的中元普度始於何時，由於缺乏資料而無法確知。惟現存于麻六甲的青雲亭"紹蘭大伯公碑記"（1904 年）及保安宮"小吊橋中元普度再捐緣序文"（1841 年）銘刻文字，為我們保存了一些珍貴的馬國中元祭文字記錄。從上述銘刻，可知在道光廿一年（1841 年）以前，麻六甲的一些社區已通過捐集公款生息的方式，以每年所得利息支付中元節拜拜的開銷。由於民眾相信無依的孤魂，將常為厲祟，故於七月中元節地官赦罪日"開普度之端、啟蘭盆之會"，以便超度孤幽，使脫離苦海，共登彼岸。如此，則"幽靈知報，每應度求"。[1]

　　上述銘刻資料也告訴我們，各社區的中元祭乃由值年爐主和頭家負責設"牲體饌饈果品，延僧普施"。而社區中元祭之地點，似以社區內的某一固定公廟為中心。陳志明於 1977 年在麻六甲武吉南眉（Bukit Rambai）所作的觀察指出：村民舉行中元節拜拜的地點，乃於村內一所大伯公廟旁的場地舉行；新任值年爐主、頭家亦於該廟前以擲筊杯取決。[2]　惟陳氏未提及延僧普施事，這可能與該村的拜拜規模較小有關。這種以村廟為祭祀中心的情形，與麻六甲早期中元祭頗有相似之處，可稱得上是歷史的沿襲。

1. 檳城的中元盂蘭勝會

　　檳城（包括檳島和威斯利省）是馬來西亞華族人口佔多數的州屬，這裡的五大方言群分別為閩南、廣東、潮州、客家和海南。學者 Tan Sooi Beng 引述負責殖民地政府威省（Province Wellesley）保安事務的警長 James Low 所著，一本題為 *The British Settlement of Penang* 的書中，記載了他於 1836 年觀察到的"中元普度"（即農曆七月間舉行的盂蘭勝會）祭祀活動。據稱，當時檳城喬治市某社區廟宇附近搭起的臨時祭棚內供奉有高約二十英尺的巨大紙紮大士爺金身。祭祀活動每晚多達兩、三百元的開銷主要由該廟宇承擔，部分經費乃由參與祭典的信眾所捐獻。可見檳城個別廟宇主辦的中元普度活動規模不小，歷史亦頗為悠久。[3]

---

[1] 收入傅吾康、陳鐵凡合編：《马来西亚华文铭刻萃编》第一卷（吉隆坡：马来亚大学出版社， 1982），頁 264-265 及頁 284-285。
[2] Tan Chee Beng "Chinese Religion and Local Chinese Communities in Malaysia", *Contributions to Southeast Asian Ethnography,* No.9 (1990), pp.23-24.
[3] Tan Sooi Beng "The Phor Tor Festival in Penang: Deities, Ghosts and Chinese Ethnicity", Working Paper 51, Australia: Monash University, 1988, p. 10.

黃大仙信俗與非物質文化遺產國際學術研討會論文集

1.1 鬼節源流

今人都稱鬼節為盂蘭節，但據周樹佳的考究：鬼節實始自道教的中元節，也即是道教天地水三官信仰中的地官誕辰，拜祭的是中元二品地官清虛大帝。鬼節初本與佛教無關，直到西晉（266-316 年）時，佛教以盂蘭盆會混入，稱佛陀教導在農曆七月十五為佛歡喜日或僧自恣日，民間大眾可於這日辦盂蘭盆會，以盆載飯餸水果供養僧人，積德顯孝，以解救父母在地獄之痛苦，鬼節才開始混雜起來。嗣後年積月累，鬼節慢慢生出佛中有道、道中有佛，甚至不分佛道的景象。無可否認的是，佛教盂蘭盆會後來更徹底取代道教的中元節，成為百姓心目中的鬼節正統。本非佛教節日的盂蘭盆會，也因此被民間視為盂蘭"節"，變相成了佛教節日。

周氏進一步指出："盂蘭"二字，初見《佛說盂蘭盆經》，梵文是 ullambana，漢語全讀為"盂蘭盆"，意謂"救倒懸"。不過古人先入為主，竟將"盂蘭盆"分拆"盂蘭"和"盆"去解釋，以為《佛說盂蘭盆經》就是《佛說救倒懸盆經》；以為那由佛陀指示去救倒懸的盆，就是"盂蘭"，也因此出現了"盂蘭節"。這可真是一場大誤會！[4]

據以上的考究，不難理解基於民間"佛中有道"、"道中有佛"，甚至"佛道不分"的混雜常態和慣性，馬、新華人舉辦的中元節慶稱謂，時常將道教的"中元"與佛教的"盂蘭"連用，因而形成了拼合二者的"中元盂蘭節"全稱。例如：吉隆坡大城堡舉行的第二屆（2007 年）盂蘭勝會，標榜其"同時採用佛教和道教儀式慶贊中元，號稱'全國首創'"，並請來了西藏喇嘛到會場誦經。此外，復於"孝親超渡大法會"現場共為 130 個亡魂舉行超渡。[5] 事實上，像這種"大雜燴式"的法會儀式內容在馬國一般盂蘭勝會慶典中屢見不鮮，談不上是'首創'。

1.2 馬國"鬼月"的"私普"、"市仔普"和"街普"

在這俗稱"鬼節"的農曆七月份裡，一般信仰華人宗教的家庭在祭拜祖先之余，也都設案祭拜被稱為"好兄弟"的無祀之鬼。這類拜拜，俗稱"私普"。[6] 此外，還有市場販商同仁主辦的"市仔普"，它們的規模，通常較社區性的"街普"來得小。這些大大小小的拜拜活動，顯示華人社會忌怕鬼靈的心理。人們期望通過祭祀行為懷柔作祟的無祀之鬼，來達成人鬼之間的和諧。[7] 在街普和市仔普場地上，一般都供有

---

[4] 參引自周樹佳著《鬼月鉤沉：中元、盂蘭、餓鬼節》，香港：中華書局，2015 年，頁 2。

[5] "大城堡盂蘭勝會首創：佛教道教共慶贊中元"，《星洲日報》，2007/8/19《大都會》第 4 版。

[6] 研究檳島福建人中元慶典的渡边欣雄（Watanabe Yoshio）指出：農曆七月十五日中元節，乃是以各個家庭為主舉行的行事，與社區所進行的中元節活動完全是兩碼事。因此，在檳城，社區的中元節和家庭裡的中元節行事，日期有所不同，一般是要分別實施兩次。【參閱（日）渡边欣雄〈馬來西亞檳島的中元节——福建系華人的宗教礼仪〉，渡边欣雄著、周星译《汉族的民俗宗教：社会人类学的研究》，天津人民出版社，1998 年，頁 193。】

[7] 參閱吕理政著《传统信仰与现代社会》（台北：稻乡出版社，1982），頁 13。民间认为无祀之孤魂野鬼，特别是凶死或枉死者，由于冤灵所聚，其灵力最强，且为害最烈，故祭之尤为殷勤。

紙紮的大士爺（鬼王）像，此舉是為了預防孤魂野鬼作祟害人。供此像，乃具鎮壓之意味。此即呂理政指出的懷柔之餘，所採取的"防衛和驅逐手段"了。

1.3 檳城和威省一帶舉行的"街普"

在檳城和威省一帶舉行的社區中元節拜拜（俗稱"街普"），乃由某一街區的居民聯合出資舉辦。每年中元節所涉及的一切開銷，諸如祭品、祭儀、聘戲班演戲、設聯歡晚宴等，均由居民以月捐方式集資支付。[8] 根據筆者手頭掌握的資料，早在上世紀40年代，檳城大路後相公園區、檳城新街頭牛幹冬大門樓區、檳城椰腳七街區等街區聯合慶贊中元的民間組織已經存在，每逢農曆七月，各街區人民循例舉行中元拜拜並演梨助學興，祈求合境平安。

自1973年以來，除了超度孤幽、保境平安之祈求和促進居民彼此間的感情外，檳城的街普在"酬神不忘教育"的口號下，聯合各街區的力量發動為華小、獨中籌募基金。[9] 迄1975年，檳城和威省兩地的街區中元祭組織已超過百餘個之多。

1.4 "檳州慶贊中元委員會"的成立和正名經過

"檳州慶贊中元委員會"于1975年成立，並在此名義下開始運作。作為協調籌款活動的總機構，它的成立意義重大。1979年6月向政府正式註冊後，改稱為迄今仍沿用的"檳州中元聯合會"（以下簡稱"聯合會"）。它統合了州內的130個街普理事會，從中選出三十名代表出任聯合理事會理事成員。"聯合會"於中元普度期間，通過集體力量發動點唱、義賣等活動為檳州華教籌募發展基金，成績斐然。

在聯合會協調下，各街區理事會于每年慶贊中元時集中精力，為議決指定的學校或慈善團體籌募義款。例如：1975年聯合為韓江獨立中學籌得五十萬元的建立圖書館基金，較之先前籌募所得，便有了很大的突破。其後，又相繼於1976年為八間華小籌募發展基金；1978年為南華平民醫院籌募建院基金；1979年為丹絨道光漢民華小重建籌款及為柬埔寨難民義演籌款；1980年籌募檳州元首敦薩頓各民族慈善基金和為檳州華人大會堂籌募建堂基金等，每筆款項，數目均十分可觀。像這種投入集體力量，長期持續不斷的為社會公益及慈善事業做出貢獻的例子，在全國各地舉行的同類慶贊中元活動中堪稱典範！

---

[8] 据1984年的田野調查數据，每个会员每年或者捐出马币72元（会员一份）或者捐出马币36元（会员半份），然后可参加该街区的中元节活动、分享祭品、并参加宴会等福利。会员"一份"或"半份"的差别在于，前者可有2人参加宴会，后者则仅能有1人参加。【参阅渡边欣雄撰前揭文，1998年，页194。】

[9] 以1973年为例，共有47街区的庆赞中元理事会联会为商务华小筹得八万余元的建校基金。翌年（1974年），共有72街区，于庆赞中元节时为三民华小筹得二十五万八千余元的建校基金。

學者白縉（Jean DeBernardi）於 1984 年撰寫的一篇題為 "The Hungry Ghosts Festival: A Convergence of Religion and Politics in the Chinese Community of Penang, Malaysia" [10] 的論文中指出：（檳城的）中元節慶典表面上看起來，好像只是復興一項多姿多彩的傳統海外華人民間宗教活動；但進一步觀察則發現它糅雜著社會性和象徵性因素，顯現當地華社及其領袖自我覺醒地借舊有的社會形式注入新的內涵。[11]

具體地說，就是動員既有的非正式區域性社會組織（按：此指檳州中元聯合會），推動籌募建設華校和社會公益善款活動以及政治性的國家、地方互動。政治人物和某些商業機構積極參與年度中元節慶典活動（包括議員於各自選區內之撥款和商家贊助/義賣商品），協助主辦單位籌募公益善款，[12] 經直接/間接地影響了固有的盂蘭勝會發展生態和形式。

與此同時，近年來國家旅遊發展局亦將整個農曆七月的中元節慶典列入促銷我國旅遊業的項目之一，例如官方印製的《2016 年馬來西亞全年精彩節目和節慶手冊》。[13] 檳州政府的官方網頁（mypenang.gov.my），尤其以之作為州旅遊局向旅客推薦的熱點觀光項目和去處之一。華人傳統宗教節慶（特別是大山腳的中元節慶），至此已成功吸引了國內、外旅客/信眾到訪觀光或參與膜拜活動。

2. 問題的提出

值得一提的是：自 1992 年以來漸次形成"超大山腳社區[14] 信仰中心"的大山腳埠眾盂蘭勝會，乃由當地 12 個商社結盟成立的"大山腳埠眾盂蘭勝會理事會"所主辦。該理事會看來似乎'獨立'於"檳州中元聯合會"體系之外而單獨運作；其所籌得用以充當教育基金的義款，受惠單位亦只限於當地的華文學校。

個人認為：這種'獨體'運作"格局"之產生，除了上述大山腳埠眾的地域性本位認同以外，極有可能與下舉數因素有一定的相互關係：其一、它早於 1970 年已由 11 個商社共同發起、聯合籌辦中元祭活動，較之 1975 年於檳島成立的"檳州慶贊中元委員會"還要早 5 年；其二、基於大山腳埠舉辦的中元盂蘭勝會，號稱已有百餘年的悠久歷史；其三、這裡的中元祭規模盛大，且一連舉行十五天；其四、它擁有大山腳埠眾引以為傲的"全國最高、最大的士爺紙紮金身"等等。凡此種種，是否可視為

---

[10] 该论文刊 *Southeast Asian Journal of Social Science*, Vol. 12(1) (1984), pp25-34.

[11] 原文作：It turns out to be sociologically and symbolically complex: what at first glance appears to be a revitalization of "tradition" is in fact a self-conscious effort on the part of the Chinese community and its leaders to pour new content into old social forms.【參引自白縉上揭文，1984 年，頁 25。】

[12] 例如：2005 年，馬來西亞皇帽（Carlsberg）集團及其屬下三個代理商配合本地媒體《光明日報》和各區中元組織，以"關懷弱勢，溫暖世間，支持華教，與皇共慶"為主題，於中元節期間全程贊助義賣《光明日報》為（檳城）威省及（吉打州）居林 4 個團體及學校籌款。尤其是皇帽集團主辦的"十大（歌星）義演"更邁入了第 28 個年頭，總共為全國華文小學籌獲 4 億 3500 元馬幣。【按：以上信息下載自馬來西亞《光明日報》官方網頁 http://www.guangming.com.my，上網日期：2/7/2016，4:10 pm】

[13] *Malaysia Events & Festivals 2016*, Kuala Lumpur: Malaysia Tourism Promotion Board (Ministry of Tourism and Culture, Malaysia), December, 2015, p.10.

[14] 我稱之為"超大山腳社區"（"Greater Bukit Mertajam"）。

已然足資埠民構建其'潛在性"大山腳第一"'[15] 的"認同感"和"榮譽感"？筆者認為，值得針對初步此觀察作進一步的探討。

檢視過往有關檳城中元節的研究，似乎只關注"檳州中元聯合會"於統合州內各街區力量為華文學校和公益事業等籌募義款所扮演的積極角色，乃至於晚近由政治人物與地方領袖借之以推動國家、地方互動等方面之探討，而鮮少對已然形成區域性別具風格的"大山腳埠眾盂蘭勝會理事會"民間組織及其經營運作模式予以應有的重視。

有鑑於此，筆者擬以檳城威省中部慶典規模最大的"大山腳中元盂蘭勝會"個案作為本論文探討中心，藉以展現大山腳埠眾如何透過當地災難性歷史傳說和中元節宗教儀式構建在地化族群"集體記憶"和地域本位"身份認同"，從而形成一股凝聚力量為當地社區的華教和公益事業做出貢獻。

2.1　　個案研究地點——大山腳市鎮概述

大山腳（Bukit Mertajam）是大馬半島西北部主要市鎮之一。在行政上，它屬於檳城州威省中部（Central Seberang Perai，以下簡稱'威中'），是個中樞市鎮，也是檳島對岸北馬內陸運輸的重鎮和商業轉口中心。其總面積達 24 萬 4 千 645 平方公里，人口約有 3 萬之眾。威中轄下有三個縣，[16] 而大山腳位處武拉必縣內，乃威中行政和商業中心之所在。

馬來西亞自 1957 年獨立後，大山腳的工業和房屋業發展迅速。上個世紀 80 年代新開闢的住宅區（俗稱"花園屋區"）和新市鎮，計有：麥谷園、南美園、百利園、聖淘沙花園、珍珠市、亞理瑪花園、安邦愛士頓花園、迪沙達邁、山腳鎮、南島花園、華盛花園、川流園、寶珠花園、武拉必花園、忠英園、英雄園、春江園、美園、城市花園、寶玉花園和快樂園等。（洪木玖，2005：29）

2.2 大山腳中元盂蘭勝會的起源傳說和擴展根由

據洪木玖著《大山腳史略》：當地人士熱衷膜拜大士爺，乃因百多年前大山腳發生了一場瘟疫，許多人因此喪生。民間傳說那些因瘟疫而喪命者死後未能安息，幽魂常常在人間遊蕩，尤其是農曆七月地獄鬼門關大開的時候。後來，有人從中國請了大士爺的香火，於農曆七月初一開始至十五日，一連十五天在大山腳福德正神廟旁立

黃大仙信俗與非物質文化遺產國際學術研討會論文集

---

[15] 華按：須要說明的是，文中所謂'潛在性"大山腳第一"'的提法，只是筆者個人具上舉各因素所作出的推論，迄今倒未見大山腳埠眾曾於任何公開場合發表類此說法。

[16] 即武拉必（Berapit）縣，馬章武莫（Macang Bubuk）縣和巴東拉浪（Padang Lalang）縣。

棚設壇膜拜，此後再也沒聽說鬧鬼的事。於是，大山腳人士慶贊中元節的傳統便一直流傳至今天。[17]

社會學家塗爾幹（Emile Durkheim）曾經指出：宗教是一種集體表徵（collective representations），而宗教儀式會激發和維繫一個團體。群體的成員會因宗教儀式而凝聚起來，而且情緒亦因此而高漲，形成一種亢奮狀態（collective effervescence）。各成員以宗教的活動為中心，共用同一道德情感，成為一個道德社群。[18] 香港浸會大學的陳康言更續塗爾幹上述說法，進一步申論道：由此可見，宗教信仰的儀式能夠將鬆散的群體團結起來，喚起了集體的觀念，將個人附屬於群體之中。[19]

證諸大山腳埠眾及商社於過去數十年間迄今持續不斷設壇膜拜大士爺、祈求合境平安，實乃延續當地居民為安撫百餘年前據說因瘟疫喪命、遊蕩人間的幽魂而設壇奠祭之舉措。斯舉可使吾人清楚看出：宗教儀式是如何喚起群體的集體記憶，並憑藉此歷史記憶形成一股"生死與共"的和諧共生觀念和凝聚力量，令當地居民因此樂於出錢出力務使此常年宗教性活動得以沿襲下去。

與此同時，理事會同仁的營運有方，讓在地中元盂蘭勝會的規模逐年壯大，遂使埠眾和商社中"個體"對所附屬的大山腳埠產生"榮譽感"和"認同感"。換句話說，通過中元盂蘭勝會所進行的宗教儀式，喚起了埠眾的集體觀念，從而強化了彼等對在地的"認同感"。這一點，我們不難從大山腳中元盂蘭勝會埠眾於每年為紙紮大士爺金身增高兩寸（華按：迄今已增高至 27 尺）[20]，務使其維持全國最高大榮譽記錄之舉措，意識到個中所蘊含的特殊意義。

伴隨著上世紀 80 年代大山腳市鎮周遭新住宅區（俗稱"花園屋區"）和新市鎮的開闢，劃入參與大山腳中元盂蘭勝會的社區和地域範圍也跟著不斷地被擴大，形成了我所謂的"超大山腳社區"（Greater Bukit Mertajam）。通過新建社區代表的加入成為中元節慶委會協理並參與籌款、宣傳等活動，已然成功凝聚整個大山腳市鎮的新、舊居民一起為此勝會付出、共襄盛舉。這一發展趨勢，無形中使注入大山腳中元盂蘭勝會慶典的人力和物力持續壯大起來。[21]

除了成功吸引大山腳鄰近社區的居民，在參與本身社區的祭拜之餘，亦同時參加"大山腳埠眾盂蘭勝會"的祭拜活動以外，根據調查所得，到此參拜的信眾還包括：來自東馬的砂拉越和沙巴、泰國、印尼，及新加坡者。來自新加坡的信眾，一般搭乘

[17] 洪木玖著《大山腳史略》，大山腳：馬華公會服務中心，2005 年，頁 34。
[18] 涂爾幹著，芮傳明、趙學元譯《宗教生活的基本形式》，臺北：桂冠出版社，1994 年，頁 44-49。
[19] 陳康言〈消失村落的重聚——香港薄扶林道西國大王廟的盂蘭勝會〉，刊《田野與文獻：華南研究資料中心通訊》（季刊）第 82 期，九龍：香港科技大學華南研究中心，2016 年 1 月 15 日，頁 25。
[20] 由於金身高度已達鐵硼架頂端，大士爺今年（2016 年）依舊維持 27 尺高。【《光華日報》2016/8/6 國內 A13 版】
[21] 蘇慶華、林嘉運〈馬來西亞的中元節大拜拜：以北馬大山腳市鎮和南馬亞羅拉新村舉辦的兩種中元節慶模式為例〉，《馬新華人研究：蘇慶華論文選集》第三卷，雪州：聯營出版（馬）有限公司，2010 年，頁 83。

旅遊公交車越過新柔長堤前來膜拜，使它儼然成為一個具'超社區'、甚至'超國界'架勢的"中元祭信仰中心"！[22]

3. "大山腳埠眾盂蘭勝會"的組織結構和運作方式

　　大山腳每年大事慶祝之中元盂蘭勝會特色是：彙集當地各街區、商社及埠眾的物力和財力進行集體大膜拜，由農曆七月初三開始至七月十七日一連 15 天盛大舉行。1970 年，由當地居民協同 11 個商社，包括：菜市同仁、魚市同仁、魚商公會、中果社同仁、威中德士司機業同仁、街邊小販公會、雞鴨商孵蛋商、威省布疋制衣百貨商公會、十八商行、北馬羅哩司機公會、北馬羅哩車業商業公會共同發起，聯合籌辦大山腳中元祭活動。1992 年，新加入的第 12 個個結盟團體為盂蘭山莊巴剎（菜市場）工友及商行。但遲至 1997 年，這 12 個商社決定向政府當局申請註冊為正式的民間組織，隨即成立了 "大山腳埠眾盂蘭勝會理事會"。

　　自"大山腳埠眾盂蘭勝會理事會"成立以來，大山腳市鎮的中元節活動乃由該民間組織負責籌備。該組織內部又分設兩個單位，分別為：（1）值年正、副爐主和協理組成的"慶委會"，以及（2）負責督導的"理事會"。前者由每年於慶典中擲杯笅選出的正、副爐主和各區代表協理員[23] 所組構；後者則由前任正、副爐主或協理所組成。

　　值年正、副爐主和代表各區（共有 28 區）的協理員組成的"慶典委員會"主要任務乃籌辦和執行慶典活動；[24] 理事會成員只負責督導任務，確保新任正、副爐主和協理員于籌辦活動時能夠正確無誤的延續本埠的傳統和習俗。[25] 籌辦慶典時間自農曆七月初三日起至七月十七日，主要活動包括十五天的潮州戲演出，以及 15 天民眾和十二商社在不同時間進行的拜祭活動。

3.1 中元盂蘭節的慶典活動與宗教儀式

　　其實，慶典前奏的序幕早在農曆七月初一日已掀開。當天，大士爺的紙紮金身被預先送至設於福德正神廟旁的臨時壇場（即"大士寶殿"）。七月初二日，值年正、

---

[22]除了成功吸引大山腳鄰近社區的居民，在參與本身社區的祭拜之餘，亦同時參加"大山腳埠眾盂蘭勝會"的祭拜活動。根據調查所得，到此參拜的信眾還包括：來自東馬的砂拉越和沙巴，泰國、印尼，及新加坡者。來自新加坡的信眾，一般搭乘旅遊公交車越過新柔長堤前來膜拜，故而香客人數逐年增加。
[23]由於周圍住宅區發展迅速，社區人口亦相應增加，代表各區協理的人數也逐年增加。根據前任爐主們的回憶，1988 年各區協理為 60 人，1993 年為 88 人，迄 2007 年已增加至 148 人。
[24] 慶典委員會每年於中元節前的兩個月就得策劃和分配工作、進行向商家和居民募款和與福德正神廟商討、安排租用場地等事項。同時也開始接受大山腳市鎮內各華校要求捐獻教育經費之申請，視當年申請單位的多寡而商定如何分配所得募款和香油錢。最後，才商討安排中元節慶典期間的工作分配：各區協理在這 15 天慶典期間被分為 12 組，負起維持全天 6 個時段場地秩序的責任，以確保祭祀活動順利進行。
[25] 当地人坚持"不能轻易变更中元节活动的传统和习俗"。近年来为了适应年轻人的需求，大山脚县内其他社区于筹办中元节活动时增添了"歌台"的演出，"大山脚埠众盂兰胜会理事会"却没有顺应潮流，认为中元节活动不应随便更改，他们也认为大士爷比较想看大戏（传统戏剧）而非时兴的"歌台"演出。

副爐主和協理員以步行的方式從值年爐主家迎請大士爺的香爐、將之護送到壇場，並舉行安爐儀式。[26] 儀式結束後，爐主得於家中設宴款待前來迎接爐火、安爐的人員。

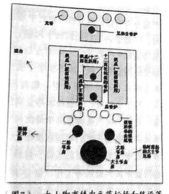

（图7）、大山脚市镇中元节坛场和陈设等

七月初三日早上，由道士主持大士爺金身開光儀式。值年正、副爐主帶領所有協理拜祭，潮劇團的成員接著參與拜祭。七月初四日早上，在壇場大士爺面前舉行葡杯儀式，以遴選出翌年正、副爐和協理。選正爐主的資格沒有太多限制，除當地居民外也接受在大山腳工作的外地人，惟由正爐主暫保管的大士爺香爐必須留在大山腳範圍內。

臨時祭棚"大士寶殿"壇場內供有三個香爐，分別為大士爺香爐、兄弟公香爐，及十二商社（自農曆七月初五開始至七月十六日）輪流擺放的香爐。這十二個商社都擁有本身的香爐，並選出各自的爐主。相對而言，大山腳埠眾盂蘭勝會的爐主則具有祭典"盟主"的特殊地位。

大山腳大士爺金身，於 2008 年時已是逾兩層樓高的 26 尺。其後，繼續於每年增高 2 寸，2012 年時金身達 26 尺 8 寸高。迄 2014 年，大士爺金身已增高至 27 尺，號稱全馬最大，令大山腳埠眾引以為傲，也成為了吸引外地香客到了參拜的"賣點"。

當地報紙圖文並茂報導大山腳中元節慶典新聞剪報

---

[26] 今年（2016 年）的值年正爐主及善信是在晚上 8 時 50 分，徒步 3 公里由大山腳武拉必英達把大士爺的香火金爐護送至"大士爺寶殿"安爐。儀式完成後，虔誠的理事善信們向大士爺上第一柱香。出席膜拜儀式者，包括檳州行政議員章瑛及威省市議員陳宗興等。【《光華日報》2016/8/6 國內 A13 版】

大山腳中元節祭棚內供奉之大士爺紙紮金身（陳耀威供稿）

大山腳中元節舉辦地點和為慶典而設立之臨時祭棚"大士寶殿"現場景象

大山腳中元節：道士為大士爺金身開光

　　從農曆七月初五開始至七月十六日，依次由盂蘭山莊巴剎（菜市場）工友及商行（初五）、菜市同仁（初六）、魚市同仁（初七）、魚商公會（初八）、中果社同仁（初九）、威中德士司機同業（十日）、街邊小販公會（十一日）、雞鴨商孵蛋商（十二日）、威省布疋制衣百貨商公會（十三日）、十八商行（十四日）、北馬羅哩司機公會（十五日）、北馬羅哩車業商業公會（十六日），按照固定日期輪流到大士爺臨時祭棚壇場特為預留的桌子上擺放商社各自的香爐。

據農曆乙丑年大山腳埠眾盂蘭勝會發布的該年"埠眾暨各商社酬神日期及戲班編排表"（農曆七月初三起至七月十七日）具體詳情如下：

七月初三 七月初四	眾人	中國雲霄青年潮劇團 中國雲霄新星潮劇團
七月初五	盂蘭山莊	中國雲霄新星潮劇團
七月初六	菜市	中國雲霄新星潮劇團
七月初七	魚市	泰國新中正順香潮劇團
七月初八	魚商	泰國新中正順香潮劇團
七月初九	中果社	泰國新中正順香潮劇團
七月十日	威中德士同業	中國雲霄青年潮劇團
七月十一	街邊小販	中國雲霄青年潮劇團
七月十二	雞鴨商孵蛋商	中國雲霄青年潮劇團
七月十三	布疋制衣百貨商	中國雲霄青年潮劇團
七月十四	十八商行	中國雲霄青年潮劇團
七月十五	北馬羅哩司機公會	中國雲霄青年潮劇團
七月十六	北馬羅哩車商業公會	中國雲霄青年潮劇團
七月十七	正爐主	中國雲霄青年潮劇團

七月初三至七月十七（十五天）戲金： 中國戲班每台/天 RM4000
泰國戲班每台/天 RM3200
道士每日誦經普施： RM188

（左圖）信眾拈香跪拜，（右圖）焚化中的大士爺金身（陳耀威供稿）

農曆七月十七日慶典最後一晚，正副爐主當眾宣佈本年度的捐獻單位和金額。晚上十點鐘由道士主持大士爺金身焚化、回鑾儀式。值年正爐主擲杯筊徵得大士爺同意後，在數千名手拈清香的信眾相送下，將其金身和眾信徒供奉的金銀紙錢移到福德正神廟側埕前空地上點火焚化，完成了送大士爺回鑾的儀式。

大山腳埠民傳說，大士爺紙紮金身焚化時倒下來的方向，可令朝該方向的居民於接下來的一年內很興旺，[27] 所以引起信眾的關注。回鑾儀式完畢，協理們將"平安米"發給商社、會員和貧老們。[28]

中元節活動結束後，新屆正爐主依照傳統、以步行的方式將大士爺香爐請回家裡奉祀。除了每月農曆初一和十五必須供奉水果外，初二、二十九還要舉行"大拜"儀式，以及於農曆二月十六日舉行"作牙"或"尾牙"。

小結：

一連十五天盛大舉行的大山腳埠眾盂蘭勝會，於農曆七月十七晚焚化大士爺金身、完成護送大士爺回鑾的儀式結束後劃上了句號。中元節期間以娛神為目的之傳統戲劇演出之餘，亦結合了世俗娛人的廟會等活動，達致神、人共樂的節慶狂歡功能。而由中元節衍生出的酬神不忘教育、慈善事業等"附加意義"，更強化和體現了民間大拜拜所蘊含的"同體大悲"宗教崇高情操與濟世精神。

長期以來，檳城華族於各街區舉辦中元普度期間以"酬神不忘教育"為號召，發動募捐、義賣、競標吉祥福品等活動，為檳州華教（包括華小和華文獨中）籌募教育與建設發展基金。[29] 此一優良傳統，一直延續迄今。

本文探討了上述藉在地"歷史傳說"喚起埠眾"集體記憶"；透過中元普宗教儀式所構建的"身份認同"，漸次形成了族裔的象徵"符號"，從而凝聚族群力量成就一方共同利益。[30]

然而，馬國華族尚須面對現實生活大環境中的許多困境和苦況。這當中，所涉及者，已非純屬信仰的課題，而與國家教育政策和當時（甚至迄今）的政治環境密不可分。[31]

特別是我國於 1969 年發生"5•13 種族騷動"事件後，而實行所謂的"不分種族"、重新分配國家財富資源的"新經濟政策"，[32] 基本上引起非馬來人的不滿情緒。

---

[27] 大山腳埠眾盂蘭勝会理事會主席陳昌興於受訪時指出："今年（2014 年）大士爺金身（於焚化時）直倒而下，意味著'旺'四面八方（故此皆大歡喜），非常好"。【參引自（大山腳 13 日訊）〈千人相送大士爺回鑾〉，馬來西亞《東方日報》A18，2014/8/14 全國版。】

[28] 參引自蘇慶華、林嘉運〈馬來西亞的中元節大拜拜：以北馬大山腳市鎮和南馬亞羅拉新村舉辦的兩種中元節慶模式為例〉，《馬新華人研究：蘇慶華論文選集》第三卷，雪州：聯營出版（馬）有限公司，2010 年，頁 79。

[29] 究其主因：華文教育（簡稱"華教"）被認為是馬國華人捍衛中華文化的"最後一道防線"，華小和獨中的興廢乃最為華社關心的課題。華族領袖為了捍衛華教的地位和權益，及因政策偏頗所引起的華校師資短缺、教育經費撥款不足等嚴重問題，而經常透過華族政黨和華裔部長向政府相關部門交涉。

[30] 除了宣傳"大山腳埠眾盂蘭勝會"，於同一《宣傳小冊》上還協助宣傳和促銷"大山腳美食"和當地"著名旅遊景點"。從另一角度來看，個人認為這也是大山腳埠眾"身份認同"和借中元慶典開發在地經濟活動具創意的表現。【參看本文《附錄 1》】

[31] 有關華教問題，請參閱曹淑瑤〈戰後馬來（西）亞華文教育發展的困境〉，載何國忠編《百年回眸：馬華文化與教育》，吉隆坡：華社研究中心，2005 年，頁 287-306。又，見馬來西亞華校董事聯合會總會（董總）編《風雲激盪一百八十年：馬來西亞華文教育圖片集》，雪州：董總，2001 年 12 月出版。

再加上 1980 年代在全國推行的"以馬來族為中心"的"國家文化政策",[33] 普遍令華人、印度人這兩大民族感到更加不安和不滿。針對此事,文化、青年體育部曾要求華、印社會向該部提呈彼等對國家文化政策(不滿)的看法。[34] 接下來,由大馬 27 個華團聯合簽署的《1985 年全國華團聯合宣言》,更針對政治、經濟、社會、文化、語文教育五大事項提出要求與建議,籲請全國人民,尤其是各政黨支持這份聯合宣言。[35]

　　有意思的是,馬國華社於農曆七月間在全國各地大事舉辦中元節慶。這些祭祀活動的場地,必定是政治人物如國、州、市議員們為展示親民和關懷百姓而現身亮相之所;他們當中,有些更名列當地盂蘭勝會"大會名譽會長"。但作為最具草根性的民間宗教組織如全國各地的"盂蘭勝會理事會"的領導或代表,於出面爭取華社權益或傳達華社訴求等方面,連扮演壓力集團角色、在與其他民間組織一起簽署備忘錄的場合上,似都未曾列席。究竟是負責帶頭發起聯署《備忘錄》和《宣言》的華團領導單位"忽略"了它們?還是另有其他原因?由於類此課題非屬本論文之探討焦點,且限於篇幅,筆者於行文中稍加點撥之餘,只好就此打住。

[32] 此一政策,造成土著與非土著兩極的政策化。這種兩極分化的現象,普遍存在於經濟、教育、社會文化等國家政策中,導致非土著認為那是明顯的種族歧視政策。【參引自柯嘉遜著、楊培根譯《馬來西亞民權運動》,雪州:策略資訊研究中心,2006 年,頁 10。】

[33] 時任馬國內政部長的加查理・沙菲(Ghazali Shafie)認為:非馬來族群文化的特定方面不能成為國家文化的組成部分。他舉出華裔的舞獅為例,指出舞獅和它的音樂伴奏,不太容易被接受為大馬的舞蹈形式和音樂。他說:如果把舞獅改變為舞虎,配以馬來鼓、笛子、馬來手鼓等,或許還可以接受。他還說:<u>只有以馬來人特性為根基的藝術特徵,才是國家文化的特徵</u>。國家文化必須全方位根據馬來人特性來塑造和發展。在這方面,沒有討價還價的餘地。【參引自柯嘉遜著、楊培根譯《馬來西亞民權運動》,雪州:策略資訊研究中心,2006 年,頁 27,29。】

[34] 為了響應該部的要求,馬來西亞各州華人大會堂暨董教總等華團等華社領導機構聯合於 1983 年 3 月 30 向該部提呈了《國家文化備忘錄》。稍後,大馬十大印裔社團亦提呈了《1984 年國家文化備忘錄》,原則性地表達了華、印社會對國家文化問題的基本觀點,以作為當局檢討有關政策的參考。

[35] 上述這些動作,與即將於 1986 年舉行的全國大選不能說完全沒有關係。【華按:有關《國家文化備忘錄》及《1985 年全國華團聯合宣言》的全文內容,請參閱參引自柯嘉遜著、楊培根譯《馬來西亞民權運動》,《附錄 1》及《附錄 4》,雪州:策略資訊研究中心,2006 年,頁 123-133 及頁 154-168。】

附錄：

1. "大山腳埔眾盂蘭勝會"《宣傳小冊》
   除了宣傳中元節慶，還兼宣傳、促銷"大山腳美食"和當地"著名景點"。

2. 目前全國最高的大士爺紙紮金身

   吉打州首都阿羅士打默貢（Megong）斗母宮"2016 年盂蘭勝會"供奉之大士爺
   金身（31 尺 8 寸 2 分），其高度已超越了大山腳埔眾盂蘭勝會之大士爺金身
   （27 尺高），為目前全國最高大士爺金身的記錄。（華按：本照片翻拍自馬來
   西亞《中國報》2016/8/5）

缅甸华人"王公"信俗：从吴氏香火到"非遗"展演

Daw Win（杜温）

【提　要】吴氏先民从闽南马甲地区把家乡的兴福尊王（当地称"王公"）民间信俗移植到缅甸仰光区岱枝镇，原乡文化通过庙祀和游境等佛事活动重复演练。在他乡不管是立庙合祀，还是跨宗教文化合作，或是动员当地居民一起兴办"王公"巡境仪式。本文拟缅甸仰光区岱枝镇康济庙（王公宫）2015年"王公巡境"为案例，试析吴氏香火演变为与当地共享跨宗教文化合作"非遗"（指非物质文化遗产）展演的平台。

一、前 言

一批批中国福建省漳州、泉州地区的华人开拓东南亚的文明历程，已经有数百年的历史了。先辈离乡背井来到南洋往往会从家乡随身带着神灵香火一起移植过来，一方面这些移民先辈对故乡的怀念，另一方面他们希望神灵保佑一路平安，在异地谋生顺利，并祈求在异国他乡创造族群的立足点。

吴氏先民从闽南马甲地区把家乡的兴福尊王（当地称"王公"）民间信俗移植到缅甸仰光区岱枝镇[1]，原乡文化通过庙祀和游境等佛事活动重复演练，在集体的信仰意识中化为人神共享、神佑人旺的"吾境"。在他乡不管是立庙合祀，还是跨宗教文化合作，或是动员当地居民一起兴办"王公"巡式境仪，实际上是先民在异地落实自身信仰文化与价值观的实践。而通过神明的落地生根，不仅能把故乡色彩带进异地的日常生活，将本来不熟悉的"异境"为符合自身文化观念与社会秩序要求的"吾境"，生活日久的他乡化为"故乡"。以本人在当地考察的经验，本文拟缅甸仰光区岱枝镇康济庙（王公宫）2015年"王公巡境"为案例，试析吴氏香火演变为与当地共享跨宗教文化合作"非遗"（指非物质文化遗产）展演的平台。

1　Taikkyi, a northmost town in Yangon Region. Distance : Yangon to Taikkyi is 48 miles(77km),about 2:30 hours driving time. Bus fare: 800 kyats(as of 2015)Myanmar States/ Divisions & Townships overview Map(code: 318).

二、泉州马甲镇与岱枝镇两地吴氏乡亲以"王公"信俗结缘

泉州市郊洛江区马甲镇霞井村境内有风景秀丽的梅桐岭。位于马甲镇霞井侨村境内梅桐岭的康济院，始建于唐永徽年间，已有 1300 年历史了。相传在唐永徽年间，林绍德奉命率兵镇闽平乱有功，受封后携一家途径梅桐岭时，在这块风水宝地化身成佛，被邻里乡民尊为"兴福尊王"，修建庙宇安位供奉。五代时期，泉州刺史留从效战后重建，更名为玉泉康济院。明永乐四年，霞井吴氏开基始祖吴原禄在此屯田定居后再次扩建，奉其为吴氏族人的镇境佛祖。此后，前来的香客络绎不绝。1984 年玉泉康济庙被泉州市人民政府列为第三批市级历史文物保护单位。1999 年缅甸华裔吴庆星[2]独出巨资把康济庙翻建成马甲境内一个宗教朝拜、休闲、度假、游览山川的新景点。它成为香客云集之地[3]。

回顾历史，20 世纪 20 年代，泉州马甲镇霞井村吴氏先辈移民缅甸，大多数居住于岱枝、奥降[4]、敏纳[5]以及帕弄[6]等四镇。他们把"兴福尊王"香火分别带到这几个镇。首分炉初暂安座于帕弄李伦安服职的同侨何长庚楼宇内。随后，李伦安与夫人妈省[7]（缅甸妇女）、吴详善领头出资，和旅缅马甲镇霞井村吴氏侨亲们一起在岱枝镇中心唐人街兴建一栋木楼奉祀"兴福尊王"，并称它为王公厅。1948 年，"兴福尊王"从木楼王公厅被移祀到同路之印度宅宇。之后，由于该庙堂狭小，1983 年在旧址[8]重建新庙，大概花了三年时间把木楼翻新成现在奉祀"兴福尊王"的两层楼之岱枝康济庙 —— 俗称王公宫。

三、缅甸岱枝康济庙

康济庙位于环境地理风水好的岱枝镇中心。对面是金碧辉煌的缅甸小乘佛塔，斜对面是生意旺盛的镇中心大市场。

2　已故旅缅吴善仰次子，其父在世时曾住奥降镇 (Okkan town,Taikkyi township)。1986 年在泉州马甲投资创建仰恩大学，1999 年修该地区康济庙。方雄普，《朱波散记》，香港：南岛出版社，281-282

3　"泉州吴氏与缅甸仰光王公宫"，华夏吴氏网 worldwu.com，2011-12-03

4　Okkan town, distance from Yangon to Okkan is 90miles(144km), Bus fare:1400kyats(as of 2015).

5　Minhla town in Bago Region

6　Phalon village in Taikkyi township, popular tourist attraction for Myaing Hay Wun Elephant Forest Camp.

7　Ma Sein(Burmese name)

8　木楼王公厅旧址

康济庙神殿设在二楼，"兴福尊王"是该殿的主神。神明显灵，知名度传遍邻近地区，它不仅是吴氏族亲祭拜的佛祖，而且还成了当地居民（包括当地缅甸人和印度人）信奉的保护神——"王公"aung-gaung-bo-daw（缅语发音）。右龛奉祀小乘佛教之释迦牟尼佛祖；左龛供奉保生大帝、吴氏族人信仰之中军爷、杜氏族人信仰之金花送子神以及土地公等诸神。

神殿大门和诸神龛左右两边都有醒目的华文对联。如大门对联：济民济世既而康，康国康家因康以济[9]；兴福尊王神龛有三副对联：兴唐祚定闽邦美哉古今长建福，尊夏宗滋缅地宜乎中外共饮王；兴吾德业终周且济，福尔黎民俾寿而康；兴隆光缅地，福庇遍人间。释迦牟尼佛龛的对联是：佛德最堪颂，神功极可歌。保生大帝神龛也有对联：佛道既无量，神恩何有涯。

该庙别于仰光市其他华人庙宇。虽然兴福尊王神龛与释迦牟尼佛龛并排，但是拜的方法不一样。前者是持三炷香站着拜，后者是在木地板上跪着叩拜。神殿内缅甸文字处处可见。如贴在墙上的缅文抽签指示；译成缅文的27首签诗的解日也为信众提供抽签问卜，祈求保佑的方便；镀金施主、蜡烛台施主和香炉施主的芳名大都用中缅文字记载。释迦牟尼佛龛旁边还设有所谓岱枝康济庙汉语补习课堂，排排桌椅还用缅文写着布施者的芳名。

大约于1983年起该庙管理就放开，由原为吴氏侨亲独家管理演变为岱枝全埠华侨华人共同管理的庙宇管理理事会。每届理事会任期5年。现任第七届理事会（2015至2019年）共45人：名誉理事15人和常务理事会30人。名誉理事当中12人是姓吴。吴继才为现任常务理事长，其管理团队包括：副理事长2名、秘书与副秘书、中文书与缅文书、总务长与总务10名、财务与副财务、正会计与副会计、正稽核与副稽核、正交际与副交际5名等。该庙管理经费靠一楼的四铺杂货店和康济礼堂[10]的租金。

四、岱枝吴氏族群传承马甲群众文化：本土特征"非遗"展演

文化在《现代汉语词典》的定义："人类在社会历史发展过程中所创造的物质财富和精神财富的总和，特指精神财富"。文化具有历史性、群众性和影响性。

9　岱枝弟子黄省定撰书

10　位于仰光至岱枝长途路边的一栋三层楼房。据康济庙职员提供的信息，该楼房面积比现在的康济庙大，而且又宽敞。原打算把"兴福尊王"移祀过来，但是没有获得政府有关部门的批准。目前是康济庙的产业，提供众人作为婚礼或办酒席租用。

闽南泉州市郊的马甲镇是名副其实的闽南文化重镇。那里浓郁的闽南地域特色的乡土民俗文化展示出中华民族文化的独特魅力。2007 年 7 月，泉州洛江区马甲镇被列入泉州规划中的 11 个闽南文化生态基地。马甲群众性宗教信仰民俗文化也被列入其中，比如，何氏九仙信仰文化、马甲宫游佛以及吴氏康济庙"兴福尊王"信仰文化等。

　　多姿多样的马甲群众文化中，马甲镇霞井侨村境内梅桐岭康济庙之宗教文化远传到缅甸的马甲霞井侨亲旅居地——仰光岱枝镇。岱枝镇康济庙，从 1983 年开始，每隔五年就在旅居地举行别具中国民间传统的"王公游境"盛会，在祀崇家乡的佛祖之中联谊同胞、弘扬中华传统文化。

　　每年农历正月十八是兴福尊王宝诞，当地华人称它为"岱枝王公生"，时逢又是缅甸民间传统的"直榜月盈节"(Tabaung pwe-daw) 佛事节庆。2015 年 3 月 4 日，又一度迎来连续三天举办的庆祝佛祖如来（释迦牟尼佛）暨兴福尊王第七度巡境大典。

　　长联高悬，张灯结彩，彩旗飘扬，缅甸宗教旗帜，迎风飘扬。把康济庙整个建筑物装饰得富丽堂皇，特别是横挂在二楼栏杆上几十尺长的红布横匾上贴着金黄色中缅文字："岱枝康济庙祝佛祖如来暨兴福尊王第七度巡境大典""myatswa-paya- nit-aung-gaung-bo-daw(7)kyeing-myauk-myo-twin-andre-kin-hle-le-puzaw-pwe"更是引人注目。理监事个个都穿着西式服装，胸前别着会徽，满怀喜悦，精神抖擞。

　　当日清晨，一阵阵震耳欲聋的锣鼓声中，一片片写着"兴福尊王"的红色旌旗之下，人头攒动，人声鼎沸。红黄舞狮表演，金色和青色舞龙表演，华族鼓乐唢呐伴奏；华族彩色灯笼，身穿中华服饰的漂亮年轻女生的挑担香花水菓队（水果放入缅式钵子内），供品有三鲜、蜜饯、瓜果、"王公"圣符等；华人民间"哪吒太子"乩童也前来助兴。

　　是日，庙内红烛高烧，缅甸高僧与华僧分别诵念巴利语小乘佛经和华语大乘佛经，一时充满了祥和温馨的念经声。遵循当地佛教习俗，一组长老护法男士个个身穿缅甸传统服饰，头上戴着用分红丝布包扎的传统正式场合用的帽子 gaung-bang 从佛龛上恭请释迦牟尼佛上缅式花车出巡。另一组身穿着正式男士长衬衫和黑蓝长裤的该庙监理事也恭请"兴福尊王"等诸神上神轿出巡。

　　身穿居士素服（在缅甸坐禅或念诵佛经时穿的服饰：白色缅式上衣和褐色沙龙）的一群女善信清道队为巡境行列扫地开道，年轻小伙子持着宗教旗队紧跟着，随着是穿着缅甸传统演艺服装队翩翩起舞：宫廷太子舞、掸族舞蹈、缅甸传统大鼓乐队和佛教音乐伴奏，热闹非凡！原供奉在康济庙里的释迦牟尼佛被恭请上缅甸传统的宗教花车巡游，一路上一边唱着缅语"慈经"、"aung-ba-se"等佛教吉祥歌，一边洒着银钵子里的爆米花、钱币和多类糖果，祝福众信心想事成、健康长寿、平安吉祥、金银珠宝财源广进等等。监理事及长老从庙里恭请出来暂奉在华式神轿上的"兴福尊王"轮番着被数十年轻人在抢抬飞跑中抖晃，寓意佛神显灵；一旦轿停，众信束香跪拜祈祷，以求神灵赐福五谷丰登，人丁兴旺。由此可见佛教信众对释迦牟尼佛和"兴福尊王"或"王公"神的虔诚与敬仰。

巡境行列很长，除释迦牟尼佛宗教花车外，有步行的、有骑马的、也有载着鼓乐的三轮脚踏车。该行列中有华人社团、华人庙宇和华人帮会：建德社[11]、和胜公司[12]等精心准备的演艺队伍，如仰光庆福宫演艺队、缅甸建德总社出品的骑马西游记人物《唐僧取经》服饰演艺队、还有缅甸南部各建德分社的香花灯菓队、彩旗队、毛淡棉凤山寺（和胜公司）[13]的舞龙舞狮队、肃静回避队伍等的文化出品、音乐团助兴，多姿多彩，热闹非凡。

巡境后，庙内气氛庄严，全体理监事把释迦牟尼佛、兴福尊王等诸神安放为神殿内原龛，并向"王公"持大香敬大礼，恭请华寺院高僧特为此庆典念佛经，保佑众人平安，诸事顺利；庙外气氛和睦，众信尽心享用布施者的美味午餐：炒米粉和冷饮。[14]

上述表明了缅甸岱枝镇康济庙五年一度举办的"王公游境"是具有历史性和群众性，并且影响到邻近城镇华人以及当地善信都能来展示传统"非遗"文化的平台。

五、吴氏香火为何演变成"非遗"展演

缅甸"非遗"的定义

"非遗"是非物质文化遗产的短语。非物质文化遗产是指各民族世代相传并

11　建德，在马来西亚槟城称大伯公，缅甸建德社源自槟城，目前全缅甸有170个分堂。原以福德正神庙 The Hock Taik Soo Temple,1950 年 11 月 27 日向缅甸法庭申请注册 (Civil Regular Suit No.88 of 1950); 后来又在缅甸政府宗教部重新注册。

12　缅甸洪门青莲堂和胜公司。亲国民党帮会组织，当年曾经支持孙中山的辛亥革命。全缅有26分舵。

13　缅甸名称：hong-san-si Bhudda-bada payakyaung，成立 1832 年，供奉广泽尊王神明。

14　详情可参考当日现场 Mu Dong Maung Maung 拍的录像磁盘或上网查看：sint-o-dan street facebook video

视为其文化遗产组成部分的各种传统文化表现形式，是群体各种实践、表演、表现形式。具有一种认同感和历史感，从而促进了文化多样化和激发人类的创造力。

缅甸政府也积极参与非物质文化遗产相关的国际会议。早在 2005 年 12 月，缅甸政府派遣其 3 位专家学者积极参加在泰国曼谷举行的亚洲次区域有关"非遗"保护和目录汇编方案的专家研讨会。其中，杜钦拉特女士[15]讨论了群众性保护非物质文化遗产的六个领域：民俗、佛教信仰与其相关习俗、语言与文学、艺术以及其相关活动、缅历十二个月的民间庆祝活动、民族服饰等等。

缅甸联邦共和国驻华大使馆一等秘书[16]于 2013 年谈论缅甸非物质文化遗产概况时曾经说过：非物质文化遗产很好地体现了人类精神生活与社会生活的基本组成部分，是人类的个性、文化多样性和创造力的来源。伴随全球化的发展，当今社会经受着迅速变化，包括非物质文化遗产在内的传统文化面临着消失的危险，缅甸政府已制定了"提升国家声望与凝聚力，保护文化遗产和国民性"的社会性目标。

文化部副部长杜山达钦在 2014 举行的民族会议上说，文化部考察收集了 200 余种缅甸人文风俗和手工艺，包括 102 种风俗、119 种手工艺术、3 种传统习俗等，涵盖掸族传统成语、克钦传统成语、缅甸传统编鼓、缅甸偶戏、戏剧、传统节日等多项内容以及手工艺，准备向联合国教科组织（UNESCO）提出世界非物质文化遗产申请。除此之外，文化部还在相关的省邦政府的帮助下，继续收集缅甸非物质文化遗产。[17]

吴氏族人重新建构神缘网络

历史的变迁，随着新的经济机会，吴氏族人移居仰光，重新建构神缘网络。

岱枝康济庙二楼神殿内有公元 1985 年立的"兴福尊王简史暨营建岱枝康济庙序"碑文，其碑文附各位喜捐种福者之芳名。该芳名碑文显示了重建该庙之当时，吴氏族群曾经向外地城镇募捐，重新建构神缘网络的记载，原本只属于

---

15 Daw Khin Hla Htay, "Community Mechanism for Safeguarding Intangible Heritage", Sub-Regional Experts Meeting in Asia on ICH Safeguarding and Inventory-Making Methodologies, Bangkok, 13-16 December 2005

16 Daw Phyu Phyu Soe

17 缅甸《金凤凰》中文报："缅甸文化神秘而精彩 缅甸 200 多种风俗与手工艺将申请世界非物质文化遗产"，23 -10-2014

吴氏族人从中国家乡带来的香火，开放给其他姓氏华人参与共同供养。仰光区吴善仰[18]、吴善备[19]领头乐捐，有庙宇和华社：庆福宫、缅甸福建同乡会、林氏九龙堂；其他喜捐者来自中国澳门、缅甸仰光和外地城镇：勃生[20]、毛庇[21]、奥降、宋砌[22]、沙也勃利[23]、绕彬九[24]、敏纳、卑谬[25]、那直莽[26]、良礼彬[27]、曼德礼[28]

迷信还是文化

崇拜祖先中有功于国家和人民的追远祖先，逐渐演化为民间崇拜，这是迷信还是文化，古往今来独盛不衰。

从人类的视角观察，在缅甸，大多数缅甸人是虔诚的佛教徒，修持佛教礼仪和注意与其相关习俗已经成了人们日常生活的一部分。人们深信"众神和谐"生活才会消灾平安、生活富裕。佛教徒（包括华裔信徒）除了信仰小乘佛教以外还有民间神灵崇拜。

"王公宝诞"通常在公历3月（缅历第12个月之满月）举行，恰好碰上缅甸12个月的民俗节庆："直榜月盈节"（Tabaung pwe-daw）佛事节庆。"王公"游境前，事先在大马路边高挂横幅提示人们"无论是谁，不分种族，不分宗教信仰都准备自己力所能及的供品能参加祭拜仪式"。因为人们过穷日子太久了，岱枝镇的人们深信，通过这次释迦牟尼佛祖与"aung- gaung-bo-daw"出巡，并协助哪吒元帅的威力，一定可以驱逐全镇和邻近地方的厄运、邪气和疫病，并且带来好运，让生活好过一些，所以大家都纷纷在指定的马路边，如 Myo Ma 大市场前摆设供品等候迎接释迦牟尼佛祖和王佛祖与"王公"aung- gaung-bo-daw（圣人）的到来，促使"王公巡游"巡游更加热闹。

18　吴善仰（1908-1984），已故仰恩大学董事长吴庆星之父。

19　已故旅缅延陵联合会理事长。是现任缅甸华商商会主席、现任吴氏延陵联合会理事长吴继垣之父。20世纪80年代，泉州马甲康济庙和吴氏大宗祠修建之时，吴继垣带头捐资。

20　Pathein city ,Ayeyarwady Region.

21　Hmawbi town, Yangon Region.

22　Thonze town, Bago Region.

23　Tharrawaddy town, Bago Region.

24　Gyobingauk town, Bago Region.

25　Pye city(formerly known as Prome), Bago Region.

26　Nattalin town, Bago Region.

27　Nyaunglebin town, Bago Region.

28　Mandalay, commercial of Upper Myanmar.

华人社团联谊，弘扬中华文化

人神共享，神佑人旺。

缅甸华人以 payakyaung 的名义纷纷恭请自埠华人民间奉祀之神参与巡境活动。不同区域的华人庙宇参与该活动，仰光至卑谬线上的小镇都有各自建庙奉祀的民间神，如仰光庆福宫（福建观音亭），永盛观音寺，奥报玉庵邢王府，荷西光玉皇大帝，礼勃坦天公坛，宋砌凤山寺，卑谬福莲宫；东吁福元宫，彪共福宫；璧榜观音寺，勃生三圣宫，毛淡棉凤山寺（广泽尊王），直塘九天玄女庙，丹老真武宫等。

以神缘为基础加强华社联谊，并且为华裔（包括华人与当地缅甸人通婚的后代）展示中华文化提供机会。

岱枝镇位于从仰光接缅南、缅北交通公路以及仰光至卑谬路线（缅甸独立前称之为旧轨道）的城镇。这些城镇旧时均有马来西亚槟城和怡保移植过来的帮会分组织，如建德分社和和胜分公司。它们至今传承了槟城建德传过来的"大忠大义"礼仪文化和中华传统舞龙舞狮演艺技术、西游记人物装饰和民间服饰文化等。它们对内传承中华文化，对外结合当地缅甸传统非物质文化遗产佛事文化习俗，乘"王公"宝诞之际，展示弘扬中华文化，助兴"王公游境"。

音景：多元种族共享的"非遗"展演平台

缅甸吴氏族裔是跨国离散群。从跨国离散历史的移民而言，无论是在日常生活空间或佛事文化庆典上，他们常借由集体共享的音乐经验，遥寄与想象一个过去的家乡。

2015 年"王公游境"的音景充满活力，虽然多种声音混杂在一起，但是吵杂热闹声中还带有祥和的佛音，记载了岱枝康济庙宗教文化特色的历史声音，大致可分以下几类：

宗教音：庙外小乘佛教音，出巡领队释迦牟尼花车上的扩音器放出来的小乘佛教祥和的佛经梵音与祝福音乐，庙内大乘佛教音，华式高僧给善信带来的观音菩萨开光的摇铃声和诵经梵音。**缅甸宗教文化表演音：**有缅甸居士清道队的音乐伴奏声，传统宫廷舞蹈缅甸民间音乐伴奏的歌声，缅甸大鼓乐队的伴奏声。**华族民间文化表演音：**庙外，兴福尊王每到一处都有刺耳的放鞭炮声和神轿抖晃神明显威的声音，巡游队伍中舞龙舞狮的锣鼓声、唢呐声，哪吒乩童的锣鼓声；庙内，众信的捐款话语声，捐款时敲钟击鼓的响声，监理事向王公敬香敬礼的声音。自然音：出巡队的车、三轮车、马等的声音。社会语音：安排巡境义工的中缅语中参杂福建方言的声音，众信各种方言混杂交谈声。特性的声音：布施者的热情声，众人享用午餐的热闹又和睦的声音和临时厨房里不够人手炒米粉而发出的求助声。此类音景不仅传达吴氏族裔特色与对家乡思念的强烈情感，也同时突出他们与移入国主流居民的差异、冲突与融合。

上述音景还反映了二十一世纪缅甸华人（特别是生活在小镇的华裔）生活空间重塑的文化，再也不是吴氏族群或单一华族的空间，而是与当地居民共同创造的社会空间。通过宗教佛事活动的"非遗"展演显示出多元文化、跨文化、超越文化的生活空间。

六、结语："王公"信俗为何能在异国传承并可持续发展

总之，"王公"信俗在异国能传承并可持续发展。其原因可能是：与当地妇女通婚，与当地居民共创和谐社会。早期缅甸泉州洛江区马甲镇的华侨移民出国的男性中绝大多数是单身汉，他们到缅甸后与当地妇女结婚的人很多。据洛江区马甲镇《延陵锦霞吴氏族谱》收录该村清代以来 449 位去缅甸华侨资料，其中有记载配偶的 212 人。在这 212 人中，在外与缅甸妇女结婚的 58 人。

吴家枫（1866-1942）[29]，他 20 岁来缅甸，在敏纳埠一家印度人开的小型碾米厂当苦力，勉强度生。后来取缅甸妇女为妻名叫得娘，相依为命，在埠上经营米粉小吃店。后来经营加工熟米，出售给印度人作为主食。生意扩大，在邻近三个镇开了 7 家中型碾米厂。成富商后，主动联络各埠宗亲在仰光二十三条街发起设立旅缅吴氏延陵堂，为到仰光的吴氏宗亲提供住宿。

吴善仰（1908-1984）[30]，在世时曾住奥降镇 Okkan town，捐巨资兴建该镇的华侨学校、建德分社、康济庙；还用自己的积蓄和儿女们给他的钱为当地居民修桥、造路、掘井、兴建儿童医院等。1986 年缅甸政府授予"慈善家"光荣称号，同时还获得岱枝政府的奖励。

据 1985 年康济庙重建时立的碑文，帕弄镇的李伦安取缅甸妇女妈省为妻，两人还一起出钱出力在岱枝建庙供奉吴氏香火"王公"神明。

---

29 参阅《在缅甸的泉州乡亲》，北京：中国广播电视出版社，2002，146-148

30 缅名 U Maung Yone。参阅《在缅甸的泉州乡亲》，北京：中国广播电视出版社，2002，154-156

在健的侨领吴继垣[31]（1947-　）是目前任缅甸华商商会主席，现任已故吴家枫发起建立的旅缅吴氏延陵理事会理事长。1980 年左右，在泉州马甲重修康济庙之时，他与旅缅吴氏延陵理事会成员一起捐款赞助。现在也带领该会积极参加 2015 年"王公游境"佛事活动。

岔枝康济庙以诸神结为忠义。特别是以神缘组织起来的各种宗教团体：如供奉吴氏族人佛祖兴福尊王康济庙管理委员会；以福德正神结缘的各埠或各镇的建德分社组织；尊重当地小乘佛教、印度教信徒和其相关礼仪。

变迁中的文化展演。由原本文化展演只限同族华人圈，已拓展为与当地共办佛事活动；与缅甸人最敬仰的释迦牟尼佛结合在一起，形成多元种族共同供养释迦牟尼佛与"王公"神明的和睦情景。

历经外在情景之转变，华人调适环境。大量运用佛教寺庙的名称、佛像、佛经等宗教符号向外展演。华人不再是封闭、孤立的地方团体，而是与移居当地的主流社会互动参与具有流动性的特质。华人已习惯到缅寺佛塔拜佛，缅甸人也会时常到康济庙敬香抽签问事。华人寺庙不仅是华人的宗教信仰中心，同时也是与其他华人帮会、当地主流社会建立文化交流的平台。

岔枝与马甲一脉相承民间文化，展出无穷的群众文化活动。中缅民间文化的互动，传统文脉与现代气象和谐共荣，宗教文化与现代文明的融合和传播。无不利于和谐民族、和谐社会、和谐文化的构建。在丰富民众文化生活的新起点上，不断提升民众开展传统文化活动的品位，从而进一步提高城镇文化的定位，更期望这座缅甸乡镇的民俗风情代表着中缅文化，走上保护"非遗"的舞台。

31　缅名 U Myint Shwe, Leo Suryardinata (ed.),Southeast Asian Personalities of Chinese Descent: A Biographical Dictionary Volume I, Singapore: ISEAS Publishing,2011, entry 751;《在缅甸的泉州乡亲》，北京：中国广播电视出版社，2002，171-172

参考资料

1. 仰光建德总社一百十二周年庆典特刊，仰光：1955 年
2. 方雄普，《朱波散记——缅甸华人社会掠影》，香港：南岛出版社，2000
3. 郑炳山主编，《在缅甸的泉州乡亲》，北京：中国广播电视出版社，2002
4. "泉州吴氏与缅甸仰光王公宫"，华夏吴氏网 worldwu.com，2011-12-03
5. 缅甸《金凤凰》中文报"缅甸文化神秘而精彩 缅甸 200 多种风俗与手工艺将申请世界非物质文化遗产"，23 -10-2014
6. 本人赴仰光岱枝镇康济庙实地考查资料包括 2015 年"王公游 境"当天拍的录像磁盘
7. Daw Khin Hla Htay.(2005) " Community Mechanism for Safeguarding Intangible Heritage", Sub-Regional Experts Meeting in Asia on ICH Safeguarding and Inventory-Making Methodologies, Bangkok.
8. Leo Suryardinata (ed.) (2011),Southeast Asian Personalities of Chinese Descent: A Biographical Dictionary Volume I, Singapore: ISEAS Publishing

文化分布图与民间信仰研究试论

日本首都大学东京　何　彬

【提　要】进入 21 世纪，民俗学以及非遗文化研究的文章里，"民俗地图"一词的出现率和使用率逐步频繁起来，亦有探索用民俗地图和文化遗产图作为我国非物质文化保护手段的各种大小科研课题出现。2015 年底，笔者参与部分编辑工作的《山西省民俗地图集》正式刊行，这是我国第一部有行政参与的、省级的、正式的中文民俗地图集。期待文化分布图进一步在文化研究和物质文化遗产、非物质文化遗产保护和保存弘扬方面发挥其特殊功能，开花结果，笔者在研究黄大仙信俗与非物质文化主题的此次会议上，笔者以一篇阐述民俗地图基本结构和运用于黄大仙信俗研究方面的具体运用方法之论文参会。

【关键词】民俗地图　文化分布图　日本　民间信仰

序

进入 21 世纪以后，在中国民俗学以及非遗文化研究的文章里，"民俗地图"一词的出现率和使用率逐步频繁起来，亦有探索用民俗地图和文化遗产图作为我国非物质文化保护手段的各种大小科研课题出现。民俗地图的最初源起民俗地图源于地理学科的一般性地图法。日后成为超越地理学科的人文社会学科记录空间和时间性文化表象的有效方法之一。民俗地图起源于欧洲，后在日本民俗学界获得长足的发展。柳田国男运用地图的标识，揭示出民间古语流传和分布、变容的规律，从而使学界格外看重数据可视化作为一种研究手段的功能。

2015 年 12 月，笔者参与了部分编辑及绘制工作的《山西省民俗地图集》正式刊行，这是我国第一部有行政参与的、省级的、正式的民俗地图集。这是民俗地图在我国第一次正式以发行刊物的形式出现。同时，研究民俗地图如何运用在中国非遗保护方面的课题也在紧锣密鼓地进行。鉴于此，在这个以研究黄大仙为主题的会议上，笔者愿意以一篇记述民俗地图的论文参会，并探讨如何在民间信仰研究方面运用这个研究方法。

一、民俗地图：起源与发展

1-1 民俗地图起源

据文献载，欧洲民俗学导入地理学方法的最初尝试产生在德国。十九世纪中期，一份尝试着通过问卷获得数据后，把欧洲农耕民俗问卷数据标示于地图，用图示的方法把握一定的区域里的农耕民俗分布和变迁的规律。虽然计划没有完全实现，但是这个做法启示了欧洲民俗学界。人们开始尝试参照自然地理学科的地图标示方法为民俗学科研究民俗文化提供来自新视角的资料。

德国在科学资助机构的财政支持下，成立编绘德国民俗地图的专门性机构，于 1937 年出版了第一集《德国民俗地图》，而后几十年里陆续地编绘和出版民俗地图。法国、葡萄牙、西班牙、意大利、瑞士、挪威等国家也受德国制作民俗地图的影响，仿照德国民俗地图的方式，着手制作本国的民俗地图。

日本民俗学仿效欧洲，于 20 世纪 30 年代开始出现民俗学论文里配有个人绘制的民俗地图，以图阐释论点的做法。1950 年出版的由柳田国男监修的《民俗学辞典》开篇附录了三幅民俗事象分布图，它们是"海女分布图"，"头顶搬运分布图"，"两墓制分布图"。

在文科的专业字典里收入文化事项分布地图的事例，中外均不多见。它说明当时日本民俗学界对民俗地图的关注度以及日本民俗学界绘制民俗地图技术发展成熟度已经很高。

1-2 日本民俗地图

二十世纪六十年代，日本社会经济进入急速发展阶段，脱亚入欧的发展方向使得日常生活里的民族民俗急剧变容，传统的民俗文化需要及时记录保存下来。日本文化厅从 60 年代开始策划绘制全国分类民俗地图工程。

1969 年出版了第一卷民俗地图之后，至 2004 年才完成第十册最终卷的编写和出版工作。费时近 40 年，完成了一套用 1342 个基本调查地点收集到的 20 类数据标示的、基本覆盖日本全国各个地区的 10 卷本分类民俗、系列民俗地图集——10 卷本《日本民俗地图》。

此外，都道府县的有关行政部门在各自的行政管辖范围内选出 150 个调查点，在国家财政援助下开展民俗调查，实施依据调查数据和调查资料绘制各行政区域民俗地图集的工程。这个覆盖全国范围的分头行动式的民俗地图制作工程实施的结果，是二十世纪七十年代基本完成制作、陆续出版问世的日本各都道府县为单位的民俗分布地图集《都道府县 日本民俗分布地图集成》13卷。这套《都道府县民俗分布地图集成》按地区编辑，几个县合编为一册，共13册。调查和民俗地图绘制不是全国统一进行的。每个行政区的地图多寡不一，少则40，50幅，多则有200幅。粗略统计，13册集成共有3000多幅民俗分布地图。

这两套大型民俗地图系列，《日本民俗地图集》及都道府县行政区的民俗地图集，从宏观角度标示那个时代的民俗信息，成型一种平面呈现空间／时间信息的资料整理和表现方式，也为呈现日本文化提供了一种较为直观的工具。把民俗调查内容标志于地图，最终形成了一种民俗数据标示的新方式——民俗地图表现法。

大型系列民俗地图的出版刊行提高了日本人文科学界以及日本民俗界本身对民俗地图的认知度。确立了作为民俗·文化数据可视化有效手段的地位。在日本各个大中规模的图书馆里都会有收藏。中小学生会用它检索家乡文化或单项文化的分布，大学生用来做毕业论文的参考数据，研究论文用其作时代资料依据，外国的日本研究者们以其为认知日本社会文化的时代文献。

二、基本概念和类别

2-1. 民俗地图定义

"民俗地图"，是运用各种符号将民俗事项的类型、数量、形态以及某种民俗的特性、变迁规律等数据及研究内容可视化表现的地图。民俗地图的载体是一般地图，民俗地图的标示符号显示各种民俗事象或民俗数据。民俗地图是把文字资料和各种民俗文化相关的数据可视化的一种方法。

民俗地图的功能：民俗学研究者利用地图的平面可视性和广范围显示性等特性，通过"民俗地图"认识民俗现象在空间与时间上的表象特征，提取民俗传承的空间和时间分布性质与文化意义，把握民俗的地域特性，进而分析和认识某项民俗或某个文化事项传承或分布规律。在我国越来越多的有关人士关注民俗地图的功用时，笔者提出应该顺应时代发展和中国国情需要，"民俗地图"应该改称为"文化分布"，以扩大其内涵及其应用范围。

2-2 民俗地图的 2 类不同性质

Ａ· 民俗地图首先是客观显示民俗分布、表示民俗存在、变迁、移动的记录性手段。以这个目的制作的民俗地图属于"记述性民俗地图"。

Ｂ· 当民俗研究者用它标示某种民俗研究结果、阐述民俗理论时，民俗地图则成为一种研究性手段。柳田国男著名的古方言转播和分布规律论说"方言周圈论"，就是典型的"研究性民俗地图"。

Ａ类标识民俗分布的图制作率和使用率较高，制作数量极大。如何把民俗事项的数据标示于地图，如何用符号图表表现民俗数据，怎样可视性地标识民俗传承诸种状态，这些都属于民俗地图标示法即"记述性民俗地图"的范畴。

Ｂ类民俗地图提示民俗特性研究理论的图其学术性高、影响力大，但制作要求较高、制作难度大。读解地图上标示的各种民俗事象的符号，而后展开民俗分析和理论构建的方法，属于民俗地图研究法即"理论性民俗地图"的范畴。

2-3. 民俗地图类 [1]

按制作、使用目的分类，有 2 类："记述型民俗地图"（或称"资料型民俗地图"）和"研究型民俗地图"（或称"理论型民俗地图"），也是就是上一节讲到的性质不同的类别。从具体标示方法区分，有点式民俗地图、线式民俗地图和图表／图像民俗地图这三类。一幅地图内所标示内容的一元化或多元化分类的话，可以有单项民俗地图、多项民俗地图、单项多元民俗地图、复项多元民俗地图。按标示符号标示的不同信息以及制作目的分类，有民俗现象分布图、民俗现状记述图、民俗变迁记述图、民俗行为时期、时间图、民俗事象分类图、民俗事象数量图和民俗传播路线图等。

此外，绘制民俗地图或民俗图表时所依据的资料的性质，分为一次性民俗地图和二次性民俗地图。一次性民俗地图指的是绘图者用的资料是直接调查收集的数据资料，这类地图数据独创性高，但是制作之前的准备工作量大，完成一幅民俗地图或者一套民俗地图花费人力和时间都较大。二次性民俗地图指的是使用他人的文献资料或数据来制作的民俗地图。这样的地图制作在选择可靠的、符合该民俗地图制作目的和要求的数据或文献资料方面需要仔细甄别。在网络时代，二次性地图有资料整理便利、制作迅捷、周期短的长处。

1　笔者曾在《民族艺术》期刊上连载民俗地图论文，里面详细记述了民俗地图的分类，请参照。这里只做简单记述。

三、民间信仰研究与民俗地图标识

3-1 日本民俗地图图例

　　笔者在逐册查阅时发现，日本在本世纪 30 年代至 60 年代、70 年代制作的民俗地图，主要关注衣食住民俗以及交通、贸易方面。对民间信仰方面的调查，集中在山神、宅地神、田神等几种，对民众的信仰神祇类别和祭祀行为、祭祀空间、具体祭祀流程的描述和标识极少。

　　分析其原因之一，可能是神祇信仰的构成要素杂多，祭祀仪式和祭祀行为不易标识凝缩在一张平面地图上。以下，选择几张记述型民俗地图有关民间信仰标识，阐述民间信仰有关数据的可视性表示以及效果。

例一　北海道：山神御体

　　图一为北海道山神具体附体神像的分布图。62 个地区回答有山神，37 个地区回答山神有具体神体信仰。祭祀山神的大多数人是伐木等有关的山林工作的人们。他们回答的山神依附的状态有一片山林里最高大的一棵树，山林里树龄最老的树，长有三根大树分叉的树，最粗的树或形状特别的树，石塔，巨石，观音挂像，神符，镜子等 26 种。根据民俗地图的标识，可以看到下图里几种树木的符号占多数，即以树木为神体祭拜的地区较多。由此可以直观地得出第一印象，就是北海道地区的山神信仰里的神体形象多是树木。

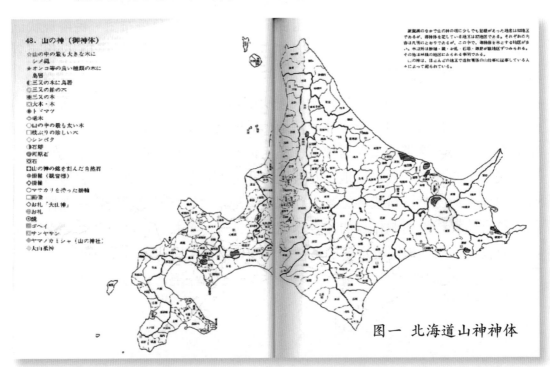

图一　北海道山神神体

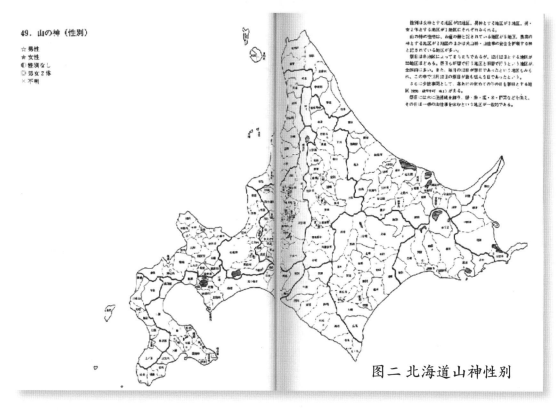

49. 山の神（性別）

☆ 男性
★ 女性
◉ 性別なし
◎ 男女2体
× 不明

图二 北海道山神性别

　　再看北海道地区另一张民俗地图。图二是有关山神性别的民俗分布图。

　　通过调查得到的当地人对所信奉的山神性别的解释数据，将其用符号标识在平面图上，以显示该地区山神男女性别的民间信仰分布实态。看图可以知道，图内表示 28 个调查地点的结果是 25 个调查地点显示山神是女性，3 个调查地点显示当地的山神是男性。如果把数据统计后做一览表呈示也并非不可。但一览表可以告诉你数量的多寡，文字和数字并不能显示其分布的状态

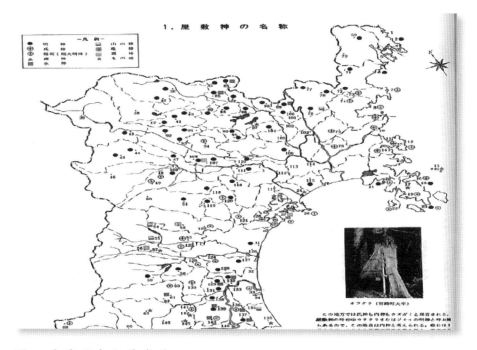

1. 屋 敷 神 の 名 称

图三 宫城县宅邸神名称

图三是宫城县有关宅邸神名称类别的分布图。图中把调查得到的数据用 9 种符号标识。分布的平面图把数据凝缩在一个视野里，便于概观性地把握神祗称呼的异同及其分布。

　　从上图可以看到，黑圆点代表的"明神"称呼最多，尤其在该县北部地区呈密集分布。而信仰宅邸神为水神的地区用长方形红色符号标识，明显该符号在北部极少，中部没有，南部较密集。红色三角符号代表的宅邸神乃产神的信仰，只在县的最南部存在。这个分布图为我们提示了极为有特点的不同宅邸神的分布状态。为研究宅邸神提供一种地域研究的视角。

　　图四是枥木县一种农业民俗，迎田神仪式的记录可视化。这是一幅单项多元的民俗地图。在一幅图里收容了每年春天迎接田神习俗的有无和具体迎接田神时的仪式行为的复数符号。看下图可以知道，枥木县境内的南端和西部地区迎田神仪式几乎没有。东部和北部地带则普遍存在此种迎田神的习俗。具体的仪式行为有不同，这在图里也有标识。红圆点表明该地点做团子迎神，三角符号标示该地区要参拜神社迎神，双圈红点表示存在捣年糕迎神行为，等等。

　　以上仅举很少的几个事例，目的在于说明信仰类的行为或仪式等信息数据，

图四 枥木县迎田神仪式

《黄大仙信俗與非物質文化遺產國際學術研討會》論文集

也可以用可视性手段处理。与单纯的文字记述相比，可视性处理的数据给人们提供平面、广域的视野，便于全面掌握分布倾向和该信仰民俗的分布特点等。

对黄大仙信仰，笔者只粗浅学习了一二，不敢妄谈研究。鉴于这种信仰在海外的影响之大，从民俗地图／文化传承分布图制作角度，建议可制作若干单幅或相互关联的传承传播图或信仰实态图，以充实有关本信仰的文字记述并推动研究的深入。

具体的项目，可考虑不同地域黄大仙信仰形态异同；各地，各国黄大仙祠分布实况图（据资料介绍金华有四座，香港之外有 20 多国家地区有黄大仙信仰和实体庙宇设施）；黄大仙信仰传播传承的途径和方向（这可与华人华侨迁移路线，迁移史研究挂钩）；各地黄大仙祠信仰仪式（如日期，形式，具体程式等）。相信这几类将数据可视化的黄大仙信仰传承分布图，可以给相关的研究者和信仰保护者、继承者提供不同视角的参照依据，从而充实黄大仙信仰保护和传承的文献资料库。

结　语

民俗地图作为一种记录标识民俗数据的手段被采用后，大型或个人制作的单幅民俗地图陆续问世，其成果得到普遍的认可。民俗数据的地图化保障并及时记录下处于时代转折期的、稍纵即逝的民俗文化、民众生活各方面的许多珍贵数据。民俗地图为民俗研究以及社会科学各个学科都提供了新的视角和手段。民俗地图可以作为标示民俗数据的方法，也可以作为解读民俗把握民俗的一种工具。需要指出的是，民俗地图不是万能的保存和研究民俗或文化现象的手段，单纯流于形式的图表记述则达不到预期的目的。

笔者有幸在日本留学时接受导师指导，学习并研究了日本民俗地图的起源，发展，功能及现状等。而后一直致力希望这个方法能够为我们自己的社会科学研究服务，为继承，弘扬传统文化提供一个有效的工具。因此，在中国讲课时，笔者提出把民俗地图拓展为"文化传承图""文化分布图"，将这种可多角度审视事项并可立体、广域呈现文化表象的"民俗地图法"有效扩展到包括民间信仰在内的非物质遗产的整理，记录和研究，多角度制作，相信将有助于多元性地更有效地保存和再现传统文化各种重要元素，继而为研究传统文化提供新颖的视角、视觉。

希望更多的不同形制不同规模的文化传承图不断问世，更好地保护和继承我国传统文化，充实文化传承图／分布图的图库。

关于日本国京都的祭礼文化"剑鉾"

日本国 九州产业大学　末松 刚

前 言

公元 794 年起 1000 多年以来京都作为日本的首都，存在着多种具有历史性的祭祀文化。本报告介绍的是，在京都市中心及其近郊周边地区，自古以来流传的一个被称为"剑鉾"的祭祀文化。剑鉾不是祭祀的名称，而是祭祀仪式所用礼器的名称。剑鉾拥有独具匠心的透珑镂刻，它们被称之为「菊鉾」「龙鉾」「葵鉾」「大刀鉾」等等，并且按照祭祀行列的顺序也被称之为「一之鉾」「二之鉾」等。

剑鉾参加祭祀活动最早见于描绘16世纪京都风情的《洛中洛外图屏风》，作为京都的祭祀文化至少拥有 400 年以上的历史。18~19 世纪刊行的京都观光指南手册中，作为祭祀仪式的风景插图，也对剑鉾进行了介绍。据京都市近年实施的调查统计， 以京都市区为中心，已确认的剑鉾约有 300 基。现在剑鉾依然参与的祭祀活动，包括 5 月和 10 月的仪式在内共有 52 个场所。因此，要对京都的祭祀进行历史性的研究，剑鉾是不可或缺的存在。

本报告将在第 1 章中，对剑鉾在地区祭祀中被置于怎样的地位、特别是着眼于其在巡行行列中的形态，对剑鉾的作用及实态进行报告。

在第 2 章中，对与剑鉾相关的人物进行报告。使用剑鉾表演舞蹈的人被称为「鉾差」。具体动作是摇动长达 5~6 米的长杆、长杆上方附有 1 米多长的剑刃，前后摇动的同时、长杆上方还有用绳子结好的小巧的钓钟——习惯称之为「铃」，要把铃铛摇得有节奏韵律。据京都市近年的调查，「鉾差」的舞鉾表演大致常见的有 4 个系统流派。

除了「鉾差」以外，为了保护剑鉾这一地区的共同财产，还有叫做「鉾讲」「鉾仲间」的团体。介绍有关流传于本地区的古文书和礼仪。这些人管理着剑鉾，祭祀当天在自家的客厅供奉神龛、并装饰上剑鉾的剑刃和吹散。轮流担当这项任务的家庭叫做「当家」。也有些地区把剑鉾的装饰放在特定的被称之为「鉾宿」的家庭里，或者放在「町会所」这样的共有设施里。受近年地区环境变化的影响，更有一些地区不参加祭祀活动，只是借助特定的场所来摆设装饰而已。综上所述，这些参与装饰的人们也是剑鉾这一祭祀文化的重要参与者，本章也要对他们进行介绍。

最后在第 3 章里，将对剑鉾这一祭祀文化的历史及未来进行报告。

剑鉾上有长达数米的细长织物从长杆的顶端向后方垂下，这叫做「吹散」。多数是由地区的权威人士或志愿者来制作并捐赠的。在 17~19 世纪，也有很多是由皇族或宫廷贵族寄赠的，是大有来历的。京都在历史上长期作为首都，祭祀文化是其流传下来的独特的历史，在此也想论述一下有关

「吹散」的寄赠。

另一方面，如同许多传统文化一样，出现了诸如由于缺乏继承人或地域环境的变化，而造成祭祀形态发生了改观等等很多问题。因此有些地区虽然保护剑鉾，但是不参加祭祀行列，仅仅进行装饰而已。甚至还有些地区根本不从库房里拿出来。基于如此现状，本报告想介绍一些地区为了培养「鉾差」所进行的新尝试的事例。

京都市从 1980 年代开始，竭尽全力保护剑鉾这一京都的传统祭礼文化。「鉾差」使用地区祖传的剑鉾进行舞鉾表演流传至今的有一乘寺的八大神社（京都市左京区）、西院的春日神社、嵯峨祭、梅畑的平冈八幡宫（都位于京都市右京区），以上共计 4 处的「鉾差」被指定为京都市非物质文化遗产(1)。并且京都市从 2010 年起，对现存的剑鉾进行了收罗调查。其成果作为中间报告被刊行(2)，而完整版则刊行于 2016 年 5 月(3)。文献·民俗·科学分析·视频记录等跨越各种领域的大量的报告书，其内容可以说是京都祭礼研究史上划期的成果。

我本身也在京都市左京区一乘寺住了 10 年，切身接触了剑鉾并一直致力于历史研究(4)。在本报告中想要全面讲述剑鉾，时间上是不允许的，但是若能通过我本身的调查报告，使得剑鉾这一祭礼文化广为人知的话，我将感到无比荣幸。这是一个独特的祭礼文化，所以也许会出现很多难以理解的用语或说明。敬请大家一定要观摩现在每年 5 月和 10 月在京都市内各地举行的剑鉾祭祀仪式，以便加深理解。

1.位于祭礼行列中的剑鉾

（1）剑鉾的地位

祭礼行列有该地区的各个年龄段,负责各种职责的人们参加,所以很长。祭礼行列的本质是用神舆抬着神社供奉的祭神进行巡行，并在御旅所举行祭祀仪式。神舆位于行列的中央，剑鉾在行列前方表演舞鉾,担任着祓除沿途邪气、驱除不祥之物的职责。以刚刚提及的《洛中洛外图屏风》为首，从江户时代描绘的史料中可以看出剑鉾的后方描绘着神舆。这说明剑鉾负责「祓除不祥」的职责是有历史传统的。

（1）1990 年指定。京都市左京区役所制作的 DVD《左京を彩る伝統絵巻》之中，在以〈一乘寺八大神社の剣鉾差し〉为题的视频里、汇总了 2006 年 5 月的放映记录(约 4 分钟)。

（2）《京都的剑鉾祭祀》京都市、2011、《京都的剑鉾祭祀 2 <差革>遍》、DVD《差革的作法－差革制作讲习会的记录－》两者同是京都市、2012。

（3）《京都剑鉾的祭祀调查报告书》1 论说编·2 民俗调查编·3 资料编·映像编（BD·DVD 解说书）京都市、2014。此外、充分依据这份调查而成、且容易到手的资料是《京都市文化财ブックス第 29 集剣鉾のまつり》京都市、2015(由福持昌之氏执笔)

（4）本报告由于是基于报告人独自的调查、所以没有涉及从洛北至洛东的京都近郊、无法以「东山系」的剑鉾为中心进行报告。本报告所使用的幻灯照片·视频一部分引用了上述的报告书。

可是，剑鉾的「鉾差」、还有抬神舆的人、他们虽同处于热闹盛大的祭礼行列当中，但两者却没有共同表演的机会。不仅如此，同一时机出现在同一道路上也几乎没有。偶尔由于当天的交通状况相遇时，一方会在稍远的地方等待另一方先通过，或者是鉾差把剑鉾扛在肩上快步通过。这种惯例体现出了祭神仪式本来的「被除不祥的祭祀礼器」和「祭神的轿辇」这两者职责的相异。

另一方面，京都的古老道路狭窄，住家拥挤的地方很多，所以很多地方神舆根本进不去。而且所有的道路神舆都要巡行一遍的话，在时间上也是来不及的，而很多新开发的住宅区又没有被列入巡行的路线。

像这样的地方有时只有剑鉾去巡行。报告人曾经观摩过的大丰神社的祭祀仪式中，位于高岗上的住宅区，神舆上不去，只有 1 基剑鉾上去了。跟随着剑鉾上去之后有一个小公园，附近的居民准备了简单的饮食。鉾差在那里表演舞鉾，随后接受居民的招待。虽然规模很小很简洁，但这是地区的居民与鉾差的一种交流。如此看来，剑鉾不仅肩负「驱除不祥」的职责，还肩负着把祭祀仪式的氛围传递到该地区各个角落的职责。

(2)剑鉾参加形态的现状

鉾差的继承人问题和许多传统活动一样是个难题。因此没有鉾差表演舞鉾，剑鉾仅仅作为祭礼行列的一部分参加巡行，这种情况有所增加。没有鉾差舞鉾的巡行有以下几种模式。

一种是，付好框架举着的「舁鉾」，或者是在下方装上车轮曳引的所谓「曳鉾」。还有的地区把「舁鉾」装在卡车上进行巡行。下御灵神社的祭礼行列中，鉾差和曳鉾混在一起。由于提供剑鉾的「鉾仲间」的情况不同，形态也产生了相异。如果是付好框架的剑鉾，剑鉾自身就不能产生动作，其后边垂有长长的吹散，样子有些像祇园祭的山鉾的悬装品「见送」，具有不同的观看价值。还有一种是，把剑鉾横放，由 2~3 个人肩扛着巡行，叫做「荷鉾」。

以上述形态进行巡行时，要时常拉动绳子上的铃铛，这样勉勉强强地保留了驱除邪气、被除不祥的职责。

除了鉾差的人材缺乏以外，现代的诸多状况也导致剑鉾的形态发生了变化。最甚者就是电线。从本报告所展示的照片里，也能发现几乎所有的照片上都有黑色的电线。鉾差要选择没有电线的地方慎重起舞。用黄铜制的剑就是因为它不会因感电而破损。

电线的问题是 1960 年左右，在净土寺(京都市左京区)做走访调查时才显露出的。经过实际调查，有记录写道，在收纳剑鉾长杆的袋子上有「昭和 49(1974)年」的字样，那时候起由于电线的原因，鉾差不能舞鉾，剑鉾被装载在车上进行巡行，长杆被收存起来，另外制作了杆子。

长达 5~6 米的剑鉾的长杆涂上漆，并且装饰上金属或螺钿，看上去十分豪华。正因为如此，不得不放弃鉾差而被迫使用短竿，可以说这显示了为适应现代社会祭祀文化产生了巨大的改观。

2. 与剑鉾相关的人物

（1）鉾差

实际使用剑鉾表演舞鉾舞蹈的人叫「鉾差」。鉾差的集团原本属于神社的氏子，近年取名附带上地区名的「剑鉾保存会」，或者不是该地区的居民也能参加，这样的事屡见不鲜(5)。

剑鉾长达 6~7 米，重 30 公斤以上，顶端附有剑和透珑镂刻。普通人即便保持平衡也很吃力。鉾差要一边步行前进一边按正确规律摇杆，使得剑刃前后弯曲，同时还要有节奏地摇响铃铛。熟练的鉾差所表演的舞鉾，前后摇动闪闪发光的剑并结合着有节奏韵律的铃声，令人赏心悦目。此时沿途一路会自然地响起掌声，祭礼行列的沿途充满和谐的气氛。

剑鉾舞鉾原本在祭神仪式中肩负驱除神舆要通过的道路上的不祥之物的重要职责。所以绝不允许有倒塌或毁坏这样的失败。因此做鉾差的人，从平常起就在神社或附近的广场进行刻苦练习。每个人都有自己的工作，下班后傍晚或休息日进行练习。接近祭日了就每个晚上都进行练习，剑鉾的铃声会在附近回响到很晚。

由于鉾差是一个拥有熟练技能的团体，所以每个地区的舞鉾形态也各不相同。据京都市的调查，现在的舞鉾表演有东山系·嵯峨系·平冈八幡宫·鞍马四个系统。祭礼仪式上如果在自己的地区里凑不足鉾差的话，也会从其他地区雇用属于同一系统的鉾差。这虽然是因为缺乏继承人而造成的，但也是一个鉾差切磋交流，比赛技能，互相学习的好机会。

（2）鉾讲·鉾仲间

守护鉾的团体活跃在流传至今的地区祭祀行列中，可以看到身着"袴"正装的鉾讲的成员们一起结伴走在剑鉾的周围。这些成员被称之为「鉾讲」「鉾仲间」。一个祭祀地区有复数的鉾讲，他们各自守护着不同形态的剑鉾。

（5）有一乘寺八大神社剑鉾保存会、北白川剑鉾保存会、粟田神社剑鉾奉赞会、吉田剑鉾保存会等。

鉾讲的成员每年轮流担任「当家」。祭祀的时候在自家装饰上剑鉾，祭祀行列出发时要和剑鉾一起参加行列。祭祀仪式完了以后要马上把剑鉾等祭祀礼器移交给下一任当家。

当家要把自家的客厅当作放置装饰的房间，壁龛上悬挂写着神明名字的挂轴，供上食品·神酒等规定的品目。当家的装饰就成为临时设置的祭坛。另外，在净土寺(京都市左京区)，祭祀行列巡行时，当家的主人要负责拿着剑鉾后方长长垂下来的吹散。

一旦担任了「当家」，做准备、接待来宾是非常辛苦的。尽管如此、由于鉾讲成员是轮流担任，所以 10 多年才轮上一次，就好比父辈曾经担任过的职责这次轮到了自己，也有着一世一代的喜庆的一面。祭祀仪式的当天，人们所感受到的那份特别的时间和空间，不仅是神社或神舆巡行所带来的，也是担任「当家」的家庭所带来的。剑鉾这一祭祀文化把地区全体卷入辉煌盛大的祭祀中，所以也应该关注一下当家的装饰。

鉾讲·鉾仲间之间有着很密切的关联，成员都是从幼少期就登录在册。净土寺的古文书里，有祖传的古文书显示，曾经从江户时代起书写名册一直延续了 100 年以上。

此外鉾讲的入会仪式，在北白川(京都市左京区)至今仍在举行。这个仪式叫「交じり子」，入会者本人还是幼儿，所以完全不懂得是什么事情，但是随着他们的成长，半世纪以后，就要担当鉾讲的实际业务。鉾讲的顺序是按登录的顺序，过去就像去政府机关报出生户口一样，被认作为是很重要的手续。

但是近年，由于住宅变成了洋式，没有地方装饰剑鉾，或者是继承人之家搬到了别的地区，这样一来轮流装饰剑鉾就变得越来越困难了。于是，有的地区平常把剑鉾存放在神社里，祭祀仪式的数日之前由当家拿回家，在家里装饰几天。还有的地区省略了当家的装饰，把剑鉾委托给鉾差，只参加祭祀行列。和前述的电线问题一样，住宅状况的变化也是给剑鉾这一祭祀文化带来影响的现代问题。

(3)有关鉾装饰的花絮

在守护剑鉾的地区，会把不用了的旧剑刃或吹散排列装饰起来。有的地区是由当家来做，有的地区是由被称之为「鉾宿」的特定的家庭、或町会所这样的共同设施来做。总之一年一度做装饰、做准备虽然很辛苦、但是作为附近的居民观摩祭坛和剑鉾的据点、并使该地区沉浸于祭祀仪式的盛大辉煌之中，所以这个据点是一个非常重要的地方。

前述已指出，近年受地域环境变化的影响，鉾的装饰也在逐渐消失。

有的地区即使不参加祭祀行列，但是借助特定的地方来维持做装饰这一活动，还有的地区恢复了做装饰这一活动。以前是在「当家」或「鉾宿」展示鉾的装饰，如今在神社或某个特定的家庭里再现这一装饰活动，以此来传承作为守护剑鉾的地区的历史。

负责这些活动的人们，有些人日常工作繁忙，只能在祭祀前后几天才能参与；有些人本身对地区的历史和剑鉾这一祭祀文化有着很深的理解；煞费苦心做的鉾装饰却不被人知，观摩的人也不多。虽然参加的形态与参与的人情形各异，但是正因为地区里一直传承着剑鉾的历史，还要考虑到祭祀文化面向未来的世代发展，我们也该关注这些人的活动。通过这样扎实的活动，人们装饰、守护、传承的剑鉾，也许终将有一天会回归到祭祀行列中去。

3·围绕剑鉾的地区交流与展望

(1)寄赠吹散

「吹散」是从长杆的顶端向后方垂落下去的织物，上面绣着与透珑镂刻的剑鉾的名称一样的图案，或是布料本身织入了吉祥的图案。昂贵的「吹散」是用已成为京都的代名词的西阵织制成的，作为工艺品被指定为文物。吹散在剑鉾的各部位中，与透珑镂刻并列都是最凝聚风雅品味的部分。

在鞍马调查的吹散，它由名主仲间所收藏保管，记载其来历的木箱也被小心收藏着。箱子上记载着这是「宝历八年(1758)」「青莲院宫御寄付」的物品。就像这样，印有徽章的吹散显示出是由皇族或宫廷贵族赏赐的，它实实在在地展示了具有京都风范的历史。江户时代京都近郊散布着与皇族或宫廷贵族有渊源的寺院·神社。在那里效劳的村民依靠门路，请求使用徽章或请求寄附刻有徽章的祭祀礼器。这也许是人们向往高贵的东西，也许是想把自己的祭祀仪式升高等级的一种心情。

但是，祭祀礼器到底不过是实用品，高价的织物也会损坏。特别是鞍马的吹散，「鞍马火祭」是一个有名的祭祀仪式，非常豪华壮观。由于火星儿飞溅，被火烧过的痕迹在吹散上随处可见。曾经使用过的剑刃和吹散被重新打造，成为了祭祀用的装饰，它们伤痕累累的样子正好向世人传达了祭祀的历史。

修学院(京都市左京区)的古文书中记载，村民们被赏赐了印有天皇家菊花徽章的吹散，因而进献了大米和蔬菜。无论怎么考虑大米和蔬菜都太廉价了，这或许是对村民们日常效劳的一种奖赏才进行的赏赐吧。一乘寺(京都市左京区)的古文书中记载，至今仍在同一地区、江户时代属于门迹寺院的曼殊院寄赠了印有菊花徽章的吹散。净土寺三之鉾讲祖传的古文书中明确记载，皇族青莲院宫曾经寄赠的吹散是由这里进行制作的。下御灵神社的世传古文书中也有记载，神社的菊鉾的剑鉾和吹散是由天皇和宫廷贵族寄赠的。

综上所述，围绕剑鉾的吹散，进行了一种超越宫廷社会、京都商人、近郊农民身份等级的交流，吹散是江户时代京都特有的祭祀礼器(6)。京都的人们用宫廷寄赠的礼器来参加祭祀行列，这体现了京都人的自尊心、也体现了历史。现在虽已不再耐用，被新制的东西替代了，但有关剑鉾的祭祀礼器，至今仍然留有很多江户时代的东西，这是一大特征。以剑鉾为着眼点关注地区的祭祀活动，从而可以看到京都各地区多彩多样的历史。

(2)吉田今宫社的尝试

剑鉾的最大魅力还是鉾差在祭祀行列中表演舞鉾。因此鉾差保存会向地区的孩子们、或向地区外进行着广泛地号召宣传，以便培育继承人。其中，介绍一下积极进行新尝试的吉田今宫社(京都市左京区)的剑鉾保存会的事例。

吉田剑鉾保存会在地区的小学校创设了剑鉾俱乐部。对希望参加的小学生，一周一次，由现役的鉾差来进行指导。为此还制作了儿童用的剑鉾。除此之外，剑鉾本来是由男性表演的，但在学校教育中没有男女之别，于是也向女学童教授剑鉾。孩子们把它当作地区的传统文化来学习「鉾差」的技术。并且在 5 月和 10 月的祭祀仪式上有儿童剑鉾参加，以展示日常练习的成果。

祭礼原本也应是生活在该地区的人们学习的场所。尊重其本质，积极进行人材培育，现在的活动与否决定着剑鉾这一祭祀文化今后的去向。总之，把学校教学的场所同时作为学习传统活动的场所，并向女性开放门户，传统活动中男女分担的职责是有严密区分的，就这一点来说是一个划期的努力成果(7)。目前她们使用的是儿童用·女性用的剑鉾，但随着她们的成长，说不定会出现女性鉾差。

实际在调查孩子们的俱乐部活动和祭祀仪式当天的巡行时看到，大人表演的是真正规范的鉾差，女性表演的是气氛活跃的鉾差，而孩子们表演

---

(6)大岛新一<鉾参加的祭祀与其历史背景——围绕上御灵·下御灵两神社的惯例祭祀、从中所见的氏子组织>《京都民俗》6、1988。像御灵·下御灵神社一般与皇族的关联非常密切的神社中，有时候剑鉾本身也是由皇族寄赠的。本报告介绍的下御灵神社的菊鉾就是其中之一。报告人所调查的京都近郊的神社之中，寄赠吹散的较多。

(7)青江智洋<吉田神社末社今宫社神幸祭>(收录于前揭报告书 2 民俗调查编)。吉田今宫社的鉾差曾经中断过 40 多年，青江氏把它渡过难关直到现在复活的过程，作为「革新的尝试」作了详细叙述。报告人也在大致同一时期进入调查得到了同样的结果。一度失而复得的经验能够创造出对继承的坚持不懈地努力和构思。

黄大仙信俗與非物質文化遺產國際學術研討會論文集

的是讨人喜爱的鉾差，由此可见鉾差产生了多样性。另外，在神社里和沿途中能看到很多观摩孩子表演的家长的身影，地区的人们也给予了很多声援。在吉田剑鉾保存会的努力下，不仅剑鉾，为活跃地区的祭祀仪式也带来了波及效果。

结 语

作为非物质文化遗产流传下来的地区祭祀仪式，其内容象征了社会秩序与审美意识——动作、台词、歌唱、祭祀礼器等——由于这些形成因素，一旦受到社会或生活样式的影响瞬间就会改观、或者衰微。即使是拥有几百年传统的祭礼仪式也不例外。当然发生改观不一定是坏事，为了流传得更长久，要善于吸收新的元素、自己改变自己也是很重要的。流传至今的传统，曾经过去也是为了活跃生活而创造出来的。传统里有现代、人们渴求的是两者和谐。

正因为如此，从事非物质文化遗产的研究者、在从学问的角度来锁定历史特性的同时、还有必要从掌握实际情况的相关人物的立场出发关注现实。对于今后的发展形态，应该传递什么、可不可以有所改变、人们需求渴望的是这种能够提供信息的姿态。

本报告论述了在代表日本的历史都市京都，拥有 400 年以上传统的、剑鉾这一祭礼文化的历史特征和现状。如能超越国界成为与其他地域的祭祀文化相比较的素材，将不胜荣幸。

【参考文献】

本报告是由报告人进行现地调查·走访·摄影·调查文献而成的，那时参考了一些先行的研究，

另外在上述的《京都剑鉾的祭祀调查报告书》1 论说编·2 民俗调查编里，有与报告人持相同观点的调查成果。以下是注解里没有提及到的资料文献。

宇野日出生<北白川的村落构成与祭祀组织>《京都市历史资料馆纪要》22、2008
《京都剑鉾的祭祀调查报告书》1 论说编、京都市、2014 年收录的论考
沟边悠介<剑鉾的构成与动态——着眼于地域性与时代性>
　五岛邦治<剑鉾与町共同体>
　村山弘太郎<从贵处拜领祭祀器具>
　福持昌之<鉾差的艺态>
　滨住真有<描绘剑鉾的绘画>
《京都剑鉾的祭祀调查报告书》2 民俗调查编、京都市、2014 年收录的论考

土居浩〈大丰神社氏神祭〉

中野洋平〈八大神社上一乘寺氏子祭〉、同〈北白川天神宮秋季大祭〉

东城义则〈鹭森神社神幸祭〉

青江智洋〈八神社秋季大祭〉

青江智洋・福持昌之・上田喜江・河野康治・本多健一・大野启・中野洋平〈由岐神社例祭(鞍马火祭)〉

韓國西海地區崇蛇習俗的考察

韓國延世大学校人文学研究院研究員　**田英淑**

摘 要

韩国中部西海边一些渔民村到现在还在保留「堂」，每年新年的时候村里人们定时一起聚在"堂"举行丰渔仪式。于是那些丰渔仪式早就被选定为韩国无型文化遗产之一。他们崇拜的神灵随着地理位置稍微有所不同，但是基本上都有一些共同点。虽然其中最代表性的是人物身，也就是朝鲜跟清国大战时活跃的17世纪将军林庆业（1594~1646）等将军神，但是还有图腾信仰跟人物神一起共存，其中最代表性的是蛇神。遗憾的是经过20实际日占时期统治、基督教传来及近代化过程中，基本上一般韩国人们，甚至于民俗学者都没有关注这个蛇神之来源，只把它看待奇怪的事情而已。这种现象跟重视将军神的态度比较时，笔者觉得还是需要进一步的研究。笔者参考国内其他地区的蛇信仰痕迹以及海外学者研究的民俗活动论文和文献当中的崇蛇习俗资料之后，目前初步假设为这个蛇神有可能从中国大陆东南部福建泉州、漳州一带的崇蛇习俗通。初步主张福建泉州、漳州一带从事海洋业的渔民们迁移到韩半岛中部西海边时带来崇蛇习俗。

一、序 言

韩国中部西海边渔民村落中仍然存在到现在还在保留「堂」的一些地方，每年新年的时候村里人们定时一起聚在"堂"举行丰渔仪式。现在有三个村落的丰渔祭被选为忠清南道无型文化财，第一是 1991 年被选的泰安郡安眠邑黄岛丰渔祭；第二是 2000 年被选的唐津市松岳面内岛堂祭；第三是 2003 年被选的洪城郡水龙洞堂山丰渔祭。他们崇拜的神灵随着地理位置稍微有所不同，但是基本上都有所共同点。虽然其中最代表性的是朝鲜与清国大战时活跃的 17 世纪将军林庆业（1594~1646）等将军神，但是还有图腾信仰一起共存，在有些堂被认定为主神，其中最代表性的是蛇神。但是经过 20 实际日占时期统治、基督教传来及近代化过程一直重视打破迷信，尤其是基督教徒《圣经》内容的原因特别讨厌蛇，以导致韩半岛崇蛇信仰的痕迹，甚至于很多韩国人根本没意识到以前韩国也有崇蛇习俗。虽然崇蛇习俗的痕迹变为非常模糊，不过韩国中部海岸地区无型文化财的代表之一是丰渔祭，并且这三个地区丰渔祭的神灵都跟蛇神有关系，其中举行黄岛丰渔祭与松岳面内岛堂祭的居民都说过自己神堂的主神是蛇，一直没有收到当局或者学者的注意，随着时间的推移，以前老人世代过世以新一代代替，越来越难保持举行仪式的根本意义和自豪感。

笔者一直试图要找到从国内蛇神沿原的线索，但是到现在仍然找不到，所以笔者换角度重新建设新的假设，就是韩国中部西海边丰渔祭蛇神的来源有可能从海外来。于是笔者先介绍西海边丰渔祭习俗的现状，接着进行韩国其他地区崇蛇习俗的痕迹调查，　最后进行韩国中部西海边丰渔祭崇蛇习俗跟闽台地区的崇蛇习俗的比较研究。

二、西海中部地區丰渔祭崇蛇习俗

（一）地理环境

目前在韩国海边村子当中保留举行丰渔祭的地方很少，不过相对来看，中部西海边渔民村子比其他地区还能算比较多。除了上面提到的、已经被选为无形文化财的村子之外，还有几个村子到每年正月初仍然进行仪式。自古以来，韩国中部西海边一带跟海外交流多，新罗时代从韩半岛渡到唐帝国的时候经常利用的港口［唐津］地名现在还传承下来没有改变。并且唐津周围泰安、洪城等地，以前在高丽时代和朝鲜时代设置过水军基地。再加上《朝鲜王朝实录》中能找到从中国浙江泞波、福建泉州、漳州地区船舶漂流来的记事记录。著作《宣和奉使高麗圖經》的徐兢（1091-1153）坐的船也路过、停过这里。17 世纪以后随着世界航海技术的成长以及帝国主义势力的扩张，韩国西海边变成为各国渔业、国际贸易商船的角逐场。

（二）居民对丰渔祭由来的陈述

丰渔祭仪式用儒家式和传统巫俗式的融合的仪式。规模大的话，动员的巫师多，　邀请有知名度的巫师。巫师先进行净化村子和祭堂的仪式，接着举行迎神仪式，祭主用儒家方式进行仪式，这时候祭主是当年被选的居民，举行祭祀之前，祭主得遵守禁欲、谨慎、挂拦绳不能外出等。祭主进行祭祀前后，巫俗进行巫俗式的仪式。结束堂祭后，巫师向每船主分给供上的祭品。他们相信越跑道快越多纳副，所以大家争取先到打自己的船上以尽一面尽快插船旗一面尽快供养祭品给船上的神灵歆飨。其中有趣的是他们献供的祭品。实际上这个祭品基本上都是牛肉。他们基本上都不使用猪肉。

上面说的泰安郡安眠邑黄岛丰渔祭、唐津市松岳面内岛堂祭以及洪城郡水龙洞堂山丰渔祭都使用牛肉举行堂祭。其中黄岛丰渔祭和松岳面内岛堂祭当地居民很清楚自己为什么不使用猪头一定使用牛；说本来堂的主神是蛇，蛇神讨厌猪，所以他们绝对不能使用猪头。举行洪城郡水龙洞堂山丰渔祭的居民虽然他们也不清楚为什么用牛头，　但是从以前祖先都只用过牛。虽然他们的堂内设置的神像表面上找不找蛇像，只能看到将君、小姐、龙王等神位、画像或者象征物，但是他们固执不使用猪头献供，我们可以知道他们的主神是蛇神。

黄岛居民相对来说对自己村子丰渔祭的来历陈述得最清楚。首先，他们说蛇神最初出现的来历有两种说法，具体内容如下：

（1）很久以前村里一个渔夫出海面临巨浪滔天的危机。振作精神克服惊惶之心后，　他发现了有一条巨蛇正在起大浪。差点死，幸亏逃生回家之后他做梦，梦里突然一位老人出现跟他说，给自己建一座〔堂（相当于庙宇）〕而举行祭祀，　会有好运。后来他听老人的要求建〔堂〕之后每次得到豐渔，航海上确保安全。

（2）漆黑巨浪的晚上，有个船面临危险，迷路方向的时候，突然从远方有两点灯光，　跟随两点灯光能安全回来，仔细看两点灯光才明白了两点灯光好像是蛇的两只眼睛。后来在蛇的两双眼睛发光的位置上建庙宇（堂）而每年举行仪式。后来这个村子每次得到豐渔，而海上没有事故，变为富裕的村子。村子富裕的人多，所以村子叫做黄岛。

黄岛居民还说本来堂里有蛇神画像，到日占时期，打破迷信的美名之下，有些年轻人把蛇神画像拿下来纵火焚毁了。居民慌忙来看，结果发现只在神画像周围被烧掉，但是中间的画像没被影响，仍然保持原来样子，后来参加纵火的人，都神秘的遭逢不幸，觉得很不可思议。还有说：村子里的村民自古以来不养猪，因为蛇神讨厌猪。他们说村子没人养猪，以前听到村子老人们说村子里一个人偷偷吃猪肉之后参拜堂祭，　结果上干蛇神之怒遭逢不幸。

韩半岛中部地区叫蛇的时候他们用特殊的名称；蛇的韩语发音是 [Baem]，不过韩半岛中部地区，特别忠清道一带人们喜欢用另外叫法，是 [Jindae]，因此举行丰渔祭的地方当地居民叫蛇神 [Jindae 爷爷]。跟黄岛不远的地方位置的有一个小岛，因为摸样很像蛇，居民给它起名 [Jindae 岛]，而不叫 [Baem 岛]，笔者以为这也很可能他们要表示对蛇尊重。

三、西海地區丰渔祭崇蛇习俗与济州岛崇蛇习俗之比较

以前文献中有记录济州岛居民有崇蛇习俗的状况，比方说《新增東國輿地勝覽》卷之三十八说济州人"若見灰色蛇，卽以爲遮歸之神，禁不殺。"，这里 [遮歸] 意味蛇鬼。还有，十五世纪文人金淨（1486~１５２０）在济州岛被流配的时候《济州風土录》中也记录下来相关内容：

"（济州西归浦民）俗甚忌蛇。奉以为神。见卽呪酒。不敢驱
杀。吾则远见必杀。土人始而大骇。久而惯见。以为彼异土人。能如
是耳。终不悟蛇之当杀。惑甚可笑。吾旧闻此地蛇甚繁。天欲雨。蛇
头骈出城缝数四云者。到此验之。虚语耳。但蛇多於陆土而已。意亦
土人崇奉之过耳。"[1]

十七世纪文人李健（1614~1662）被流配济州岛的时候写的文章中也提到居民崇蛇习俗说：

岛中可畏者。无过於蟒蛇。无论冬夏。到处有之。至於夏日草长
瘴湿之时。闺房屋詹床底席下。无不穿入。若是夜黑睡高之时。则虽欲
谨避。势不可得。此是第一可畏者也。岛人则勿论蟒蛇。见之。輒谓之
府君神灵。必以精米净水。洒而祈之。切不杀害。若或杀之。其人必有
所殃。不旋踵死云。余在八年之间。所杀大蟒。无虑数百。小蛇则不可
胜记。而未见其殃。终蒙天恩而生还。是言之妄。亦可知也。[2]

1　《济州凤土录》《冲庵集》卷之四
2　《济州凤土记》《葵窗遗稿》葵窗遗稿卷之十一

通过这些记录，我们能想象到 16、17 世纪济州岛很盛行崇蛇信仰。这种风俗经过近代化运动大幅消灭了，不过现在若干痕迹还在存在，因为济州巫歌比较丰富流传下来，通过济州巫歌中能窥视一些。巫歌中能看到一个家的范围接纳蛇神的来历、在村子祭堂全村民共同接纳蛇神的来历、甚至于官厅的某处所接纳蛇神的来历等。但是它们的来历有几个共同点。笔者在下面整理为两种形态：

①　从韩国本土某个官厅守护谷仓的蛇神迁移到济州岛之后被奉为神。

作为堂神，位于济州岛西归浦市东部的表善面兔山里堂神以及济州市外都洞堂神属于这个类型。还有，作为家神，位于济州市翰林邑瓮浦里的张氏家家神以及济州市朝天邑安氏家家神都属于这个类型。蛇神以姑娘的摸样出现之后上船，在海上发生船下漏洞的时候，露出蛇的原貌，以做垫圈而堵漏洞。

②　从海边漂流的石函里发现蛇之后，把它（或者八条，其中一条是母蛇，七条是子孙）奉为家神或者村子的堂神，家庭（或者全村）每年得到丰收好运、无事故、富裕。（也有家神后来离开那个家进入官厅成为官听特定处所的神以保障岛民的安全、丰收。）济州市旧左邑本乡堂神以及济州市翰京面高山里堂神都属于这类型。

同时，济州岛蛇神信仰中还有七星信仰，上面说从母蛇诞生的七个蛇神有的时候叫七星神。于是在济州岛蛇神的功能除了特定家的家神或者特定村子的堂神之外，还有七星信仰的功能。不关自己家有没有蛇家神，在以前全岛家庭广泛地遵奉七星信仰。遵奉七星有两种七星，各各叫外七星和内七星。遵奉内七星的方法是这样：装满谷物的翁放在家庭谷物仓库角落，每年正月换新谷物。外七星放在后院干净的地方，一般用干净的韩纸包装新谷放在瓦片上，为了避免被湿，上面套稻垛，由家里妇女管理。

通过以上的内容笔者判断济州岛蛇神以丰农神功能为主，而从它跟海洋神有关系的成分很难找到。尤其不像韩半岛西海中部，济州岛没有使用蛇神的别称 [Jindae] 来表示尊重。还有，举行仪式的时候奉供的牺牲品方面济州岛没有禁忌猪肉。济州市旧左邑本乡堂蛇神喜欢猪肉，她有饿时喝猪脚走过去的水坑中的水，所以居民举行仪式的守候准备猪肉。在济州岛经济收入方面看，以女性为主，相对来说男性的生计方面贡献比的地方算消极，以前这种评价成为正统观念，虽然生存在四面海洋，但是以前济州岛的男性基本上不做远洋渔业。所以笔者判断以前济州岛居民崇蛇习俗跟韩半岛西海中部地区渔民丰渔祭的崇蛇习俗在很多方面有差异。

四、西海地區丰渔祭崇蛇习俗与闽台崇蛇习俗比较

（一）与福建崇蛇习俗之比较

有史以来韩半岛跟中国大陆有频繁的海上交流，其中中国大陆的主要地点是山东、浙江、福建沿海地区。这三个地区当中蛇信仰方面的文献记录和民俗活动最多的是福建一带闽越地区。不仅在古代文献而在民俗学、人类学学者的研究资料中都能找到一些跟韩国西海中部崇蛇习俗类似的内容。

首先自古以来福建一带以崇蛇习俗有名。比方说；《说文解字》第13卷说："閩，東南越，蛇種，从虫、门声"。还说"南蛮，蛇种，从声、亦声。《太平御覽》卷170《州郡部十六·江南道上·福州》说：开元録曰：閩州越地，卽古東甌，今建州亦其地，皆蛇種，有五姓、林、黃等是其裔。虽然中原和江南的汉人大量进入闽粤赣地区，开始从唐朝中叶，此后直到宋元之际，不断有汉人迁入，但是这种习俗到明清代也没有大变化。明代的鄺露（(1602-1648)《赤雅》卷上＜疍人＞云："疍人神宮，畫蛇以祭，自云龍種。浮家泛宅，或住水滸，或住水瀾，捕魚而食，不事耕種，不與土人通婚．能辨水色，知龍所在，自稱龍神"。清代施鸿保：《闽杂记》卷八云："福州农妇多带银簪，长五寸许，作蛇仰首之状，插中间，俗名蛇簪。"清代说陸次之《峒溪纖志》说："疍族，其人皆蛇種，故祭皆祀蛇神"。顾炎武《天下郡國利病書》说："（潮州）疍人，有姓夷濮吳蘇，自古以南蠻爲蛇種，觀其疍家，神宮蛇像可見"。

现在福建一带崇蛇习俗还在继续传承，樟湖坂镇的蛇王庙当地群众又叫"连公庙"、"富庆堂"，进香的人诚恳，每年举行丰富多彩的民俗活动。[3] 据说在闽候县上街乡后山寸，当地曾准备放映电影《白蛇传》，但由于该村民众至今仍崇拜蛇神，以《白蛇传》电影有犯"禁忌"，而予拒绝。[4]

通过这些文献记载以及学者的研究，可以了解福建一带崇蛇习俗自古以来很盛行。对笔者的立场来看最引起关注的如下：

第一、有在船头侧面繪一雙眼睛的习俗。疍民迷信中有"五是忌吃動物尤其是魚的眼睛。认为眼睛是辨别方向避免触礁的保证。吃之不吉，同时他們在自己的船头侧繪一雙魚眼睛，稱"龍目""神目"對之維護如自己的眼睛一樣。"[5]

3　林蔚文，《福建南平樟湖坂崇蛇民俗的再考察》87 頁

4　秦慧頴，《福建古代的动物神灵崇拜初探》, 厦门大学 2002, 硕士论文 35 頁

5　刘传标，《闽江流域疍民的文化习俗形态》《福建论坛：经济社会版》, 2003(9):68-71

重视眼睛的态度跟韩国黄岛居民陈述蛇神的来历有类似点。韩国黄岛居民以为"漆黑巨浪的晚上，有个船面临危险，　迷路方向的时候，突然从远方有两点灯光，跟随两点灯光能安全回来，仔细看两点灯光才明白了两点灯光好像是蛇的两只眼睛。后来在蛇的两双眼睛发光的位置上建庙宇（堂）而每年举行仪式。"虽然疍民说他们画'鱼眼睛'，但是他们还叫它们"龍目""神目"，他们非常重视神灵眼睛的功能。

第二、海舶中必有一蛇。清代郁永河是一位著名清代地理学家，出身于今天的杭州，遍历闽中山水。康熙三十六年(1697)，从福建去台湾。他在《海上紀略》说："（闽）凡海舶中必有一蛇，名曰木龍，自船成日即有之。平時曾不可見，亦不知所處；若見木龍，去則舟必敗。"虽然韩国西海中部崇蛇居民自己船上不载蛇，但是他们一定载梳子和镜子等，因为他们相信自己崇拜的神是女性。遗憾的是当地居民陈述得不是很清楚，到底蛇神是女神还是另外有女神，众说纷纭。笔者觉得本来对他们蛇神是女神，这种特点让笔者想起从济州岛居民说自己蛇神最初入岛来历谈，蛇神都是女神。看起来，济州岛崇蛇习俗和西海中部崇蛇习俗来源很不一样，但是他们对蛇神的性别方面有共同点。还有，在韩国到石１９世纪末很多家庭都相信家里的某角落有一条蛇，把它叫做"业"，如果"业"离开那个家的话，家里人很害怕会发生破产等不吉利的事情。所以如果换棚顶茅茨发现蛇的话，人们绝对不杀害蛇，很注意工作以免它离开这个家。因此，笔者判断闽人的"木龍"和韩国的"业"在某种程度上具有同根同源的部分。

（二）与台湾原住民崇蛇习俗之比较

台湾原住民保存丰富的蛇图腾文化，其中排湾族、鲁凯族最盛。他们在创始神话、器具装修都很丰富地具备蛇图腾。到现在他们家里基本上都有两个瓮，每个瓮外面画一条蛇。结婚时新娘或者新娘都准备两个瓮；按照笔者的调查来说，排湾族是女子准备，鲁凯族是男子准备，他们搬家时必须带去两个瓮。他们的葬礼方法也有独特点，不使用一般的长方形棺才而使用瓮，把尸体两腿蜷曲起来之后往瓮里放进去，使尸体竖立着以埋葬。自己的院子下面祖先尸体埋葬装满以后找到新的空间搬家。笔者以为这种风俗代表胎儿成长的母体里面环境，有可能瓮象征母体的子宫、蛇是脐带。于是我们可以了解弯曲尸体瓮葬是等待再诞生的准备的意思。那么在这个角度看蛇意味者纽带世代继承的象征。

　　以前济州岛居民奉供［内七星］的时候瓮中每年放新谷，这个瓮很多家庭都有，置在保管谷物或者饮食的仓库，家人都对它有神圣感。［内七星］也叫［祖先瓮］。以前到１９世纪末，不仅在济州岛，而在韩国本土的很多农村家庭也有类似的瓮，把它叫做［祖先瓮］、［祖先奶奶］、［帝释瓮］，放在内室或者大厅的架子上。到新谷出来，家庭妇女很诚恳地换装新谷，家里发生不吉利的事情，有的家向它举行了小仪式。这种风俗笔者小时也看过。但是住在韩国本土的人已经忘记这个神来源是谁。笔者判断台湾原住民的蛇图腾文化跟以前韩国的［祖先瓮］风俗可能互相有连贯性，觉得这个问题有进一步研究的价值。可是笔者觉得台湾原住民的蛇图腾文化来源于创始神话，但是济州岛居民虽然把蛇神瓮叫祖先瓮但是神的主要功能是丰农神，在这个方面互相有不同点，发生时间的角度看，有可能台湾原住民蛇图腾更早出现。同时，韩半岛西海中部地区丰渔祭中的蛇神的性格是水神、海洋神，所以三个地区的蛇神互相都带不一样的性格，将来需要进一步的研究。

（三）　高丽与朝鲜王朝对闽人来访的态度

　　"泉州一带地处于中国东南沿海，港口分布密集，是中世纪中国的重要造船基地，同时是对外贸易港口。以前跟韩半岛新罗和高丽进行频繁的交流。唐代中期，泉州已出现了市井十洲人，船到城添外国人的一派繁荣景象；唐末五代时期，由于泉州的历任统治者积极推行招来海中蛮夷商人的政策。到宋元时期，是泉州走向更加辉煌而鼎盛的时期，与泉州建立交通贸易关系的亚、非国家近100个"。[6] 于是，泉州早出现了冠以［新罗］、［高丽］的村庄和地名。佛教寺院中也有新罗或者高丽僧人的痕迹。与山东及浙江地区冠新罗村、新罗坊、新罗寺一样，在泉州也有跟新罗或者高丽人形成村落的地方，有新罗村、新罗坊、新罗寺、高丽村、高丽墓、高丽港、高丽厝等的地名。到唐末五代时期，　闽国与新罗有着非同寻常的关系。在于闽王昶（935 ～ 939 在位）和闽王曦（939 ～ 944 在位）登基后，新罗曾两次派遣使者到福建[7]。这种外交活动意味着当时福建和新罗的海上交流的密切关系，而且当时韩国西海中部海岸城市'唐津'是韩半岛国际贸易代表港口，因此，当时福建地区等地的蛇神信仰对

6　叶恩典，《泉州与新罗、高丽关系文化史迹探源》，《海交史研究》，2006:28 页
7　叶恩典，上揭论文：32 页

韩半岛是否给影响，还是个未知数，需要进一步的研究。

到高丽时代朝庭跟泉州人交流也很频繁，我们通过《高丽史》等历史记录可以了解。《高丽史》中高丽国王欢迎泉州商人一行来高丽国，来的人数每次基本上五十到一百左右，有的时候超过一百名以上。国王很主动接受他们送国王的当地产品。山东地区和浙江明州比较，福建地区跟韩半岛之间的交易比较集中于商品交易，比其他地区政治外交方面的业务几乎找不找。所以泉州等福建一带跟韩半岛的交流上互相民间文化上的影响也会浓厚。进入朝鲜王朝，对海外没有以前高丽、新罗时代那么开放。跟中国大陆交流时基本上用陆路。但是通过《朝鲜王朝实录》可以看到随时从宁波、泉州、漳州等地漂流到韩半岛或者济州岛的事件，朝庭对他们的处理方案众说不一。因为明朝和清朝也不像以前朝代那么对外开放港口，朝鲜王朝也对这些漂流来的人民表示比较消极的态度。但是叫'荒唐船'的、所谓国籍模糊的私人船不断地出现，让朝鲜朝庭费心思。从中国大陆漂流来的船中，不管是从哪里出发的船，操作船主要人员大部分从中国东南角一带来。比方说：1682 年朝鲜译官金指南（？～？）写的《東槎日錄》中看到，浙江宁波普陀造船所出发的船也中国东南部出身人最多。遇难的船中，生存者 15 名名单如下：

沈電如：50 岁，漳州人，财主；陳梓：31 岁，泉州人，财付；劉鳳：30 岁，潮州人，财付；楊登興：40 岁，南澳人，船戶；曹泰：30 岁，潮州人，客商；薛爲政：31 岁，泉州人，客商；翁文鳳：35 岁，漳州人，水手；董赫：30 岁，漳州人，水手；杜印：30 岁，潮州人，水手；林暢：35 岁，潮州人，水手；翁天選：39 岁，潮州人，水手；林大：40 岁，潮州人，水手；李弟：29 岁，潮州人，水手；林長：26 岁，福州，水手；林御：22 岁，福州，水手。同时，死亡者总共有 48 人，其中 43 名来自福建、广东地区，而 5 名来自宁波。

朝鲜时代记录漂流船或者"荒唐船"资料当中李肯翊（1736 ～ 1806）的《燃藜室記述》别集第十七卷的《邊圉典故·荒唐船》内容值得关注。内容中提到朝鲜王朝初期到当时发生的总共 48 件荒唐船出现事件，其中福建人的有 14 艘，只记录"中国"而没有具体地区名的共有 16 艘。浙江、山东人的各有 4 艘和 1 艘。

上船人	次 数
不明地區	5
中國人	16
山東(登州+萊州) 人	2
琉救人	2

上船人	次 數
福建	14
浙江人	4
天津人	1
遼東人	2
對馬島人＋中国人	1
日本人	1
合計	49

《邊圉典故·荒唐船》中荒唐船乘船人分类

通过朝鲜时代文献内容，能想象到当时韩半岛西海边因为经常出没荒唐船、岛上异国人潜入偷偷住下来、有些水军私自行动、跟外国人进行私人交易、抢使臣东西等原因，使政府很发愁。中国元末明初、明末清初、清末民国初等时期，有很多流民迁移韩半岛住，于是我们可以想象这个过程中具有优秀航海技术的一些福建人也会落于韩半岛西海边，同时他们带来的蛇神信仰，有可能渐渐传到忠清南道不少海边城市或者小岛。

可是这些想象毕竟是笔者的假设而已，为了进一步的研究，将来需要族谱、移民史、海洋交流史等更多相关研究。

五、结 论

韩国中部西海边渔民村到现在仍然有举行丰渔仪式的几个村子。 现在有三个村落的丰渔祭被选为忠清南道无型文化财。 他们崇拜的腾神灵中最有代表性的是蛇神。但是要从国内探索下去蛇神沿原的线索，还是只能说很难找到、很模糊。虽然文献、巫歌、民俗等都说济州岛自古以来有崇蛇习俗，但是因为济州岛蛇神的中心功能是丰农神，而不是航海神或者水神。崇蛇信仰是福建一带民间信仰之一，从新石器时代开始闽地区有自己是蛇种的观念。后来跟汉人大融合之后仍然有崇蛇习俗，尤其因为他们一般依靠海生存下来，经过唐、宋、元、明、清，他们崇拜的对象蛇成为海上航行的保佑神。于是笔者初步主张中国闽地区传统民间信仰随着海员、移民的人群而传入韩半岛。通过历史记载，我们可以想象以前闽越地区跟韩半岛西海地区有频繁来往、漂流事故等证据。但是要确保更具体的证据，需要进一步的研究。

三和寺國行水陸齋의 文化財 指定以後 課題

南韓中大學校 傳統文化學科　**金京南**

[國文槪要]

삼화사국행수륙재는 이제 한국불교의 전통문화를 대표하는 상징으로 국가중요무형문화재가 125호가 되었다. 무형문화재 제도는 유형의 문화재를 만드는 사람을 보호하는 것이다. 그 기술을 이어갈 수 있도록 보호, 육성, 계승하자는 것이다. 근대화로 잃어버린 우리의 정체성 확립을 위해 해방 이후 성립된 것이다. 전통사회에서는 생활이었던 것이 근대화가 진행되면서 사라져가지만, 우리를 우리이게 하는 것이기 때문에 지켜내고자 인위적인 노력을 하는 것이다. 무형문화재는 '원형'보존에 그 의미가 있는데, 지금까지 어느 정도 국가주도의 그 '원형보존'이 가능했던 이유는 시대에 맞는 '가치'가 계속 창출되었기 때문이라고 하겠다.

주지하다시피 이것이 꼭 왜 '전통'이어야 하느냐 하는 것은 우리를 '우리' 이게 하는 요소는 전통 속에서 그 맥을 찾을 수 있기 때문이다. 마치 같은 언어를 사용함으로써 '우리' 라는 감정을 느끼는 것처럼 '전통'의 맥락에서 우리라는 민족의식을 느낄 수 있기 때문이다. 각종 우리 언어가 넘쳐나는 가운데 표준어는 엄연히 존재하고, 그렇지만 또 언어의 유희는 계속되고 있는 것처럼 말이다.

그리고 삼화사국행수륙재처럼 강원도의 경우, 보다 많은 불교무형문화 자원이 존재 하고 있다. 이를 좀 더 보완하여 불교 포교를 위해 무형문화재 추진을 함께 서둘러 불교문화 원형 자원화해야 할 것이다.

核心語 : 三和寺國行水陸齋 , 國家重要無形文化財 第125號 , 佛敎無形文化遺産 , 傳統 , 原形保存.

I. 序 論

문화재란 조상들이 남긴 유산으로서 삶의 지혜가 담겨 있고 우리가 살아온 역사를 보여주는 귀중한 유산이다. 그 중 연극·음악·무용·공예기술 등 형체는 없지만 사람들의 행위를 통해 나타나는 무형의 문화적 소산으로서 역사적 또는 예술적 가치가 큰 것을 무형문화재라고 한다. 유형문화재와는 달리 무형문화재는 기능인이라는 사람이 포함되어 있다는 점에서 그 특이성이 있다. 한국 근대사의 질곡과 함께 일제강점기의 한민족문화 말살정책으로 인하여 강제적으로 많은 전통문화가 단절되기도 하였으며, 또한 6.25전란을 겪으면서 외국에

것이다.

삼화사국행수륙재의 원래 명칭은 삼화사 소장본에 의하면 천지명양수륙대재(天地冥陽水陸大齋)이다.[4] 이 명칭에 의하면 수륙재는 하늘과 땅, 이승과 저승, 물과 뭍 등의 고혼들과 엉클어져 있어 이들이 서로 소통하도록 대화합의 장을 만들어가겠다는 심오한 뜻이 담겨 있다. 그리하여 수륙재는 수륙(水陸)만이 아닌 천지관(天地觀), 명양관(冥陽觀), 성속관(聖俗觀)등을 포함한 대우주관에 의한 소통을 이루고자 하는데 본래의 목적이 있는 것임을 알 수 있다. [5]

삼화사국행수륙재의 모든 의식문은 소문, 유치청사, 게송, 축원문 등으로 되어 있는데 이들은 범패 홑소리와 짓소리 평염불성 등으로 독송되고, 이에 맞추어 법고춤, 나비춤, 바라춤 등의 의식무용이 따르게 된다. 나비춤은 작법(作法)이라고도 하는데 운심게작법, 다게작법 등 12가지가 있고 바라춤은 명바라, 천수바라 등 6가지가 있다. 이는 수륙대재가 설행되어 오면서 감로탱화나 삼장탱화 같은 많은 문화유산을 남겼으며, 수인작법과 범패작법 같은 무형의 문화유산도 남기게 되었음을 알 수 있다. 즉, 수륙대재의 의식을 진행하는 과정에서 볼 수 있는 음악, 무용, 미술, 설단과 장엄 등의 풍부하고 훌륭한 종합예술적 가치는 중요한 전통문화유산이라 할 것이다.

삼화사국행수륙재는 조선 태조 때 실시한 이래 줄 곧 거행되어 오다가 오늘날에는 매년 10월에 설행한다. 수륙재는 원래 중국에서 시작되었다고 하나 오늘날 중국에는 그 원형이 상실된 것에 비하여 한국에서는 수용 이후 지속적으로 계승되었으며, 특히 삼화사를 중심으로 그 기능이 잘 보존되고 있는 상황이다. 수륙재는 의례로서의 구성요소가 다양한 신앙형태를 수용하고 있으며, 그 뿐만 아니라 의례절차를 진행하는 가운데 음악적 요소, 미술적 요소(莊嚴), 연극적 요소 등 예능적 기능을 다양하게 지니고 있어 앞으로 우리 전통문화의 콘텐츠를 구축하는데 크게 기여할 것으로 판단된다. 삼화사국행수륙재의 예술과 예능적 기능에서 보면 다음과 같이 정리할 수 있다.

1) 儀禮文의 文學的 價値 시설물
의례문은 게(偈), 송(頌), 소문(疏文), 다라니(陀羅尼) 등의 형식이 서사적으로 구성되어 있어 전체적으로 문학의 종합성을 보여주고 있다.

2) 불화(佛畵)의 美術的 藝術性
상단의 비로자나불 탱화, 중단의 삼장탱화, 하단의 감로탱화 등에서 미술적 관점의 예술성.

3) 設壇과 莊嚴에서 보이는 書藝와 工藝
설단 장엄을 위해 각 단의 번(幡)과 방문(榜文), 소문(疏文), 용상방(龍象榜) 등을 한지에 먹을 사용하여 서예하며, 각 단을 장엄하는 작약, 목단, 국화, 다리화, 싸리꽃, 연꽃 등의 지화와 반야용선, 금전, 은전, 주망공사 등에서 전통공예 예술이 있다.

4) 音樂과 舞踊
짓소리와 홑소리, 안채비와 바깥채비 등과 같은 梵唄와 소리와 樂器를 다루는 음

4 홍윤식, 수륙재의 내용과 의미, 삼화사와 국행수륙대재 학술세미나 논문집, 2009, p.16.

5 홍윤식, 위의 논문, 참조

것이다.

삼화사국행수륙재의 원래 명칭은 삼화사 소장본에 의하면 천지명양수륙대재(天地冥陽水陸大齋)이다.[4] 이 명칭에 의하면 수륙재는 하늘과 땅, 이승과 저승, 물과 뭍 등의 고혼들과 엉클어져 있어 이들이 서로 소통하도록 대화합의 장을 만들어가겠다는 심오한 뜻이 담겨 있다. 그리하여 수륙재는 수륙(水陸)만이 아닌 천지관(天地觀), 명양관(冥陽觀), 성속관(聖俗觀)등을 포함한 대우주관에 의한 소통을 이루고자 하는데 본래의 목적이 있는 것임을 알 수 있다. [5]

삼화사국행수륙재의 모든 의식문은 소문, 유치청사, 게송, 축원문 등으로 되어 있는데 이들은 범패 홑소리와 짓소리 평염불성 등으로 독송되고, 이에 맞추어 법고춤, 나비춤, 바라춤 등의 의식무용이 따르게 된다. 나비춤은 작법(作法)이라고도 하는데 운심게작법, 다게작법 등 12가지가 있고 바라춤은 명바라, 천수바라 등 6가지가 있다. 이는 수륙대재가 설행되어 오면서 감로탱화나 삼장탱화 같은 많은 문화유산을 남겼으며, 수인작법과 범패작법 같은 무형의 문화유산도 남기게 되었음을 알 수 있다. 즉, 수륙대재의 의식을 진행하는 과정에서 볼 수 있는 음악, 무용, 미술, 설단과 장엄 등의 풍부하고 훌륭한 종합예술적 가치는 중요한 전통문화유산이라 할 것이다.

삼화사국행수륙재는 조선 태조 때 실시한 이래 줄 곳 거행되어 오다가 오늘날에는 매년 10월에 설행한다. 수륙재는 원래 중국에서 시작되었다고 하나 오늘날 중국에는 그 원형이 상실된 것에 비하여 한국에서는 수용 이후 지속적으로 계승되었으며, 특히 삼화사를 중심으로 그 기능이 잘 보존되고 있는 상황이다. 수륙재는 의례로서의 구성요소가 다양한 신앙형태를 수용하고 있으며, 그 뿐만 아니라 의례절차를 진행하는 가운데 음악적 요소, 미술적 요소(莊嚴), 연극적 요소 등 예능적 기능을 다양하게 지니고 있어 앞으로 우리 전통문화의 콘텐츠를 구축하는데 크게 기여할 것으로 판단된다. 삼화사국행수륙재의 예술과 예능적 기능에서 보면 다음과 같이 정리할 수 있다.

1) 儀禮文의 文學的 價値 시설물

의례문은 게(偈), 송(頌), 소문(疏文), 다라니(陀羅尼) 등의 형식이 서사적으로   구성되어 있어 전체적으로 문학의 종합성을 보여주고 있다.

2) 불화(佛畵)의 美術的 藝術性

상단의 비로자나불 탱화, 중단의 삼장탱화, 하단의 감로탱화 등에서 미술적 관   점의 예술성.

3) 設壇과 莊嚴에서 보이는 書藝와 工藝

설단 장엄을 위해 각 단의 번(幡)과 방문(榜文), 소문(疏文), 용상방(龍象榜) 등   을 한지에 먹을 사용하여 서예하며, 각 단을 장엄하는 작약, 목단, 국화, 다리   화, 싸리꽃, 연꽃 등의 지화와 반야용선, 금전, 은전, 주망공사 등에서 전통공예   예술이 있다.

4) 音樂과 舞踊

짓소리와 홑소리, 안채비와 바깥채비 등과 같은 梵唄와 소리와 樂器를 다루는   음

---

[4] 홍윤식, 수륙재의 내용과 의미, 삼화사와 국행수륙대재 학술세미나 논문집, 2009, p.16.

[5] 홍윤식, 위의 논문, 참조.

악예술, 바라무와 나비무, 법고무 등의 작법에서 무용예술을 내포하고 있다.

5) 儀禮節次에 따른 儀式

의례에 따른 수인(수인), 행렬, 관욕, 향공양, 차공양을 비롯한 오공양, 산화락   등
의 각종 의식에서 질서와 정확성 그리고 예술성을 바탕이 된다.

6) 용상방(龍象榜)에 따른 配役

준비, 설행, 회향의 각 세분화별 소임이 정해지며 소임에 대한 충실성과 소임   자
간 긴밀한 소통성을 이루게 된다.

III. 無形文化財 三和寺國行水陸齋 主體別 役割

1. 東海市의 役割

1) 組織 擴大

문화재보호법에는 국보 ·보물 ·중요무형문화재 ·사적 ·명승 ·천연기념물 ·중요민속문화재를
포함하고 있다. [6]보호법 속 범주에는 드는 문화재가 상당하다. 이는 관리해야 할 많은 문화
재가 있다는 말이다. 그러나 현재 동해시의 문화재 관련부서는 문화예술센터〉문화재계의 조
직으로 담당 인원은 소장 1인, 담당1인, 학예연구관 1인, 직원1인으로 구성되어 있다. 이 조
직으로 동해시 내의 모든 문화재 업무를 총괄하고 있다. 문화재 예산의 편성, 집행, 관리,
홍보, 조사, 연구를 위한 인력이 턱없이 모자라 보인다. 이러하다 보니 무형문화재의 확대나
관리가 현실적으로 어려움이 있어 보인다. 따라서 현재의 문화재 관련 부서를 확대 개편해
야 한다. 그리고 현재 무형문화재 담당전문가 없다는 것이 문제인데 무형문화재의 활성화를
위해서는 이 분야 전문가의 위촉이 절실히 요청되고 있다.

. 동해시무형문화재의 전략적 확대 지정

. 동해시무형문화재를 위한 예산 확보

2) 무형문화재 원형에 대한 기록화사업 및 지속적인 학술연구 병행

유형문화재를 공간문화재라고 한다면, 무형문화재는 시간문화재라 할 것이다. 따라서 그
원형의 전승실태와 전승계보 등도 다시 조사, 정리, 기술 되어야 할 것이다. 그리고 관련 전
공 학자들의 연구 활성화를 위해서라도 학술연구 지원도 활성화되어야 한다.

3) 동해시의 책임 관리 및 적극적인 지원

지금까지 중요무형문화재는 문화재청에서, 시.도 지정문화재는 지자체가 각각 관리해 온
전례에 비추어 무형문화재의 경우 단체종목들은 해당 지역의 역사, 문화, 환경과 정체성을
바탕으로 성립된 문화이고, 수많은 역사적 수난 가운데서 살아있는 무형의 전통인 것이다.
그러므로 지역 무형문화재는 단체종목의 대표성, 상징성, 독자성, 존재성을 지니고 있다. 지
역성의 상실은 곧 존재성의 상실을 의미한다. 지자체는 서로 긴밀한 협력과 동시에 해당 단
체와 협조하면서 관리 운영한다면, 현재보다 더욱 효율적인 보존과 전승의 기반이 확고해
질 수 있을 것이다. [7]

---

6 장호수, ≪문화재학≫, 백산자료원, 2008, p. 23.

7 김경남, 〈강릉농악의 활성화 방안〉, ≪강원민속학 제25집≫, 강원도민속학회, 2011, p.161.

4) 무형문화재에 대한 동해문화원의 적극적인 발굴과 관심

문화원은 각 지역의 전통문화예술 창달에 많은 공헌을 하고 있다. 그러나 그 기능과 역할에 비해 무형문화재에 대한 관심이 상대적으로 저조 했던 것은 사실이다. 근자 몇몇 지역 문화원이 관심을 기울여 가시적인 성과[8]가 있었음을 알 수 있다. 그러나 좀 더 적극적인 자세가 필요하다.

2. 三和寺國行水陸齋保存會의 役割

1) 보존과 선양에 최선을 다해야 한다.

가끔 문화재로 지정된 종목들에 대한 '원형 상실''수준 하락'등의 평판이 있다. 이러한 현상에 대한 대안으로서 엄정한 공연평가를 통한 수준유지 및 수준회복을 해야 한다. 무형문화재는 매년 정규적으로 하는 행사 또는 전승발표회가 있다. 전시회나, 발표 공연을 통해 지역 주민들은 물론 도민들에게 훌륭한 평가를 받을 수 있도록 지정 신청의 초심을 잃지 말고 지속적으로 노력해야 한다.

2) 원형보존을 위한 교육 실시

원형보존을 위해 더욱 열심히 교육하고 연마해야 한다. 종목을 전승하는 데 가장 중요한 보존회원들의 역할이다.

3) 전수회관의 효율적 운영

삼화사수륙재의 전수회관은 아직 마련되지 않았다. 추후 관련 사업이 전개될 것으로 보인다. 현재 예산이 수 억 또는 수 십 억이 투입된 전수회관이 무용지물로 전락되거나 활용도가 떨어져 가끔 지역사회에서 문제가 되는 경우가 있다. 이러한 사정을 고려하여 다양하게 그 활용도를 높여나감으로 전수회관의 효율적으로 운영할 것인가 하는 과제를 연구해야 할 것이다.

4) 보존회의 활성화

단체 종목의 경우 보존회의 가장 중요한 역할은 보전과 전승이다. 바로 보존회는 지역의 인적 자원의 지원적 측면에서 보존과 전승에 필수적 요소임으로 매우 중요한 것이다.

5) 전시나 공연기회의 확대

지역과 대내외의 교류관계를 이룰 수 있는 네트워크를 만들어가야 하겠다. 수많은 축제들이 전국적으로 열리고 있다. 다른 지역의 축제에 참여를 하는 것은 지역의 문화를 알리는 데 크게 기여할 수 있다. 또한 공공기관이나 사기업 등의 행사에 두루 참여할 수도 있다. 또한 국내에 머물지 않고 외국에 나가서 전시나 공연을 할 수 있는 기회도 얼마든지 찾을 수 있겠다.[9] 따라서 무형문화재에 대한 만족에 그치는 것이 아니라 공간적, 시간적 확대를 통해서 공연기회를 확장, 그 가치와 성과를 높이려는 노력이 대내외적으로 필요한 것이다

6) 전수교육의 강화를 위한 시설과 프로그램 마련

---

[8] 그 사례로 강릉문화원의 '강릉좀상날하평답교놀아, 속초문화원의 '속초도문동농요', 동해문화원의 '동해망상농악' 등은 문화원의 지속적인 관심과 지원에 의하여 이루어낸 성과이다.

[9] 2013년 중국 태안시 동악묘회에 삼화사국행수륙재보존회 紙花가 초청되어 전시회를 가진 바 있다.

최소 두 가지 조건이 필수적으로 갖춰져 있을 때, 전수교육이 이루어질 수 있다.그 하나는 시설이 갖춰져 있어야 하고, 다른 하나는 교육프로그램이 잘 구성되어 있어야 한다. 서양에서는 전통문화라는 말이 고급문화라는 말과 서로 상통한다. 그만큼 전통문화는 무게가 있으며, 이미 가치판정을 통해서 지켜지고 가꾸어야 할 사회적 동의를 얻고 있는 셈이다. 그러나 우리의 경우는 이에 크게 미치지 못한다. 최근 전통문화에 대한 사회적 분위기가 긍정적으로 볼 수 있는 변화를 보이기는 하지만 아직 미진하다. 우리 모두 극복해야 할 과제다.

7) 전승조직의 체계화와 구성원의 인화단결

보존회와 전수회관을 중심으로 하는 전승조직은 단체로서의 국가에서 인정하는 공공적 성격이 강하기 때문에 이에 대한 좀 더 조직의 체계화가 이루어져야 할 것이다.[10] 보존회장을 중심으로 조직을 제대로 갖추고 구성원들 사이에 인화단결이 필요하다 할 것이다.

IV. 三和寺國行水陸齋의 文化財指定 以後의 課題

삼화사국행수륙재의 불교전통문화를 올바르게 보존하고 전승하기 위해서는 지속적이고 핵심적인 몇 가지 과제가 있다. 아울러 이 기회를 통하여 동해시의 문화정체성 파악과 함께 그 가치의 자립적, 자주적 발전을 모색해야 할 것이고, 삼화사국행수륙재가 명실상부한 한국 대표하는 불교의식으로 부각될 수 있도록 인식해야 한다.

동해시의 전통불교문화의 원형보존 및 창조적 계승 발전 토대 마련하여 불교문화관광민속 활성화와 동해시불교전통문화의 세계화, 집중화를 통한 고부가 가치의 문화 경쟁력창조를 위한 계기로 삼아야 할 것이다. 그리고 국가중요무형문화재 제125호 지정과 동시에 삼화사국행수륙재의 불교문화 유네스코세계무형문화유산으로 등재 추진하도록 노력해야 할 것이다. 동해시의 다양한 문화재, 문화상품 등 연계상품개발을 꾀하고, 동해시의 대표적 이미지를 지닌 중심 역할로서의 자리매김 할 수 있는 계기도 확보해야 할 것이다.

1) 삼화사국행수륙대재 괘불조성
2) 삼화사국행수륙대재 의식 불교도구 조성
3) 삼화사와 두타산의 불교민속학술조사
4) 삼화사국행수륙대재 국제학술회의 개최
5) 삼화사국행수륙대재의 지역주민 소득사업 및 관광자원화 사업

그러므로 삼화사국행수륙재의 큰 의미와 가치를 계승발전 시켜야 하는 것이 오늘을 사는 우리 모두의 사명이라 하겠다. 그리고 삼화사국행수륙재의 역사적, 전통 문화적 의미를 새롭게 되살려 그 가치를 드높이고, 우리 동해시를 대표하며, 우리나라의 대표적 전통문화유산으로 가꾸어 나아가는데 우리 모두 힘을 모을 일이다.

---

[10] 현재 무형문화유산 보전 및 진흥에 관한 법률안이 문화재청에서 준비 중에 있으며, 현재 의견 수렴 중에 있다. 올 가을 정기국회에 제출될 예정이다. 그 내용에 따르면 무형문화유산 전승자는 보유자, 전승교수, 이수자, 전승공동체 등으로 구분하며, 모든 구성원들의 선정 및 관리를 관에서 하는 것으로 되어 있다.

궁은 불교도의 순례지로서, 또 기도처로서 가장 신봉되고 있는 성지이다. 이 밖에 비슬산 용연사(龍淵寺)에도 사명대사가 통도사의 사리를 분장(分藏)한 적멸보궁이 있다.[15] 이러한 보궁의 유형과 무형적 가치는 현재까지 부처님의 믿음의 근원으로 인식하여 살아 있는 종교적 실체로서 현재적 가치와 의미가 삼화사국행수륙재와 함께 세계문화유산으로 손색이 없을 듯하다.

(2) 오대산 탑돌이 문화를 무형문화재로

오대산의 불교는 자장율사에 의하여 창시되고 화엄 법화신앙에 의하여 전승 유지되어 오늘에 전하고 있다. 다른 한편 월정사에 전하는 8각 9층탑은 그 형식면에서는 고구려의 영향을 받고 있는 것이라 전해지고 있지만 9층탑 신앙이 월정사에 정착할 수 있었던 계기는 황룡사 9층탑에 그 연원을 두고 있으며 그 전개는 황룡사 9층탑을 세우게 한 자장율사가 오대산 불교를 개창하여 화엄도량을 열어가며 9층탑에 대한 신앙의례가 정착화 되어 간 것으로 믿어진다.

비록 오늘날에는 그 구체적 탑돌이의 양상이 전해지지 않고 있지만 탑의 양식을 뒷받침하는 『삼국유사』의 기록들에서 오늘날 일부 부분적으로 전하는 민속적 탑돌이 행사를 통하여 지난날에 성행하였던 월정사 탑돌이의 복원을 가능케 하고 있다. 그것은 법성게 정진 도는 법, 십바라밀 정진 도는 법 등의 불교의례가 오늘에 잘 전해지고 있기 때문이다.

V. 結 論

삼화사국행수륙재는 이제 한국불교의 전통문화를 대표하는 상징으로 국가중요무형문화재가 되었다. 무형문화재 제도는 유형의 문화재를 만드는 사람을 보호하는 것이다. 그 기술을 이어갈 수 있도록 보호, 육성, 계승하자는 것이다. 근대화로 잃어버린 우리의 정체성 확립을 위해 해방 이후 성립된 것이다. 전통사회에서는 생활이었던 것이 근대화가 진행되면서 사라져가지만, 우리를 우리이게 하는 것이기 때문에 지켜내고자 인위적인 노력을 하는 것이다. 무형문화재는 '원형'보존에 그 의미가 있는데, 지금까지 어느 정도 국가주도의 그 '원형보존'이 가능했던 이유는 시대에 맞는 '가치'가 계속 창출되었기 때문이라고 하겠다.

주지하다시피 이것이 꼭 왜 '전통'이어야 하느냐 하는 것은 우리를 '우리' 이게 하는 요소는 전통 속에서 그 맥을 찾을 수 있기 때문이다. 마치 같은 언어를 사용함으로써 '우리'라는 감정을 느끼는 것처럼 '전통'의 맥락에서 우리라는 민족의식을 느낄 수 있기 때문이다. 각종 우리 언어가 넘쳐나는 가운데 표준어는 엄연히 존재하고, 그렇지만 또 언어의 유희는 계속되고 있는 것처럼 말이다.

그리고 삼화사국행수륙재처럼 강원도의 경우, 보다 많은 불교무형문화 자원이 존재하고 있다. 이를 좀 더 보완하여 불교 포교를 위해 무형문화재 추진을 함께 서둘러 불교문화 원형 자원화를 하여야 한다.

그리고 무형문화는 또 다른 상품성으로 현재성을 띠어야 한다. 현재성이 떨어지면

---

15 적멸보궁[寂滅寶宮] (한국민족문화대백과, 한국학중앙연구원)

1) 三和寺國行水陸齋와 佛敎世界文化祝典 開催

격변의 현대사와 함께 산업화, 도시화, 기계화에 밀려 농어촌의 공동화 현상으로 인한 전통문화의 살아있는 전승공간이 축소되는 변화를 겪게 되었다. 그러므로 급변하는 시공 속에서 과거의 문화적 잔존물이 어떻게 새로운 모습으로 나타나 있으며 다가올 미래의 민속문화에 어떻게 접맥될 수 있겠는가 하는 것은 전통을 공부하는 많은 연구자들의 공동과제였다. 1990년대 이후 정치적 이데올로기와 맞물리면서, 민족문화정체성, 지역문화정체성 등의 연구가 활발히 논의되고 있다. 또한 지역경제의 활성화를 위한 전통문화의 응용과 개발이 함께 추진되면서 이와 관련된 관광 상품화, 전통문화와 관련된 지역축제 등과 같은 민속의 대중화를 위한 일련의 작업 속에서 정체성의 논의는 타 지역과 변별력을 모색하고 그것을 토대로 하여 각 지역의 독자적인 문화를 개발하고자 하는 중요한 핵심으로 인식하고 있다.

최근 문화의 힘이 곧 지역의 힘이라고 인식하여 지역문화자원을 산업화하여 지역의 힘을 키워나가려는 '지역문화의 산업화'가 활발해지고 있다. 이에 따라 지역문화이벤트는 지역주민들의 문화적 욕구를 충족시키며 동시에 청소년들에게 문화전수 및 학습의 기회를 제공하는 전통적 의미를 지닌다. 아울러 지역에 미치는 관광효과, 경제적 파급효과를 고려하여 적극적인 지방경영전략의 하나로 주민들이 참여하는 문화이벤트의 활성화가 추진되고 있다.

최근의 관광산업의 경우 그 패턴이 단순자연관광에서 SIP(Special Interest Tourism)형태로 바뀌어가면서 지역문화와 자연이 결합된 문화관광 활성화가 필요하게 되었으며 자연명승지나 유흥오락, 등산과 함께 체험생태문화관광이 각광받고 있다. 이에 따라 문화유적 정비나 문화관광권의 개발, 테마 투어코스 확충, 농악이나 민속놀이 등 무형의 문화재 연행을 구경하고 직접 경험하고자 하는 문화체험 욕구가 늘어나고 있으며 국제관광의 흐름도 자연 . 농촌 . 지향형, 문화유적지.성지순례 지향형 .문화체험지향형이 강세를 보이고 있다. 이를 토대로 본다면 동해시의 지속적인 관심과 투자를 한 삼화사와 삼화사국행수륙재는 관광개발의 중요한 자원으로 주목받을만하다.

결국 문화이벤트가 성공하면 경제적으로 소득창출과 생산파급, 고용파급의 효과를 거둘 수 있으며 사회.문화적으로 주민의 문화 향수를 제고하며, 교육적 효과를 거둘 수 있고 나아가 지역 이미지를 창출하며 문화적 교류가 가능해진다. 지역문화의 산업화가 성공하려면 이른바 3I가 갖추어져야 하는데

첫째는 기반(Infrastructure)조성이며

둘째는 혁신(Innovation)적 접근이며

셋째는 투자(Investment)이다.

지역문화는 광의로 보면 지역사회 자본이며 지역경제를 발전시키는 원천이고, 동시에 지역주민 생활을 윤택하게 하며 존립의 정당성을 인정받는 기반이다. 그러므로 3I를 충실하게 갖추어 나가도록 노력해야 한다. 이를 위해 지역과 지역의 인적 협동이나 프로그램협동, 재정협동이 필요하며 중앙 및 지방자치단체의 각종 지원 및 재정 지원이 뒤따라야 한다. 아울러 지역연계소득을 위한 박물관, 체험장, 전통문화촌 등의 문화자원 확충과 문화인물과 관련된 문화기행, 문화학교, 특별전시회, 등의 문화이벤트, 자연 및 생태를 활용한 음악회, 예술제 등을 관광 상품의 개발이 절실하다. 특히 동해시의 관광 정책의 확대 개편이 필요할 것으로 보인다. 그리고 오랫동안 기억하고 삼화사 국행수륙재 행사 때마다 다시 찾아올 수

있는 기념품, 특산품의 제작 등이 필요하다.

오늘날 축제공화국, 이벤트 천국이라는 평가처럼 지역 정체성과 문화적 전통성을 지니지 못한 테마로 타 지역과 유사하거나 모방한 비슷한 내용의 축제를 개최하거나, 시군민의 날이나 체육행사, 상업적 먹거리 이벤트를 축제라고 내놓는 경우도 있다. 따라서 축제성격이 불분명하고 아무런 특성 없이 이것저것을 나열해 놓는 백화점식 이벤트나 난장, 놀이판의 구성이 난립하는 사례가 나타나고 있다.

그러므로 자치단체의 축제나 이벤트의 확실한 행사구분 및 명칭을 비롯하여 개최시기, 행사내용을 지역특성에 맞게 재검토하여 조정하고 행사주체도 주민들이 적극적으로 참여하여 기획되고 집행되어 자치시대에 맞는 행사가 되도록 꾸며져야 성공할 수 있다.

이를 위해서는 적자생존의 원칙에 따라 지역문화의 이미지와 연결되지 않는 행사는 도태시키고 소비자에게 문화 예술적 감동을 줄 수 있는 내용으로 바꾸어 나가야 한다. 이미 주5일제 시행에 따른 여가시간의 적극적 활용과 여행 및 취미생활의 다양화가 급속히 진행되고 있으므로 이에 따른 차별화된 전략의 지향이 요구된다.

한편으로는 소외나 낙후지역의 균형적 발전과 특화를 통한 주민소득의 제고와 자긍심 부여라는 주민 화합적 명분도 중요할 것으로 판단된다. 이를 위해서는 정치적, 정략적, 감정적 이해의 득실보다는 보다 높은 승화된 단계의 미래가치를 위해 동해시 차원의 적극적인 지원책이 뒤따라야 마땅하다.[11]

(1) 세계불교문화축전의 일관성

. 전통문화축제로의 특성화- 경쟁력 강화

. 전통문화축제로의 산업화

. 전통문화축제로의 국제화

(2) 세계불교문화축전의 규모 설정

. 한국불교문화의 대표적 축제로 자리매김

. 지역개발과의 연계성 검토

. 축제의 질적 수준 향상

(3) 세계불교문화축전의 대외적 이미지 제고

. 대내 대외의 홍보 전략과정

. 기업과의 연계

---

[11] 균여대사가 사뇌가를 짓고 다음과 같은 말씀을 기록했다. 비록 세속의 방법이긴 하지만 불법을 위해 따를 수도 있다는 말씀이다.

'무릇 사뇌란 것은 세상사람들의 희락거리를 갖춘 것이요, 願王이란 것은 보살들의 행실을 닦는 가장 요긴한 것이다. 그러므로 얕은 곳을 건너서 깊은 데로 돌아가게 되며, 가까운 데부터 먼 데로 이르게 되니 세속의 도리에 따르지 아니하고서는 우둔한 바탕을 인도할 길이 없으며 비열한 말이라도 따르지 아니하고서는 넓은 인연을 나타낼 길이 없다. 이제 알기 쉬운 가까운 일을 의탁해서 도리어 생각하기 어려운 먼 宗旨를 위해 열가지 큰 소원에 의지하여 열한 가지 거친 노래를 지으니 이는 여러 사람의 눈에 극히 부끄럽지만 여러 부처님의 마음에는 부합되기를 바란다. 비록 뜻과 말이 어긋나 성현의 묘미에 알맞지 않을런지는 모르겠으나 이 글귀를 지어 전하여 凡俗의 善根을 낳기를 바란다. 웃으면서 외우려는 이는 誦願의 인연을 맺게 될 것이며 비방하면서 외우는 이는 염원의 이익을 얻게 될 것이니 삼가 바라노니 뒷날 군자들은 비방하거나 칭찬하거나 무심히 버려둘 일이다.' 均如傳, 第七 歌行化世分.

. 동해시, 강원도, 중앙부처의 전략적 지원 검토

. 1년 내내 홍보활동

. 교육 프로그램으로의 활용 제고

(4) 세계불교문화축전의 문화 환경 공간 마련

. 축제의 동선 고려

. 전체적 축제 공간 마련

(5) 세계불교문화축전의 차별성 제시

. 우리나라 다른 축제와의 변별력 확보

축제의 양적 성장이 비대한 시점에서 자본주의 논리에만 의거하여 축제를 양산하다 보니 여러 가지 문제점을 내포하고 있다 하겠다. 이는 지역문화의 고유한 가치 그리고 그 지역민들의 정체성 나아가 그 지역 공동체문화의 의미를 전제하지 아니하고 다만 지역경제 활성화, 지역관광 상품화를 주장하는 것은 축제에 투입되는 예산의 낭비라는 지적이다.

분명 한국의 많은 축제는 근본적인 문제점을 지니고 있다. 이를 개선하기 위해서는 축제의 올바른 진단과 이를 바탕으로 기획, 운영, 홍보, 예산, 내용, 평가 등을 지역민, 지자체, 정부, 축제전문가 등 모두가 축제에 대한 개선 의지를 가지기 위한 부단한 연구 속에 있을 때 우리가 바라는 축제의 가치가 가시적 성과 속에 그 의미와 기능이 축제의 생명력과 함께 올바르게 정립될 것이다.

2) 三和寺國行水陸齋와 江原佛敎의 布敎

(1) 강원도 적멸보궁을 세계문화유산으로

신라에서 처음으로 불교를 공인한 것이 법흥왕 15년인 서기 528년에서 祖師들이 불교활동을 벌였던 7세기와의 사이에는 1세기 내외의 시간적 차이가 있으므로 결국 강원지역 불교는 그 전래가 신라의 불교 공인 이래 근 1세기 뒤의 사실로 보인다. 이 당시 경주에는 대찰인 황룡사가 진흥왕 14년(553)에 신궁으로 지었다가 불교가 공인됨에 따라 왕릉에 의하여 황룡사라는 사찰로 만들어 진흥왕 27년(566)에 일단 완공을 하였으나 선덕왕 14년(645) 에 이르러 전 사찰 역사를 마쳤다고 되어있으니 이에 의하면 이 사찰의 준공도 7세기경의 일이다. 원효의 主刹로 알려진 분황사도 선덕왕 3년(634)에 마쳤으니 이도 역시 7세기경의 일이다.[12]

「조선불교통사」 상편 義湘조에

「湘乃今十刹傳敎 太白山 浮石寺 原州 昆摩羅 伽倻之海印 昆瑟之玉泉 金井之 梵語 南嶽(智異山) 華嚴寺等 是也」[13]

이 외에도 관동지역에 의상이 창건했다고 하는 사찰로는 낙산사, 수진사, 불귀사 등이 관

---

12 최승순, 관동지방 불교전래 고찰, 강원문화총론, 강원대학교출판부, 1989, p. 138.

13 이능화, 조선불교통사, 상편, 의상, 조.

궁은 불교도의 순례지로서, 또 기도처로서 가장 신봉되고 있는 성지이다. 이 밖에 비슬산 용연사(龍淵寺)에도 사명대사가 통도사의 사리를 분장(分藏)한 적멸보궁이 있다.[15] 이러한 보궁의 유형과 무형적 가치는 현재까지 부처님의 믿음의 근원으로 인식하여 살아 있는 종교적 실체로서 현재적 가치와 의미가 삼화사국행수륙재와 함께 세계문화유산으로 손색이 없을 듯 하다.

(2) 오대산 탑돌이 문화를 무형문화재로

오대산의 불교는 자장율사에 의하여 창시되고 화엄 법화신앙에 의하여 전승 유지되어 오늘에 전하고 있다. 다른 한편 월정사에 전하는 8각 9층탑은 그 형식면에서는 고구려의 영향을 받고 있는 것이라 전해지고 있지만 9층탑 신앙이 월정사에 정착할 수 있었던 계기는 황룡사 9층탑에 그 연원을 두고 있으며 그 전개는 황룡사 9층탑을 세우게 한 자장율사가 오대산 불교를 개창하여 화엄도량을 열어가며 9층탑에 대한 신앙의례가 정착화 되어 간 것으로 믿어진다.

비록 오늘날에는 그 구체적 탑돌이의 양상이 전해지지 않고 있지만 탑의 양식을 뒷받침하는 『삼국유사』의 기록들에서 오늘날 일부 부분적으로 전하는 민속적 탑돌이 행사를 통하여 지난날에 성행하였던 월정사 탑돌이의 복원을 가능케 하고 있다. 그것은 법성게 정진 도는 법, 십바라밀 정진 도는 법 등의 불교의례가 오늘에 잘 전해지고 있기 때문이다.

V. 結 論

삼화사국행수륙재는 이제 한국불교의 전통문화를 대표하는 상징으로 국가중요무형문화재가 되었다. 무형문화재 제도는 유형의 문화재를 만드는 사람을 보호하는 것이다. 그 기술을 이어갈 수 있도록 보호, 육성, 계승하자는 것이다. 근대화로 잃어버린 우리의 정체성 확립을 위해 해방 이후 성립된 것이다. 전통사회에서는 생활이었던 것이 근대화가 진행되면서 사라져가지만, 우리를 우리이게 하는 것이기 때문에 지켜내고자 인위적인 노력을 하는 것이다. 무형문화재는 '원형'보존에 그 의미가 있는데, 지금까지 어느 정도 국가주도의 그 '원형보존'이 가능했던 이유는 시대에 맞는 '가치'가 계속 창출되었기 때문이라고 하겠다.

주지하다시피 이것이 꼭 왜 '전통'이어야 하느냐 하는 것은 우리를 '우리' 이게 하는 요소는 전통 속에서 그 맥을 찾을 수 있기 때문이다. 마치 같은 언어를 사용함으로써 '우리'라는 감정을 느끼는 것처럼 '전통'의 맥락에서 우리라는 민족의식을 느낄 수 있기 때문이다. 각종 우리 언어가 넘쳐나는 가운데 표준어는 엄연히 존재하고, 그렇지만 또 언어의 유희는 계속되고 있는 것처럼 말이다.

그리고 삼화사국행수륙재처럼 강원도의 경우, 보다 많은 불교무형문화 자원이 존재하고 있다. 이를 좀 더 보완하여 불교 포교를 위해 무형문화재 추진을 함께 서둘러 불교문화 원형 자원화를 하여야 한다.

그리고 무형문화는 또 다른 상품성으로 현재성을 띠어야 한다. 현재성이 떨어지면

---

15 적멸보궁[寂滅寶宮] (한국민족문화대백과, 한국학중앙연구원)

자취를 감출 수밖에 없기 때문이다. 우리는 쿵푸 팬더가 나오는 헐리웃 영화를 재미있게 보면서 중국문화를 이해하고, 또 다른 중국문화에 관심을 기울이기도 한다. '어떤 재미를 만들어낼 것인가?', '현대인들은 어떤 트랜드로 변화해 가는가?'이에 대한 지속적이고 계획적인 노력과 실행이 없으면 박물관에 박제화 되어버린 화석이 될 수도 있다. 각 지역축제가 한 때는 붐처럼 일었지만 지금은 몇 가지 것만 남았고, 현실감각을 잘 살린 남은 몇 가지는 지역의 대명사로 불릴 만큼 성공을 거두고 있다. 삼화사국행수륙재도 그리고 세계불교문화축전도 이와 같아야 한다. 어떻게 하면 많은 주민들의 참여를 이끌어낼 수 있을까? 한국불교의 대외적 이미지는 어떤 것이고, 이를 어떻게 우리 불교의 정체성으로 연결시킬 것인가? 무형문화재 전승자는 타시도와 교류를 많이 하여 자신의 전승 기술을 알리기도 하고 또 문제점을 고쳐나가야 한다. 강원도로 대표되는 지방 정부는 이를 지원해야 할 것이다. 예산 타령만 하지 말고 소규모라도 지속적으로 지원하는 것이 필요하다. 강원도에 거주하는 불자뿐만이 아니라, 한국불자 지원단을 운영해 본다면 객관적이고 다양한 의견도 수렴할 수 있을 것이다. 그리고 무엇보다 중요한 것은 우리 불교의 전통적 보편성과 특수성을 어떻게 제일성으로 이끌어낼 것인가? 이것이 우리가 해결해야할 과제이다.

너와 나, 우리 구별 없이 삼화사국행수륙재를 위해 하나, 하나 전승에 공을 들이고, 동해시, 강원도, 한국의 불교의 역사의식과 정체성에 입각한 문화재로 문화유산으로, 문화자원으로 발전시켜나가야 할 것이다.

[參考文獻]

김경남, 〈강릉농악의 활성화 방안〉, 강원민속학 제25집, 강원도민속학회, 2011.

김경남, 〈삼화사수륙대재의 현대적 계승〉, 두타산삼화사국행수륙대재 학술심포 지엄논문집, 삼화사국행수륙대재보존회, 2012.

김선풍.김경남, 《강릉단오제》, 보고사, 1998.

김열규, 《한국민속과 문학연구》, 일조각, 1974.

김열규 외, 《우리 민속문학의 이해》, 개문사, 1979.

이능화, 《조선불교통사》, 동국대학교출판부, 2010.

이상일, 《민족심상의 예능학》, 시인사, 1984.

이상일 편, 《놀이문화와 축제》, 성균관대학교 출판부, 1988.

임재해, 《민속문화론》, 문학과 지성사, 1986.

임동권, 《한국민속문화론》, 집문당, 1983.

장호수, 《문화재학》, 백산자료원, 2008.

최승순, 〈관동지방 불교전래 고찰〉, 《강원문화총론,강원대학교출판부》, 1989,

한국문화예술진흥원, 《한국의 축제》, 1987.

홍윤식, 〈월정사 탑돌이의 역사적 전개〉, 《월정사탑돌이용역보고서》, 월정사 탑돌이보존회, 2013.

홍윤식, 〈수륙재의 내용과 의미〉, 《삼화사와 국행수륙대재 학술세미나 논문집》, 2009.

The Assignment of after that time designation of Important Intangible Cultural Property Samhwasa nationa suryukjae

BY KIM KOUNG NAM

Samhwasa nationa suryukjae is now an important national intangible cultural heritage as a symbol that represents the traditional culture of Korea Buddhism was call 125. Intangible cultural heritage system is to protect the person making the cultural assets of this type. Protect, nurture continue to be the technology, and suggesting succession. It will be established after the liberation to establish a modernized lost our identity. In traditional societies thing to disappear as modernization proceeds were living, because we keep naegoja that this is our effort to create artificial. Because it is intangible cultural heritage will 'round' There is a meaning to preserve, to some extent, its "circular preservation 'of the reasons that led the country has been possible to continue to create" value "for the period until now.

It is not know exactly why this is, you must do the traditional thing for us, because we 'That element is found in the Mac tradition. As if to feel emotions by using the same language of 'we' because we feel that the national consciousness in the context of 'traditional'. Among the various Mandarin distinctly present and our language is overflowing, but again just as in the language of the play is going on.

And in the case of Gangwon like Samhwasa nationa suryukjae, and the more intangible Buddhist cultural resources exist. To complement this, the more the Buddhist Missionary hurry with the intangible cultural heritage promote Buddhist culture will have a circular recycling.

keyword : Samhwasa nationa suryukjae, Important Intangible Cultural Property No. 125, intangible Buddhist heritage, Tradition, Preservation of original state

金京南 : 三和寺國行水陸齋의 文化財 指定以後 課題

「無形文化財保全및振興에關한法律」理解

韓國傳統文化大學校 教育院長 **劉春奎**

Ⅰ. 머리말

Ⅱ. 분법 배경

Ⅲ. 신법 주요내용

  1. 무형문화재 용어 신설 및 변경 2. 보전 원칙 3. 무형문화재 범위

  4. 이수자 심사 발급 주체 5. 전수교육제도 6. 무형문화재 진흥

  7. 긴급보호무형문화재 지정

Ⅳ. 제정 의의

Ⅴ. 결어

I. 머리말

우리나라의 무형문화재 제도는 1962년 1월 문화재보호법이 제정되면서 정립되었다. 이미 10여년 앞서 제정된 일본 문화재보호법 보다 더 제도적이라는 1993년 유네스코의 평가로 회원국에 권고할 정도로 주목을 받아왔다.

하지만 최근에 이르러 이 제도가 무형문화재에 지속적인 활력을 불어넣지 못하고 있다는 비판이 전문가와 여론에 의해 제기되었다.

늦은 감은 있지만, 2016년 3월 28일 '무형문화재 보전 및 진흥에 관한 법률'이 시행된다. 따라서 그간 유형문화재에 비해 법적 배경이 극히 취약했던 무형문화재에 대한 다양한 정책을 입안할 수 있는 계기가 마련되었다.

문화재보호법에서는 대부분의 무형문화재를 기능과 예능으로 양분하여 제도화하였다. 그러다보니 음악, 무용, 연극, 의식 그리고 공예기술 등으로 한정되었다. 이에 새로 공포된 무형문화재법에는 무형문화재의 범위를 확장시켜 전통지식, 구비전승, 생활관습, 사회적 의례 등을 무형문화재에 포함하였다.

그 간의 문화재보호법과 정책운용 과정에서 '중점보호'나 '원형보존'은 어느 정도 성과를 거두었지만, 향후 무형문화재의 총체적 보전과 계승을 위해서는 새로 제정된 무형문화재법의 역할이 기대된다.

무형문화재는 구성적인 역사적 산물이라 할지라도 사회공동체 내에서 자율적으로 다양하게 재창조될 수 있도록 그 기반을 조성함이 보전과 진흥의 함의일 것이다.

黃大仙信俗與非物質文化遺産國際學術研討會論文集

II. 분법 배경

문화재보호법은 유형문화재와 무형문화재를 '단일법'아래 규정함으로써 무형문화재의 범위를 협소화했고, 무형문화재의 경우 원형 유지원칙을 다룸으로서 무형문화재가 박제화 되어 간다는 여론이 꾸준히 제기되었다.

전승의 한 방법으로 종전의 도제식 교육이 무형문화재의 원형유지에 기여한 바 있지만, 변화되는 생활환경 속에서 재창조는 어렵다는 비판적 시각이 대두되었다.

더욱이 글로벌 스탠다드로서 유네스코 무형문화유산보호협약을 수용하는 정책적 배경 속에서 무형문화재 보호는 더 이상 한 국가단위의 책임이 아니라 전 지구적 책임으로 확대되고 있다. 이 같은 패러다임의 전환에 대응하기 위해서는 우리 문화재보호법도 국제적 기준을 포괄하기를 요청받고 있다.

특히 세계 각 국이 유네스코 동 협약에 가입하면서, 비물질문화를 등한시 했던 중국도 2011년 무형문화유산 전담법을 새로이 제정하고 조선족 아리랑 등 우리 동포들의 무형문화유산까지 자국의 무형문화유산으로 편입하고 세계무형문화유산으로의 등재를 서두르는 등 우리에게 위기와 자극을 동시에 주고 있다.

이러한 대내외의 시대적 여건 속에서 문화재보호법에 규정된 무형문화재 내용의 근본적 문제점으로 무형문화재 범위의 협소화, 무형문화재 원형유지 원칙으로 인한 창조적 계승 저해, 전통공예품의 사회적 수요 저하로 인한 공예기술의 전승단절 위기 고조, 사회 환경 변화로 인한 도제식 전수교육의 효용성 한계 등을 들 수 있다.

이를테면, 기존 문화재보호법에서는 유형문화재 중심이어서 무형문화재의 범위가 고정화되어 무형문화재 범위가 협소화될 수밖에 없었다. 무형문화재 관련 연구기관도 유형적 개념의 차원에의 언저리에서 벗어나지 못했다. 단적인 예가 보유자 개인의 중심으로 이루어져 종목의 사활이 방치되다시피 되었다. 그러므로 지정범위, 보유자 인정방식의 유연화가 요청된다.

원형유지원칙도 유형문화재에 적용하고 있는 가장 오래된 것, 원형의 형태로 처음 생겨난 때의 것, 문화재 지정 당시의 것, 원래 양식과 기법대로의 것 등 '현상동결'로 파악함으로써 원자재 수급불가, 생활환경 변화, 기예능 전승교육환경 미비 등이 고려되지 못해 시대와 변화하는 환경을 고려하는 창조적 전승체제가 이뤄지지 않았다.

앞서 언급했던 외부적 배경으로서 지난 2006년 발효된 '유네스코 무형문화유산보호협약(2003년 채택)'의 특징을 살펴보면 다음과 같다.

첫째, 무형문화유산의 개념을 "공동체, 집단 및 개인들이 그들의 문화유산이 일부분으로 인식하는 관습, 표출, 표현, 지식 및 기술뿐 아니라 이와 관련된 전달 도구, 사물, 공예품 및 문화 공간 모두를 의미한다."라고 정의하고 있다. 즉 무형유산 뿐 만 아니라 이에 사용되는 용구, 소품, 공간 등을 포괄하고 있다.

둘째, "세대를 통해 전해오는 이 무형문화유산은 공동체와 집단이 그들의 환경, 자연, 역사와의 상호작용에 맞추어 끊임없이 재창조되었으며 이들에게 정체성 및 지속성을 제공하여 문화적 다양성과 인류의 창조성에 대한 존중을 증진시킨다."라고 풀이하고 있다. 특히 무형문화유산을 '변화하는 문화'의 개념을 사용하여 우리의 원형보존과 대립되고 있다.

셋째, 무형유산의 범위는 ① 구전전통 및 표현 ② 공연예술 ③ 사회적 관습 ④ 자연과 우주에 대한 지식 및 관습 ⑤ 전통기술 등 5종으로 분류하였다. 예술성을 중시하는 우리의 무형문화재의 범위와는 달리 생산기술, 지식, 우주관 등을 포함 확대하였다.

또한, 협약에는 원형보존에 관한 원칙은 없고 오히려 무형문화유산의 창조성과 다양성, 참여와 향유를 중시하고 있다. 우리는 문화'재(財)'를 중심으로 과거의 보존을 목적으로 했다면, 유네스코 협약은 문화'유산(遺産)'의 미래 활용까지 염두에 두었다는 점에서 차이를 보인다.

아울러, 우리는 국가 수준에서의 판단과 개입을 강조하지만, 협약은 당사국의 역할로서는 목록 작성 및 정기적 갱신, 관리기관 지정, 연구 육성, 전수 촉진, 이용의 보장, 기록기관 설립 등 문화의 창조성을 촉진하는 한도에서 지원만 인정한다. 따라서 협약에 있어 국가는 보다 중립성을 갖고 지원함을 강조한다.

과거에 우리 무형문화재 제도는 국제사회에서 무형문화유산 보호의 모델이 되기도 했지만, 유네스코 협약에 비추어 본다면 과거 국가개입주의의 성격에서 탈피하지 못하고 문화의 다양성과 공동체의 문화향유라는 측면을 소홀히 했던 점이 있었다. 이는 자칫 잘못하면 무형문화재의 박제화를 초래할 가능성이 있어 매우 염려스러운 부분이다.

이처럼 종전에는 각 국가 단위에서 이루어지고 있던 자국의 무형문화유산 보호가 이제는 유네스코를 중심으로 전 세계적인 공동의 인류유산의 관점에서 체계적인 관리시스템을 구축하기 시작했다. 따라서 우리나라도 유네스코 협약을 비준한 회원국으로서 유네스코의 체계와 맞도록 제도를 정비할 필요가 있다.

유네스코 협약에서 무형문화유산과 관련해서는 원형이나 전형 보다는 창조성을 강조한다. 그렇다고, 전승에 무게를 두고 시행되고 있는 현재의 무형문화재 제도에 창조라는 항목에 방점을 둘 수는 없다. 하지만 우리의 무형문화재들이 더욱 국제적으로 인정받기 위해선 유네스코의 기준을 살펴 우리의 기준을 발전적으로 세워나가야 한다.

또 하나의 외부적 배경으로서 2011년 제정된 중국의 '비물질문화유산법'을 들 수 있다. 이 법은 국가문물국(우리의 '문화재청')이 아닌 상급관청인 '문화부'에서 관장하며, 2014년까지 국가급 비물질문화유산 1,372건을 지정하였다. 법 시행 이후 조선족의 구전문학, 전통예술, 명절민속 등을 자국의 무형유산으로 편입하였고, 이러한 움직임은 아리랑, 씨름 등으로 확대되었다.

중국은 유네스코 무형문화유산보호협약의 무형문화유산의 범위를 참고하여 법을 제정하였기에 우리 보다 그 범위가 넓다. 중국은 우리나라와 인접해 있고 역사 문화적 관계를 살펴보았을 때 무형문화유산의 내용이 유사할 수밖에 없다. 그러므로 국제적 동향과 기준을 살피며, 얼마나 신속하게 법적 보호 조취를 취하느냐가 중요하게 되었다.

중국은 조선족의 무형문화유산도 자국의 영토 내에서 전승되고 시연되고 있다는 명분으로 우리나라보다 앞서 등재 및 목록을 작성하는 작업이 행해졌다. 이와 관련 우리나라 역시 중국의 비물질문화유산법 수준에 준하는 법적 체계를 확립하는 무형문화재 보호의 필요성이 대두되었다.

Ⅲ. 신법 주요내용

1. 무형문화재 용어 신설 및 변경

<용어---무형문화재>

신법의 법률 명칭은 최근 경향의 유산개념으로써 '무형문화유산'이 아닌 재화나 소유의 개념이 강한 '무형문화재'를 고수하였다. 이는 문화재보호법을 모법 또는 기본법으로 상정하고 무형문화재법을 하위법으로 인식한데서 연유한 것으로 보인다.

유형문화재와 무형문화재는 상호 발전방향과 규율방법, 전승체계가 다르다는 점에서 분리 입법을 하였다. 그 입법취지를 살리기 위해서라도 법 명칭을 '무형문화재'가 아닌 '무형문화유산'으로 깊이 고려했어야 했다. 문화재보호법을 모법으로 초점을 맞추다 보면, 문화재에 대한 일반적 인식, 원형유지원칙, 중점보호주의 등에서 탈피하기 어렵기 때문이다.

문화재 개념은 더 포괄적인 의미를 내포하는 문화유산으로 발전해 가고 있는 것이 세계적 현상이다. 무형문화재라는 용어는 자칫 무형문화재의 범위를 넓히는 데 걸림돌이 될 수 있다.

왜냐하면, '문화재'개념 속에서는 '문화유산'의 개념인 '장래의 문화적 발전을 위하여 다음 세대 또는 젊은 세대에게 계승 상속할만한 가치가 있는 문화 양식'이 스며들어 있지 않아 역사와의 상호작용, 재창조, 계속성, 다양성, 창조성 등의 의미를 포괄적으로 담지 못한다.

더욱이, 제1조(목적)에서 전통문화의 '창조적 계승'을 명시하고, 종전의 보존 위주에서 활용에 더 중점을 두어 시대에 부응하겠다는 정책방향을 제시하면서도 '유산'대신 문화'재'의 개념으로 무형문화재법에 명시함으로써 이 법의 목적과 모순되고 있다. 반면 무형문화'유산'개념으로 정립했다면 신법의 핵심인 '진흥정책'을 펼 수 있는 법적 취지가 더 분명했을 것이다.

<용어---보전>

법명에 등장한 '보전(保全)'이라는 용어는 문화재분야에서는 다소 생소한 용어다. 그 동안 문화재계는 보호나 보존(保存)을 즐겨 사용했었다. 굳이 '보전'이란 용어를 사용했다면 건축문화재 보수유형을 분류할 때 보존과 보전의 영어식의 상대적 구분이었다.[1] 그리하여 문화재분야는 보존을, 문서 보존이나 자연문화유산에서는 보전을 선호해 왔고, 또 그렇게 이해하고 있다.

사실 문화유산은 그 수만큼 다양한 상황에 처해 있어서 그 나름의 방식에 의해 보호, 즉 보존 또는 보전되고 있다. 그럼에도 우리만의 구체적인 용어 정의가 없었으며, 그 보호방식과 관련하여 (문화재청에서 정리하였다고 하나) 보전(保存 - '문화재의 가치를 유지하기 위하여 행하는 제반 조치')에 대한 정의는 있으나, '보전(保全)'에 대한 용어는 없다.

---

[1] 호주 The Burra Charter(1979), 「역사건축물 보존」(1982 James M. Fitch 미국), The NARA Document(1994 일본), 미국 National Park Service 가이드 라인(1995), 「역사적 건축물과 유적의 수리, 복원 및 관리에 관한 일반원칙」(고시 제2009-74호 2009.9.3 문화재청), 「보길도 윤선도 원림의 보전 평가에 관한 연구」(2010 석사학위, 유광화, 서울시립대)

문화재 보호와 관련된 용어들이 다양하고, 영어권 국가의 용어와 우리의 용어간에 해석상의 불가피한 차이 때문에 그 동안 보존(Preservation)과 보전(Conservation)이 구분 없이 사용되어 왔다. 하지만, 문화재를 보호하는데 있어서 그 목적과 성격에 맞는 정확한 용어의 사용이 필요하다.

'보존'의 사전적 의미는 '잘 보호하고 간수하여 남김'으로 어떠한 대상에 대한 지속적 관리를 통해 계속해서 전해지는 것을 의미한다. '보전'의 사전적 의미도 '온전하게 보호하여 유지함'으로서 보존의 의미와 유사하다.

그러나, 보존과 보전은 미세한 의미 차이가 있다. 보존은 인위적 관리를 허용하는 반면, 보전은 인위적인 모든 간섭을 허용한다는 의미다. 결국 '보전'은 문화재를 보호하고 유지하기 위한 행위로서 복원, 복구, 수복, 수리, 재건, 이전, 교체, 해석, 관리, 활용 등을 포괄하는 상위개념으로 볼 수 있다.

앞서 언급한 유네스코 '무형문화유산보호협약'에서 보호(safeguarding)를 무형문화유산의 확인, 문서화, 연구, 보존, 보호(protection), 증진, 전수 등 폭넓은 포괄적 개념으로 정립하는 것과 유사하다.

'보전'은 문화재를 유지하기 위한 모든 과정(호주 부라헌장), 문화재의 완전성을 보장하는 사소한 수리부터 전체적인 공사 행위까지(제임스 피치), 문화재를 이해하고 강화하기 위한 계획된 모든 노력(일본 나라선언) 등으로 국제헌장과 문헌 등에서 정의하고 있다.

이와 같이 문화재 보호와 관련된 용어들은 지금까지 그 정확한 정의가 정립되지 않아 구분 없이 대부분 영어권에서 정의한 의미를 그대로 받아들여 쓰고 있었다. 우리만의 용어 정의가 필요하지만, 보전은 문화재관련 유사 보호행위를 대표하는 의미로 사용되고 있으며, 건축문화재에 대한 선진적 분류 방식의 하나로서 신법 무형문화재법에서도 역시 원용할 수밖에 없게 되었다.

따라서 무형문화재법에서 제시한 '보전'은 문화재청 고시 「역사적 건축물과 유적의 수리, 복원 및 관리에 관한 일반원칙」(2009)에서 사용한 보존, 수리, 보강, 수복, 복원, 이전 등 6개 용어의 상위개념으로 의제해서 이해해야 한다.

<용어---국가무형문화재>

무형문화재 전승자 계층구조로서 보유자(명예보유자), 보유단체, 전수교육조교, 이수자 명칭은 현행대로 유지했으나, '중요무형문화재'를 '국가무형문화재'로 개칭함으로써 '국가지정'임을 강조하였다.

따라서, 신법에서는 중요무형문화재 용어가 법적용어로서는 사라졌다. '국가무형문화재'는 법적용어로서 어느 사안에도 적의 사용할 수 있게 되었다. 이와 관련 현장에서 속칭으로 사용하던 '인간문화재'용어도 법정화 했다.

<용어---무형문화재위원회>

무형문화재위원회는 종전의 '분과위원회'의 역할에 머물렀던 지위를 독립적 지위의 단일의 '위원회'로 법제화함으로써 전문성과 독자성을 확보하였다. 나아가 30명 이내로 위원회 위원을 늘려 보다 다수로 구성함으로써 공정성과 객관성을 기하였다.

그러나, 당초 시행령을 통해 분과별로 시행할 계획이었으나 법률에 "위원장 1명"으로 명기한 규정 때문에 분과별 시행이 법적으로 불가하게 되었다. 즉, 분과위원회 심의가 법적 효력을 인정할 수 없는 입법 실수가 발생했다. 그리하여 위원 30명을 풀제로 위촉하고 심의 안건의 성격에 따라 위원을 7~15인으로 한정하여 구성 운영하는 방식이 채택되었다.

2. 보전 원칙

신법은 제2조(정의)에서 신법의 가장 중요한 핵심사항으로써 '전형(典型)'이라는 용어를 채택하고, '무형문화재의 가치를 구성하는 본질적인 특징'으로 정의했다. 아울러 신법은 전형을 '무형문화재를 여러 세대에 걸쳐 전승 유지되고 구현되어야 하는 고유한 기법, 형식 및 지식'으로 개념화하여 예술적 가치가 유지되는 한 일정한 변화가능성을 수용하고 있다.

무형문화재는 어느 특정 시기 특정 형태로 고정화된 것이 아니라, 사회문화적 환경과 호응하면서 끊임없이 변화되는 문화적 소산임을 밝히고 있다.

나아가, '전형유지원칙'에 포함되어야 할 사항으로써 ① 민족정체성 함양 ② 전통문화의 계승 및 발전 ③ 무형문화재의 가치 구현과 향상 등을 법에 명시함으로써 자칫 애매모호한 용어상의 오류나 오해를 해소하고 있다. 여기에서의 '발전과 향상'용어의 함의는 보존과 활용, 전통과 창조, 계승과 발전, 고유성과 다양성에서 찾을 수 있다.

특히 문화재 보호의 기본 목적은 공공성에 있으며 국민의 문화재가 되어야하기에 문화재의 활용을 통한 국민의 향유권을 충족시킨다는 의미도 있다.

다만, 발전을 창조의 의미로만 방향화한다면 무형문화재의 변질을 가져올 수 있다. 전통문화와 현대문화와의 통합적 융합의 필요성이라는 의미가 바탕에 깔려있는 것은 아닐까?

그렇다면, 전형의 개념을 살펴보자. 전형은 어떤 범주를 대표하는 정도를 의미하며, 보편성을 포함하는 개념이다. 그래서 전형은 개인적인 것 속에서 사회적인 것을, 특수한 것 속에서 보편적인 것을, 우연적인 것 속에서 합법적인 것을, 개별적인 것 속에서 전체적인 것을, 구체적인 것 속에서 본질적인 것을 감지하고 부각시켜 예술적으로 일반화한다.

원래 전형의 의미는 그리스어 Tupos에서 찾을 수 있으며, 주조(鑄造)에 사용하는 견본이자 이데아(Idea)와 동의어이다.[2] 이데아도 주형(鑄型) 또는 원형(原型)을 뜻해서 여기서 이데아, 즉 '이상(理想)'이란 말이 파생되었다. 전형은 바로 이상에 가장 가까운 형(型)을 의미한다.

회화를 예로 들면, 회화에서 어떤 대상을 형상화할 때 어떤 이는 사실적 모습을, 어떤 이는 이상적 모습을 표현한다. 그 대상, 즉 모델을 화가의 심미안을 거쳐 예술로 승화해야 하기 때문이다. 화가의 미적 추구는 완전성과 완벽성이다.

이는 균형과 조화이며, 독창성과 보편성의 조화이기도 하다. 개성을 부각시키면서 무형문화재의 실현하는데 근간이 되는 기예능을 보존한다는 것이 '전형론의 핵심'이다. 즉 전형개념의 도입은 '원형보존이라는 무형문화재의 박제화'에서 탈피하여 당해 종목을 실현하는데 본질적 기예능을 지켜나가면서 창조적 전승활동을 장려한다는데 목표를 두었다.

무형문화재의 경우 순수한 원형의 확인과 원형보존이 어려울 뿐만 아니라 그 의미가 크지 않다. '원형'의 판단 자체가 쉽지 않고 보유자의 창작에 맡겨지는 부분이 많아 탄력적 적용이 필요하다 하겠다.

'원형유지원칙'은 사회환경 변화를 거부하여 '현상동결'로 비쳐지며, 일정시기 특정인의 행위를 원형으로 판단하여 유지시키는 것으로서 전통문화의 본질에 맞지 않는다. 이에 따를 경우 무형문화재는 계승 발전이 아닌 모방에 머물게 되어 화석화 또는 박제화 될 수밖에 없다.

---

[2] 서구문화는 실체와 형식을 중시하고 미적 개체에 있어서도 '형'을 중시하여 우주에서 가장 근본이 되는 것도 실체이며 이데아(Idea)이다. 형상을 접했을 때 서구가 중점을 두는 것은 형상 속의 비교적 고정된 형식이다. 어째서 다른 형식이 아닌 바로 그 형식을 갖는가 하는 것도 '이상'에 의해 결정된다. 시대를 따라 변한 것은 그것의 구체적 양상일 따름이다. 이상은 실체이자 형식으로 간주한다. 플라톤은 모든 만물은 이상적 표준인 이데아를 갖는다면서 그것은 '이상과 형식의 통일'이라 했다.

이와 같이 원형유지원칙에 집착할 때 전승자를 매개로 하는 무형문화재 정책은 단절 위기 내지 박제화라고 하는 엄청난 문제점을 노정한 만큼, 사회적 기능에 맡기는 현대적 재창조를 기반으로 '살아있는 무형문화재'의 보전 및 진흥에 초점을 둬야 한다.

따라서 '원형'보다는 '전형'이 무형문화재의 유동적인 특성을 반영할 수 있다. 그리하여 역동성 내지 탄력성의 의미까지 포괄하는 '전형'이라는 개념을 통해 미래지향적으로 해석함으로써 살아있는 무형문화재로서 활성화를 기할 수 있다.

전형 개념의 도입은 원형 개념의 단절성과 고착성을 완화하여 문화의 연속성과 자체의 내재적 역동성을 발현함으로써 효율적인 보존 전승을 충실히 하려는 시도이다. 무형문화재 지정제도가 시행되면서 문화재의 유형성과 무형성, 그리고 원형과 변형에 대한 문제는 많은 논의의 중심에 있어 왔다.

유형(tangible)은 '접촉하는 것(tangere)'을 의미하는 라틴어에서 유래되었기 때문에 이에 대치되는 무형(intangible)이란 용어는 '촉각에 의해 감지될 수 없음'을 뜻한다. 즉, 형태가 없어서 보거나 만질 수 없는 것을 의미한다. 그러므로 무형문화재에 유형(有形)의 개념인 '원형의 원칙'을 신성불가침한 것으로 강요하는 것은 논리적으로 맞지 않다.

원형은 원래 하나의 어떤 문화현상이 변화나 변형을 보이기 이전의 단계라고 할 수 있다. 하지만, 무형은 순간성을 그 속성으로 하므로 행위의 실현 과정 중에서도 계속 변형이 일어나게 된다. 전수자가 원형대로 전수하기를 희망해도 전승자간의 예술적 능력, 시각의 차이, 시대적 문화적 환경변화 등으로 '원형 전승'은 현실적으로 매우 어렵다.

전형은 서구에서 판화 인쇄술에서 나온 개념이다. 반복해서 찍는 판화는 그 인쇄본마다 미묘한 차이가 발생하지만, 결국 같은 작가의 동일한 작품으로 인정되는 것이므로 표현되는 '형태'보다는 그 형태를 창출하는 '원리'에 중심을 두는 개념이다.

반면 원형은 '한 시기의 형태'만을 규정하는 개념이므로 '살아있는 무형문화재'에 적용하기에는 적절하지 않다. 무형문화재의 속성은 그 자체의 변화 가능성과 외부 문화요소의 수용성을 항상 내포하고 있는 민족문화의 속성이기도 하다. '지정 당시'를 원형으로 표준화하는 문화재보호법은 '살아있는 무형문화재'의 보존 전승에 적절하지 않았다.

보유자의 원형유지의 의무는 환경변화에 대응하는 무형문화재의 속성에 적절하지 않을 뿐 아니라 지정된 원형에 속박되어 발전적 방향으로 나아가지 못하게 된다. 또한 원형에 집착할 경우 그 무형문화재가 형성된 토착현장과도 유리된다. '표준화된 원형'은 사회변동에 부응하지 못해 자생력과 내부적 역동성을 상실하게 하여 보존이 아닌 소멸의 결과를 낳는다.

지정 당시의 형태만을 원형으로 보존하는 것은, 그것에 내재되어 있는 '전형성'을 간과해서다. 전형은 원형을 기반으로 해서 만들어진다고 상정한다. 무형문화재는 그것이 행위의 형태로 나타나면 무형의 문화유산이고, 행위의 결과물로서 나타나면 유형의 문화유산이 된다. 전형은 원형에 피드백(feedback)되고, 원형도 변화된 전형들의 의미를 축적해 간다고 할 수 있다.

문제는 '전형'(의 개념)과 '원형'(의 개념)이 무형문화재의 실연과정에서 가시적으로 구별되지 않는다는 점이다. 무형문화재는 유형문화재처럼 실물이 존재하지 않고 실연을 통해 '현상적'으로 나타나는 것이기에 원형이나 전형 형태 또는 양식이 드러나지 않아 '어떤 특정한 실연행위'를 그대로 보존하거나 계승하기는 쉽지 않다.

공예의 경우 공예기술은 무형문화재인 반면 그 기예능 의한 결과물은 유형문화재이다. 그 형태는 '원형'이라 하고, 기예능 그 자체에 대해서는 '전형'이라고 한다면 그 구별의 실익이 있는지 의심스럽기는 하다.

외국의 입법례에서도 원형을 법령에 직접 규정하는 경우는 찾기 어렵다. 외국도 발굴, 지정, 수리할 때에는 원형을 검토하지만 그것을 규범적 차원에서 규정하지는 않고 있다. 그들의 원형 개념은 산업용어에 적용하는 개념으로써 상품화되기 이전의 시제품 등을 지칭할 때 쓰고 있다.

전 세계적으로 보더라도 전통문화가 단절의 위기에 처하지 않았던 국가는 없다. 유럽도 계몽주의 시대, 산업혁명, 세계대전 등 여러 번 전통문화의 단절 위기를 겪었다. 그러한 상황에서 그들의 전통문화가 '클래식(classic)'이라는 현재의 고급문화로 탄생할 수 있었던 것은 보존정책과 분리되지 않고 현재에서 '살아있는 전통문화'로의 진흥정책 때문이었다.

전형 개념을 염두에 두고, 역사적 예술적 학술적 가치를 평가하는 일은 고도의 재량이 개입된다. 무형문화재의 종목과 유형마다 핵심적 가치가 다르기 때문에 법령으로 문장화하여 명확히 하는 것은 결코 쉽지 않으며 또한 필요한 것도 아니다. 실제 규율되는 과정을 통해 전문가와 학계의 해석에 맡겨둘 일이다.

3. 무형문화재 범위

문화재보호법에서는 연극, 음악, 무용, 공예기술과 그 밖의 의식, 놀이, 무예, 음식제조 등으로서 역사적, 학술적, 예술적 가치가 크고 향토색이 현저한 것을 지정기준으로 했었다.

신법은 공동체, 집단, 개인들에게 정체성 및 지속성을 제공하여 문화적 다양성을 증진시키는 무형의 문화적 유산으로서 역사적, 학술적, 예술적, 기술적 가치가 있는 것과 전통문화의 대표성 또는 그 전형을 유지하고 있는 것으로 지정기준의 범위를 넓혔다.

그리고 공연예술, 전통기술, 전통지식, 구비전승, 생활관습, 사회적 의례, 전통축제와 무예 등 7개 범주로 분류하고 있다. 무형문화재의 범위의 확장이 신법의 입법취지였으므로 유네스코 무형문화유산보호협약을 참고하고 우리나라의 현실 여건에 맞게 포괄적으로 분류하였다.

하지만 수사적 용어를 사용하여 마치 체계적으로 보이지만, 민속문화재인지 헷갈리는 등 분류 내용이 너무 불분명하고 지정업무에 혼란과 함께 자의적이며 선별적일 우려가 많다.

4. 이수자 심사 발급 주체

보유자(보유단체)가 이수증 심사 및 발급을 전횡함에 따라 이수자간의 서열화, 이수증 부정발급 등이 빈번하여 이수증 교부관련 무형문화재 전승질서를 훼손하고 있다는 문제가 끊임없이 제기되어 왔었다. 이에, 신법은 국가무형문화재 전승자로서 이수자의 기량 향상과 위상 강화를 위하여 이수자의 발급주체 및 관리주체를 문화재청장으로 다시 환원하였다.

5. 전수교육제도

문화재보호법은 무형문화재의 전승에 있어서 전통적 도제식 전수시스템을 유지하고 있다. 전수교육을 도제식 교육으로 실시한 배경에는 전통예술에서 기예능의 전수가 도제식으로 전승되었으며 스승의 예술세계와 정신을 계승한다는 의미가 있었다.

이에, 신법에서는 전수교육대학(정규교육 프로그램)을 통한 전수교육 실시로 전수생을 확보하는 한편, 산업디자인, 경영지식, 특허권, 지식재산권 등 전승활동을 위한 교육을 실시하는 등 도제식 전수교육과 병행하도록 규정했다.

전통문화는 공동체사회에서 자생적으로 창조되고 자율적으로 발전하는 것이지만, '시장 원리'에만 맡기기에는 너무나 취약하므로 국가의 개입이 필수불가결하다. 그것은 '원형 보존'에서와 같이 '전형 보존'에서도 엄격한 전수교육을 필요로 한다. 이는 세계적 보편화 현상이다.

따라서, 전수교육제도에 있어서 무형문화재의 고유성, 창의성, 다양성은 보장하되 교육 그 체계 자체는 국가의 감독권이 유지되어야 한다. 말하자면, 교육은 자율에 맡기지만 전수과정에서 보유자나 단체의 전횡, 교육의 부실로 인한 질적 저하 등 부작용이 발생할 수 있어 이수증 수여와 전수교육조교의 선정은 국가가 개입해야 한다.

그러므로 전승자 중심의 보유자-전수교육조교-이수자 체계로만 이뤄진다면, 교육이 폐쇄적으로 이뤄져 대중화와 제도화에 걸림돌로 작용하게 된다. 이는 작금의 현실에서 노정되고 있는 만큼 도제식 교육을 보완할 수 있는 전수교육대학 지정제도를 보완 병행함은 바람직한 제도화이다.

대학에서의 전수교육은 전승 현대화의 과제에 대한 정책적 대안이 될 수 있다. 대학에서의 전수교육에서 기대되는 것은 전통 기예능은 물론 현대적 디자인기법, 경영기법, 지식재산권, 기예능 장비 및 도구의 개선 등 현대적 재창조 분야의 지식을 함께 학습하여 전수하는 일이다.

6. 무형문화재 진흥

그 동안 무형문화재정책은 지정된 종목의 전수교육에 초점을 두어 이에 소요되는 비용을 직접 지원하는 구조로 추진해 왔다. 그러나 비용의 국가지원은 관련기관과 국민들의 무관심으로 당초의 소기의 목적을 기하지 못해 지정된 종목의 전승단절 위기까지 발생하는 극도의 취약성을 보여 왔다.

이에 신법은 '진흥'의 필요성을 절감하고 법명에까지 명시하여 정책적 의지를 확고히 하였다. 제도상의 문제와 함께 정부지원 이외에 자생적인 전승환경을 위해서 각종 진흥정책을 법제화하였다. 전통적 기술개발, 상품화관련 인증제, 현대적 창조 지원, 국내외 저작권과 특허권 등 지식재산권 보호, 한국무형문화재진흥센터 설치 등이다.

그러나 신법의 법명에까지 '진흥'을 주제화하여 무형문화재 진흥정책이 힘차게 출발하였음에도 예산 문제와 부처간 협력 문제 등 수반되는 행정작용의 부담을 예상하였는지 구체화해야 할 시행령에서 전혀 규정되지 않았다. 법에 유보되었다고 하나 각 부처 협력 및 인적 물적 자원을 모을 수 있는 '시행령의 힘'을 감안할 때 우려되는 바 크다.

7. 긴급보호무형문화재 지정

신법에서는 국가긴급보호무형문화재 지정제도를 새로이 규정하였다. 무형문화재로 지정된 것이거나 새롭게 발굴되는 경우에도 긴급보호의 필요성이 있을 수 있기 때문인데, 유네스코 무형문화유산보호협약의 영향으로 보인다.

문제는 긴급보호무형문화재에 대해서는 '긴급'이라는 성격상 획기적인 인적 물적 지원방안의 마련이 전제되어야 한다. 물론, 긴급보호 대상이 발생하지 않도록 전승지원이 잘 이루어져야 하겠으나, 불가피한 경우 이에 대한 대처도 신속하고 적실성 있도록 대처방안을 구체화해야 한다. 아마도 이를 위해 전수교육대학의 역할론이 대두된다.

사실, 긴급보호제도는 대장주의와 결합하는 것이 이상적이다. 우리나라 처럼 중점보호주의를 채택하고 있는 이상 지정대상에는 우수한 것도 포함되지만, '사라질 것'도 포함되게 된다. 어떤 면에서 우리나라의 무형문화재 제도 초기에는 "모든 것이 긴급보호대상 이었다."라고 할 수 있다.

따라서, 앞으로 무형문화재는 대장주의에 좀 더 접근하는 방식의 개정 입법이 고려될 필요가 있다. 그래야 신법에서 문화재 지정과 보유자 인정을 분리한 점과 긴급보호대상을 설정한 점 등이 체계적인 정합성을 갖출 수 있다.

Ⅳ. 제정 의의

종전 문화재보호법과 새로이 제정된 무형문화재법과의 큰 차이는 바로 무형문화재의 범주의 차이라 할 수 있다. 문화재보호법에서의 무형문화재는 기예능을 중심으로 한정되었지만, 신법은 전통지식, 생활관습, 구비전승, 사회적 의례 등으로 확대되어 보다 다양한 신규종목의 발굴 전승이 가능해졌다.

이외에 전통기술 개발, 전승공예품 인증 및 은행, 전승자의 창업·제작·유통 지원, 한국무형문화재진흥센터 설치, 지식재산권 보호 등 무형문화재의 사회적 수요를 진작시킬 수 있는 각종 진흥정책의 제도화를 마련함으로써 무형문화재 전승자의 전승 의욕을 고취시키고 전통문화의 자생력을 높이는 법적 기반이 이루어졌다.

이러한 진흥책을 바탕으로 유네스코 무형문화유산의 등재 확대를 통해 세계 속에 우리의 전통문화를 더욱더 널리 알리는 계기가 마련된 점에서 그 의의를 찾을 수 있겠다.

Ⅴ. 결어

문화재의 전반을 규율하고 있는 문화재보호법은 '원형 유지'라는 동일한 원칙 아래 이질적인 유형문화재와 무형문화재를 함께 다루면서도 유형문화재 위주의 법령 조항으로 인하여 상대적으로 무형문화재 보호는 여러모로 어려움이 많았다.

하지만 새 무형문화재법이 시행됨에 따라 무형문화재의 지정이나 보전을 위한 법적 장치를 마련함으로써 이를 위한 업무 수행이 가능해졌다. 그 결과 기존 무형문화재의 범주에서 탈피하여 전통지식, 구비전승, 생활관습, 사회적 의례 등으로 범위가 확장됨에 따라 보다 많은 무형문화재를 보호할 수 있게 되었다.

그간 무형문화재의 기본원칙이었던 '원형유지원칙'이 '전형유지원칙'으로 바뀐 것 역시 가장 큰 변화라 할 수 있다. 사람이 주체가 되어 전승되는 무형문화재의 본질적 성격상 원형 유지란 거의 불가능하기 때문이다. 이 밖에도 그간 현장에서만 사용하던 '인간문화재'라는 용어가 법적 용어로 편입되었으며, 이 외에 몇 가지의 용어 변화도 이루어졌다.

결국 이러한 법적 제도적 변화들은 국제적 경향을 반영하고, 무형문화재의 전승 및 활용에 더 크게 기여할 것으로 보여 유네스코 무형문화유산의 등재도 더 탄력을 받을 수 있게 되었다.

일부에서 신법에 전형의 원칙과 진흥의 원칙이 보다 구체적으로 명시되지 않아 단순히 분리 입법했다는 것 외에 큰 의미를 찾을 수 없고, 운영 자체에는 큰 변화가 없을 수도 있다는 반론도 나 올 수 있다.

그러나 독자적인 법률로 구성한다는 자체가 유형문화재 중심의 굴레에서 벗어나는 것이므로 그 의미는 무척 크다 하겠다. 자연스럽게 무형문화재의 보전 대상이 넓어졌고 개념이 보다 폭넓게 확대될 수 있다. 그리고 신법에서 규정하는 무형문화재 보전원칙이 문화재보호법과는 그 성격이 크게 달라 결국 다른 형태의 규범으로서의 법률임을 알아야 한다.

무형문화재위원회의 구성과 권한, 기능을 보더라도, 종전의 분과위원회보다 독자성과 전문성이 보다 담보 되었다. 무형문화재법의 분리 입법은 무형문화재의 범위에서부터 목적, 원칙, 기능, 내용 등에서 보다 확대되고 구체화되어 분법의 의미는 크다 하겠다.

물론, 신법이 기존의 문화재보호법이 안고 있던 무형문화재의 과제들을 모두 해결한 것은 아니지만, 신법 무형문화재법은 분명 앞으로의 무형문화재 정책에 있어 큰 변화와 함께 무형문화재의 전승 보전과 진흥에 큰 도움이 될 것으로 기대된다.

<**참고 문헌**>
• 『무형문화재 보전 및 진흥에 관한 법률』(2015.3.27 공포, 2016.3.28 시행)

- 『무형문화재 보전 및 진흥에 관한 법률 하위법령(안) 마련 연구』(인하대 산업협력단 정상우 등 3인, 2015 문화재청)
- 『무형문화유산 보전 및 진흥에 관한 법률 제정 연구』(인하대 산업협력단 정종섭 정상우 등 7인, 2011 문화재청)
- 무형문화재 보호의 기본원칙과 법적 과제, - 외국법제 정보(통권 제36호) p.407~436, 인하대 정상우, 2009 한국법제연구원
- 무형문화유산의 보존과 활용에 대한 소고-전형(典型)의 개념을 중심으로, - 남도민속연구(제17집) p.217-241, 고려대 민속학연구원 송준, 2008 남도민속학회

※ 제4기 창의리더 역량강화 p.195-209 (2016 전통문화교육원 김홍렬)

The *Bible of the Great Cycle of Esotericism*:
From the Xiantiandao Tradition to a Cao Đài Scripture in Colonial Vietnam

Jérémy Jammes, Anthropology and Asian Studies, Sciences Po Lyon, France
David A. Palmer, Hong Kong Institute for the Humanities and Social Sciences and Dept of Sociology, HKU[1]

POSTPRINT
Forthcoming in Philip Clart and David Ownby eds., *Text and Context: Redemptive Societies in the History of Modern Chinese Religion*. Boston and Leiden: Brill.

Caodaism or Cao Đài, established in French Indochina in 1926, is now the third largest religion in Vietnam, with growing congregations in diasporic Vietnamese communities around the world. Cao Đài has been the subject of many social and historical studies, focusing on its crucial role in Indochina as a social player and cultural mediator in the process of decolonization.[2] Academic accounts of Cao Đài usually stress the colonial context of its emergence, in which the clash between modern and traditional culture led to a spiritual crisis conducive to the emergence and rapid growth of a new religion that combines the worship of traditional Eastern divinities and Western saints and literary figures. Scholarship has noted how revelations in the 1920s-50s were often composed in French, and how the original Cao Đài spirit-writing group in 1925 was influenced by French Spiritism, a pseudo-scientific technique for communicating with the souls of the dead, which became popular in France in the second half of the nineteenth century[3]—a phenomenon that can be compared to the popularity of spiritualism in Shanghai, as discussed in Matthias Schumann's chapter in this volume.

However, previous scholarship on Cao Đài and on other modern Vietnamese religions such as the Minh 明 religious associations, has largely ignored the links between them and Chinese religious movements.[4] In this chapter we argue that, comparable to earlier religious movements such as the Tứ Ân Hiếu Nghĩa dealt with in the previous chapter of this volume, Cao Đài and the Minh associations emerged from a distinctly Chinese religious culture, producing salvationist and spirit-writing groups which can clearly be situated within a wave of new religious movements that appeared in early twentieth-century China and have been designated as "redemptive societies" in recent scholarship.[5] Simultaneously, Caodaism emerged from an occultist colonial culture,[6]

---

[1] The order of authors' names is alphabetical, and authorship should be considered equal.

[2] Jayne Susan Werner, *Peasant Politics and Religious Sectarianism* (New Haven: Yale University Southeast Asia Studies, 1981); Jérémy Jammes, *Les Oracles du Cao Đài: Étude d'un mouvement religieux vietnamien et de ses réseaux* (Paris: Les Indes savantes, 2014);Janet Hoskins, *The Divine Eye and the Diaspora: Vietnamese Syncretism Becomes Transpacific Caodaism* (Honolulu: University of Hawai'i Press, 2015).

[3] Jammes, *Les Oracles*, 169-173; Marion Aubrée & Jérémy Jammes, "Développements et mutations du spiritisme kardéciste: Brésil/Viêt Nam," *Politica Hermetica* 26 (2012): 70-94; Nicole Edelman, *Voyantes, guérisseuses et visionnaires en France, 1785-1914* (Paris: Albin Michel, 1995).

[4] Except the seminal study of Ralph B. Smith, "An Introduction to Caodaism," *Bulletin of the School of Oriental and African Studies* 33 (1970): 335–349, and 33 (1971): 573–589.

[5] For a historical discussion of redemptive societies in the context of the political and religious changes of Republican China, see Vincent Goossaert & David A. Palmer, *The Religious Question in Modern China*

generating a movement and some practices which are clearly linked to French Spiritism, but also to Freemasonry and the Theosophical Society. Western Occultism and Chinese redemptive societies constitute two major waves of religious innovation that emerged in the late nineteenth and early twentieth century, in France and in China. Both contributed to the spawning of subsequent waves of religious innovation in Vietnam. Cao Đài and some of its predecessor Minh spirit-writing groups in Vietnam can be considered to be products of the intersection and conjugation of these two religious currents—Chinese redemptive societies and French Occultism. In the effervescent sociopolitical,cultural, and idiomatic context that characterized Cochin-China under French colonialism, Cao Đài can be seen as a unique circulatory product of the confluence of Chinese, French, and Vietnamese religious responses to modernity, a hybrid expression of spiritual universalism as well as a vehicle for a distinctly Vietnamese religious construction of ethnic and national identity.

In this chapter, we begin by reconstructing the genealogy of the Cao Đài religion, showing how it emerged out of the Xiantiandao matrix of Chinese salvationist movements which had spread from Chinese migrant networks into Sino-Vietnamese and Vietnamese communities. We then outline the history of the emergence and spread of Caodaism in a social milieu of Vietnamese colonial civil servants who circulated in both the Xiantiandao-derived movements and among circles of practitioners of French occultism and spiritism. We show that, within this "occulto-redemptive" landscape of colonial Vietnam, Cao Đài was a key node in both the traditional salvationist milieu and in networks of theological, political, and social innovators.[7]

In the second part of the chapter, we investigate the textual productions of this encounter through the "translingual practices" at play in the production of Cao Đài spirit-medium texts. Lydia Liu defines translingual practice as "the process by which new words, meanings, discourses, and modes of representation arise, circulate, and acquire legitimacy within the host language due to, or in spite of the latter's contact/collision with the guest language," in which the "host" and "guest" languages represent that of the colonized and the colonizer, respectively.[8]We will thus propose a close examination of the translingual practices (translations, rhetorical strategies, naming practices, and legitimizing processes)that led to the production and usage of the *Đại Thừa Chơn Giáo*, one of the four canonical scriptures of Caodaism, each of which was composed through

(Chicago: The University of Chicago Press, 2011), chapter 4; see also Rebecca Nedostup, *Superstitious Regimes: Religion and the Politics of Chinese Modernity* (Cambridge, MA: Harvard University Asia Center, 2009), 56-66. For a sociological analysis, see David A. Palmer, "Chinese Redemptive Societies and Salvationist Religion: Historical Phenomenon or Sociological Category?" *Journal of Chinese Ritual, Theatre and Folklore* 172 (2011), p. 21-72, part of a double special issue (nos. 172-173) on redemptive societies.

[6] For a comprehensive definition of the "occultist" research field, see Jean-Pierre Laurant, *L'Ésotérisme chrétien en France au XIXe siècle* (Lausanne: Éditions l'Âge d'Homme, 1992); Jean-Pierre Brach, Antoine Faivre, Wouter J. Hanegraaff &Roelof van den Broek, eds., *Dictionary of Gnosis and Western Esotericism* (Leiden: Brill, 2005).

[7] Jammes, *Les Oracles*, 510.

[8] Lydia H. Liu, *Translingual Practice: Literature, National Culture, and Translated Modernity—China, 1900–1937* (Stanford, Calif.: Stanford University Press, 1995), 26–27.

spirit-writing.[9] Our analysis will demonstrate that while Caodaism can be linked to Chinese redemptive societies in its genealogy, religious matrix and textual forms, its unique features can be linked to the French colonial context of its appearance, involving specific translingual practices and transnational religious circulations and interpenetrations.

THE XIANTIANDAO MATRIX OF THE CAO ĐÀI RELIGION

For the historian Ralf B. Smith,[10] Caodaism finds its roots in "secret societies" (*hội kín* 會 □) inspired by the local lodges of the Chinese Heaven and Earth association (Thiên địa hội 天地會 *tiandihui*). Recent scholarship on Chinese religion, however, has unpacked the category of Chinese "secret societies"[11] and identified several widely differing types of groups often lumped together by the Chinese state and European colonial authorities; most important are the sworn brotherhoods such as the Heaven and Earth Society, and the salvationist movements which, by the early twentieth century, had become the matrix for modern redemptive societies.

Many Chinese redemptive societies—notably Tongshanshe 同善社 (the Fellowship United in Goodness) and Yiguandao 一貫道 (Way of Pervasive Unity)— were offshoots of an earlier wave of salvationist movements, the Xiantiandao 先天道 (Way of Anterior Heaven).[12] This matrix appeared in the eighteenth century, expanded into numerous branches in the mid-nineteenth century, and spread to overseas Chinese communities in the late nineteenth and early twentieth centuries.[13] Xiantiandao groups practiced vegetarianism and charity, and their temples provided shelter and a social role for orphans, single women, and the elderly. The other main matrix for the emergence of redemptive societies was spirit-writing groups, also known as "Phoenix Halls" (*luantang*

---

[9] For a fuller discussion of the concept of "translingual practice" and its application to Cao Đài texts, see Jeremy Jammes and David A. Palmer, "Occulting the Dao: Daoist Inner Alchemy, French Spiritism and Vietnamese Colonial Modernity in Caodai Translingual Practice," *Journal of Asian Studies* 77(2018): 405–428.

[10] Smith, "An Introduction to Caodaism."

[11] David Ownby and Mary F. Somers Heidhues, eds., *"Secret Societies" Reconsidered: Perspectives on the Social History of Early Modern South China and Southeast Asia* (Armonk, NY: M.E. Sharpe, 1993); David A. Palmer, "Tao and Nation: Li Yujie: May Fourth Activist, Daoist Reformer and Redemptive Society Patriarch in Mainland China and Taiwan," in *Daoism in the 20th Century: Between Eternity and Modernity*, ed. David A. Palmer and Xun Liu(Berkeley: University of California Press, 2011), 173–195; David A. Palmer, "Heretical Doctrines, Reactionary Secret Societies, Evil Cults: Labeling Heterodoxy in Twentieth-Century China," in *Chinese Religiosities: Afflictions of Modernity and State* Formation, ed. Mayfair Yang (Berkeley: University of California Press, 2008), 113–134.

[12] For a sociological conceptualization of historical waves of salvationist movements, see David A. Palmer, "Chinese Redemptive Societies and Salvationist Religion: Historical Phenomenon or Sociological Category?", *Journal of Chinese Ritual, Theatre and Folklore*, no. 172 (2011): 21–72.

[13] On Xiantiandao, see J. J. M. de Groot, *Sectarianism and Religious Persecution in* China (reprint: Shannon, Ireland: Irish University Press, 1973 [1903–1904]), 176–196; Marjorie Topley, "The Great Way of Former Heaven: A Group of Chinese Secret Religious Sects," *Bulletin of the School of Oriental and African Studies* 26 (1963): 362–392; Yau Chi On 游子安, "Daomai nanchuan: ershi shiji cong Lingnan dao Yuenan Xiantiandao de chuancheng yu bianqian 道脈南傳：20 世紀從嶺南到越南先天道的傳承與變遷," in *Zongjiao renleixue: dierji* 宗教人類學：第二輯, ed. Jin Ze 金澤 and Chen Jinguo 陳進國 (Beijing: Shehui kexue wenxian chubanshe, 2010), 232–256.

鸞堂).[14] Spirit-writing revelations often included instructions on Daoist inner alchemy, morality books, and exhortations to practice charity and good deeds. Several redemptive societies, such as the Daoyuan 道院 (Court of the Dao) and Dejiao 德教 (Teachings of Virtue) were established through instructions received from the gods in spirit-writing séances.

Similarly, Xiantiandao halls and spirit-writing groups are the direct root of Cao Đài—more specifically, the Chinese-Vietnamese spirit-writing groups named Minh (*ming* 明) meaning "light." After the seventeenth century, with the decline of the Chinese Ming dynasty, a large number of small Minh societies started to emerge in Cochin-China, especially around Saigon.[15] The first of the Minh societies were established by Chinese emigrants in Cochin-China for around three or four generations. The other Minh societies were the fruit of later initiatives in the late nineteenth and early twentieth centuries, involving both Chinese and Sino-Vietnamese participants.

At that time, Chinese guilds or native-place associations seemed to effectively control these Minh associations which, until the early twentieth century, limited their activities to the scale of their respective temples. The latter comprised places where urban, peripheral as well as provincial cults were practiced, acting like autonomous structures and building up their local authority through divination and/or spirit-writing activities. All these religious communities, many of which were driven by philanthropy or literary pursuits, worshiped the deities of the *Tam Giáo* ("Three Doctrines" 三教 *sanjiao*) pantheon, which includes Confucius, Laozi, and Buddha. They were autonomous yet often clandestine, and their esoteric interpretations of old sutras or new oracles were strongly linked to an embryonic Vietnamese nationalism against colonial domination.

The Minh networks largely overlap with those of the Xiantiandao in Vietnam; indeed, during field work in Ho Chi Minh City in 2013 we found, for example, that the Guangnan Fotang 光南佛堂, a Chinese temple which is mentioned in Yau Chi On's study of Xiantiandao in Vietnam,[16] and which has close ties with the Minh Lý *đạo* (明理道), self-identifies as both Xiantiandao and Minh Sư. The specific geographic and historic mapping of these overlapping networks remains to be done; Yau Chi On has, however, traced the spread of Xiantiandao from Guangdong to Vietnam in the late nineteenth century and early twentieth century. In 1863, the Xiantiandao lineage of the Hidden Glow (Cangxia 藏霞) first established its Guangdong base, namely the Cangxiadong (藏霞洞 Temple of the Hidden Glow Cavern) in Qingyuan 清遠. The Cangxiadonglater became the "ancestral cavern" (祖洞 *zudong*) of other Xiantiandao offshoots in Guangdong, Hong Kong, and Cochin-China. In Saigon, the Cangxia jingshe 藏霞精舍 (the Hidden Glow Abode) is known as the root from which the Xiantiandao movement spread in Vietnam. Established in 1949 and based in Saigon, the Abode supported the maintenance and building of other Xiantiandao halls; more notably, it built

---

[14] David K. Jordan & Daniel L. Overmyer, *The Flying Phoenix: Aspects of Chinese Sectarianism in Taiwan* (Princeton: Princeton University Press, 1986); Philip Clart, "The Phoenix and the Mother: The Interaction of Spirit-Writing Cults and Popular Sects in Taiwan." *Journal of Chinese Religions* 25 (1997): 1–32.

[15] Ownby & Heidhues, eds., *Secret Societies*.

[16] Yau, "Daomai nanchuan," 238.

黃大仙信俗與非物質文化遺產國際學術研討會論文集

a Xiantiandao cemetery and set up a branch in Cambodia. Its founder claimed the Cangxiadong in northern Guangdong as its origin, where the deceased masters of the Abode were worshipped. In addition, the other major Xiantiandao halls—namely Yongdetang 永德堂, Yuegengtang 月庚堂, Yong'antang 永安堂, Anqingtang 安慶堂, Jingshengtang 敬聖堂, Baofutang 寶福堂, Guangnan Fotang 光南佛堂, and Miaonantang 妙南堂, all originated in Guangdong province. And the deities worshipped by the Vietnam halls, such as the Yuncheng qisheng 雲城七聖 (Seven Saints of the Cloud City), are very similar to those worshipped by the Xiantiandao temples in Guangdong province.[17]

These networks gave birth around the 1850s to local congregations known as the Minh Sư ("Enlightened Master," 明師 *mingshi*) societies, which continued their links with the Xiantiandao branches in Guangdong and Hong Kong. The Minh Sư religious associations, in turn, spawned a number of Sino-Vietnamese sects, namely Minh Đường ("Enlightened Hall," 明堂 *Mingtang*, 1908), Minh Thiện ("Enlightened Goodness," 明善 *Mingshan*, 1915), Minh Lý ("Enlightened Reason," 明理 *Mingli*, 1924), and Minh Tân ("Enlightened Renewal," 明新 *Mingxin*, 1925).[18]

[17] See Yau, "Daomai nanchuan," 237–238, 239–240, 246–246, 253.
[18] For a more detailed study of the Xiantiandao-derivated Minh genealogy and roots of Caodaism, see Huệ Nhẫn, *Ngũ Chi Đại Đạo (Nam chi Đạo họ Minh)* [The Five branches of the Great Way, named Minh] (Ho Chi Minh City: internal edition of the Cơ Quan Phổ Thông Giáo Lý Đại Đạo, 1999); Jammes, *Les Oracles*, 52–62, 89–92, 163–169; Smith, "An Introduction to Caodaism."

Table 1: Xiantiandao genealogy of Cao Đài religion

Xiantiandao in Guangdong 廣東先天道
(late nineteenth century movement)

Minh Sư societies in Vietnam 越南明師道
(late nineteenth century, early twentieth century Chinese movement)

Minh Lý 明理 (1924); Minh Đường 明堂 (1908), Minh Thiện 明善 (1915),
Minh Tân 明新 (1925)
(early twentieth century Chinese and Sino-Vietnamese movement)

Cao Đài religion 高臺教
(1925–1926 – Vietnamese and Sino-Vietnamese movement)

The Cao Đài religion, whose members were mostly Vietnamese, was founded in the years of 1925–1926, as described below; it eventually absorbed the Minh Đường, Minh Thiện, and Minh Tân, and collaborates closely with Minh Lý. Minh Sư federated several temples that would affiliate themselves, after 1926, as Cao Đài oratories or literally "holy houses" (*thánh thất* 聖室 *shengshi*).

THE EMERGENCE OF CAO ĐÀI IN THE COLONIAL CONTEXT

Caodaism emerged in the early 1920s through the spirit-writing activities of Ngô Văn Chiêu 吳文昭 (1878–1932), a Vietnamese civil servant of the French colonial administration in Cochin-China. Following instructions he received from the Chinese deity Guan Gong 關公 at spirit-writing séances held in the Minh-Sư-derived Minh Thiện temple in Thủ Dầu Một, Northern Saigon, in 1902, Ngô Văn Chiêu spent twenty years visiting Daoist and Minh temples, learning spirit-writing, studying commentaries on the *Daodejing* 道德經, and improving his skills in Daoist meditation, talismans, and oracles.[19]

In 1920, he was appointed colonial district head of Phú Quốc, a remote island in the Sea of Siam. At the Xiantiandao-affiliated Quan Âm (觀音 Guanyin) Chinese temple, he devoted himself to training youth in mediumship through spirit-writing.[20]The Daoist master Tùng Ngạc, a member of the Minh Sư, guided him in his learning of meditation techniques.[21] In one spirit-writing session, on the Lunar New Year (8 Feb.) of 1921, one deity revealed himself as Master Cao Đài, *Thầy Cao Đài* (傑[22]高臺[*Thầy*]*Gaotai*), "the Master [living on] the Highest Platform," an abbreviation of *Cao Đài Tiên Ông Đại Bồ Tát Ma Ha Tát* (高臺天皇大菩薩摩訶薩 *gaotai tianhuang dapusa mahasa*), the "Heavenly Emperor of the Supreme Platform and Great Bodhisattva Mahasattva." This deity also identified himself as the Jade Emperor (Ngọc Hoàng Thượng Đế 玉皇上帝 Yuhuang Shangdi). Ngô Văn Chiêu was given the mission to reveal and propagate a universal "new Dharma" (*tân pháp* 新法 *xinfa*). Ngô began to worship this deity regularly.

Later, on 20 April 1921, as he sat under a willow tree and gazed at the sun shining over the ocean in the coastal village of Dương Đông ("The Sun Rises in the East"), he saw a gigantic left eye floating in the sky above the north star and the moon. Petrified by this vision, he asked it to disappear. It did so, but appeared again at his request. Master Cao Đài instructed Ngô to represent him with the image of this eye. A second, similar vision was received while he meditated at Dinh Cậu (the westernmost temple in Cochin-China based on a small rock in Phú Quốc island). He thus believed to have confirmation that the Left Eye was the "Celestial Eye" (*Thiên Nhãn* 天眼 *tianyan*) and the new icon to worship.

Soon afterwards, the teachings of Master Cao Đài made their way into the urban millenarian networks of the Xiantiandao-affiliated temples in Saigon and its Chinese neighboring city, Chợ Lớn. In 1925, Ngô was posted back to Saigon, where he regularly visited the Minh Sư (明師 *mingshi*) Jade Emperor temple in Đa Kao district,[23] and began to recruit some adepts among Vietnamese colonial administrators. He was contacted by a group of younger Vietnamese civil servants who had been practicing spirit-writing by tipping tables. Revelations were often composed in French and the original spirit-writing group was influenced by Spiritism, which was popular in France in the late nineteenth and early twentieth centuries. Between November and December 1925, in a séance, the Golden Mother of the Jasper Pool 瑤池金母 instructed this group to switch from using French spiritist methods (the oui-ja board) to the Chinese technique of "phoenix writing" (*phò loan* 扶鸞 *fuluan*), in which a bird-headed basket is held by one or two mediums to

---

[19] Huệ Nhẫn, *Ngũ Chi*, 22–27.

[20]HuệKhải, *Ngô Văn Chiêu: Người môn đệ Cao Đài đầu tiên* [Ngô Văn Chiêu: The first Cao Đài adept] (San Martin (California): Nxb Tam Giáo Đồng Nguyên, 2008), 20.

[21]Op. cit., 21.

[22] The character 傑, pronounced *thầy*, is from the Vietnamese vernacular *chữ nôm* writing system, meaning "teacher, master, father." There is no equivalent to this character in Chinese.

[23] See a contemporary picture of this Minh Sư in Jeremy Jammes, "Cao Đài Acceptance in Contemporary Vietnam: Tightrope Walking between Past and Future" (*Gis-Reseau-Asie,* 2016).

write on a surface.[24] The mediumistic use of the "beaked basket" is a set of divinatory practices whereby the visit of a spiritual entity enables the written revelation of messages. The basket, and the prayer spoken in Vietnamese (which summons the spirit of the Cao Đài Master or of the deities of the pantheon to descend into it), were borrowed from the Minh Thiện (明善 *mingshan*) religious association, which had originally borrowed them from Minh Lý *đạo* (明理道 *minglidao*), itself a new offshoot of the Xiantiandao/Minh Sư tradition.[25] Sometimes the Cao Đài séances modified the Chinese technique of phoenix writing to use a Vietnamese alphabetic board and receive messages in Romanized Vietnamese and French. In this case, the technique is clearly inspired by the oui-ja board and inscribes Caodaism into the French spiritist tradition.[26]

On Christmas eve of 1925, a mysteriously erudite and philosophical spirit, known to them only by the first three letters of the Romanized Vietnamese alphabet (*quốc ngữ* 國語 *guoyu*)—A, Ă, Â—revealed to the spirit-writing group that he was "Master Cao Đài," indeed the Jade Emperor, who had previously sent Buddha, Confucius, and Laozi, and was also the father of Jesus. And in the night of December 31, Master Cao Đài instructed the group to seek and meet Ngô Văn Chiêu to learn how to establish a worship to Himself. Ngô had also received instructions from Master Cao Đài to give guidance to this spiritist group. In a new series of joint séances, Master Cao Đài indicated that Ngô should lead a world religion. From then on, the new religion began to spread rapidly in the cities and suburbs of Cochin-China.[27]

In November of 1926, a huge celebration was held in Tây Ninh city (west of Saigon, close to the Cambodian border), to officially present to the colonial authorities the "Great Way of the Third Cycle of Universal Salvation." For the occasion were performed a great number of spirit-writing séances in which new disciples were called on by name, and each received a poem relating, often somewhat enigmatically, to his own biography. Thousands of participants received prophetic and apocalyptic visions, convincing them to convert to the so-called Vietnamese-born but universal faith.[28]

Mediums, businessmen, and landowners at the head of the church's hierarchy recruited thousands of the colonized peasant population in the space of ten years only. By 1930, "the Great Way" had converted more disciples in the southern colony of Cochin-China than the Catholic Church had in over 300 years of missionary activity.[29]

Caodaism had appeared in a milieu of spirit-writing groups of scholars, intellectuals, and petty colonial officials who were able to implement this pyramidal structure in only a few months' time. Caodaism was officially registered (under the redemptive name of *Đại Đạo Tam Kỳ Phổ Độ*, see below) as a religious association with the French colonial authorities in November of 1926. As the first mass conversion

---

[24] Jordan and Overmyer, *The Flying Phoenix*, 36–88. This "automatic writing" is renamed *cơ bút* (乩筆 *jibi*), "the brush," by the Minh and Cao Đài followers.

[25] Huệ Nhẫn, *Ngũ Chi Đại Đạo*, 25.

[26] Aubrée & Jammes, "Développements et mutations."

[27] Jammes, *Les Oracles*, 94.

[28] Jammes *Les Oracles*, 98–100.

[29] Jayne S. Werner, "The Cao Dai: The Politics of a Vietnamese Syncretic Religious Movement" (PhD diss., Cornell University, 1976), 60.

movement in French Indochina, born during a period of anti-colonial resistance, Cao Đài established its own army during the Japanese occupation and the ensuing war of independence, and directly governed a large part of Cochin-China and later on of South Vietnam. With its own theology, its own flag, and even its own army,[30] Caodaism is a case in point of what Prasenjit Duara has called the "traffic" between the religious and the secular.[31] The political aims of Caodaism gradually gained substance and momentum to the point where it was ultimately able to offer a genuine project of a religious society, a theocracy that aimed to become the "State religion" (*quốc đạo* 國道 *guodao*) of Vietnam. As such, Caodaism has created a strict hierarchical organization and a unique disciplinary framework in the hands of a group of mediums, hence turning the religion into either a potential rival or an ally of anti-colonial nationalist forces.Such national aspirations were combined with a religious language, Cao Đài prophecies emphasizing that the Vietnamese people were chosen for a special spiritual but universal mission.[32]

Cao Đài membership expanded rapidly, as both the economic crisis of 1930–131 and the foundation of new Cao Đài denominations attracted the peasantry to the religious solidarity structures offered by the new religion. Ngô Văn Chiêu, who enjoyed solitude, was worried by the growing number of followers. As early as May 1927, he decided to withdraw from the world and to follow a path of cultivation based primarily on meditation. A few years before his death, in 1932, he founded his own branch, the Chiếu Minh Tam Thanh Vô Vi (照明三清無為 *zhaoming sanqing wuwei*, "Radiant Light of Non-Interference of the Three Purities"). This denomination was focused on the meditative and divinatory quest for "non-interference" or "non-action" (*vô vi* 無為 *wuwei*), whereas the main branch of Cao Đài, based at the "Holy See" of Tây Ninh, was more focused on social activity and "universal salvation" (*phổ độ* 普度 *pudu*).

The politics of the Cao Đài religion later brought it into tension with the State of South Vietnam. After 1975 and unification under the Socialist Republic of Vietnam, some Cao Đài leaders suffered from repression and Caodaism became a "religion in exile,"[33] formed in overseas communities in the United States, Europe, and Australia (with about 15,000–20,000 adepts abroad). The "Cao Đài religion" was officially legalized in 1997 and is now Vietnam's third largest organized religion after Buddhism and Catholicism, with at least 3 to 4 million followers among the 94 million Vietnamese

---

[30] Jeremy Jammes, "Caodaism in Times of War: Spirits of Struggle and Struggle of Spirits," *SOJOURN: Journal of Social Issues in Southeast Asia* 31 (2016): 247–294; Trần Mỹ Vân, "Japan and Vietnam's Caodaists, A Wartime Relationship (1939–1945)," *Journal of Southeast Asian Studies* 27 (1996): 179–193.

[31] Prasenjit Duara, *The Crisis of Global Modernity: Asian Traditions and a Sustainable Future* (Cambridge: Cambridge University Press, 2015), 195–238.

[32] Đức Nguyên, *Cao Đài Từ Điển, Quyển I, II, III* [Dictionary of Caodaism, vol. I, II, and III] (Ho Chi Minh City: private printing, 2000), "*quốc đạo*" (online version); Jammes, *Les Oracles*, 126–130; Jérémy Jammes, "Đại Đạo Tam Kỳ Phổ Độ (Cao Đài)," in *Handbook of East Asian New Religious Movements*, ed. Lukas Pokorny and Franz Winter (Leiden–Boston: Brill, 2018), 569, 571; Janet Hoskins, "God's Chosen People: Race, Religion, and Anti-Colonial Struggle in French Indochina" (Singapore: ARI Working Paper No. 189, 2012).

[33] Hoskins, *The Divine Eye and the Diaspora*, 212–216.

(according to the 2009 National census, which typically undercounts the number of adepts in the "atheist" and communist land of Vietnam).[34]

CAO ĐÀI AS A VIETNAMESE REDEMPTIVE SOCIETY

Caodaism emerged in a Sino-Vietnamese religious milieu in Cochin-China, in which both Xiantiandao offshoots and spirit-writing groups were actively expanding and interlinked. Born out of this religious culture, the core of Cao Đài doctrine is essentially the same as that of the Xiantiandao-influenced redemptive societies: worship of the Golden Mother of the Jasper Pond (DiêuTriKim Mẫu 瑤池金母 Yaochi jinmu), as the supreme female deity; the universalist syncretism of the Three teachings; and the three-phase eschatology (*Tam kỳ mạt-kiếp* 三期末劫 *sanqi mojie*) with the first dispensation associated with Moses and Fu Xi 伏羲, the second associated with Buddha, Confucius, Laozi, Jesus, and Mohammad, and the third to be ushered in by Maitreya (or Master Cao Đài, alias the Jade Emperor, Ngọc Hoàng Thượng Đế 玉皇上帝 Yuhuang Shangdi). Indeed, the full name of the Cao Đài religion—"Great Way of the Third Cycle of Universal Salvation of the Higher Platform" (*Cao Đài Đại Đạo Tam Kỳ Phổ Độ* 高臺大道三期普度 *Gaotai dadao sanqi pudu*)—is an explicit reference to the realization of these prophecies.[35]

Like most Chinese salvationist groups, Caodaism propagated the doctrine of the Unity of the Three Teachings *tam giáo hợp nhất* (三教合一 *sanjiao heyi*) and millenarian expectations of Maitreya's arrival and of the Dragon Flower Assembly (*Long Hoa Hội* 龍華會 *Longhuahui*) to be ruled by him. However, the traditional notion of the Union of the Three Teachings was modernized and universalized with the aid of a more modern language and by incorporating explicitly Christian figures from the French spiritist pantheon (Jesus, Victor Hugo, Jeanne d'Arc, etc.).[36]

The Cao Đài religion developed its own scriptures, philosophical systems, liturgies (an intentional assemblage of Confucian, Buddhist, and Daoist sources), congregational modes of participation, missionary and conversion strategies, and its own religious administration. Like modern Chinese redemptive societies, Cao Đài founded national modern-style organizations that registered with the state as religious, philanthropic, or public interest associations, with a national and centralized head office (the "Holy See" of Tây Ninh near the Cambodian border), overseeing provincial and municipal branches. The Cao Đài religion's main difference from the Chinese redemptive societies was its organizational style, which drew its inspiration from the Catholic Church, with its own Holy See and cathedrals, and an ecclesiastical hierarchy of deacons, priests, bishops, cardinals (for both men and women), and a pope (restricted to

---

[34] Jammes, *Les Oracles*, 237-238; Jammes, "Cao Đài Acceptance in Contemporary Vietnam."

[35] In this article, we have kept Vietnamese terms but converted them into Chinese characters for the convenience of both Vietnamese and Sinophone readers. Chinese characters are followed by the pinyin romanization for the convenience of non-Sinophone readers. Note that Chinese characters are rarely used in the original Cao Đài sources, and pinyin romanization is never used.

[36] Jammes, *Les Oracles*, 197-208, 307–309.

men only). The model of the Catholic church had actually become the new paradigm of "religion" in Cochin-China and Vietnam (as Protestant Christianity had in China),[37] rather than the traditional Buddhist, Daoist, or Confucian institutions. At the same time, a series of Vietnamese hierarchical terms were invented in order to depart from the Catholic model and to propose another and properly Vietnamese idiomatic way to arrange this hierarchy, delimiting a specific Cao Đài identity through this invention process.

Emerging out of the theological, political, and sociological framework of Chinese redemptive societies, Cao Đài leaders inscribed their religion into a new civilizational discourse which, in a variety of forms throughout Asia, advocated an Eastern solution to the problems of the modern world. While integrating Christianity, and even evolutionary theories, into its cosmology, Cao Đài religion would eventually adopt forms of organization and social engagement which resembled other modern religious and morality promotion societies around the world. This included hospitals, orphanages, refugee centers, schools, periodicals, libraries, factories and farms for the poor, and, in the contemporary diasporic situation of Caodaism in California, disaster relief and drug rehabilitation projects.[38] This social and missionary engagement was motivated by a profoundly religious program of self-cultivation.

The Caodaism of the 1920s shares with the Minh associations the same political, territorial, and nationalist concerns as well as many common religious activities, including spirit-writing. These connections displayed a long-lasting mediumistic production and unveiled a hidden side of Caodaism. Although the Minh associations descend from Chinese late-imperial Xiantiandao traditions, they also represent a specific response to the challenges and opportunities afforded by the collapse of the imperial order and the irruption of modernity in a colonial context. Cao Đài in fact attempted to organize networks of Minh spirit-writing groups, offering them regional and national levels of leadership with a universal and missionary agenda.[39] Through spirit-written messages and Vietnamese translations of Minh prayers and texts, Cao Đài thus adopted the cosmology, theology, and eschatology of the Xiantiandao tradition and adapted it to the decolonization agenda and Sino-Vietnamese culture. Since the colonial period, the Minh Lý religious association has occupied a crucial place in Cao Đài activities.

THE MINH LÝ DAO: THE KEY LINK BETWEEN THE XIANTIANDAO TRADITION AND CAO ĐÀI RELIGION[40]

The founder of Minh Lý, Âu Kiệt Lâm 歐傑林 (1896–1941), was an intellectual of half Chinese, half Vietnamese origin, and thus he belonged to the colonial category of the

---

[37] Goossaert & Palmer, *The Religious Question in Modern China*, 73–79.
[38] Jammes, *Les Oracles*, 476–478.
[39] Jeremy Jammes, "Divination and Politics in Southern Vietnam: Roots of Caodaism," *Social Compass* 57 (2010): 357–371; Jammes, *Les Oracles*, 162–169.
[40] This section is largely derived from Jammes, "Divination and Politics."

Sino-Vietnamese *métis*, *minh hương* (明鄉 *mingxiang*).[41] In the period between 1916 and 1926 he became a renowned medium in spirit-writing and demonstrated an ability to transcend cultural barriers. Swiftly bridging the Chinese and the Vietnamese cultures, he was capable of merging the two social and cultural systems by bringing them into contact. His translation of Chinese or *chữ nôm* (字喃 *zinan*—an indigenous Vietnamese writing system that looks like Chinese characters but is pronounced in Vietnamese language) holy texts into modern Vietnamese *quốc ngữ* (國語 *guoyu*) writings provides fine examples of this ability.

The Minh Lý community erected its own temple in 1924 in a suburb of Saigon (Bàn Cờ District). This temple is now well known as the Tam Tông Miêʾu 三宗廟 *Sanzongmiao*, "the Temple of the Three Doctrines." Among the main activities of the Minh Lý were therapeutic sessions (acupuncture and "magnetism"), divination and the production of oracles using multiple methods such as astrology, chiromancy, and physiognomy. According to Nguyễn Văn Miết 阮文憬,[42] a Minh Lý dignitary, Âu Kiệt Lâm carried out in-depth research into magnetism (*nhân diễn* 人電 *rendian*, literally "electric energy in the human body") and constructed a body of knowledge based on French spiritism and Chinese spirit-writing.

In 1926, before Cao Đài had begun to spread among the peasant community and the Vietnamese elite, Lê Văn Trung 黎文忠 (1875–1934), a senior Vietnamese official, was appointed head of Caodaism with the title of Cardinal (*Đầu Sư* 頭主 *touzhu*, Head-Master) and soon of "interim pope" (*quyền giáo tông* 權教宗 *quan jiaozong*). Lê Văn Trung owed a large part of his legitimacy to a mediumistic message received in September 1925 by the Tam Tông Miếu mediums, to whom he was presented by his maternal cousin Nguyễn Hữu Đắc 阮友得, a former city councilor of Chợ Lớn and translator of French occultist texts.

In order to compose its first corpus of prayers, the Cao Đài clergy headed by Lê Văn Trung and Phạm Công Tắc 范公稷 (1890–1959) turned to the Minh Lý association, which had, at that time, just begun its own project of translating Chinese religious texts into Vietnamese. The majority of Cao Đài prayers are thus sourced from the Minh Lý corpus of prayers, including the Prayer of Opening (*Khai kinh* 開經 *kaijing*), the Prayer of Incense Offering (*Niệm hương* 念香 *nianxiang*), the prayer celebrating the Jade Emperor (*Ngọc Hoàng kinh* 玉皇經 *Yuhuangjing*), the prayers of Repentance (*Sám hối* 懺悔 *chanhui*), of Praise (*Xưng tụng* 頌榮 *songrong*), of the Dead (*Cầu siêu* 求超 *qiuchao*), and so on.[43] The transmission of scriptures from Minh Lý to Cao Đài was further endorsed by means of spirit-writing orders received at both Minh Lý and the Cao Đài Holy See of Tây Ninh. As such, Minh specialists were regarded as the legitimate elders responsible for training young Cao Đài spirit-writing groups.[44] Owing to their mediumistic competence, the

---

[41] Jammes, *Les Oracles*, 163–164.

[42] Nguyễn Văn Miết. *La religion "Minh-Lý", pagode "aux trois religions"* (Saigon: Tam Tông Miếu internal publication, 1960), 7–10.

[43] Jammes, "Divination and Politics," 361-362; Jammes, *Les Oracles*, 162.

[44] Phạm Công Tắc, *Le Caodaïsme* (La Vérité, Phnom Penh, 1937).

content of these messages established Minh associations as both the depositories and the guardians of the knowledge of Master Cao Đài.

To explain these borrowings, we should recall that the initial Cao Đài group around Lê Văn Trung and Phạm Công Tắc was oriented towards mass proselytism and sought to gather religious texts in Vietnamese that would not require the learning of Chinese, hence targeting the broadest possible audience and reaching out to the peasant community. And Minh Lý, between January 1924 and November 1925, had already begun the same process of Vietnamization, translating into *quốc ngữ* religious texts previously available in Minh Sư circles only in Chinese characters.

The visibility of the Cao Đài religion, the presence of its dignitaries in the government, and the involvement of some of them in the Sûreté coloniale were all reassuring factors for Minh dignitaries, who felt that they would guarantee the continuity of their religious practices after the 1916 suppression of secret society revolts by colonial authorities.[45] At the same time a cooperative network between Minh and Cao Đài religions was established that would last until the present day.

CAO ĐÀI AND THE OCCULTIST COLONIAL CULTURE

The Cao Đài religion is, in many ways, an ideal-typical redemptive society with its Xiantiandao roots, its salvationist message, its practice of spirit-writing, its expanded syncretic universalism, and its adoption of modern forms of religious organization and philanthropic action. At the same time, it emerged from a distinctly occultist colonial culture, producing a movement and some practices which clearly fall into the same category as Western Esotericism, Spiritism, Freemasonry, and Theosophy. Caodaism brought the Minh groups "out of the shadows and into the clear light of day" (to quote a Franco-Vietnamese newspaper of the time, *Écho Annamite*),[46] but also fused them with the occultist interests of Vietnamese employees of the French colonial state.

The Western use of these two neologisms—esotericism and occultism—comes from the transformations in the rationalist thought of the Christian West at the end of the nineteenthcentury. The term "esotericism" was used for the first time by Jacques Matter in his *Critical History of Gnosticism*.[47] It indicated here a type of timeless spiritual quest according to a set of more or less hidden traditions. In other words, esotericism refers to a secret teaching requiring an initiation; *lato sensu*, it can apply to almost all the divination and religious practices in the world, such as esotericism in Daoism or Buddhism in Asia.[48]

The term "Occultism" indicates a specific movement in the West, characteristic of the end of the nineteenth century and beginning of the twentieth century. A person, a group or an institution can be regarded as "occultist" when they find, under cover of a

---

[45] Jammes, *Les Oracles*, 57.

[46] Paper published by Nguyễn Phan Long, a reputed political leader (of the so-called Constitutionalist party), Cao Đài follower, and manager of the *Écho Annamite* (see Jammes, *Les Oracles*, 86, 172).

[47] Jacques Matter, *Histoire critique du gnosticisme* (Paris: F.G. Levrault, 1828), 83.

[48] Benoytosh Batthacharya, *An Introduction to Buddhist Esotericism* (London: Oxford University Press, 1932); Paul Lévy, *Buddhism: A "Mystery Religion"?* (New York: Schocken Books, 1968 [1957]).

scientific or scientistic discourse, "the lost unity of science and religion: the science of the new times."[49] Thus, supernatural phenomena, traditional spirit-mediumship activities, theology, and several bodies of religious knowledge and philosophical ideas, were re-interpreted and recast through the filters of modern scientific methods and instruments. Moreover, French Occultism can be described "as heterodox Christian and universalist, informed by an unconventional reading of the Bible"; their literature borrows "from many other religious and philosophical traditions, and seeks to spread its message to all peoples."[50] The *fin-de-siècle* occultist movements include Spiritist groups, the Rosicrucian brotherhood, the Martinists, the Theosophical society, and Perennialist groups around René Guénon and Frithjof Chuon.[51] French occultist networks spread to Cochin-China under the colonial regime, disseminating through books, magazines, and spirit-séances the *mission civilisatrice* of a positivist France.[52] Among these networks were those that practiced what was known in French as *Spiritisme*. Spiritism arose directly from its first theoretician, the French teacher and medium Hippolyte L. D. Rivail (1804-1869), who had taken the Celtic name of Allan Kardec. His principal works are *The Book of the Spirits* (1857), *The Book of the Mediums* (1861), *The Gospels According to Spiritism* (1864), *Hell and Paradise* (1865), and *Genesis* (1868). The goal of the work of Kardec and his successors was to offer a study of the invisible world, highlighting doctrines of reincarnation and a rational communication with the dead, re-defined as the "non-incarnated souls." Kardec's work also expresses a social project, wishing to build a spiritist pedagogy for a reformed new social order. Spiritism proposed a reform of Catholicism and used modern techniques (telegraph, photography, radiography, X-ray, etc.) as vehicles for a new hope in the afterlife. As with Caodaism sixty years later, Spiritism is presented by its founder as the third revelation of God on Earth, after Moses and JesusChrist.[53] The third period opened by spiritism is described by Kardec himself as an "alliance between science and religion,"[54] a union of both a material and a "spiritual science,"[55] a period dedicated to the "Instructions from Spirits."[56]

In the years 1920–1930, in Cochin-China, spiritist brochures, books, and circles, as well as all of Kardec's doctrines and spiritist-mediumship techniques, were made available to French-speaking Vietnamese people. The presence of famous French practitioners of Spiritism in Saigon and their close relationship with Caodaism were noticed in many sources. Spiritism is translated into Vietnamese as *thần linh học* (神靈學

[49] Laurant, *L'Ésotérisme chrétien*, 21.

[50] David A. Harvey, "Beyond Enlightenment: Occultism, Politics, and Culture in France from the Old Regime to the Fin-de-Siècle," *The Historian* 65 (2003): 667.

[51] Laurant, *L'Ésotérisme chrétien*; Wouter J. Hanegraaff, *New Age Religion and Western Culture: Esotericism in the Mirror of Secular Thought* (Leiden: Brill, 1996); Brach, Faivre, Hanegraaff & van den Broek eds., *Dictionary of Gnosis*.

[52] Harvey, "Beyond Enlightenment," 668.

[53] Allan Kardec, *Genesis: the Miracles and the Predictions According to Spiritism* (Boston: Colby & Rich, 1883 [1868 in French]), 44–45.

[54] Allan Kardec, *The Gospel According to Spiritism. Contains Explanations of the Moral Maxims of Christ in Accordance with Spiritism and Their Application in Various Circumstances in Life* (London: The Headquarters Publishing Co LTD, 1987 [1864 in French]), 26.

[55] Kardec, *Genesis*, 114.

[56] Kardec, *The Gospel According to Spiritism*, 27.

shenlingxue), "study of the spirits" or *thông linh học* (通靈學 *tonglingxue*), "study of communications with spirits." The doctrine of Kardec is thus designated in Vietnamese as a discipline that would give access to knowledge by the means of a communication established with the spiritual entities. The first Caodaists actually practiced the "turning tables" of French-derived Spiritism, which they conceived as more "rational" and "scientific" than the traditional Vietnamese spirit-possession practices (*lên đồng* 登童 *dengtong*).

The Cochin-Chinese amateurs of French Spiritism also showed themselves to be captivated by the spiritist method of the turning tables (*xây bàn* or *xoay bàn* 旋板 *xuanban*), literally "to turn the table," which consists in decoding the sounds of the spirits, in particular by swings of the table (one leg of the table being shorter than the others) or by "raps" of the table (literally *gõ* 鼓 *gu*). These two methods use the letters of the alphabet to reconstitute the messages, bringing both questions and answers. Vietnamese Spiritists adapted this Western alphabetical process by replacing it with the Romanized modern alphabet of the Vietnamese language (the *quốc ngữ*). The non-incarnated spirits are thus invited to express themselves by "rapping" the table on specific letters to spell words, sentences, and doctrine.

In the global market of Eastern spiritualities and cultural goods in the first part of the twentieth century, the theosophical literature occupies a unique but dynamic position.[57] Founded in New York in 1875, the Theosophical Society seeks to understand the mysteries of universal sacred books by filtering them through a syncretic approach and at the same time a Christian and Buddhist conceptualization. This movement played a political role in India, participating in the training of its religious and political elites during the struggle for independence, after the First World War. Their members became famous through their activist contribution to the rebirth of Buddhism in Ceylon, their traditionalism in India (supporting the Sanskrit language and the Buddhist schools), and their sense of social reform (fighting for an improvement in women's social conditions, ofpariahsand prisoners, etc.). For these reasons, the theosophical credo—"There is no religion greater than Truth"— attracted some French, Vietnamese, but also Indian, British, American, New Zealander, and Australian political or religious personalities.

The 1920s marked the beginning of the Theosophical Society's establishment in Cochin-China:[58] the *Thông thiên học* (通天學 *tongtianxue*), literally, "studies of communications with the heavens"), aimed to revitalize and rationalize Buddhist theology and practices (especially its millenarian, meditative, and philanthropic traditions). The prolific productions of its Vietnamese actors—made largely of translations and commentaries of the verbose founders of Theosophical Society such as Blavatsky, Leadbeater, and Besant—were rationalist insertions into the dialogue between Eastern and Western civilizations and those between religions and science. This theosophical

[57] Roland Lardinois, *L'Invention de l'Inde: Entre ésotérisme et science* (Paris: CNRS Éditions, 2007), 127.
[58] A forthcoming paper focuses specifically on the settlement in Cochin-China of the Theosophical Society: Jeremy Jammes, "Theosophying the Vietnamese Religious Landscape: A Circulatory History of a Western Esoteric Movement in South Vietnam," in *Theosophy Across Boundaries*, ed. Hans Martin Krämer and Julian Strube (Albany, NY: SUNY Press, forthcoming).

enterprise to build up an "edifying science" or a "savant religiosity"[59] was perfectly integrated into the intellectual fabric of its time, and exerted influence on the production of Cao Đài texts, which emerged at the same time among the cosmopolitan milieu of Cochin-China. Caodaism found many areas of agreement with the Theosophical society, as both shared a similar millenarian vision, within a familiar Christian and Buddhist theology, as well as a common religious and comparative literature. It is not surprising that many Caodaists attended theosophical circles until their prohibition in 1975; at the same time, many theosophists came to preach in Cao Đài temples. Moreover, the numerous connections and overlaps between the Theosophical Society, Caodaism, and the reformed lay Buddhist movements in the 1930s-50s in Cochin-China remain relatively uncharted terrain for future studies.

We can also note in passing the presence of Vietnamese freemasons in the Cao Đài leadership, such as Nguyễn Hữu Đắc 阮友得 (1897–1974), who translated Pourvourville's *La Voie Rationnelle* (The Rational Way) as *Đạo Giáo* (道教 *daojiao*, literally the "Religion of the Dao" or "Daoism") in 1935.[60] However, the Cao Đài literature does prefer to remind us that Nguyễn Hữu Đắc is the cousin of the Cao Đài pope, Lê Văn Trung, and the one who introduced the latter to the Minh Lý temple where he converted to Caodaism. Among other vocal Cao Đài freemasons, we can also mention the names of Cao Triều Phát 高朝发—leader of Minh Chơn Đạo branch (Dao of the Enlightened Truth 明真道 *mingzhendao*) and a Việt Minh military commander—, of Nguyễn Văn Ca 阮文歌—Pope of the Minh Chơn Lý branch (the Reason of the Enlightened Truth 明真理 *mingzhenli*)—, and of Cao Sĩ Tấn 高仕晋—a doctor and spirit medium at Cầu Kho temple, Saigon.[61]

The Cao Đài and Minh libraries we visited during our different field trips (2000–2013) contained large collections of occultist literature in French, especially of the spiritist and theosophical varieties, published between 1910s–1930s. In the library of the Minh Lý's main temple in Ho Chi Minh City,[62] for instance, few new titles have been placed on its dusty shelves since the 1930s; it contains a comprehensive collection of French esoteric and occultist texts, as well as a rich trove of Chinese scriptures, morality books, and spirit-writing texts, a large proportion of which were printed in the late nineteenth and early twentieth centuries by a Xiantiandao temple, the Chaoyuandong 朝元洞, located at Luofushan 羅浮山 in Guangdong, founded in 1873 and venerated as "ancestral court" of the Dongchu branch 東初派 of Xiantiandao, that spread to various parts of Southeast Asia.[63] We found a similar collection of Chinese texts (but no French or Vietnamese ones) at a decrepit Minh Sư/Xiantiandao temple in Saigon, the afore-mentioned Quang Nam Phật Đường(光南佛堂 *Guangnan Fotang*), established in

[59] Pierre Bourdieu, *Choses dites* (Paris: Éditions de Minuit, 1987), 110.

[60] Jammes, *Les Oracles*, 482.

[61] See Jammes, *Les Oracles*, 167–168, citing Jacques Dalloz, *Francs-maçons d'Indochine (1868-1975)* (Paris: Éditions Maçonniques de France, 2002), 10.

[62] Jammes, *Les Oracles*, 468-474; Jammes, "Divination and Politics," 365–366.

[63] Wei Dingming 危丁明, *Shumin de yongheng: Xiantiandao ji qi zai Gang'ao ji Dongnanya diqu de fazhan* 庶民的永恆：先天道及其在港澳及東南亞地區的發展 (Taipei: Boyang wenhua, 2015), 487.

黃大仙信俗與非物質文化遺產國際學術研討會論文集

1920.These collections are evidence of the Xiantiandao-Minh networks and of the rapid development of the printing business during the late imperial period throughout the Chinese overseas communities.[64]

On the other hand, the library of a major Cao Đài research institute in Ho Chi Minh City, the "Centre for the Diffusion of the Doctrine of the Great Way" (Cơ Quan Phổ Thông Giáo Lý Đại Đạo 機關普通教理大道 *jiguan putong jiaoli dadao*), a Minh-Tân-derived temple established in 1965,[65]in addition to its substantial collection of holdings in Vietnamese, contains much the same collection of French Esoteric and occultist titles as the Minh Lý Dao, but no Chinese texts. The distinctions and overlaps between these libraries are traces of the translingual textual circulation of religious ideas in the colonial and post-colonial era: from the purely Chinese corpus of a Minh Sư temple founded in 1920, to the Chinese, French, and Vietnamese resources of the Minh Lý Dao founded in 1924, to the exclusively French and Vietnamese holdings of the Cao Đài library established in 1965.

THE *Đại Thừa Chơn Giáo* (大乘真教): THE CAO ĐÀI CONTEXT OF AN ESOTERIC TEXTUAL PRODUCTION

In the following section, we examine the idiomatic "traffic" of "translingual practices" generated in these already trans-national, trans-ethnic, trans-generational, and trans–temple networks through a study of the production and translation of the core esoteric scripture of Caodaism, the *Đại Thừa Chơn Giáo* (大乘真教 *Dacheng zhenjiao*), "The True Teachings of the Great Vehicle," hereafter referred to as *ĐTCG*.

The *Đại Thừa Chơn Giáo*is one of the four canonical scriptures of Caodaism, each of which was composed through spirit-writing. Three of the scriptures focus on the religious life and community organization of the followers. They were compiled at the Holy See of Tây Ninh between 1926 and 1927, based on a preliminary selection of spirit-writing texts. They are the *Thánh Ngôn Hiệp Tuyển*(聖言集全 *shengyan jiquan*, "Compilation of Holy Words") translated into French by Caodaists as *Les Saintes Paroles* ("The Holy Words") or *Recueil des saints messages spirites* ("Compilation of Holy Writings of the Spirits"); the *Pháp Chánh Truyền* (法正傳 *fazhengchuan,* "the Orthodox Dharma," translated by francophone Caodaists as *Constitution Religieuse*, "Religious Constitution"); and the *Tân Luật* (新律 *xinlü*, "New Code"), which deals with conversion rituals (*cầu đạo* 求道 *qiudao*, literally, "to seek the Way") and other administrative topics. The fourth canonical text, the *ĐTCG,* deals primarily with esoteric practices.

The *ĐTCG* is not structured as a coherent and organized dogmatic treatise, but rather as a collection of moral guidance and teachings proclaimed by "instructors of the

---

[64]Yau Chi On, "The Xiantiandao and Publishing in the Guangzhou-Hong Kong Area from the Late Qing to the 1930s: The Case of the Morality Book Publisher Wenzaizi," in *Religious Publishing and Print Culture in Modern China (1800–2012)*, ed. Philip Clart and Gregory Adam Scott (Boston, Berlin: De Gruyter, 2014),187.

[65]Jammes, *Les Oracles*, 260–262.

invisible." The *ĐTCG* presents itself as an archetype of the omniscient knowledge transmitted by the spirits. The Daoist notion of self-cultivation (*tu luyện* 修煉 *xiulian*) through techniques of the body and meditation is one of the core themes of the book. The messages of the spirits elaborate on the tradition of the three teachings of Confucianism, Buddhism, and Daoism (*Tam Giáo* 三教 *sanjiao*), while claiming that they have lost their power in this era of the third kalpa. These doctrinal elements directly echo the millenarian themes of the Chinese salvationist tradition and especially the contents of the seventeenth-century *kinh Long Hoa* (龍華經 *Longhuajing*, "The Book of the Dragon Flower"). According to this tradition, the human race is subject to a final competition or "Dragon Flower Assembly" (*hội Long Hoa* 龍華會 *longhua hui*), in which only the most virtuous will pass the exam, attain salvation, and eventually find a place beside the Golden Mother of the Jade Pond—and the Jade Emperor in the Cao Đài context.[66]

The revelation of the teachings in the *ĐTCG* had been announced during a séance in 1932, organized by the Chiếu Minh branch, following the death of Ngô Văn Chiêu, its founder. The author of the *ĐTCG* preface, Trần Văn Quế (陳文桂) assisted Liên Hoa, the medium at the séances who had been trained by Ngô Văn Chiêu himself, in reading the spirit messages. A mathematics teacher at the Lycée Pétrus-Ký elite high school, Trần Văn Quế (1902–1980) joined Cao Đài in 1929 and immediately got involved in the struggle against schisms in the movement, considering unity as crucial to counter colonial power.[67]

We have noted above that the Chiếu Minh denomination was described by the Tây Ninh Holy See as the "esoteric" branch of Caodaism, which practices "heart-to-heart transmission through non-interference" (*nội giáo vô vi tâm truyền* 內教無為心傳 *neijiao wuwei xinchuan*). This branch was considered as the trustee of the "secret law of esoteric exercises" (*tâm pháp bí truyền luyện đạo* 心法密傳煉道 *xinfa michuan liandao*) which should not be transmitted outside of the small circle of initiates. The latter would be released from the law of karma and would attain to high positions in the afterlife after this intense "effort" (*công phu* 功夫 *gongfu*).

The notion of "exotericism" (*ngoại giáo công truyền* 外教公傳 *waijiao gongchuan*), on the other hand, is often used by Caodaists to refer to the ideas and actions of the Tây Ninh Holy See. From the 1920s until today, the Tây Ninh Holy See instrumentalizes the original schismatic division by according to itself the monopoly of proselytism and social action, and by presenting itself as the sole possessor of the Dharma for the new kalpa (*thế pháp* 劫法 *jiefa*), while it recognizes Ngô Văn Chiêu's dissident branch as a method of individual self-cultivation.

The production of the *ĐTCG* by the Chiếu Minh aimed, on the other hand, to reinforce its authority in matters of esoteric cultivation. When, on 19 November 1936,

---

[66] Đức Nguyên, *Cao Đài Từ Điển*, "*Tiến hóa*"; Jammes, *Les Oracles*, 109–113. According to the theological perspective, but also to the believer, there is a debate whether the highest deity would be the Jade Emperor, the Golden Mother, or both (following the Daoist dyad or yin/yang dynamics).

[67] For more details on the production of these texts in the context of sectarian rivalries between Cao Đài branches, see Jammes & Palmer, "Occulting the Dao"; on the commitment of Trần Văn Quế for the union of the Cao Đài branches, see Jammes, "Caodaism in Times of War," 274–279.

Trần Văn Quế wrote the text which would become the preface to the 1950 *ĐTCG*, he was positioning himself directly in reaction to the Tây Ninh Holy See, whose leader, the prolific medium Phạm Công Tắc, had been publishing esoteric teachings, undermining the complementarity between the "esoteric" and "exoteric" branches of the Cao Đài religion.[68] Phạm Công Tắc played the role of medium during séances at which messages were specifically received, in French, from Lenin (25 February 1934), Joan of Arc (24 February 1933), Jean de la Fontaine (14 March 1933), Shakespeare (29 December 1935), and recurrently Victor Hugo (between 1927 and 1959).[69] These messages engaged Caodaism in the political discourses of the time through the medium of these European figures.

In 1946, Phạm Công Tắc had returned to Cochin-China after having been jailed for five years in Madagascar by the French authorities. The French forced him to support them and to join the war against the Communists. Seeking to unite the masses of believers who were dispersed in different branches, and having gained an intense meditation experience during his exile, he began to compete directly with the Chiếu Minh branch on the terrain of its own specialty: esoteric meditation. He eventually managed to convince the members of the Minh Thiện redemptive society to join his meditation centers, in which the spirits would be able to teach "the spiritual and secret exercises" (*bí pháp luyện đạo* 密法煉道 *mifa liandao*).[70] His meditation practice inspired his homilies, written between 1946 and 1959 in Vietnamese prose, and compiled into eight published volumes.[71] His spirit-writing sessions had at the same time generated an original esoteric body of knowledge, directly produced in French, that was politically engaged and legitimated the power of this medium and the orthodoxy claims of the Tây Ninh Holy See.

The publication of the *ĐTCG* in 1950, in response to these initiatives, aimed to consolidate the authority of the Chiếu Minh denomination in esoteric matters. In the *ĐTCG*, the Chiếu Minh branch is thus described as the guardian of the "Great Dao of the Highest Platform" (*Cao Đài Đại Đạo* 高臺大道 *Gaotai dadao*) while the branch of the Tây Ninh Holy See, under the name of the "Great Way of the Third Cycle of Universal Salvation" formed the "Cao Đài religion" (*Cao Đài Tôn Giáo* 高臺宗教 *Gaotai zongjiao*) focused on evangelizing the masses (*cơ Phổ hóa* 幾普化 *jipuhua*).[72]

A TRANSLINGUAL STUDY OF THE *ĐTCG*

The *ĐTCG* is a collection of 51 spirit-writing messages attributed mostly to the Jade Emperor, Li Bai 李白, Guan Gong 關公, Laozi, and so on, revealed in Vietnamese at the

---

[68] Jammes, "Divination and Politics," 362–374.

[69] Jammes, *Les Oracles*, 529–539.

[70] Đức Nguyên, *Cao Đài Từ Điển*, "Trí huệ cung."

[71] See the publications of Phạm Công Tắc in our bibliography.

[72] Phái Chiếu-Minh, *Đại Thừa Chơn Giáo – Le Grand Cycle de l'Ésotérisme*. "Cao Đài Đại Đạo" [Great Way of Cao Đài or Caodaism] Series (Saigon: Nguyễn-Văn-Huấn Printing House, 1950), 6–7.

end of 1936; to these texts were added 22-odd messages produced by the divinized spirits of former Chiếu Minh disciples (two in 1926, two in 1934, two in 1935, five in 1937, one in 1938, two in 1939, two in 1941, two in 1945, one in 1948, two in 1949, one in 1950). It is symptomatic of the spirit-writing origin of this volume and of its supposed role in the self-cultivation of the followers that the last pages (530–531) list the divine titles of Chiếu Minh members who passed away—the so-called "pioneers" (*tiên phong*, 先鋒 *xianfeng*), translated as "angels" (*les anges*), and "the elected men and women" (*les élus* and *les élues*).

The collection was compiled as a 538-page volume in thematic (and not chronological) order with a print run of "2,000 copies, not for sale" in 1950, in a bilingual, Vietnamese-French version.[73] It was printed by a company run by Nguyễn Văn Huấn 阮 文訓, a famous and active member of the Theosophical Society.[74]

The book contains both the original Vietnamese text and a French translation heavily laden with the idioms of French Occultism, itself based on a reappropriation and reinterpretation of the symbols and tropes of Roman Catholicism. The 1950 edition carries the French title of *La Bible du Grand Cycle de l'Ésotérisme*—"The Bible of the Great Cycle of Esotericism;" the Vietnamese preface refers to it as "a manual of the pill of immortality" (*kinh sách luận về Đơn-Kinh* 經書論於丹經 *jingshu lunyu danjing*).[75] These two designations reveal the two distinct idioms in which the teachings are presented in the book: as a Daoist manual of immortality in the Vietnamese version, and as an "Esoteric Bible" in the French version.

The publisher of the *ĐTCG*, Nguyễn Văn Huấn, was possibly involved at least in the proofreading process, imprinting his theosophical and occultist influence on some terms and concepts. However, the inner cover pages (pages 2–3) of the *ĐTCG* state that the translation was carried out by "a group of disciples of the Chiếu Minh Cenacle." The production and the publication of this book are the work of a milieu of Cao Đài editors and exegetists who were very experienced in Vietnamese-French translation. We can speculate with a reasonable degree of confidence that the following Caodaists actively participated in this translation: Trần Văn Quế (signatory of the preface), Nguyễn Hữu Đắc[76] (1897–1974, signatory of a note at the beginning of the book), and probably Phan Trường Mạnh 潘長孟 (1895–1967), prolific author and chief editor of the bilingual *Revue caodaïque/Cao Đài Giáo Lý* (高臺教理 *Gaotai jiaoli*, "the Doctrine of Cao Đài", publishing in 1930–1933 and 1947–1949), which makes ample reference to the spirit-writing production of the Chiếu Minh denomination. This "Caodaic Journal" actively participated in "Vietnamizing" the knowledge emanating from spirit-writing séances. It

---

[73] The 1950 edition ("Nguyễn Văn Huấn Printing house") is mentioned as the "second edition;" we have not been able to locate earlier edition(s) of this text and assume the "first edition" was circulated internally.

[74] A lay Buddhist, art professor, and publisher, Nguyễn Văn Huấn was the first secretary of the Theosophical branch for "Việt Nam" in 1949. See Jammes, "Theosophying." On the community of Cao Đài exegetes, journalists, and publishers, see Jeremy Jammes, "Printing Cosmopolitanism, Challenging Orthodoxies: Cao Đài Journals in Twentieth Vietnam," *Vienna Journal of East Asian Studies* 10 (2018): 175–209.

[75] Phái Chiếu-Minh, *Đại Thừa Chơn Giáo*, 8–9.

[76] Nguyễn Hữu Đắc was a follower of the Minh Lý Dao and the maternal cousin of Lê Văn Trung, the pope of Caodaism.

was run and hosted by the "Caodaic Institute. Psychological, philosophical, metaphysical studies" ("*Institut Caodaïque. Études psychologiques, philosophiques, métaphysiques*"). This institute (*Học viện Cao Đài* 學院高臺 *xueyuan gaotai*) aimed to bring studies on Caodaism to the status of a true theological discipline.

In our study, we have employed the following method to compare the meanings of the original Vietnamese and French versions of the text. We selected a number of stanzas from the two sections of the *ĐTCG*, which are representative of some of the core concepts of the text and exemplify the passage from a Chinese religious lexicon to French occultist and Catholic ones. The 1950 edition of the *ĐTCG* is a bilingual version, with the Vietnamese original on each left-hand page and the French translation on the facing page. For the purposes of the present English-language publication, we translated the French version of the selected passages into English. We also compared the original French translation from the 1950 version with a new, slightly revised French translation published by a Cao Đài group in 2013—the first revised French version to have been published since the 1950 edition.[77] The 2013 edition, in an obvious effort to adapt to a different cultural and religious context, has watered down the occultist and Catholic flavor of the 1950 version, sometimes instead using terms with more connotations of "New Age" spirituality.

The first English translation of the *ĐTCG* was published in 2015.[78] To our knowledge no Chinese translation has ever been attempted or published. It is interesting to note, however, that these recent translations, especially the English one, have largely removed the theosophical and spiritist language of the 1950 edition. Here, the translator attempted to tailor "Cao Đài" as a scientific and religious doctrine, which becomes "a profoundly mystic science"[79] driven by spirit-mediumship. This English translation departs substantially from the 1950 and 2013 French versions. Although there are still some clear references to Western occultist terms (spiritism, the Spirit of Truth, the disincarnated) or concepts (evolutionism, dematerialization…), they occur much less than in the French versions; the translator(s) tried to stay close to the literal meaning while maintaining a more generic tenor, in which both the specific spiritist and Daoist/Chinese salvationist flavours are attenuated. Interestingly, the 2015 English translation lists several Vietnamese-English, French-English and English-English dictionaries in a bibliography, but no Chinese dictionary was consulted by its translator(s).[80] In the section below, while we quote the 2015 English translation for reference and comparison, our focus is on the 1950 bilingual Vietnamese-French edition.

---

[77]Cao Đài Đại Đạo Cénacle Ésotérique de Chiếu Minh, *Le véritable enseignement du grand cycle caodaïste (Đại Thừa Chơn Giáo)*, translated into French from Vietnamese by Quách Hiệp Long (Hanoi: NxB Tôn Giáo, 2013). This revised version was published by the "Centre for Diffusing the Doctrine of the Great Way" (Cơ Quan Phổ Thông Giáo Lý Đại Đạo), a Cao Đài ecumenical and missionary group founded in 1965 by Trần Văn Quế, a member of both Minh Lý and Cao Đài who, fifteen years earlier, had written the foreword of the *ĐTCG*.

[78] Cao Đài Đại Đạo "Chiếu Minh" Séance, *The Grand Cycle of Esoteric Teaching* (San Jose, CA: Cao-Dai Temple Overseas, 2015).

[79] Cao Đài Đại Đạo "Chiếu Minh" Séance, *The Grand Cycle of Esoteric Teaching*, 113.

[80] Cao Đài Đại Đạo "Chiếu Minh" Séance, *The Grand Cycle of Esoteric Teaching*, 223.

We thus laid the different versions side by side: (1) the original Vietnamese; (2) the 1950 French translation;[81] (3) our English literal translation of the 1950 French version; and (4) the 2013 French translation (5) the 2015 English translation. We then proceeded to "convert" the Vietnamese version into Chinese characters. We started with the hypothesis that the classical, religious, and poetic idiom of the ĐTCG could be converted into Chinese characters on a word-by-word basis (rather than translating the meaning of full verses into modern Chinese), for the following reasons: (1) the basic structure and pattern of the verses appears to be very similar to typical Chinese spirit-writing texts; indeed, the ĐTCG was revealed through spirit-writing techniques in basic continuity with Chinese methods, and in the tradition of the Xiantiandao branches within which the early founders and leaders of Cao Đài religion were active; (2) the text was produced at a time when the *quốc ngữ*—the modern romanization/ alphabet system for Vietnamese—had only begun to be the dominant writing system, while the traditional writing system based on Chinese characters, formally abolished only in 1918 together with the Confucian mandarinate exams, retained a residual influence; (3) the Vietnamese language has many similarities with some Southern Chinese dialects such as Cantonese. Methodologically, then, we treated the Vietnamese text as if it were the romanization of a Chinese dialect, which could be converted into Chinese characters.

Converting the Vietnamese into Chinese characters was not an easy task—similar to the Chinese *hanyu pinyin* romanization system, romanized Vietnamese contains a large number of homophones and there were often several plausible possibilities of equivalents in Chinese characters. Chinese characters were chosen based on the meaning and pronunciation of individual Vietnamese words (often similar to Cantonese or many other Chinese dialects demonstrating relatively systematic variations in pronunciation compared with Mandarin), placed in the context of the overall meaning of the verse and bearing in mind the use of specialized religious terminologies. We were unable to convert into Chinese about 15% of the selected Vietnamese verses, either because the meanings were too obscure, or because the terms were too purely or locally Vietnamese, without any equivalent Chinese characters with similar sound and meaning. In such cases, as in the first verse cited below, it is possible to convert the words into the *chữ nôm* logographic script of the Vietnamese language, derived from Chinese characters and used in vernacular texts prior to the introduction of modern Vietnamese romanization.

The outcome of this process fully confirmed our hypothesis—the Chinese text of the ĐTCG reads in style and content like a rather typical Chinese scripture produced through spirit-writing. It is particularly resonant with texts associated with Chinese redemptive societies of the early twentieth century, with an emphasis on both personal spiritual cultivation through Daoist inner alchemy and Confucian morality, and on universal salvation in the context of the sectarian eschatology of the three kalpas. Apart from a few syntactical structures distinct from standard Chinese, there is little in the text to indicate its Vietnamese provenance, and even few specific indications of a "uniquely" Cao Đài revelation. A reader familiar with Chinese spirit-writing texts and unaware that

---

[81] Quotations from the text are references according to the date of production, i.e., year/month/day (in the text, the year is according to the Gregorian calendar and the month and day are according to the lunar calendar).

the text had been revealed in Vietnamese, could be forgiven, without studying the *ĐTCG* in depth, for assuming that our Chinese version was simply another of the myriads of texts produced by the thousands of spirit-writing altars in China and diasporic Chinese communities in the late imperial or modern era.[82]

An example of the stylistic similarity between the *ĐTCG* and Chinese spirit-writing texts is the literary practice, common in Chinese poetry and spirit-writing texts, in which the first word of each horizontal verse can be read vertically as a meaningful phrase. In the first stanza, for example, the three first Vietnamese words ĐỘNG ĐÌNH HO can be converted, based on the sound and meaning in the context of the verses, into the Chinese characters 洞頂蝴 (*dong ding hu*).[83] These characters, in turn, are homophones of the characters 洞庭湖(*dong ting hu*)—Dongting Lake, which has strong associations with the famous Chinese Tang Dynasty poet Lý Thái Bạch (Li Taibai 李太白), who is here referenced as the deity who authored this revelation, and who is venerated by Caodaists as the (spiritual) pope (*giáo tông* 教宗 *jiaozong*) of their religion.

[Original Vietnamese version]
ĐỘNG lòng thương xót buổi đời nguy,
ĐÌNH hội Phật Tiên đã mấy kỳ,
HO điệp mê mang chưa tỉnh thức,
ĐẠI TIÊN TRƯỞNG giáng hoát vô-vi.[84]

[Conversion into Chinese characters]
洞□傷悴□代危[85]
頂[庭]會佛仙達每期
蝴[湖] 蝶迷夢未顛醒
大仙將降活無為

[English translation of the Chinese version]:
My heart is pained by the calamities of this era
Buddhas and Immortals arrive for the assembly at each cycle
[The people are] Not yet awakened from their butterfly dream
The Great Immortal will come down, moving in non-action

[French version in the 1950 edition]:
Les malheurs de ce monde m'ont profondément ému.
Des Anges et des Bouddha se sont manifestés à maintes reprises pour son salut.

---

[82] Indeed, we showed the text to some Chinese readers unaware of its origin, and their reaction was the same: they saw our Chinese version of the *ĐTCG* text as a collection of Chinese poems.

[83] Phái Chiếu-Minh, *Đại Thừa Chơn Giáo*,16 (message of September 24th, 1936).

[84] Boldface in this and in the following extracts follows the original text.

[85] This verse includes *chữ nôm* characters (underlined) for vernacular terms that do not have equivalents in Chinese characters.

> *Mais, hallucinés par le Rêve des Papillons, ses hôtes ne veulent pas se réveiller...*
> *Je viens en Esprit leur ouvrir la Bible Caodaïque de la Délivrance.*
>
> [English literal translation of the 1950 French version]:
> *The calamities of this world have profoundly moved me.*
> *Angels and Buddhas have manifested themselves on numerous instances for its salvation.*
> *But, hallucinated by the Dream of the Butterflies, its hosts do not want to awaken...*
> *I come in the Spirit to open for them the Caodaic Bible of Deliverance.*
>
> [English translation published in 2015]:
> *Touched by miseries of this world,*
> *Divine Beings manifest many times to save it.*
> *Yet humans are still deeply wallowing in reveries,*
> *The GREAT IMMORTAL descends to teach them Self-Deliverance.*

The meter and structure of *ĐTCG*'s verses reads like a typical Chinese spirit-writing text. What makes the *ĐTCG* distinctive is the fact that it was revealed in romanized Vietnamese, *not* in Chinese characters—allowing it to cast a veil over the Chinese origin and content of its teachings, a veil that has become thicker with each generation of Vietnamese becoming increasingly ignorant of Chinese writing and civilization. Lacking the Chinese linguistic knowledge and Daoist terminology, a reader would find parts of the text to be simply incomprehensible.

The "occultation" of the Chinese religious roots of the *ĐTCG* was carried a stage further by the French edition, which overlaid an interpretation—onto the entire text—based on the categories of European esoteric and occultist re-appropriations of Catholic, Buddhist, and Daoist words and concepts. Since many of the early Cao Đài leaders and believers were educated in French colonial schools, they were often more literate in French than in Chinese or even Vietnamese, and used the French version as a key to understanding the obscure Vietnamese original with its stylistic roots in classical Chinese poetry. The bilingual edition of the *ĐTCG* was certainly published with this first purpose in mind. Moreover, the French edition helped to legitimize and convert the *ĐTCG* into both the language of modern rationality (through the idiom of Occultism) and the language of religious hegemony (through the idiom of Catholicism re-mixed by Occultism). But this "occultization" process of conversion and transformation, nearly completely "occulted" or eclipsed the Chinese and, especially, the Daoist roots of the text. This linguistic overlay is evidenced in the French title of the *ĐTCG—La Bible du Grand Cycle de l'Ésotérisme* ("The Bible of the Great Cycle of Esotericism"), which shifts the terminology from the generic Chinese Buddhist connotation of the original title, "The True Teachings of the Great Realization" or "The True Teachings of the Great Vehicle [Mahayana]" to an explicit combination of Biblical and esoteric references.

An archetypal example of the conversion of Daoist concepts into Christian terms with an explicit reference to Master Cao Đài that is absent in the original text is the fourth verse of the stanza revealed on 24 September 1936 and cited above. In the Vietnamese original, the line "*Đại-Tiên-Trưởng giáng hoát vô-vi,*" converted word-by-word into Chinese characters, becomes 大仙將降活無為 (*daxian jiangluo huo wuwei*), which may be rendered into English as "The Great Immortal shall come down, moving in non-action"—a rather generic expression of the process of spirit-writing by Daoist immortals in Chinese religion (the poet Li Taibai in this text). But in the French version—*Je viens en Esprit leur ouvrir la Bible Caodaïque de la Délivrance* ("I come in the Spirit to open for them the Caodaic Bible of Deliverance")—the Daoist terminology of the original is replaced by Christian tropes ("I come in the Spirit", the "Bible of Deliverance") in the name of Cao Đài.

Indeed, much of the original version of the *ĐTCG* can be read in the original like a relatively typical Chinese spirit-writing text, with the recurrent themes of a syncretic view of self-cultivation referring to the Three Teachings of Confucianism, Daoism, and Buddhism, associated with specific techniques of Daoist inner alchemy, and a message of universal salvation in the eschatological framework of the three kalpas of the Chinese salvationist (sectarian) tradition. The term "Cao Đài" rarely appears in the original; but is inserted repeatedly throughout the French translation, together with Christian and occultist terms. The French-mediated translingual practice of Cao Đài religion would appear to play an important role in articulating a Cao Đài identity that is distinct from Chinese popular religion and spirit-writing—the Vietnamese original version of the scripture containing little to distinguish it from the broader genre of Chinese spirit-writing.

It is interesting to note that in the new 2013 French translation of the scripture, the Christian terminology is removed from the translation of the afore-mentioned verse, which becomes: "The superior Spirit of the Great Immortal Li Taibai manifests itself and opens the era of Spirituality" (*L'Esprit supérieur du Grand Immortel Li T'ai Pe se manifeste et ouvre l'ère de la Spiritualité*), perhaps indicating an alignment with a more "New Age" discourse of "spirituality," all the while explicitly naming the "Great Immortal" as Li Taibai.[86] And the 2015 English version is rather generic: "The GREAT IMMORTAL descends to teach them Self-Deliverance."[87]

In the next stanza, we find what again reads as a relatively generic spirit-writing text, with the exception of a specific reference to the "South"—which can, in the context of this scriptural production, be interpreted as either Vietnam, being located to the South of China, or as South Vietnam—given that the Cao Đài religion appeared in the Mekong delta and has been associated with South Vietnamese religious culture and identity. In the French translation, several of the implicit nuances of the stanza are rendered into explicit interpretations, again using Chinese sectarian, Christian, and occultist references. The reference to the third cycle of salvation, a mainstay of Chinese sectarian eschatology, is interpolated into the first line; the "Great Virtue" is named as the "Comforter," which is understood by Christians as referring to the Holy Spirit.[88] The Vietnamese sentence "educate the souls" (*giáo dục hồn dân*, 教德魂人 *jiao de hun ren*), largely influenced by a

---

[86] Cao Đài Đại Đạo Cénacle Ésotérique, *Le véritable enseignement du grand cycle caodaïste (Đại Thừa Chơn Giáo)*, 17.

[87] Cao Đài Đại Đạo "Chiếu Minh" Séance, *The Grand Cycle of Esoteric Teaching*, 11.

[88] See John 14:16, John 14:26, John 15:26.

Chinese conception of cultivation, was translated into French with a Christian-driven formula, "Angelic education."

In the third verse, the vaguely Daoist notion of the "return to one's spiritual nature" (*chuyển qui linh tánh* 轉歸靈性 *zhuangui lingxing*) is translated into strongly dualistic Biblical imagery as "fishing out the divine soul entangled in the flesh," while the generic "true transmission of Dao," *Chơn truyền đạo* (真傳道 *zhenchuan dao*), is rendered as "Caodaic esotericism." The Cao Đài practice of spirit-writing, "holding the divining stylus", *thừa cơ mật nhiệm* (乘乩密驗 *chengji miyan*) is rendered as "by means of psychography" with its Western spiritist and modernist connotations of a "writing of the psyche" or "photography of the soul."

[Original Vietnamese version]:
ĐẠI đức Nam Phương hóa Đạo Huỳnh,
THỪA cơ mật nhiệm thức tâm linh,
CHƠN truyền đạo chuyển qui linh tánh,
GIÁO dục hồn dân trí huệ minh.

[Conversion into Chinese characters]:
大德南方化道黃
乘乩密驗篤心靈
真傳道轉歸靈性
教德魂人智慧明

[English translation of the Chinese version]:
The Great Virtue generates an emperor of Dao in the South.
Holding the divining stylus to secretly activate the souls.
The true transmission of Dao returns to the spiritual nature.
Educate the souls and people to understand the wisdom.

[French version in the 1950 edition]:
Le consolateur prêche le 3ᵉ Salut Universel au Viet-Nam.
Au moyen de la psychographie, Il réveille les âmes dévoyées.
L'Ésotérisme Caodaïque *repêche l'Âme Divine enlisée dans la chair.*
Cette Éducation Angélique rallume la flamme Sacrée des cœurs humains.

[English literal translation of the 1950 French version]:
The comforter preaches the 3rd Universal Salvation in Vietnam.
By means of psychography, He awakens the lost souls.
Caodaic Esotericism *fishes out the Divine Soul entangled in the flesh.*
This Angelic Education re-ignites the Sacred flame of the human hearts.

[English translation published in 2015]:
GOD preaches the Saintly Doctrine in Vietnam;
HE reveals the mystic science to wake human spirits,

> HE shows them the method to return to their spiritual nature,
> And teaches them the doctrine to cultivate their mind.

A few lines down, Chinese salvationist apocalyptic themes are again translated into Christian terms: the "True Dao" (*Chơn Đạo*, 正道 *zhengdao*) becomes "the Gospel of the Spirit of Truth"; the "end of the kalpa" (*mạt kiếp* 末劫 *mojie*) becomes "the prophesied end times"; the "Dragon Flower Assembly" (*hội Long Hoa*, 龍華會 *Longhuahui*) becomes the "coming judgment of God." It seems that the main inspiration in the translation came from the spiritist reform of Catholicism. Indeed, by mentioning the role of the "Spirit of Truth" announced to "the Incarnates," we have a clear-cut reference to one of the key concepts of Kardec's spiritist doctrine. In his *Book of the Spirits* (*Le Livre des Esprits* in its 1857 original French version), Kardec referred to "The Spirit of Truth" as a group of spirits who taught the new doctrine during spiritist séances in the 1850s. In volume II of *The Book of the Spirits*, Kardec dedicated chapter 2 to the "Incarnation of Spirits" and explained why spirits "incarnate" in material bodies, justifying later the necessary "disincarnation" process taught by the spiritist doctrine itself.

> [Original Vietnamese version]:
> Minh Chơn-Đạo thời kỳ mạt-kiếp,
> Thức tỉnh đời cho kịp Long-Hoa,
>
> [Conversion into Chinese characters]:
> 明正道吹起末劫
> 學省俗至及龍華
>
> [English translation of the Chinese version]:
> Enlightening the True Dao at the end of the kalpa
> Awakening from the profane world will allow one to reach the Dragon Flower Assembly.
>
> [French version in the 1950 edition]:
> *L'Évangile de l'Esprit de Vérité s'ouvre aux derniers temps prédits*
> *Pour annoncer aux Incarnés le prochain Jugement de Dieu.*
>
> [English literal translation of the 1950 French version]:
> *The Gospel of the Spirit of Truth is opened in the prophesied end times*
> *To announce to the Incarnates the coming Judgment of God.*
>
> [English translation published in 2015]:
> *The Spirit of Truth is elucidated in this late Era of Destruction,*
> *To warn the incarnate of the upcoming Judgment.*

A little further down,[89] the *ĐTCG* does mention Cao Đài explicitly, referring not to the Master here but rather to a specific "set of teachings," *Cao Đài giáo* (高臺教 *Gaotai jiao*). The original verses use a generally Buddhist imagery to speak of guiding sentient beings to deliverance through self-cultivation, although the term "Second Person," *Ngôi Hai* (位二 *wei er*) can refer, in Vietnamese Catholicism, to the Son, i.e., to the second person of the Holy Trinity. In the French version, this incarnation-related and messianic theme is expanded to convert the stanza into a fully Christian eschatological structure, speaking of the "lambs," the "manger," the "children of God," and the "Darkness of Satan" (albeit with the "Three Nirvanas" thrown in, which do not appear in the original version). The mention in French of "the Era of Incarnation" sets up again a spiritist framework of understanding and translation. The extensive use of Christian terminology has to be comprehended within this spiritist perspective.

[Original Vietnamese version]:
CAO-ĐÀI-GIÁO lưu hành phổ tế,
Pháp chánh truyền cứu thế thoát nhân,
Bốn phương phát triển tinh thần,
Gội nhuần võ lộ hồng ân **CAO-ĐÀI**.
Gần tận thế **NGÔI-HAI** ra mặt,
Đặng toan phương dìu dắt chúng-sanh,
Chỉ tường cội phước nguồn lành,
Giác mê tỉnh ngộ tu hành siêu thăng.
Cuộc tang thương dữ dằn trước đó,

[Conversion into Chinese characters]:
高臺教流行普渡
《法正傳》救世脫人
四方發展省清
溉濕霧露鴻恩高臺
近旦夕位二出面
當痛方調度眾生
指通概福憸恩
覺夢醒悟自行超升

[English translation of the Chinese version]:
The Cao Đài teachings spread universal salvation far and wide
The Orthodox Transmission of the Dharma saves the world and delivers humanity
In the four directions, consciousness shall develop
Moistened by the blessed mist and dew of the grace of [Master] Cao Đài
Approaching the Last Day [End of the World], the **Second Person [the Son]** appears
And suffers in order to guide all sentient beings

---

89 Phái Chiếu-Minh, *Đại Thừa Chơn Giáo*, 18.

黃大仙信俗與非物質文化遺產國際學術研討會論文集

conventions of Daoist studies, it might be also rendered in English as the "Three Vehicles of Nine Reversions,"[91] or as "Ninefold transformation"[92] or as "Nine reversals".

Indeed, the description of the method over the following sections clearly refers to inner alchemical practices. But the "pre-natal realm" or *tiên thiên*(先天 *xiantian*, also often translated by scholars as "anterior heaven"), a core concept in Daoist cosmology and alchemical practice, is translated as "Occult life" (i.e., the hidden life which requires an initiation); while the process of alchemical refinement of the *hồn* (魂 *hun*) and *phách*(魄 *po*) souls on the path of immortality (*tiên* 仙 *xian*), is rendered as "Cleans[ing] the soul and the body of the Elect who aspire to the Bliss of the Angels." In the 2013 revision, those terms are replaced by the more New-Age theosophical connotaitons of "creating the astral body."[93] Indeed the founders of the Theosophical Society extensively based their argumentation on the existence and definition of this astral body, especially the 1902 book *Man Visible and Invisible* by Charles Webster Leadbeater (1854–1934).

[Original Vietnamese version]:
Đại thừa Đạo chánh Tiên-Thiên,
Luyện hồn chế phách đăng Tiên hưởng nhàn.
Trong cửu chuyển phải tàng tâm-pháp,
Phải y hành cho hạp phép tu,

[Conversion into Chinese characters]:
大乘道長先天
練魂制魄登仙享閒
純九轉恰藏心法
恰依行才合法修

[English translation of the Chinese version]:
The Way of the Great Vehicle is eternally located in the Pre-Natal realm
Refine the heavenly (*hun*)souls and control the earthly (*po*) souls, ascend to the bliss of the Immortals
In the nine pure cycles are stored the method of the inner heart
You must follow the right rules and train with the right principles

[French version from the 1950 edition]:
Le Grand Cycle de l'Ésotérisme révèle la Vie Occulte,
Assainit l'âme et le corps des Élus qui aspirent à la Félicité des Anges.
Au cours des 9 spires d'évolution, pénétrez-vous des Lois Occultes

---

[91] Louis Komjathy, *The Way of Complete Perfection: A Quanzhen Daoist Anthology* (Albany: State University of New York Press, 2013), 309.

[92] Kristofer Schipper and Franciscus Verellen, eds., *The Taoist Canon: A Historical Companion to the Daozang* (Chicago: University of Chicago Press, 2004), 399.

[93] Cao Đài Đại Đạo Cénacle Ésotérique, *Le véritable enseignement du grand cycle caodaïste (Đại Thừa Chơn Giáo)*, 299.

conventions of Daoist studies, it might be also rendered in English as the "Three Vehicles of Nine Reversions,"[91] or as "Ninefold transformation"[92] or as "Nine reversals".

Indeed, the description of the method over the following sections clearly refers to inner alchemical practices. But the "pre-natal realm" or *tiên thiên*(先天 *xiantian*, also often translated by scholars as "anterior heaven"), a core concept in Daoist cosmology and alchemical practice, is translated as "Occult life" (i.e., the hidden life which requires an initiation); while the process of alchemical refinement of the *hồn* (魂 *hun*) and *phách*(魄 *po*) souls on the path of immortality (*tiên* 仙 *xian*), is rendered as "Cleans[ing] the soul and the body of the Elect who aspire to the Bliss of the Angels." In the 2013 revision, those terms are replaced by the more New-Age theosophical connotations of "creating the astral body."[93] Indeed the founders of the Theosophical Society extensively based their argumentation on the existence and definition of this astral body, especially the 1902 book *Man Visible and Invisible* by Charles Webster Leadbeater (1854–1934).

[Original Vietnamese version]:
Đại thừa Đạo chánh Tiên-Thiên,
Luyện hồn chế phách đăng Tiên hưởng nhàn.
Trong cửu chuyển phải tàng tâm-pháp,
Phải y hành cho hạp phép tu,

[Conversion into Chinese characters]:
大乘道長先天
練魂制魄登仙享閒
純九轉恰藏心法
恰依行才合法修

[English translation of the Chinese version]:
The Way of the Great Vehicle is eternally located in the Pre-Natal realm
Refine the heavenly (*hun*) souls and control the earthly (*po*) souls, ascend to the bliss of the Immortals
In the nine pure cycles are stored the method of the inner heart
You must follow the right rules and train with the right principles

[French version from the 1950 edition]:
Le Grand Cycle de l'Ésotérisme révèle la Vie Occulte,
Assainit l'âme et le corps des Élus qui aspirent à la Félicité des Anges.
Au cours des 9 spires d'évolution, pénétrez-vous des Lois Occultes

---

[91] Louis Komjathy, *The Way of Complete Perfection: A Quanzhen Daoist Anthology* (Albany: State University of New York Press, 2013), 309.

[92] Kristofer Schipper and Franciscus Verellen, eds., *The Taoist Canon: A Historical Companion to the Daozang* (Chicago: University of Chicago Press, 2004), 399.

[93] Cao Đài Đại Đạo Cénacle Ésotérique, *Le véritable enseignement du grand cycle caodaïste (Đại Thừa Chơn Giáo)*, 299.

Selon lesquelles vous pratiquez vos Exercices Spirituels.

[English literal translation of the 1950 French version]:
The Great Cycle of Esotericism reveals the Occult Life,
Cleanses the soul and the body of the Elect who aspire to the Bliss of the Angels.
During the 9 stages of evolution, immerse yourself in the Occult Laws
According to which you practice your Spiritual Exercises.

[English translation published in 2015]:
The Grand Cycle of Esotericism reveals the Way of the Pre-Genesis,
To forge the soul and create the double-body for the spiritual ascension.
You should know the method of heart in the Nine Initiations,
And scrupulously exercise them in accord with the rules of self-perfection.

Further down,[94] we find a typical piece of advice on nurturing the triad of *tinh* (精 *jing*), *khí*(氣 *qi*), and *thần*(神 *shen*) in Daoist inner alchemy—three terms usually translated in English-language scholarship as Essence, Qi (or vital breath), and Spirit; these, here, are rendered as "sperm," "breath," and "the Holy Spirit." The Chinese terms are impossible to translate adequately—*jing*, *qi*,and *shen* each referring to different forms of vital energy, *jing* being the most "material" and *shen* the most "spiritual," externally associated respectively with sperm, breath, and the mind, but internally the object of subtle circulations and transformations within the body, each being transformed into the other through alchemical meditation aiming to refine the *jing* into *qi*, the *qi* into *shen*,and the *shen* back into the void *xuwu* 虛無 (*hư vô* in Vietnamese). Given the impossibility to fully render the terms into European languages—and the opacity of the terms to anyone not familiar with inner alchemy—it is interesting that the Cao Đài translators chose two terms that reflect an extreme dualism of body and spirit, rendering *jing* into its most materialized expression as "sperm" and *shen* into a Christian term associated with the absolutely transcendental God, as the "Holy Spirit." (the 2015 version translates *jing* and *shen* as "quintessence" and "spirit" respectively, a choice of terms that most scholars would probably find appropriate).

[Original Vietnamese version]:
Nhứt là dưỡng khí, tồn tinh,
Tinh khô, khí tận, thần linh chẳng còn.

[Conversion into Chinese characters]:
一來養氣存精
精枯、氣竭，神靈將乾

[English translation of the Chinese version]:
Most important is to nurture the *Qi* and preserve the Essence

---

[94] Phái Chiếu-Minh, *Đại Thừa Chơn Giáo*,386 (message of August 19th, 1936).

When the Essence is dried and the *Qi* is exhausted, the Spirit will disappear

[French version from the 1950 edition]:
Ménagez d'abord le Souffle de vie et économisez le Sperme.
Quand le Sperme s'épuise et le Souffle se gaspille, le Saint-Esprit disparaîtra...

[English literal translation of the 1950 French version]:
First nourish the Breath of life and conserve your Sperm.
When the Sperm is drained and the Breath is wasted, the Holy Spirit will disappear...

[English translation published in 2015]:
Especially you should nurture Energy and conserve Quintessence,
If you expend Quintessence and exhaust Energy, the Spirit no longer exists.

The dualistic framework appears again a few verses below on the first reversal, in which the "communication between *shen* (spirit) and *qi* (vital breath)" (*thần khí giao thông* 神氣交通 *shenqi jiaotong*) is rendered as "union of the Soul and Body," and the "elimination of worries and malice" (*Diệt trừ phiền não lòng không* 滅除煩惱心空 *miechu fannao xinkong*) is translated as their "dematerialization." This Chinese conception of the body is fully "Caodaized" in the French translation, as the Daoist alchemical process is here said to be conducted "according to the Caodaic Code," a specification that is absent in the original.

[Original Vietnamese version]:
Sơ **Nhứt Chuyển** lo tròn luyện kỹ,
Xây đắp nền thần khí giao thông,
Diệt trừ phiền não lòng không,
Thất tình lục dục tận vong đơn thành.

[Conversion into Chinese characters]:
初一**轉**耐圓煉意
升台基神氣交通
撇除煩惱心罡
七情六慾殆忘丹成

[English translation of the Chinese version]:
In the first cycle, remember to wholeheartedly train with intention.
Raise the foundation for the communication between *qi* and spirit.
Eliminate all worries and malice.
Extinguish the emotions and desires to form the elixir [of immortality].

[French version from the 1950 edition]:
A la 1ère spire d'évolution (1ère INITIATION) forgez et trempez vaillamment vos 3 âmes.

Bâtissez les assises du Temple où l'Âme et le Corps s'unissent selon le Code Caodaïque.
Dématérialisez-les des soucis et des chagrins.
La pilule d'immortalité se forme dès que les instincts et les passions se taisent.

[English literal translation of the 1950 French version]:
At the 1ˢᵗ stage of evolution (1ˢᵗ INITIATION) valiantly forge and soak your 3 souls.
Build the foundations of the Temple where the Soul and the Body are united according to the Caodaic Code.
Dematerialize them of anxieties and worries.
The pill of immortality is formed as soon as the instincts and passions are quieted.

[English translation published in 2015]:
In the FIRST INITIATION you should accomplish self-perfection,
To build the foundation for Energy-Spirit alliance,
Also to abolish all grieves (*sic*) and maintain the emptiness of heart,
Once the seven emotions and six passions are shut, serenity emerges.

A few verses down, "Caodaic consciousness" is interpolated into the text where the original *Tâm Đạo* ("The Dao of the Heart" 心道 *xindao*) makes no mention of Cao Đài and carries a generic coloration; and the "sublime *qi*," *khí hạo nhiên* (氣浩然 *qi haoran*) which evokes the Confucian philosopher Mencius and the poet Su Dongpo 蘇東坡,[95] is rendered with the yogic and Sanskrit term of "prana" (the vital principle).

The last verse of this stanza expresses the essence of Daoist inner alchemical practice: the harmonization of *tánh* (性 *xing*)and *mạng*(命 *ming*)—terms that are also very difficult to translate but generally refer to one's spiritual nature or essence (*xing*) and to the life of the body (*ming*) —each of which is the subject of training regimens in Daoism; the relationship between the two of them has been the subject of protracted debates in Daoist discourse over the centuries, with a general consensus, however, that *both* the practice of techniques of the body (*ming*) *and* the pursuit of spiritual purity (*xing*) are essential and should be harmonized.[96] The second part of the last verse refers to the metaphors of lead and mercury in inner alchemy, which are respectively associated with water and fire, denoting energies within the body whose circulation must be inverted and conjoined to form the elixir. This complex Daoist cosmology of the body is here rendered in terms of "sublime *qi*" being described as the "Holy Spirit" acting as the "hyphen" linking the "Spirit of Light" and the "Spirit of Darkness." While the translation

[95]See the*Mencius: Gongsunchou* I: 2 孟子:公孫丑上: "I am good at nourishing my sublime *qi*" 我善養吾浩然之氣. And in the melody "Prelude to the Water: In the Happy Pavilion" 水調歌頭: 快哉亭作, included in *The Poems of Dongpo* 東坡樂府 (edited in the Yuan Dynasty), verse 34, the poet Su Dongpo 蘇東坡 wrote, "A little bit of sublime *qi* senses a thousand miles of blissful wind. 一點浩然氣，千里快哉風" (https://ctext.org/wiki.pl?if=gb&chapter=616023).
[96] For a detailed discussion of this issue, see Fabrizio Pregadio, "Destiny, Vital Force, or Existence? On the Meanings of Ming 命 in Daoist Internal Alchemy and its Relation to Xing 性 or Human Nature," *Daoism: Religion, History and Society* 6 (2014): 157–218.

does convey the sense of conjoining dual opposites, the notions of "Spirit of Light" and "Spirit of Darkness" have rather different, spiritist-driven connotations.

[Original Vietnamese version]:
Tâm Đạo phát thanh-thanh tịnh-tịnh,
Dưỡng Thánh-thai chơn bỉnh Đạo Huyền,
Ngày đêm cướp khí hạo nhiên,
Hiệp hòa tánh mạng, hống diên giao đầu.

[Conversion into Chinese characters]:
心道合神神靜靜
養聖胎貞秉道玄
日夜豁氣浩然
協和性命、汞鉛交投

[English translation of the Chinese version]:
The Dao of the Heart becomes calm and pure
Nurture the Holy Foetus and hold to the mystery of Dao
Day and night, expand the sublime *qi*
Harmonize spiritual nature and bodily life, inducing the intercourse of Mercury and Lead.

[French version from the 1950 edition]:
La CONSCIENCE CAODAIQUE s'épanouit dans le calme et la pureté.
Nourrissez le SAINT-FŒTUS selon les règles strictes de l'Ésotérisme du Maître.
Nuit et jour, captez vaillamment le PRANA.
Qui est le Saint-Esprit ou Trait d'Union entre l'Esprit de Lumière et l'Esprit des Ténèbres symbolisés par le HG et le PB.

[English literal translation of the 1950 French version]:
The CAODAIC CONSCIOUSNESS expands in stillness and purity.
Nourish the HOLY FŒTUS according to the Master's strict rules of Esotericism.
Night and Day, valiantly capture the PRANA.
That is the Holy Spirit or Hyphen between the Spirit of Light and the Spirit of Darkness symbolised by HG and PB.

[English translation published in 2015]:
Develop the Conscience of DAO in serenity and quietude,
Nurture the Saintly Fetus in accord with the mystic laws;
Day and night, capture the primordial energy of life,
To harmonize soul and body, to unite mercury and lead.

A few lines further—"*Âm dương thăng giáng điều hòa*" (陰陽升降調和 *yinyang shengjiang tiaohe*), literally "Yin and Yang rise and fall in coordination"—we find an intriguing translation of the yin-yang dyad—*âm* (陰 *yin*) and *dương* (陽 *yang*) as the

"Spiritual and the Temporal," which "rise and descend according to the rhythm of Providence," providing a strong Kardec-inflected Catholic flavor to what, in Chinese, is an ordinary statement on the basic cosmological operation of yin and yang cycles.

[Original Vietnamese version]:
Âm dương thăng giáng điều hòa,
Huân chưng đầm ấm tam hoa kiết huờn.

[Conversion into Chinese characters]:
陰陽升降調和
熏蒸潭温三華結還

[English translation of the Chinese version]:
Yin and Yang rise and fall in coordination
Steam and distil the three essences [essence, *qi*, and spirit] back to the origin

[French version from the 1950 edition]:
Le Spirituel et le Temporel montent et descendent selon le rythme de la Providence.
Le Syncrétisme des Fluides amène l'Harmonie des 3 Âmes.

[English literal translation of the 1950 French version]:
The Spiritual and the Temporal rise and descend according to the rythm of Providence.
The Syncretism of the Fluids brings about the Harmony of the 3 Souls.

[English translation published in 2015]:
The Yin and Yang concertedly rise and fall,
And the Three Treasures rhrythmically harmonize and sublime.

Next we find another pair of verses that express, in typical inner-alchemical terms, some basic processes of alchemical cultivation. While "Opening the nine orifices" (*khai cửu khiếu*, 開九竅 *kai jiu qiao*) is open to different interpretations,[97] the *ĐTCG* translates them as the "nine chakras," drawing on Western esoteric interpretations of Indian tantra. Indeed, the Theosophical Society published extensively on these terms and this literature circulated in Cochin-China. The book *The Chakras* (1927) of Charles W. Leadbeater, one of the founders of the Theosophical Society, notably included a series of colored drawings, which contributed to the popularization of his interpretation in Cochin-China.[98] This theosophical literature was stored and explored in the Minh Lý and Đài libraries, but also in various bookshops in Ho Chi Minh City that we visited during our fieldwork (2000-2013).

---

[97]For example, the "Wonderful Instructions on the Golden Elixir of the Nine Cycles," 大洞煉真寶經九還金丹妙訣, a Tang-dynasty text preserved in the Daoist Canon (no. 891), links the "nine orifices" to "nine stars." See Schipper and Verellen, eds., *The Taoist Canon*, 383–384.

[98] In the year of his death (1934), the Cochin-Chinese branch of the Theosophical Society, based in Saigon, was named after him. See Jammes, "Theosophying."

The second verse refers to the operation of the Five Elements or Five Phases (*ngũ hành* 五行 *wuxing*: wood, fire, earth, metal, and water) and to the circulation, in inner alchemy, of the yang and yin forces of Heaven and Earth, *Càn-Khôn* (the *qian* 乾 and *kun* 坤 trigrams). The translator(s) of the *ĐTCG* here interpreted the *wuxing* as the "five senses" and once again used the "union of the spiritual and the temporal" to render the circulation and rotation of *qian* and *kun*.

[Original Vietnamese version]:
Khai cửu khiếu kim-đơn phanh-luyện,
Vận ngũ hành lưu chuyển Càn-Khôn,

[Conversion into Chinese characters]:
開九竅金丹返煉
運五行流轉乾坤

[English translation of the Chinese version]:
Open the nine orifices for the reverse refinement of the golden elixir
Operate the Five Phases to rotate the Heaven and Earth [Qian and Kun]

[French version from the 1950 edition]:
En ouvrant les 9 CHAKRAS (sens spirituels) la pilule d'immortalité se chauffe et se forge.
En convergeant les 5 sens, le Spirituel et le Temporel s'unissent intimement.

[English literal translation of the 1950 French version]:
By opening the 9 CHAKRAS (spiritual sense organs) the pill of immortality heats up and is forged.
By converging the 5 senses, the Spiritual and the Temporal conjoin intimately.

[English translation published in 2015]:
Activate the nine corporal energy centers to elaborate the golden pill,
Operate the Five Elements to circulate the micro-cosmos

The stanza below[99] describes the inner-alchemical process of reversing the aging process to preserve the body, cultivating the birth of an immortal spirit-embryo within one's abdomen. This process is largely occulted in the *ĐTCG* translation, which speaks of "purifying and lightening the Superior Self."

[Original Vietnamese version]:
Gom vào tư tưởng trong ngoài,
Luyện phanh trong sạch Thánh-Thai nhẹ nhàng.

---

[99] Phái Chiếu-Minh, *Đại Thừa Chơn Giáo*, 388 (message of August 19th, 1936).

[Conversion into Chinese characters]:
歸化思想內外
煉反存身聖胎輕閒

[English translation of the Chinese version]:
Collect your thoughts from the inner and outer realities.
Practice to revert and preserve the body and the Holy Foetus will become ethereal.

[French version from the 1950 edition]:
Concentrant le Mental et le Causal, l'initié sélectionne ses pensées.
Il les analyse et les synthétise en vue de purifier et d'alléger le Moi Supérieur.

[English literal translation of the 1950 French version]:
Concentrating the Mental and the Causal, the initiate selects his thoughts.
He analyzes and synthesizes them in order to purify and to lighten the Superior Self.

[English translation published in 2015]:
Converge all inside and outside thoughts,
Forge and purify them so that the Saintly Fetus becomes lighter.

And in the following verse, opening the "seventh initiation,"[100] the alchemical refinement of the "true spirit" is rendered in both theosophical terms, by a Hindu and cosmic representation of the fluid as *prana*, and Biblical terms ("enthrones the Holy Spirit on the Throne of Glory").

[Original Vietnamese version]:
Thất Chuyển pháp hạo nhiên chi khí,
Luyện Chơn-Thần qui vị hưởng an.

[Conversion into Chinese characters]:
七轉法浩然之氣
煉真神歸位享安

[English translation of the Chinese version]:
The seventh cycle is the method of the Majestic Spirit.
Refine the True Spirit and return to the position of peace.

[French version from the 1950 edition]:
À la 7ᵉ INITIATION, l'initié condense le fluide cosmique ou le Prana.
Et intronise le Saint-Esprit sur son Trône de Gloire.

---

[100] Phái Chiếu-Minh, *Đại Thừa Chơn Giáo*, 388 (message of August 19th, 1936).

> [English literal translation of the 1950 French version]:
> At the 7th INITIATION, the initiate condenses the cosmic fluid or Prana.
> And enthrones the Holy Spirit on its Throne of Glory.
>
> [English translation published in 2015]:
> The SEVENTH INITIATION is the method for the energy of life,
> To forge your true spirit into its original state.

CONCLUSION

Scholarship on Caodaism has only begun to explore the key role of Western Occultism and Chinese redemptive societies as contexts for Cao Đài history and identity. In this chapter, we have begun to trace how Minh Lý and Cao Đài appeared as redemptive societies at the point of convergence of the Chinese Xiantiandao salvationist tradition and French Occultism.

In our research, we have found that the core cosmology and practices of all the Minh and Cao Đài religious groups can be clearly identified as related to the Chinese spirit-writing tradition, and especially to the salvationist eschatology and practices of the Xiantiandao tradition—with a core Daoist cosmology and inner alchemical meditation techniques, vegetarianism, the basic Xiantiandao pantheon, and three-stage millenarianism. As for French Spiritism, it seems to have played a role both as an initial trigger before a switch to the Chinese-style "flying phoenix," and later as a "modernist" discursive and interpretive device. It was used to reformulate and explain the teachings and practices in a more legitimate, scientific and Christian-sounding language, and, through the translation process, to obscure the traces of Caodaism's Chinese genealogy.[101]

But Vietnamese redemptive societies are not a simple combination or synthesis of the Chinese and European traditions. The structural position of both elements is not identical. Both movements—Occultism and redemptive societies—bear the imprint of the socio-cultural conditions and concerns of their period and their place of origin. Reconsidering Caodaism within the context of European occultist culture and Chinese redemptive societies brings into focus the specific features of this religious movement at a crucial moment in Vietnamese history, without getting locked into old scholarly categorizations ("secret societies," "folk religious cults," "sectarian rebels," "new religious movements,"…) which have obscured the academic understanding of Caodaism until now. These semantic shifts allow us to focus on the intrinsic characteristics of Caodaism and move away from these categories.

In this chapter, we have engaged in an exercise of *reverse translation*, converting sections of the core Cao Đài esoteric scripture into Chinese characters. This has revealed that the original Cao Đài *text* was little different from typical Chinese spirit-writing productions. But the French colonial and Vietnamese nation-building *context* of Cao Đài's emergence was quite different from that of redemptive societies in China, and this led to

---

[101] For a further discussion of these issues, see Jammes & Palmer, "Occulting the Dao."

significantly different results in terms of its textual production in the Vietnamese and French languages—a process that was shaped by, and shaped in turn, the religious identity construction and institution building of Cao Đài religion.

If spiritist literature was widespread in Cochin-China, it seems to not have been institutionalized but rather followed the model of recreational circles. On the other hand, the Theosophical Societycreated an organizational, publishing and translating infrastructure "that was perfectly integrated into the intellectual fabric of its time."[102]The Vietnamese Theosophical Society's production—books, brochures, magazines, visuals, neologisms, and "foreignisms"—was supportive of the Cao Đài publication and translation agenda.

The Kardec-ish (spiritist) and Leadbeater-ish (theosophical) style of the Cao Đài translation certainly implies an intentional transformation of the text by the translators, a repackaging of Vietnamese and Chinese indigenous religious cosmologies and practices into equivalents or alternatives to Christian churches (through the occultist lens). Within the Vietnamese cultural contextualization of Chinese sacred texts occurring in late nineteenth and early twentieth centuries Cochin-China (as discussed in chapter 6 of this volume about the Tứ Ân Hiếu Nghĩa movement and its production of new and hybrid Buddhist texts), itappears as if the Cao Đài translators deliberately downplayed the Chinese-ness of the spirit-writing text, opting for a French translation that could serve their agenda of universalising the Cao Đài scriptural corpus and of offering an Asian (Vietnamese) counterpart to Western knowledge.

We see here the limit of a structural logic which suggests a dual and complementary alternative and opposition between the Self and the Other (Vietnam/China or Vietnam/France). On the contrary, it would be fruitful to approach the *ĐTCG* production as a sort of paradoxal logic that interpenetrates the ambivalences of each categories of thinking, manages in a constructive and creative way the theological contradictions and, ultimately, re-evaluates the forms of classification, the symbolic forms, the categories and universes of meaning.[103] In the colonial context, this *bricolage* or creolization makes possible and viable what the French anthropologist Roger Bastide, in his studies of syncretism, called "the cohabitation [and] the alternation, among an individual or a sociological group, of some logics and categories of thinking that are themselves incompatible and irreducible."[104]

This article opens questions for further research on the significance of European occultist culture and Chinese redemptive societies in the social, political, and intellectual history of modern and contemporary Vietnam. In the context of the intersection of these two waves, Caodaism provides an excellent case to understand religious innovation at the interface between Chinese religious culture, indigenous identity, and Western influences in a non-Chinese and colonial context.

---

[102] See the conclusion in Jammes, "Theosophying."

[103] See Roger Bastide, *Le prochain et le lointain* (Paris: Cujas, 1970), 137; Bastide, "Le principe de coupure et le comportement afro-brésilien," *Anais do XXXI Congresso Internacional de Americanistas (São Paulo, 1954)* 1 (1955): 493–503.

[104] André Mary, *Les Anthropologues et la religion* (Paris: Presses Universitaires de France, 2010), 129.

ACKNOWLEDGMENTS

This article is an output of the Chiang Ching-kuo Foundation-funded project on "Text and Context: Redemptive Societies in the History of Religions of Modern and Contemporary China," and the Universiti Brunei Darussalam (UBD)-funded project on "Vietnamese Religious Connectivity: a Multi-Sited, Anthropological and Historical Approach." We are grateful to the CCKF, to the Hong Kong Institute for the Humanities and Social Sciences at the University of Hong Kong, and to UBD for supporting the research leading to this article. Our sincere thanks are also extended to Vito Yu and Martin Tse, research assistants at the University of Hong Kong, for their assistance with data collection and translations.

黃大仙信俗與非物質文化遺產國際學術研討會論文集

BIBLIOGRAPHY

Aubrée, Marion & Jérémy Jammes. "Développements et mutations du spiritisme kardéciste: Brésil/Viêt Nam." *Politica Hermetica* 26 (2012): 70–94.

Bastide, Roger. "Le principe de coupure et le comportement afro-brésilien." *Anais do XXXI Congresso Internacional de Americanistas (São Paulo, 1954)* 1 (1955): 493–503.

———. *Le prochain et le lointain.* Paris: Cujas, 1970.

Batthacharya, Benoytosh. *An Introduction to Buddhist Esotericism.* London: Oxford University Press, 1932.

Bourdieu, Pierre.*Choses dites.* Paris: Éditions de Minuit, 1987.

Brach, Jean-Pierre, Antoine Faivre, Wouter J. Hanegraaff, &Roelof van den Broek, eds. *Dictionary of Gnosis and Western Esotericism.* Leiden: Brill, 2005.

Cao Đài Đại Đạo Cénacle Ésotérique de Chiếu Minh. *Le véritable enseignement du grand cycle caodaïste (Đại Thừa Chơn Giáo).* Translated to the French from Vietnamese by Quách Hiệp Long. Hanoi: NxB Tôn Giáo, 2013.

Cao Đài Đại Đạo "Chiếu Minh" Séance.*The Grand Cycle of Esoteric Teaching.* Translated to the English from Vietnamese and French. San Jose: Cao-Dai Temple Overseas, 2015.

Clart, Philip. "The Phoenix and the Mother: The Interaction of Spirit-Writing Cults and Popular Sects in Taiwan." *Journal of Chinese Religions* 25 (1997): 1–32.

de Groot, J. J. M. *Sectarianism and Religious Persecution in China.* Reprint: Shannon, Ireland: Irish University Press, 1973 [1903–1904].

Duara, Prasenjit. *The Crisis of Global Modernity: Asian Traditions and a Sustainable Future.* Cambridge: Cambridge University Press, 2015.

Đức Nguyên. *Cao Đài Từ Điển, Quyển I, II, III* [Dictionary of Caodaism, vol. I, II, and III]. Hochiminh City: private printing, 2000. Online at http://www.daotam.info/booksv/CaoDaiTuDien/CaoDaiTuDien(v2012)/index.html (accessed January 10, 2015).

Edelman, Nicole. *Voyantes, guérisseuses et visionnaires en France, 1785-1914.* Paris: Albin Michel, 1995.

Goossaert, Vincent & David A. Palmer. *The Religious Question in Modern China.* Chicago: University of Chicago Press, 2011.

Hanegraaff, Wouter J. *New Age Religion and Western Culture: Esotericism in the Mirror of Secular Thought.* Leiden: Brill, 1996.

Harvey, David A. "Beyond Enlightenment: Occultism, Politics, and Culture in France from the Old Regime to the *Fin-de-Siècle.*" *The Historian* 65, no. 3 (2003): 665–694.

Hoskins, Janet. "God's Chosen People: Race, Religion, and Anti-Colonial Struggle in French Indochina." Singapore: ARI Working Paper No. 189, 2012. http://www.ari.nus.edu.sg/wps/wps12_189.pdf (accessed January 10, 2015).

———. *The Divine Eye and the Diaspora: Vietnamese Syncretism Becomes Transpacific Caodaism.* Honolulu: University of Hawai'i Press, 2015.

HuệKhải (Lê Anh Dũng).*Ngô Văn Chiêu: Người môn đệ Cao Đài đầu tiên* [Ngô Văn Chiêu: The first Cao Đài adept]. San Martin (California): Nxb Tam Giáo Đồng Nguyên, 2008.

Huệ Nhẫn(Võ Thành Châu). *Ngũ Chi Đại Đạo (Nam chi Đạo họ Minh)* [The Five branches of the Great Way, named Minh]. Hochiminh City: internal edition of the Cơ Quan Phổ Thông Giáo Lý Đại Đạo, 1999.

Matter, Jacques. *Histoire critique du gnosticisme*. Paris: F.G. Levrault, 1828.

Jammes, Jeremy. "Le caodaïsme: rituels médiumniques, oracles et exégèses: approche ethnologique d'un mouvement religieux vietnamien et de ses réseaux." PhD diss., Université Paris-10, 2006.

————. "Divination and Politics in Southern Vietnam: Roots of Caodaism." *Social Compass* 57, no. 3 (2010): 357–371.

————. *Les Oracles du Cao Đài. Étude d'un mouvement religieux vietnamien et de ses réseaux*. Paris: Les Indes savantes, 2014.

————. "Cao Đài Acceptance in Contemporary Vietnam: Tightrope Walking between Past and Future." *Gis-Reseau-Asie,* 2016. Online at www.gis-reseau-asie.org/monthly-articles/reconnaissance-caodaisme-dans-viet-nam-contemporain-jeu-equilibriste-entre-passe-avenir (accessed September 15, 2016).

————. "Caodaism in Times of War: Spirits of Struggle and Struggle of Spirits." *SOJOURN: Journal of Social Issues in Southeast Asia* 31, no. 1 (2016): 247–294.

————. "Đại Đạo Tam Kỳ Phổ Độ (Cao Đài)." In *Handbook of East Asian New Religious Movements*, edited by Lukas Pokorny and Franz Winter, 565-583. Leiden, Boston: Brill, 2018.

————, and David A. Palmer. "Occulting the Dao: Daoist Inner Alchemy, French Spiritism and Vietnamese Colonial Modernity in Caodai Translingual Practice." *Journal of Asian Studies* 77, no. 2(2018): 405–428.

————. "Printing Cosmopolitanism, Challenging Orthodoxies: Cao Đài Journals in Twentieth Vietnam." *Vienna Journal of East Asian Studies* 10 (2018): 175–209.

————. "Theosophying the Vietnamese Religious Landscape: A Circulatory History of a Western Esoteric Movement in South Vietnam." In *Theosophy Across Boundaries*, edited by Hans Martin Krämer and Julian Strube. Albany, NY: SUNY Press, forthcoming.

Jordan, David K. & Daniel L. Overmyer. *The Flying Phoenix: Aspects of Chinese Sectarianism in Taiwan*. Princeton: Princeton University Press, 1986.

Kardec, Allan. *Genesis: the Miracles and the Predictions According to Spiritism*. Boston: Colby & Rich, 1883 [1868 in French].

————. *The Gospel According to Spiritism. Contains Explanations of the Moral Maxims of Christ in Accordance with Spiritism and Their Application in Various Circumstances in Life.* London: The Headquarters Publishing Co Ltd., 1987 [1864 in French].

Komjathy, Louis. *The Way of Complete Perfection: A Quanzhen Daoist Anthology.*Selected, Translated and with an Introduction by Louis Komjathy. Albany: State University of New York Press, 2013.

Lardinois, Roland. *L'Inventionde l'Inde: Entre ésotérisme et science*. Paris: CNRS Éditions, 2007.

Laurant, Jean-Pierre. *L'Ésotérisme chrétien en France au XIXe siècle*. Lausanne: Éditions l'Âge d'Homme, 1992.

Lévy, Paul. *Buddhism: A "Mystery Religion"?* New York: Schocken Books, 1968 [1957].

Liu, Lydia H. *Translingual Practice: Literature, National Culture, and Translated Modernity—China, 1900–1937*.Stanford, Calif.: Stanford University Press, 1995.

Mary, André. *Les Anthropologues et la religion*. Paris: Presses Universitaires de France, 2010.

Nedostup, Rebecca. *Superstitious Regimes: Religion and the Politics of Chinese Modernity*. Cambridge, MA: Harvard University Asia Center, 2009.

Nguyễn Văn Miết. *La religion "Minh-Lý", pagode "aux trois religions."*Saigon: Tam Tông Miếu internal publication, 1960.

Ownby, David & Mary F. Somers Heidhues, eds. *"Secret Societies" Reconsidered: Perspectives on the Social History of Early Modern South China and Southeast Asia*. Armonk, NY: M.E. Sharpe, 1993.

Palmer, David A."Heretical Doctrines, Reactionary Secret Societies, Evil Cults: Labeling Heterodoxy in Twentieth-Century China." In *Chinese Religiosities: Afflictions of Modernity and State* Formation, edited by Mayfair Yang, 113–134. Berkeley: University of California Press, 2008.

———. "Tao and Nation. Li Yujie: May Fourth Activist, Daoist Reformer and Redemptive Society Patriarch in Mainland China and Taiwan." In *Daoism in the 20th Century: Between Eternity and Modernity*, edited by David A. Palmer and Xun Liu, 173-195. Berkeley: University of California Press, 2011.

———. "Chinese Redemptive Societies and Salvationist Religion: Historical Phenomenon or Sociological Category?" *Journal of Chinese Ritual, Theatre and Folklore*, no. 172 (2011): 21–72.

Phái Chiếu-Minh[Chiếu Minh Branch]. 1950. *Đại Thừa Chơn Giáo – Le Grand Cycle de l'Ésotérisme*. "Cao Đài Đại Đạo" [Great Way of Cao Đài or Caodaism] Series. Saigon: Nguyễn-Văn-Huấn Printing House.

Phạm Công Tắc (*Hộ Pháp*). *Le Caodaïsme (reportage inédit)*, *La Vérité*, Phnom Penh, 1937.

———. *Bí Pháp* [The Secret Doctrine]. Tây Ninh: Holy See of Tây Ninh, 1949.

———. *Lời thuyết đạo năm 1946, 1947, 1948* [Sermons]. Tây Ninh: Holy See of Tây Ninh, 1970–1973.

———. *The Divine Path to Eternal Life, Con Đường Thiêng Liêng Hằng Sống*. Translated by Đào Công Tâm & Christopher Hartney. New South Wales, Australia: Sydney Centre for Studies in Caodaism, 2004.

Phan Trường Mạnh.*Qu'est-ce que le Caodaïsme?*Saigon: éd. Phan-Trường-Mạnh, 1949.

———. *Đường Cứu Rỗi Đạo Cao-Đài – La voie du Salut Caodaïque* (version bilingue). Saigon: éd. Phan-Trường-Mạnh, 1950.

Pregadio, Fabrizio. "Destiny, Vital Force, or Existence? On the Meanings of Ming 命 in Daoist Internal Alchemy and its Relation to Xing 性 or Human Nature." *Daoism: Religion, History and Society* 6 (2014): 157–218.

Schipper, Kristofer & Franciscus Verellen, eds. *The Taoist Canon: A Historical Companion to the Daozang*. Chicago: University of Chicago Press, 2004.

Smith, Ralph B. "An Introduction to Caodaism, 1. Origins and early history." *Bulletin of the School of Oriental and African Studies* 33, no. 2 (1970): 335–349.

———. "An Introduction to Caodaism, 2. Beliefs and Organization." *Bulletin of the School of Oriental and African Studies* 33, no. 3 (1971): 573–589.

Topley, Marjorie. "The Great Way of Former Heaven: A Group of Chinese Secret Religious Sects." *Bulletin of the School of Oriental and African Studies, University of London* 26, no. 2 (1963): 362–392.

Trần Mỹ Vân. "Japan and Vietnam's Caodaists, A Wartime Relationship (1939–1945)". *Journal of Southeast Asian Studies* 27 (1996): 179–193.

Wei Dingming 危丁明. *Shumin de yongheng: Xiantiandao ji qi zai Gang'ao ji Dongnanya diqu de fazhan* 庶民的永恆：先天道及其在港澳及東南亞地區的發展. Taipei: Boyang wenhua, 2015.

Werner, Jayne Susan. "The Cao Dai: The Politics of a Vietnamese Syncretic Religious Movement." PhD diss., Cornell University, 1976.

———. *Peasant Politics and Religious Sectarianism: Peasant and Priest in the Cao Dai in Viet Nam*. New Haven: Yale University Southeast Asia Studies, 1981.

Yau Chi On 游子安. "Daomai nanchuan: ershi shiji cong ningnan dao yuenan Xiantiandao de chuancheng yu bianqian 道脈南傳：20 世紀從嶺南到越南先天道的傳承與變遷." In *Zongjiao renleixue: dierji* 宗教人類學：第二輯, edited by Jin Ze 金澤 & Chen Jinguo 陳進國, 232–256. Beijing: Shehui kexue wenxian chubanshe, 2010.

———. (translated by Philip Clart). "The Xiantiandao and Publishing in the Guangzhou-Hong Kong Area from the Late Qing to the 1930s: The Case of the Morality Book Publisher Wenzaizi." In *Religious Publishing and Print Culture in Modern China (1800–2012)*, edited by Philip Clart and Gregory Adam Scott, 187–232. Boston, Berlin: De Gruyter, 2014.

港澳地區民間信仰與非物質文化遺產

樵港澳地區「大仙信俗」：以「香港黃大仙信俗」為中心

珠海學院香港歷史文化研究中心　**游子安**

　　此文寫作緣起，筆者於 2016 年 7 月，前往廣東西樵山雲泉仙館、茶山慶雲洞與越南胡志明市慶雲南院[1]參訪，幾所道院皆奉祀呂祖，慶雲一脈也兼祀赤松黃大仙。南海素為廣府文化核心區，[2]有「南海衣冠」美譽，文教昌盛、人才輩出。[3]較為人忽略者，從傳統信仰來看，南海、九江、西樵三鄉對香港、海外信仰之傳播影響殊深，其中黃大仙祠與雲泉仙館是最好的說明。黃大仙信俗，從番禺始基、花埭弘揚、西樵遷化，到香江顯跡，樵港澳流播至今一百多年。構思撰寫此文另一背景，2016 年 4 月筆者參與澳門理工學院中西文化研究所與澳門媽閣水陸演戲會聯合舉辦「媽祖信俗與非物質文化遺產保護」學術研討會（非物質文化遺產，以下簡稱「非遺」），此行對澳門媽祖、哪吒、土地公、朱大仙等多項信俗「申遺」的狀況有初步瞭解。

　　本文從樵港澳地區呂大仙、黃大仙等信俗「非遺」立項，探討近年「申遺」的趨向，從節俗再而明確定為信俗。文章先闡述何謂信俗類「非遺」？然後以西樵呂祖大仙誕、澳門大仙信俗為例說明，繼而分析香港黃大仙信俗「申遺」之路及其文化內涵，旨在說明港澳地區神祇與傳統信仰，須放在嶺南地區框架甚而華南文化視野中探索，即港澳地區的信俗與「非遺」，要追溯其源、流、變。筆者認為，從傳播路徑來看，關公（信俗）是從山西走向世界；媽祖，是從福建走向世界；黃大仙，是從香港走向世界。

一、信俗類「非遺」

　　香港廟宇奉祀神祇甚夥，主要有關帝、北帝（玄天上帝）、文昌、洪聖大

---

1. 慶雲南院源自茶山慶雲洞，1936 年於胡志明市創立，奉祀慈尊三帝（觀音、文昌、關帝、呂祖），主殿左右分別奉祀赤松黃大仙及華佗。

2. 南海自秦朝至 1992 年置南海郡／縣，九江、西樵二鎮為其縣屬範圍，2002 年廣東省調整佛山市行政區劃，撤銷縣級南海市，設立佛山市南海區。

3. 如黃允畋，南海縣官窰鎮人，秉承父訓，三教事務皆悉力參與。自 1960 年代以來歷任嗇色園董事會主席、香港佛教聯合會副會長，及孔教學院院長等。黃允畋父親黃梓林（1872-1962），於 1920 年代參與創建抱道堂與香港道德會福慶堂，之前早在粵港兩地廣行善事，見拙著《善書與中國宗教：游子安自選集》，台北：博揚文化，2012，頁 189-190。

王、車公、觀音、黃大仙、龍母等，其中以奉天后之廟宇最多。香港長期是一個移民社會，二十世紀以前，香港居民「民系」主要由本地人（廣府人士）、客家人（客籍人士）、福佬（學佬，閩南及潮汕人士）和蜑家組成。潮州人移入香港地區，比廣府、客家人較晚。同是水神，洪聖為廣府沿海居民所奉；譚公為惠潮人士所奉；龍母為粵西沿江居民所奉。天后廣為閩粵潮汕沿海居民所奉，自惠州入遷香港之漁民、石匠則奉祀譚公、三山國王。地名、港鐵站與街道命名，亦可以看到廟宇文化的影子。較著者是黃大仙區，以區內黃大仙祠命名，與天后信仰有關者亦不少，如港鐵天后站、天后廟道、馬灣（媽灣）、大廟灣等。因此，民間信仰與道教等傳統宗教信仰習俗，在香港一直有活力和生命力。港澳地區的信俗與「非遺」，須要追溯其源、流、變。[4] 另一個例子是近年蔚成風氣的觀音借庫，源於舊俗生菜會。廣州俗諺云：「正月生菜會，五月龍母誕」，是廣東兩大誕會。神誕的意義和活動的內容是不斷變化的。正月廿六日的白衣觀音誕與南番順一帶新年吃生菜的習俗結合成為生菜會，成為求子嗣婦女的一項重要宗教活動。而生菜會又再衍生出觀音開庫的活動，信眾求子之餘亦可求財。官窰在 1980 年代恢復了生菜會，但與民國時期不同，把生菜會日期改為正月十五日與元宵節合而為一，（番禺沙坑改為正月初八）並以之來宣傳官窰的投資環境。而在 2009 年，在弘揚文化遺產的思潮下，官窰生菜會又被列入廣東省第三批非物質文化遺產的名錄內。[5]

　　2013 年嗇色園以「香港黃大仙信俗」申請國家級非物質文化遺產，我們參與了申請文本的撰寫。在申遺過程中，我們最深刻的體會，對何謂「信俗」？很多人不甚了了，即使是文博界的朋友，黃大仙信俗如何與「非遺」扯上關係也是丈二金剛。足見黃大仙，香港人人皆懂；黃大仙信仰內涵及為何成為「非遺」，「申遺」成功前沒多少人懂。簡言之，信俗可說是信仰民俗的簡稱，是民間文化與民眾信仰之體現，較為人熟悉的，包括媽祖信俗、關公信俗、哪吒信俗等；正如節慶習俗簡稱為節俗，如中秋慶賀習俗稱為中秋節俗。2006 年 5

4　有著述將珠江文化有特重的海洋性，指出黃大仙是粵港傳到東南亞、美加有廣泛影響的民俗神。《中國南海民俗風情文化辨（嶺南沿海篇）》一書提及此地區民間信仰，分列潮汕地區的媽祖信仰、龍母信仰、粵港兩地的黃大仙信仰、北帝信仰等項。見蔣明智《中國南海民俗風情文化辨（嶺南沿海篇）》，廣東經濟出版社 2013，頁 229-241。

5　有關生菜會衍生出觀音開庫，詳參潘淑華〈從‘送子觀音’到‘送錢觀音’：民國時期珠江三角洲一帶的生菜會和觀音開庫〉，文載游子安、卜永堅合編《問俗觀風：香港及華南歷史與文化》，香港：華南研究會，2009 年。及楊秋《革時期的生活：近代廣州風尚習俗研究》第六章，廣州：暨南大學出版社，2013。

月，過年、清明節、端午節、中秋節幾項中國傳統節日，列入國家級非物質文化遺產保護名錄。歲時節日蘊含文化和精神內涵，尊敬祖先、孝敬父母、感恩自然（敬天地親師）在節日文化有深厚的體現。然而，一些信俗，本來非源於傳統節日，也將歸類為節俗。如廣東省非物質文化遺產保護中心編寫材料，包括波羅誕、佛山祖廟廟會、悅城龍母誕等信俗編進「節俗篇」。[6] 以下用關公信俗及媽祖信俗予以說明。（黃大仙信俗，見下文第四節）

關公信俗，是民間信奉關公的各種習俗的統稱，包括祭祀、民俗、文藝等，「忠義仁勇」是其精髓，由此形成的「關公信俗」這一特殊文化現象，已成為溝通海內外華人的橋梁和紐帶。2008 年 6 月，由洛陽市、運城市聯合申報關公信俗，列入第二批國家級非物質文化遺產文化名錄（「民俗」類編號 992 X-85）。又如媽祖信俗也稱為娘媽信俗、天后信俗、天上聖母信俗，是以崇奉和頌揚媽祖的立德、行善、大愛精神、拯溺濟難為核心，以媽祖宮廟為主要文化活動場所，以習俗和廟會等為表現形式的民俗文化。《媽祖祭典》一書指出，媽祖信仰已成為人們的生活習俗，歸納為演戲酬神、媽祖元宵、媽祖服飾、人生禮俗等 16 項。[7] 2009 年 10 月，媽祖信俗列入聯合國教科文組織《人類非物質文化遺產代表作名錄》，成為中國首個信俗類世界遺產。周星研究指出，近年中國內地民間信仰爭取合法性的路徑，其一是「民俗化」的路徑，即以信俗表述，說明民間信仰的「非物質文化遺產化」。[8] 近年福建地區保生大帝、陳靖姑、田公元帥 [9] 等都以信俗項目走上「申遺」之路，較先行的是媽祖信仰。對於媽祖信仰的定位也逐漸由「封建迷信」轉為「重要的非物質文化遺產」，學者指出：由於媽祖信仰在歷史上的重要地位，學術界長期以來對此的研究和關注，以及媽祖信仰自身在實踐中的革新及其與當代社會思潮的接軌，它被列入從省市到國家乃至聯合國的「非遺」，也就是理所當然的了。[10]

---

6   廣東省非物質文化遺產保護中心編寫《玩轉廣東非遺，出發！》，廣東人民出版社，2016，頁 40-47。

7   媽祖信俗基本內容，見周金琰編著《媽祖祭典》，濟南：山東友誼出版社，2013，頁 396-401。

8   周星＜民間信仰俗與文化遺產＞，載《文化遺產》，2013 年第 2 期，頁 10。

9   信俗「申遺」成功，日後的保護、傳承路向不一而足，例如：田公元帥亦稱田都元帥、田元帥是音樂界、戲劇界眾多祖師爺（保護神）之一。「田公元帥信俗」被列入省級非遺項目，福州市鼓樓區元帥廟於 2013 年作為第三批省民間信仰活動場所聯繫點，翌年福建師範大學社會歷史學院在福州元帥廟舉行「宗教學碩士點教研基地」授牌儀式，該基地是高校與民間宮廟在探索民間信仰與文化的保護、傳承與研究道路上的一次創新嘗試。

10   詳參王霄冰、林海聰＜媽祖：從民間信仰到非物質文化遺產＞，載於《文化遺產》2013 年第 6 期，頁 35-43。

　　港、澳、台及海外華人有影響力的民間信仰，包括關公、媽祖、黃大仙、[11]哪吒、[12]濟公等，[13]近年皆先後申報「非遺」。值得注意的是，部分以「民間文學」類別申報。早年香港申報「非遺」，多與過節習俗有關，如大澳龍舟遊涌、大坑舞火龍、潮人盂蘭勝會，分別於端午節、中秋節、盂蘭時節舉辦，「非遺」立項時，名稱為端午節（大澳龍舟游涌）、中元節（潮人盂蘭勝會）、中秋節（大坑舞火龍）。粵、港、澳列入「非遺」之信俗計有廣州黃埔波羅誕、悅城龍母誕、長洲太平清醮、澳門魚行醉龍節等。在首三批「非遺」名單之中，港澳以神明或神誕立項並不顯著，第四批「非遺」名單，「信俗類」非遺計有哪吒、媽祖及黃大仙，六項佔其三，揭示近年港澳地區「申遺」的趨向。自1915年黃大仙仙師畫像由樵來港，百年傳承，顯跡香江，2014年十二月，黃大仙信俗成功列入第四批國家級非物質文化遺產代表性項目名錄，是港澳地區「申遺」值得注視的發展。歷史上黃大仙信仰文化可歸納三個發展時期，並相適應地，建立起三種信仰文化：

　　　　1. 金華時期──神仙文化[14]

　　　　2. 廣東時期──扶乩文化

　　　　3. 香港時期──慈善文化

　　黃大仙信仰在不同地區流播，可說是有各領風騷的年代：概括來說，晉至宋朝在浙江；明清時代主要在嶺南；1910年代以來近百年則在香港，並從本地走向世界。

二、西樵大仙誕（呂祖誕）與黃大仙信仰

　　西樵大仙誕（呂祖誕），2013年列入廣東省第五批「非遺」名錄。樵港澳地區的「大仙誕」，各有專指，西樵「大仙誕」指四月十四日的呂祖誕；香港、澳門分別有黃大仙、朱大仙、譚仙（譚公仙聖或稱譚公、譚仙）。

　　港澳地區呂大仙、黃大仙之香火，其一源頭即來自西樵（雲泉仙館與普慶

11　2008年，浙江省金華市申報「黃初平（黃大仙）傳說」，登錄「民間文學」類。

12　有關哪吒信俗，可參考胡國年《澳門哪吒信仰》，香港：三聯書店，2013。

13　2006年「濟公傳說」列為首批國家非物質文化遺產名錄，由浙江省天台縣以「民間文學」類別申報，參考「濟公傳說」，中國非物質文化遺產網・中國非物質文化遺產數字博物館 https://www.ihchina.cn/Article/Index/detail?id=12205（擷取日期：2022年3月21日）。（擷取日期：2016年9月3日）。

14　詳見危丁明〈黃大仙信仰及其時代〉，《旅行家》第17冊，香山學社，2007，頁44-54。

壇，還有茶山慶雲洞）。西樵雲泉仙館現殿宇規模始建於清道光二十七年（1847年），奉祀呂祖。雲泉仙館位於西樵山白雲洞，白雲洞是文人學者薈萃之地，反映明清時代西樵山厚重的學術風氣。「南粵名山數二樵」，東樵羅浮山，因有魏晉葛洪修真仙跡而著；南海西樵山，雲泉仙館則以奉呂祖為名。雲泉仙館從文人吟詠之所，發展成為信奉呂祖之道場。抗日戰爭爆發，1938 年雲泉同門四散，在港雲泉道侶亦因迫於形勢無法回西樵賀誕，1944 年吳禮和、陳鑑坡等道侶設立香港雲泉分館。

西樵以往流行「拜大仙」，當地人所稱大仙誕即指呂祖誕。每到農曆四月十四日，西樵人都要到白雲洞參拜大仙，祈求風調雨順、豐衣足食，順便到官山墟購買一些日常用品，慢慢地演變成了傳統節日。每到大仙誕，超過 10 萬人從四面八方趕到西樵山赴墟，整個官山城區熱鬧非凡，與其建於西樵山白雲洞內的雲泉仙館是相得益彰的。雲泉仙館在每年四月十四日的呂祖誕時會舉行比較大的法會，並通宵開放予善信。1940 年代報章用「西樵祝呂的狂熱」來指述此社會現象。如《越華報》1948 年載：「誕前幾天省港澳及各地道友，絡繹返白雲洞，十二晚，館中已患人滿。……論人數，當以千計。」[15] 2009 年 4 月「西樵大仙誕」成為佛山市第二批市級非物質文化遺產名錄，2013 年 12 月列入廣東省第五批非物質文化遺產名錄。[16] 2016 年西樵山「大仙誕」文化節，於 5 月 19 日至 22 日在西樵舉行，活動有呂祖巡遊、西樵大仙誕廟會（小商品交易會）、「大仙誕」非遺文化長廊、非物質文化遺產展示及民俗文化表演、道教養生講座、全民休閒養生遊六大活動項目。其中最受關注的呂祖出巡，賀誕巡遊的隊伍除了八仙外，還有獅武嶺南方陣、龍騰南海方陣。《樵山遺韻》這部鄉土教材，以「健康養生」為大仙誕基調。[17] 正如有些學者強調非物質文化遺產的「本真性」，近年於神誕成為「非遺」卻加了新的活動內容。西樵「大仙誕」現介紹的傳承方式，除了賀誕與信眾朝拜，重點活動是呂祖巡游，從雲泉仙館出發到官山城區，巡游約兩個半小時，實是西樵大仙誕近年新增項目。

西樵普慶壇、香港普宜壇創立者梁仁菴道長，家鄉位於南海縣江浦司稔崗鄉，相距廣東道教名山西樵山不過數里之遙，是菩山入道的早期仙師的信仰

15　〈西樵祝呂的狂熱〉，載於《越華報》1948 年 5 月 16 日，頁 4。

16　〈西樵大仙誕〉，載於《佛山市南海區非物質文化遺產資料匯編手冊》，佛山市南海區文化體育局編，2014，頁 24。

17　〈健康養生大仙誕〉，載於《樵山遺韻》，佛山市南海區西樵鎮文化站編，2016，頁 88-94。

者。[18] 據《驚迷夢》所示，香港黃大仙信仰源自番禺大嶺菩山村的深柳堂，由家族乩壇於 1899 年發展成「普濟壇」。[19] 及後普濟壇的道侶曾一度在廣州花埭建黃仙祠，1913 年春天為廣東警察廳沒收，終成廢祠。[20]1915 年，仙師乩示梁仁菴道長此地不宜久留，「向南速走」，於是奉仙師寶像南下香港。經過多年奠定基礎，香港黃大仙祠香火鼎盛。此外，嗇色園普宜壇宗教傳統，不乏來自普慶壇，如黃大仙藥籤源出於普濟壇，完備於普慶壇。嗇色園科儀，承傳自廣東西樵曾普慶壇。[21] 而香港黃大仙道侶，主要來自西樵稔岡普慶壇及廣州普濟壇。又，嗇色園道長自 1920 年代以來建醮超幽，皆是義務經生，對此梁本澤道長《金華風貌》有清楚記載：

> 民國初年，廣東一帶，時疫盛行，延綿十載，死人無數。眾弟子等，以濟生渡死，拯拔亡靈，乃屬玄門大法，因請於師，開辦經懺。但附近道觀，皆以牟利為生，所有功德多屬似是而非。因此，乃派遣弟子，遠赴省垣，及羅浮山一帶道觀，求師學道，研習經懺。其後學成回壇之經生，因所學者，無論科儀法制，俱與一般牟利者絕不相同。所以西樵一帶，不論大小道觀，俱以普慶壇為泰山北斗。而所有經生，亦限在本壇服務。如若外間借用，須由 仙師批准，否則一律不准出壇，免受非議。[22]

赤松黃大仙原名黃初平，赤松子是其仙號，大仙名號全稱「運元威顯普濟勸善拯世赤松黃大仙師」。自晉代以來，浙江地區一直有黃大仙仙蹟流傳，但這畢竟只是一個地區神祇崇拜型態，它發展成今天聞名遐邇、傳播海外的黃大仙信仰，要從清末民初嶺南地區（特別是香港）設壇奉祀說起。從江浙地區到廣東地

18　游子安主編《香江顯跡——嗇色園歷史與黃大仙信仰》，香港：嗇色園，2006 年，頁 34 及 51。普慶壇現已不存，舊址位於現在稔岡一隊湖邊，還有香港道侶前往追憶，見《西樵文物鈎沉》＜稔岡梁氏宗祠＞，廣西師範大學出版社，2016，頁 234-236。

19　《驚迷夢》乃諸仙佛在壇內所示訓語，普濟壇自 1897 年黃大仙初降，至 1899 年花埭黃仙祠告成，1924 年香港赤松仙館重刻，1991 年普宜壇據 1924 年廣州汝文堂刻本重印重印。

20　《青衣紅淚記》，見潘達微編輯《天荒》，1917 年出版，頁 84。

21　關於粵港地區黃大仙信仰的繼承，詳見拙文＜獅子山下譜傳奇：香港地區黃大仙信仰＞，載於載於蕭國健、游子安編《鑪峰古今——香港歷史文化講座 2012》，珠海學院香港歷史文化研究中心出版，2013 年 6 月，頁 97-105。

22　梁本澤撰《金華風貌》（未刊稿）。梁本澤道長是嗇色園創壇道長梁仁菴的孫子，對粵港地區黃大仙諸壇歷史有深入認識。

區，黃大仙的信仰也不是一成不變地傳承下來。箇中轉變，包括二仙並祀轉為獨尊，以及浙粵地區誕期不一。正如吳麗珍指出，黃初平與兄初起自晉代到宋朝所建二皇君祠、二仙井等，是二仙並祀，清末廣東地區信眾則只尊奉黃初平。[23]

宋朝道士倪守約撰有《金華赤松山志》，記述黃初平生於晉成帝咸和三年（328）農曆八月十三日。據說黃大仙是浙江金華蘭溪黃溢人，得道於金華山。[24] 現今以金華為「仙鄉」，有稱金華赤松宮為「祖庭」，每年農曆八月十三日到赤松宮祭拜黃大仙。[25] 然而清代廣東善信以農曆八月廿三日為黃大仙誕，在八月二十日至二十六日誦經、演戲，此後約定俗成，一直以來文獻無徵。據說，八月廿三日這日子是從黃大仙畫像啟示的，「像中的左手大姆指及食指起，作『八』字形，代表八月。其餘三隻手指屈起，連同豎起的姆指及食指代表二十三日」，詳及後筆者考證，《粵境酬恩》一書足以說明八月廿三日是黃大仙寶誕之傳統：「黃初平先師八月廿三日聖誕」。[26] 此書刊後七年，供奉大仙乩壇於廣東大嶺菩山村的深柳堂成立。清末成書的《粵境酬恩》，將黃初平仙翁與譚公、鄭安期仙「同表」，三位「仙翁」，「道德圓通，贊理陰陽，捨身救度群黎，歷盡萬苦千辛，得證仙果，受人間之欽羨，護國庇民，輔佐皇猷，功德無量」。譚黃鄭三位「仙翁」並列，是饒有意味的編排。[27] 筲箕灣譚公廟，1905 年建，右殿即供奉關帝及黃大仙。

三、澳門黃大仙、朱大仙信俗與「非遺」簡述

港澳地區神祇、傳統信仰與「非遺」，雖然歷史背景有異而各綻姿采，亦有值得互相借鏡的地方。澳門非物質文遺產項目，包括粵、港、澳三地聯合申報的粵劇和涼茶配製，還有澳門單獨申報的木雕- 澳門神像雕刻、道教科儀音樂、南音說唱、魚行醉龍節、媽祖信俗、哪吒信俗。[28] 香港、澳門列入國家級非物質文化遺產項目簡表如下：

23　吳麗珍《香港黃大仙信仰》，香港：三聯書店，1997，頁 42-43。

24　見萬曆《金華府志》卷 22〈仙釋・皇初平〉；及正德、萬曆《蘭溪縣志》。

25　黃信陽＜在首屆黃大仙文化研討會上的講話＞，浙江省金華市民族宗教事務局編《2003 年金華・國際黃大仙文化研討會論文集》，頁 2。

26　詳見拙文＜《粵境酬恩》與清代廣東地方神祇＞，文載李慶新主編《「師鑿精神」憶記與傳習——韋慶遠教授誕辰九十周年紀念文集》，北京：科學出版社，2018 年。

27　《粵境酬恩》目錄頁 2，及頁 28-29，光緒十六年（1890）康寧堂刊本。

28　有關澳門「非遺」的狀況，可參林發欽＜澳門非物質文化遺產保護的現狀與發展＞，文載李向玉主編《非物質文化遺產保護的東亞經驗》，澳門理工學院，2014，頁 151-163。

香港「非遺」項目名稱	澳門「非遺」項目名稱	入選國家級 非物質文化遺產年份
粵劇	粵劇	2006
涼茶配製	涼茶配製	2006
------	木雕- 澳門神像雕刻	2008
長洲太平清醮	南音說唱	2011
大澳端午龍舟遊涌	澳門道教科儀音樂	2011
大坑舞火龍	澳門魚行醉龍節	2011
香港潮人盂蘭勝會	------	2011
西貢坑口客家麒麟	澳門媽祖信俗	2014
香港黃大仙信俗	澳門哪吒信俗	2014
全真道堂科儀音樂	------	2014
古琴藝術	------	2014

澳門媽祖信俗列入第四批《國家級非物質文化遺產代表性項目名錄》，傳承人為媽閣水陸演戲會。數百年來澳門居民出海捕魚、對外貿易，相信媽祖能拯救危難、賜福平安，因而將之視為守護神，建廟祀奉並發展成為本土信仰。澳門華人在日常生活中祭祀媽祖的形式多樣，每年農曆三月二十三日，居民在媽閣廟及前地舉辦系列慶祝活動，包括祭祀請神、競投勝物、搭棚上演神功戲等。[29]

黃大仙信俗在港澳的傳播，最早可追溯到 1902 年。陳天申在港島太平山街創立新孖廟，奉祀黃大仙，現已湮沒。1905 年，陳天申等又在澳門三巴門創立黃曹二仙廟，至今猶存。澳門黃曹二仙廟，建於 1905 年，祠內保存光緒乙巳匾聯（三十一年，1905 年）、光緒丙午（1906 年）題刻「黃曹二仙祠」香爐，及光緒三十四年善信敬送「仙心仁術」木匾等文物。黃曹二仙廟因日久失修，澳門文化局於 2007 年維修後開放予公眾。光緒三十一年此廟石刻門聯題：「石叱三生無俗骨，文成七步有仙才」，新會周燦奎撰。[30]「叱石成羊」是赤松黃大仙的仙家本領，而新會叱石風景區建有赤松黃大仙祠。黃大仙既是清末以來廣東普遍崇奉的神祇，鮮為人知者，「廣東黃大仙信仰」也傳播至上海，1930 年前後，上海約有廣東籍居民 30 多萬人。民國以後，黃大仙觀和慈航仙觀於虹口區建立，皆奉黃大仙，其中黃大仙觀，於 1960 年代停止活動。[31]

29　澳門媽祖和哪吒兩信俗列入國家級非物質文化遺產代表性項目名錄，簡介見澳門文化遺產網頁，https://www.culturalheritage.mo/cn/detail/134/1，https://www.culturalheritage.mo/cn/detail/133/1，擷取日期：2022 年 3 月 21 日。

30　2005 年 7 月 16 日、2009 年 11 月 30 日筆者先後往澳門考察搜集資料所得，內黃初平與曹植並祀，後來加奉劉伯溫。

31　關於黃大仙信仰傳到上海的概略，詳見拙文＜獅子山下譜傳奇：香港地區黃大仙信仰＞，載於載於蕭國健、游子安編《鑪峰古今──香港歷史文化講座 2012》，珠海學院香港歷史水神除了媽祖、譚公之外，朱大仙是其中一位港澳水上人信奉的神靈，祈求消災解難之朱大仙水面醮，始自 1920 年代。港澳朱大仙信仰來自粵東，其一說認為信仰傳承自廣東平海鎮龍泉庵，大澳龍巖寺建於 1928 年，每年該寺舉行醮會。近年澳門有關團體擬將朱大仙信俗申報為非物質文化遺產，開展籌備工作先後辦學術研討會、「港澳朱大仙信仰展」展覽，出版專書等。[32]

四、香港黃大仙信俗邁向「非遺」之路

香港黃大仙信俗「申遺」及主要傳承人（團體）為嗇色園。嗇色園普宜壇自 1921 年已設總理、副總理、司理、值理等職作為宗教團體管理。1961 年註冊成為宗教慈善團體，1965 年向政府申請並註冊成為法人，自此嗇色園以董事會代替原來的管理架構。黃大仙信仰經歷了作為私人修道場所的乩壇（普宜壇），進而擴建開放祠廟（赤松黃仙祠），再而發展成為社會服務的團體（嗇色園），實在秉承貫徹黃大仙「普濟勸善」之宗旨與「有求必應」之厚德。2014 年「申遺」成功，回顧百年，有多重歷史、文化、社會環境等因素有助後來邁向非遺之路。限於篇幅，現簡述其中六項。首兩項是早期關鍵要素，緣於 1921 年初黃大仙賜予乩文：「先要建祠宇，後隨開辦各善舉，方能昭人信仰。」

1. 修建祠宇並奉三教

1915 年，西樵普慶壇的梁仁菴道長將黃大仙畫像帶來香港，幾經遷移，1921 年與馮萼聯等道長擇竹園村現址設壇，初名「赤松仙館」，以「普宜壇」為壇號，八月正式成立「嗇色園」作為管理機構。大殿選址，座北朝南，位於九龍半島正中，獅子山的山腹。我們駐足嗇色園第一洞天牌坊前，可察看其背枕獅山的形勝。1925 年，始定名「赤松黃仙祠」。普宜壇創立初，即同時建主殿和麟閣，儒釋道三教並奉，得以擴大黃大仙信仰的影響力。

2. 普濟勸善宗旨的貫徹與發揚

「普濟勸善」是香港黃大仙信徒一直遵奉的信仰原則，早在清末建壇時已經確定。1924 年於九龍西貢道首創藥局，贈醫送藥；黃大仙靈簽、藥簽，以供

文化研究中心出版，2013 年，頁 95-97。

32　書刊如鄭煒明、陳德好編著《醮會道釋：港澳朱大仙信仰的人類學田野調查 (2008-2012)》，澳門：澳門理工學院，2013。《澳門水面醮與朱大仙信仰：民俗展覽》，澳門：港務局海事博物館，2001。

民眾問事及求藥方。及後「普濟」的精神推行全面的慈幼安老服務；以「勸善」的原則興學育才。多元社會服務的開辦，標誌著嗇色園由傳統祠廟蛻變成現代宗教慈善團體。在香港這樣一個移民社會中，普濟勸善原則的長期和積極奉行，不但使到黃大仙信仰越來越廣為市民接受，有關的信俗也代表了廣大香港市民對慈善的禮敬和親近。「黃大仙——有求必應」這句歇後語，以黃大仙比喻有求必應的人，意指向黃大仙祈願很靈驗。

3. 威靈傳說、淪陷歲月憂患與共

1941 年 12 月日軍大舉空襲啟德機場及九龍城各地，附近居民蜂湧嗇色園避禍，托庇於黃大仙師，顯見仙師威靈早已深入民心。據當年老人憶述，在漫天烽火中，轟炸完畢回家，竹園村基本無礙，但牛池灣村等村落嚴重受創。此外，日佔時期，部份道侶留守園內，以確保園產不被日軍所佔，並作為居民的代表，與日軍周旋；又續施普濟，開放黃大仙祠方便居民求取藥籤，憑方施藥。[33]

4. 百年世代傳承

非物質文化以人為載體、為主體，「非遺」的傳承和延續主要靠傳承者的口傳心授代代相傳。有深遠意義的是，清末以來廣東三間黃大仙祠，在多次社會運動衝擊之下，1910 至 1960 年代之間廣東三間仙祠相繼廢圮；而嗇色園普宜壇成為碩果僅存供奉黃大仙的祠，一直薪火相傳至今，不僅延綿道脈，且香火日盛。今天已成為香港具代表之地道信俗，嗇色園黃大仙一年四季都保持着鼎盛的香火。

5. 「地以神名」

嗇色園黃大仙祠所在的竹園，在六十年代開始發展成為一個新的社區，到1969 年，這個社區發展成地區行政區，更以「黃大仙」命名。[34] 本來，香港街道如「譚公道」、「北帝街」也有地以神名者，但把一個地方行政區貫以神名，黃大仙區肯定是空前的，它所反映的除了黃大仙祠作為名勝的地標作用，也是對其「普濟勸善」善業的肯定。及後，地下鐵路觀塘至油麻地線的列車服務，在 1979 年 9 月 30 日首先通車，設黃大仙、彩虹、鑽石山等車站。仙祠位於地

33　有關香港淪陷時大仙之威靈傳說及道侶與民眾共度時艱，可參見游子安主編《香江顯跡——嗇色園歷史與黃大仙信仰》，香港：嗇色園，2006 年，頁 76-82。

34　港府為加強與地區之間的溝通，1969 年將港島分為四區，九龍分為六區，黃大仙區是其中一區。據 1969 年之前嗇色園公函文件上仙祠的地址，仍書「九龍城竹園村」，今天則是「黃大仙竹園村」。

鐵站出口，交通更為方便，此地利條件在全港廟觀之中可說是「得天獨厚」。

6. 香港黃大仙信仰，是以香港為中心輻射全國乃至世界各地

　　黃大仙信仰在二十世紀初自廣東傳至香港，及後成立「赤松黃仙祠」，經過九十年的嬗變，已成為與香港社會同步成長的著名祠宇。今天黃大仙信仰無遠弗屆，成了以香港為中心輻射全國乃至世界的神仙信俗。中國內地如西樵稔崗黃大仙祠，重建於 1980 年代末；浙江金華赤松宮，重建於 1993 年；廣州花地黃大仙祠，重建於 1999 年。自 1980 年代以來，浙江、廣東地區有 10 多間黃大仙廟重建、新建，或由地方政府、村民，或香港等地善信支持。有學者認為，金華黃大仙的重新興起可視作是「嶺南（尤其是香港）黃大仙信仰的一種反哺」。[35] 經過香港信徒傳揚，海內外的黃大仙信仰，遍及東南亞、歐美澳洲等地都有供奉，就筆者考察所見，海上白雲觀藥王殿、巴黎潮州會館、胡志明市慶雲南院、新加坡青松觀都有奉祀。筆者近年演講提到，將黃大仙與媽祖、關公信俗傳播相提而論，或可以這樣論斷：從傳播路徑來看，關公（信俗）是從山西走向世界；媽祖，是從福建走向世界；黃大仙，是從香港走向世界。

　　除了上述因素，還有眾多學者的研究，有助對黃大仙從傳統信仰到宗教文化，帶來總結與提升。論著對廣東、香港地區的黃大仙信仰作系統闡述，指出香港黃大仙信俗的主要特徵，在一個「善」字。不僅是拜拜習俗，黃大仙已成為本地社會的一種宗教慈善的精神象徵，成了本地民俗文化的組成部分。嗇色園與所在社區，乃至與整個香港社會共同成長，有如香港公益慈善歷史的縮影。近二十多年，較有影響之研究著述，主要有以下四部：

（i）　Graeme Lang，Lars Ragvald，"The rise of a refugee god : Hong Kong's Wong Tai Sin"；[36]

（ii）吳麗珍《香港黃大仙信仰》；[37]

（iii）游子安主編、危丁明、鍾潔雄合撰《香江顯迹——嗇色園歷史與黃大仙信仰》；[38]

35　陳晨認為金華黃大仙的重新興起可視作是「嶺南（尤其是香港）黃大仙信仰的一種反哺」，嶺南黃大仙信仰的發展歷程，可參考陳晨《嶺南黃大仙信仰研究》第三章，中央民族大學宗教學博士論文，2010。

36　Graeme Lang, Lars Ragvald，The rise of a refugee god : Hong Kong's Wong Tai Sin, Hong Kong : Oxford University Press, 1993.

37　吳麗珍《香港黃大仙信仰》，香港：三聯書店，1997。

38　游子安主編、危丁明、鍾潔雄合撰《香江顯迹——嗇色園歷史與黃大仙信仰》，香港：嗇色園，2006。

（iv）陳晨博士論文《嶺南黃大仙信仰研究》。[39]

五、香港黃大仙信俗之文化內涵

黃大仙信俗是與神明相關的民間習俗，以生活形式表現其信仰內涵，深入港人生活各個方面：民間每年歲末還神，歲初的頭炷香，農曆八月廿三的大仙寶誕，已成為香港重要的歲時風俗。又如，2016年嗇色園95周年紀慶首辦「黃大仙師上契結緣儀式」，通過嗇色園道教上契科儀，為與仙師有緣的善信上契結緣，以求仙師庇佑。上契仙佛此習俗由來已久，嶺南地區早自明清時代，民間生子女者，多契神為父母，並取其上一字以為名，如「〇佛養」、「〇觀（音保）佑」等契神佛後所起之名字。[40]

據申報書文本，香港黃大仙信俗之內容、文化底蘊，與人們的生活密切相關，摘要列點如下。

一 信仰方面：

　　1 普濟勸善：贈醫施藥，出版善書

　　2. 有求必應：以此表述仙師對信眾的精神扶持和關愛

　　3. 三教同尊：儒釋道三教同尊，能匯合多方信眾，體現移民社會的共融。

二 習俗方面：

　　1. 黃大仙靈簽、藥簽：供民眾問事及求藥方

　　2. 嗇色園科儀：承傳自廣東西樵普慶壇

　　3. 黃大仙寶誕：農曆八月廿三日，當日各區的民眾數以萬計到園參拜

　　4. 頭炷香：除夕夜至正月十五，市民爭相入園祈福

　　5. 道教婚禮：以道教儀式在黃大仙師壇前由道長及律師主持

　　6. 契黃大仙：將年幼子女與黃大仙師結誼親，以求庇佑。

三 慈善事業：自建園以後，善業從未間斷，1965年起更註冊成為慈善社團法人，現已發展成現代化的宗教慈善團體，以教育、醫療及社會服務三方面開展。

香港黃大仙信俗，還蘊含和體現多方面的價值，簡述如下。

1. 精神價值：

通過行善、禮敬、祈福、求簽等不同方式，寄托着對善的肯定。透過對

39　陳晨《嶺南黃大仙信仰研究》，中央民族大學宗教學博士論文，2010。

40　蕭國健、黃志培著《香港風俗遺產志》＜契天契地＞，香港：顯朝書室，2015，頁251-252。

黃大仙師的崇拜和普濟勸善宗旨的實踐，是對積極行善這種美好道德風尚的推動，有助於社會正氣的弘揚。

2．文化價值：

香港黃大仙信俗著重從傳統文化吸取養份，與現代社會文化的結合，如環保祠廟，把黃大仙祠發展成「綠色廟宇」。[41]無論是在宗教建設上對道釋儒三教教義的融會，抑或在宮觀設計上對於傳統建築文化的發揮，都在在顯示香港黃大仙信俗是一個廣闊的平台，對推動傳統文化有着重要的價值。

3．社會價值：

香港黃大仙信俗對於香港社會公益事業的努力推動，成績有目共睹。嗇色園現已是與東華三院、保良局、樂善堂等齊名的慈善機構。而作為一種信仰，近年舉行的一系列弘法活動，對於安定人心、鼓舞信心等，有著明顯效果。

4．經濟價值：

由於信仰影響遠播海內外，加上交通方便，不少人專程自中國大陸各地來港參禮，海外華人甚至外籍人士亦都慕名前來祈福。嗇色園黃大仙祠已被香港旅遊協會列為重點旅遊項目，與車公廟成了善信歡度新歲時必定參訪場所。據該園的統計數字，2014 年全年入園人數為 330 萬人次，每日平均逾萬人訪園及參拜。甲午 2014 年新春（正月初一至十五）期間，訪園善信、香客有 100 萬，僅初一至初三有 28 萬人次訪園。[42]

六、結　語

黃大仙信仰要義是普濟勸善，在香港經過百年的傳承，已形成了一種宗教慈善文化信俗。黃大仙信仰初起於浙江金華地區，明清之際傳入嶺南。本港的黃大仙信俗奠基於 1915 年。1921 年嗇色園正式成立，以管理黃大仙祠事務。經過百年傳承，時至今日，黃大仙信仰發展出宗教與慈善結合的特色，在香港以至海外華人社區廣為流傳。嗇色園一直配合社會發展創辦各類社會服務，體

41　黃大仙祠自 1956 年開放予公眾以來，香火鼎盛。仙祠自 1980 年代開始推行環保政策，於祠內實施「禁燒元寶」、燃點少量香枝等措施，呼籲善信只須攜帶九枝清香入祠，嗇色園於 2010 年訂下邁向「綠色機構」方向，把黃大仙祠發展成「綠色廟宇」。

42　《嗇色園 2014 年報》，香港：嗇色園，2014 年版，頁 99。

現「有求必應」的精神。黃大仙信仰落地生根並不是簡單的過程，可以說是一個艱辛過程。黃大仙信俗，是一個在宗教學意義上的在地化的過程，由壇堂發展成為海外的華人信俗，由傳統祠廟蛻變成現代宗教慈善團體，申遺，是將黃大仙信仰在香港百年傳承和社會實踐、最有社會意義的方面作宣揚及展示。而成為信俗的意義，是傳統宗教信仰帶給民生、帶給社會的強大力量，因而得到廣泛的認同。

　　黃大仙信仰在不同地區流播，可說是有各領風騷的年代。概括來說，晉至宋朝在浙江；明清時代主要在嶺南；1910 年代以來近百年主要在香港。從傳播路徑來看，三位神明信俗傳揚，遍及海內外：

　　關公，從山西走向世界；

　　媽祖，從福建走向世界；

　　黃大仙，從香港走向世界。

　　筆者相信港澳地區譚公、土地公、[43] 朱大仙、太平清醮（長洲之外，還有錦田、厦村鄉醮會與周王二公信仰）等信俗，很值得並有條件成為「申遺」項目，以進一步承傳、研究、保育及發揚傳統宗教信仰文化。

43　2021 年土地信俗入選第五批「國家級非物質文化遺產代表性項目目錄」，項目簡介，見澳門文化遺產網 https://www.culturalheritage.mo/cn/detail/2461/1（擷取日期：2022 年 3 月 21 日）。

水神也移民——天后、洪聖、北帝信仰之傳入

珠海學院中國歷史研究所教授 / 香港歷史文化研究中心主任 蕭國健

香港之天災

香港位廣東省東南濱海，屬亞熱帶氣候，每年夏天六至八月期間，為颱風季節，每有豪雨及強風，為禍頗巨。

明清兩朝颱風之為禍，據志書中所載能考者如表一所列：（註一）

表一：志書所載明清兩代香港的風災情況

朝 代	時 間	災 情
明	永樂十三年 (1415) 秋	颱風大水。
	永樂二十年 (1422) 夏五月己未	廣州颱風暴風，潮溢，漂沒廬舍，民溺死 360 舍口，壞倉糧 25,300 餘石。
	成化十一年 (1475) 秋	颱風，鹽水上田，禾半壞。
	嘉靖四年 (1525) 六月	廣州大風雨。
	隆慶三年 (1569) 九月	東莞大風拔木。
	崇禎十六年 (1643) 四月二十四日	颱風作，大雨，拔木毀屋，覆舟甚多。
清	康熙八年 (1669) 八月二十六日	颱風大作，民復鄉初歸，新蓋房屋盡被吹毀
	康熙十年 (1671) 八月二十六日	颱風大作，城垣、學宮、衙宇、民房吹毀甚多，牛群俱吹落海。
	康熙十二年 (1673) 五月二十一日	颱風作，海潮大溢，沒屋浸禾。
	康熙十六年 (1677) 八月二十二夜	颱風大作，城垣、學宮、衙宇、民房頹塌甚多，男女牛畜多壓死。
	乾隆二十五年 (1760) 八月初九日	颱風作。
	乾隆二十六年 (1761) 八月初十日	颱風作。
	乾隆五十六年 (1791)	颱風屢作。
	嘉慶二年 (1797) 閏六月	颱風一連四作，拔屋倒木甚多。
	嘉慶五年 (1800) 五月初二日	（澳門）颶風拔木，海水忽漲八、九尺，禾稼盡傷，人物被掩者不知其數。

其時，因建築簡陋，居民對防風之認識不深，故每遇風暴，災情必甚嚴重。颱風過後，居民只得重建房舍，清理災場；有心人士則殮葬死者，設立義塚。（註二）

颱風常帶來豪雨，因至水災發生。明清兩朝較嚴重之水災，據志書中有載者列成表二：(註三)

表二：志書所載明清兩代香港的水災情況

朝代	時　間	災　情
明	永樂七年 (1409) 四月	大雨。
	永樂二十年 (1422) 五月	潮溢。
	宣德元年 (1426) 十月	大雨。
	正統十年 (1445) 九月	大水。
	成化十年 (1474) 七月	大雨。
	宏治五年 (1492) 三月	大雨。
	宏治十四年 (1501) 夏	大水。
	宏治十六年 (1503) 秋九月	海溢。
	正德八年 (1513) 四月	大雨。
	嘉靖二年 (1523) 八月	大雨。
	嘉靖五年 (1526) 春一月	大雷雨。
	嘉靖二十五年 (1546) 夏五月	潮溢。
清	順治十七年 (1660) 十一月初八日	雷電作，大雨。
	康熙元年 (1662)	潮溢。
	康熙八年 (1669) 正月	潮溢。
	康熙二十五年 (1686) 四月二十二日	大雨。
	乾隆三十三年 (1768) 五月初七日至十三日	大雨。
	乾隆三十五年 (1770) 閏五月	大雨。
	嘉慶九年 (1804) 正、二月	大雨。
	嘉慶十年 (1805) 八月	大雨。
	嘉慶十九年 (1814) 十月	大雨。
	嘉慶二十三年 (1818) 九月初九日	大雨。

古蜑民對沿海風浪之鎮壓遺蹟

香港沿岸面海山崖，發現多處古代石刻。此等石刻可分為雲雷紋，饕餮紋，及蟠螭紋三大類。內中蒲苔島南氹，大嶼山石壁，長洲東灣，西貢滘西洲，及港島香港仔黃竹坑等處發現者，屬雲雷紋。港島石澳大浪灣發現者，屬饕餮紋。而東龍島，及西貢龍蝦灣發現者，屬蟠螭紋。(註四)

各石刻之形狀風格，頗為接近，其文飾多呈幾何圖形，亦有人物或鳥獸圖案，與青銅器時代之青銅器或陶器用具上之花紋大略相同，距今約三千年。觀其圖紋之形狀，則疑為古蜑民之圖騰或其信奉之神祇遺蹟，各石刻前皆有平石台，疑為供祭神時用，目的為鎮壓興波作浪之海怪，收鬼神和睦、人口昌旺之

意。石刻之紋理呈石器雕鑿痕跡。本港沿岸考古發掘出土尖利石器甚多，想為雕鑿石刻之用具。[註五]

各石刻除東龍島（古稱南堂）者於清嘉慶舒懋官撰之新安縣志有載，[註六]及 1938 年陳公哲撰之考古調查報告簡略提及外，其餘各處石刻皆無文獻可考。古對香港地區之古蜑民之生活與文化，未能加以研究。

英治之前中原人士之入遷與北地水神之南移

早於兩漢間，中原人士已有南遷，其定居香港地域之情況無考[註七]。至魏晉南北朝時，南遷者獲客籍[註八]，但有否入遷香港地區，則仍有待考證。至隋唐及五代，入遷之情況亦未有紀錄[註九]。唐代及五代間原居江西等地之客籍人士，於北宋末年，為避金人入侵，多避亂南遷粵東各地，其入遷香港地域者，有鄧、彭、林三族[註十]。元代間，避蒙元統治而避居香港地區者，有廖、陶、侯、吳、文等族[註十一]。明代，早年入遷各族人口繁衍，故亦有分遷開業。其時，社會安定，故能吸引鄰近地區人士入遷。可考者，有溫、袁、朱、黎、徐、謝各族[註十二]。

清初遷海，居民全遷內陸[註十三]，康熙八年 (1669) 展界，居民被許遷回，康熙二十三年 (1684) 復界後[註十四]，因遷回之居民不多，故於雍正初年招墾，鄰近之客籍農民遂相繼入遷香港地域，墾殖荒地[註十五]。可考者，有胡、溫、羅、黎、葉、何、張、鄭、鄧、鍾、成、文、林、李、黃、楊、邱、陳、馮、藍、蘇、吳、丘、傅、侯、朱、刁、俞、曾、廖、劉、翁、翟等三十三姓族[註十六]。此等姓族多原籍福建或江西，皆取道潮、惠二州，而南遷香港地域[註十七]。此等客家人士皆能刻苦耐勞，抵港後墾闢荒地，聚居成村[註十八]。

因香港地區每年夏天六至八月期間，為颱風季節，常有豪雨及強風為禍，此等入遷之移民，除加強防禦風雨禍害外，並從其原居地，迎入其傳統祭祀之水神，對之拜祭，及建廟供奉，其著者有洪聖、北帝、天后、及龍母等廟神[註十九]。

香港地區祀奉之入遷水神

天后

天后（媽祖）相傳姓林，於北宋建隆元年（960）三月二十三日誕生於福建莆田湄洲海濱，亦有說誕生於與湄洲嶼僅隔一水之港里村。因出生至滿月不會啼哭，故取名「默」，人旦稱之默娘。

默娘八歲開始讀書，十歲信佛唸經，十三歲遇道士玄通，授以「玄微妙法」，十六歲時「窺井得符」，從此法術無邊，為當地巫女，以巫祝為事，能預知人禍福，好行善濟世，常在湄洲海面救助遇難船隻，治病助人，廣行善事，深受鄉民的崇敬和愛戴。

年二十八，於雍熙四年（987）九月初九日，在湄洲白日飛昇成仙。後傳說其常於海上救生、濟世助人，降魔除妖，護祐朝廷使節、漕運及助戰逐敵，使其受到朝廷之重視，及人們對之懷念感戴，遂於湄洲嶼為之立廟祭祀，稱之為通賢靈女。自後歷朝例有加封。元至元十八年（1284）封護國明著天妃，，清康熙二十三年（1684）U封護國庇民妙靈昭應仁慈天后。^{（註二十）}

清代因福建沿海移民大量移居香港，他們大都信仰媽祖（天后）。其從福建航海到香港時，因沿海風險浪大，隨時會葬身海底，故在心理上，有賴天后之護祐。他們隨身攜帶天后神像，到埗後建廟供奉。

港、九、新界及離島有逾三百座天后廟，^{（註二十一）}首座天后廟，俗稱大廟，傳為於 1012 年建於佛堂門。每年農曆三月二十三日天后誕，善信前往各廟進香甚眾，大廟外帆檣雲集，鼓樂喧天，晚上且有飲演。其他天后廟亦有慶典，部份且有酬神演劇，儀式甚為鼎盛。

洪聖

洪聖，全名為南海洪聖廣利王，俗稱洪聖大王，為廣東省南部珠江三角洲東岸一帶民間祭祀之自然神。《太平御覽》引〈太公金匱〉載，南海之王，名祝融，司職水及火，粵人祀之。《重修緯書集成》卷六〈龍魚河圖〉載，南海君姓祝名赤，夫人姓翳名逸寥。^{（註二十二）}

據故老傳說，謂神本為屠夫，得道之初，家甚貧窮，以屠豬為業，後來因覺殺生孽重，遂放下屠刀，入空門修道，跟隨一得道老僧雲遊四海，找尋仙緣；一日，行抵一波濤洶湧的大海，水中熱氣蒸騰，老僧著洪聖挖出心肝，擲入水中，以看海水是否沸熱；洪聖聽從其言，遂以鋒銳石片割開胸腔，挖心擲入海中；突然間，海中出現一五色彩雲，洪聖端坐其上，徐徐升空，成仙得道，這便是世俗所祀奉的洪聖大王。^{（註二十三）}

惟香港各洪聖廟宇內銅碑載，神本名洪熙，唐代廣利刺史，以廉貞而聞名，提倡研究天文、地理、數學各科，立氣象台以觀察天候，為漁民商旅所信賴，後因辛勞過度而死，世人惋惜而向朝廷表述其功，朝廷遂追贈為廣利洪聖大王，沿海士庶建廟祀之。

另據 2006 年香港鴨利洲慶祝洪聖寶誕特刊中載，神本波羅國使者達奚，奉使以波羅樹種籽入貢，施種間狂風大作，遂化為神，水上人家視之為水神，奉之甚虔。

洪聖之祭祀，源自古代皇朝禮制中四海之祭，初無廟宇奉祀。其正式列入國家之事神祀典，則始自隋文帝開皇十四年(594)；時因出洋南番諸國貿易，欲得海神庇護，廷臣建議，謂海神靈應昭著，宜立廟供奉。朝廷遂於珠江口扶胥村（今黃埔廟頭村）海濱，建南海神廟，以侯一級禮祭海。^{（註二十四）}唐天寶十年(751)，封神為南海廣利王（廣招天下財利之意），立夏日祀南海神于廣州。元和十三年(818)，廣州刺使、嶺南節度使孔戣奉皇帝祝冊，祭南海神。北宋康定二年(1042)，加王號洪聖，全名為南海洪聖廣利王。由是神之封號及祭式皆備。^{（註二十五）}

隋唐間對之祭祀漸隆，於今廣州黃埔廟頭村前海濱處，建廟名南海神廟，供奉洪聖。唐以後祭祀趨向抽象化。宋元日趨隆重。明清間洪聖祭祀甚盛，廟宇漸多，沿海居民多往參拜。清中葉後盛況略改，蓋因當時朝廷之鼓勵及漁民之多轉趨尊崇祀奉天后。^{（註二十六）}自唐至清代，洪聖之祭祀且被列入國家祭典，朝廷常命大臣主祭。

香港地區沿海或近水之居民，每遇水患或風暴，多祀水神，祈求幫助。^{（註二十七）}其自廣府遷入者，出發前有往廣州黃埔之南海神廟（主祀洪聖）進香膜拜，希得神靈保佑，部份且或攜帶香火袋、神符或神像遷入。至定居後，若能生計大展，則會糾眾集資，建廟奉神，以謝神恩，並希藉著神明之力，以解決問題。每年農曆二月十三日洪聖誕時，香港各洪聖廟例有慶典，且有演出神功戲酬神。平日於歲首及歲暮之間，亦有人前往求福或酬神。

香港之洪聖古廟，皆位於濱海或內陸近水地域，半依巖石建築，規模不大。洪聖古廟二十多座，^{（註二十八）}多為明代或之前自廣府遷入者所建，^{（註二十九）}清代重修或擴建。^{（註三十）}

北帝

北帝，全名為北極鎮天真武玄天上帝玉虛師相金闕化身蕩魔永鎮終劫濟苦天尊，通稱北帝、真武大帝或玄天上帝，為古代神話中北方之神。

据《太上說玄天大聖真武本傳神咒妙經经》載，北帝為太上老君化身，托生於大羅境上無欲天宮，為净樂国王及善勝皇后之子。皇后夢中吞日而懷孕，神降誕於王宮。既長，舍家入武當山修道，历 42 年成正果，白日升天。玉帝詔封為太玄，鎮衛北方。《洞冥寶記引真武報恩經》及《神仙通鑒》所載略同。《佑聖咒》稱北帝為「太陽化生，水位之精。虛危上應，龜蛇合形。周行六合，威懾萬靈」。因此，北帝屬水，能解除水火之患。明代為祈免水火之災，宮內多建真武廟壇。神亦為北極星之化身，可指引船隻航行海上。

據故老傳云：北帝名玄天上帝，本為王子，自幼修道，得元始天尊之邀請，位列仙班。商朝末年，魔道橫行，荼毒生靈，天尊使北帝將天兵衛道，時龜蟒為禍，北帝降服之，並將其踏於腳下，因是被玄始天尊封為玄天上帝。另民間俗傳：帝得道前本為屠夫，販賣豬肉為生，後以殺生罪重，欲以行善贖孽，擬將屠刀擲入江河，又恐誤傷水族或涉水者，意欲埋入土中，但又怕被人利用殺生；最後乃舉刀切腹以淨體，並將腸肚拋入江河，以贖前愆；不料即時奇蹟出現，空中忽降金光，保護其體，其真靈脫殼昇化，流出的腸臟，竟化為龜蛇，為禍地方；後二怪為北帝收服，踏在腳下。

古人以北斗七星（北極星）為治天界之神，春秋戰國間，已有玄武人格化之記載，至漢代，歷代帝王為永保帝業，對神極力推崇，更進一步使之人格化。

唐太宗封之為「佑聖玄武靈應真君」。北宋間，以神降生終南山，於太平興國六年（981）封「翌聖將軍」。大中祥符七年（1014）加封為「翌聖保德真君」，後為避聖祖趙玄朗諱，改「玄武」為「真武」，真宗天禧元年（1017）封「真武靈應真君」，欽宗時加號「佑聖助順真武靈應真君」。元成宗大德七年（1303）加號「元聖仁威玄天上帝」。明初，朱元璋封真武大帝為玄天上帝，繼封「真武蕩魔天尊」。明成祖朱棣於靖難之役宣稱得真武相佑，方有天下，更自詡為真武化身，故加其封號為「北極鎮天真武玄天上帝」。

北帝本為統管北方之神明，廣東人士以北方五行屬水，認為「南方之水，皆從北方来」，故對北帝崇拜。北帝廟為崇祀北帝之廟宇，亦稱真武廟、玉虛宮、玄天宮、北極殿，多散佈於珠江三角洲一帶。廣東沿海地區，居民靠海謀生，以北帝統管北方所有水族，故奉祀之，祈求其控制水源，使水暢流南方，促進漁農貿易。《天官書》載：「北宮黑帝，其稱玄武者也。或即漢高祖所始祀者也。粵人祀赤帝並祀黑帝，蓋以黑帝位居北極，而司命南溟，南溟之水生於北極，北極為源而南溟為委，祀赤帝者以其治水之委，祀黑帝者以其司水之源也。」故此，廣東人既祭拜赤帝南海洪聖大王，又供奉黑帝北方真武玄天上帝。

　　廣東最早建立之北帝廟位於佛山，稱「祖廟」，意為北帝廟之始祖，始建於北宋元豐年間（1078-1085），元末遭焚毀，明洪武五年（1372）重建，後歷二十多次重修及擴建，獲今貌。廣東其他水患頻繁地方，亦有供奉北帝，著者有三水之蘆苞祖廟、及廣洲泮塘之仁威祖廟。

　　香港居民奉北帝為水神，信眾多漁民，每年北帝誕，各地大小漁船皆到賀誕，祈求海不揚波，一帆風順，人口平安。香港境內最早祀奉北帝之廟宇，為位今九龍城露明道之上帝古廟（原址發展，門額及門聯遷置今露明道公園內），。著名之北帝廟，有深水埗汝洲街北帝廟，紅磡馬頭圍道鶴園角北帝古廟，湾仔隆安街玉虛宮，赤柱北帝廟，長洲北社玉虛宮，大嶼山梅窩大地塘北帝廟，及清水灣上洋北帝廟等。與其他神靈合祀者，有元朗舊墟西邊圍玄關二帝廟，元朗輞井玄關二帝廟，港島跑馬地雲地利道譚公北帝廟等。每年北帝誕，各廟多有上演神功戲，善信燒香酬神等賀誕活動，甚為熱

結　語

　　廣東省南部珠江三角洲一帶，以廣州為中心地域，多廣府人士，位廣州東南之東莞、深圳及香港一帶，及廣州西南五邑一帶，皆廣、客雜居，沿河海地域則為蛋人之居地。

　　該等濱海地域，每遇春夏之際，例必風雨大作，洪水為患，居民多受其苦。古代民智閉塞，未識為自然現象，常以之為水怪作祟，故多於其原居地，帶入其傳統習慣祀奉之水神，對之定時祭祀，祈求消災患，保平安。歷代帝王多從民意，對此等水神加以祭祀及封贈名號，並建廟宇奉祀，定時拜祭。

　　香港濱海居民信奉之水神眾多，惟多祀奉天后、洪聖及北帝。[註三十一]自福建經潮汕遷入香港者（學佬），則帶入天后（（媽祖），廣府人士則帶入洪聖及北帝，對之祭祀，祈求平安。三神之廟宇頗多，且香火甚盛。

注　釋

註一：　　詳見下列志書：

　　　　　明嘉靖戴璟：《廣東通志》，初稿，卷37，＜祥異＞；清康熙金光祖：《廣東通志》，
　　　　　卷21，＜災祥＞；清光緒戴肇辰：《廣州府志》，卷78至82，＜前事略＞；明崇

禎張二果：《東莞縣志》，卷2，＜政治˙事紀＞；清康熙靳文謨：《新安縣志》，卷11，＜防省志˙災異＞；清嘉慶舒懋官：《新安縣志》，卷13，＜防省志˙災異＞；清宣統陳伯陶：《東莞縣志》，卷31至36，＜前事略＞。

註二：　　離島之長洲島上，有一義塚，為光緒三十二年 (1906) 商人蔡良為安葬於島上沙灘檢獲之骨骸而建。該義塚原位島南部之大石口，近年因該地發展，義塚遂被遷移。

註三：　　同註一。

註四：　　拙與林天蔚師合著香港前代史論集，頁 62-72，台灣商務印書館岫廬文庫

註五：　　詳香港古物古蹟辦事處古代石刻小冊

註六：　　清康熙靳文謨新安縣志卷三地理志古蹟

註七：　　詳拙著《香港古代史》，一、上古時期的香港，頁四十至四十一。香港中華書局，1995 年。

註八：　　詳萬芳珍、劉綸鑫之〈客家正名〉一文，載《中國客家民系研究》，頁四至七，中國工人出版社，1992 年。

註九：　　同註七，頁四十至四十三。

註十：　　拙著《香港新界家族發展》，一、香港及深圳地域家族之入遷，頁二。香港顯朝書室，1991 年。

註十一：　同註十，頁三及四。

註十二：　同註十，頁四至七。

註十三：　詳拙著《清初遷海前後香港之社會變遷》，第二章黎明時代之香港，註一，頁一〇五至一〇八。台灣商務印書館岫廬文庫，1986 年。

註十四：　前書，頁一二五至一二七。

註十五：　前書，頁一七〇至一七二。

註十六：　同註十，頁七至十五。

註十七：　此等客家人自福建或江西，入潮州及惠州，經惠州淡水、沿沙魚涌、鹽田、大梅沙、沙頭角，抵新界北區，再分遷香港境內各地。如今沿線仍有不少客家圍屋保留，可供研究。詳深圳博物館編《南粵客家圍》，北京文物出版社，2001 年。

註十八：　香港新界之客家人，多聚居於北區沙頭角、元朗八鄉及十八鄉、沙田、大埔、及西貢等地。

註十九：　赤柱灘畔有水僊廟，內奉水僊爺爺及水僊婆婆，石澳灘畔有水神廟，及新界有等溪澗旁有水神神位，惜其歷史無發考究。

註二十：　歷代天后封號表

朝代	西元	封 號	因 由
北宋開寶七年	974	眾號之通元靈女	窺井得符，屢顯神異
北宋雍熙四年	987	稱通賢神女	登仙籍，民間建廟奉祀
北宋宣和五年	1123	賜廟號順濟	
南宋紹興二十五年	1155	崇福夫人	
南宋紹興二十六年	1156	靈惠夫人	
南宋紹興二十七年	1157	加封靈惠昭應夫人	
南宋紹興三十七年	1167	加封靈惠昭應崇福夫人	
南宋淳熙十年	1183	加封靈惠昭應崇善福利夫人	以溫台剿寇有功
南宋紹熙元年	1190	進爵靈惠妃	以救旱大功

南宋慶元四年	1198	加封靈惠助順妃	
南宋慶元六年	1200	加封其父為積慶侯，改封靈感嘉佑侯；母王氏封顯慶夫人；兄封靈應仙官神；姊封慈惠夫人佐神	以神妃護國庇民
南宋開禧元年	1205	加封靈惠助順顯衛妃	以淮甸退敵有功
南宋嘉定十年	1217	封靈惠助順顯應英烈妃	以救旱及助擒賊有功
南宋嘉熙三年	1239	封靈惠助順嘉應英烈妃	
南宋寶祐元年	1253	加封靈惠助順嘉應英烈協正妃	以救濟興泉飢荒
南宋寶祐三年	1255	封靈惠助順慈濟妃	
南宋寶祐四年	1256	加封靈惠助順慈濟善慶妃	以錢塘堤成
南宋開慶元年	1259	進封顯濟妃	以火焚強寇有功
南宋景定三年	1262	封靈惠顯濟嘉應善慶妃	
元至元十八年	1281	封護國明著天妃	以庇護漕運
元至元二十六年	1289	加封顯佑（護國顯佑明著天妃）	以佑海運
元大德三年	1299	加封輔聖庇民（護國輔聖庇民顯佑明著天妃）	以庇護漕運
元延祐元年	1314	加封廣濟（護國庇民廣濟明著天妃）	以漕運遭風得助
元天歷二年	1329	加封福懿（護國庇民廣濟福懿明著天妃）	以庇護漕運大功
明洪武三年	1370	除歷代封號	因時行海禁令
明洪武五年	1373	U封昭孝純正孚濟感應聖妃	以神功顯靈
明永樂七年	1409	加封護國庇民妙靈昭應弘仁普濟天妃	以屢有護助大功
清康熙十九年	1680	U封護國庇民妙靈昭應弘仁普濟天上聖母	以助提督萬正色征剿廈門
清康熙二十三年	1684	U封護國庇民妙靈昭應仁慈天后	以助將軍侯施琅得捷澎湖
清雍正四年	1726	奏請加封天后父母，惟無從查實	
清乾隆三年	1738	U封護國庇民妙靈昭應弘仁普濟福佑群生天后	
清乾隆二十二年	1757	加封護國庇民妙靈昭應弘仁普濟福佑群生誠感咸孚天后	
清乾隆五十三年	1788	加封顯神贊順（護國庇民妙靈昭應弘仁普濟福佑群生誠感咸孚顯神贊順天后）	以護福州防軍征台
嘉慶五年	1800	加封垂慈篤祐（護國庇民妙靈昭應弘仁普濟福佑群生誠感咸孚顯神贊順垂慈篤祐天后）	

清嘉慶六年	1801	U封天后父為積慶公，冊為積慶公夫人	
清道光六年	1826	加封安瀾利運 （護國庇民妙靈昭應弘仁普濟福佑群生誠感咸孚顯神贊順垂慈篤祐安瀾利運天后）	
清道光十九年	1839	加封澤覃海宇 （護國庇民妙靈昭應弘仁普濟福佑群生誠感咸孚顯神贊順垂慈篤祐安瀾利運澤覃海宇天后）	
清道光二十八年	1848	加封恬波宣惠 （護國庇民妙靈昭應弘仁普濟福佑群生誠感咸孚顯神贊順垂慈篤祐安瀾利運澤覃海宇恬波宣惠天后）	
清咸豐二年	1852	加封導流衍慶 （護國庇民妙靈昭應弘仁普濟福佑群生誠感咸孚顯神贊順垂慈篤祐安瀾利運澤覃海宇恬波宣惠導流衍慶天后）	
清咸豐三年	1853	加封靖洋錫祉 （護國庇民妙靈昭應弘仁普濟福佑群生誠感咸孚顯神贊順垂慈篤祐安瀾利運澤覃海宇恬波宣惠導流衍慶靖洋錫祉天后）	
清咸豐五年	1855	加封恩周德傅 （護國庇民妙靈昭應弘仁普濟福佑群生誠感咸孚顯神贊順垂慈篤祐安瀾利運澤覃海宇恬波宣惠導流衍慶靖洋錫祉恩周德傅天后） 後又再加封衛漕保泰 （護國庇民妙靈昭應弘仁普濟福佑群生誠感咸孚顯神贊順垂慈篤祐安瀾利運澤覃海宇恬波宣惠導流衍慶靖洋錫祉恩周德傅衛漕保泰天后）	
清咸豐七年	1857	加封振武綏疆 （護國庇民妙靈昭應弘仁普濟福佑群生誠感咸孚顯神贊順垂慈篤祐安瀾利運澤覃海宇恬波宣惠導流衍慶靖洋錫祉恩周德傅衛漕保泰振武綏疆天后之神）	
清同治十一年	1872	以封號字數過多，不足以昭鄭重，仍有詔加封嘉祐	

自後	未有再加封贈	
二十世紀末	文革間曾被禁祀	

註二十一：香港著名之天后古廟

1. 九龍地區

廟宇名稱	地　點	建廟年份
油麻地廟街天后廟	油麻地廟街	光緒二年（1876）
大角嘴天后廟	大角嘴福全街	光緒十一年(1885)
深水埗天后宮	深水埗醫局街	光緒二十七年(1901)
土瓜灣天后古廟	土瓜灣落山道	光緒八年（1882）
九龍寨城天后廟	原建於九龍寨城，1992年拆卸	建於1930年代
九龍城天后廟	九龍城衙前圍道	元至元十二年(1352)
天后聖母古廟（慈德社天后古廟）	樂富老虎岩山上	建於嘉慶六年（1801），1950年重建
藍田天后廟	藍田公園山坡	1969年
佛堂門天后廟	西貢佛堂門	南宋理宗年間(1225至1264)
西貢天后古廟	西貢市中心	道光二十二年(1842)
斬竹灣天后聖母廟	西貢斬竹灣	不詳
北港天后廟	西貢北港	同治十一年(1872)
糧船灣天后宮	西貢糧船灣	乾隆六年(1741)
南果洲天后廟	南果洲山坡「南奶頂」	不詳
南圍天后古廟	西貢南圍村村尾	清初
熨波洲天后廟	西貢熨波洲	不詳
布袋澳天后廟	西貢布袋澳	不詳
地堂嘴天后廟	西貢地堂嘴	不詳
果洲群島天后廟	西貢果洲群島	不詳
坑口天后廟	將軍澳坑口	道光二十年(1840)
茶果嶺天后宮	鯉魚門西與觀塘相接處	清中葉
鯉魚門天后宮	鯉魚門村	乾隆十八年(1753)

2. 新界

荃灣天后廟	初建於西樓角，1984年遷綠楊新邨	康熙年間(1662至1721)
青龍頭天后古廟	荃灣青龍頭圓墩村	嘉慶二十四年(1819)
油金頭村天后宮	荃灣油金頭村公所旁	不詳
掃管笏天后古廟	屯門掃管笏新邨	康熙年間
大欖涌天后廟	大欖涌瑜翠園瑜翠街	不詳，1955年重修
葵涌天后廟	葵涌青山道	嘉慶初年(1796)

葵涌下村天后宮	葵涌下村	清末
屯門口角天后古廟	青山灣畔天后路	明末
青山三洲媽廟	三聖墟屯門公路旁	1967 年
青衣島天后古廟	青衣島青衣大橋右首	不詳，1967 年重建
馬灣天后古廟	馬灣東灣	嘉慶中葉 (1808 年間)
沙江天后廟	元朗廈村流浮山沙江村	康熙四十五年 (1706)
鳳池村天后宮	元朗屏山鳳池村鯉魚山	康熙廿三年 (1684)
大樹下天后古廟	元朗大旗嶺大樹下東路	順治十一年 (1655)
馬田村天后宮	元朗馬田村	清末
朝天宮	元朗廈村鄉錫降圍 11 號	2005 年
水尾村天后廟	錦田水尾村	乾隆十年 (1745)
屏山大井圍天后宮	屏山大井盛屋村	康熙二十七年 （1688）
東頭園天后古廟	元朗東頭村 1 號側	十七世紀末
元朗天后廟	元朗舊墟	康熙三十六年 （1697）
下白坭天后廟	元朗下白坭	不詳
朗屏天后宮	元朗朗屏	清中葉
龍鼓上灘天后廟	龍鼓上灘	光緒二十四年 (1898) 前
稔樹灣天后廟	稔樹灣	二十世紀中葉
沙洲天后廟	沙洲	光緒年間 (1875 至 1908)
赤洲天后廟	大埔赤洲西岸大環灘	清末
滘流灣天后古廟	大埔滘流灣村	清末
泰亨鄉天后宮	大埔泰亨鄉	光緒十年前
大埔舊墟天后宮	大埔墟「橫街」	康熙三十年前
林村天后宮	放馬埔林村公立學校旁	乾隆元年 (1736)
龍躍頭天后宮	粉嶺北區龍躍頭老圍旁	康熙三十四年 （1695）
紅橋天后廟	粉嶺北區紅橋	康熙六十年 (1721)
坪輋平原天后廟	粉嶺北區坪輋平原	乾隆二十一年 (1756)
粉嶺坪峰天后廟	粉嶺坪峰	光緒二十四年 （1898）
鹿頸天后宮	沙頭角鹿頸	不詳
沙頭角天后宮	沙頭角墟海濱	嘉慶年間，1993 年遷建
烏石角天后宮	沙頭角烏石角	不詳
木湖村天后廟	上水木湖村	不詳
丙岡村天后宮	上水丙岡村	明末

3. 港島

上環天后廟（觀音堂）	上環太平山街	光緒十六年 (1890)
上環列聖宮	上環荷李活道	道光十六年 （1890）

銅鑼灣天后廟	銅鑼灣天后廟道	乾隆十二年 (1747)
水上天后廟	銅鑼灣避風塘內	1940 年初
大坑天后廟	鑼銅灣大坑道	雍正五年（1727）
黃泥涌天后廟	港島黃泥涌藍塘道	1901 年
筲箕灣天后廟	阿公岩東大街	同治十一年 (1872)
柴灣天后古廟	柴灣環翠道	清末年間
柴灣樂耕埔天后廟	柴灣樂耕埔	1964 年清拆，1967 年重建
香港仔天后廟	香港仔石排灣道	咸豐元年 (1851)
赤柱天后廟	赤柱西部馬坑甲村	乾隆三十二年 （1767）
石澳天后廟	港島南區石澳	光緒十七年 （1891）
淺水灣天后像	港島淺水灣海灘	二十世紀中葉

4. 離島

吉澳天后宮	吉澳枕山之高台上	乾隆二十八年 (1763)
塔門天后廟	塔門	康熙年間 (1662 至 1721)
蒲台島天后廟	蒲台島大灣口北岸	道光十二年 (1832)
大鴉洲天后宮	大鴉洲	道光八年 (1828)
屏洲天后廟	屏洲	嘉慶元年 (1796)
北社天后古廟	長洲北社	乾隆三十二年 (1767)
西灣天后宮	長洲西灣	乾隆三十九年 (1774)
南氹天后宮	長洲南氹	乾隆三十七年 (1772)
大石口天后古廟	長洲大石口	乾隆三十七年 (1772)
長洲中興街天后廟	長洲中興街	乾隆三十二年 （1767）
坪洲天后宮	坪洲永安街	乾隆十七年 (1752)
平洲天后宮	平洲島沙頭村東邊	乾隆三十年 （1765）
榕樹灣天后廟	南丫島北約榕樹灣村	光緒二年 （1876）
索罟灣天后宮	南丫島索罟灣海濱	道光六年 （1826） 前
鹿州天后宮	南丫島南邊鹿洲村東海濱	同治七年 (1868)
赤鱲角天后宮	大嶼山東涌黃龍坑	道光三年 （1823） ，1994 年重建
大澳天后廟	大嶼山大澳市吉慶後街	清順治年間 （1644 至 1661）
大澳新村天后廟	大嶼山大澳新村	康熙五十二年 （1712）
貝澳天后宮	大嶼山貝澳	嘉慶四年 (1799)
汾流天后廟	大嶼山分流東灣畔	嘉慶二十五年 (1820)
沙螺灣天后廟	大嶼山島沙螺灣	嘉慶二十四年 （1819）
大嶼山天后宮	大嶼山石仔埔	道光十五年 (1835)
大嶼山天后古廟	大嶼山十塱涌口	二十世紀中葉
芝麻灣天后宮	大嶼山芝麻灣	清中葉

| 喜靈洲天后宮 | 喜靈洲 | 舊廟 1925/ 新廟 1991 年 |
| 東平洲天后宮 | 東平洲 | 雍正五年（1727） |

註二十二： 清屈大均《廣東新語》卷六神語，〈南海神〉條。

註二十三： 李建青之〈一位神的傳說 --- 洪聖大王 --- 通行東莞〉，載《廣東風俗綴錄》，頁 288。

註二十四： 《隋書》志二，禮儀二。

註二十五： 韓愈《南海神廣利王廟碑》詳紀其事，碑立廣州市南海神廟前。

註二十六： 詳拙著《香港前代社會》第四章第四節五、〈天后誕〉條。

註二十七： 學佬漁民多祀天后，鹹水蛋民祀水僊（仙）或（海）龍王，只淡水蛋民祀洪聖。

註二十八： 香港著名之洪聖古廟。

1. 香港島

名稱	位置	建築年代
洪聖古廟	灣仔皇后大道東	清道光 27 年 (1847) 建
洪聖殿（南安坊）	筲箕灣愛民街	十九世紀末建，1903 重建，1982 遷建
洪聖古廟	鴨脷州	清乾隆 38 年 (1773) 建，1888、1973、1988 重修

2. 九龍

名稱	位置	建築年代
洪聖殿	大角咀福全街	十九世紀中葉建，1928 遷現址

3. 離島：

名稱	位置	建築年代
洪聖古廟	東龍島	清道光前 (1821 前) 建
洪聖古廟	坪洲圍仔村	新建（原建年代無考）
洪聖古廟	長洲中興街	清嘉慶 18 年 (1813) 建
洪聖宮	南丫島東澳	原建年代無考，清道光 4 年 (1824) 重修
洪聖古廟	南丫島洪聖爺灣	廢圯 (?)

4. 大嶼山

名稱	位置	建築年代
洪聖古廟（把港古廟）	沙螺灣	清乾隆 39 年 (1774) 建，咸豐 2 年 (1852)、光緒 9 年 (1883)、1968、1977、1980 重修
洪侯古廟	石壁大浪灣新村	1960 建（洪聖古廟原位石壁涌口村，今石壁懲教所入口處，清道光年間建，已拆卸，與侯王古廟合建現址）
洪聖古廟	梅窩	清道光 23 年 (1843) 建，2000 重修
洪聖宮	塘福	清嘉慶 7 年 (1802) 建，1968 重修

洪聖古廟	大澳石仔埗	清乾隆 11 年 (1746) 建，嘉慶 7 年 (1802)、道光 21 年 (1841)、光緒元年 (1875)、1930、1969 重修
洪聖古廟	杯澳	

5. 新界

名稱	位置	建築年代
洪聖宮	粉嶺孔嶺	清乾隆 28 年 (1763) 粉嶺四約建
洪聖古廟	上水河上鄉	十八世紀建
洪聖公廟	元朗沙岡	無考
大王古廟	元朗舊墟	清康熙年間 (1622-1722) 建
洪聖宮	錦田水頭村	1465-1487 年間建，清雍正 5 年 (1727) 擴建，1986 重建
洪聖宮	屏山坑尾村	清乾隆 29 年 (1764) 建，清同治 5 年 (1866) 重建
洪聖古廟	西貢滘西洲	清光緒 15 年 (1889) 之前建，1948、1970、1985、2000 重修
洪聖古廟	西貢布袋澳	清康熙初年（十七世紀末）建，嘉慶 22 年 (1817)、光緒 10 年 (1884)、宣統 3 年 (1911) 重修

註二十九：　香港島之筲箕灣及鴨脷州，新界之河上鄉、元朗、錦田水頭村、屏山坑尾村、
　　　　　　滘西洲及布袋澳，大嶼山之沙螺灣、石壁、梅窩、塘福、大澳及杯澳，及離島
　　　　　　之東龍島（古稱南佛堂）、坪洲、長洲及南丫島（古稱博寮洲、索罟灣）等地，
　　　　　　明代時已有村落。詳明郭斐《粵大記》卷三十二之《廣東沿海圖》。

註三十　：　同註二十八。

註三十一：　居民亦有祀奉龍母（北江之河神）、譚公（惠州九龍峰之神靈，港人有以之為水
　　　　　　神）、及觀音（水月觀音），以之作為水神。

黃大仙信俗與非物質文化遺產國際學術研討會論文集

香港普福堂粵劇樂師會華光誕研究[1]

香港教育大學社會科學系 **馬健行**

引 言

香港八和會館，每年也會於農曆九月廿八日，以劇目《香花山賀壽》，來恭賀行業神華光先師的誕辰。活動中，八和會館不同的屬會成員同心協力，當中以音樂禮送華光神像由館內神龕到賀壽演出的場地，就是由屬會音樂組的樂師負責。因此，賀誕活動正表現出粵劇行業的行業神崇拜及其凝聚粵劇行業的功能。[2] 在粵劇舞台演出的脈絡下，業內不同專業的成員共同努力，而音樂更是不可或缺的部份。行內有句術語「老倌拉棚面」，就是代表劇團的老倌希望有擁有固定的樂師團隊，以維持音樂團隊的默契、演出水準和穩定性。此外，演員往往對演奏八音的樂師恭敬有加，即使對方的年齡比自己小許多，也尊稱對方為「師傅」。由此可見，戲行內存在著老倌和樂師兩種不同的專業群體，彼此因業緣關係而整合在一起。至於粵劇樂師所屬的音樂組，除了是八和會館的成員，同時亦保留著「普福堂粵劇樂師會」這個組織身份，他們亦會於華光誕前一至兩週的週日，舉行以樂師群體為中心的賀誕活動，因此筆者嘗試以 2009 年普福堂粵劇樂師的華光誕為例，呈現出當代香港粵劇樂師的行業神崇拜。

賀誕儀式

2009 年農曆九月廿一日（星期日）上午 10 時許到達普福堂位於油麻地的會址。該會址擁有兩個單位，其中一個單位為錄音室，另一個則是聚會和辦公的地方，也是舉行賀誕的場地。甫進會內即見房間盡頭懸掛了「普福堂」的牌匾，向右望則見華光的神龕在門口旁邊，上面還附設了閃爍的燈飾。神龕的中

---

1 本文為「黃大仙信俗與非物質文化遺產國際學術研討會暨第十七屆國際亞細亞民俗學會大會」（2016 年）的報告論文。筆者感謝大會的邀請，以及與會學者同仁的指教。本研究亦承蒙卓越學科領域計劃：「中國社會的歷史人類學」研究項目資助，謹表謝忱。

2 有關八和會館華光誕的紀錄，詳見：林萬儀，〈行業神崇拜：香港粵劇行的華光誕〉，《田野與文獻》，第 51 期，頁 21-25。

央為華光的木製神像，體積較小的千里眼和順風耳神像待立兩旁，還有一對體積更小的田竇二師在華光的前方；背後的鏡屏內有一張已逐漸退色的紅色紙，上面寫有供奉的神明名字，中間為「五顯華光先師」，字體明顯較其他大，兩旁從右至左為「譚公仙聖」、「田竇仙師」、「伶倫先師」、「師曠先師」、「張騫先師」和「天后元君」，各名字下方有「寶座」二字，一對對聯「飲水思源，切勿忘本」，上下句分別寫於兩側。神龕的最下層是土地神位。神龕的正前方有一摺檯用紅紙鋪面，檯上在較前的位置設一個香爐並插有三枝粗香、一對寶燭、一盤水果、兩束鮮花、茶酒各三杯，中間位置有三盒壽包、酬神乳豬和雞各三隻，檯尾有兩隻碟，一隻盛載著利是，另一隻為華光符紙和銅錢。旁邊的牆壁貼有紅紙，列明了理事和會員各捐贈了那些供品。[3] 牆上的告示版貼有八和會館和普福堂各種通告，還有籌建會址的捐款照片和芳名、道賀餽贈的字畫、不同時期音樂組的照片，以及有當屆會員的名牌和理事名錄。

當天，每位到達的樂師會員和眷屬，均會對門口旁的華光師傅上香，然後取一份利是和符以求得到師傅庇佑。在 11 時，參與演奏的樂師相繼到達並整理各自的樂器，例如沾濕笛咀等。普福堂的成員大部份是男性，而參與樂器演奏的，除了一位負責打鑼的樂師是女性，其餘均為男性，理事則全數是男性。[4] 一些理事和會員也乘時添香油以支持工會及賀誕活動，並與其他行家寒暄一番。到場參與工作的樂師均會獲贈利是一封，封面印有「普福堂有限公司」，內含銅錢劍飾物，他們強調這把劍是拜過師傅的，用以展示得到師傅的加庇。

中午 12 時，理事長燃點香爐的大香，標誌著音樂樂師的賀壽儀式活動正式開始，他們稱儀式為「閉口封相」或「密口封相」。儀式甫開始，除了部份樂師將會需要唱出部份唱詞，其餘的參與者默不作聲，直到曲目演奏完畢。儀式由一位掌板負責打鼓、卜魚、沙的（沙鼓）和梆鼓（雙皮鼓），還有五位吹笛、一位打鑼、一位打大鈸，一位打細鈸，一位小鑼。[5] 基於恭賀華光的誕辰，第一首曲目為「大送子」，即八仙賀壽。參與儀式的樂師不少都會默唸著曲目演奏。演奏過程中，由於音樂樂師的賀誕是沒有老倌參與的，因此到了唱詞部

3　紅紙上的內容，節錄於後：「（名字略）會員送拜師父光雞一隻乳豬一隻」、「（名字略）理事長送送拜師父光雞一隻乳豬一隻」、「（名字略）理事送錢仔壹千個」和「（名字略）會長送拜師父一隻乳豬一隻」。

4　按參與儀式的樂師所述，昔日參與的樂師全為男性，女性會員只可在旁觀察，但現在已較開放，女性樂師同樣可以參與。

5　參與賀誕儀式的人數沒有上限的。而在賀誕活動前，理事間也會作溝通，確保有足夠的樂師參與。而其他會員同業可自由參與，尤其是演奏笛子、小鈸的樂師也時有增減。

份，參與的樂師會自行唱出曲中的唱詞。他們唱的時候，也會把聲線提高，就像在粵劇戲台上的演出一樣。當他們唱過「東閣壽筵開，西方慶賀來，南山春不老，北斗上天台」，即意味著八仙已到，仙家雲集，這階段約 15 分鐘的賀壽儀式結束。理事長在華光師傅前獻金銀衣紙寶帛，接著前往室外化奉。

樂師們稍作休息後，於 12 時 20 分又開始下半部份的儀式。第二部份的儀式是由樂師演奏「六國大封相」。這時，部分樂師轉換崗位，手執另一種樂器，也有其他樂師加入。這個儀式由一位掌板打鼓、卜魚、沙的（沙鼓）和梆鼓（雙皮鼓）、還有五位吹笛，三位打單打，一位小鑼，一位打大鈸，一位打小鈸，一位打大鑼。「封相」演奏歷時約 30 分鐘，隨著曲目最後的笛子音樂畢落，也代表儀式完結，現場的參與者和樂師們一同大聲說：「好！」互相抱拳道謝：「辛苦晒咁多位師傅」，慶祝彼此合力完成賀誕的儀式。完成後，理事和一眾參與者到會址附近的酒樓午膳，享用剛剛拜神的燒豬和雞。

宴會和就職典禮

午膳後，約下午 1 時 50 分，部份普福堂的理事樂師提前到紅磡海逸皇宮酒店，即晚宴的場地作佈置，特別是恭奉華光師傅的臨時神殿、現場表演曲藝所需的樂器等。理事長則於下午 3 時 45 分，將會址內的華光神像、千里眼順風耳和田竇二師請到一個紅色膠箱，準備送到會場。甫出門即由四位樂師鳴鑼響道，當中包括兩位吹笛、一位打鑼、一位打大鈸和一位打鼓，演奏「小送子」禮送華光下樓，途經甘肅街轉入廟街才稍作停頓。此時理事長和財務理事將紅色膠箱暫時交託給另一位理事，等待接送的車輛到來。理事長開車來到後，一位理事登上房車，坐在理事長旁的座位，接過紅色膠箱並全程緊緊抱在懷中。約 15 分鐘車程到達晚會停車場。下車後，各樂師就緒，再次奏出「小送子」饗道，由理事長將神像移駕到會場。

當理事長到臨時，早前已前往會場的理事們已在門口旁安設好臨時的神殿，靜候華光師傅的到臨。這個神殿大抵上模仿會址的格局，以紅色和金色為主色，其對聯「福聲藝舞八達三通．普樂玄歌五音六律」與會址門口的對聯相同。居中的背幕寫有橫額「華光殿」，輔以會址神龕的對聯「飲水思源．切勿忘本」；正上方則寫有「恭祝華光先師寶誕」，並以長紅布包圍裝飾。神殿內除了茶酒、香爐、乳豬、雞、寶燭和水果等供品，也有利是和符紙，還放置了當晚用作競投福物的八件禮品，其中壓軸的聚寶盤，是由一位理事將神殿的元寶放進盤內火化,精巧地留下原來印在元寶上,完整的「寶」字,以象徵拜過華光師傅的「寶」就在盤內。此外,還張貼了一張告示:「香油滿 $100 元送錢劍一把」及場內設香油箱供賓客贊助。負責擺放的理事小心翼翼地放好各神像,並詢問站在正前方的理事長,華光師傅的位置是否正中,理事長滿意後各樂師亦陸續誠心上香。不少隨後到來的賓客在接待處贊助香油,理事會的職員也立即將捐助的收條貼在接待處的壁報上。不少善信甫進入會場,先向華光師傅上香,才再前往所屬的席間聯誼。

當屆理事會的樂師,於下午 4 時左右齊集會場,並在台上設置當晚獻唱活動所需的樂器,包括鑼、鼓、鈸、二胡、洋琴等。是次整個宴會筵開 68 席,包括會場中心,位於台前紅色檯飾的三席主禮席。當中不乏由樂師認購以其名稱作為該席代號的座席,也有以音樂社名義登記的座席。已到達的嘉賓朋友或是參與麻雀耍樂,或是聊天聯誼。於下午 6 時,理事長到台上宣佈該年度的華光先師寶誕聯歡宴會正式開始,[6] 並以「錦帆開」為開場曲目展開宴會的活動。

宴會於事先報名獻唱的賓客的歌聲中開始。各獻唱名家均是盛裝登台,男士穿上整齊筆挺的西裝,女士則穿長衫類的晚裝長裙,配以閃耀的配飾,各自也手執配有吊絮裝飾的精美歌譜,投入地演唱。這個獻唱的部份,往往不多於五首粵曲,曲目由獻唱賓客自定。2009 年的曲目包括「悄潘安之洞房」、「漢成帝夜祭豐台」和「狄青闖三關」。

如果聯歡活動並非適逢三年一度的當屆理事會的就職典禮,以 2010 年為例,賓客演唱活動往往在晚上 8 時半左右完結。接著工作人員將年度競投的福物移送到台上,以備在宴席期間讓嘉賓競投。然後由另外兩位司儀,邀請理事長上台作簡短致詞,完結後便會開始宴席和聯歡活動。而在 2009 年的聯歡晚宴,獻唱表演提早於晚上 8 時 20 分完結,台上隨即安排作就職典禮。應屆 2009-2011 年度候任的 21 位理事先到台上就座,他們均穿上統一訂製的西裝,包括紅黑色領帶,每件西裝內夾繡上該名理事的名字,胸前有襟花和名牌。在整個約 20 分鐘的典禮中,普福堂的理事長致詞回顧和展望會務的發展,然後邀請八和會館主席致詞並主持監督和頒發證書,確認各位理事正式成為新任的普福堂粵劇樂師會及八和會館音樂部理事。

典禮完成後,台上開始擺設本年度競投的福物,並由司儀邀請去年投得福

---

6 在 2009 年,基於是理事會的就職典禮,因此司儀宣佈的活動名稱為「香港普福堂粵劇樂師會第 11 屆‧八和會館音樂部第 31 屆理事就職典禮暨恭祝華光先師寶誕聯歡宴會」。

物的得主，接受當屆晚會主禮嘉賓八和會館主席、普福堂理事長及一眾理事頒贈紀念品。台下則有理事向在坐每位來賓派發符紙和銅錢作紀念福物。是以每席來賓在大快朵頤的同時，亦為得到這種華光的福物雀躍不已，不少更即時拿起拍照留念。當晚聯歡活動的高潮便是緊接著的競投福物環節，理事們拿著福物到各席間邀請他們出價。主持人在台上也戮力助興，發揮創意描繪福物的意頭。當競投完畢，其中一位理事便會打響大鑼，隆重其事宣佈勝出者的芳名。他們均到台上拍照留念，當中不少更邀請相熟的樂師一同到台上合照。大約晚上 10 時許，理事長率領所有理事到台上，向所有來賓祝酒。宴會接近尾聲，壓軸的聚寶盤除了是競價最高的福物，恰巧勝出者是理事之一，因此除了理事的家人外，其他一眾理事也上台留影共歡，也是感謝理事對會務的支持。（有關福物競投結果，參看表一。）

表一：2009 年華光誕競投福物

次序	吉祥名稱	競投價格
1	鯉躍龍門	$11,000
2	一帆風順	$21,000
3	如意吉祥	$22,800
4	千金鑄金鼎	$21,380
5	運轉乾坤	$10,000
6	萬里長紅、金花一對	$10,800
7	一心財來	$10,800
8	聚寶盤	$30,800
總　數		$138,580

11 時，大部份賓客相繼離去，部份理事和工作人員將樂器運回普福堂，理事長大約於 11 時半親自將華光聖像送回會址。有別於來時，回程並無樂師響道。理事長登上房車，將載有各神像的紅色膠箱抱在胸前，由另一位理事開車，於凌晨 12 時抵達會址，將每個神像安放好，這才標示著整個普福堂華光誕活動的結束。

樂師的組織和工作

相對粵劇行的師傅誕而言，樂師會的賀誕甚少有報章記錄，1990 年 10 月 30 日的《華僑日報》是少有報導普福堂粵劇樂師會華光誕的記錄。[7] 八和會館

7　〈讀者來信要多說羅家英汪明荃・八和普福堂就職聯歡會・香港五台辦卡拉 OK 賽〉《華僑日報》，1990 年 10 月 30 日。

的出現，可追溯至清中葉，粵劇界的行會從瓊花會館、吉慶公所到清末確立的八和會館。音樂樂師也是八和會館的八個屬會之一。[8]於民國年間，香港粵劇開始崛起和發展，從業員也頻繁往來粵港兩地演出。[9]到1940年，廣東八和粵劇職業工會香港分會已有二百多名會員，並展開勞軍等工作。[10]同時亦有一批同樣穿梭兩地的雁班，主要為八手的樂師於廟街83號開始聚合，被稱為「公仔友聚集」，可見香港樂師工會的雛型。[11]農曆九月廿一日賀誕還未開始時，一些資深的樂師們往往在1948年廣州市音樂業職業工會普福支部成立暨選舉第一屆幹事典禮的照片前，緬懷相中那些前輩還有和他們合作的經歷。1949年社會政治環境的轉變，令一部份來往於粵港地區的戲班和樂師，改為植根香港，並組織香港的行業公會。樂師亦自1951年起籌備自已的公會組織，當時何海琪借西貢街員工會學校天台為臨時辦事處，會員18人。到1952年「香港八和會館音樂組」正式成立，尹自重擔任首屆組長。而1953年香港八和會館的成立，音樂部正式加入成為其屬會。[12]樂師工會成立後，在1966年籌措會址，購下油麻地現址。其後，理事會決定擴充，於1985年購下相連單位闢為音樂室，並正式註冊成為香港普福堂粵劇樂師會有限公司，理事會三年一屆，由會員選舉產生。從會址內按姓氏排列的名牌所見，該會在2010年有350個會員。

黎鍵提出在1920年代，城市的音樂活動已呈現七種的表演方式和團體，被稱為七大行幫，還有其他如瞽師和龍舟說唱等，各有其組織。[13]然而戰後的政治環境轉變，令不少在不同範疇的樂師也來到香港。有較資深的粵劇樂師也提及，來港後除了參加小型班，也有參與歌壇謀生。是以粵劇和戲曲，包括歌壇和曲藝社，在香港的發展，將過去不同的行幫樂師凝聚在普福堂。在戰後香港的音樂行，基於表演環境隨著娛樂工業的不斷轉型，不同範疇的樂師，也穿梭於不同的演出場合，令過去行幫的界線日漸模糊。[14]

8　《香港八和會館成立五十週年特刊》（香港：香港八和會館，2003），頁44-45。

9　同上。

10　〈八和粵劇會〉，《大公報》，1940年1月17日。

11　〈屬會、子機構香港普福堂粵劇樂師會有限公司（音樂部）〉 https://hkbarwo.com/zh/about/associations/po-fook-tong （瀏覽日期：2016年9月1日）

12　同上。

13　黎鍵，〈香港粵劇從歌壇、樂師到劇壇〉，http://www.iatolife.com/hklegend/PageDetails.action?pid=240 （瀏覽日期：2016年9月1日）

14　例如普福堂的會員區均祥先生，既為瞽師、南音唱家、亦為職業醮師，也曾在何非凡擔任老倌時在戲班擔任樂師，並於澳門開辦曲藝社。有關區均祥先生的從藝生涯自述，可參閱區均祥，《歌來哽咽聽來癡—區均祥地水南音集》，（澳門：澳門出版協會，2009）。

戰後，粵劇樂師除了參與在鄉郊的神功戲或在戲院的演出，也有替老倌灌錄的粵曲唱片提供音樂拍和，其後也參與粵曲演唱會的演出。在近 20 年越見流行的粵曲演唱會，演出地點主要在都市內的體育館或各區劇院。而演出內容方面，演唱的曲目是該劇目最精華的部份，是以只演唱選段的曲目亦不失劇情，因此一晝的演唱會，能讓觀眾一氣呵成欣賞到不同老倌的演出，也反映了當代都市人的喜好和消費習慣。同時，粵曲的相關影帶和影碟市場，成為第二窗戶收入，更有助吸引投資者維持對戲曲的支持。儘管這些粵劇市場上的變化，無疑令樂師行業帶來嚴峻挑戰，但樂師的現場拍和，在整個表演中還是不可或缺的，是以在這個產業轉變的過程中，樂師仍然是扮演著重要的角色。

另外，粵曲曲藝社也成為了粵劇樂師重要的工作平台。不少樂師們除了為老倌提供音樂拍和外，本身對曲藝也有濃厚的興趣和深厚的造詣，他們也會成立曲藝社教授歌唱技巧。不少有志趣學習曲藝的大眾，也會成立曲藝社，並邀請樂師提供拍和及教導歌唱技巧。也有一些曲藝社會到不同的社區團體，包括居民組織、社會服務志願團體等提供教學，讓大眾也有機會學習粵曲，並從中得到樂趣。樂師們在教授過程中，也會因應學員的興趣、聲線和能力教導，如〈牡丹亭之幽媾〉和〈牡丹庭驚夢〉都是既受歡迎，而又較適合初階學習的曲目。如若部份學員能力勝任，更可以學習涉及音域較闊，難度較高的曲目，如〈關公月下釋貂嬋〉等。不少曲藝社也會定期在區內的社區會堂和劇院舉辦小型演唱會，讓學員一展他們的學習成果。如演唱會活動的籌辦也涉及地方團體，更是一個讓社區成員一起欣賞粵曲，與眾同樂的活動。

華光誕的籌辦及其貢獻

華光誕是粵劇樂師會最大型的活動，樂師成員在參與的過程中，也在強化行業成員的身份認同。在上午舉行的賀誕活動，樂師會員到達後，均會先向華光師傅上香，並拿過在神檯的符和一封內含硬幣的利是。到賀誕的閉口封相儀式中，參與的樂師專注地演奏，而沒有參與演奏的也屏息以待，默默觀察整個儀式的進行，祈望儀式完滿成功，彼此也得到神明的保護。而在聯歡晚會的部份，樂師也會先上香，然後才準備宴會期間的活動。當中參與演出的樂師在台上設置他們的樂器，期望為在席前獻唱的名家帶來更佳的歌唱體驗，讓現場一眾賓客在過程中盡興。而其他樂師也在打理宴會的神殿、安排整理賓客的紀念品，可見恭奉行業神的華光先師，對凝聚樂師擔當了重要的角色。而樂師們也期望藉著整個賀誕活動，可以讓同業會友，以及各界來賓感受到普福堂樂師們的專業和團結。

華光誕的賀誕活動，將樂師會、樂師、曲藝社成員進一步連繫起來。在晚會 68 席筵席中，不少是以會員或曲藝社的名義登記認購的。而贊助普福堂並在席前獻唱的，不少都是普福堂樂師成員工作或指導的曲藝社的學員，他們都悉心打扮，盛裝出席，一展歌喉之餘也展示了該樂社的同心協力，其他樂友也為獻唱者拍攝，在支持樂友之餘，也同時表現出他們所習得的歌唱風格和技巧。

而在筵席的福物競投活動中，各理事穿梭於席間讓賓客更近距離欣賞福物，主持人亦乘時提出，競投福物出價若超過 $10,000 元，則可在下屆華光誕聯歡晚宴回贈一圍酒席；在福物競投激烈而金額超過 $20,000 時，主持人更提出酒席回贈增加至兩圍。因此現場的賓客不論是否在參與競投，也莫不被現場揚溢的歡樂氣氛吸引。最終投得福物的賓客，在拍攝留影時更屢見樂社的成員前呼後擁地上台拍照留念，而其他的賓客也拍掌祝賀，既祝福他們得到心頭好，也感謝他們支持普福堂的營運。至於在去年投得福物的參與者，更在宴席期間，獲頒記念品。從 2009 年的活動所見，頒贈紀念品的嘉賓包括出席該屆賀誕的八和會館主席，以及一眾普福堂的理事，而每位獲頒紀念品的福物得主，均雀躍地邀請其樂師和曲藝社成員一同接過福物並拍照留念。福物和紀念品往往並非由得主帶回家中，而是留在曲藝社讓各成員也共沐神恩。

不少甫到達會場便向華光師傅上香的賓客，也樂於贊助，請得在華光神殿供奉的小型銅錢劍福物，每一位參與的賓客，也在席間獲贈在神檯供奉過的符紙和銅錢，讓他們可以一同得到華光先師的福庇。由此可見，華光誕活動中的不同環節，各參與者在過程中也同時強化了樂師會、樂師和曲藝社的成員間的認同。

黎鍵研究指出，普福堂實為獨立社團，與八和會館關係既依存又獨立，會屬成員也通過同時向兩會繳交會費而確立雙重身份。[15] 儘管普福堂通過租出會址音樂室予外界使用來支持日常營運，然而籌辦華光誕對支持普福堂會務擔當了非常重要的角色。華光誕聯款晚會的籌辦，當晚通過拍賣福物和獻唱等方式的贊助，能為普福堂籌得約二十萬元。這些收入，均對於普福堂維持對會員的支援，包括歲晚派發福利金及會員仙遊的福壽金，以及進一步拓展會務，為會

15　《香港八和會館成立五十週年特刊》，頁 61。

員謀福利，承傳粵劇樂師行業的發展，提供了重要的財政基礎。

小　結

在過去數十年，香港粵劇粵曲的演出模式經歷了不同的變革，樂師也隨之作出改變，在不同的環境中工作，例如戲班、曲藝社等。而普福堂籌辦的華光誕，提供了一個重要的場合，讓樂師們能匯聚在一起，讓同業能互相交流行業的狀況和增進情誼，也在過程中承傳行業文化、藝術與技藝。而整個賀誕的活動，也同時強化普福堂樂師會與業界曲藝社成員的連繫。每年的宴會活動，除了欣賞曲藝表演，也讓各參與者在華光的祝福下，期盼來年的賀誕，又是一個聚首的佳日。

一個花炮會的轉型——以上水古洞義和堂為例

長春社文化古蹟資源中心 **黃競聰**[1]

前 言

花炮會是香港常見的傳統賀誕組織，由一班志同道合的信眾組成，通常只會在誕期前後運作。一般而言，花炮會的組織比較鬆散，分裂或停辦的情況時有發生，有關文獻資料容易散失，令研究香港花炮會非常困難。古洞義和堂成立於 1954 年，由古洞村增城人創辦，每年農曆二月十九參加龍潭觀音誕舉辦的抽花炮活動。1982 年，古洞義和堂因興建環迴公路而停止營運，直到 1994 年重新運作。本文嘗試以古洞義和堂發展為例，交代一般花炮會的運作模式，並闡述傳統賀誕組織如何通過「轉型」回應現代社會的需求。

研究背景

香港特區政府計劃推行新界東北發展計劃，古洞南列為收地發展範圍，古洞村民再度面臨毀村搬遷之苦。上世紀八十年代建環迴公路興建，古洞村一分為二，成為古洞有南北之分的局面。在收地滅村的過程中，古洞村民沒有組成任何抗爭組織，古洞村民只作零星抵抗，並未觸發大規模衝突。部份老一輩的村民至今對上一次的拆遷經驗記憶猶新。時至今天，新界東北發展計劃如箭在弦，古洞村民組成古洞北發展關注組，爭取「不遷不拆」的訴求。2015 年 9 月 13 日，「古洞各界團體爭取原村安置大聯盟」發起遊行示威，要求政府賠償居民損失，覓地重建古洞村，安置原村居民。[2]

是次遊行請願參與團體由當地花炮會牽頭組成，由中環港外線碼頭出發，沿途花炮會成員舞麒麟配合鑼鼓節奏，護送「古洞花炮會」花炮到政府總部。

---

1   黃競聰，珠海書院中國歷史研究所博士研究生，現職長春社文化古蹟資源中心副執行總監，著有《拾遺城西：西營盤民間文獻與文物選錄》、《風俗通通識》、《蒲台島風物志》（合著）、《香港華人生活變遷》（合著），主編《香港歷史與社會講座文集》、《風俗演義》，曾參與製作《文物古蹟中的香港史 I》、《文化保育活動手冊》、《蓮麻坑人、物、情》和《古蹟無障礙旅遊指南》系列，並發表多篇論文。

2   古洞村民抬花炮舞麒麟請願，蘋果日報，2015 年 09 月 14 日。

花炮會成員高呼「原村安置」，手持請願橫額「維護百年老村 維護觀音誕活動」、「維護客家文化 維護麒麟文化」。作為賀誕組織的古洞村花炮會護着花炮並非拜訪龍潭觀音廟，而是遊行到政府總部抗議，爭取合理賠償。各花炮會見基於三十年多前的拆遷經驗，意識到遷拆村落對其傳承會有着不可挽救的破壞，導致古洞村多個花炮會停辦，對此的表現並不出奇。特別的是，大會援引跨地區友好花炮會透過舞麒麟示威，帶出花炮會是香港傳統文化重要的組成部份，藉此作為與政府角力的重要籌碼，參與者包括是次研究對象古洞義和堂花炮會。

表 1：古洞各界團體爭取原村安置 913 大遊行參與的花炮會[3]

名 稱	地 區
天勝龍獅麒麟會	茶果嶺
筲箕灣農業工商聯會有限公司	筲箕灣
元朗十八鄉大旗嶺聯福堂	元朗
元朗崇正新村三喜堂	元朗
屯門井頭村花炮會	屯門
長洲公立義勇社同學義勇堂	長洲
長洲菜園行	長洲
貝澳老圍村麒麟隊	貝澳
赤柱惠興堂	赤柱
聯鳳互助福利會	古洞
義和堂花炮會	古洞
增邑金城吳明新堂	古洞
蕉徑聯合堂花炮會	蕉徑
蕉徑合心堂花炮會	蕉徑
坑頭合義堂花炮會	坑頭
坑頭四興堂花炮會	坑頭
上水東莞青年同鄉會	上水
蓮塘尾合眾堂花炮會	蓮塘尾

花炮與花炮會

（一）花炮

花炮是由爆竹造成，燃點後可發射空中，成功爭奪者可換取所代表的炮山。

3　參與遊行單位不獨是花炮會，也有其他賀誕組織，如古洞潮僑觀音會、大埔天后宮功德會和蕉徑龍潭古廟值理會、香港風火堂國術會等。

後來，搶炮期間屢出現打鬥事件，政府雷屬風行取締，遂改為抽籤形式進行。花炮的名稱改指為掛滿喻意吉祥的「聖物」的炮山。一般花炮由炮頂、炮身和炮薹組成。[4] 第一部份是炮頂，通常寫上花炮會的名稱和炮號。第二部份是炮身，內置空位供奉神明的鏡架，稱之為炮膽。[5] 炮膽繪以所崇拜神明的神像和炮號，代表神明的分身，一般會供奉於花炮會。[6] 炮身背面綴以一塊紅布，俗稱「長虹」。[7] 第三部份是炮薹，即花炮的底座，底層寫上扎作師傅的寶號和聯絡方法。

花炮的層數按需要而定，每層花炮以「灰線」辨別層數，通常由三層至八層不等，大型花炮高度達至 40 呎。每一層配搭不同綢紗公仔，炮頂通常配有紫微正照，負責保護炮山，免受邪靈入侵，其他的層樓則置有八仙、大將和劉關將等。整個花炮放置很多聖物帶有吉祥喻意，帆船意謂「一帆風順」，蝙蝠取其諧音「福」，更會掛上具有吉祥喻意的食物，如薑、生果、生菜等。主辦組織大多沒有規限花炮的層數，但往往受到賀誕會場的地形限制。[8]

抽花炮後，有的村落會直接把花炮存放在所屬炮會會址，直到翌年還炮先重新製作一個新的花炮。考慮存放場地的限制，大會甚至規定每個花炮具體尺寸。[9] 所謂「各處鄉村各處例」，每個神誕對炮數偏好都不盡相同。蕉徑龍潭觀音誕，最具意頭是第一炮，為免傷和氣，大會特意增加第一副炮。花炮扎作師傅為特顯尊貴，第一炮和第一副炮的炮身較其他花炮高出一尺左右。[10]

（二）花炮會

花炮會屬於周期性賀誕組織，由志同道合的信眾組成，通常只會慶祝單一神誕的活動，大部份的只會在誕期前後運作。以古洞義和堂為例，其宗旨：「本花炮會對外發揚觀音誕（蕉徑龍潭觀音誕）之地方色彩，對內加強會員聯系（繫），以期表揚神功，促進商業繁榮為目的。」[11] 花炮會的名字很多元化，

4　扎作師傅師承不同，對花炮的結構稱呼略有出入。
5　有的賀誕活動簡化花炮的裝飾，以炮膽代替花炮，如粉嶺北帝誕便是一例。
6　亦有花炮會因沒有會址，賀誕後炮膽由成員輪流擲杯決定誰屬。
7　長虹又稱長紅，在飲宴競投環節常為最受商家歡迎的聖物。
8　龍潭觀音廟途經的村道狹窄，花炮體型不能過大，一般該誕會的花炮是 6 唐尺。
9　按照傳統，還炮的炮山不能低於領炮高度，否則代表不夠尊重神明。亦因如此，有花炮會為示尊重，把還炮的高度逐年遞增。
10　黃競聰、劉天佑：《香港華人生活變遷》，（香港：長春社文化古蹟資源中心，2014），頁 10 至 13。
11　古洞義和堂花炮會會員手冊

常見者多以「堂」為名，並配以吉祥喻意和良好祝願的名字。亦有以自己居住的村落、家鄉的名字而命名。古洞聯鳳區由鳳崗區和聯和區組成，居住該兩區者多為惠東人，1964 年成立聯鳳福利互助會。後者如增邑金城堂由古洞增城人所創辦，成立於 1970 年代。有的花炮會更會以自祖先的名稱作為花炮會的名字，如吳明新堂的創會成員是來自增城吳氏，因國共內戰逃難遷至上水古洞，吳氏一族合組吳明新堂花炮會。[12]

花炮會的成員主要由善信、支持者和技藝表演者組成，他們的身分界線模糊，可以兼具多重身份，但是三者擔演在花炮會不可或缺的角色，不過多屬義務性質擔任，沒有收取薪金。[13]

I. 善信：一般而言，花炮會是為慶祝單一神誕而存在的賀誕組織，參加者多是神誕的善信，部份成員組成管理層，統籌花炮會的賀誕活動。

II. 支持者：位於花炮會附近的商舖，他們擔任花炮會的顧問或榮譽會長等職務銜，通常不會直接參與花炮會的實務運作，或因地緣關係支持信奉同一神明的花炮。

III. 技藝表演者：賀誕正日，花炮會為壯聲勢，安排醒獅、麒麟隊伍負責沿途護送花炮進行賀誕活動。很多花炮會本身擁有私人的技藝表演隊伍，他們絕大部份是義務性質，非全職擔任。[14]

花炮會需收取會費維持年度賀誕活動。一般花炮會會員收費由百多元至數百元不等。為了吸引善信參加花炮會，部份花炮會以「花炮金豬會」名義招收會員。如義和堂花炮會組織了觀音寶誕金豬會，收取會費每份 450 元。成員會分得金豬一份約一斤半至兩斤半、席券一位、酬神飽點、平安符及平安手繩。[15]除了會員可享用寶誕晚宴，花炮會更會贈送賀禮給添男女丁的會員。

> 炮會為答謝信仕，每男女丁送回匙羹一只、筷子一雙、飯碗一只、衫裙一套、利是一封。[16]

---

12 黃競聰、劉天佑：《香港華人生活變遷》，(香港：長春社文化古蹟資源中心，2014)，頁10 至 13。

13 古洞義和堂花炮會會員手冊

14 賀誕正日剛巧是非假日時段，常出現人手短缺的情況，花炮會向友好的技藝表演隊伍求援。

15 2015 年義和堂花炮會通告

16 古洞義和堂花炮會會員手冊

經費單靠會員費不足達致收支平衡，大部份收入來自舉辦晚宴，透過競投福品增加花炮會的收入。花炮會的負責人邀請各方友好參加飲宴，為了避免互相競爭，各花炮會之間早已協調舉辦宴會日期。古洞義和堂在農曆二月二十晚上舉行宴會競投活動，增邑金城吳明新堂則於正誕當晚舉行。席間主持人營造氣氛，鼓勵出價競投福品。福品又稱聖物，競投前福品一律供奉在神壇，受神靈「加持」，投得福品的善信獲神靈保佑。競投成功者會在神壇前上香，工作人員隨即登記他們的資料，一般會容許於翌年誕會前繳交所需支付費用。

每一個花炮會競投活動，競爭最激烈的福品各有不同，部份福品是來自花炮的裝飾品，也有家庭用品以至金器手飾。普遍來說，「長虹」通常叫價最高，而且去年投得福品順景者會繼續競投同類福品。時至今天，善信對競投福品的喜好亦與社會發展有密切關係。據老一輩的花炮會負責人分析，舊時福祿壽神像和一帆風順等裝飾品很受歡迎，但今時今日善信的居住地方有限，根本不夠空間收藏這些裝飾品，他們傾向競投一些科技產品（數碼相機、智能手機）和金器手飾。義和堂舉辦飲宴競投活動，每次都會特別邀請玉器專家駐場，介紹競投的玉器資料，令善信放心競投福品，不怕購買到偽造貨品。

成功的花炮會必須籌募足夠經費營運會務，有的花炮會會把盈餘貸款給經濟有困難的會員，賺取利息作收入。從前銀行貸款服務並未普及，有的會員周轉不靈，苦無貸款渠道，而花炮會借出款項正好解決他們的燃眉之急。翌年誕前會員必須連本帶利歸還給花炮會。如無苦衷，一般借錢的善信都會依時歸還貸款，因為他們相信炮會的錢是屬於所供神明所有，膽敢私吞錢財者必遭菩薩懲罰。

花炮會從主辦單位獲取花炮，可分競爭性和非競爭性得炮。前者最常見者為用抽簽方式分配所屬花炮。後者則不必經過競爭手段得炮。有些花炮只參與賀誕，而不參與搶花炮活動，所帶來的花炮屬於副炮或丁財炮。如蕉徑龍潭觀音誕，麒勝堂觀音會和聯鳳堂參與賀誕活動，但不參與抽炮活動，而是自備丁財炮，還神後自行領回丁財炮，返回村落。[17] 從前搶炮日子，花炮會除了重新製作一個上年抽到的花炮外，有時候更自備多一個丁財炮，以便不需之時。萬一搶炮失敗，亦有丁財炮作後備，花炮會仍可拆去炮身的吉祥裝飾，供花炮會成員和友好競投，籌募炮會經費。由此可見，丁財炮的意義也隨時代而演變。

17　事實上，主辦單位曾邀請兩個花炮會參加，他們覺得這樣做反而沒有牽累。

上水古洞村義和堂發展史

（一）上水古洞村簡史

　　古代越人聚居的地方稱為「峒」，「峒」與「洞」是相通的，相信古洞曾為越蠻聚居之地。嘉慶年間，《新安縣志》已載有古洞村，為官富司管屬村莊。古洞村不少土地為原居民所擁有。1898 年中英簽署《拓展香港界址專條》，租借新界，其後當局在新界進行人口調查，古洞村有 50 名本地人居住。不少內地居民陸續遷居古洞以農耕為業，部份村民向當地原居民租借田地耕作，或開墾荒地自立成家，亦有外來投資者開設農場。古洞逐漸形成一條雜姓村。港英政府基於政治考慮，避免完全依賴內地進口農產品，鼓勵新界地區發展本土農業。何東爵士獨具慧眼，早在二次大戰前已在古洞購置大量農地，如古洞煙寮區是種植煙葉的地方，其後古洞居民多從事農耕為業。[18]

　　隨後，內地政局動盪，吸引不少內地逃難者聚居，他們大多來自增城、惠潮、東莞等地，直到上世紀七十年代已增至 8000 多人。[19]港英政府為舒緩水荒，在新界各區興建引水道，把淡水引到儲水庫供給市區使用，農民只能依靠天雨耕作，構成農業走下坡的重要原因。為了解決勞動力過剩問題，港英政府著力發展工業，新界農民因薪金吸引紛紛轉行，使農地荒蕪。港府遂發放工廠臨時牌照，改變農地用途，引入資金發展小型工業。古洞陸續開設了很多工廠，如醬油、皮革、木廠等，製造就業機會。[20]

　　全盛時期，古洞村商店林立，墟市熱鬧情況不比石湖墟遜色。[21]從前青山公路兩邊是古洞最繁華的地方，那裡有三間茶樓，包括天天、鴻英和錦益，河上鄉的鄉民都前來古洞買東西。古洞鄰近軍人家屬宿舍，不少外籍人士出來古洞墟消費，造就空前繁榮。上世紀 80 年代，內地改革開放，工廠大幅北移。古洞村內不少工業，如手袋廠、雨傘廠、皮革廠變為貨倉。1998 年，特首董建華在古洞和粉嶺北倡建無煙環保城，但因金融風暴和非典型肺炎而擱置。古洞

18　據記錄，古洞共有 8 個農場，分別是三友農場、東方農場、意大利農場、藝園農場、侯園農場、銑園農場、公生農場和聯生農場，日產蔬菜數百擔。詳見李祈編：《新界概覽》，（香港：新界出版社，1954)，頁 74-77。

19　香港工商日報，1969 年 4 月 3 日。

20　華僑日報，1966 年 12 月 10 日。

21　華僑日報，1967 年 8 月 15 日。

南部份土地被發展商收購，興建豪宅。[22]2007 年，古洞北正式納入《新界東北發展》範圍。[23]

（二）與蕉徑龍潭觀音廟之關係

　　龍潭觀音廟位處偏僻，隱沒於山谷中，平日人跡罕至，清幽寂靜。廟內的銅鐘刻有道光二十四年，證明該廟早於 1844 年已落成。據說此廟非常靈驗。[24]按碑記載，上水龍潭觀音廟由粉嶺龍躍頭鄧氏倡建，因日久失修，由營盤、蕉坑、古洞、唐公嶺、長壢和蓮塘尾七村聯同善信合力重修龍潭觀音廟。[25]

　　　　溯本古廟，創自新界龍躍頭村，鄧龍崗祖。迄今二百餘載。歷
　　年來，神靈顯赫，恩光普照。惟以年久歲遠，風雨侵蝕，勢將傾塌。
　　同人等為沐神恩，保存古蹟，虔誠發起重修。承蒙熱心善信，慷慨樂
　　捐，完成善舉，福有攸歸。謹泐芳名以垂不朽之耳。[26]

（三）蕉徑龍潭觀音誕

　　古洞居民參與龍潭觀音寶誕，最早可追溯至 1953 年。[27]全盛時期，古洞觀音誕搭建兩個戲棚，共演出兩台粵劇和一台潮劇，由農曆二月十六日晚至二十日，演出一連四日五夜粵劇。接着，農曆二月廿一日開始一連兩日三夜，古洞潮僑觀音會禮聘潮劇團，酬神演戲。正誕當晚，古洞村宴請鄉紳蒞臨主持典禮，頒贈錦旗給劇團大老倌[28]，場面非常熱鬧。觀音誕前一個月，古洞觀音會開始搭建神棚和戲台。神棚作為觀音的臨時行宮。古洞觀音會請出觀音坐鎮神棚中央，古洞村花炮會亦會請出各自的觀音位列左右，並將花炮擺放神棚供奉。
　　時至今天，正誕當日，早上古洞村各花炮會健兒陸續雲集神棚空地，經過

22　天巒的位置就在今址田心區。
23　黃競聰、劉天佑：《香港華人生活變遷》，（香港：長春社文化古蹟資源中心，2014），頁10 至 13。
24　謝永昌、蕭國健：《香港廟神志》，（香港：香港道教聯合會，2010 年 6 月），頁 124。
　　「70 初期，打理此廟的是一位逾60歲老太太，她曾三次目睹觀音從廟後的大樹上緩緩降下來，手執神拂行入廟內，坐在神位上著她毋須驚慌，祂會護佑她的。」
25　華僑日報，1967 年 1 月 18 日。
26　蕉徑龍潭觀音廟碑記，1966 年 12 月 11 日。
27　在環迴公路前，古洞村賀誕隊伍頗具規模，早上古洞村眾花炮會齊集古洞村神棚，拜神後便徒步到龍潭蕉徑觀音廟，行程約二小時，出發隊伍排列次序亦有規定。
28　鄧益指出，除了雛鳳鳴劇團外，差不多所有一線粵劇戲班都來過古洞觀音誕表演。

一輪表演後便浩浩蕩蕩出發，準備「還炮」。古洞村距離龍潭觀音廟有一段頗長的路途，各花炮會乘坐貨車直接到達蕉徑村，繼而護着花炮穿越田野村徑，沿途鑼鼓喧天，很有鄉間節日氣氛。善信陸續抵達觀音廟，還神進香。每個花炮會還炮後，紛紛在廟前獻技助慶。[29] 現在，抽花炮活動由蕉徑村負責[30]，花炮會則帶回花炮和觀音像交回大會。約下午1時抽花炮活動正式開始，形式簡單，花炮會按去年炮號大小順序抽籤。

（四）古洞義和堂花炮會簡史

古洞村聚居不少增城人，以黃、鄒、羅和吳姓為主，散居於舊古洞墟市附近一帶，包括煙寮區、東園區、醫院前區等。古洞增城人先後創辦三個花炮會，主力參與農曆二月十九龍潭蕉徑觀音誕的抽花炮活動，當中義和堂的歷史最為悠久，創立自1954年。其次吳明新堂約1965年成立。增城吳氏聚居在古洞醫院前區一帶，奉增城吳明新祖為開基祖，早期參與義和堂賀誕活動，後人口繁衍，分支出吳明新堂。[31] 增邑金城堂約1970年代時期創立，會址也在醫院前區，其位置在今址何東夫人醫局一帶。[32] 約十年前，增邑金城堂和吳明新堂合併為增邑金城吳明新堂。

1982年6月，古洞村接到通知將會興建環迴公路，古洞多個分區納入收地範圍，包括公生、聯生區、醫院前區、田心區，受影響多達200多間店舖。[33] 古洞本無南北之分，環迴公路活生生將古洞村一分為二，嚴重摧毀當地經濟，古洞村的經濟命脈古洞墟也被剷平，受影響的商戶則遷到新街市開業，古洞愛華小學拆遷到今址。不少受清拆影響的住戶獲安排入住公共屋邨，對於久居寮屋的古洞村民無疑是「上天恩賜」，但對一個節慶活動來說則有重大危機，社區的網絡亦面臨土崩瓦解。觀音誕是古洞村年度盛事，自1987年後，古洞觀音誕停止聘請潮州和粵劇戲班，這是由於人口移居他處，籌集資金困難所致。[34] 古洞

---

29 以2014年為例，參與的花炮會包括蕉徑合心堂、蕉徑聯合堂、蕉徑蓮友堂、坑頭泗興堂、坑頭合義堂、古洞義和堂、古洞聯鳳堂、古洞東方花炮會、古洞增邑金城吳明新堂、上水東莞花炮會、蓮塘尾合眾堂、麒麟村麒勝堂觀音會。

30 炮金收300元，大會贈送一個蓮花座和一道觀音符給參與抽炮的花炮會。

31 吳明新堂曾自資開辦幼稚園，後因收生不足而被迫停辦。

32 何東夫人醫局建於1933年，現評為第二級歷史建築，曾經是古洞村最重要醫療設施。

33 環迴公路全長7萬米，文錦渡或落馬洲進出內地的車輛可以利用此環迴公路，直抵葵涌貨櫃碼頭和港九市區。

34 陳守仁：《儀式、信仰、演劇：神功粵劇在香港》，（香港：粵劇研究計劃出版，2008年），頁90-91。

義和堂、吳明新堂和增邑金城堂均位處醫院前區，結果三個花炮會被迫解散。[35]

　　直到 1994 年，古洞義和堂重新運作，繼續參與龍潭蕉徑觀音誕的抽花炮活動，會址遷入煙寮區現址。[36] 煙寮區前身是何東爵士種煙葉的農地，煙寮區有一排七間寮屋是昔日種煙工人的宿舍。而門牌一號正是義和堂花炮會會址。堂外的招牌由增城人鄒錦輝和鄒福坤所題，兩人是古洞義和堂的創辦者，前者更曾擔任古洞村村代表，可見增城人在興建公路前的古洞勢力是非常強盛。堂內神壇供奉觀音和鄒氏歷代祖先神位。[37] 正誕當日，約早上 11 時義和堂成員齊集會址出發，並安排交通工作給善信前往蕉徑龍潭觀音古廟參香，酬謝神恩。[38]

　　每次義和堂還炮，另自備一個副一丁財炮。花炮會負責人表示曾向神明許下承諾，假如連續三年抽到副一炮，日後每年也會抽副一炮，結果，真的連中三元。自此，每次觀音誕，義和堂都會多製一個第一副炮。2013 年抽炮結束後翌日，義和堂在錦華酒家舉行飲宴競投活動。義和堂為增加收入，提供的福品種類繁多，金雕飾、玉器、紅酒和花燈等。司儀簡介福品後，助手便拿着福品巡迴全場，讓有意競投者驗明正身，方出價競投。競投價高者得，來回叫價不下十次，成交價往往超出原價幾倍以上。2014 年古洞義和堂正值六十周年，特意在村公所對出空地連擺三十多席，其後更出資重修會址對出的土地伯公。自此每年農曆二月初二義和堂搭建神棚，舞麒麟進香慶祝土地誕。

傳統賀誕組織的轉型

　　隨着社會發展，傳統節慶日漸式微，年輕一代願意參與賀誕活動愈來愈少，遑論出錢出力營運賀誕組織。賀誕組織為持續發展，不斷尋找新出路，發揮無限的創意來增加營運經費。面對傳承困難的考驗，只有通過轉型務求節慶活動得以延續。廖迪生引用大澳遊涌的例子，透過節省開支，在沒有違反儀式邏輯下簡化賀誕的細節，使遊涌渡過申遺前最艱難的日子。除了節流外，廖迪生再舉出大坑舞火龍例子，通過大型節慶活動動員地區人士參與，從而增強地區的

35　在觀音誕最低潮時期，據聯鳳區居民憶述只剩古洞聯鳳互助福利會持傳統，每年自備丁財炮賀觀音誕，晚上開盤菜競投福品。

36　義和堂會址原建於東園區，屬於何東家族產業，現已荒廢。

37　黃競聰、劉天佑：《香港華人生活變遷》，（香港：長春社文化古蹟資源中心，2014），頁 10 至 13。

38　古洞義和堂花炮會會員手冊

認同感和凝聚力，令大坑舞火龍浴火重生。[39] 古洞義和堂重新運作後，花炮會負責人嘗試擺脫舊有營運花炮會的模式，在不違反傳統賀誕組織的原則下進行轉型，以回應現代社會的轉變。值得注意的是，古洞義和堂的轉型過程中並未遭受到任何的抵抗，相信是該花炮會曾經一度停辦有莫大關係，老一輩的核心成員早已各散東西。

（一）架構重整

花炮會屬於地域性的賀誕組織，其成員多來自神靈保佑生活區的居民。核心成員負責管理花炮會日常運作，顧問和榮譽會長則由當地有名望人士和經濟能力的支持者擔任。他們一般不會實際干預會務，有的甚至運用其影響力，提升花炮會的地位。近年來，新界各地傳統節慶活動時有面對資金緊拙的情況，傳統方法單靠善信和支持者的捐款已經不足應付開支。花炮會基本的支出包括購買一個全新的花炮、炮金、賀誕當日活動費用。如果舉辦飲宴競投活動，還要加上筵席開銷和購買競投聖物的費用。為此有些賀誕組織通過出版特刊，賺取贊助和廣告費，補貼神功戲的支出。[40] 有的在飲宴競投活動中，增設特別環節，例如售買價值約數百元抽獎券，抽中者可獲得數萬元的名貴禮品。部份花炮會負責人運用人際網絡，引入跨區支持者，邀請他們成為花炮會一份子。以古洞義和堂為例，當中擔任榮譽會長、榮譽副會長和顧問均是與蕉徑龍潭觀音誕或古洞村沒有直接的關係人士，他們均具有政治地位的地方鄉紳，或是技藝表演上提供技術支援。[41]

更重要的是，古洞義和堂引入跨區支持者，鼓勵他們參與花炮會競投活動，無形中增加整體組織收入。古洞義和堂收支簿分析，其收入主要來源有三：觀音金豬會會費、香油和競投福品，其中競投福品佔去整體收入最大部份。前兩者多為古洞村觀音誕有直接關係人士，後者則有不少來自跨地域的支持者。如 2014 年古洞義和堂競投福品共 18 項目，其中 5 項為來自其他地方，或是與花炮會負責人有商務來往的合作伙伴。大部份花炮會競投的福品並非來自花炮上的聖物。按照傳統「長虹」和「錦旗」代表花炮最重要的聖物需拿出來作競投外，大部份的競投聖物是金器飾物，全部以四字吉祥語命名，價高者得。根

39　廖迪生：《非物質文化遺產與東亞地方社會》，（香港：香港科技大學華南研究中心、香港文化博物館，2011 年 10 月），頁 264-275。

40　長洲北帝誕便是其中一個例子，自長洲鄉事委員會接手後，每年印製賀誕特刊，增加收入。

41　2014 年義和堂花炮會芳名錄

據紀錄競投最高價是長虹，成功競投者是來自非古洞村的支持者。[42] 最後，花炮會負責人鼓勵善信隨意捐出香油，便可拆走花炮上的聖物。

（二）功能轉型

（甲）古洞村街坊中元節普渡法會

2006 年 4 月，香港特區政府確認《保護非物質文化遺產公約》（以下簡稱：《公約》）將有效適用於香港。2013 年 6 月發表〈香港非物質文化遺產普查建議清單〉（以下簡稱：〈普查清單〉），以《公約》五大類別，普查出 480 個項目。[43] 迄今，香港地區共有 10 個項目已納入國家級非物質文化遺產。香港獨立申遺成功後，在一般大眾而言，並未意識到已為社區的傳統節慶活動帶來了不少根本性變化，鼓舞了很多入選普查清單的承辦者，認為傳統節慶活動已洗脫迷信和封建的標籤，得到學術界和政府的認可。旅遊發展局亦將國家級非物質文化遺產，作為文化旅遊項目推廣，它們代表香港傳統文化的地標。

《新安縣志》載：「十四日，為盂蘭會，化衣以祀其先者，必宰鴨為敬云。」[44] 化衣意即燒街衣。[45] 盂蘭勝會起源眾說紛紜，佛、道兩家各有說法。[46] 每年農曆七月，香港各區舉行盂蘭勝會或中元法會，不同族群會按照自身的傳統進行祭幽活動。2011 年香港潮人盂蘭勝會成功納入第三批國家級非物質文化遺產項目。按〈普查清單〉分類，盂蘭勝會屬於第三類「社會實踐、儀式、節慶活動」，大致分為本地傳統、潮州人傳統、海陸豐／鶴佬傳統和水上人傳統四大類，全港計有 85 個盂蘭勝會。事實上，〈普查清單〉並非完全涵蓋全港盂蘭勝會數量，如根據陳蒨調查全港盂蘭勝會共有 118 個，分別是 56 個潮籍盂蘭勝會和 62 個非潮籍盂蘭勝會。[47]

42　2014 年義和堂花炮會收支簿

43　香港非物質文化遺產普查建議清單：http://www.heritagemuseum.gov.hk/chitxt/cultural/survey.aspx

44　靳文謨：《新安縣志》，卷十四，風俗條。

45　每逢農曆七月初一，傳說鬼門關大開，無主孤魂會從陰間來到陽間，因此各地方都紛紛在這一個月舉行「普渡」的祭祀儀式。部分家庭會選擇於農曆七月十四晚上在路邊燒衣化寶，祭祀孤魂野鬼，俗稱「燒街衣」。祭祀地點多選擇在陰暗角落，孤魂野鬼多聚集於此。

46　農曆七月十五日為中元節，源自道教的「三官」說。中元節本為地官赦罪之日，意指每年農曆七月十五，地官負責審核凡人功過，如這天舉行醮會，可赦免亡魂的罪惡。盂蘭勝會原為供養僧人的宗教活動。佛教傳入中國，經過漢化的洗禮，其內涵不斷豐富。後來，盂蘭勝會的功能也配合社會和時代需要，從「供僧」慢慢轉化為普度地區孤魂。

47　陳蒨：《潮籍盂蘭勝會 － 非物質文化遺產、集體回憶與物份認同》，（香港：中華書局，

2016 年，農曆七月古洞義和堂首次發起古洞村街坊中元節普渡法會暨成立晚宴。一直以來，除了個別古洞街坊燒街衣，或個別分區辦理中元法會外[48]，基本上過去古洞村街坊沒有集體舉辦過中元法會。每年古洞村最大的盛事是農曆二月十九古洞觀音誕，隸屬古洞各分區花炮會參與抽炮活動後，便各自舉辦飲宴競投活動，相互之間沒有任何聯誼活動。古洞義和堂希望透過與當區的花炮會合作，籌辦中元法會，團結古洞村的居民，加強古洞村各區的聯繫。[49]

> 致古洞村街坊中元節普渡法會總理、值理、成員們：
>
> 　　丙申年(2016)農曆七月十五日晚上九點半，一眾值理、街坊、友好於青山公路古洞段何東橋(河上鄉支路入口旁)三叉(岔)口前，梵香燒衣拜祭期間，有各路英雄、男男女女聚集爭先恐後，各取所需。本群(法會)成立宗旨乃安撫幽靈，樂善報施，地靈則可人傑，慎宗追遠。感謝各方支持，並會持續舉辦，達致地靈人傑。[50]

由於籌備時間倉猝，首屆古洞村街坊中元節普渡法會只進行簡單化衣儀式。2016 年 8 月 17 日，晚上 7 時義和堂宴請古洞村友好於錦益酒家，宣佈成立古洞村街坊中元節普渡法會。約晚上 9 時半，義和堂聯同古洞村街坊前往位處古洞村邊緣位置的河東橋設簡單祭壇，集體拜神後便燒街衣，祈求合境平安，陰安陽樂。[51] 義和堂計畫明年移師古洞村菜站搭建祭棚，禮聘儀式專家，舉辦大型中元法會活動。

(乙.) 推廣舞麒麟運動

麒麟是中國傳統四大靈物之一。舞麒麟由兩名表演者操控，伴隨音樂節拍舞動。舞麒麟可分為本地、客家及海陸豐／鶴佬三個不同傳統，無論是麒麟的外型、舞動方式以至伴奏樂器亦有所不同。客家人視麒麟為瑞獸，可以驅除煞氣、帶來好運，但凡節日、神誕、慶典或婚嫁儀式都喜歡舞麒麟來慶祝。舞麒麟在傳統節活動中不可或缺的重要元素，有團結社區的作用，屬於建構身份認

　　2015 年 12 月初版)，頁 16-26。

48　2014 年聯鳳堂慈雲閣舉行中元法會，禮聘觀宗寺僧人，誦經超渡古洞聯鳳區往生宗親。

49　冒卓祺師傅訪問稿，2016 年 8 月 17 日。

50　致古洞村街坊中元節普渡法會總理、值理、成員通告，18/8/2016。

51　從前古洞村小孩喜歡在河東橋下游水，時常發生意外，故適合用作燒街衣的地方。

同的傳統活動。過去，有些志同道合的麒麟表演團體組成合作組織，旨在發揚舞麒麟的傳統習俗，希望透過舉辦比賽，促進麒麟表演團體之間的技術交流，提升表演者的技術，藉此推動舞麒麟轉化為運動項目。[52]2014 年，西貢坑口客家舞麒麟成功列入第四批國家級非物質文化遺產代表性項目名錄，鼓舞了不少客家麒麟表演者。

　　古洞義和堂聯同友好麒麟表演團體組成香港麒麟運動聯合會（以下簡稱：HKQSUA）。主席冒卓祺師傅表示，HKQSUA 成立的目的是希望把舞麒麟變為體育運動，針對的對象也非「行內」麒麟表演者，而是一般的普羅大眾。[53]HKQSUA 打破地域和族群的界限，邀請不同的組織合辦推廣活動，讓社區人士認識舞麒麟的傳統活動。如 2016 年 11 月 13 日，HKQSUA 會與長春社文化古蹟資源中心合辦「舞麒麟體驗工作坊」。HKQSUA 成員帶同三款不同族群的麒麟，從形態和扎作等角度分析其特色，並示範客家舞麒麟如何由基本的單式串聯為一套動作，亦會講解當中的禮儀與音樂。參加者可以在指導下親身體驗舞麒麟的樂趣。

結　論

　　傳統並非一成不變，相反傳統之所以能流傳，正正在於能夠迎合時代的轉變，作出調整、融合和捨棄，使傳統得以傳承。古洞村有很多增城人聚居，創立了多個花炮會，包括義和堂、增邑金城堂和吳明新堂。上世紀八十年代初，興建環迴公路對增城人影響最大，三個花炮會會務停頓。古洞義和堂重新運作後，花炮會負責人在不違反傳統花炮會的原則下大膽作出改革。古洞義和堂對內引入跨區的支持者加入花炮會，增加收入；對外古洞花炮會聯繫不同組織，舉辦賀誕以外的活動，大大增強花炮會的生存空間。

52　2011 年中國香港麒麟文化協進會成立，其宗旨致力推動「麒麟文化」的非牟利團體。

53　冒卓祺師傅訪問稿，2016 年 8 月 17 日。

文化旅遊與文化遺產節日化
——淺談香港非物質文化遺產的保護和開發

香港大學 饒宗頤學術館　**陳德好**

在《保護非物質文化遺產公約》的框架指導下，大家都積極地「保護」當地的非物質文化遺產，包括普查、製作清單和名錄、推行政策、大力宣傳和教育等，讓社會大眾關注非物質文化遺產。

隨着全球化和旅遊產業的轉型，「文化旅遊」開始興起，倡導文化深度遊，體驗異域文化的內涵，並因其所帶來的強大經濟效益，政府在制定經濟和旅遊政策時，亦積極地研究如何「開發」和「利用」非物質文化遺產。最直接和有效地的手段，便是把非物質文化遺產「節日化」，以「嘉年華」或表演形式來重新包裝，向遊客觀眾展示，以達旅遊、宣傳、教育的效果。

非物質文化遺產的旅遊開發和利用，對經濟和旅遊產業的影響是積極的；然而這樣的開發和利用，對非物質文化遺產本身的保護會帶有怎樣的影響？這是一個學術界一直在爭議的問題。聯合國教科文組織在《甚麼是非物質文化遺產》宣傳冊子裏指出：非物質文化遺產的保護是經濟部門的重要資源，但並不一定要利用高經濟增長活動如旅遊產業，因為這些經濟活動會破壞非物質文化遺產。[1]

本文嘗試從「文化旅遊」的角度出發，援引亞洲地區如韓國、臺灣等地的非物質文化遺產節日化的現象，討論香港非物質文化遺產的旅遊開發和利用，對其保護帶來的影響。

一、何謂文化旅遊

「文化旅遊」(Cultural Tourism) 或「遺產旅遊」(Heritage Tourism) 的概念，近年在經濟政策和旅遊政策中大行其道，皆因它帶來了十分可觀的經濟效益。

黃尚文解釋「文化旅遊是一種以文化為中介物而產生的旅遊活動……是人們為更好地理解自己和他人而通過歷史流傳物發生的旅遊行為」。[2] 任冠文指出「凡

1　UNESCO, What is Intangible Cultural Heritage?, UNESCO, 2011, P.8.

2　黃尚文：〈文化旅遊何以可能——一種哲學的解說〉，《浙江旅遊職業學院學報》第 8 卷第 4 期 (2012 年 12 月)，第 8-11 頁。

能被旅遊業所利用來開展旅遊活動，能夠吸引旅遊者產生旅遊動機，並能滿足旅遊者對文化需求的自然、人文客體或其他因素，都可以稱為文化旅遊資源。它既有物質的，也有非物質的，既有有形的，也有無形的，這是從廣義上來講的。如果從狹義上講，它還應能產生一定的經濟、社會、文化和環境效益。」[3]

由此可見，「文化旅遊」是以「文化」作為標籤和資源，吸引外地遊客，從而獲取經濟效益。這裏的「文化」可以是有形的、無形的、物質的、非物質的，尤其是指具歷史的、民俗特色的「文化」，這種經濟效益驅使政府、地區、社區都大力地推動這種能在短時間內、吸引最多的遊客、獲取最大經濟收益的產業，從而改善社區、地區、政府的經濟問題。這一種旅遊活動，形成一種從資源、遊客、產品、效益、影響的一系列的、獨特的物質的和精神的文化現象，這種現象吸引了「旅遊文化」學者的關注。

「旅遊文化」的研究是旅遊學和文化人類學、社會學相結合的專門學科，其研究對象是人類的旅遊行為和活動所生產的文化現象。賈祥春認為「旅遊文化是一種全新的文化形態，是圍繞旅遊活動有機形成的物質文明和精神文明的總和。」王德剛定義「旅遊文化是以旅遊活動為核心而形成的文化現象和文化關係的總和。」謝春山則認為「旅遊文化是傳統文化和旅遊科學相結合而產生的一種全新的文化形態。」[4]

其實，最簡單和最直接地從語言學來理解：「旅遊文化」是指因旅遊行為和活動而產生的文化現象，是文化研究領域；而「文化旅遊」則是指由「文化」而帶動的旅遊行為和活動，是旅遊學（或經濟學）的研究領域。[5]

二、「文化旅遊」下的文化再造 —— 非物質文化遺產節日化現象

「文化遺產節日化」是目前一個廣泛地被使用的「文化旅遊」手段，同時

3　任冠文：〈文化旅遊相關概念辨析〉，《旅遊論壇》第 2 卷第 2 期（2009 年 2 月），第 159-162 頁。

4　陳國生、周松秀主編：《旅遊文化學概論》（北京：對外經濟貿易大學出版社，2008 年），第 4 頁。

5　關於「旅遊文化」和「文化旅遊」的區分，可參徐菊鳳：〈旅遊文化與文化旅遊：理論與實踐的若干問題〉，《旅遊學刊》第 20 卷 2005 年第 4 期，67-72 頁；盧俊莉：〈旅遊文化與文化旅遊：理論與實踐的若干問題〉，《河南科技》2013 年第 7 期，第 237 頁；平措卓瑪、徐秀美：〈旅遊文化與文化旅遊辨析〉，《樂山師範學院學》第 27 卷第 12 期（2012年 12 月），第 65-67 頁。韓一武：〈淺析旅遊文化與文化旅遊的差異〉，《中共太原市委黨校學報》2008 年第 6 期，第 46-48 頁。

亦生成了「旅遊文化」的普遍現象，為了配合旅遊產業更好地推廣、宣傳文化遺產，被認為具潛力的文化遺產經常會被重新組合、包裝，以節日慶典或嘉年華的形式，向遊客展示，甚或加入遊客互動環節，讓遊客親身感受「文化」氣氛。

　　非物質文化遺產節日化現象在韓國十分盛行。據金貞明統計，韓國自二十世紀九十年代末起大量出現「地區節日」，文化觀光節日數目由 1996 年 8 個開始，持續增加至 2010 年的 44 個，經濟投入更由 2.51 億韓元增至 25.28 億韓元；韓國目前的「地區節日」多達 763 項，其中選定了 44 項優秀和前景好的節日為「文化觀光節日」。[6]據韓國觀光公社官方網站資料，2016 年韓國文化觀光慶典 43 個，其中國際慶典 3 個，代表慶典 3 個，最優秀慶典 7 個，優秀慶典 10 個，潛力慶典 23 個。[7]大部分項目經主辦機構官方化和標準化組織以後，歡迎遊客參觀，而且演變為節日表演，其表現形式已與其傳統形式迥異。

　　朴尚美考察了韓國江陵端午祭，發現了「遺產與地方社會相連的文化意義可能為了迎合遊客的口味而出現折中甚或違背其本意的改變，在這一變化裏，非物質遺產被標準化和均質化了，存在於地方社會的遺產的多樣性消亡了。」此外，「地方社會為了更好地吸引遊客，創造出大眾可以接受的方法，因而改變了遺產本身……他們將所有的東西都放在一起，然後挑出他們認為其中最吸引人的部份，在一個場景中展示這些不同的而且重要的元素……它將文化從具體的所依存的社會情景中抽離出來並且改變了文化」。文中更指出，「當旅遊地想要以一種優雅和簡練[8]的方式向遊客展示它的遺產，而遊客又想要感受真正的文化時，遺產很快就會被標準化和變得官方化」。[9]

　　這種被標準化和官方化的現象，在臺灣也發生了。胡家瑜以臺灣「無形文化資產」的原住民傳統儀式為考察對象，發現「國家推動無形文化資料……是將儀式遺產與觀光產業發展和地方振興連在一起考慮」。然而他認為這些考慮很可能對「祭儀的傳承帶來傷害」，而且「任何外在界定的僵化標準，都可能

6　　金貞明：〈對非物質文化遺產節日的傳承及其活躍化的考察〉，《非物質文化遺產保護「東亞經驗」：漢、日、朝》（北京：民族出版社，2012 年），第 163-167 頁。

7　　參 http://big5chinese.visitkorea.or.kr/cht/SI/SI_CH_2_13_2.jsp。

8　　原文是" a neat and condensed form"，譯文為「一種優雅和會議的方法」，本文則認為「一種優雅和簡練的方式」更合適。

9　　朴尚美：〈韓國的非物質文化遺產和文化旅遊（中文摘要）〉，《非物質文化遺產與東亞地方社會》（香港科技大學華南研究中心、香港文化博物館，2011 年），第 81-82 頁。英文原文載該書第 75-80 頁。

對文化的流動性、創造性和自我協調性造成破壞」。[10]

　　潘淑華、黃永豪以廣州珠村「乞巧文化節」為例，指出了以民俗傳統儀式「乞巧節」為基礎，以旅遊為目的重構的「乞巧文化節」，把原本屬於少女的「擺七娘」改成不拘年齡和性別的「工藝展」，把「拜七娘」的七夕拜仙儀式變為只含儀式內容卻沒有儀式意義的「儀式表演」，還加入了「乞巧女兒形象大賽」。作者發現「經地方官員重構後，七夕傳統一變而為乞巧文化節」，「為觀眾展示了從來未存在過的『過去』。而觀眾並不知道，在他們四散後，村中的中年及老年婦女才進行正屬於他們的七夕傳統。」文中總結，被賦予新意義的「乞巧文化」更着重的是其旅遊文化資源，從「性別認同」的信仰變為「地域認同」的「非物遺文化遺產」，「七夕所承載的對女性的傳統宗教意義，雖然有存在的空間，但已沒有傳承的社會環境」。作者提出兩個重要的思考問題：1. 已面目全非的「珠村乞巧文化的『傳承』，究竟『傳』了甚麼？『承』了甚麼？」2.「在強調文化傳承的同時，保存非物質文化遺產的口號以至政策，往往成為加速文化傳統變遷的誘因。這樣的話，所謂『傳承』文化遺產，是否只不過是文化傳統的『再造』？」[11] 這種以旅遊活動的嘉年華形式，將因政治原因而停止舉辦了數十年的傳統儀式「復活」，而且由外力的推動下，改頭換面地重現於世，這還算是一種「非物質文化遺產」嗎？這是很多學者質疑的現象。

　　楊正文以苗族「苗年」和羌族「瓦爾俄足」為例，指出政府主導的非物質文化遺產節日慶典化，其實是將「這些節日及節日有關或無關的地方民俗風情文化事項視為資源，意欲通過展示或與旅遊業結合進行開發，促進地方的文化產業及經發展」。[12] 而這類文化產業化和經濟化的主因，一是部分專家學者或研究機構積極參與，並與地方政府形成共謀關係；一是「文化」企業的參與策劃。「產業化開發或保護舉措都是對地方文化發展的一種干預，均對原有社區社會文化產生解構之力，形成新的權力互動關係，也可能產生新的衝突風險。

10　胡家瑜：〈非物質文化遺產與臺灣原住民儀式──對於遺產政治和文化傳承的一些反思〉，《非物質文化遺產與東亞地方社會》（香港科技大學華南研究中心、香港文化博物館，2011 年），第 201-225 頁。

11　潘淑華、黃永豪：〈文化遺產的保存與傳統的再造──廣州珠村「乞巧文化節」〉，《非物質文化遺產與東亞地方社會》（香港科技大學華南研究中心、香港文化博物館，2011 年），第 239-255 頁。

12　楊正文：〈文化產業發展語境下的非物質文化遺產──以「瓦爾俄足」與「苗年」展演為例〉，《非物質文化遺產與東亞地方社會》（香港科技大學華南研究中心、香港文化博物館，2011 年），第 335-348 頁。

這種社會和權力關係的解構和重構現象，在香港長洲太平清醮中也發生了（詳見下文）。

不難發現，不管在甚麼地方，被節日化後的文化遺產，其文化性質已被改變，由原來的「性別認同」、「種族認同」、「社群認同」等不同的身份認同而形成的「文化」，被標準化、官方化，變成了以政府為主導的「地區化」、「國家化」的「文化表演」。這樣，旅遊產業化下的文化再造，很多時候會失去「文化原真性」（文化真實性）。〈旅遊活動中「文化真實性」問題研究〉一文，分析在「旅遊活動」中不同角色對「文化真實性」的訴求，其中政府、發展商、當地居民、部分遊客的訴求只是文化旅遊所帶來的經濟收益，只有少部分遊客追求文化的原真性。[13] 然而，失去了原真性的文化遺產，我們應該保護甚麼？傳承甚麼？

三、香港非物質文化遺產的再造、創造和旅遊開發

非物質文化遺產的旅遊資源所帶來的旅遊業收益和經濟收益是顯著，因而吸引了全球的旅遊政策決策者和策劃者。而曾經的香港以「購物」作為主要旅遊政策，但隨着全球化的經濟發展，購物天堂不能再是香港旅遊業的主要動脈了，香港政府便開發了其他資源，非物質文化遺產便是其一。政府提出「遺產旅遊」，整合以歷史建築為主的旅遊路線，以吸引遊客。雖然非物質文化遺產並不是施政報告和旅遊發展局的規劃重點，但政府也是介入了非物質文化遺產項目的「保護和利用」中，這深遠地影響着非物質文化遺產的傳承和保護工作。

香港旅遊發展局的旅遊推廣計劃有觀光、吃喝、購物、郵輪旅遊四方面，觀光推介包括景點、節日盛事、文娛藝術、古今文化、戶外探索等，古今文化項目包括有廟宇、其他宗教建築、傳統節慶、法定古蹟、歷史古蹟、道地生活、現代建築和博物館等細項，其中與非物質文化遺產相關的有道地生活和傳統節慶。[14]

香港旅遊發展局選取了部分非物質文化遺產資源作為特色生活習俗，向旅客重點推介。這些項目中，大部分是中國的傳統文化習俗，其中八項入了香港首份非物質文化遺產名單，六項被列為國家級非物質文化遺產名錄，粵劇更被列入聯合國教科文組織《人類非物質文化遺產代表作》。

13 謝春山、魏占慧：〈旅遊活動中「文化真實性」問題研究〉，《旅遊研究》2016 年第 8 卷第 2 期，第 20-24 頁。

14 見香港旅遊發展局網站：http://www.discoverhongkong.com/tc/index.jsp。

旅遊發展局推介的 非物質文化遺產	香港非物質 文化遺產名單	國家級非物質遺產 名錄	旅遊活動或 大型嘉年華
長洲太平清醮	✓	✓	長洲太平清醮
參茸海味、藥材			
粵 劇	✓	✓	
涼茶、中國茶	✓	✓	
風 水			
香港會議展覽中心、金紫 荊廣場升旗儀式			
賽 馬			
盂蘭節	✓	✓	盂蘭文化節
林村許願樹			香港許願節
午 炮			
「打小人」習俗	✓		
太 極	✓		
大坑舞火龍	✓	✓	
大澳端午龍舟遊涌	✓	✓	

1、非物質文化遺產的再造——長洲太平醮的節日化

自 2005 年起，「長洲太平清醮」其實是香港政府和長洲街坊、商團合作把傳統文化的「太平清醮」重新組合、包裝，並重點介紹某些環節。這樣，遊客和觀眾看到的，是醮會的側面，甚至可能讓遊客認為這些重點環節才是醮會的傳統和意義。然而，醮會的最大意義是消災祈福，這些在宣傳活動和材料中都沒有反映。

蔡志祥、馬木池考察了長洲太平清醮的建醮歷史和演變，指出為吸引遊客，太平清醮演變為「嘉年華」式旅遊活動，「突出助慶的會景巡遊，重點介紹飄色和競賽式的『搶包山』，卻忽略了節慶為驅瘟逐疫、酬神許願及建立社區認同的內涵」。[15]

趙明德在研究長洲「包山節」的遺產旅遊現象時指出，商業化會破壞文化的真實性和可持續發展性，最大體現為：一、商品化和商業化染指了和侵蝕了文化遺產的尺度；二、商業化着重場面和一般品質的旅遊產品；三、新自由主義旅遊發展，但政府並沒有保護文化遺產，機械性地複製儀式，反而令傳統的

15　蔡志祥、馬木池：〈非物質文化遺產的承傳與保育——以長洲島的太平清醮為例〉，《非物質文化遺產與東亞地方社會》（香港科技大學華南研究中心、香港文化博物館，2011 年），第 285-298 頁。

黃大仙信俗與非物質文化遺產國際學術研討會論文集

技藝、儀式、知識面臨失傳。[16] 葉德亮在考察長州太平清醮的旅遊文化現象時指出，從「太平清醮」的英文名字"Bun Festival"（包山節）開始，已「將包含了深厚意義的打醮習俗簡單化成為一個關於包點的嘉年華，這並無助於還原和保存傳統歷史。除此以外，甚至有為求吸引各地人士的目光，而弱化了這個節日的含意和對維繫社區關係的效用，使打醮與社區的關係越走越遠」。[17]

梁寶山在考察長洲太平清醮的旅遊文化現象時發現，「政府部門的介入方式，其宗教與社區作用的核心部仍舊保持着堅韌的活力，在消費、生產、規管、呈現、身份等各方互動，各取所需。……政府介入與民間力量的互動，絕對不是原來想象中的一刀切地此消彼長。」然而在香港政府為宣傳傳統節慶而組織的「中環廟會」中發現了一個危險的信息：「文化遺產以保存之名割斷了與當下社會文化的關聯，社區原動力被駕劫。」[18]

長洲太平清醮的節日化現象，尤如韓國江陵端午祭和廣州乞巧文化節，由社區和政府合作，把局部儀式和習俗從整體中抽離，集中地組織和宣傳，重新包裝向遊客展示，最後甚至導致這些「局部」與「太平清醮」再沒有太多的直接關係，只是政府附設的一個競賽活動，如搶包山。搶包山本是醮會的一部分，而且對參加者有極大的限制性，諸如只限男性、長洲本島社區團體代表等，是一個社區團體實力的競賽，現在卻變成為一個全港男女皆可參加體育競賽，性質已大大改變。

現在的長洲太平清醮，明顯是一個「文化再造」的例子，社區、政府和發展商有意無意地把一個完整的太平清醮「肢解」了，把具吸引性的會景巡遊、搶包山，重新拼湊、組合、包裝，向遊客展示。學者們都注意到，醮會的組織架構轉變了，儀式轉變了，部分環節被剝離了，這種節日化現象的結果，和眾多被節日化的非物質文化遺產一樣，都面臨一個矛盾的問題，「文化遺產」要與時並進的同時，如何在「開發」和「利用」之間取得平衡，但避免出現困局：過去注重的宗教性、社會性及藝術性的功能，現在更注重的是其在經濟文化上的功能。[19]

失去了本質意義的非物質文化遺產，就像失去生命力一樣。而「文化再造」

---

16 Matthew M. Chew, "Cultural Sustainability and Heritage Tourism: Problems in Developing Bun Festival Tourism in Hong Kong," *Journal of Sustainable Development*, Vol. 2, No. 3, p. 34-42.

17 葉德亮：〈長洲打醮於香港的文化現象〉，《文化研究 @ 嶺南》第 45 期 (2015)。

18 梁寶山：〈傳統再造：「長洲太平清醮」與「中環廟會」〉，《文化研究 @ 嶺南》第 8 期 (2007)。

19 金貞明：〈對非物質文化遺產節日的傳承及其活躍化的考察〉，《非物質文化遺產保護「東亞經驗」：漢、日、朝》（北京：民族出版社，2012 年），第 168 頁。

猶如一個生物學採集和解剖活體標本的過程，把活體標本解剖，選擇具重要意義的器官，重新組合包裝。顯然，活體標本最後只能成為死物標本，雖被保留下來了，但已完全失去生命力。「文化再造」的非物質文化遺產，最終面臨的結局，可能是嘉年華和表演中的「標本」。

2、林村「香港許願節」——非物質文化遺產的創造

林村許願樹位於新界大埔林村中的放馬莆村，村中原來生長的兩棵大樹被村民們視為神靈，村民們每年農曆新年到天后廟供奉後，便在樹的根部燃點香燭冥鏹祈福許願，稱為「香仔樹」，之後，再製作寶牒，把姓名、出生年月日及願望寫在寶牒上，再附上百解符、貴人指引及祿馬衣等，向廟外的大樹拋寶牒許願，盼求子女、姻緣、學業、事業、家宅、財運和健康，寶牒不掉下來者代表願望可成真。這種客家村落的傳統許願習俗，在香港廣為流傳。林村鄉公所 2010 年將林村公立學校闢為許願廣場舉行「林村許願嘉年華」，「林村許願廣場」2011 年起於每年農曆年初一至十五，主辦「香港許願節」。以下是 2016 年 2 月 8-22 日「第六屆香港許願節」的節目宣傳簡介：[20]

活動項目	簡介	中國許願習俗	客家文化習俗
1) 國際花車匯演	參與大年初一晚新春花車巡遊之花車，將雲集林村許願廣場作公開展覽，市民和旅客都可近距離欣賞這些佈置得美侖美奐的花車。	×	×
2) 美食嘉年華	香港民間各款特色小吃、大埔漁村秘製的海產小吃，以及多款傳統的客家食品，都可以在美食嘉年華裡品嚐到。	×	×
3) 萬家點燈賀添丁	原居民於新春期間都有點燈寓意添丁之習俗，大會安排家中有新成員出生的香港市民及旅客參加點燈儀式，體驗新界傳統點燈活動。	×	✓
4) 林村傳統拋寶牒	按傳統習俗，市民把願望寫在寶牒上面，然後將寶牒綁上桔子，誠心許願後再將寶牒拋上許願樹之樹幹。傳說若寶牒沒有從樹上掉下來，即代表其願望可成真。	✓	✓
5) 祈福蓮花燈	流放許願燈是另一項傳統祈福活動。市民將許願燈放在許願池裡隨水運轉，祈求來年事事如意。	✓	✓
6) 誠心鎖願（許願鎖）	歐洲日韓多個國家都有情人鎖景點，愛侶將寫有兩人名字的掛鎖扣於鐵桿、橋欄或橋頭，象徵愛侶之承諾。為此，林村許願廣場特別呈獻誠心鎖願，特製特色木鎖，讓有情人將盟誓寫上，讓天地見証摯誠的親情、愛情和友情。	×	×

20　資料來自林村官方網站：http://www.lamtsuen.com/wishingfestival2016.pdf。

活動項目	簡介	中國許願習俗	客家文化習俗
7) 群星許願慶元宵	香港許願節壓軸節目【群星許願元宵】，大會於當晚 （2月21日） 特設傳統圍村盆菜及邀請多位歌手唱歌助興，讓各人在欣賞精彩表演之同時也可品嘗到傳統的鄉村美食。	×	×
8) 願望成真	參加者透過不多於15秒的視頻或不多於50字說出自己的願望。大會將選出10個得獎人，協助其願望成真。	×	×
9) 攝影比賽	參加者發送參賽作品予主辦機構，作品將有機會展示於活動官方 Facebook 上供大眾投票。得獎作品將用於製作香港許願節名信片。	×	×
10) 3D 照相區	大會將邀請本地藝術家製作立體圖畫供遊客拍照。	×	×

香港政府政務司司長林鄭月娥於2016年「香港許願節」開幕禮致辭中提到：「自二〇一一年首辦至今，『香港許願節』已經成為城中的盛事，每年吸引超過十萬名本地市民及海外遊客參與。今年，這個富有傳統特色的節目亦是『欣賞香港』活動的其中一項亮點項目，我們期望透過『香港許願節』，讓市民體驗和欣賞香港優良的傳統。」[21] 然而，從上表中，到底有多少是香港傳統許願習俗？又有多少是香港「優良的傳統」？

「香港許願節」以嘉年華的形式推廣客家村落傳統的習俗——「拋寶牒許願」，然而縱觀上表的活動內容，十個推介項目中，只有兩個直接與中國傳統「許願」習俗相關，其中「拋寶牒」是重點。這明顯是名不副實的「文化嘉年華」。

作為被嘉年華式節日化的傳統習俗，那些不相關的項目其中部分還是可以理解的。如「國際花車滙演」可以解釋為配合香港政府新春旅遊活動，善用資源，不至花車巡遊一晚便被丟棄；美食是嘉年華必備的，同時可以介紹客家傳統食物；「群星許願慶元宵」、「攝影比賽」、「3D 照相區」則是助慶活動。

「願望成真」一項，則有點遺背傳統許願的真正意義，原是誠心祈求上天或神祇實現願望的習俗，現在卻變成是主辦機構選定的「人」去實現願望，這完全是本末倒置的行為。而「心願鎖」，原是國外流傳的許願形式，卻被放在以中國傳統為題的嘉年華中，更是顯得莫名其妙。

再來看看客家村落傳統文化中的三項活動。首先「點燈」儀式，是客家村落傳統之一大特色習俗，農曆正月時集合「村」在去年新添丁的男丁於宗族祠

---

21 2016 年 2 月 8 日 香 港 政 府 公 報，http://www.info.gov.hk/gia/general/201602/08/P201602040640.htm。

堂進行「點燈」儀式，一方面是告知祖先添丁之喜，並得到宗族承認身份，另一方面是祈求祖先庇佑，而且「點燈」儀式的進行是受到族規和祠堂守則約束的。這原是一個宗族在特定的時間、地點、由特定人主持和參與的儀式，現在卻被公開化，外來市民和遊客都可以參加，而且點燈的地點和對象已不是祠堂和祖先，雖然說這只是一個表演性質的體驗，但卻有遺「點燈」的原意，在這裏則變成只是一個普通的「點亮燈飾」的活動。正如上述第二部分廣州乞巧文化節相雷同，儀式已失去意義，只是一種表演，表演散去以後，真正傳統意義的儀式才在居民中進行。再者，「點燈」儀式根本與「許願」沒有關係，卻被放到了以「許願」為主題的嘉年華中，雖豐富了嘉年華的內容，卻扭曲了「點燈」的存在意義。

「拋寶牒」是香港新界傳統村落的一種信仰習俗，香港旅遊發展局網站介紹「林村許願樹」為「從前，每逢節日慶典，村民就會到許願樹前來參拜許願，並將寶牒拋到樹上。據說，寶牒拋得越高，願望就會越容易實現。然而，為了保護許願樹，現在樹旁設置了仿真許願樹。來到這裡，您可以在許願寶牒上寫上姓名和願望，在樹下誠心參拜之後，將寶牒拋上仿真許願樹上。」[22] 由此可見，「拋寶牒」原是村民隨時都可進行的傳統習俗，但經過節日化後，「拋寶牒」像是被局限了活動時間和地點。

誠然以「拋寶牒」形式的「許願」習俗是一項傳統文化，然而「香港許願節」卻並非一項傳統文化習俗的體現和反映，只是一個嘉年華，它挾持了「林村許願樹」來吸引遊客，卻打着保育傳統習俗為名。以「香港許願節」的發展趨勢，很可能會成為一個集中式的「許願文化」，集中在一個短時間內、以嘉年華形式進行，假以時日，「許願節」這一節日慶典會成為一項「真正」的非物質文化遺產的「傳統節日」，繼而淡化甚至取代原有的習俗形式和意義。

縱上所述，「香港許願節」已不再是單純的文化再造，而是一個「從無到有」、「無中生有」的「文化創造」，是一個旅遊產業下被堆砌而成的創新的「傳統節日」。

四、結　語

從人類學角度和社會學角度來說，人類「文化」是具有的排他性的和多樣性的，作為「文化」的一種重要表現形式的「非物質文化遺產」更是如此。然

22　見香港旅遊發展局網站 http://www.discoverhongkong.com/tc/see-do/culture-heritage/historical-sites/chinese/lam-tsuen-wishing-tree.jsp。

而被物質化、官方化、標準化、產業化、節日化後的「非物質文化遺產」,在所謂的保護和傳承的過程中,逐漸地失去了排他性和多樣性,如文中所舉的例子,變成「地區化」、「國家化」、「全球化」。更嚴重的是,這些非物質文化遺產在以「保護」為名的「開發」過程中,失去了宗教性、民族性、歷史性的本質,只遺留了「經濟意義」的舞台表演。

有學者提出,今天香港所見的「文化遺產」,一部分是基於中產階段因呼應「集體回憶」塑造而成,這些「遺產」通過「活動」形式被標準化地呈現在觀眾面前。香港的大部分非物質文化遺產都面臨一個嚴重的問題:誰來「傳承」?由於各種原因而「開放參與」權,「最根本的是維持『非物質文化遺產』的社區及群體還是否能夠繼續存在的問題」。[23] 參與者與社區的關係已發生了嚴重的變化,這是香港非物質文化遺產面臨一個非常嚴峻的問題,被抽離的、剝離的文化遺產,我們應該怎樣保護?

龔珍旭等在〈非物質文化遺產傳承與保護面臨的主要問題探析〉中指出,「政府對非物質文化遺產的認識錯位」嚴重地影響保護方針和政策的推行,主要表現為:重經濟效應,輕文化效應;重政績工程,輕內涵建設;名錄評審重代表性,輕瀕危性;重開發利用,輕合理保護。[24] 目前,包括香港在內的眾多地方,都犯着這樣嚴重的錯誤,而不自知。

「文化傳統 (cultural traditions)」的內涵本是人們在漫長的歲月中,不斷地因應各種原因,經篩選、重新詮釋、淡化、演變、融合而成。[25] 「節日化」是文化演變的一種結果,至少可以保證「文化」可以「持續地活下去」。

然而,我們必須慎重地考慮「抽離」、「剝離」、「肢解」、「重新組合」、「重新包裝」這些「節日化」的手段,是否合適非物質文化遺產的「保護和傳承」?因為被過度開發而變質了的文化,是不可能回復的。

最後,無論是政府、社區組織者、發展商、「傳承社區或傳承人」、遊客,任何一方都不應該挾着「保護」和「傳承」之名,「再造」甚至「創造」文化遺產。

23　廖迪生:〈「傳統」與「遺產」——香港「非物質文化遺產」意義的創造〉,《非物質文化遺產與東亞地方社會》(香港科技大學華南研究中心、香港文化博物館,2011 年),第 259-282 頁。

24　龔珍旭、童光慶、李文貴:〈非物質文化遺產傳承與保護面臨的主要問題探析〉,《非物質文化遺產保護「東亞經驗」:漢、日、朝》(北京:民族出版社,2012 年),第 514-519 頁。

25　轉引 Wai-Teng Leong, " Culture and the State: Manufacturing Traditions for Tourism," The Political Nature of Cultural Heritage and Tourism, (Critical Essays, Vol. 3), Ashgate Publishing Limited, 2007, P. 232.

道教與非物質文化遺產：科儀、音樂

古琴音樂中的道家審美情趣
——從《神奇秘譜》曲目題解觀察

新亞研究所 劉楚華

[关键词] 古琴音樂，道家審美情趣，琴曲題解，朱權，神奇秘譜。

一、緒　言

　　琴，又稱七弦琴，有三千年的歷史。因流傳久遠，今人稱古琴。在進入討論本文研究對象－《神奇秘譜》之前，不免先交代古琴歷史過程及其與道家之關係。

　　傳說伏犧造琴。自上古聖人創制，發展至周代，琴成為禮樂文化結構之一環。中國音樂文明早熟，周樂以鐘鼓為主，琴的地位不顯著。及後，隨著禮樂崩壞，琴的文化角色逐漸轉型。由於有士人的長期守護，琴得到穩定發展，成為最能代表傳統音樂精神的載體，堪稱中國古代音樂文明的標誌。

　　《樂記》曰：「樂者德之華」。儒家既為中國文化結構的主軸，古琴音樂在儒家禮樂教化下，塑就成「中正和平、溫柔敦厚」的基本氣質。重視「移風易俗、善化民心」的社會功能，強調樂教倫理，乃琴樂精神的先天結構。惟自春秋以下，道家思想日漸浸透，老莊素朴的人生觀和自然觀，對於古琴音樂思想的影響，與儒家同等重要。道家的特殊貢獻，在長期積澱的許多琴樂精神特質，包括低調而獨立、遠離功利、尊重個性、向往自由的純藝術精神，對古琴持續發展和創新，長遠起著推動和穩定的作用。

　　古代彈琴人以樂師為主，東周禮教崩壞，樂官散落民間，琴師活躍於社會。古禮「士無故不撤琴瑟」，學禮之士多能彈琴。入漢後，琴趨於文人化。就東漢末蔡邕《琴操》所集的曲目而言，或傳統古曲或雅樂歌詩、或民間歌辭，尚未明顯出現道家主題的樂曲。魏晉玄風大盛，中國進入藝術醒覺的年代，一如詩文書畫，玄學思潮為琴樂注入時代的新鮮氣息。

　　魏晉是琴史上重要的里程。嵇康 223-262 乃古琴發展道家化的開拓人物，其《琴賦》給予雅琴最高的評價，並為古琴文化與音樂藝術作了全方位的總結。對於能精通音律、嫻熟雅琴的音樂人，嵇康作如下描述：

> 然非夫曠遠者，不能與之嬉遊。非夫淵靜者，不能與之閑止。非夫放達者，不能與之無吝。非夫至精者，不能與之析理也。

「曠遠」而「淵靜」的彈琴者，其社會身分如何？在春秋時代，我們大可聯想到流落民間的瞽師、或「無故不撤琴瑟」的士階層，或者鼓吹禮樂的孔子及其弟子師儒。倘在漢代，則劉向、桓譚、蔡邕等經生學士。惟「放達」而「至精者」又何人？到了魏晉以後，則不能排除「非湯武，薄周孔」的高人逸士，阮籍、嵇康、陶潛之徒。可以說，魏晉琴學，一如清談玄學，既顛覆名教，又辯證地融莊老入於儒家樂教，不論在理論和實踐上，玄學促使古琴的飛躍發展，此現象乃係當世文士與琴人的身分重疊，玄學、琴樂同在新道家思潮之中，聲氣相應的現實寫照。

經此轉型，琴人的社會身分擴闊了，古琴的音樂想像和理想境界大為開拓。嵇康《琴賦》在能琴的賢聖明王名單以外，增列了古代逸民、隱士、神仙，自此名見經傳的儒家賢聖，與傳說神話的仙家隱流不分軒輊，堯、舜、禹、湯、文、武，與許由、榮啟期、涓子，同等重要地寫入琴史。彈琴人的身分，由古代專業樂師，至師儒經生、詩人墨客、非主流文化的異見者，乃至沒有社會身分的荒郊野民，惟問性情淵靜、能體味無聲天籟，不論儒道，均可稱知音。一個儒道平衡互動的古琴文化系統基本建構。

魏晉高壓政治氛圍下，隱逸成風，莊老之書是逸民個體生存權的最佳理論依據。道家思潮啟發了琴人對主體獨立精神的追求，加上老莊開放包容，這些思維品質，讓古琴雖寂寞低調，而可以在官宦、文人、民間學者、零散的僧道隱流之間，流傳三千載而不衰。魏晉以後，道家思想不論在琴學的理論敘述、審美趣味、養生修練，乃至創作實踐各方面均有所推動，影響不下於儒家。

唐宋古琴都經歷藝術發展上的高峯，文人琴士、琴僧、琴待詔，各式琴人密切交往，不同地域流派互動。歷史上不乏以琴聞名的道士，南朝陶弘景、唐司馬承禎、宋有冷謙皆能琴，明清之後更普及。雖然其傳承不及僧琴系統之完整，仙道之家，實各有傳承。清末期間，山東嶗山、四川青城山等地，尚見活躍的道士彈琴遺風，其影響且廣及全國。

近代百年，在整個傳統文化備受逼壓的情勢下，道學與琴學並衰，道士古琴的傳承譜系，大概至民國初年中斷，至為可惜。雖然如此，1969 年人類初登月球，選了全世界各國民族音樂向外星播放，指定為中國音樂代表、浮游在太虛外的古琴曲《流水》，正是一百年前道士張孔山所傳的川派版本。此曲由管平湖先生 1897-1967 演繹，至今仍受樂眾歡迎，足見道家琴風影響之深遠廣泛。

二、朱權與《神奇秘譜》

明太祖朱元璋十七子，寧王朱權 (1378-1448)，受宮廷良好教育，天賦才具過人，後天勤奮，加上政治壓力和環境因素的激發，永樂初避地南昌之後，朱權不問政事，奉導修行，潛心學術，投入編纂刻刊，在文化上立下的豐厚的功績。

他的編纂著述，數量驚人，除了不涉儒經及佛教之外，品種繁多，反映朱權廣泛的學術興趣。刊書 137 種，大多散佚，從其他書目輯錄可考者 60 餘，廣涉史述、軍事、仙道、隱逸，乃至醫藥、養生、農業、五行、雜術等實用知識。其中音樂方面的琴譜、雜劇、曲譜、韻書等，多具史料及工具價值。又大力推動道教，編修道書，《天皇至道太清玉冊》道教齋醮規範科儀、衣冠法物制章（收萬曆《續道藏》），《庚辛玉冊》則搜羅本草丹方（原書佚，見引《本草綱目》及其他醫學類書），可見朱權道術知識的淵博當行。

朱權精音律，工戲曲。他編的兩本書，有很高音樂史料價值：其一，《太和正音譜》是現存最早刻刊的北曲曲譜集，其二《神奇秘譜》則是現存最早刻刊的古琴曲譜集。二書編刻由朱權精心策畫，儘管借助了一班門客群英的集體力量完成，而編輯主導鮮明，在體例、分類、點校、理論、批評和創作上，均有他的實際參與，他仍是貢獻的主力。

朱權於《神奇秘譜》頗注心力，全書歷時十二年，至 1425 年編成。分上、中、下三卷，收 64 首曲。上卷「太古神品」，乃太古之操 15 首。中、下卷「霞外神品」唐宋古曲 48 首，其中 36 首由朱權親受，並親加點句和校正。朱權組織了一支琴人編校團隊，先向不同琴師親承指授，然後屢次更換其師學習，反覆校正，編校異常審慎。臞仙序云：

> 今是譜乃予昔所受之曲，皆予之心聲也。其一字一句，一點一

畫，無所隱諱。其名鄙俗者，悉更之以光琴道；故不凡於俗。刊之以傳於世，使天下後世共得之，故不致泯於後學。屢加校正，用心非一日矣。如此者十有二年，是譜方定。

《神奇秘譜》是一本承前啟後的古琴曲集。本文從以下數點來看它的價值：

一，它是最早而收集較齊的古曲譜集。《神奇秘譜》之前，古琴曲目見於各種記載而無曲譜流傳，古代名曲如高山流水、陽春、白雪、廣陵散等，傳世的唐宋名曲如胡笳曲、瀟湘水雲等，全部第一次在《神奇秘譜》出現，然後為其他明代譜本所轉載而流傳。

二，對本文研究的意義而言，它保存了大量道家主題的曲譜，如上卷「太古神品」的〈華胥引〉、〈遯世操〉，明以前的作品如〈頤真〉、〈廣寒遊〉、〈列子御風〉、〈莊周夢蝶〉、〈逍遙遊〉、〈神遊六合〉諸曲，首次見載於此譜。大部分載錄於後出的明清譜本，或經再詮釋、加工，得以傳承至今。

三，朱權崇道，作為首部由道士編輯的琴譜，開後世道士編輯琴譜的先河，推動了明代琴學發展。流風及於清末，例如光緒二年蜀派唐彝銘輯的《天聞閣琴譜》(1876)，有道士張孔山參與編訂；又晚清頗為通行的譜本《琴學入門》(1864) 編者張鶴，即是上海玉清宮道士。

四、《神奇秘譜》最特獨之處，在鮮明的道家審美傾向。朱權除了在書序宣明其琴學觀點之外，更為每首琴曲親撰解題，用大量文字闡釋題旨，引導了後世操曲者對曲意的認識，無形中不同程度地，決定了後世琴人對這些曲調的理解與傳播。

三、朱權的信仰及其音樂思想

朱權奉道與明初宗教政策有一定關係。明太祖制定三教并行，以儒教為主，而同尊佛道。藉奉天承運以彰顯政權的合法性，朱元璋大力扶持正一道，立國即重用天師張正常。明初幾位統治者與天師關係密切，每封賜道士，建造宮觀，編修道經，大行齋醮，明成祖、世宗尤其篤信，是時為正一道的全盛期。

朱權在皇家奉道的氛圍下成長，自小學道，靖難之後南遷江西，韜光養晦，終其一生修行纂著，以道養生。永樂六年 (1408)，朱權進《神隱志》，向朱棣表明無心於權力與政治，選擇隱居。成祖賜號「臞仙」，加封「涵虛真人」，又別號「丹丘先生」。朱權一生傳奇，經歷六位帝主而免遭禍患，活至七十三歲，壽終正寢，道服黃冠入殮，墓葬在南昌他生前營造的南極長生宮內。

隱居地江西南昌，是正一道的根據地。他既與四十三代天師張宇初友善，又受正一道另一支派淨明道的影響，踐行正心修身的修煉工夫，也一定程度上受外丹和內丹的影響。由於朱權是文人，奉道心態比較開放，不拘執於門派，廣泛吸收道教知識，化為己用。

遠離禍害，託志琴書，服食養生，是他的生活寫照。向慕長生，羽舉飛昇，是他晚年願望。朱權的道教人生理想，全面滲透到各種著作中。兩部音樂著述亦不例外。《太和正音譜》（按對是書成於 1398 的說法，學者多抱懷疑，洛地、姚品文均認為成於永樂前期。大約在 1405-07 之間）著錄了他的創作《白日飛昇》、《周武辯三教》等十二種，大多亡佚，現僅存《私奔相如》、《獨步大羅天》兩種。後者則有夫子自白的意味，朱權化身劇中人沖漠子，學道遇仙，與呂洞賓同赴瑤池宴，終於得道，獨步大羅天。劇中有一段唱詞：

〔青天歌〕呀，便做到堯帝舜帝文王武王般仁聖，孔子孟子子思子夏般賢明，豈不見皋夔稷契事何成。一自秦坑，事業朦騰，賢聖無憑。歲月遷更，世事消盈。恰便似一場蝴蝶夢莊生，兀的不皆前定？

據姚品文的推證，由劇中人沖漠子在匡廬學道修仙，及最後封為丹邱真人等細節看，是劇當寫於抵達南昌之後不久，即永樂五年或稍前。其時，值朱權盛年，雖已明志退隱，然心境未平，曲文寄託，言辭不免激憤。

戲曲與古琴，屬兩種不同的藝術形式。雜劇雖有曲調音樂，其體裁屬戲劇文學，語多俚俗淺近。古琴屬純音樂，以器樂為主，未必配歌詞，其形式古雅，低調平淡。戲曲藉由人物登場，搬演故事，諷刺世情，怒罵嬉笑，直接易明。後者素樸抽象，不過音之高下徐疾而已，無決定的形象意義，只能藉曲目及題解，以文字形象說明；又文人題解多用詩化雅言，婉轉含蓄，間接啟動聽者的聯想。當然，脫離文字闡釋，直覺體悟音樂的本文意義，知音者亦可解。

《神奇秘譜序》寫於洪熙乙巳 (1425)，時朱棣已死，朱權四十七歲，避地南昌逾 20 年，心境或漸轉平淡。從琴譜文字所見，朱權的藝術理想老而彌堅，追求自在逍遙境界，就如他所喜愛的道家琴曲般，徜徉宇宙；又彷彿沖漠子獨步大羅的悟境，惟見天地寥廓，寂寞空濛。

《神奇秘譜》敘云：

> 然琴之為物，聖人製之以正心術，導政事，和六氣，調玉燭；實天地之靈器，太古之神物；乃中國聖人治世之音，君子養修之物，獨縫掖黃冠之所宜。

又云：

> 蓋達人之志也，各出乎天性不同。於彼類不伍於流俗，不混於污濁；潔身於天壤，曠志於物外，擴乎與太虛同體，泠然洒於六合。

古琴音樂是太古神物、天地靈器，儒家視為聖人治世之音，君子正心修養之物。桓譚《琴道》所謂「琴者，禁也」，謂禁淫邪以正人心。漢代以來的琴學養心的理論傳統，適與道教修行目標相合。在於朱權，古琴音樂完全可作為道家修心養生的途徑。儒士關心社會政治、道士尊重生命，偏重不同而通融互濟。一般奉仙道者未必能通莊老玄理，惟朱權是文人，與一般道士不同，他有儒經的教育背景，崇信仙術，又以道家老莊思想的理論基調，視野宏濶。至少在他的理性闡解之中自圓其說，活潑機警地出入儒道，在莊老與神仙之間揮灑自如。

人遇到困難險阻，或者面臨死亡脅逼，近則遁形保命，遠則養性延生。

這兩部音樂著述，呈現了朱權在南昌，隱伏前後二十多年的生存狀況。二書在藝術形式、文體、修辭與表述上有所差異，其背後隱遁存生的意識是一貫的。精神向往莊子的天地同體，信仰道教不死成仙；內則修性坐忘；日常則頤養服食，加上文人以琴養性、隱士式的藝術情調，構成朱權整個人生主調。

《神奇秘譜》所收古琴樂曲，澹泊自然，與朱權以道養生的不死信仰，可謂是同一主調的隱士組曲。

四、《神奇秘譜》道家曲調的審美情趣

下文觀察《神奇秘譜》道家主題曲調，惟不作音樂分析，乃由曲目題解的文字描述看其中情趣。琴曲題解，作用在交代樂曲的來源、流傳歷史、標題旨趣，並可以附記編者對樂曲的個人體會。大概受儒家經師解經傳統影響，漢代傳經有「箋」「注」的解說。《詩》有〈大序〉、〈小序〉，是為最早的古代

詩歌題解，歷代士人必讀。在詩禮經教薰陶下，文人為琴曲解說的傳統久遠，東漢蔡邕《琴操》是最早的琴曲題解專集，惟只錄解題而不傳曲譜。《神奇秘譜》則是可見最早琴曲譜集，既錄曲譜又詳具解題。

全書64首曲，其中調意11首，屬非標題樂曲，故不設解題、不分段亦無小標題。其他諸曲均附朱權的題解，無有例外。各曲的分段，或則有或無小標題。朱權序云：古人「傳曲不傳譜，（傳譜）不傳句」，故上卷不妄加點句。可能出於同一審慎的態度，校輯過程中，凡關乎樂曲本文的部分，反復校定，為保存原譜狀況，不妄加增減。但是一首琴曲的題解，猶如一書之序言，編者有發揮空間，有權按其理解，甚至就其主觀感受和願望，進行詮釋。朱權為每一首琴曲撰寫的題解甚詳，且往往引據典籍，展示明白的題旨，每見編者鮮明的見解，可窺探他的音樂理想和審美追求。

朱權序說：「琴譜數家所載者千有餘曲，而傳於世者不過數十曲耳。」

琴曲主要是純器樂，來源各自不同，有長期流傳的經典、古代詩歌、民間樂曲，《神奇秘譜》保存的樂曲，均為有歷史文獻價值的曲目。上卷〈太古神品〉原則上最古遠，有譜而無句之曲。中、下卷〈霞外神品〉，則保留了宋代《紫霞洞譜》、元代《霞外琴譜》的傳譜，有琴師傳世，經朱權與五位門客琴生合力編校，其中朱權精熟的三十四曲，由他親自定句。

按《神奇秘譜》體例，上卷太古之曲，曲題先行，再以律調分編。中、下卷中古以後傳世之曲，編次則以調先排，載了「調意」，在其下編錄同調諸曲。可是多數古琴曲譜形成的確實年代，無從考證，蓋文人作者多依託古人，其所託之本事早出，不能說明曲譜形成的年代為較早。今將《神奇秘譜》，與最早的曲目解題《琴操》對照，蔡邕所集漢以前的47首曲目，內容相近而出現在《神奇秘譜》者，惟僅4曲：《琴操》稱〈聶政刺韓王〉、〈猗蘭操〉、〈雉朝飛操〉、〈箕山操〉，《神奇秘譜》依次題為〈廣陵散〉（上卷）、〈猗蘭〉（中卷）、〈雉朝飛〉（中卷）及〈遯世操〉（上卷）。

其中〈箕山操〉及〈遯世操〉均關涉堯帝讓賢、許由避入箕山的傳說。朱權以為〈遯世操〉「最為高古」，排在全書篇首。然而我們無從證明二曲的相互關係。按：宋朱長文《琴史》，以為〈箕山操〉流傳久遠，卻不能確定是許由所作，謂：「太史公嘗疑之，謂其不概見於六藝也，雖然，說者傳之尚矣，庸得略耶……凡琴操之名于後者，或其自作之，或後人述而歌之耳。」

一般而言，樂曲流傳與時代思想相關。大部分古曲隨歷史流汰，小部分流傳下來，其後又有新聲代出。東漢《琴操》曲目中明顯道家意味者，僅佔少數，只有〈箕山操〉和〈莊周〉兩首，佔全書百分之四。可以推想，道家主題音樂，在魏晉以後始大量湧現，此時代思潮所致。一本曲譜的體例、選曲、排序、詮解，則反映編者的音樂思想。依本文的檢算，《神奇秘譜》道家主題曲大約 20 首，倘加上朱權的創作曲一首，合計 21 曲，佔全書曲目全數三分之一 (32.8%)，分散在上中下各卷之中。三分之一的比數，與明初流傳道家主題琴曲的流傳實況，是否相互對應？不在本文探討範圍，惟可以想見，作為崇道者的朱權，編輯選曲過程中應該滲透了個人主觀偏好。

按：《神奇秘譜》之前二百年，元耶律楚材 1190-1244，《湛然居士文集》中琴詩所涉及的琴曲名目有廿五首，(據張為群，〈耶律楚材琴詩初探〉，見《琴學論集》，香港：天地出版社，2010。) 其中同名而見於《神奇秘譜》的有十首，當中無一道家曲目；此外另有一曲題名〈秋水〉，似出《莊子》秋水篇意，《神奇秘譜》所無，而其與明清琴譜中〈神化引〉、〈莊周夢蝶〉之類主題的曲調關係若何，暫不能確定。單就曲題觀之，二百年前耶律楚材所好彈的曲目，道家主題比例不多，其審美取向顯與朱權不同。本文就朱權所收 21 首道家曲目題解，依其意涵，分為四類，標題如下：

1. 無為無治：兩曲。華胥引、古風操
2. 山林隱逸：七曲。遯世操、招隱、隱德、山居吟、樵歌、泛滄浪、秋鴻（朱權作曲）。
3. 內養坐忘：五曲。玄默（一名坐忘）、頤真、忘機、神化引（一名夢蝶吟）、莊周夢蝶
4. 九天漫遊：六曲。廣寒遊、天風環佩、神遊六合、凌虛吟、列子御風、八極遊

讀朱權的題解，曲意自明，可視「題解」為獨立的書寫，猶如附於一書之外篇，別成系列。現照錄原文，分列如下。

1. 無為無治

華胥引 淒涼調，不分段。

臞仙按《琴史》曰：是曲者，太古之曲也。尤古於〈遯世操〉…按《列子》：「黃帝在位十五年，憂天下不治，於是退而閑居大庭之館，齋心服形，三月不親事，晝寢而夢華胥氏之國，其國自然，民無嗜慾而不夭殤，不知樂生，不知

惡死，美惡不萌於心…黃帝既，怡然自得，通於至道，二十八年而天下大治，幾若華胥之國，故有華胥引。

古風操　宮調，不分段。

臞仙曰：是曲者古曲也，文王所作。其為趣也，追太古之淳風，謂不治而不亂；不言而自信；不化而自行。蕩蕩乎：民無能名焉。其俗也，熙熙然如登春臺：以道存生，以德安形；其民甘食而樂居，懷土而重生；形有動作，心無好惡；雞犬之聲相聞，民至老死不相往來；無有好惡、無有嗜慾。此太朴之俗見於世也。

自然之治乃道家老莊的政治理想，無為無治、不治而不亂、不化而自行，皆道家社會思想的常見命題。此二曲最早載於《神奇秘譜》，視為遠古之曲，編在上卷。惟《琴操》均無存目。〈華胥引〉解題出自《列子》，述黃帝夢遊華胥國，悟不治之理，其後天下大治二十八年。〈古風操〉託文王所作，以其治國追太古之淳風，人民甘食樂居。所託則儒教聖王，思想內涵郤出自《老子》。按宋朱長文《琴史》，記文王作〈拘幽操〉或曰〈離憂操〉，並不曾提及〈古風操〉。據現代琴家打譜演繹，此曲小形結構，樂段迴旋，音階特殊，簡拙天真，饒有古韻。或古籍失載，幸賴朱權編輯得以流傳。

這兩首曲，均在朱權以後的琴譜流傳。

2. 山林隱逸

中國歷史上的「仕」與「隱」，猶如雙生子，從來是對立共存的兩面問題。東漢至魏晉間，出現歷史上隱士、逸民、高士傳記載的高潮，說明政治當權者高壓與民間消極抵拒，與所形成矛盾張力恰是正比。「自然與名教」遂成為魏晉玄學與社會輿論的熱烈議題。天下不治，人民向慕華胥之國，世道黑暗，生存權備受脅迫，逃遁遠禍，乃人自我保命的先天本能。

永樂初，朱權已南避江西，決志退隱。永樂六年撰《神隱志》，他分隱者為三種類型：天隱、地隱和名隱。序云：

> 藏其天真，高莫窺測者，天隱也；避地山林，潔身全節者，地隱也；身混市朝，心居物外者，名隱也。

就存活空間與生存條件考量，「地隱」避地山林，與世無爭，對於一般布衣文人較具體易行，或者混身官場，而想像漁樵生活，歷代退朝仕官、失意文人莫不向慕，各種文人藝術，不論琴詩書畫，「隱逸」都是重要的表現主題。

《神奇秘譜》所集隱逸主題曲計有七首。

遯世操　慢角調，十段。

臞仙曰：是曲者，許由之所作也。琴史內曲之高潔者，止此曲最為高古。莊子曰堯讓天下許由……遂遯去，隱於箕山，乃作是操。

分段標題如下：一：獨步煙霞、二：樵人指路、三：陟彼箕山、四：月明猿正啼、五：雲合龍可隱、六：日照巖扃、七：麋鹿為友、八：漁樵閑話、九：歎息浮生、十：不知歲月（次第彈）、操終。

招隱　宮調，不分段。

臞仙按《琴史》曰，「是曲乃西晉時左思（字太沖）見天下涵濁，將招尋隱者，欲退不仕；乃作〈招隱〉。詩云：

杖策招隱士，荒塗橫古今。
巖穴無結構，丘中有鳴琴。
白雪停陰岡，丹葩耀陽林。
石泉漱瓊瑤，纖鱗或浮沉。
非必絲與竹，山水足清音。
何事待嘯歌？灌木自悲吟。
秋菊兼餱糧，幽蘭間重襟。
躊躇足力頃；聊欲投吾簪。
……故有是操。

隱德　商調，不分段。

臞仙曰：是曲者，昔在太朴之世，志士仁人抱不世之才，懷高潔之志。或隱於岩壑、或居於市廛，被褐懷琛，以養浩然之氣；不為人知。故曰，君子盛德，容貌若愚；乃作是曲以通乎神明，而訴己之志也。

山居吟　徵調，不分段。

臞仙曰：是曲者，宋毛仲翁所作。其趣也，巢雲松於丘壑之士。澹然與世兩忘，不羈塵網，乃以大山為屏，清流為帶。天地為之廬，草木為之衣；枕流漱石；徜徉其間。至若山月江風之趣、鳥啼花落之音，此皆取之無禁：用之無竭者也。所謂樂夫天命者，有以也夫。又付甘老泉石之心，尤得之矣。

樵歌 徵調，十一段。南宋作品。

臞仙曰：是曲之作也，因元兵入臨安，敏仲以時不合。欲希先賢之志，晦跡巖壑，隱遁不仕。故作歌以招同志者隱焉。自以為遁世無悶也。

分段標題：

一：遯世無悶 、 二：傲睨物表 、三：遠棲雲嶠、四：斧斤入林 、五：樂道以書 、六：振衣仞崗、七：長嘯谷答、八：詠鄭公風 、九：豁然長嘯 、十：壽倚松齡、十一：醉舞下山 、泛音、終。

泛滄浪 蕤賓調，三段，無標題。南宋作品。

臞仙曰：是曲者，亦云郭楚望所作。志在駕扁舟於五湖，棄功名如遺芥。載風月而播弄雲水；渺世事之若浮漚，道弘今古，心合太虛；其趣也若是。

秋鴻 姑洗調，三十六段。朱權創作曲。

臞仙曰：琴操之大者，自〈廣陵散〉而下，亦稱此曲為大。蓋取諸高遠遐放之意，遊心於太墟，故志在霄漢也。是以達人高士，懷不世之才，抱異世之學，與時不合；知道之不行而謂道之將廢，乃慷慨以自傷；欲避地幽隱，恥混於流俗，乃取喻於秋鴻；凌空明，于青霄，擴乎四海，放乎江湖，潔身於天壤；乃作是操焉。

分段標題如下：

一：凌雲渡江 、二：知時賓秋 、三：月明依渚 、四：呼群相聚、五：呼蘆而宿（「悲聲叫得蘆花白」） 、六：知時悲秋 、七：平沙晚聚 、八：南思洞庭水 、九：北望鴈門關 、十：蘆花月夜 、十一：顧影相吊 、十二：沖入秋旻 、十三：風急鴈行斜 、十四：寫破秋空 、十五：遠落平沙（「此段與『雲中孤影』皆意思闊遠。須當指授」） 、十六：驚霜叫月 （「叫月聲嘹嚦」） 、十七：延頸相聚 、十八：知時報更 、十九：爭蘆相咄 、二十：群飛出渚 、二十一：排雲出塞 、二十二：一舉萬里 、二十三：列序橫空 、二十四：唧蘆避弋 、二十五：盤聚相依 、二十六：情同友愛 、二十七：雲中孤影（「此段闊遠，須當指授，庶免斷續窘促失節之病；與『遠落平沙』意同」） 、二十八：問訊衡陽 、二十九：萬里傳書 、三十：入雲避影 、三十一：列陣驚寒 、三十二：至南懷北 、三十三：引陣沖雲、三十四：知秋入塞 、三十五：

天衢遠舉、三十六：聲斷楚雲（泛音）、曲終。

　　隱逸琴曲題旨，不外歌頌高潔有才之士，退而不仕，隱入山林。漁樵生活，以天地為廬，徜徉泉石清流之間，過其樂天安命、逍遙自在的人生。反樸天真，回歸自然，典型道家意蘊。

　　朱權對這組琴曲的編排特別用心。全書以「隱」起，以「隱」終。傳說為隱者宗祖許由的〈遯世操〉，置全書第一首，其餘五曲大略按時代排序，朱權自創曲〈秋鴻〉壓在卷末。朱權在《神隱志》序表達了他的生存困境，謂「每懷驚鴻避影之思」，渴望破樊籠，出塵網，擺脫世途紛擾，潔身自保，遨遊天地。〈秋鴻〉是朱權寄託平生的作品，附賦一篇自明，末云：

> 「...嗟世途之擾擾，豈混俗乎庸常；　因重其志之高遠，乃作是操以頡頏；
>
> 　故製之於徽軫，養吾以浩然之耿光；或問製作者其誰，苟非老於琴苑，孰能為之揄揚？　乃西江之老懶，誠天胄之詩狂；羌扶醉以寫興，故謦咳於是章。」

　　古琴曲常以景取題，或借物抒情。細讀是曲的標題，如一幅山水長卷展現目前。全曲凡 36 段，據近代琴家管平湖的（打譜）演繹，需時 25 分鐘，超過名曲〈廣陵散〉的主體規模。（按〈廣陵散〉「正聲」18 段，加上小序、大序，及亂聲、後序等，俗稱「全本廣陵散」，前後合共 45 段），乃現存篇幅最長的古琴原創曲，也是最宏巨的隱逸主題曲，足見朱權的藝術意志和超越前人歷史野心。

　　是曲厚樸雄渾，風格獨特，喻意深刻，與一般漁樵隱逸主題，優遊林下、舒心暢意的調子明顯不同。據朱權的標題所示，文字形象生動，描寫群雁南遷的壯舉：日則橫空萬里，夜則遠落平沙，聚宿州渚，月下驚霜。境界開闊，氣勢滂薄，惟秋色蒼茫，意象淒美。鴻雁「知時悲秋」，感嚴冬迫近，倉皇中決上征途。主體上，作者自喻志比雲高，翱翔霄漢，客觀情境則有無可奈何，順應天命的意味。且一路歷經艱險，或「入雲以避影」，或「唧蘆以避弋」。漸行漸遠，回望關河，而不忘故鄉。〈秋鴻〉實際是一首悲愴雄壯的逃亡史詩。

3. 養心坐忘

　　先秦生命知識已達到很高水平，出現了生命結構中的形、神、氣之類觀念，春秋戰國時期流行養生、導引之風氣。《老子》精於「長生久視」，特有其觀察與智慧，主「見素抱樸」、「少私寡欲」，重視「保養精氣」。《莊子》〈養生主〉所謂養生者養神也，以為「神」為主，「形」是賓。守「緣督以為經」，可以全身、保親、養生，可以盡年。並且提出具體的養神法，透過「心齋」、「坐忘」，可達到忘物我、齊是非的悟境。老莊的養生法，又成為漢代醫家衛生學、導引氣功之實踐基礎，也為後世道教神仙修練，提供了理論依據。老莊之養生，都主張保養人的本賦天真，而莊子更多利用寓言，藉文學形象託喻，利用種種手段，活潑表現修道者如何「離形去智」的過程，最終達至「與物俱化」、「與道同一」的精神境界。

朱權收集養心修性類主題，具鮮明的莊子風格，五首如下。

玄默，一名坐忘　宮調，不分段。

臞仙曰：是曲者，或謂師曠之所作；又云嵇康。莫知孰是，蓋古曲也：自周春秋之世有之。其之曲趣也，小天地而臨六合，與造化競奔。游神於沖虛之外，使物我兩忘；與道同化。有不能形容之趣焉，達者得之。

頤真　黃鐘調，不分段。

臞仙按《琴史》曰，〈頤真〉者，唐董庭蘭之所作也。頤，養也。道書謂：寡欲以養心；靜息以養真；守一處和；默契至道。弸琴，為娛性之樂。故製是曲者，以〈頤真〉名之。

忘機　商調，二段，無小標題。

臞仙曰：是曲也，宋天台劉公志方之所製也。或謂按《列子》海翁忘機，鷗鳥不飛之意；以指下取之。大概與〈坐忘〉意趣同耳。

神化引，一名蝶夢遊　商角調、三段，無小標題。

臞仙曰：是曲之趣也，有飄然脫屣塵滓之意。其神與物俱化，想像乎浮空明於林、泉、大麓之間，與蜂蝶之所翻翻，而忘於形骸之外也。

莊周夢蝶　商角調，八段，無小標題。

臞仙曰：古有是曲，絕而無傳者久矣，毛敏仲繼之。《莊子》書〈齊物論〉曰，「莊周昔夢為胡蝶，栩栩然胡蝶…不知周也。俄而覺，則蘧然周也。不知周之夢為胡蝶，胡蝶之為周。周與胡蝶必有分矣，此謂物化。」是以達道之士，小造化於形骸之外，以神馭氣，游燕於廣漠之墟，與天地俱化，與太虛同體。斯樂非庸夫俗子之所能知也，達者得焉。

上述五曲，前三者均涉靜心、坐忘、守真，表現精神修養的工夫狀態。後二者涉莊周夢蝶寓言所託的忘形物化、天地一體，指向精神自由的理想境界。

4. 九天漫遊

是六曲清氣泠然，寧靜開闊，超脫出塵，飄飄欲仙，誠道家特色的「太空」經典。

廣寒遊 宮調，九段，無小標題。

朧仙曰：是曲者，古曲也，其意高遠，其趣宏深，飄飄然有獨步太羅之想。憑虛御風之趣，把精熒之流光於太虛也。然其清曠玄邈之旨，又不可得而形容矣。使人聽之不覺毛骨森然，置身如在廣寒清虛之府也。

天風環珮 商調、三段、無小標題。

朧仙曰：是曲之趣也，若夜寒月白。雲淡星稀，琅風玲玲，玉露湛湛。凜若神遊於太羅，仙遊於玄館。鏘然鳴珂，鏗然戛玉。不見其人，但聞瓊琚珊珊而已，使人聞之，可以起思仙之志，有換骨超凡之想。苟非神仙中人，豈能識之？

神遊六合 一名《騎氣》，十段，無小標題。

朧仙曰：是曲之來也，尚矣；然其曲彌高而和彌寡。是以鼓之者少，而聽之者稀。非餐霞、服日者，不能形容於此。……蓋曲之趣也，御六合之氣，上朝於九天，控志於碧落之虛，弄影於銀河之灣，振衣於金闕之上，睥睨江漢。何其大哉！欲知其趣者，惟控鶴、乘鸞者歟。

凌虛吟 身角調，三段，無小標題。

朧仙曰：是曲之製也，必莊、列之徒，鍾、呂之朋。蓋曲之趣，若長吟於梵清玉虛之境，步虛於鬱羅紫霄之上。正所謂「夜靜月明天似水，虛空惟有步虛聲。

列子御風 角調，十段。

朧仙曰：是曲者，毛仲翁取《列子》〈黃帝篇〉「御風擬神遊六合」所作。其趣同。

有小標題：一，憑虛馭風；二，俯視寰壤；三，渺焉六合；四，不知風乘我；五，不知我乘風；六，志在沖漠；七，遊神太清；八，長嘯空碧；九、振衣罡飆；十，興盡而返；入本調泛，曲終。

八極遊 碧玉調，六段，無小標題。

臞仙曰：是曲者，蓋高古之曲也。其曲之趣，志在廖廓之外，逍遙乎八紘之表，若御飆車以乘天風雲馬，放浪天地，遊覽宇宙；無所羈絆也。此非出塵而有遐想者，何其能歟？

莊書〈逍遙〉開篇述鯤化為鵬，扶搖直上不知其幾千里，從高空所見，其上天色蒼蒼，渺無邊際，其下野馬塵埃莫能識辨，言其遠而無極也。老子靜觀道之常無常有，莊周則壯言天地，一靜一動，風格不同。太虛主題之下，朱權似偏愛莊列。莊子謂道無處不在，得道者與道並齊。最高的生命精神境界，混然物化、與天地同體，慕道者所向往。莊子寓言用御風乘雲而飛的形象，表現至人逍遙天地的哲理境界。

先秦文學「遊」的想像，以莊生「天遊」與楚辭「遠遊」為經典代表。漢代詩賦早有「仙遊」主題，魏晉之後遊仙詩大行，劉勰《文心雕龍．明詩》謂郭璞「仙詩亦飄飄而凌雲」。遊仙詩與仙家解脫的信仰想像，及至道經中飛昇的文學化描寫，乃傳統文學上下一氣的發展。

檢視朱權在這一組題解的描述，運用了大量仙道修辭，遊仙風格濃厚。道教天文詞彙頻繁出現：寫宇宙廖廓則太虛、大羅，天象則廣寒、銀河，而碧落（東方第一天）、九天（九霄）、八紘（天之八維）、八極、六合均莊子及道教常用的空間術語。金闕、玉虛（宮）、鬱羅（台）、玄館、凌虛（三十六靖廬之一），乃天界帝君、神仙或修道者之居所。遊則乘天風、雲馬、鸞鶴。聲則鳴珂戛玉、瓊琚珊珊，或者無聲之中只聞步虛詞。

朱權以「道」為其人生終極理想。《神隱志》云：「以有患之軀而遁乎不死之城，使吾道與天地長存而不朽」。然則，朱權所奉的「道」不止於莊生的哲理悟境，實滲溢了神仙家不死的宗教情感。莊子謂與「天地一體」，主張齊生死，勸人面對死亡，安時處順，適應變化，是所謂「善生善死」、「哀樂不入」的有死人生，此與仙家不死信仰究有不同。莊子以至人逍遙，寓象道的哲理境界，或指悟道者的精神生命。仙家「不死」信仰，指生命的徹底解脫，所謂神仙不朽，乃肉體與精神一併飛昇，「形神俱妙」的永恆歸宿。修道者必要篤信力行，透過修練，終可達致神仙境地。由於朱權有宗教實踐的經驗，遊天主題的樂曲，自然直接聯繫到超妙的神仙想像，並觸動起崇高的宗教感情。

同是遊天樂曲，對於後世琴人、非奉道者，會否產生與朱權一般的共鳴、作神仙之想？恐怕因人而異。朱權之後的傳譜者，或保留解題，或不錄解說，或依己見而作增減，甚或保留樂曲而改換標題。（按：琴人就舊曲加工或者再創造，是古琴音樂流傳過程中常見的現象）。音樂本文的詮釋由演繹者掌握，同理，古琴樂曲之題解，屬撰作者的主體感受，隨接受者而不同。有後繼的接受者就有傳承，這是音樂流傳的一般現象。後世演繹者、聆聽者，在為樂曲進行解讀時，朱權所撰的題解，會對他們的認識發生不同程度的影響，因而在樂曲的傳遞過程中起了引導作用。無論如何，道家天遊主題音樂，瀟灑飄逸、輕盈舒暢、悠遠開闊、放浪自由的獨特風格，構成了古琴曲目中重要的品類。

文人熟讀老莊，不論崇仙與否，遇到道家曲目標題，自然心領神會，所以琴人喜愛。《神奇秘譜》上述 21 首曲目，散見於明清譜本，大部分流傳至二十世紀。道家樂曲，似特受蜀地琴人歡迎，其中《天聞閣琴譜》1876 載錄了八曲，以天遊及坐忘主題為多。較晚出版的有《詩夢齋琴譜》1914 傳《神化引》，《沙堰琴編》1946 載《莊周夢蝶》，三譜均屬川派傳承。

五、結語——由神穩到琴隱

《明史‧諸王傳》寧獻王權傳說，朱權遷南昌後韜晦養生，「構精廬一區，鼓琴讀書其間」過平靜的退隱生活。正統十三年卒，享年七十三歲，度過世俗所稱「福壽兼全，哀榮始終」的一生。終身與琴為侶，死以琴殉。1958 年開掘的朱權陵墓，發現陪葬物有朱權生前所用的琴器殘片。其遺體則腐而未潰，恐怕墓主未如所願地尸解飛昇，惟其實際人生，享盡樂志優悠的琴書生涯，可謂無憾。

我們沒有忘記，朱權的隱士型態，非如一般山林布衣，過自食其力的漁耕生活，而是維持王侯貴族身分，在皇家豐裕的條件下，為自己創造的文人生活情態。其《神隱志》序表明他的隱，既非天隱、地隱，亦非名隱，而是「神隱」：

> 予之所避，則又不同矣，各有道焉。其所避也，以有患之軀，而遁乎不死之域，使吾道與天地長存不朽。故生于黃屋之中，而心在于白雲之外；身列丹庭之上，而志不忘乎紫霞之想。泛然如游雲，飄然如長風，蕩乎其無涯，擴乎其無迹。洋洋焉，愔愔焉，混混淪淪，而

黃大仙信俗與非物質文化遺產國際學術研討會論文集

與道為一。 若是者，身雖不能避地， 而心能自潔， 謂之神隱，不亦高乎？

生于黃屋、身列丹庭，而以琴隱，朱權可以說是幸運的隱士。《神隱志》上卷，描寫他的「樂志」生活，豐富多彩：鼓琴弄笛，養戲班觀劇，手制香爐瓦硯，蒔花藝竹，擂茶弄丸，投壺騎射，養鶴囊雲。游戲為主，莫不是賞心樂事，全是貴族化的文人優閑逸趣。

歷代隱士，自許由算起，無非逃功名以遠禍自保。一般遁形者，多隱藏身分，如東漢隱士梁鴻，刻苦傭耕，自食其力。真正善藏者，人所不知，甚至名不見於逸民傳。朱權以前一千二百年，嵇康的生命情態與之相似。嵇康常修性服食，彈琴咏詩。他相信神仙的存在，惟神仙特受異氣，稟之自然，非積學所能致。倘使導養得理，雖不能成仙，亦能盡性命。精於此者，上可達千歲，下活數百年。著〈養生論〉云：

「清虛靜泰，少私寡欲......又守之以一，養之以和。和理日濟，同乎大順。然後蒸以靈芝，潤以醴泉，晞以朝陽，綏以五弦。無為自得，體妙心玄。忘歡而後樂足，遺生而後身存」

熱愛音樂，以為琴可以導養神志，配合服食，可達長生目標。其〈琴賦序〉云：

余少好音聲，長而翫之。以為物有盛衰，而此無變；滋味有厭，而此不勌。可以導養神氣，宣和情志，處窮獨而不悶者，莫近於音聲也。

嵇康，身體力行，善養生者，何嘗不願與世無爭，彈琴獨處，平靜生活，壽期彭祖？可惜他遁而不善藏，隱得不徹底，露出棱角，故擺脫不了時代捉弄，陷落政治的網羅。在刑場上，嵇康以〈廣散陵〉演繹其人生的最後樂章，其年四十。養生而不盡年，諷刺莫大於此。

時與不時、材與不材之間，從來是不好處理的難題，嵇康與朱權，算是琴史上兩個獨特的例子。歷代文人，一般無朱權「神隱」的條件，又不致遭逢嵇康的極端境遇，或可選擇遁跡山林，否則就「混身市朝，而心居物外」。對於琴人，則從塵網之隙，尋求喘息空間，所謂「心居物外」，不過彈琴自娛而已。歷代「琴隱」，從複雜的生存環境抽身，隱身書齋之中，透過古琴音樂，想像漁樵的綠色生活，坐忘養生片時，徜徉逍遙之境，雲遊九天之外，飄飄欲仙，其樂也無窮。

　　道家閑逸逍遙的審美情趣，建設了古琴音樂，豐富了文人的精神世界。

參考書目：

1.　王弼注、樓宇烈校釋，《老子道德經注校釋》，新編諸子集成第一輯。北京：中華書局，2008。

2.　郭慶藩，《莊子集釋》，新編諸子集成第一輯，第三冊。北京：中華書局，1961。

3.　吉聯抗輯，《琴操：兩種》。北京；人民音樂出版社，1990。

4.　嵇康〈琴賦〉，見魯迅《嵇康集》，上海：人民文學，1973。

5.　房玄齡，《晉書》，北京：中華書局，1974。

6.　〔宋〕朱長文，《琴史》，收《文淵閣四庫全書》子部、藝術。

7.　〔明〕朱權《神奇秘譜》見《琴曲集成》第一冊。北京：中華書局，1963初版。

8.　朱權《太和正音譜》，見中國戲曲研所編，《中國古典戲曲論著集成》，第三冊。北京：中國戲劇出版社，1959-1960。

9.　朱權《神隱志》。見《四庫全書存目叢書》子部260號。又據北圖刻本影印，台南：莊嚴文化，1995。

10.　張廷玉《明史》，〈諸王傳〉之寧獻王權傳，北京：中華書局，1974。

11.　查阜西編，《存見古琴曲譜輯覽》。北京：人民音樂出版，1958初版，2001再版。

12.　姚品文，《朱權研究》。南昌：江西高校出版社，1993。

八卦五雷钱 ： 雷法传承的民间传播

马来西亚道教学院　**王琛发**

[摘　要] 自宋代神霄雷法流传，道教雷法最基础在强调修炼体内脏腑五行平衡，以达到自身感通天地万物的五行八卦之气，由性命双修而神通妙变；但道教雷法信仰要在民间普及化，除了保持其神秘化与神圣化的特征，还必须依靠通俗化形式的传播；因此，在道教文化内部，便可能依据雷法义理，衍生出某些兼具祈禳和吉祥意义的饰物。八卦五雷钱在正面使用后天卦图式，背面根据道教符箓构图规律符式，并铸刻祝愿"斩妖辟邪、永保神清"的咒语，以结合相应的开光仪式生效；这整套做法其实内蕴道教雷法对天地人关系的系统认知，牵涉从个人实修到天人感通的修炼论述，提醒佩戴者修炼雷法如何入门。但民间信奉开光八卦五雷钱，未必完全深研五行、五脏、五雷互构互动哲理，也不见得因理解而趋向复杂的修炼程序，他们主要还是相信其中感通神人的超自然作用，期望佩戴使用可以造福主人。这种现象，既是道法理论民俗化的表达，也反映出知识型的道教雷法义理历史以来如何适应普通老百姓趋吉避凶的信仰愿望，互相是既有距离又有结合。

[关键词] 神霄雷法；五雷钱；符咒；"斩妖辟邪、永保神清"；后天八卦

一、从文玩回归宗教内涵

自汉代以来，不论官、私炉都流行铸造各式各样钱币型形状的金属片，上边由各种吉祥文字、花纹以及图案构成画面，供应民间大众玩赏或佩戴。这类饰物，有着钱币的轮廓而明显不能作为流通货币，却和钱币一般都是由有价值金、银、铜铸造，因此是既拥有交换钱财的收藏价值，又能满足大众生活求吉利、保平安的愿望，历代深受民众欢迎。民间统称它们"花钱"。各种各类的避邪花钱式样多端，包括许多採用八卦图案的设计，本就反映着华人祖先多姿多

彩的趋吉避凶意愿。而古人会配戴八卦图案花钱，概而言之，又不外是源于信仰八卦，认定八卦图式拥有神圣力量，但求佩戴的花钱能以八卦图式带来好意头，让主人趋吉避凶。

就形态而言，各种以八卦作为吉祥式样的"花钱"之中，八卦五雷钱也是其中之一。这种花钱原本常见于华南到南洋的宫观庙坛，一般作为开光物，供给信众请回去佩戴平安，俗称"八卦五雷钱"或"五雷钱"。其特征多采取大众说法，认为银、铜具有化煞效用，又以铜质品居多，取其价廉物美。不过，现在许多古玩拍卖网页，也有把八卦五雷钱称呼为所谓"雷霆八卦钱"，却不见得是正确的名称。对比八卦五雷钱和其他各种八卦钱的设计，可以明显推断，它相比起其他许多类型的八卦钱，显得另类。而且，它上边虽然有"雷霆"字样，其称呼"雷霆"的义理实有专指，不见得是单数称谓。

以一般的八卦钱来说，它们的形状都类似方孔圆铜钱，采用了中国传统铜钱"天圆地方"的方孔圆钱形态，在正面设计八卦图案，或有在背面加上十二生肖图像以象征有始有终、复始循环。而五雷钱的制作则是另有规格：它也是"天圆地方"，但是在上边不单刻有神明名号，也出现道教在画符时使用的符号；其正面的八卦图案是取用"后天八卦"图式，背面中间部分以直排竖书咒语"雷霆雷霆，杀鬼降精，斩妖辟邪，永保神清。奉太上老君急急如律令，敕"，左边是篆字"雷令"。由此文字内容，可知本物的性质涉及信仰文化，绝对不止于寓意吉祥平安的花钱。更何况，使用这种八卦钱过程中还会涉及开光仪式以及专用咒语。如此足以证明，它最大效用如同一道金属铸造的灵符，不只是种反映吉祥意向的首饰，更应被看待为施法使用的祈禳物品。

二、就内容探讨道教义理

1998 年 1 月出版的《泉州老子研究通讯》，一篇署名曾注明的短文《泉州的道教花钱》提到作者分类为"符咒钱"的一类花钱，指出作者在泉州收集过近百枚道教花钱，发现它们种类很多，而"泉州常见的有'五雷钱'，咒文为：'雷霆八部，诛鬼降精，斩妖辟邪，永保神清，奉太上老君，急急而律令，敕。'背面配八卦、仙人、太上老君等。"[1] 从这篇文章的附文图片（图一）可以知道，这所谓的"五雷钱"和现在许多古玩网页上拍卖的"雷霆八卦钱"属同类款式。笔者

---

1 曾注明：《泉州的道教花钱》，载《泉州老子研究通讯》编辑组编，《泉州老子研究通讯》
   1998 年第 1 期（总 12 期），1998 年 1 月，第四版。

少年时走访马来西亚诸
处道教宫庙所见的"五
雷钱"，还有目前笔者
担任文遗信托人的几处
马来亚青莲教道场留下
的清代"五雷钱"，也都
同样款式。

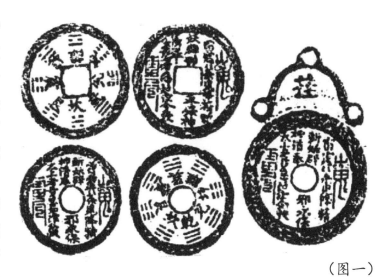

（图一）

另外，翻阅台湾
1970 年代出版龙潭阁
藏版《真本太上老君符
诀》，书中刊出的手绘
"八卦钱"正背面图样（图二），也和上述"五雷钱"图式
相同，证明这类花钱曾经遍布海峡两岸。只是，《真
本太上老君符诀》的编者可能基于当年道门保守态度，
或者发生笔误之故，在本书把各处五雷钱俱见的"雷霆"
字样抄写成缺少具体意义的"灵霹"。[2] 但其文字提到"八
卦钱"用途，显然无异南洋信众迄流传的使用方式，是
"带身保护，悬在车内避邪魔除车祸，悬厝内除邪退凶
神恶煞。"[3] 这里用"厝"字，是闽南人常用语，指一般民
居"家宅"。另外，本书提到八卦钱"制法"时也指出：
"施画八卦符，念八卦神宝秘咒，制后在八卦炉中敕法
四九天或百零八天始得灵效，符纸黄红可。"[4] 虽然书中
内容有所保留，未说明如何在钱币上画八卦符，也未
说明如何在八卦炉敕法，但这也反映出直到 1970 年的
台湾道教面貌，这种"花钱"在当地并不见得只能作为
古玩或收藏品，那时当地道门依旧有人传承着炼制"五
雷钱"的符咒术法。

表

裏 （图二）

2 龙潭阁编：《真本太上老君符诀》，第 66 页。收录在结集本《符咒全书》，台中：文林
 出版社，1977 年版。

3 同上注，第 67 页。

4 同上注。

由上述两篇文字提到的"八卦钱",再对照马来西亚各处道场,包括笔者自身收藏的"五雷钱",可以知道它们直到上个世纪还是继续流传,被海峡两岸以及南洋各地的一些道派作为开光的吉祥物,给信众作保身或镇宅用(图三)。从这些"五雷钱"上边的咒语都是"雷霆雷霆、杀鬼降精、斩妖辟邪、永保神清。奉太上老君急急如律令,敕",其中"雷霆"后再写的"雷霆"两字,以及"急急如律令"的第二个"急"字,都是采用省略符号,可以证实它们多拥有一致的规格。直到目前,在新加坡、马来西亚一些神料店以及网络所见的各版本翻制"五雷钱",几乎都追随着同样版本,作为信仰用途,不同点只在其体积大小,或者上边是否加了个有孔的吊环。

(图三)

　　不过,当八卦五雷花钱的历史变得久远,目前已经成为古玩爱好者的搜藏对象,再遇上某些情况造成现代人与传统文化疏离,我们也会发现收藏圈子分类定价各种花钱,有人会基于其背面左边阳文的特征是铸刻着类似"山鬼"的字样,而流行"山鬼钱"或"山鬼八卦"的名称。[5] 可是,从字型结构,五雷钱背面的"山"字下边有三个横排的小圆圈,小圆圈下的"鬼"字其实少了头上一撇,这在道教来说,是有意义的构图,根本不能说是"山鬼"两字。若"山鬼钱"的称法日久成为约定俗成,显然不很贴切,反而显露收藏文物者很吊诡的缺乏文化常识。现在网页上有些介绍,甚至把它联系到屈原作品的"山鬼",更是表现出叙述者的局限,不懂得道教发展历史对山鬼的定义和观念有过一再演变。首先,早在《云笈七签》收编的历代道教文字,"鬼"字作为字或者部首少了这上头一撇,其写法缘由与作用,早就属于道教内部传承;其次,更早在晋朝,葛洪翻阅过《收山鬼老魅治邪精经》三卷,[6] 至迟在那时代,"山鬼"不论在道典,或者作为许多祈福或消灾仪式涉及的对象,很早是个负面名词。何况,一般八卦图式本来都用在求辟邪和追求吉庆,八卦五雷钱的造型更决定了它的性质是取用铜钱形状的辟邪符,奉请"太上老君"指令神明做事。没有理由相信古人会找来难以毁坏的金属符片,召请山鬼附灵其上,再把它戴在身上。

5　可参考《说钱网》,http://www.shuoqian.net/view-14196462.html。目前在诸拍卖网页和古玩论坛网页上也越来越多出现各种不同的"五雷钱"版本。

6　[晋]葛洪:《抱朴子内篇》卷十九〈遐览〉,北京:燕山出版社:1995年,第286页。

笔者最早知道这种八卦钱本来拥有"五雷钱"或"八卦五雷钱"名称，其实也是承蒙马来西亚原籍漳州的闾山法教老前辈转述，说明这种道教花钱是取其正背面图文之象而正名"八卦五雷钱"；各种八卦五雷钱的版本和大小可能不尽相同，但背面所应用符咒正如它上边所铸刻的文字，和其他各种五雷符咒相似，重点都在"奉太上老君敕'雷'令"，是要奉请雷霆的霹雳威力在符上作用。由此可考虑，不论上述泉州曾注明所见的"五雷钱"，抑或南洋漳州系闾山法教所认识的"八卦五雷钱"，都是来自同一源头。再看南洋青莲教的先天道脉传承，其各地道堂至今供奉白玉蟾为教派祖师，强调行神霄雷法而修先天道法，入道仪式启请神圣的表文会奉祈神霄诸神圣见证（图四），在神圣宝诞时候亦有八卦五雷钱分发给当作护身佩戴，显然也是渊源于道法与知识传承。

若要追究制作八卦五雷钱的信仰根据，其思想源头也真可追溯到宋代，更可能发现，其普及民间的吉祥寓意，不是单靠简单的八卦图，一旦是加上符咒用语构成整体，其设计思想相关整套道教雷法的义理内涵。

如果阅读神霄雷法先行者王文卿，"雷霆"信仰最初本源于神霄派，提倡道法须靠"雷令"主

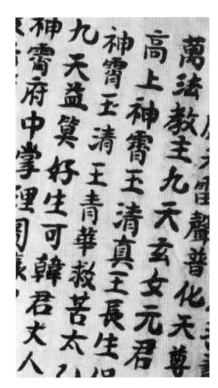

（图四）

宰。王文卿撰写《雷说》教导道众，便是把"雷霆"说成"天地枢机，天枢地机"，认为"有雷一、雷二、雷三、雷四、雷五，统摄四极。四极居中，故雷乃天之号令，其权最大，三界九地，一切皆属雷司总摄。"[7]五雷法便是相应于此中信仰，受到推广流传。王文卿另外还说明："斩勘五雷法者，以道为体，以法为用。内而修之，斩灭尸鬼，勘合玄机，攒簇五行，合和四象，水火既济，金木交并，日炼月烹，胎脱神化，为高上之仙。外而用之，则斩除妖孽，勘合雷霆，呼吸五气之精，混合五雷之将，所谓中理五气，混合百神。以我元命之神，召彼虚无之神，以我本身之气，合彼虚无之气，加之步罡诀目、秘咒灵符，斡动化机，若合符契。运雷

7　[宋]王文卿：《雷霆玄论雷说》，《道法会元》卷六十七，《道藏》第29册，上海书店出版社、文物出版社、天津古籍出版社1988年3月版，第215页。

霆于掌上，包天地于身中，日旸而旸，日雨而雨，故感应速如响。"[8] 由此，阅读王文卿的撰述，理解相关"雷霆"符咒的思路，对照五雷钱上的咒语内容，也会发现后者承续祖师思路的痕迹。

由王文卿说法可知，人身感通"雷霆"，最基本目标不外是内求护魂保命，外祈"斩除妖孽"；但雷法会重视个人"元神"，最终还是为了人能得道、道通天地，确保肉身走向"攒簇五行，合和四象"的成仙之道。对照"八卦五雷钱"，其上边的咒语明显也表达相同理念，直接祈求原属雷法修炼过程的最基本诉求。它其实是一枚金属护身符，要求开光者按照咒语的要求，施展雷法，发挥如王文卿所说的"以我本身之气，合彼虚无之气，加之步罡诀目、秘咒灵符，斡动化机，若合符契"，以确保雷霆之力随时随地保存在这枚符咒媒介物之上，金属片充分发挥符咒载体的作用。因而，佩戴者能够不论身内身外随时感应"杀鬼降精、斩妖辟邪、永保神清"，才是收藏或使用"八卦五雷钱"的基本理由。这也足以令人感受，从雷法理论到五雷钱的出现，中间经历过信仰简化和通俗化的过程。一般民众的信仰诉求较简单直接，不同于那些身居知识阶层的道士重视哲理对验实修，双方既有相通又有距离；"八卦五雷钱"就如同道士发给民众的其他符咒吉祥物，正是反映这种状况的其中产物。但毫无疑问，以神霄祖师说法对照五雷钱上"斩妖辟邪、永保神清"咒语，还是可以看出相承脉络——永保"神"清，基本上重视元神。

笔者少年时代接触到的闾山口传咒文，有一则流传极广的"造"八卦咒，内容唸道："焚香拜请八卦祖师、前传后教祖本宗师、口教列位众师尊。祖师法门弟子焚香请祖师造八卦，本师造八卦、七祖仙师造八卦、东海仙众造八卦，闾山九郎造八卦，周、王法主造八卦，三奶夫人造八卦，通天佛圣造八卦，文王周公造八卦"。[9] 这里说的"造"八卦，语义上显不是专指伏羲或文王"造"先后天卦，足于说明历代都有道派或法教祖师依据八卦信仰，从中发展出各种趋吉避凶用物。可见，"八卦五雷钱"兼具着祈禳物品和吉祥饰物两种性质，是雷法历史发展的结果。首先是有了神霄雷法的影响，后世各道教教派才会盛行"雷霆"信仰，也才会出现结合道教八卦观念与雷法传承的产物——即信众佩带在身上的开光五雷钱。

8　[宋] 王文卿：《高上神霄玉枢斩勘五雷大法》序，《道法会元》卷六十一，《道藏》第29
　　册，第165页。

9　这段咒文到目前已经演变较公开的祝咒，现在网络世界流传各种个别文字出入的版本。

三、据符文诉说雷法信仰

尤应注意，自宋代道教雷法兴盛，"雷霆"两字在道教义理具有的形上意涵，从来不是仅指自然现象而言。如《道法会元》卷一《清微道法枢纽》即说："夫太极者，其本体函三为一，中具五十五数。雷霆得天地之中，气在人身，则虚无一窍，收在内是以至人，穷造化之源，握洪濛之柄"。[10] 文中所谓本体函三为一"是指天地人三者本属互通的一体、而"中具五十五数"，则是指以天地之数奇偶相生，形成其总和的《河图》之数。[11] 此一说法，即是把雷霆视为行天地之中气，相对于"虚无一窍"作为人身的"气"之枢纽，认为两者具有互感互动的本质。而道教雷法，如白玉蟾《玄珠歌注》，又进一步把身体五脏视为"五雷"，有说道："五雷者，金木水火土，在人乃心肝脾肺肾，五炁相激剥，便有五雷。"[12] 五脏若能阴阳调和，又不受外来物质侵害，也不让情志干扰危害，再达到五脏互相平衡，首先就让人神清气爽、可保长生。在这之前，还有雷法祖师萨守坚曾说过："夫五行根于二气，二气分而为五行，人能聚五行之气，运五行之气为五雷，则雷法乃先天之道，雷神乃在我之神，以气合气，以神合神"；[13] 其说法也印证着《清微道法枢纽》之说："雷霆者乃天之功用也。且夫人身与天地合其体，太极合其变。天地五雷，人本均有，是性无不备矣。"[14] 在萨守坚看来，感召神明办事是要依靠发动自身的五雷之气，以正气与神明相应结合。因此，道士修炼，崇尚结合丹法以完成雷法的性命双修，身内五雷真气汇聚，进可感通天地神明，亦即是《清微道法枢纽》所说的："以我之真气，合天地之造化，故嘘为云雨，嘻为雷霆，用将则元神自灵，制邪则鬼神自伏"。[15]

回头来说明五雷钱的使用法。五雷钱既然是道教雷法产生之后衍生的信仰用品，当咒文说："雷霆雷霆、杀鬼降精、斩妖辟邪、永保神清"，它无疑投射出雷法理念的说教。如上述王文卿理论，"五雷钱"之所以号称为"五雷"，是由于其咒语重点在感召"雷霆"，但不一定需要上边刻上五个"雷"字才算数，只要有个"雷令"就明解。而且，五雷钱作为感应与保存"雷令"效用的媒介物体，要

---

10 《清微道法枢纽》，《道法会元》卷一，《道藏》第 28 册，第 676 页。

11 俞晓群：《数术探祕—数在中国古代的神祕意义》，北京：三联书店，1994 年，第 257 页。

12 ［宋］白玉蟾：《玄珠歌注》，《道法会元》卷七十，《道藏》第 29 册，第 236 页。

13 ［宋］萨守坚：《雷说》，《道法会元》卷六十七，《道藏》第 29 册，第 213 页。

14 同注 10，第 674 页。

15 同上注，第 675 页。

能接通天地与配用者之间的五行八卦，当然不能简单以为随便把一枚八卦五雷钱带回家中配戴就能起作用。佩戴者要做到有事能"辟邪"无事也能"神清"，还得通过唸咒开光的仪式，赋予五雷钱"死物"转为"神圣"的过程，把本来没有生命的人造物品变化成为"太上老君"神圣承诺的载体。因此，负责开光的道人或术士，也就不能不是遵守雷法画符背后那套思想哲学，讲究以本身真气感召雷霆之神气，互相结合而制符，以期感应在佩戴者身经络器官组成的五行八卦，互构互动，趋向平衡。

由此探究"五雷钱"背后思路，可见它传承着华夏文化影响下的道教雷法，同意天地万物都由五行八卦的因素组成与影响，又能互相感应，也同意从五行八卦生克变化去理解人类生命系统。其之出现，亦表现出雷法复杂理论如何进入民间，以简易、可见、可用的状态传播。既然信仰意识同意人身是个小八卦、以人身本有的五脏五行之气为"五雷"，而五雷钱的八卦图案和雷令刻文在开光以后会有感应天地人身"雷霆"的神秘力量，透射与作用在佩戴者身躯构成的小八卦和小五雷之上，所以八卦五雷钱的佩戴方法以八卦向外，以五雷符咒向内贴紧胸前，咒语表达"斩妖辟邪、永保神清"的愿望，就有了信仰根据。如此一说，五雷钱结合着开光的信仰，不止是让配戴者加强信心，也完成了道教对配戴者的提醒，要他们时刻为着自己配戴神圣物牢记保持心身清净——这包括情志、生活方式、饮食的保养；说破了就是要保护对应身内外"五雷"的五脏平衡，五雷不乱。五雷钱从开光到佩戴在信徒身上的过程，长期潜移默化制符者和佩戴者对待"永保神清"的认识与思路，其实也是能够确保实践信仰和深化信仰的过程。

另一方面，现在一般铸在八卦五雷花钱正面纹饰，是以"后天八卦"图式向外，里头一圈是楷书阳文的各卦名称，依顺时钟转是"艮、震、巽、离、坤、兑、乾、坎"。八卦五雷花钱这种使用"后天八卦"的特征，有别于一般镇物的八卦牌、八卦钱、符箓多是使用"先天八卦"图式，应是有其思路理由，并非先人随意而为。

如果按照华南一般符法派系的认知，符箓本多先天八卦图式：以外爻为首、内爻为尾而言，其首向外的图式，是取守势劈鬼退邪之意；其首为内而尾为外的图式，则作用在困陷围攻、斩鬼捉怪。[16] 以镇宅图上的符法为据，则"五雷八卦"概念一般也是先天八卦图案结合雷霆号令，守势的"退邪用八卦图"会只用"雷令"

---

16 观慈大师：《符咒秘法大公开》，中国社会出版社，第171-172页。

二字，攻势的"斩邪用八卦图"有"雷令斩鬼"的字样。[17] 这些安排，背后相关古人对先天八卦的认识。从古代总结先天八卦是"天地定位，山泽通气，雷风相薄，水火不相射，八卦相错"，[18] 可知纸上画成平面图案的先天八卦，实际印象是立体的三度空间，相对后天八卦以平面向度显示着大地上的时间与季节变化的规律。[19] 某些符箓派保身符、镇宅符、八卦牌镇采用先天八卦图式护身或者镇守空间，是考虑"先天为体，后天为用"的经典说法，主要愿望在以先天道"体"转变后天空间妖魔鬼怪之"用"。[20] 这背后牵涉到信仰如何转为实践的理论思考。

但是，如果按照符咒使用先天八卦图式对付妖邪鬼怪的做法，"八卦五雷钱"反而使用后天八卦图式而不是使用先天图式，对象就不见得是妖邪鬼怪。使用后天八卦的图式，显是牵涉到另一层的理论思考，也有它"造"八卦的道理。尤其青莲教散播在南洋的道堂，不管是归根道、同善社等分支诸道脉，他们既有神霄祖师之说，共同点又都在强调自己修先天大道，却也会开光后天八卦图式的五雷钱，给信众请回去佩戴保身，这背后当然也教派理论根据。而笔者自少听闻的道门口述说法，是认为人体未修成仙之前，身上各处分属八卦五行，都是对应后天八卦，是积神生气、积气生精的载源；因此，"五雷八卦钱"主要功用不在对付外来邪魔，重在感应天地五行八卦之气去稳定人身本具的五行八卦，从修养人身五脏做起，以期对应天地五行之气"攒簇五行，合和四象"，达到"保我神清"或甚至感召神圣，以后才有可能"转后天归先天"。可是，碍于欠缺方便公开引用的佐证文献，在此仅作记录，以待未来参考。

四、以构图讨论传播渊源

八卦五雷钱背面拥有以神灵口吻发号施令的"雷令"，是它作为符咒的证明。它的特点是文字简单扼要、结构流畅分明，把灵符应有的内容去适应金钱状的圆形版面，又比纸符或布符的使用期限长久。我们今日在台湾和南洋所听到的"制八卦钱"仪式，都是以闽南方言或客家方言念咒。其信仰流传到台湾与南洋各地，最可能发生在闽粤两地符箓派系盛行以后，方才随着道脉和法教传承渡海。但八卦五雷钱的最早起源，毕竟难以考证。

17　同上注，第 245 页。

18　[宋]朱熹：《周易本义·说卦传》，北京：中华书店，1994 年，第 125 页。

19　李宗谚：《大玄空风水揭秘》，香港：聚贤馆，1997 年，第 69-74 页。

20　可参考注 2 各页所刊各种符式上的八卦图。

只是，若从其符式构图对比华南常见的符式规则，仍然发现相当多的互通。

观察闽粤两地流传到南洋诸道派的符文构造，包括民间道派所流行的符箓，其结构通常讲究灵符必须包括头、身、脚。一道有效的"符令"，往往是以符头说明本符由某某神明敕令，再往灵符最底下符脚处加上称之为"符胆"的文字或符号；而符脚与符头之间的"符身"或"符腰"，则必须书写申明灵符效果的各种"要字"。至于"符胆"，如果是以天神名义敕令，符胆一般作"罡"字，亦有些符用缺撇的"鬼"字以示变化莫测；也有道派会在"罡"或缺撇"鬼"字的上边另加许多俗称"花字"或"入神字"的秘字，以加强制煞、消灾、斩鬼等符令要求。灵符构图使用不同符号是由于牵涉不同目标，包括"山"形符号或者横排的圆点，都是符身可能要使用的"要字"。[21]

回头探讨八卦钱背面的字符布局，构图是以"雷令"为头，以"山"和三个圆圈为符身"要字"，再以无撇"鬼"作为符脚，这无疑是一道金属铸造灵符，拥有头、身、脚的完整结构。这也符合南方书符讲究以头、上、左为阳，以脚、下、右为阴的系列规则。它中间一段"雷霆……"的咒语是由右到左竖书，其书写是传统的中文书写格式；但是一旦到了属于画符的部分，它是把"雷令"书写在左，而把"山"、三个横排圆圈，以及无撇"鬼"书写在右。这不只在构图层次表达金鸡胶囊讲究工整相对的美感，它也反映着《道德经》的尚左理论，对道教画符格式有所潜移默化。现在网上也有说法，认为所谓"山鬼"原字并非是"山"的象形字，其意是"鬼"头上置三枚雷丸，丸生火焰，取意雷击鬼、生火而杀之意；于是将左边的"雷令"以及右边的"山"和"鬼"四字合称表述"雷令杀鬼"的"仙篆"，解释说五雷钱上的符文是以左为"雷令"，以右为"杀鬼"。这可注意到了"花字"概念，是接近原意的说法，但也尚未能完整说明。毕竟，五雷法的终极目标不在于阻杀外来妖魔鬼怪，而是要确保人身能与"雷霆"互相感应，包括以"雷霆"阳气消灭心念阴邪产生的妖魔鬼怪，"永保神清"，这样更合修炼身上"五雷"的本意。

相关闽粤民间道派会在符纸或八卦五雷钱符脚上增加"花字"，亦不应表象的简单概括，以为这是地方民间道教的发明。要知道，这许多"花字"或称"符胆"在《道藏》之中本属宋元时期的单字符。古人是以"雨"字为符座，或者以无头撇的"鬼"字为符座，再填上符窍（如常见的无撇"魁"）。到了近代的闽粤道派，

---

21 同注 16，第 130 页。

黄大仙信俗与非物質文化遺產國際學術研討會論文集

为了在同一道符加强分量，就演变为重叠写下许多"花字"，形成一团小黑点或小红点。

以笔者观察，八卦五雷钱的开光过程也犹如其他纸、布、木制灵符画符开光，也是要通过神圣化的仪式，为原来就是灵符的小金属片添加些俗称"花字"的"入神字"。只不过，在道派祭制"五雷钱"的开光仪式上，添加在八卦五雷钱上的"花字"很少是用毛笔点朱砂书写，多是靠着眼神所到，以指尖比划，或用手指凌虚比划。笔者所认识的老前辈多认为，上乘的开光是凝神对着钱币默想"花字"现于钱币之上。这种虚空画符法，亦是受到雷法影响。[22]

上述《真本太上老君符诀》收录有〈八卦神宝秘咒（敕八卦钱用法）〉，也是目前流行在网络世界的"八卦钱开光法"，但其中一些文字互有出入。书中内容是：

> "拜请八卦祖师敕灵灵，统领天兵神将六四明，先天后天随两边，天罗地网开奉请。乾元亨利贞显灵，金木水火土五行；一敕乾卦西北将，二敕坎卦水将军，三敕艮卦东北灵四敕震卦木星君，五敕巽卦东南兵，六敕离卦火龙神，七敕坤卦西南明，八敕兑卦金星降。太极两仪镇中央，六十四卦排布镇，妖邪鬼魅化浮尘；六丁六甲左边守。天兵神将右侧护。吾奉老君真敕令，敕下神宝八卦钱。镇人人长生，镇宅皆安宁；灵光照分明，鬼神走不停。神兵火急如律令，急急如律令（三称）。"[23]

以这本龙潭阁藏版《真本太上老君符诀》的〈八卦神宝秘咒〉对比海外辗转流传的咒文，当年排版可能是出现过人为差错。原书内容印着"六丁六甲右边守"，是把"左"当成"右"了。另外，"六十四卦排布镇"也理应是"六十四卦排佈阵"。不过，依据这一篇〈八卦神宝秘咒〉内文出现"一敕乾卦西北将，二敕坎卦水将军……"等说法，至少可知它并非针对先天八卦，它形容"镇人人长生，镇宅皆安宁"的八卦方位以及各卦的五行定位，都专是针对后天八卦图式。因此，此咒不见得适用施加在取用先天八卦图式的八卦牌或八卦镜。这也反射出

22　同注14，《清微道法枢纽》文中有说："师曰：符者，天地之真信。人皆假之以朱墨纸笔，吾独谓一点灵光通彻天地。精神所寓，何者非符？可虚空，可水火，可瓦砾，可草木，可饮食，可有可无，可通可变，夫是谓之道法。"

23　同注2，第18页。

八卦钱的用途一般属人身配戴，但是挂在门外镇宅，就得配搭牵涉到后天八卦图式的专用咒语。

当然，这类书的内容都是"内行看门道，外行看热闹"，给内行人作参考、给外行人看了长个知识；它侧重在"八卦"开光，并没有透露开光过程当中属于"五雷"的咒语以及所需符式，尤其是其中作为"符胆"的花字。只是，书的加插页是红色和黄色两种镇宅用的八卦五雷符式，其中制煞"五雷符"画页面后边跟着的"八卦符"，符身请动的神圣是"五雷大将军"，[24]而属于"八卦咒"的页面后边也紧跟着出现"五雷咒"，大概可以暗示两者互为使用的关系脉络。[25]但书上刊载这些民间法教用的符咒，和原文原样也有些许出入。而且，这些符咒称谓"五雷"已经有将之神格化兼身外化的倾向，将之称呼为"将军"之类。

五、对现象再作文化思考

概括而言，八卦五雷钱源自道教雷法，是从雷法的知识和哲理形态转化出符合民间推广的民俗化表达，不失为一种有助雷法义理普及化的载体。从宋代神霄家到后来演变各地的雷法传承，其知识体系原本就倾向中华传统的天人合一主张，有套八卦五行相应于宇宙万物内涵的系统论说，统御着相关术法的义理溯源与操作方式。"八卦五雷钱"的存在之所以被认为合理，其最基本概念就是把金木水火土五气视为先天祖炁所化所宰，认为五气在外为宇宙五行之气，在人身为五脏之气，以其本来能蓄能动能发也能接迎外在的五行之气，而称为五雷；而宇宙与人体的五行之气，是可以相互激荡，也能互通感应；因此，能保守五脏和本人元神持续互相作用，调和平衡，就能够为福寿康宁固本培元。一旦个人还能进一步内炼成丹，则元神祖炁能随意升降和交感激荡自身的阴阳五炁，便能感通身外天地的阴阳五炁，以及感通主掌阴阳五炁之神抵，达到召唤神鬼办事、呼风唤雨。八卦五雷钱的符咒强调"雷霆"号令，人们也以"五雷"名之，它出现于信仰世界，流传民间，无疑是因应着雷法历史发展而被创造，又反过来推广群众认识雷法的概念。从"五雷八卦钱"的设计，可看到未知名先辈是如何通过自身的传统文化认知，在一枚花钱的设计上发挥对于八卦信仰和五雷信仰的认知。

24　同上注，第 138-140 页。
25　同上注，第 131-133 页。

　　而八卦五雷钱背面文字内容，也让我们看到古代人的书写方式，早就有运用省略符号的习惯。这种金属符的中间部分，是直排竖书"雷霆雷霆、杀鬼降精、斩妖辟邪、永保神清。奉太上老君急急如律令敕"；但不论"雷霆"后边再写"雷霆"，或"急急如律令"的第二个"急"字，都使用类似"S"字左右颠倒的省略符号，只是弧度较少。这亦足于反映这种铜铸五雷符盛行的时代，古人早已经习惯使用省略符号。只可惜后来真有些人不认得省略号，或者没料到古人会用省略符号，因此就有把"雷霆"以下两个并排省略号看成行楷的"八"字，或出现把咒语改成"雷霆八部"的。这说明那些刻着"雷霆八部"字样的花钱，不仅在诸种道典难以寻觅说法来源，可能都比原来"八卦五雷钱"出现较迟。

　　另一方面，八卦五雷钱的流传，尤其是它能流传迄今，还足于以其为例，启发大众思考道教民俗化的生命力所在，以及反思其"物化"以后之所偏。

　　八卦五雷钱固然是从道教雷法衍生产品，它作为民俗信仰的厌胜首饰、作为道教信仰的祈禳吉物，之所以流传，却不一定要依靠大家拥有王文卿、萨守坚、白玉蟾一般的学问。它是採取了传统文化当中大家熟悉的内容，以八卦符号为主题，并且以大家熟悉的"太上老君"名称敕令，其咒语也是大家中听的吉祥话，使得它本身就是象征趋吉避凶的符号簇。所以，即使一般人忽略它作为雷法载体的影响，不理解它"斩妖辟邪、永保神清"咒语承载着历朝高道大德复杂"雷说"，它依旧让人们信任，广泛流传。

　　问题就在，凡属思想的、义理的观念，化现出走上大众化、通俗化、市场化的具体产品，是既可能通过保存其"形"让人们追寻背后的思想痕迹，也很可能受着市场影响，逐渐转变、淡化、增加，或偏离原来的内容与功能。一旦外行人以"想当然"的态度努力想像符咒上的符码，以至有人不知五雷钱不同于一般作为厌胜物或吉祥意义的花钱，甚至给它另起新名称，便足以说明道教的思维论辩毕竟主要在知识阶层的传播，比不上它衍生的信仰民俗产品普及；另方面，也值得反思符箓派系过去过度笼统强调"道不外传"的缺陷。

　　到了这时代，当然也还是有许多道人或术士是懂得祭制"五雷钱"的，但也有些只是按图索骥的照着书上说法将之当成一般的八卦钱。还有就是从术者到民众，一般都仅仅把它视为"加持、保平安"的铜符，即使有认真按仪轨制作符咒，也不见得将之视为启发思考与修学雷法的凭据。这不免令人思想起《清微道法枢纽》文中提及的画符之道："师曰：法无存想，存想非真法。无造作，造作为妖法。无叱喝，叱喝为狂法。无祝赞，祝赞为巫。妙合乎阴阳动静方圆是也，道贯乎三才天地人物是也。水火木金土，应之以五行。东南中西北，运之以五方。天地水火风雷山泽，配之以八卦。彼泥于术数者，凡书符时，以某事作用其窍，如是而按造化，如是而应生克，如此起笔，如此冲发，鬼神之机我得之矣。然不知太极未判之先，孰为阴阳？孰为三才？孰为五行？孰为五方？孰为八卦？故有道之士，撒手行持，不拘符篆。"[26]

　　五雷钱固然历史久远而流传普及，但历代依靠鬼神名义吃饭的人口庞大，良莠不齐，从制作者、开光者到使用者，不见得人人明白八卦五雷钱承载的雷法理念。当民间使用五雷钱的习俗也成了"创收需要"，就可能因此发生"劣币逐走良币"。等到很多人心中都在求盼外来"五雷"助其一己之私，不再保养和发挥自身自有的五雷，这就不再是宗教教义的"信受奉行"，佩戴八卦五雷钱的态度也将会离道日远了。

26　同注 14。

澳门道教科仪音乐的传承与保育

澳門道樂團　**王忠人**

一、引　言

　　位于珠江出海口西岸的澳门，从前是一个小渔村。十六世纪葡萄牙人踏足澳门，一个东西方文明相交汇的多元文化区，在这块弹丸之地上顺势构建起来。因其特殊的地理位置和社会人文环境，中华传统文化得以在此存遗、承传和发扬。道教的神仙信仰自三世纪传入广东番禺及香山[1]，在漫长的岁月里，对澳门人的民俗及生活产生着深远影响。澳门现今的道教，主要是清末民初，由珠江三角洲一带迁徙至此的正一派火居道的余绪。与澳门毗邻的广州历来是中国南方的大都会，著名道观包括广州市内三元宫及应元宫，市外罗浮山的冲虚观、西樵的云泉仙观等，另有大大小小的正一派道院、道馆遍布城镇乡间。广东道教科仪及音乐沿西江传至顺德及中山等地。清末民初澳门火居道士的宗源大部份从广东省顺德县、中山县或珠海县移居澳门，广东道教科仪及音乐亦从上述地区传至澳门并承袭至今。

　　自二十世纪三十年代起，吴庆云道院与陈静修道院及陈同福道院是澳门三大正一派火居道院，除为渔民进行喜事及丧事道场外，分别承接了全部澳门各大庙宇为神醮或中元节举行醮会。吴庆云道院在二十世纪五、六十年代，澳门道业百家争鸣中大放异彩，成为澳门道教科仪音乐的主流。[2]

　　我们现在所观照的澳门道教科议音乐就是吴庆云道院所使用的道门音乐。清光绪年间顺德人吴国绵（道号谒元）来澳谋生并创建吴庆云道院。他们的道场音乐，经过几代人的承传、锤炼、实践和励志发扬，至今已成为澳门以及周边华人地区自成一派且独具一格的道乐典范。

　　吴氏宗传的道乐，以其承传脉络清晰、体裁样式丰富、腔体结构完整、曲目数量众多、地方特色鲜明、保存相对良好、历史文化价值凸显的特点，于

1　《香山县志》卷（寺观仙释）1827，页 20---21.

2　《澳门道教科议音乐》页 42, 2009 澳门道教协会出版.

2011 年列入第三批国家级非物质文化遗产名录，2012 年，其第四代传人吴炳鋕亦成为第四批国家级非物质文化遗产传承人正缘于此，昔日似曾是"养在深山人未识"的这一澳门传统乐种，而今越来越受到道教界、学术界、音乐界的深切关注。澳门道教科议音乐的历史与现状、承传与流变、风格与特点、文化价值与现实意义等，也就成为道内外学者研究探讨的课题。本文仅就其承传与保育，进行一些粗略的梳理，以期与大家分享。

二、澳门道教科议音乐的传承

以吴庆云道院的道门音乐为代表的澳门道教科议音乐，有着清晰的承传脉络。统而观之，我们可以捋出纵横两条线索。纵向这条主线，是自晚清至今的吴庆云道院五代人，代代相继，薪火相传，这是很典型的宗传嫡授的传统模式；横向这一主线，是上世纪五、六十年代起，以吴庆云道院为源点，向澳港地区信善系道坛及于 2001 年成立的澳门道教协会等社团机构传播。这一主线，拓宽了吴氏道乐的生存与发展空间，折射出承传人消弭门户宗派之见的胸怀和眼光，体现着其传承的包容性与开放性。这两条主线，既是相对独立的，又是相互交集着，一纵一横，构筑起澳门道乐承传的坐标系。

下面就让我们先从纵向这条主线切入，洞悉其承传的历史进程。

吴氏道乐的 5 代传人为道院创建者吴国绵（道号谒元），其子吴锦文（道号玉生）、孙吴天燊（道号京意）、曾孙吴炳鋕（道号大鋕）、玄孙吴炯章（罗章）。现将他们的基本情况罗列如下。

吴庆云道院创建人：吴国绵 (1869-1927)

吴国绵，道号谒元。同治己巳年（1869 年）九月初六出生，民国丁卯年（1927 年）八月廿二日羽化。原籍广东省顺德县黄连堡黄麻涌（现名勒流镇江义村）。清末光绪年间从祖居地迁往澳门谋生。据其孙吴天燊介绍，祖父之先辈并非是火居道士，吴国绵约 18 岁时，开始了在澳门从事火居道行业的生涯。其道号沿用了"三千功行满，飞升谒玉京"澳门正一派火居道的字派，他的师父应是'升'字辈的道长，具体何人，尚不得知。吴国绵约在 20 岁（光绪十五年，1889 年），在澳门半岛新埗头街的住所，创立家居式的喃呒道院，起名"吴庆云道院"，承接道教的凶、吉等各类法事。囿于行业竞争等原因，光绪廿九年（1903），吴道院搬迁至隔邻的赵家巷 10 号地下。吴国绵道长擅长喃唱、打鼓、吹笛箫、敲扬琴及书法，在道内的名声与当时澳门具盛名火居道士林国一时瑜亮。[3]

第二代传人：吴锦文（1903—1972）

吴锦文，字心田，道号玉生。中华癸卯年二月十二，即 1903 年 3 月 10 日，在澳门出生，中华壬子四月廿一日，即 1972 年 6 月 2 日 69 岁时羽化。玉生道长为国绵的第七个儿子，自小务道，年青时以道士束髻打扮，故有「道士文」雅号。吴锦文深得其父的真传，并拜当时闻名于澳门坊间的正一派火居道士林国（绰号废炮国）为师，集两位高道之技艺于一身，年纪轻轻便脱颖而出。1927 年，吴国绵道长羽化，24 岁的玉生道长接过先父的衣钵，继承家业，掌管经营吴庆云道院。此后很长一段时期，吴锦文之四兄锦庸及著名醮师黄锦如亦参与其间，入坛协助、帮忙。1923 年及 1933 年，澳门镜湖医院因风灾和迁义庄而分别启建万缘法会。吴锦文偕其四兄锦庸等火居道士参加，并与前来的罗浮山冲虚观和广州三元宫的道长同场宣科演法。由此，广东全真龙门派的科仪及音乐，对玉生道长产生着深刻影响，成其日后将之融入自己的道场，进而引向澳港其他道坛的重要导因。1949 年，63 代天师张恩溥道长经澳门往台湾期间，随方设教，为澳门正一派火居道士举行授箓仪式。其时，玉生道长获 63 代天师颂授"太上三五都功法箓"。五十年代末，澳门信善二分坛受吕祖先师降鸾指引，礼聘玉生道长教导弟子道教科仪经忏。当时，玉生道长力排道内众议，打破了科仪不外传的传统，将流传澳门的全真派经忏科仪悉心传授及教导信善二分坛道侣。坛内道侣皆以「文叔」尊称玉生道长，其后更成为信善二分坛会员，道号永传。

六十年代，香港分别成立了信善三分坛、六合圣室及紫阙玄观。玉生道长亦应聘前往香港教授科仪，并担当信善系经忏总导师一职。在 1968 年，信善三分坛、六合圣室、六合玄宫在吴玉生道长领导下，参加香港道教联合会假玄圆学院举办第一届下元法会，写下港澳道教科仪交流的新页。玉生道长兢兢业业，一生精神醉心研究道教经忏及音乐，尤其在科仪唱诵方面，他兼备好的嗓子（玉喉），是澳门高功的表表者，念白唱诵声韵润厚，音域广宽、高低皆宜、抑扬顿挫。玉生道长除对正一派科仪具深厚造诣外，对从省城三元宫传来的玉皇宝忏、东岳宝忏、三

3　《香山县志》卷（寺观仙释）1827，页 20---21.

元宝忏、玄门早晚堂功课经及先天济炼等全真派科仪及唱韵亦具丰富的经验。[4]他不仅身体力行,而且不遗余力地精心培养自己的儿子,使之成为一位出类拔萃的道教科仪高功及道教音乐敲击法师(有关详情,后文另述)。吴锦文道长卓尔不群的个人表现和他对澳门道教科仪与音乐所作出的贡献,备受澳门道教界推崇,独享崇高地位,后学者视之为楷模

第三代传人:吴天燊 (1929—2015)

吴谒元道长的第三代孙,玉生道长之独子天燊,字腾芳,道号京意(民国丁卯年十二月廿八日,即 1929 年 1 月 20 日在澳门出生),中华乙未年(2015 年)羽化。天燊自小追随玉生道长学艺,8 岁受澳门普济禅院醮师惠源及其伯父吴锦容启蒙,尔后受当时澳门正一派火居道敲击乐能手麦牛及周苏道长的熏陶。吴锦文道长更聘请了著名的醮师黄锦如、梁森炜及粤剧掌板师傅卢庚、苏汉英、陈鉴波及胡生,教授其子道场及粤剧的鼓乐敲击技巧。[5]对其父不惜金钱,礼聘名师培养自己的这段往事,吴天燊曾有这样的忆述:"其父曾不惜工本,以提供食宿的条件,聘请一位戏班掌板师傅胡生,只为教习演奏粤剧排场【玉皇登殿】中的打鼓技巧。"[6]京意道长亦不负所望,在家父的着意栽培和名师指导下,加之天资聪慧,在 20 几岁时,汇集各师之长,跃为澳门火居道业内最出色的监斋法师及八音锣鼓的掌板,被誉为澳门道场敲击乐的一代宗师。[7]玉生道长父子,一文一武,使吴庆云道院在上世纪五六十年代,成为澳门正一派道教科仪音乐之翘楚。

吴天燊的火居道生涯始于 1944 年,时年 15 岁。20 岁时 (1949 年) 亦在澳门获 63 代天师颁授"太上三五都功法箓"。35 岁时,按照其父的旨意,成为吴庆云道院的继承者和掌门人。吴锦文道长羽化后,京意道长秉承父志,一方面经营好吴氏道院,另一方面继续教导澳、港信善系道坛弟子经忏科仪,亦曾多次引领香港信善系道众,参加当地的超度法会和祈福仪式。进入 21 世纪,直至羽化前,京意道长仍然活跃于澳港两地的道场,参加各类法事及文化活动。道内外对这位技艺超群的道长有着极高的评价,香港中文大学的黎志添教授在《澳门吴庆云道院的变迁—十九世纪以来澳门正一派火居道士研究》一文中写到:"笔者在 2002

4 《澳门道教科仪音乐》页第 43-44,2009 澳门道教协会出版.
5 《澳门的八音锣鼓》页第 45,2015 年澳门道教协会出版.
6 黎志添:《澳门吴庆云道院的历史变迁—十九世纪以来澳门正一派火居道士研究》
7 同注释 5

年以来，曾多次旁观由吴天燊施演的道教法事仪式，例如在渔船上的开光礼斗法事，殡仪馆的十念度亡法事，哪吒庙的神诞礼斗科仪，以及普施超幽的《先天斛食济炼幽科》。吴道长在高功法师的职位上是异常熟练的，在开坛、收邪、先天斛食济炼幽科等科目中都表现出其独特高超的步罡、掐诀和书符的功夫，至于他在经忏方面的念唱亦是动听的。不仅如此，以笔者所见，吴天燊是目前在澳门和香港道教界前辈道士之中最出色的一位能操双皮鼓、沙鼓、卜鱼领奏并担当监斋一职的道士。"[8] 作为澳门吴庆云道院的第三代传人，早在上个世纪50、60年代就是一位出类拔萃的监斋法师，金容妙相，法度超然，念唱做打，无一不精。而道场之下，法门之外，他又是一位技艺高超的八音锣鼓掌板，其精湛的鼓艺，挥洒自如的表演，蜚声濠江内外。这样一位即道即艺，亦神亦俗的传奇人物，为澳门传统音乐的承传和发展做出了重要贡献。[9]

第四代传人：吴炳鋕（1959—）

吴炳鋕，字镇堂，道号大鋕，1959年出生于澳门，系吴谒元道长之第四代孙，吴天燊之独子。幼时即随祖父及父亲学习道教科仪与音乐，秉性聪慧好学，深得家族真传，长大后不仅熟黯科仪音乐，而且习得一手好鼓艺，成为其父的得力帮手，在道场上常以高功或监斋师的身份奉行法事。2000年11月前往江西龙虎山天师府受箓，获颁"太上三五都功经箓"，依天师道正一派字派，获赐道号大鋕。现在的道士职衔为"太上明威经箓"（2014年天师府升授）。吴炳鋕1981年毕业于香港浸会大学化学系，是吴氏家族中第一位接受了高等教育的在道之士。正是有了这样的教育背景，方能使得他洞悉社会的发展变化，审时度势，顺应时代潮流，在他这一代实现了吴庆云道院的转型，以一种新的形式承传着吴氏宗传道乐。1999年，澳门回归祖国。2001年吴炳鋕与澳门信善二分坛坛主郑扬立、大三巴哪吒庙理事长叶达等人，倡议并向特区政府申请成立澳门道教协会。自澳门道教协会正式成立以来，吴炳鋕一直担任会长一职。2003年开始成立澳门道乐团，2008年正式注册立案，吴兼任副理事长。作为澳门道教界的领军人物，吴会长竭精殚力推动各项会务的开展，借助协会和乐团这两个实体，开启了澳门道教科仪音乐承传与保育的新路径、新模式，呈现出前所未有的乐观态势，为弘扬道教文化做出了积极贡献（相关

---

8 《澳门道教科仪音乐》页第478，2009年澳门道教协会出版．

9 《澳门的八音锣鼓》页第84，2015年澳门道教协会出版．

事项详见下文）。吴炳鋕于道门之外，系政府公务人员，就职澳门特别行政区劳工事务局，担任预防危害处处长，社会职务有江西省政协委员、第二届至第四届澳门特别行政区行政长官选举委员会第三界别宗教界道教代表。随着澳门道教科仪音乐被列入第三批国家级非物质文化遗产，2012年吴炳鋕被确认为第四批国家级非物质文化遗产项目（澳门道教科仪音乐）代表性传承人。

第五代传人：吴炯章 (1990--)

謁元道長之第五代孫、吳炳鋕之独子吳烔章（1990年在澳門出生），道號羅章。在道門世家中成長，得天獨厚，自幼時耳濡目染其宗傳之道教科儀與音樂，在其父敦敦引導下學習家傳道教敲擊樂和高功功法。年僅15歲，澳門道教協會假文化中心綜合劇院舉行『道樂仙韻頌太平』-道教音樂及養生武術欣賞會初露頭角，自始吳家祖孫三代不時同台演出，一時成為佳話。2011年成為高功，不時主持祈福道場及濟煉科儀。2013年在澳大利亞 Griffith University，攻讀工商管理學士學位，學成回澳工作後，為传承和發揚其家族宗传的道教科仪音乐，繼續在澳門道教協會及澳門道樂團中貢獻一份力量。

下面，我们再来观照澳门道教科仪音乐横向传播这条线索—以吴庆云道院为源点，向澳港地区信善系坛堂的辐射。其实，这一事件，在以上吴庆云道院第二、第三代传人介绍时已有所涉及，此处再做进一步阐述。笔者的案头有一册由黎志添、游子安、吴真等合著的《香港道堂科仪历史与传承》（2007年中华书局出版），翻开第74页，有一段这样的记述："若要探索信善系道堂'自成一派'的经忏传统的由来，则不可不提及吴永传道长，吴道长曾任港澳信善系道堂经忏导师。信善系道堂属另一科仪流派，……这与吴永传道长所教所传分不开"。可见，吴永传（玉生）道长对港澳道教科仪之影响和贡献是业内所公认的事实，这也就明确了吴庆云道院与港澳信善系道堂科仪与音乐之间业已存在的传承关系。提及港澳信善系道堂，就得先从澳门的信善二分坛说起。1946年广州信善堂梁藻智等从广州转到澳门营生，与澳门人刘扬能、冼扬玑及刘扬球等成立了信善二分坛，该坛供奉纯阳祖师浮佑帝君吕洞宾，以扶乩降鸾、普救施药为主，初始并没有自己的经忏，后来，殆至1958年，二分坛弟子，黄藻善、何嘉佑等，出于学习道教科仪的迫切需要，得到吕祖降鸾指引，礼聘在澳门道教科仪界早已享誉盛名的吴锦文道长，教导信善二分坛众弟子经忏科仪。吴道长答应他们的请求，力排同行之众议，打破科仪不外传的传统，将流传到澳门的，自身有丰富体验熟谙的全真派经忏科仪，悉心传授予信善二分坛众道侣。根据信善系坛规，导师职务由吕祖"委出，不得人为"，吴锦文先拜吕祖为师，成为信善弟子，获赐道号永传，受委担任"经生司"一职，成为信善二分坛的经忏导师。1960 年代，澳门信善二分坛的梁藻智、何永济、霍嘉仁及霍联真等迁往香港，在港相继成立信善三分坛、六合圣室、紫阙玄观等坛堂，称之为：信善系各坛。吴锦文亦过往香港教授他们经忏科仪，担任信善系经忏科仪总导师一职。六合圣室的创建人梁藻智曾有这样的记述："六合圣室的道侣深感设坛普救的重要，为此，专程自澳请吴永传道长到港，讲授科仪与各种经文的唱诵，经多月的悉心传授，培训了数 10 位经生，成为日后六合圣室的坛务骨干。"当时，受教于吴锦文的信善系弟子有信善二分坛的梁永图、罗永励、罗展卢、吴秀筠；信善三分坛的梁信祥、何智樑以及六合圣室的弟子霍联真、冯智诚、何智全、何智范等。他们又将其所学传授给信善系其他坛堂的弟子。吴道长自 1958 年起，直至 1972 年羽化，在这 10 多年的时间里，他为建立澳门和香港信善系道坛的道教经忏传统作出了很大的贡献；而且，由于是传自澳门的道教科仪传统，这使得香港信善系道坛的科仪和音乐独树一帜，与其他大部分香港道堂的忏腔唱法不同。[10] 我们姑且把它看作是澳门道教科仪音乐在香港的一个支派吧。

横向传播这条线索上还有一个重要的链接，那就是进入新世纪以来，澳门道教科仪音乐向澳门道教协会的传播。1999 年 12 月 20 日，澳门回归祖国。2001 年澳门道教协会应运而生，吴庆云道院第 4 代传人吴炳鋕出任会长。吴会长主持下的道教协会，一方面团结凝聚在澳的道教人士和信众，打造一个与内地及海外道教界的交流平台；另一方面着力协会自身的道教文化建设，书写着澳门道教在新形势下发展的新篇章。2002 年起，协会开设道教文化科仪研习班课程，至今已举办了 8 届，参加课程学习者约有 160 人。其中为数不少的学员，受教于吴炳鋕会长传授的吴庆云道院的科仪与音乐，这包括了早晚功课的唱诵，祈福仪式，吉祥道场，以及较大型的、节次繁复、经韵唱腔丰富的《玉山

10 《香港道堂科仪历史与传承》页第 76/、78，2007 年中华书局（香港）出版。
黎志添：《澳门吴庆云道院的历史变迁—19 世纪以来澳门正一派火居道士研究》，刊载《澳门道教科仪音乐》第 477 页。

净供》,《先天济炼幽科》等。在此基础上,成立了澳门道教协会法务团,奉行各类道教法事。之后成立的道乐团,更是将昔日的道场音乐转化为剧场艺术,澳门道教科仪音乐有了一种新的载体,它改变着以往传承的方式,也提升着道教音乐的艺术品位。这种改变,体现在以下 3 点:1、传承的形制,不再是以吴庆云道院的名号,而是竖起澳门道教协会的旗帜(或法务团,或道乐团);2、从受众的层面来看,也并不再是火居道士,基本是社会各界人士,当然,他们之中不乏有皈依龙虎山天师道正一派一宗(近几年前往龙虎山天师府受箓者众);3、传承及受教的目的不再是为了谋生,而旨在弘扬道教文化传统。

审视自 19 世纪下半叶至今的 100 多年间,吴庆云道院道教科议音乐的传承脉络,无不打上历史的印记。随著时代的变迁,它的传承由保守到公开,由个体到社会,由传统到现代,正是有着这样的演进,方使得这朵道教音乐的奇葩,盛开不败。

三、澳门道教科仪音乐的保育

澳门道教科仪音乐之所以至今能系统、完善、全方位地展现,是得益于其保育工作开始的较早,措施也较有效。它们的保育,按时间段来划分,可以分为前期、中期和近期 3 个时期。前期是指澳门回归祖国前的历史时期;中期是澳门道教协会成立至申请非遗这段时期;近期则是成功申遗后至今。

前期,以吴庆云道院的几代传人蒐集和收藏大量的文字资料与声像资料为其特征。文字资料方面包括了道教经书、科仪范本、文检类及醮师道场用的曲牌手抄工尺谱等。就经忏科仪范本而言,分为两种样式,三大类,林林总总计有百余册。两种样式是指木刻藏本和手抄誊录本;三大类分别是课诵 / 修持科仪、吉祥道场科仪和度亡 / 济炼科仪。现择其年代久远的举要如下:

课诵 / 修持科仪

《太上玄门早晚堂功课经》 (同治四年 1865,广州三元宫藏板)

《高上玉皇本行集经》 (康熙十年 1671,江西临江府清江县捐印)

《文昌经》 (同治二年 1863,两粤广仁善堂)

《洞元度人宝忏诸天无上真经》 (同治甲子年 1864,新会绿云洞天藏板)

吉祥道场科仪

《延生礼斗》 (光绪丙戌年 1886,广州珠江西的星河道院藏板)

黄大仙信俗與非物質文化遺產國際學術研討會論文集

496

《玉皇忏》 （同治元年 1862，广州三元宫藏板）

《三元忏》 （康熙七年 1668，平藩下信官刘志胜捐印）

《三官忏》 （康熙七年 1668，江南徽州府歙县弟子项彦士捐印）

《混元发奏》（光绪廿六年 1900，澳门吴谒元手录）

《玄门供天》 （辛巳年 1941，新加坡徐牛仔手录）

度亡 / 济炼科仪

《破狱》 （宣统三年 1911，澳门吴谒元手录）

《开八门》 （光绪癸巳年 1892，新加坡云霞徐道院）

《东岳宝忏》 （同治二年 1863，广州三元宫藏本）

《玉山净供》 （光绪六年 1890，太和道院 粤东南邑鼇溪合真堂藏板）

《先天济炼》（同治元年 1862，广州三元宫藏板）

《金刚水幽》 （光绪十九年 1893，凤城镜湖道院） [11]

声像资料主要是一些主要道场的实况录音及经韵传唱的录音，吴庆云道院现存各种录音盘、录音带、录像带等 500 余件。现将几次重要的现场录音实况资料转载如下；

日期：丙午年七月初一（1966 年 8 月 16 日）

地点：澳门下环街沙井天巷 16 号地下吴庆云道院

事由：庆贺太上道祖宝诞

科仪：先天济炼金科

法师：吴京意（高功）、李玉成（铛鼓）、麦华福（引磬）、谭维（钞）、李德志（木鱼）

醮师：罗全（管子）、李茂（笛子）、罗章（笛子）、黄锦波（椰胡）、吴炳铤（锣）

日期：戊申年闰七月十一（1968 年 9 月 3 日）

地点：香港荃湾三叠潭圆玄学院

事由：香港道教联合会万缘法会

科仪：先天济炼金科

11　参见《澳门道教科仪音乐》第 64-70 页 , 2009 年澳门道教协会出版 .

法师：何智全（高功）、吴京意（铛鼓）、吴玉生、李德志（木鱼）、香港六合圣室、信善三分坛及澳门二分坛众经生

醮师：罗全（唢呐、椰胡）、李茂（笛子）、徐啤（笛子）、邓成（笛子）、郑夭（鼓）

日期：己巳年（1965年）
地点：澳门妈阁街一楼宇住宅内[12]
科仪：午朝供天
法师：吴玉生（高功）、吴京意（铛鼓）、陈昌（引磬）、谭维（木鱼）、许锦明（钞）

醮师：罗全（笛子、椰胡）、李茂（唢呐、笛子）、罗章（笛子）

日期：丙午年七月初一（1966年8月16日）
地点：澳门下环街沙井天巷16号地下吴庆云道院
事由：庆贺太上道祖宝诞
六国封相曲牌音乐：吴京意（掌板）、李茂（唢呐）、邓云开（唢呐）、罗章（钞、单打）、黄锦波（大锣）、吴玉生（钞、单打）

日期：戊申年闰七月廿一（1966年9月13日）
地点：澳门下环街沙井天巷16号地下吴庆云道院
吴玉生录唱《太乙吊挂》、《玉皇赞》，吴京意（铛鼓）

吴庆云道院所蒐集、收藏的大量科仪范本及声像等实物，是后来者了解和研究澳门道教科仪音乐不可或缺的宝贵资料。特别是录音盒带，是日后开展记谱、整理工作的直接依据。

我们把澳门道教协会成立后至非遗申请这一段时期看作是开展保育工作的中期。这一时期显著的特点是将以往保育工作的家族式个体行为，提升到社会公众参与的层面。澳门道教协会的各项会务工作，以弘扬道教文化为宗旨，围绕着澳门道教科仪音乐的承传与保育逐步展开。成立法务团和道乐团，开办道教文化科仪研习班及道教音乐研习班，举办道教音乐欣赏会，参加道教音乐汇演等，这些形式与活动吸纳了众多的社会各界人士参加，汇集了来自各方面的

12　转载自，《国家级非物质物化遗产名录申报书》（《澳门道教科仪音乐续篇》页第59/60，2011年澳门道教协会出版）

多种资源，开启了新的历史时期保育澳门道教科仪音乐的新局面。这个时期有两项重要的任务，那就是，开展记谱、整理澳门道教科仪音乐工作和推动将之申请列入非物质文化遗产名录的工作。

1996 年，作為澳門慶雲道院第四代傳人的吳炳鋕（當年三十七歲），整理了一本《澳門的正一派道教音樂》小冊子。在其序中寫到："吾自小亦受道教經懺及音樂的燻陶，耳濡目染產生興趣。一九八一年畢業於香港浸會大學化學系，現任職澳門政府部門。在課或工餘亦有隨乃父學習正一派音樂及敲擊樂。現吾因感時有錯學和誤傳祖父之學出現及澳門正一派火居道音樂亦有部分失傳的危機潛在。故將祖父所傳加以研究及整理，用文字編成《澳門的正一派火居道音樂》小書和把各韻腔錄音下來，讓有興趣研究道教音樂者參考。亦希前輩指點教導更正。但為憾者，本人不善編寫樂譜，各韻腔只能以慣用名稱稱號，不能對有興趣伴奏人士有所幫助，深感為憾。希望日後遇善懂編樂譜之賢能，把本書中澳門正一派音樂的各韻腔譜成曲譜，流傳於世。"

透過以上的話語，一方面我們能夠感受到一位受過高等教育並又有著家道淵源背景的現代人，對以往口傳心授這一傳統方式在承傳道教音樂的過程中所存在問題的憂患意識；同時也能夠看到吳在內心深處的一種願景，即希望音樂專業人士以現代通用的簡譜或五綫譜將祖父輩傳唱的道教經韻音樂記寫下來，編輯成曲譜集，加以承传和保育。

笔者与吴会长于 2003 年起，有过多次交集，两人通過電郵的方式加強聯繫，彼此表達著為整理澳門道教音樂進行合作的意願，笔者在给吴炳鋕的電子郵件中寫道："貴會道樂團在參加第四屆道教音樂滙演的表演，其形式和曲目也很有特點，給觀眾留下深刻印象。本人希望能有機會協助您為貴會道樂團的發展盡些綿力：其一，蒐集、整理澳門地區的道樂……"。吳在回函中作如是說："由於澳門道教音樂人才凋零，過去從沒有樂師將道場音樂譜成樂譜。為恐老樂師去後，便會失傳，使人忐忑不安。自敝會成立後，編寫樂譜成為一項當前重要任務，搶救遺產行動似箭在絃，刻不容緩，不時希能訪得精通樂理及道教音樂得才士襄助。閣下得資歷及經驗，正是敝會所尋之良材。"兩人悉心的勾通，加深著相互間的瞭解，為日後開展合作達成共識奠定了思想基礎。2006年4月，笔者应澳门道教协会之邀，正式启动了澳門道教科仪音乐记谱、整理的第一期工程。到 2007 年年底，在近兩年的時間裏，先後完成了【玄門早晚堂功課】、【玉山淨供】、【延生禮門】、【百拜寶懺】、【啓師】、【先天祭煉】等澳門道教科儀中的三百餘首經韻和曲牌的記譜、整理。其記譜、整理的基本方法和程式是：1、先根據吳炳鋕和吳天燊、吳錦文傳唱的錄音進行記譜；2、記寫好的樂譜再用二胡演奏並進行錄音；3、將樂譜和這些樂譜的錄音返給吳炳鋕，再由吳根據譜面和音響填寫經詞；4、將初步整理好的樂譜通過實踐加以驗證（包括在道場上試用和音樂會上演奏）；5、修訂後定稿。伴隨著記譜整理工作的展開，並配合以多種管道的推介，改變著往日在音樂會上和道場上只聞其聲而不見其譜的單一形式，而今，人們可以透過音、譜、圖、文、像全方位地接觸、瞭解、認識澳門道教科儀音樂。2009 年，在澳門基金会和文化局的支持下，將記譜、整理和研究的前期成果，编辑、出版了《澳门道教科仪音乐》。是书面世，引起广泛关注并获好评。武汉音乐学院前常务副院长、音乐学家史新民教授对之是这样介绍和评价的："《澳門道教科儀音樂》分為上下兩篇，上篇對澳門道教的歷史與現狀，科儀概覽與宣行以及音樂的類別等作了具體的介紹；對音樂的風格及形態特點進行了客觀的分析；對道壇的科儀音樂所具有的澳門地區的宗教特色作了深入的探討。並以個案的方式對 22 首經典韻曲進行了具體分析；特別是器樂曲牌中帶有絲絃樂器和吹管樂器演奏的 [序] 以及監齋法師敲擊樂器的演奏，都是澳門道教科儀音樂曲牌中很有特色的部分。從這些分析可以看出，編者是把澳門道教科儀音樂的形態特徵與口語化的演唱方式，置於中國民族民間音樂的大背景中去審視，並探討它們之間的內在聯繫，既具有普遍性，又獨具個性。書中的第七章對澳門道樂多元風格與特點進行了有根有據的論析：廣東地方民間音樂風格特點（粵劇、地方曲藝、廣東音樂、民歌）；正一派與全真派經韻音樂混融的風格特點；科儀音樂中的"梵唄"文化元等，以其濃郁的"澳味"呈現出鮮明的地域性文化色綵。它不僅是澳門珍貴的文化遺産，也是中國道教文化百花園中的一朵奇葩。

下篇是曲譜集，輯入韻曲及曲牌近 300 首。韻曲，譜（簡譜）與經詞咸備，按科儀分類及節次進行編排，數量之多，樣式之豐富，可謂洋洋大觀。這些韻曲是根據澳門吳慶雲道院幾代傳人的錄音與現場誦唱記寫整理，具有很強的資料性和使用性。[13]

2008 年年尾，澳門特區政府啓動了非物質文化遺産的申報工作。吳炳鋕代表澳門道教協會即時向主管此項工作的澳門博物館相關負責人滙報了澳門道教

13　《澳门道教科仪音乐》（续篇）页第 25/26,2011 年澳门道教协会出版。

科儀音樂的情況，領取了申報書。回來後便組織力量，調動一切資源，從文字和音像兩方面進行積極準備。在填寫申報書的第三項"項目說明"中，就澳門道教科儀音樂的歷史淵源、基本內容、傳承譜系、代表性傳承人等作了翔實清晰的申述。在申報書中也以曲目數量多，體裁樣式豐富，腔體結構完整，【序】的廣泛運用和器樂化，法器在音樂演奏中的重要地位，本土氣息濃郁、地方民間音樂特色鮮明，承傳脈絡清晰嚴謹、恪守傳統等六大要素來概括澳門道教科儀音樂的主要特徵。在論證其重要價值時，強調了澳門現存的道教科儀音樂是清末廣東道教音樂的餘緒，由於特殊的地理位置和社會形態，得以完好的承傳和保留。如此豐富的道教科儀音樂，成為認識、研究澳門本土音樂，乃至嶺南地區民間音樂文化以及中國傳統音樂的活化石。整理、研究、保護它，為弘揚道教精神，繼承和發揚中華優秀傳統作出積極貢獻。對於今後的保護計劃，也在申報書中詳細列明十多項具體措施。2009 年 2 月 23 日，澳門道教協會率先呈遞了申報材料，並於 4 月 8 日通過評審。評審組對"澳門道教科儀音樂"給予積極評價，討論總評的評語是這樣寫的："有很高的歷史價值和文化價值，亦具有澳門特色，有清晰傳承譜系，保留完整，極待搶救和保護。"5 月 8 日，澳門特區政府文化局正式公示"澳門道教科儀音樂"列入澳門非物質文化遺產名錄，並推薦申報國家級非物質文化遺產。2011 年 6 月，經文化部審評批准澳門道教科仪音乐正式列入第三批国家级非物质文化遗产名录。至此，我们欣喜的看到澳门道教科仪音乐的传承与保育，引入了新的机制，增添了新的动力，在个体、公众、社团组织参与的架构中，添加了政府介入的这一至关重要的管道。

近期，澳门道教协会继续做好以上各项保育工作，2011 年 10 月出版了《澳门道教科仪音乐（续篇）》，是篇辑入更多的科仪及经韵音乐曲谱，补遗了道场锣鼓经，汇集了申报非遗的相关资料；2012 年录制了两辑《濠江道韵》DVD 光碟；2015 年拍摄了《澳门道教科仪音乐》电视文献纪录片。澳门道教科仪音乐的保育呈现出多形式、多角度、多层面的态势。而今后相当长的一段时期的重点工作，就是加强道乐团的建设，培养乐团的后备力量。澳门道乐团于 2003 年就已经成立，当时只有 3、5 个人，是一支唢呐加几件敲击法器的组合，很传统的样式。2006 年，记谱、整理工作展开，乐团也在谋求新的发展与突破。在专业工作者和社会爱乐人士的支持下，人员不断增加，配制日臻完善，今日之乐团除乐队各声部咸备，还有诵唱及科仪宣行的人员，整个乐团人数达到 50 人，其规模可见一斑。乐团所演奏的曲目，是遴选自澳门道教科仪音乐中具有代表性的经韵或曲牌，经过适度编配，既保留了传统的宗教韵味，也增强了艺术审美情趣。乐团经常演出的曲目有《文武点绛唇》、《玉皇赞》、《道祖赞》、《三宝赞》、《太乙赞》、《歌斗章》、《五供养》、《萨祖吊挂》、《双七星吊挂》、《礼斗组曲》、《迎帝》等。澳门道乐团于 2008 年元月在澳门特别行政区政府正式立案注册，成为合法的非盈利社团组织。近几年来，乐团异常活跃，澳门本地许多场合有其声影。特别是自 2009 年始，澳门道教协会，每年都举办道教音乐欣赏会，澳门道乐团联袂莅澳的外地道乐团同台展演，2009 澳浙道乐欣赏会、2010 澳晋道乐欣赏会、2011 澳港沪道乐欣赏会、2002 澳苏道乐欣赏会、2013 澳豫道乐欣赏会、2013 澳新道乐欣赏会、2015 澳鄂道乐欣赏会、2016 澳湘道乐欣赏会。这些音乐会，让澳门人领略了道教音乐的魅力，丰富着澳门的文化生活。乐团还经常走出去，先后出访新加坡、马来西亚、台湾、香港、山西、河南、江苏、陕西及福建等地，澳门本土的道教文化得以广传远播。

在澳门道乐团发展的过程中，我们也清楚地意识到这毕竟是一个业余表演团体，且具有宗教色彩，因此，乐团人员的流动性很大。如何保持一个相对稳定的队伍，并不断提升乐团成员的技艺水平，这也就成为澳门道教协会和乐团理事会急需解决的问题，亦是澳门道教科议音乐今后保育工作的要务。为此，协会和乐团继续在会所内开设各类乐器学习班，同时与当地学校合作，在澳门劳工子弟学校的小学部和中学部，举办课余乐器学习班，从小孩子入手，尽早、尽快为乐团培养后备力量。自 2003 年起，已开办 8 期，约 200 人参加。他们之中有的已经成为乐团的成员，参加演出活动，这样逐步形成以大、中、小学生为主的阶梯式的乐队阵容，乐团富有生气。当然，这方面的工作和效果都还不能尽如人意，尚需要我们付出更多的心血和努力。

四、结语

澳门道教科仪音乐，作为澳门本土音乐文化的一个重要品类，它承载着昔日岭南乃至中原音乐文化的传统，是汇人濠江的各种乐流中的一朵具有丰厚历史遗存和独特价值的奇葩。缘于家族宗传的优势，澳门道教科仪音乐又有着原始性特点，同时具备兼收并蓄，自成体系的完整性意义。尽管如此，「由于西方音乐的冲击，再加上现代传媒手段巨大的影响力，不少以口传心授为承传方式的民族音乐正随着一代艺人的去世而不断消失。因此，记录和收集它们，已成为保护世界音乐文化的一项十分紧迫的任务。」[14]

所幸的是，自澳门道教协会成立以来，在抢救、保育澳门道教科仪音乐方面开展了卓有成效的工作，并取得了令人欣慰的可喜成果。

我们可以通过澳门道教科仪音乐这一案例深刻认识到，很多事物的发生、发展都有一个由下而上，再由上而下往复循环的过程。在传承和保育传统文化方面，只有凝聚共识，增强意识，与时俱进，调动一切资源，形成政府、社会、公众和个体在目标上的一元化，行为上的多元化，那么，我们所期盼的中华传统文化的弘扬与灿烂的愿景就能够实现。

14　參見戴定澄：《澳門道樂：作為地區非物質文化遺產的存留價值》（澳門日報，2009 年 4 月 9 日）。

王忠人：澳门道教科仪音乐的传承与保育

現代都市中的民間儀式音聲：太平洪朝音樂

羅明輝

擇要

由於特殊的歷史文化背景，在香港這個經濟發達、商業繁榮的現代化都市中，打醮、祭祖、酬神等中國傳統習俗，長期以民間祭祀活動等形式，盛行於香港新界的圍村。在這些民間祭祀活動中，音樂不可或缺，扮演著十分重要的角色，成為特定的儀式音聲。其中新界粉嶺圍的太平洪朝音樂，即是香港這個現代化都市中民間儀式音聲的典型代表之一。它由喃嘸道士用於「太平洪朝」這一粉嶺圍每年一次定期舉行的大型宗族性祭祀活動，與道教儀式、驅邪活動與民間習俗等連為一體，形成自己的結構形態，並有著特定的功能作用。

本文主要根據筆者的實地考察資料，闡述太平洪朝音樂的形態特徵和使用特點，並探討其儀式與音樂的相關問題。全文主要分為六個部分：

一、關於太平洪朝
二、儀式及其音聲的生態環境
三、儀式程式與音聲進行
四、音樂的形態特徵
五、音樂的使用特點
六、相關問題的探討

現代都市中的民間儀式音聲：太平洪朝音樂

羅明輝

一、關於太平洪朝

太平洪朝是香港新界粉嶺圍彭氏延請喃嘸道士帶領圍村「朝首」於每年農曆正月十五和十六日舉行的大型宗族性祭祀活動。粉嶺圍彭氏是香港新界五大氏族之一。香港新界地區，前清時隸屬廣東省廣州府新安縣。公元十至十五世紀的宋、明年間，因躲避戰禍等，中國內陸地區部分南遷的居民遷徙至香港新界地區。其中先祖原居於江西、四川、廣東等地的鄧氏、廖氏、彭氏、文氏、侯氏等五個姓氏的人先後舉家遷入新界地區開村立業，經數世紀的發展，成了香港有名的「新界五大氏族」。先祖原居於江西宜春盧陵的彭氏，於明朝初年在位於香港新界北部的粉嶺開村成族建立粉嶺圍已七百餘年。雖然今天的粉嶺圍彭氏族人，已有多個家族族支系，早已不再以農為業，從事商業、教育、醫療、公務員等各種行業的都有，但一般人仍習稱其為村民。而在粉嶺圍彭氏傳統代代相傳，延續至今的固有祭祀中，除了每年的春祭、秋祭和十年一屆的太平清醮外，還有每年一次的太平洪朝。

在粉嶺圍彭氏看來，太平洪朝是他們世代相傳的傳統，也是他們酬神祈平安的重要手段之一。它與粉嶺圍十年一屆的太平清醮一樣，為粉嶺圍彭氏村民所重視。而由於它是每年進行的，故與圍村村民的生活更為密切，一般都簡稱其為「洪朝」。其中最為突出的，是村民們將謝神恩求祖先庇蔭圍村彭氏人丁興旺的「開登」與太平洪朝結合起來，同時進行。[1] 在喃嘸道士看來，太平洪朝是喃嘸法事中的「喜事」之一。[2]

二、儀式及其音聲的生態環境

作為一種大型宗族性祭祀活動，太平洪朝有著自己的參與者及進行空間。他

---

[1] 開燈，亦即點燈。「燈」取其諧音為「丁」，意為男丁。「點燈」即「添丁」之意，目的是以圍村過去一年新添男丁名義謝神恩，求祖先庇蔭，祈福圍村彭氏家家人丁興旺，以使彭氏子孫一直昌盛繁衍。

[2] 據喃嘸道士陶熠明先生和梁仲先生說：喃嘸法事一般分為「喜事」和「喪事」兩大類。「喜事」為祈福法事，如太平清醮、太平洪朝、祭祖等即屬於祈福法事。「喪事」是薦亡法事，主要有喪禮、超度亡靈等。

們形成一有機整體，構成了洪朝儀式及其音樂的生態環境，是洪朝儀式及其音樂進行不可或缺的前提和基礎，直接或間接地體現或影響著洪朝儀式及其音聲的運用及其構成，從一個基礎側面反映著洪朝儀式及其音聲運用特點和構成特色。

（一）儀式的參與者

粉嶺圍太平洪朝的參與者主要有喃嘸道士，以及圍村的「朝首」和「拜年仔」。

喃嘸道士：參與洪朝的喃嘸道士主要是新界鄉村喃嘸和道院喃嘸，他們是粉嶺圍太平洪朝不可或缺的主持和參與者，也是洪朝儀式音聲的實施和展演者。分為主持儀式的和專司樂隊演奏的兩部分。主持洪朝儀式的喃嘸可以分為高功和陪壇，他們各司其職，在儀式中扮演著不同角色。高功是儀式的主要主持者，通常由資歷較深，熟悉洪朝儀式和音樂的喃嘸擔任，主要在儀式中負責請神、唱誦、步罡踏斗等。陪壇是高功的助手，一般由兩名喃嘸擔任，分為左右陪壇。左陪壇在儀式中位於高功左邊，主要協助高功請神；右陪壇在儀式中高功位於右邊，除了協助高功請神外，還負責儀式中的讀人名。專司樂隊演奏的喃嘸，主要為高功的請神、步罡踏斗、唱誦，以及儀式環節的轉換等作伴奏，並演奏儀式（主要是〈發奏〉）前後的過場音樂等。

朝首：圍村人俗稱「神頭」，是除了喃嘸道士外，最重要和最主要的參與者，由粉嶺圍彭氏已婚男士順序輪候擔任。凡在粉嶺圍出生、定居的彭氏男子均可在其結婚當年登記輪候，若結婚當年因故沒有登記的，就自動失去了當朝首的機會。從 1984 年開始每年參與洪朝的朝首由原來的四人擔任改為八人擔任，因故少一兩人也可。他們代表粉嶺彭氏的全族人參與洪朝，從開始的〈請神〉、〈開燈〉，到〈貼平安符〉、〈扒船〉等，直至最後的〈送神〉，整個過程他們都要參與。

拜年仔：又稱「新年仔」，由一名著「紅頭戰裙」[3] 的未婚夥子充當，是主要參與者之一，主要是跟隨朝首一起進行〈扒船〉。一般由當年任何一位朝首的未婚的成年兒子擔任，並可以連續擔任，但若朝首的兒子年紀太小，或當事人沒時間參與抑或不願意擔任等，亦可由圍村中其他願意做「拜仔年」的彭氏未婚小夥子當任。

此外，粉嶺圍彭氏一般村民也參與洪朝。這些村民完全是自發參與的，其中有定居粉嶺圍各村的，也有遷居到市區和海外專程回來參加洪朝的。他們有的以

黃大仙信俗與非物質文化遺產國際學術研討會論文集

---

[3] 所謂「紅頭戰裙」，是紅布頭巾和紅布上繪藍色龍鳳案的圍裙。它除了是拜年仔的固定著裝外，也是洪朝〈開朝〉、〈劈沙羅〉等儀式中，喃嘸道士的裝束。

觀賞者的身份出現，有的幫忙佈置，更多的是參與洪朝的三聖迎送巡遊，以及洪朝期間到神棚拜神。

（二）儀式進行場所

粉嶺圍太平洪朝的儀式主要在粉嶺圍正圍門與魚塘之間的空地進行。屆時，在這塊空地上，要搭建神棚，還要臨時佈置天階、法橋等。

神棚：主要用於洪朝期間供奉和朝拜三聖與小神。[4]每年的洪朝都要擇吉日搭建臨時神棚，一般建在正圍門面對魚塘之間空地的右邊，坐北朝南，內有神台、供台、圍簾、神帳等。

天階：由圍村村民臨時佈置，主要用於洪朝的〈發奏〉和〈化榜文〉等程式。

法橋：也由村民臨時佈置，用於農曆正月十五晚上正朝的〈迎神歸位〉，。一般是〈發奏〉結束後，在天階前緊挨著天階用長凳和白布佈置起一座長約四米與天階相連的法橋。

此外，粉嶺圍洪朝中的請神等儀式的進行場合還有粉嶺彭氏的主廟三聖宮、粉嶺圍的不同社稷壇、土地壇、井臺等。

三、儀式程式與音聲進行

太平洪朝儀式主要包括「前奏」和正朝兩大部分。

「前奏」，是洪朝正朝前必須進行的〈請神〉和〈開燈〉兩個主要程式。前者具有道教色彩，後者體現了民間習俗。兩者必須於農曆正月初一至正月十五以前進行，具體日期則需請堪輿家擇吉日進行。它們通常在同一天上午進行，先〈請神〉再〈開燈〉。其中〈請神〉亦即請神登壇，是將位於圍村北部三聖宮的玄天大帝、關聖帝君、文昌帝君等三聖以及彭氏粉嶺圍各村的社稷王，以及圍村井神等所有小神請到正圍洪朝神棚的神壇，供村民洪朝期間朝拜。其間在三聖宮拜請三聖時，一位身穿道袍的喃嘸帶領朝首面對玉虛殿的三聖壇手敲叮子唱誦【請神調】：「百拜召請，誠惶誠恐。稽首頓首俯伏，爐內奏其供養，百拜奏請，三清三境，能見大道祿羽更見，九辰元君，玉清清境，真元清宮，金元上帝，飄忽上到大羅仰下，祈請得。……」〈開燈〉時，無喃嘸道士參與，沒有任何唱誦，完全

---

[4] 粉嶺圍彭氏村民將圍村各社稷壇、土地壇的幾十位社稷神和土地神等統稱為「小神」。每位小神均以寫了各位神祇名字的小長條紅紙貼在一根細棍子上代表。

由朝首們在一名村民敲擊的大鑼聲中進行。朝首們分為兩組，在於神棚前面的供台兩邊，先各自點燃五盞以白瓷小碟充當的小油燈，並將其逐一放入大花燈內，表示燈已點燃。最後將這兩個點燃的大花燈分別上升至神棚前端左右兩邊的頂部懸掛起來。此後，兩個花燈一直要懸掛至農曆正月十六，屆時再由朝首取下，進行分燈。

正朝，亦即洪朝的正式儀式，每年固定於農曆正月十五和十六日進行。其程式依次主要有正月十五日早上的〈貼平安符〉，上午的〈搶雞毛〉，中午的〈扒船〉，晚上的〈發奏〉、〈開朝〉、〈迎神登位〉，午夜的〈貼榜文〉；正月十六日凌晨的〈唱麻歌〉，上午的〈酬神〉、〈問杯〉、〈扣疏〉、〈劈沙羅〉、〈朝首送燈〉、〈化榜文〉、〈送神〉。其中真正被喃嘸道士視為洪朝儀式的，按其進行順序，依次為〈請神〉、〈發奏〉、〈開朝〉、〈迎神登位〉、〈貼榜文〉、〈唱麻歌〉、[5]〈酬神〉、〈問杯〉、〈扣疏〉、〈劈沙羅〉、〈化榜文〉、〈送神〉。其他的，如〈貼平安符〉、〈搶雞毛〉、〈扒船〉、〈朝首送燈〉等則是圍村自己的習俗。

在上述正朝程式中，大都有喃嘸道士的唱誦。其中〈發奏〉除了有喃嘸道士的唱誦外，還有喃嘸樂隊的演奏和伴奏，是音樂性最強的程式。通常於正月十五晚上七時點三十分開始，歷時約兩小時。儀式開始前，樂隊要進行二十或三十分鐘左右的鑼鼓和嗩吶曲牌聯奏，當作前奏（開場）音樂，為儀式開始作準備。儀式完結後，樂隊亦要進行十分鐘左右的嗩吶曲牌聯奏，與前奏音樂相呼應，表示〈發奏〉結束。儀式中，喃嘸的做法（行罡踏斗）、唱誦，以及儀式環節的轉換等也都有樂隊音樂的伴奏。而在整個洪朝儀式中，〈發奏〉是喃嘸道士主持的最重要和最隆重的程式，由三位元身穿道袍的喃嘸道士帶領朝首們進行。三位喃嘸中，位於中間的一名為高功，位於高功左右兩邊的是左右培壇，為高功的助手。〈發奏〉主要包括「開壇」、「拜井神」、「誦讀奏文」、「發送奏文」等四個主要儀式環節，分別在神棚外的天階、井臺等處進行。

黃大仙信俗與非物質文化遺產國際學術研討會論文集

---

5 據上水圍村喃嘸林世介紹，洪朝中之所以有〈唱麻歌〉，是因為以前交通不便，做完正月十五正朝第一晚的儀式，已經過了午夜，喃嘸們無法回家，加之第二天早上還有儀式，故以唱麻歌來娛樂消遣打發時間。如今的〈唱麻歌〉，仍於正月十五正朝第一晚午夜後，正月十六凌晨進行，但所唱內容已有所不同。關於麻歌的內容，據日本學者田中一成，以及香港學者科大圍等二十餘年前的考察研究指出，那時麻歌唱的是有關種麻的過程，以及用麻造衣服和勸導人行善積德的內容。但現今的「麻歌」，唱的主要是請神赴壇鑒朝願的內容。

現將洪朝儀式程式及其音聲進行概括於下表：

洪朝儀式程式及其音聲進行簡表

儀式程式			音聲進行簡況
前奏	上午	請神	一名喃嘸唱誦【請神調】
		開燈	無喃嘸唱誦及樂隊演奏
正朝（第一天）	早上	貼平安符	無喃嘸唱誦及樂隊演奏
	上午	搶雞毛	兩名喃嘸唱誦【請神調】
	中午	扒船	一名喃嘸唱誦【拜神調】
	晚上	發奏（開壇）（拜井神）（誦讀奏文）（發送奏文）	喃嘸樂隊演奏鑼鼓和嗩吶牌子，三名喃嘸在樂隊伴奏下，先後唱誦【開壇偈】、【解穢咒】、【拜神調】等，一名喃嘸誦讀奏文
		開朝	一名喃嘸唱【開朝調】（【麻歌調】）
		迎神歸位	一名喃嘸唱【迎神調】
	午夜	貼榜文	三名喃嘸唱【禮榜調】
正朝（第二天）	凌晨	唱麻歌	三、四名喃嘸唱【麻歌調】
	上午	酬神	一名喃嘸唱誦【酬神調】
		問杯	一名喃嘸以麻歌調唱「扣交杯」
		扣疏	一名喃嘸誦「疏文」唱【扣疏調】
		劈沙羅	一名喃嘸唱【麻歌調】
		朝首送燈	無喃嘸唱誦及樂隊演奏
		化榜文	一名喃嘸唱誦【謝神調】
	中午	送神	一名喃嘸唱誦【謝神調】

四、音樂的形態特徵

太平洪朝音樂主要有唱誦形式的「喃」，[6] 以及器樂形式的吹打樂和鑼鼓樂。它們直接用於洪朝儀式，構成洪朝特有的儀式音聲。

（一）「喃」的構成與特徵

「喃」作為洪朝儀式的音聲，從唱詞來看，其主要有規整句和長短句兩大類，音樂形態各異。

1.唱詞規整的「喃」音樂形態

---

[6] 「喃」是喃嘸道士對洪朝中除了「唱麻歌」以外的所有唱誦的統稱。這一稱謂是洪朝音樂的一個特色，故本文以這一稱謂，進行有關洪朝唱誦音聲的闡述。

唱詞規整的的「喃」，其唱詞主要有七言、五言、四言的的幾種。其中七言唱詞的主要有【麻歌調】、【開朝調】、【迎神調】、【酬神調】、【扣疏調】、【拜神調】【禮榜調】等，五言的唱詞的有【開壇偈】，四言唱詞的有【解穢咒】，音樂形態與其相應各有特點。

（1）七言「喃」的音樂形態

　　在唱詞為七言的「喃」中，最有特色的是洪朝中唯一以一人領唱眾人和方式演唱的【麻歌調】，其音樂形態是七言「喃」的主要音樂形態。

　　從歌詞來看，【麻歌調】有多段歌詞，每一段歌詞的句數不盡相同，但都以偶數組成，如四句、六句、八句，其中只有四句歌詞的第一段是最短的一段。其每段一歌詞唱的都是請神赴壇的內容，區別只在於所請的神不同，而且每一段的最後一句歌詞均為「到來壇下鑒朝願」。此外，其歌詞結構最為特別之處，也是【麻歌調】與其他七言規整句不同之處，其每一段歌詞的第一句不是由七個字構成，而是由相似或相同的三個字構成，例如【麻歌調】的前四段，每一段第一句的歌詞分別為「聲如分」、「聲如末」、「聲如微」、「聲如分」。

　　通過實際演唱錄音與錄音記譜的比較發現，【麻歌調】中歌詞句數不同的段，其音樂的第一句和最後兩句均與第一段的第一句和最後兩句的音樂完全相同，其他句的音樂和結構也與第一段的其他樂句大同小異。故這裡以【麻歌調】的第一段為例，看【麻歌調】的形態特徵。

　　【麻歌調】第一段的音樂，與其四句歌詞相應，共有四個樂句。其特點是每一樂句均由一人領唱的實詞句加其後面眾人附和齊唱的虛詞襯句構成（見譜例一）。從實詞句來看，第二句實詞句是第一句實詞句曲調的擴充；第三句實詞句綜合了第一和第二句實詞句的曲調，並出現了一個九度的大跳音程，使音樂在倒數第二句中出現了全段的一個小高潮；第四句實詞樂句作為全段的主題所在以及全段的結束句，結構與第三句實詞樂句相同，但曲調則不同於其他三句實詞樂句，用了新材料，強調了全段太上老君「到來壇下鑒朝願」的主題。從虛詞襯句來看，其形式上有四句，實為兩句旋律的變化重複，其中第三句襯句是第一句襯句的變化重複，第四句襯句是第一句襯句的變化重復。每一句襯句的結構均為三小節，僅第三句襯句多了一拍。從結構上，第一樂句的實詞句與虛詞襯句之間有固定兩小節的叮子間奏，使其共有七小節，在結構上與他樂句的七或八小節保持平衡（見譜例1）。

整體而言，【麻歌調】的音樂特點在於，每一段有幾句歌詞，就相應的有幾句音樂，而每一樂句均由一人領唱的實詞句加其後面眾人附和齊唱的虛詞襯句構成。每一段第一句的音樂彼此相同，最後一句的音樂也彼此相同，每一段倒數第二句均為全段的高潮所在，都有一個九度的大跳音程。其中，每一段虛詞襯句的第一句和第二句各自的音樂彼此是相同的，其餘的虛詞襯句均為這兩句音樂的變化重復，通常單數樂句的虛詞襯句是第一樂句虛詞襯句的變化重復，偶數樂句的虛詞襯句則是第二樂句虛詞襯句的變化重復。此外，全曲有叮子敲擊的前奏，而除了每一段第一樂句的實詞句與虛詞襯句之間有固定兩小節的叮子間奏外，其他樂句之間的叮子間奏則是不固定和長短不一的，段落之間則一般都有叮子間奏。

譜例 1：

麻歌調

陶煜明等唱
羅明輝記譜

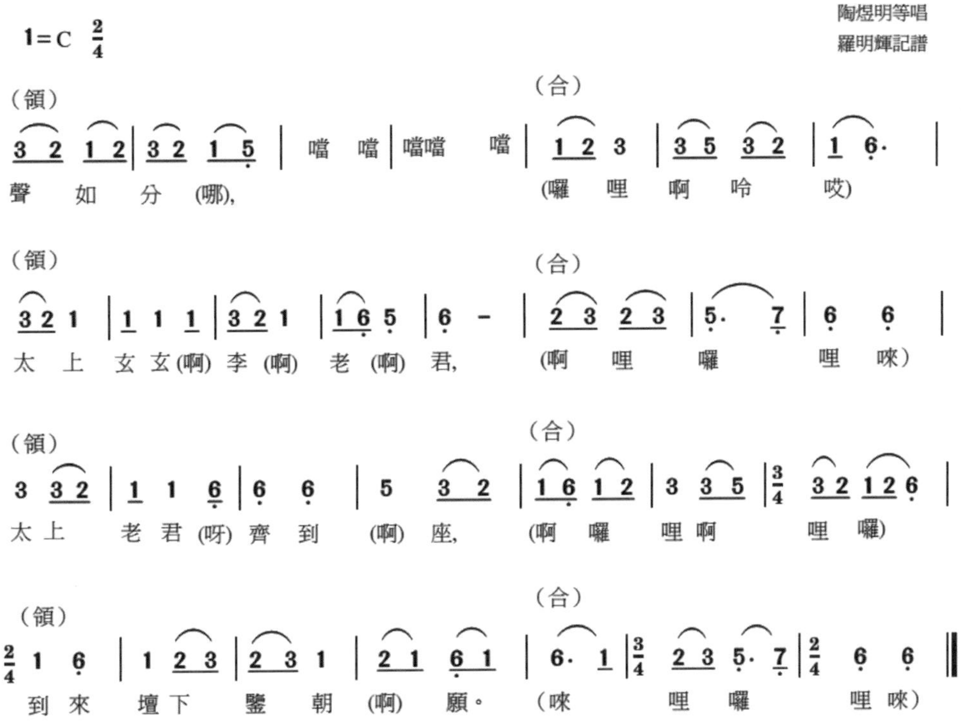

【麻歌調】除了上述主要音樂形態以外，還有變體。例如〈開朝〉時由喃嘸一人唱的【開朝調】，其與【麻歌調】的旋律和節奏基本相同，不同的只是每句結尾沒有了虛詞襯句（見譜例 2）。類似【開朝調】的還有【迎神調】、【酬神調】、【扣疏調】，它們都是【麻歌調】的變體。其中全曲唱詞為七言四句的【扣疏調】，音樂結構與【麻歌調】最相似，每句實詞樂句之後都有一句「哩囉哩」的襯句不同的只是其襯句不是由他人幫腔齊唱出,而是與實詞句一樣由喃嘸道士自己一人唱出。

譜例 2:

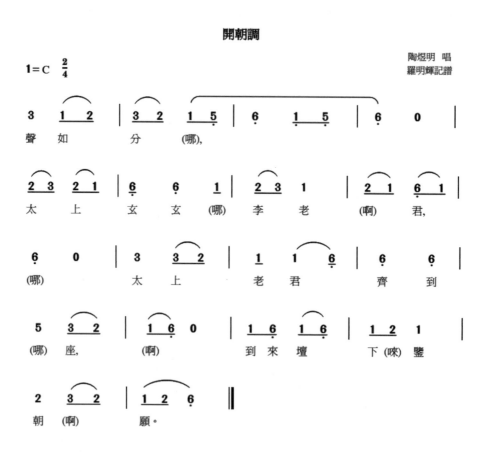

此外,在七言「喃」中,有一種一句式音樂結構的曲調也頗有特點,其唱詞段落不固定,但均為七言句,音樂由一句構成。其特點是,每句唱詞均反復一次,反復時唱詞前四個字的音樂不變,後三個字的音樂則有所變化,從而形成一句式音樂的平行換尾結構。例如,〈開壇〉時喃嘸高功和陪壇齊唱的【拜神調】即如此,其唱詞「神威有感大天尊」與「香煙浮蓋大天尊」各自反復一次,反復時其前四個字「神威有感」和「香煙浮蓋」的音樂與反復前相同,後三個字「大天尊」反復時音樂則有所變化,形成平行換尾的一句式結構(見譜例 3)。

譜例 3：

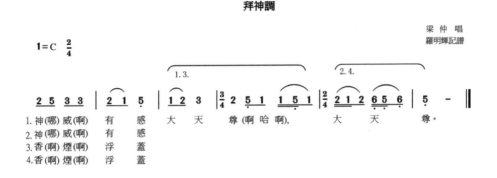

（2）五言「喃」的音樂形態

在唱詞為五言的「喃」，主要是唱誦讚神和敬神的韻文。現以發奏開壇時，喃嘸高功和陪壇的齊唱【開壇偈】為例，看五言規整句構成的齊唱音樂的形態特徵。

【開壇偈】的唱詞為五言四句的規整句，曲調以 la、do、re、mi 四個音組成，每句唱詞大多以一字一音的形式進行，旋律除了 re 和 la 以及 la 和 mi 之間的四度和五度小跳外，大多是二度和三度的級進。曲調由上、下兩個樂句組成，每一樂句都由兩個樂節組成，結構規整，並均以 re 為結束音。其中第一樂句的第二樂節是第一樂節的變化重復，結構比第一樂節的兩小節，擴充了一小節，有三小節；第二樂句是第一樂句的綜合，其兩個樂節的結構完全相同，均為兩小節。相較而言，第一樂句因為有四度和五度的跳進，旋律起伏大於都是級進的第二樂句（見譜例 4）。

總括而言，唱詞由五言規整句構成的「喃」，其形態特徵主要表現為：曲調通常以 la、do、re、mi 幾個音組成，唱詞與旋律多以一字一音的形式進行；旋律起伏不大，以級進為主，偶爾有四度和五度的小跳進；音樂具有吟誦風格；結構一般為四個樂節組成的上下句形式，上句通常由變化重複的兩個樂節組成，下句的兩個樂節四小節的曲調是上句兩個樂節五小節曲調的綜合；由於四度和五度的跳進多出現在上句，因而上句的旋律較下句的起伏大。

譜例 4：

開壇偈

陶煜明　唱
羅明輝記譜

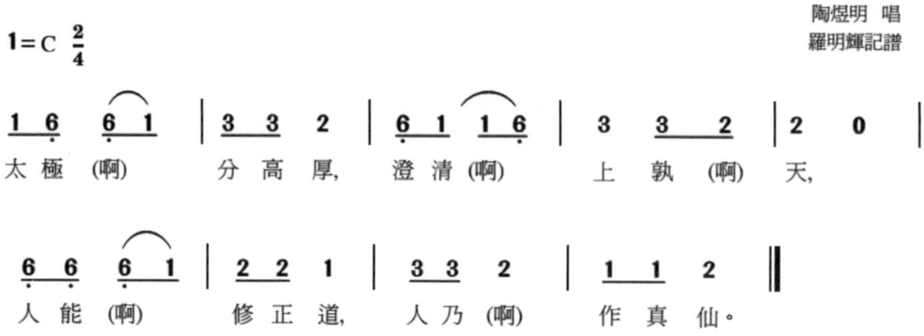

1=C 2/4

1 6.	6. 1	3 3 2	6. 1 1 6.	3 　3 2	2　0
太 極 (啊)		分 高 厚,	澄 清 (啊)	上 執 (啊)	天,

6. 6.	6. 1	2 2 1	3 3 2	1 　1 2
人 能 (啊)		修 正 道,	人 乃 (啊)	作 真 仙。

（3）四言「喃」的音樂形態

　　唱詞為四言的「喃」，雖然與五言四句的「喃」一樣，唱詞與旋律基本上是一字一音，音樂具有吟誦風格，但不同的是，這種四言八句的「喃」，其音樂結構和唱詞結構是不對稱的。其唱詞結構大多是四言八句的，音樂結構則是一句式的。最為特別的是，兩句唱詞在一個樂句的音樂中進行，這一個樂句共有四小節，但四言一句的的唱詞不是對稱地以兩小節一句的方式進行，而是前一句四言唱詞中加了兩個襯字，音樂占兩個半小節，後一句四言唱詞中不加任何襯詞，音樂只占一個半小節。此外，這種四言八句的「喃」，全曲的音樂是第一、二句唱詞音樂的嚴格重複，每次重復時，唱詞的結構模式均為前一句四言唱詞中加插兩個襯詞，後一句四言唱詞中則不加任何襯詞（見譜例5）。

譜例 5：

解穢咒

梁　仲　唱
羅明輝記譜

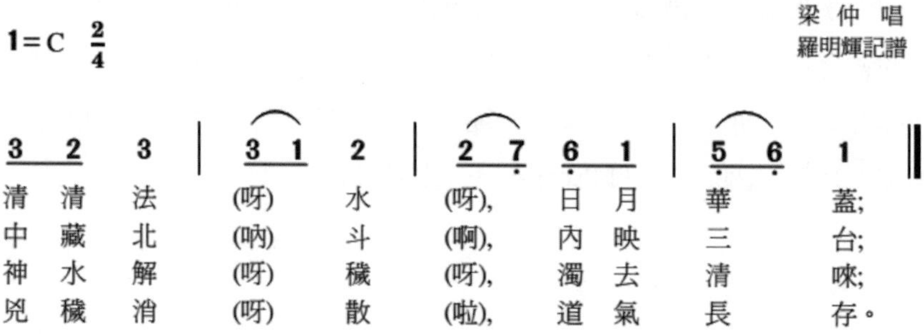

1=C 2/4

3 2 3	3 1 2	2 7. 6. 1	5. 6.	1
清 清 法 (呀)	水 (呀),	日 月 華	蓋;	
中 藏 北 (吶)	斗 (啊),	內 映 三	台;	
神 水 解 (呀)	穢 (呀),	濁 去 清	長	咮;
咒 穢 消 (呀)	散 (啦),	道 氣 長	存。	

2.唱詞不規整的「喃」音樂形態

在唱詞為不規整的長短句的「喃」中，【請神調】是最有代表性的。其曲調以 do、re、mi、sol、la 五聲音階組成，但音樂多為二度和三度音程的級進，而且除了開頭和結尾的一、兩個字以外，其他大都以一字一音的方式進行，全曲沒有明確的樂句劃分，頗具吟誦風格（見譜例6）。

譜例6：

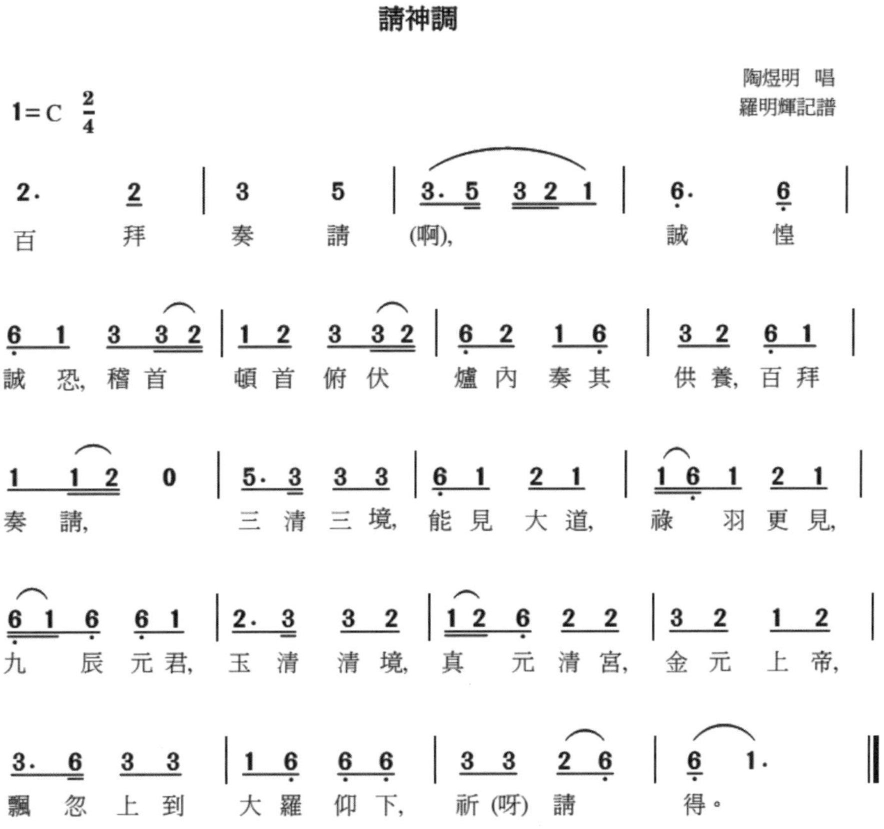

請神調

陶煜明 唱
羅明輝記譜

1＝C 2/4

```
2.    2  | 3  5  | 3.5 321 | 6.   6  |
百    拜   奏  請   (啊),     誠    惶

6 1  3 32 | 1 2  3 32 | 6 2  1 6 | 3 2  6 1 |
誠 恐, 稽首  頓首 俯伏   爐內 奏其  供養, 百拜

1 1 2  0  | 5.3 3 3 | 6 1  2 1 | 1 6 1  2 1 |
奏 請,       三 清 三 境, 能見 大道, 祿 羽 更見,

6 1 6  6 1 | 2.3  3 2 | 1 2 6  2 2 | 3 2 1  1 2 |
九 辰 元君, 玉清 清境, 真 元 清宮, 金 元 上帝,

3.6 3 3 | 1 6 6 6 | 3 3  2 6 | 6  1. ‖
飄 忽 上 到 大 羅 仰 下, 祈 (呀) 請    得。
```

總之，作為洪朝儀式音聲的「喃」，就唱詞而言，有規整句和不規整的長短句兩類。唱詞為規整句的「喃」，其唱詞主要有七言、五言和四言的三種形式。其中七言的「喃」，有主體形式的一人領唱眾人和的【麻歌調】，其歌唱性最強，並有【開朝調】、【迎神調】、【酬神調】、【扣疏調】等齊唱形式的變體，而七言一句式的齊唱的【拜神調】的風格介於歌唱性與吟誦性之間，五言和四言的「喃」，都較具吟誦性；唱詞不規整的長短句的「喃」，以【請神調】為代表，其音樂沒有明確的樂句劃分，是吟誦性最強的唱誦形式。

（二）吹打樂的結構形態

洪朝儀式中的吹打樂，以吹奏樂器嗩吶為主奏樂器，再配以洪朝儀式中鑼鼓樂所用打擊樂器單打（似小鑼）、戰鼓、沙的、谷魚、鈸仔、蘇鑼、大鈸、大鑼。其中除了嗩吶為兩支、沙的為大小各一件以外，其他樂器均為一件。其樂隊一般由七或八位喃嘸道士組成，其中有兩人各吹一支嗩吶，戰鼓、沙的、谷魚由同一人敲擊，擊奏鈸仔的人兼演奏一個單打，其他大打擊樂器均各由一人演奏。

用於洪朝的吹打樂主要是演奏嗩吶牌子，其樂曲主要有【文降臣】、【文六波令】、【武六波令】、【文飲宴】、【風如松】、【走南蛇】、【相思】、【手托】、【嘆顏回】、【首板】、【梆子】、【斑竹馬】、【蕭蕭斑馬鳴】、【排朝】、【小開門】、【大開門】、【四不正】、【到秋來】、【大雙思】、【中板】等二十首左右，大致可歸為三類結構形態。

第一類是結構短小，一氣呵成型。這類嗩吶牌子，不分段落，一開始就進入正板，並多以一種板式貫穿始終，中間不加插其他嗩吶牌子。【風如松】、【文宴飲】、【武六波令】均屬此類（參見譜例7）。

譜例7：

風如松

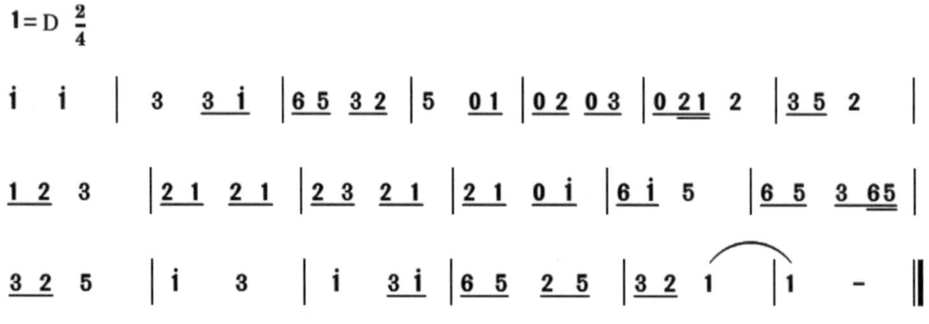

（羅明輝譯譜，喃嘸道士梁嘉樂修訂）

第二類是加插他曲，劃分段落型。這類嗩吶牌子的特點是，全曲由三段組成，每段之間加插其他嗩吶牌子。【手托】、【嘆顏回】、【梆子】、【中板】等即屬於此類（參見譜例8）。

譜例 8：

手托

$1=G$ $\frac{2}{4}$

$\underline{\dot{2}\ 3}\quad \dot{1}\ \Big|\ \underline{6\ \dot{1}}\quad \underline{\dot{3}\ \dot{2}\dot{1}}\ \Big|\ \underline{\dot{2}\ 3}\quad \dot{2}\ \Big|\ \underline{\dot{2}\ 3}\ \underline{\dot{1}\ 6}\ \Big|\ \underline{5\ 6}\ \underline{\dot{1}\ 5}\ \Big|$

$\underline{6\ 7}\quad 6\ \Big|\ \underline{6\ \dot{2}}\quad \dot{1}\ \Big|\ \underline{6\ \dot{1}}\ \underline{\dot{1}\dot{2}\dot{3}5}\ \dot{2}\quad -\ \Big|$【雙思】

$\underline{\dot{2}\ 3}\quad \dot{1}\ \Big|\ \underline{5\ 6}\ \underline{\dot{1}\ 5}\ \Big|\ \underline{6\ 7}\quad 6\ \Big|\ \underline{\dot{2}\ 3}\quad 5\ \Big|\ \underline{6\ \dot{2}}\ \underline{\dot{1}\ 6}\ \Big|$

$\underline{5\ 6}\quad 5\ \Big|\ \underline{6\ \dot{2}}\quad \dot{1}\ \Big|\ \underline{6\ \dot{1}}\ \underline{\dot{1}\dot{2}\dot{3}5}\ \dot{2}\quad -\ \Big|$【雙思】

$\dot{2}\quad 5\ \Big|\ 6\quad \dot{2}\ \Big|\ \underline{\dot{1}\ 6}\quad 5\ \Big|\ 6\quad 5\ \Big|\ \underline{6\ \dot{2}}\quad \dot{1}\ \Big|$

$\underline{6\ \dot{1}}\quad \underline{\dot{1}\ 3}\ \Big|\ \dot{2}\quad -\ \Big\|$

（羅明輝譯譜，喃嘸道士梁嘉樂修訂）

　　第三類是板式變化，結構長大型。這類嗩吶牌子篇幅較長，多由散板起頭，再進入即一板三眼的正板。主要有兩種情況：一種是一板一眼的樂曲最後一小段變為一板一眼，並或由此板式變化處開始以中板從頭反復一次，再加上此板式變化段結束全曲；或直接加上此板式變化段結束全曲。一種是由散板進入一板三眼的正板後，板式不再變化直至全曲結束，但樂曲往往於某一個調開始，進入正板後才轉入主調。前者以【大開門】為代表，後者以【到秋來】為代表。

（三）鑼鼓樂的形態特徵

　　洪朝儀式中的鑼鼓樂，主要表現為牌子頭、鑼鼓點、鑼鼓牌子三種形態。其中鑼鼓牌子有【四將】；牌子頭有〔三錘〕；鑼鼓點〔滾花〕、〔海底魚〕、〔地錦〕、〔沖頭〕等。它們中牌子頭和鑼鼓點的結構都較為短小，區別在於牌子頭用於嗩吶牌子前，鑼鼓點主要加插於鑼鼓牌子中，或單獨在牌子頭前面演奏。鑼鼓牌子結構較為長大，主要段落通常需反復幾次，每次反復時，前面一般都要加插其他鑼鼓點。以下即為鑼鼓樂三種形態的樂譜：

1.牌子頭

〔三錘〕：嚓 篤篤篤篤｜噯 篤篤篤篤｜噯 嚓｜篤 噯‖

2.鑼鼓點

〔沖頭〕：　嗰　　嗰｜嘰嘰嘰嘰 ……（後面常接其他鑼鼓點）

　　　　　　　　　　　　　　自由延長

〔先鋒鈸〕：　嚓　　嚓　嚓｜叮 叮　篤 叮

〔地錦〕：

　　　自由延長

　篤嚕 ……嚓 篤嗱｜的 篤嚕｜嚓篤 嚓篤｜嚓篤 嗱｜嚓 嚓｜嗱篤 嗱篤｜嗱 0‖

3.鑼鼓牌子

四　將

梁　仲傳譜
羅明輝整理

叮　叮｜叮　叮｜叮　0｜篤　0‖叮篤 叮叮｜叮篤 叮篤｜叮篤 叮篤‖叮叮 叮叮‖

　　　　　　　　　　　　　　　　　　　　〔滾花〕
篤　0｜叮篤 叮叮｜叮篤 叮篤｜……｜叮　0｜篤吟・叮｜篤篤 叮｜叮叮 叮篤｜

叮　0｜篤　0｜叮篤 叮篤｜叮篤 叮篤｜叮篤 叮篤｜……｜叮　叮｜叮篤 叮｜叮　篤｜

　　　　　　　　　　　　　　〔海底魚〕
叮　篤｜叮　篤｜叮　0｜的篤　的｜的篤　篤吟｜叮　篤叮｜的篤　叮｜的篤　叮｜

的篤　篤吟｜叮　的的｜叮　篤嚕｜叮　篤嚕｜叮　篤吟｜篤吟 0｜篤　0｜叮篤 叮篤｜

叮篤 叮篤｜叮篤 叮篤｜……｜叮　叮｜叮篤 叮｜叮　篤｜叮　篤｜叮　篤｜叮　0｜

〔三大鑔〕
篤　篤｜篤嚓 篤嗱｜篤　篤｜篤嚓 篤嗱｜嗰　嗰｜叮　叮‖
（以上）

以上樂譜中各狀聲字的含意如下：

「叮」：擊奏蘇鑼

「篤」：擊奏戰鼓

「嚓」：擊奏大鈸

「哎」：鑼、鼓、鈸一起演奏

「的」：擊沙的

「吟」：擊單打

「嘓」：擊谷魚

「篤嚕」：兩支鼓槌快擊戰鼓

五、音樂的使用特點

（一）「喃」的使用特點

「喃」在洪朝儀式中的使用，主要有以下兩個特點。

第一，「喃」除了用於農曆正月十五洪朝正朝〈發奏〉的有喃嘸樂隊的伴奏外，其他環節的「喃」大多由主持儀式的喃嘸道士自敲叮子或小鑼伴奏。其中凡是由一名著道袍的喃嘸主持的環節，如〈請三聖〉、〈酬神〉等，均由喃嘸自敲叮子伴奏；凡是由一名身著「紅頭戰裙」喃嘸主持的環節，如〈叩疏〉、〈劈沙羅〉等，則均由喃嘸自擊小鑼伴奏。此外，唱麻歌時，由領唱的喃嘸擊小鑼伴奏。

第二，一曲多用是「喃」最突出的特點，例如【請神調】，既用於請三聖和送三聖，也用於〈搶雞毛〉、〈化榜〉等儀式環節的拜神。【麻歌調】更是洪朝音樂唱誦中一曲多用的典型代表，它除了用於〈唱麻歌〉外，還以不同變體分別用於〈迎神歸位〉、〈問杯〉、〈扣疏〉等儀式環節。

（二）鑼鼓樂與吹打樂的使用特點

鑼鼓樂和吹打樂的使用特點，主要從其演奏，以及鑼鼓樂的慣用法和嗩吶牌子的專曲專用等方面表現出來。

1.鑼鼓樂和鑼鼓牌子的演奏特點

鑼鼓樂和嗩吶牌子，主要用於農曆正月十五洪朝正朝的〈發奏〉。一方面是用於〈發奏〉開和結束，並用作〈送奏文〉中各個儀式環節的間奏；另一方面是為高功在〈送奏文〉中的唱誦和步罡踏斗等作伴奏。其演奏有一定規程。

用作開場和結束時，一般是在〈發奏〉的第一個環節〈開壇〉前，樂隊演奏三十分鐘左右，作為開場樂，既表示儀式即將開始，讓大家做好準備，也含有表演之意，以引起眾多圍觀村民的注意和興趣。〈發奏〉的最後一個環節〈送奏文〉結束後，樂隊再演奏十分鐘左右，作為結束樂，表示〈送奏文〉圓滿完成。就實際運用而言，用作開場樂時，通常是先演奏鑼鼓牌子，接著演奏牌子頭，再演奏嗩吶牌子，其後便以牌子頭接嗩吶牌子的形式進行嗩吶牌子聯奏，直至開場樂演奏完畢。用作結束樂時，一般不需首先演奏鑼鼓牌子，直接以牌子頭接嗩吶牌子的形式進行嗩吶牌子聯奏即可。

用作間奏時，通常是在打擊樂伴奏下，演奏一、兩首嗩吶牌子，以表示儀式環節的轉換。

為高功的唱誦和作法伴奏時，有兩種情況：為唱誦伴奏，往往是嗩吶和打擊樂器並用；為步罡踏斗等伴奏，則只用打擊樂器，不吹奏嗩吶。

2.鑼鼓樂的慣用法

鑼鼓牌子【四將】，常用於儀式前開場音樂的開頭，表示儀式即將開始，讓大家做好準備。因同樣的打法，每次演奏時都反復四次，故名「四將」。必須用「三叮一鈸」的形式演奏。[7] 在四次反復中，中間可以加插鑼鼓點〔滾花〕等，第四次反復，即最後一次反復的最後常加鑼鼓點〔海底魚〕。

牌子頭〔三鎚〕，是嗩吶牌子聯奏時，每首嗩吶牌子前必用的鑼鼓樂。使用時，〔三鎚〕前面可以隨意加用〔地錦〕、〔沖頭〕等鑼鼓點，再接嗩吶牌子，也可以前面不加其他任何鑼鼓點，而於〔三鎚〕後直接演奏嗩吶牌子。亦即可以按〔地錦〕→〔沖頭〕→〔三鎚〕→嗩吶牌子的順序進行演奏，也可以按〔三鎚〕→嗩吶牌子的形式演。但無論〔三鎚〕前有否其他鑼鼓點，都必須是嗩吶牌子緊接〔三鎚〕。在嗩吶曲牌的聯奏中，一旦出現〔三鎚〕，即表示曲牌變換，要準備奏另一個曲牌了。

總之，鑼鼓牌子【四將】、牌子頭〔三鎚〕和嗩吶牌子一起用作開場音樂時，其三者通常是按下列關係使用的：

鑼鼓牌子【四將】開始，其後演奏牌子頭〔三鎚〕，後接嗩吶牌子聯奏。而嗩吶牌子聯奏時，每首嗩吶牌子開始前，一定要演奏牌子頭〔三鎚〕（其前面可

---

[7] 據永安道院的老闆梁仲介紹，「三叮一鈸」是嗣嘸自己的習慣叫法。「三叮」中的「叮」代表鑼，「三叮」即單打、大鑼、蘇鑼，「一鈸」，即一個大鈸。

隨意使用鑼鼓點，也可不使用任何鑼鼓點）。其演奏順序，可用下列簡圖表示：

【四將】→〔三錘〕→嗩吶牌子 1→〔三錘〕→嗩吶牌子 2→〔三錘〕→嗩吶牌子 3→……

3.嗩吶牌子的專曲專用

在洪朝儀式的吹打樂中，有的嗩吶牌子有著特定的專門用途，例如【大開門】用於化功曹馬；【四不正】用於拜神儀式完畢；【一錠金】和【到秋來】都用於拜神，但兩者有明顯區別，【到秋來】只用於祈福法事的拜神，【一錠金】則祈福法事和薦亡法事的拜神均可使用；【小開門】用作嗩吶曲牌聯奏的結束。

六、相關問題的探討

從儀式方面來看，圍村村民與喃嘸道士所重視和關心的各有不同。村民最重視和關心的是〈扒船〉、〈開燈〉、〈貼榜文〉等與驅除圍村邪穢，祈求家族興旺的環節。例如〈貼榜文〉，每戶村民都要去查仔細看貼出來的榜文有否自己家戶主的名字，如有遺漏，一定會要求補上。喃嘸道士最重視的則是〈發奏〉這一被其認為是最正宗的喃嘸法事的環節。該儀式環節自始至終都由三名喃嘸道士主持，而且是唯一有喃嘸樂隊的伴奏貫穿始終的儀式環節。這反映出圍村村民和喃嘸道士各自對自己的家族和身份有很強的認同意識。這種認同意識，或許是粉嶺圍的太平洪朝得以長期完整保存的重要原因之一。

從音樂方面來看，洪朝儀式中的音聲，既具有地域性和世俗性，又具有宗教性，帶有強烈的道教色彩。對於這種音樂，作為局內人的喃嘸道士與作為局外人的學者的看法不盡相同。對於太平洪朝儀式音聲中的吹打樂，喃嘸道士與學者的看法是相同的，認為它是音樂。在筆者實地考察期間，每當問及相關的樂器與曲目時，演奏的喃嘸道士都樂意告之，甚至直言道他們所演奏的嗩吶牌子來自粵劇的牌子。經比較發現，作為太平洪朝音樂主要體裁形式的鑼鼓樂和嗩吶牌子確實大都來自粵劇音樂。例如洪朝開場音樂中的鑼鼓點〔地錦〕、〔沖頭〕，就是粵劇中常用於演員出場的鑼鼓；洪朝音樂中的嗩吶牌子【首托】、【風入松】、【六波令】、【嘆顏回】等均為粵劇的牌子曲。這反映出洪朝音樂的地域性和世俗性的一面。而洪朝儀式中伴以高工步罡踏斗的打擊樂，則突顯了道教儀式音樂的一個固有特色，反映了洪朝音樂宗教性的一面。對其喃嘸道士與學者的看法有所不同，認為它不是打擊樂，只是打法器。另外，對於洪朝儀式中的唱誦，只要是有一定旋律起伏的，在學者看來都屬於音樂的一種，但喃嘸道士的看法有所不同，認為其中除了「麻歌」是有曲調的唱之外，[8] 其他的唱誦都不是唱，只是「喃」。通過觀察洪朝儀式中唱誦的進行過程，以及對這些唱誦錄音的記譜，發現被喃嘸道士稱為「喃」的唱誦，其實大都與「麻歌」一樣具有旋律性（可參見譜例 2 至譜例 6），只是旋律的起伏程度有所不同，其唱詞內容大都與道教有關，但它們的使用與「麻歌」不同，有很強的宗教性，通常用於儀式中的請神、拜神、謝神、淨壇等環節。這些認知差異，從一個側面反映出，要全面認識民間儀式音聲這種蘊含著地域特色，將世俗性與宗教性融為一體的音樂，除了研究者的看法外，還必須瞭解和重視局內人的看法。

參考文獻

1.《寶安縣粉嶺鄉彭氏桂公祖》，1989 年整編（編者不詳），粉嶺村村公所存本。

2.邱　東：《新界風物與民情》，香港：三聯書店有限公司，1992 年版。

3.科大衛：〈從香港新界鄉村調查所見明清鄉村社會的演變〉，葉顯恩主編《清代區域社會經濟研究》，北京：中華書局，1992 年版，頁 478－485。

4.蕭國健：《新界五大家族》香港：現代教育研究社有限公司，1990 年版。

5.蕭國健：《香港歷史與社會》，香港：香港教育圖書公司，1994 年版。

6.區達仁、張瑞威：〈粉嶺太平洪朝〉，《華南研究》1994 年第 2 期，頁 24-38。

7.梁炳華：《北區風物志》，香港：北區區議會，1994 年版。

8.田中一成：〈香港新界粉嶺彭氏、金錢侯氏之元宵鄉儺與其來源問題〉，香港中文大學音樂系及道教文化資料庫合辦「香港及華南道教研究」國際學術研討會論文，2003 年 12 月。

9.黎志添：〈香港「喃嘸」道教歷史初探〉，《宗教、社會與區域文化－華南與西南研究》（宗教與中國社會研究叢書七），香港中文大學崇基學院宗教與中國社會研究中心，2003 年版， 頁 215－235。

10.黎志添、遊子安、吳真：《香港道教：歷史源流及其現代轉型》，香港：中華書局(香港)有限公司，2010 年版。

---

[8] 現今洪朝儀式中所謂的「麻歌」，唱的都請神的內容，與「麻」完全無關，但問及村民「麻歌」所唱內容時，回答是種麻和勸人行善的，看來圍村村民在乎的唱麻歌的固有形式。正是圍村人固守傳統形式的需要，這種昔日洪期正朝第一天夜晚為娛樂和打發時間而唱的種麻和勸人行善的「麻歌」形式才得以一直保存在洪朝儀式中。而唱「麻歌」原來用於娛樂的目的，則可以幫助我們理解為何在現今洪朝儀式的唱誦中，所唱內容已改為請神的「麻歌」，仍被喃嘸道士說成是世俗的有曲調的唱。

信俗與文獻、藝術、地域文化

東中國海域文化圈的無緣死者信仰：
以中國東南部、臺灣、琉球和日本的「水流神」信仰為中心

日本·茨城基督教大學　　志賀 市子

序 言

　　本文目的是討論中國東南部沿海地區、臺灣、琉球的有關「無緣死者」的信仰·民俗，並透過這些地區的比較研究，進而討論東亞地區比較民俗研究的觀點和方法。[1]

　　本文所說的「無緣死者」是指開墾時或整理墓地時挖掘出來的無主枯骨、漂流到海邊的水屍、沒有人祭祀的墳墓和牌位，還有將無緣死者一起合葬的「義塚」等。這相當於日本民俗中的所謂「無緣佛」。在中國東南部沿海地區，它們被稱為「聖人公媽」、「古先人」、「百姓公」、「大人公」、「将軍」、「元帥」、「義塚老爺」等，在臺灣被稱為「有應公」、「義民爺」、「萬善公」、「聖公聖媽」等，具有各種各樣的名稱和來歷的無緣死者都被視為很有靈驗的神明，成為人們虔誠祭祀的對象。

　　有關無緣死者的信仰·民俗研究，在討論東亞地區的民俗，尤其是東中國海域文化圈的神靈觀念和安慰非常死者的儀式時，是不可忽視的。無緣死者的祭祀，不僅在中國漢族，而且在包括日本、沖繩、朝鮮的全東亞地區都是相當普遍的民俗，可以說已成為東亞基層文化的一部分。也可以說在這一基層文化之上，東亞各地區不同的宗教傳統，如佛教、道教以及土俗的鬼神信仰結合在一起，才產生了有特色的宗教文化傳統。不過，有關無緣死者信仰·民俗的田野研究，至少從中國而言，除了臺灣和福建之外，仍還有很多亟待進行。

　　本文特別關注無緣死者信仰之一的「水流神」信仰。不少被崇拜的無緣死者，其屍骨最初是在海邊被發現的，也有傳說他們是遭遇海難後溺死。由此可見，崇拜無緣死者的信仰中的一部分，與漁民和船民的圍繞漂流物（包括水流屍）的信仰有密切關係。

此外，本文還討論一個問題，就是無緣死者信仰有否可能被列為「非物質文化遺產」。無緣死者一般被稱為「厲鬼」，崇拜厲鬼往往被視為非正統的信仰。然而，即使祂們是無名無姓死者，在某些條件之下，同樣會被視為具有正統性的神明，也會成為「陽神」、「正神」本文將探討無緣死者「正統化」、「標準化」(standardization)的過程，並討論其被國家承認為「文化遺產」之可能性。

---

[1]本文是以拙著（志賀市子：《〈神〉と〈鬼〉の間：中国東南部における無縁死者の埋葬と祭祀》，東京：風響社，2012）的第一章及第二章為基礎，還添加修改的。

一. 中國東南部沿海地區的無緣死者信仰

（一）中國廣東省海陸豐地區[2]的聖人公媽信仰

A·海豐縣大湖鎮湖仔七社的聖人公媽信仰

農曆七月十五前後，漫步在海陸豐地區，最引人注目的民間活動是「聖人公媽」祭祀活動，海豐縣大湖鎮湖仔七社的聖人公媽中元建醮也是其中之一。位於海豐縣沿海地區的大湖鎮是由大德、山腳、石牌、新置、湖仔、高螺六個管理區構成的，其中湖仔管理區由於包括七個社，因此被稱為「湖仔七社」。湖仔七社大約有四千六百人，大部分姓施，以農業、近海漁業、養殖業為主要生計。

湖仔七社的聖人公媽在離海邊不太遠的沙地，墓碑上刻「顯聖人公媽之墓」。關於其來歷，世代相傳著如下的傳說。

一位阿公出海打魚，回來後發現有一個頭蓋骨挂在魚網上（又據說第一天有男性的頭頭蓋骨，第二天有女性的頭蓋骨）[3]。從此之後，打魚人每天都滿載而歸，豐收所得，連去別的村賣，也賣不完。漁民們認為這都歸功於那個頭蓋骨。後來頭蓋骨顯靈告訴大家，他生前是一名福建富裕家庭出身的官員，在乘船上京赴任的途中,因遇暴風雨而沉船，連同家人共 38 口人全都遇難身亡。漁民們遵照他的指示，把遺骨遷葬在沙灘上，並修建了這座「聖人公媽」墓。此外，也有這位聖人公媽原來是醫生，所以具有包治百病之法力的傳說。

聖人公媽的祭祀活動被稱為「建醮」，一般在每年農曆三月、七月、十一月，分三次舉行。其中七月的中元建醮最為隆重。湖仔七社聖人公媽的中元建醮從七月十三日至十五日舉行三天，正醮日是七月十四日。這一天，聖人公媽的墳墓前人山人海。

祭祀當日，各家各戶帶供品聚集，供奉在聖人公媽墓前，供品有生豬肉（也有豬頭）、雞肉、魚、雞蛋、鴨蛋、墨魚干、魚蛋、水果、枝竹（豆腐皮）、春雨、米飯、酒、茶等。由當地人組成的理事會延請道士在聖人公媽墓前舉行「普度」儀式。這一天各個家庭也在大厅、祖堂和祠堂裡陳列供品「拜祖公」，上香並「燒衣」。近幾年，離開家鄉去城市打工的村民越來越多，但在聖人公媽的祭礼正醮日，他們一定會回鄉祈祷聖人公媽的保佑。在聖人公媽附近的廣場，會搭建起臨時的戲棚，邀請本地的戲班演本地戲，有時也邀請潮州戲班，演三、四天潮州戲，長的時候連續七天。到了夜晚，戲臺附近還會開出夜市，人們一邊買東西一邊看戲，非常熱鬧。

承担建醮活動的是聖人公媽理事會。理事會由從各戶主中選出的 71 個理事所

---

[2]海陸豐地區是指橫跨位於廣東省東南沿海部海豐、陸豐兩縣的地區，按目前的行政劃分，相當於汕尾市（含汕尾城區、海豐縣、陸河縣、陸豐市）。

[3]這應該與聖人公媽是「公」和「媽」，即一對夫妻的神明有關。

組成，以「卜杯」的方式選出三個總理為理事會的代表。每一屆的理事和總理，於前一年的七月十五日凌晨，在聖人公媽墓前用「卜杯」選出。

聖人公媽理事會的主要工作是籌備建醮，建醮的費用，基本上以按各戶的家族人數徵收的「丁口錢」和個人捐獻的錢來維持。「丁口錢」為每丁口十元。理事還要與移居村外的家族聯絡，徵收丁口錢。

向神明卜杯，如果得到「勝杯」，每戶可以出一個人當「頭家」。當「頭家」的要捐出 35 元。用個人的名義捐錢的人士也很多，多的幾千港幣，一般捐幾百人民幣。據說，2003 年匯集了大約 11 万元，全部用在了 7 月的建醮活動和演戲上。如有多餘的個人捐款，就用於修建聖人公媽附近的道路或者建設公共設施。

每年，理事會延請陸豐的道士舉行三天的「普度」儀式。大致的儀式程序如下：十三日晚上「啟醮」。十四日上午誦念「三元寶懺」；正午時分道士舉行「午供」，道士們在道壇前跑來跑去、又蹦又跳，向神獻上供品；傍晚，用紅布纏頭的道士，拿著蘸雞血的筆，開光大士爺、城隍爺等紙紮陰神像，並「制煞」。隨後，道士以燈照亮到聖人公媽的路，招呼在水陸上浮游的孤魂；晚上舉行對孤魂野鬼施食的「普度」。道士誦念《靈宝清醮普渡科儀》，途中念超度非正常死亡者的「符命」，並畫符。据老百姓說，舉行普度當夜，看着人間很熱鬧，許多孤魂野鬼會出現，有的沒有頭、有的沒有脚，面貌各不相同。人們都相信聖人公媽能治孤魂野鬼的病，讓他們吃飽，返回鬼的世界。

(二) 類似聖人公媽的信仰

海陸豐地區還有一些雖然名稱並不叫「聖人公媽」，但跟聖人公媽有不少共通性的崇拜對象。其中有一些無主骨骸墳墓，還被賦予了歷史背景。

B‧汕尾市新港白石頭「大士將軍」。

汕尾市新港的白石頭，是一個靠海的地區，那裡有一座被稱為「大士將軍」的小廟，裡面供奉刻著「大士將軍之位」的牌位，埋葬的是附近發現的枯骨。這具枯骨，相傳是宋代為平定南蠻十八洞的幽鬼而戰死的大將軍[4]。那位將軍脚骨很長，鄉民認為他生前一定身材魁梧。同時還發現了兵士和戰馬的骨頭。

C‧海豐縣捷勝鎮牛肚村「七老將祠」(「大人公媽」)

海豐縣捷勝鎮牛肚村有一座被稱為「七老將祠」的小祠，別稱為「大人公媽」。祠的後面有墳墓，墓碑上刻著「古先大人公媽墓」。當地人說，這裡埋葬著 7 位大人公的屍骨，相傳是將軍，但也許是海盜，或者是日本人。

據電子版《捷勝風情錄》[5]，這 7 位大人公，相傳是明嘉靖年間與倭寇或海盜戰鬥的 7 位戰士。據說，7 位戰士被潛伏在海岸邊的海盜殺死，後來被鄉民發現了漂浮在海面的屍骨。七老將祠的旁邊有一座埋葬無主骨骸的「百姓公媽」墓。因為牛肚村位於海邊，偶爾有水流屍漂流到海灘上。

以前，每年農曆七月十五日，牛肚村和鄰村都要一起舉辦稱為「祭孤」或「祭幽」的中元普渡。屆時將在七老將祠前布置紙紮的鬼神像，讓家家戶戶帶供品來拜。當地人相信，大人公領導陰間的孤魂野鬼，以免孤魂野鬼隨便浮游幹壞事，並帶來平安福祿。90 年代以後，大人公的祭祀活動簡化，現在已沒有共同祭祀了。

D・汕尾市奎山鄉「翰林大伯（老爺）」

汕尾市奎山鄉有一座被稱為「翰林大伯」的墳墓。前面有拜亭、供品桌和香爐。墓碑上刻著「道光丁未年（1847）重修、前朝古輩錫福二位老先人墓、奎山眾福戶奉祀」。

據說兩百多年前，這一帶曾經臨海，有一天一個木頭漂到海灘。鄉民收起木頭，把它插在海灘上祭祀，很靈驗。鄉民決定在此建立祠堂，因而挖地，便發現一具人骨。鄉民認為那是神的化身，於是重新尋找埋葬骨頭的地方。他們擔著骨頭和木頭走路時，骨頭突然滾落到了地上。鄉民以為神明希望墳墓坐落在這裡，擲杯問神，得到了肯定的答案。於是，鄉民把人骨和木頭埋葬於此，建起墳墓。「翰林大伯」的身份來歷不詳，但相傳他曾是明朝的大官，神誕是農曆八月初六。

E・潮陽縣谷饒鎮「宋朝大元帥墓」

在潮陽縣谷饒鎮附近的山地散落著 9 座「宋朝大元帥墓」，是鄉民的崇拜對象。每座元帥墓，相傳都埋葬了文天祥統率的宋軍將領的屍骨，墓碑刻有「宋朝大元帥墓」。

谷饒鎮的大族張氏宗族有五個房(宗支)，每個房都管理一個元帥墓。如大亨鄉尖石山的元帥墓是張五房管理，新橋鄉的元帥墓屬於張三房、鹽泉山的元帥墓屬於張二房等。

大亨鄉尖石山的元帥墓在墓碑上刻著「戊午年吉日修、宋朝大元帥墓」，被列為文物保護單位。據 1990 年建立的碑記說，「……宋軍殉難者甚眾、尖石嶺前埋忠骨。民必思緬國魂。迨明太祖洪武二年、追封宋末殉國將領為元帥。勅賜抗元古戰場鄉社配祭。民族英雄表彰忠義報國義士稱社祭。……」

祭祀活動每年舉行三次（清明節、七月半、十月十五日），鄉民稱之為「祭社」。此外，管理元帥墓的單位每十年輪流舉行一次大規模的祭祀活動。2008 年清明節，張五房理事会舉行大規模的民俗文化節。民俗文化節的主旨是讚頌民族英雄文天祥和他屬下的將領，以此弘揚民族文化精神，並抬神明驕巡遊社區，演獅子舞、潮劇等。[6]

年 2 月 12 日檢索）。

[6]「清明祭社六百年紀念南宋文天祥」，http://news.163.com/08/0404/20/48NB95I400011229.html（2009年 2 月 12 日閱覽）。

（三）聖人公媽信仰的特色

從以往收集的聖人公媽事例可知，其信仰有如下的特色：

聖人公媽大部分是墳墓或牌位的形式，幾乎沒有廟宇。一般情況下，墓碑上刻有「聖人公媽之墓」或「義塚」字樣。部分聖人公媽附近也有埋葬無緣骨骸的義塚或者有「古先人」的小墳墓。像大湖鎮湖仔七社聖人公媽那樣，有的聖人公媽裡只埋葬著一、兩具骨骸；但有的聖人公媽相傳埋葬著一百多具骨骸。還有，像汕尾市新港白石頭「大士將軍」那樣，一些聖人公媽的骨骸，據傳都有腳骨長、比普通人身材高等體態特徵。

不少骨骸均在海邊被發現，因此聖人公媽信仰應該與對「水流屍」的信仰有關。這個問題將在下一節中詳細討論。

跟據聖人公媽的傳說，他們原來多是官員、將軍、元帥、總兵等身份較高的人士，也有自己的姓名。聖人公媽的來歷經常是由乩童的嘴說出來的。當地人與自己的祖先一樣，誠懇祭祀聖人公媽，但不認為他們是自己宗族的始祖。

各地聖人公媽的碑記裡，幾乎都有「威靈顯赫、保佑合境」的文字，可見聖人公媽是很靈驗的、保佑聚落境內的神明。

祭祀一位聖人公媽的社區，大概有由幾個自然村所組成的「鄉」、「社」、「約」的規模。大多數是一個宗族聚居的單姓聚落，不過也有幾個姓氏雜居的市鎮。由鄉民組成的理事會每年建一次醮。祭祀費用靠根據各家各戶的家族人數徵收的小額的「丁口錢」來維持。即使是在外務工的人，與出生地的聖人公媽的聯繫仍然很密切，因此還成立了「旅省聖人公媽理事會」等組織來維持祭祀活動。

不少事例明顯顯示出聖人公媽的角色是監管孤魂野鬼的「鬼王」。聖人公媽作為鬼王的力量來源於聖人公媽本身原來是無主之「鬼」，但同時又是帶來平安福祿的「神」，他們介於神和鬼之間。

有一些鄉民說「聖人公媽已經升為神了」或「已經不是陰神，成為正神」，是因為在該地區聖人公媽有悠久的歷史，被認為是社區的保護神，世代進行祭祀活動。

聖人公媽的種種靈驗故事顯示，聖人公媽不但是有求必應的神明，同時也是懲罰欺壓老百姓的惡人的維護正義之神明。

二‧從民俗學的角度看聖人公媽信仰－與水流神信仰的關聯

聖人公媽及類似聖人公媽的義塚的來歷或傳說中，有不少是死者遇到海難的，或屍骨被發現在海邊的；還有如汕尾市翰林老爺那樣，一個木頭漂到海灘，鄉民在木頭所到之處進行挖掘，進而發現一具人骨。從這些事例可以推測，聖人公媽信仰很可能與漁民和船民對漂流物、水流屍的信仰有關。

筆者通過調查相關地區的民俗，發現漁民和船家中常見的所謂「水流神」的民俗，就是在海邊或河川上遇到水流屍或神像時，將其打撈后在陸上安葬進行祭祀。其中一部分可以說是聖人公媽信仰的原型。

研究潮汕海洋文化的隗芾給出了不少例證。在韓江、榕江、練江這三條河川入海的潮汕地區，上游的廟宇被洪水給沖走，神像經常漂到海灘。當地人發現漂流而下神像，就進行打撈，奉為「水流神」，置於在既存的廟宇邊祭拜。這一帶流傳著「水流神、顯外鄉」的說法，意思是這種神到了外鄉就特別靈，因此當地人認為漂來的神像是來自上天的禮物，敬稱之為「使者公」。水流神的風俗不僅存在於沿海，還遍及沿河地區。在每年夏天都要遭受水災的饒平縣馬崗村，洪水消退之後，村民就拾起漂到河灘的木板，在木板上寫「崇政王爺」而祭祀之，相信它有水流神的作用。[7]

隗芾還指出，這種水流神的觀念後來發展到人，除了神像、木板等物之外，水流屍也被視為水流神。

潮汕地區和海陸豐地區的漁民和船民對待水流屍的處理是有規矩的。比如，饒平縣的漁、船民遇到水流屍(海上稱「水流神」)時，船隻便立即靠近屍體，用繩子或竹竿圈搭其屍。先分清男女，向男屍呼喚「水流神大哥」，向女屍呼喚「水流神大姐」，跪著拋杯，問其歸處。如得到聖杯(屍體同意)，船才靠岸，把屍體帶到陸上安葬。[8]

汕尾市的福佬蛋民也有類似的習俗。如遇到海上漂流的浮屍或巨魚的骨頭時，便祭祀為「仙人公媽」。每年舊曆七月，為祭祀仙人公媽舉辦中元建醮。「仙人公媽」又稱「聖人公」。汕尾市新港的被稱為「後船」的福佬蛋民，在船宅上供奉名為「聖人公」的神明。他們相信，聖人公很靈，具有懲辦孤魂野鬼、魑魅魍魎等神力。[9]船民所崇拜的「仙人公媽」和「聖人公」，可以說是與「聖人公媽」同一體系的神明。

饒平縣海山島黃隆鄉海灘有一座被稱為「三義女廟」的小廟。清代乾隆年間，澄海縣金砂鄉的三位異性姊妹，因為不堪接受包辦婚姻，用繩子相互綁在一起，投海自殺。屍體漂流到饒平海山石頭攤，被當地漁民打撈上岸。人們稱讚其潔身忠義，在海灘隆重安葬拜祭，後來修建了三義女廟。三義女經常顯靈，因此又稱「顯娘廟」。[10]

除了潮汕地區之外，珠江三角洲也有類似的信仰。位於珠江口的龍穴島(現在

[7]隗芾：〈潮汕海神〉，《汕頭大學圖書館‧潮汕特藏網》
（http://cstc.lib.stu.edu.cn/chaoshanzixun/yanjiuxuezhe/2294.html 2016 年 8 月 25 日閱覽）
[8]洪炳輝：〈饒平縣沿海漁、船民海上習俗〉，劉志文主編《廣東民俗大觀》下卷，廣州：廣東旅遊出版社，1993 年，頁 34。
[9]葉良方：〈汕尾市蛋民風俗文化史考〉《汕尾文史》，第 14 輯，56–58 頁。
[10]林俊聰：《潮汕廟堂》，廣州：廣東高等教育出版社，1998 年，頁 101-103。

屬於廣州市南沙區)上有一座廟宇，叫「三聖宮」。據廟宇的碑記「三聖公簡介」說，「此廟原建於明朝末年，曾經多次修葺，1984年由港澳及內地漁民、群眾籌款重建。傳說，明代有三位書生赴京應考，途徑南海時遇難，屍體漂泊到龍穴島的海灘上，當地有位漁民發現這三具屍體，各人的屍體上沾滿了蒼蠅，蒼蠅分別折成[11]周、林、羅三个字。這位漁民認為是三位聖神公，便把三具屍體葬於島上，之後這位漁民每次出海滿載而歸，賺了大錢。遂建此廟讓人們瞻仰。」據該廟的廟祝說，聖公廟的誕期是農曆十一月初八、初九、初十三天，當地的燒炮會都參加，十分熱鬧。

位於廣東省東莞市道滘鎮的黃旗山，是河川相聚的水鄉地帶。道滘鎮水災頻繁，因水災而死的身份不明的死屍都集中安葬在黃旗山。春節時，很多道滘人到黃旗山拜義塚，人山人海。過去，許多道滘人很窮，無力掩埋先輩，後來有錢了，卻找不到祖先的遺骨，只有認義塚為祖先，抬著金豬，以大排場祭拜。此外，義塚中有很多棺材，棺材之「材」與錢財的「財」同音，所以人們為了求財拜「材」。[12]

另外，福建省漳州市東山縣也有類似的義塚信仰。東山縣銅陵鎮的銅山(舊稱「東山」)是自古以來多災多難，屍骨遍地、骷髏滿灘的海島。島上有不少祭祀無緣屍骨的祠壇，叫「萬福公」(亦稱「鄉厲壇」或「無祀壇」)。除了「萬福公」之外，附近還有供奉「孤魂公」、「貴人公」、「眾公媽」、「魏先生」等的小祠，都是很有靈驗，民眾崇之。[13]

三‧臺灣的有應公與水流神

本節介紹臺灣的無緣死者信仰。臺灣人一般把供奉無緣死者的祠廟墳墓總稱為「有應公」，該命名來自「有求必應」一詞。

臺灣的有應公也是與水流神有關的。臺灣的有應公中名氣相當大的「十八王公」也是水流神之一。「十八王公」是一座所在臺北縣海邊的廟宇，地下有墳墓。廟宇附近賣飲食的攤子鱗次櫛比，遊客每天絡繹不絕。地下的墳墓是龜甲型，墓碑上刻著「丁酉年　顯應十八王公」。

十八王公的傳說有幾個版本。第一，清代初，17位反清義士在鄭成功陣營的協助下，與一隻狗一起坐船渡臺，但中途遭難溺死。義士的遺體漂到台北縣的海灘，當地居民撿拾這些遺體下葬，然後定期進行祭祀。第二，清朝道光年間，福州某富裕人士全家(包括十七口人和一條狗)一起參拜普陀山。在閩江出航之後，中途遭暴風雨全家人和狗都死亡。水屍漂到臺灣北部海灘，当地漁民把它撿拾而埋葬，

---

[11] 「折成」就是「組成」的意思。

[12] 張鐵文：〈東莞拜義塚〉，劉志文主編《廣東民俗大觀》上卷，廣州：廣東旅遊出版社，1993年，頁510。

[13] 周躍紅主編：《漳州與臺灣同根神祇》，香港：廣角鏡出版社有限公司，2004年，頁301-310。

後來風傳說，祭祀墳墓後就顯靈異，因此當地居民一直都祭祀之。[14]

　　黃文博把臺灣的有應公分為 13 種：①野墓有應公，②水流有應公，③戰亡有應公，④成仁有應公，⑤殉職有應公，⑥車禍有應公，⑦絕嗣有應公，⑧囡仔有應公、⑨女娘有應公，⑩外人有應公，⑪発財有應公，⑫牲畜有應公，⑬縹緲有應公。其中的水流有應公有 3 種：其一是祭祀漂到河岸或海灘的水流屍的，其二，因水災而亡，後被收埋並立祠祭祀者，其三是「水怪」，本來在水中作怪，如台南縣北門鄉永華村的「鎮海大将軍祠」。[15]

　　許献平根據黃文博的分類，將其田野調查的臺南縣学甲鎮以及將軍鄉的有應公之事例進行了整理分析。他說，在学甲鎮，43 例的有應公之中，水流有應公佔32.6%（14 例）成最多。[16]在将軍鄉，35 例的有應公之中、水流有應公僅次於野墓有應公(9 例)，佔 14.3%（5 例）。[17]

水流公也會被稱為「好兄弟」。這表示水流公被視為孤魂野鬼之類。祂即使被視為神明，也被很多人認為是「陰神」、「陰廟」之屬。雖然如此，也有一些水流公轉變成「陽神」、「正神」的例子。[18]

根據林美容和陳緯華的調查研究，臺灣的馬祖群島有不少廟雖然是「浮屍立廟」，但被視為「陽廟」，其中有一座馬港后宮。據民國五十二年重修馬港后宮碑記，林黙娘為了救濟捕漁遭難的父親和哥哥，投海覓親溺斃。她的屍身不久漂流到馬祖島，經當地居民撿拾埋葬而後立廟。後來它經常顯靈異，護佑航海，沿海居民感受恩澤，立廟祭祀。林和陳指出，如馬港天后宮那樣，有「浮屍立廟」傳說的媽祖廟，兩岸的媽祖信仰中絕無僅有。臺灣本島的媽祖廟，大部分是官設，或者是由於從在本島的媽祖廟的分香而創立的。[19]

　　據林和陳說，「浮屍立廟」在馬祖島是常見的現象。馬祖列島 65 間廟宇的香火緣起故事中，有 13 間廟宇是屬於「浮屍立祀」，比例高達五分之一。此外，有 8 間廟宇是海上漂來的神像被撿拾後，因為顯靈而建廟奉祀，成為廟宇的主神。[20]就是說，馬祖島的 65 間廟宇之中，有三分之一的廟宇(21 間)是因海上漂來的浮屍或神像而立廟。馬祖島的例子顯示，在海上的漂流物常漂到海邊的島嶼，祭祀漂來的神像和祭祀浮屍的習俗往往並存，神像很容易替代水屍，反之亦然。

　　值得注意的是，雖然浮屍屬於厲鬼之類，奉祀厲鬼的廟一般被視為「陰廟」，

---

[14]林富士：《孤魂與鬼雄的世界：北臺灣的厲鬼信仰》，台北：台北縣立文化中心，1995 年，頁 39。

[15]黃文博：〈臺灣民間「有應公信仰」類型分析〉，《民俗曲藝》第 71 期，1991 年，頁 214-218。

[16]許献平：《學甲鎮有應公廟採訪錄》，臺南：臺南縣政府，2006 年，頁 213。

[17]許献平：《學甲鎮有應公廟採訪錄》，頁 223。

[18]「陰神」的意思包含奉祀鬼為神的，多數與冥界有關，陰廟奉祀鬼神的廟。「陰神」的对立概念是「陽神」或「正神」，是屬於以玉皇大帝為最高位的天界的神明。

[19]林美容、陳緯華：〈馬祖列島的浮屍立廟研究：從馬港天后宮談起〉，《臺灣人類學刊》6(1)，2004 年，頁 104-105。

[20]林美容、陳緯華：〈馬祖列島的浮屍立廟研究：從馬港天后宮談起〉，頁 109。

而且也會難於成為代表村莊的公廟，但馬祖列島的「浮屍立祀」廟卻與此不同，這些廟宇多數被視為「陽廟」，而且很多都成為村莊的「公廟」。我們如何看待馬祖列島的「浮屍立祀」廟成為「陽廟」、「公廟」這個現象呢？這一問題將放至最後討論。

四‧沖繩(琉球)和日本本島的無緣死者信仰

日本也有類似「聖人公」、「仙人公媽」的民間信仰，尤其是歷代受中國文化之影響的沖繩(明治時代以前是琉球王國)有幾個十分相似的例子。

（一）沖繩的無緣死者信仰

A‧久茂久岩（クモクイワ, Kumokuiwa）

沖繩本島島尻郡與那原町大里村字当添地區有被稱為「久茂久岩」的巨大岩石，背後有著這樣一個傳說:過去 38 具唐人水屍漂到海邊，當地人把它們撿拾起來，埋葬在久茂久岩上。後來這個地方成為村落的「拜所」，之後村落繁盛，海難事故幾乎都沒有了。[21]

1937 年初版的《島尻郡志》中登載了一件題為「当添之岩」的記事，就是關於「久茂久岩」。據說，大約三百年前，唐船因暴風遭難，漂到当添的海上，觸了礁，被撞碎了,只有船員的屍體漂到海灘。水屍暴露在海灘上,很久沒有人來埋葬，但有一天，大里間切西原村的稻福姓人士，撿拾 38 具枯骨，一起埋葬在了当添之岩上。幾十年後，這裡出現了一個村落，叫「当添」(トオゾエ, Tohzoe)。「当添」這個名字，據說是訛化「唐船」(トオセン, Tohsen)而來的。当添村每年為緬懷当添岩的死者，都要舉行祭祀活動。[22]

時至現代，当添岩轉化為「久茂久岩」，被與那原町認定為一處「文化財」(文化遺產)。筆者 2016 年三月去沖繩時，參觀了「久茂久岩」。「久茂久岩」有兩、三米高，側面有台階。上了台階，有三座小祠向海，其中兩座較大的祠裡供奉「当添鄉元鄉代之神」和「嶽山元世通之神」，但右手邊的小祠沒有什麼標記。三座小祠的前面空出，左手邊有焚化沖繩特有的冥錢「ウチカビ」（uchikabi）的地方。路過的村民說，每年正月，当添村的村民都聚集在此，共同祈願合境平安。

与那原町所設置的導向板上介紹，當時船員的遺體漂流到了現在被稱為「唐船小堀」的地方。久茂久岩上還供奉著被稱為「ニライカナイ」(Niraikanak)的龍宮神。另外，這裡放著三個水壺，據說水壺的水滿溢，那年就會豐收，水壺的水缺乏，那年就會乾旱。

---

[21] 下野敏見:〈東シナ海文化圈の民俗―地域研究から比較民俗学へ〉，東京：未来社，1989 年，頁 146。

[22] 島尻郡教育部編:《島尻郡志》(復刻版)，島尻郡：財團法人南部振興會，1937 年，頁 452。

久茂久岩的事例，跟海陸豐的聖人公媽信仰有不少共同之處:死者是從遠地來的唐人，埋葬水屍的地方被視為聖地，後來被同當地的地方神一起合祀，成為村落的守護神。此外，38 具枯骨的數目讓人聯想到海豐縣大湖鎮湖仔七社的聖人公媽傳說（全家 38 口人都遇難身亡）和臺灣的「十八王公」（17 位反清義士和一條狗）。

B‧食榮森御嶽（イイムイウタキ，IimuiUtaki ）

沖繩各地分布著不少名為「御嶽」（ウタキ，Utaki)的聖地，御嶽可以是鬱鬱蔥蔥的森林、茂盛的大榕樹，或者泉水湧出的大岩、幽暗的洞穴等，一般是自然產物的一部分。有的御嶽內有無主冢墓，或者有附近發現人骨的傳說。南風原地區大里原的「食榮森御嶽」(イイムイウタキ，IimuiUtaki)也是其中一種。

食榮森御嶽位於大里原農村公園東邊的岩山上，是一處以長約 70 公分的自然石為基壇，上方有石灰岩制造的圓筒形冢墓。冢墓前方有古石碑，上刻「此有骨頭，於過去久遠世 時其人不詳，然而有祟，嘉慶二十年八月其散骸埋葬在此」。

食榮森御嶽的來歷及建立年代不詳。關於墓主，有幾種傳說，比如開沖繩的第一個王朝的舜天皇的墓。

南風原地區的鄉土誌記載了村落長老口述的食榮森御嶽的來歷:以前由於疫病流行，很多人死了。當時沒有「門中墓」，遺體不得不在各地的岩石上風葬。食榮森御嶽就是將那種被風葬的枯骨合起來而建造的冢墓。起「食榮森」這個名字，據說是當時老百姓生活很窮，只能勉強過自給自足的日子，因此祈念以後食物豐收，繁榮昌盛。[23]

食榮森御嶽，一直都是聖地，作為村落的保護神很受崇拜，每逢節日，村民必須最先去祭拜，其傳統到今天仍然不變。

(二)日本本島

在日本本島，無緣死者一般被稱為「無緣佛ムエンボトケ」(muenbotoke)。一般而言，日本人的死靈觀念被認為對死者的忌避或恐懼較強。日本本島的無緣死者信仰一般被解釋為「御靈信仰」，即為防止非正常死亡或含恨而死的厲鬼作祟，藉由安葬、祭祀，以安撫亡靈，轉化為「御靈 ゴリョウ」(goryou 有靈驗的神明)。然而如果以「水流神」的觀點來看，也可從日本民俗當中得出一個觀念，即無緣死者不一定作祟，相反會帶來福祿。

日本有關「水流神」的信仰就是「惠比須エビス」(ebisu) 神信仰。「惠比須」也可以寫為「戎」或「夷」、「胡」，其意思表示外來的異邦人。據說「惠比須」原先是漁民所信仰的海上守護神，後來成為漁業的保護神。到十四、十五世紀，惠比須信仰在日本本島已相當普及，成為日本的七福神之一。至於江戶時代(十七-

---

[23]南風原地區集落地域整備事業推進委員會編:《食榮森:南風原地區集落地域整備統合事業完了記念誌》，南城市:南城市南風原區自治會，2010 年，頁 87-92。

十九世紀),惠比須信仰又十分受城市商人的歡迎,成為商業神、財神。

　　雖然各地祭祀的惠比須神有多樣的屬性,但各地多種事例的共同之點是:他們作為漂流神、或「寄神ヨリガミ」(yorigami)[24]從海上的另外一個世界來臨的神明)的定義。有些地方從海上撈起石頭或木頭,作為「惠比須」神祭祀之,祈念捕魚豐收。有些地方,海上遇到水流屍--「ナガレ仏」(nagarebotoke)」(水流佛)時,漁民將其厚葬於陸地,作為惠比須神虔誠祭祀之,祈願捕魚豐收。有些地方還有漁夫與水流屍的問答,「如果你使我們的漁業豐收,我們可以帶你回去,否則放下不管你!」回去後,漁夫則將打撈的屍體安葬在自家墳墓。[25]

　　日本本島西南地區的漁民遇到漂浮的鯨魚等巨大魚類的死屍時,也會祭祀為「惠比須」神,因為他們相信它會保佑漁業豐收。

　　下野敏見在日本本島(大和文化圈)、琉球、中国東南部、臺灣、韓國等地收集了許多有關水流屍應對方式的民俗資料,進行了比較研究。他指出,奄美、沖繩等琉球文化圈的漁民對水流屍的應對處理中,很少期待捕魚豐收。中國東南部及臺灣,把水流屍供奉在被稱為「陰公伯」的小祠,祈願捕魚豐收和出海平安。水流屍一般被稱為「水流公」,沒有像「惠比須」那樣的福神化的通稱。韓国漁民應對水流屍時,有防止水流屍作祟和期待捕魚豐收兩個方面,因此定位於中國和日本之間。通過比較各地事例,下野給出了如下結論:把水流屍看作為「惠比須」的習俗是大和(日本)漁民文化特有的,而且是相對新興的民間信仰。[26]

　　雖然下野的研究以多年的田野調查為基礎,所介紹資料之豐富程度令人敬佩,但筆者對下野所引出的結論持懷疑態度。下野的結論以「民俗周圈論」為前提。「民俗周圈論」是日本民俗學過去經常採用的理論,即指一般新的文化發祥於中央,容易普及到近於中央的區域,但不太容易普及到邊緣區域,因此在邊緣區域往往保留著古老的民俗。下野解釋,對水流屍的對應有兩種系統,一種是(A)期待捕魚豐收(把水屍看作惠比須的習俗),另一種是(B)恐懼水流屍作祟(把水屍不看作惠比須的習俗)。下野認為 A、B 兩種信仰屬於兩種不同的文化系統。他認為,A 習俗比較古老,後來商業漁民逐漸克服恐懼水流屍作祟的觀念,從而導致 B 習俗產生。其根據如下:一‧叫水流屍為「惠比須」的地區,一般較多分布在日本西南地區(王朝所在的中央),很少分布在關東、東北地區等邊緣地帶;二,在琉球,恐懼水屍作祟的觀念比較強烈,一般來說琉球的民俗比大和文化圈(日本本島)更古老。[27]然而,民俗周圈論已經受到不少批評,民俗的傳播和變遷并非如此單純。而且,民俗周圈論不能解釋琉球和中國文化圈的關係。此外,人們對水流屍同時持有恐懼和歡迎的矛盾態度的實例並不稀奇。與其說這兩種態度源於完全不同的文化傳

---

[25]下野敏見:《東シナ海文化圈の民俗―地域研究から比較民俗学へ》,頁 135-142。
[26]下野敏見:《東シナ海文化圈の民俗―地域研究から比較民俗学へ》,頁 159-160。
[27]下野敏見:《東シナ海文化圈の民俗―地域研究から比較民俗学へ》,頁 143。

統，龜山慶一所指出的論點倒更為有力，即「両者表裡一致，背景是同一的」[28]。
波平惠美子運用 Mary Douglas 和 Victor Turner 的理論指出，水流屍具有境界性、因為它位於此世和來世之間，生者和死者的之間。水流屍還具有兩義性，因為它會帶來災難，也帶來福祿。安葬、祭祀等儀式有一種作用，就是把水流屍帶有的污穢之負面力量轉變為帶來漁業豐收等大幸運的正面力量。[29]

以筆者的角度而言，中国東南部以及臺灣的對水流屍的應對，與惠比須信仰有不少共通之處。中國東南部、臺灣與日本一樣，水流屍都具有境界性和有兩義性。雖然人們害怕水流屍帶有的死之污穢，但同時又出於期待捕魚豐收，出海平安之祈願，打撈水流屍並進行安葬、祭祀。有些地區，漁民撈起水流屍時招呼「水流神大哥、水流神大姐」、並用拔杯詢問水流神的行為，同日本跟「水流佛」對話的民俗十分相似。雖然中國沒有「惠比須」、「戎」或「夷」等的名稱，但水流神具有濃厚的從外漂流而來的外来性，如俗語「水流神、顯外鄉」中所表現的一般，正因為其具有外來性，才能顯靈異。

其是否具有福神化的稱謂呢？水流神的命名中，如「聖人公媽」（海陸豐）、「聖公聖媽」（臺灣）、「三聖公」（廣州）等，往往看到「聖」字。Steven Harrell 指出，福建話的「神」、「聖」（sia)和「興」（hieng）這些詞語相當於普通話的「靈」(ling)，即與靈異、靈力等概念有密切關係。[30]由此可見，人們相信帶來福祿的水流屍具有靈性(或聖性)，因此稱之為「聖」。臺灣「有應公」這一稱謂來源自「有求必應」，同樣表示「靈應」。

小 結

東亞地區民間信仰的比較研究，往往很容易陷入探討日本(或中國、臺灣、韓國)固有民俗文化的定式當中。但筆者認為，民間信仰的比較研究的關鍵是不但要理解基層文化的共通性以及人類的普遍性、還要探討各地民間信仰的多樣性。各地民間信仰的多樣性是在多種綜合因素的作用下產生的：該地區的歷史和地理環境，儒教、佛教、道教等制度宗教的影響，国家權力干涉的程度，人口移動和定住，地方社會集團的性質等。作為研究者，只能盡量收集更多的田野及文獻資料，通過資料分析民間信仰的多樣性，並討論哪些因素或條件造成了文化的差異性，或者哪些因素是跨地域的普遍性。

最後，針對序言提出的一個問題在此進行討論，即無緣死者信仰有否可能被列為「非物質文化遺產」。無緣死者屬於「厲鬼」之類，鬼之稱為「厲」，據林富士

---

[28]龜山慶一：〈流れ仏考〉，《日本民俗學》2 (3)，1955 年，頁 43。
[29]波平惠美子：〈水死体をエビス神として祀る信仰—その意味と解釈—〉，收入宮本袈裟雄編：《福神信仰》(東京：雄山閣，1987)，頁 105-106。
[30]Harrell, Steven: "When a Ghost Become a God," in Arthur P. Wolf ed., Religion and Ritual in Chinese Society (Stanford: Stanford University Press, 1974), p.204.

說，有:一、沒有後代子嗣供養的死者;二、橫死、冤死的亡魂兩種情況。[31]據李豐楙的分析，是由於非正常死亡(強死、凶死)或非正常處理(喪葬儀式不完整、屍骨外露、沒有後嗣)的鬼。[32]

厲鬼一般被認為是會「作祟」、「危險」的。祭祀厲鬼的主要目的是安撫凶魂，同時期待帶來福祿。日據時代，由臺灣總督府的所謂「舊慣調查」，認為有應公是「迷信陋習」，並批評祭祀有應公是「不合理」、「不衛生」，甚至形容為「不倫理」、「頹廢」等。[33]這種帶有偏見的看法至今仍影響到現代台灣人的認知，連宗教學者也不例外。因此、臺灣氾濫著關於有應公的負面形象和評價:有應公與媽祖、關聖大帝等「陽神」不同，被分為非正統的「陰神」之類;賭徒、娼妓等不務正業的人比較喜歡拜有應公;拜有應公是「不道德」、「功利主義」的行為等等。[34]

然而，誠如本文所述，林美容和陳緯華提出了馬祖島的不少「浮屍立祀」廟已經成為「陽廟」，村莊公廟的事例。林和陳討論其社會背景和社會心理:馬祖島那樣的小島位於邊陲，是經常被盜匪襲擾、被國家拋棄、被戰爭蹂躪的地方。這種小島社會是「非常」而「不安定」。不安定的小島社會中的人較有不安定的、機運的命運感。因此，經常看到漁民先向浮屍許願，願望達成才將之帶回埋葬、祭祀。此外，一般漢人對浮屍的態度是矛盾的，在「忌諱」與「慈悲」之間掙扎，馬祖人也是如此。不過,馬祖人在自己社會處於「非常」的景況中，相對地、較多地選擇對浮屍採取慈悲接受的態度。將浮屍變成神明來祭拜，其實崇拜的即是自己;陰廟容易變成陽廟，也是自己對這小島社會的認同。[35]

那麼，為什麼媽祖信仰發祥地福建湄州島和臺灣本島流傳的林默娘傳說裡沒有浮屍立祀的主題呢?林和陳如下解釋:林默娘正是死於海中，早期的媽祖傳說也有可能真是一種浮屍立祀，或者她的屍體沒有找到，於是人們認為她的靈魂附在一個浮木上，因而把它雕刻為神像奉祀。然而，隨著社會發展，邊陲的社會有可能不再邊陲，不安定的社會有可能變得安定，這種信仰文化可能會消失。當初的浮屍立廟的神明傳說則被加以改造而掩沒其原初的面貌，或者被新的神明取代。[36]

林和陳的討論給予了不少的啟發。馬祖島的媽祖廟讓人聯想到前文提及的饒平縣「三義女」。祂們本來也是水流屍，即厲鬼之屬。而時至今日，祂們已被稱讚

[31]林富士:《孤魂與鬼雄的世界:北臺灣的厲鬼信仰》，頁 15。
[32]李豐楙:〈凶死與解除:臺灣民間的《三教合一》問題〉(國立政治大學宗教研究中心研究成果發表會原稿)，2006 年，頁 4-5。
[33]丸井圭治郎:《台灣宗教調查報告書·第一卷》，台北:台灣總督府，1919 年，頁 4-5;曾景來:《台灣宗教と迷信陋習》(復刻版)，1995[1938]年，台北:南天書局，頁 87-118。
[34]比如，Robert Weller 關注「十八王公」的現象，並指出有應公信仰是 1960-80 年代的經濟高度發展時期才產生的，反映非道德、個人主義、拜金主義、功利主義風潮的信仰。參看 Weller, Robert P.: "Capitalism, Community, and the Rise of Amoral Cults in Taiwan," in Charles F. Keys, Laurel Kendall and Helen Hardacre eds., *Asian Visions of Authority: Religion and the Modern States of East and Southeast Asia* (Honolulu: University of Hawaii Press, 1994), pp. 154-164.
[35]林美容、陳緯華:〈馬祖列島的浮屍立廟研究:從馬港天后宮談起〉，頁 126。
[36]林美容、陳緯華:〈馬祖列島的浮屍立廟研究:從馬港天后宮談起〉，頁 127-128。

為「忠義」的神明。

　　本文第一節提到的潮陽縣谷饒鎮的「宋朝大元帥墓」也是同樣的，被埋葬於義塚的死者本屬無名無姓的厲鬼，但後來地方士紳編輯鄉土志時，有意使其涉及歷史事件和人物，導致民間逐漸流傳死者是文天祥所率的宋軍元帥。如今，「宋朝大元帥墓」已經成為該地方的文物保護單位。

　　厲鬼被附會為參與歷史事件的將軍或民族英雄時，導致其生前義行的傳說流傳，使其獲得正統性。民間信仰不斷變遷，始終走向「標準化」的道路。今日的厲鬼，或許會在將來成為文化遺產。厲鬼信仰與「非物質文化遺產」絕非相距甚遠。甚至可以說，厲鬼是一種新興神明的「供給源」，或者說是民間信仰的活力。

年画与道教神仙信仰

原中国道教协会道教研究室研究員　**王宜峨**

　　年画是中国广大群众在年节期间，为祈福纳祥，驱邪禳灾而张贴于大门、影壁、堂屋、仓房、灶间等墙壁上的一种民间绘画作品，是中国绘画艺术中具有浓厚民俗色彩的一种艺术形式。年画的题材内容丰富多彩，有反映佛道教神佛像的，有吉祥图案，有取材于小说、戏剧故事的片断，也有描绘山水、花卉、仕女儿童及社会生活方方面面等内容的。随着社会生活的不断发展变化，年画的内容，甚至形式也在不断的充实演变。

　　年画有着悠久的历史，其源渊可以上溯到远古时代。相传在上古时代，东海的度溯山上有一棵大桃树，其枝弯弯曲曲伸沿有三千里，那伸出的枝叉一直指向东南方向的一个山洞，洞里住有许多的神仙。山洞的门口有两位很厉害的神将把守着，一个叫神荼，一个叫郁垒。他们一旦发现有恶鬼前来捣乱，就会用苇索将恶鬼捆绑起来，送到山中喂老虎。于是从西周时开始，人们便根据这个传说，每逢年节在家门上插上桃树枝，或将神荼、郁垒的形象刻在桃木板上，悬挂在大门的两侧，用于驱邪镇鬼。神荼、郁垒就成为中国最早的门神，最早的镇鬼的神将。刻有神荼、郁垒的桃木板就成为驱邪祈福的桃符。

　　据东汉时（公元25年——220年）蔡邕在其所撰的《独断》文中记载有，汉时民间已有人在门上张贴画有神荼、郁垒等神像用以驱邪镇鬼。

　　与世界其他民族一样，中华民族的先民也十分重视"年节"。在汉语中"年"字，用甲骨文写出来是一个人背着禾的形状，这是象征着谷物的丰收。东汉时许慎在《说文解字》中称，"年为谷熟也"。人们为了庆祝经过一年辛劳而获得的收获，并预祝新一年获得更大的丰收，遂于每年的正月初一日这一天"过年"。"年"是上一个收获季的过去，新种植季的开始，所以"年"很重要。关于"年"，中国古时先民还有一种传说：相传远古时，人们认为"年"是能给人们带来厄运的一种鬼魅，"年"一来到，大地寒风萧瑟，万物凋敝；而"年"一过去，大地回春，万物生长。为此，人们要张贴能驱妖镇鬼的门神，赶走恶的"年"，祈求新的开始能吉祥如意，五谷丰登。年画正是为了满足人们的这种需求应运而生的。

　　最早的年画，应该是过年时贴在大门上的门神画像。唐代时的门神除神荼、郁垒外，主要有秦叔宝、尉迟敬德和钟馗。秦叔宝、尉迟敬德是唐初的两位将军。相传唐太宗李世民有一次生病，夜里总梦见有鬼哭狼嚎之声，故夜不能寐。这时秦叔宝和尉迟敬德两位大将身着盔甲站在宫门两侧，当夜宫中竟平安无事。事后李世民便命画工画出两位将军的画像贴于门上，镇慑鬼怪。故，后来两位将军也就成了门神画中最常见的形象。

钟馗，亦名钟葵，相传唐玄宗病时曾梦见有一个身穿蓝袍、戴帽、角带、朝靴的大鬼，捉住 一个小鬼啖之。大鬼自称名钟馗，生前因武举不中，死后决心消灭天下妖孽。玄宗清醒后，感觉身体很健壮，便命画家绘成图像。旧时多于端午节或除夕在门首悬挂钟馗像，谓其能打鬼驱邪。据记载，唐时每逢岁暮皇帝要赐大臣们钟馗像。

从考古发现，我国在中晚唐时已出现了雕版印刷。雕版印刷的出现与推广，使得年画也得到进一步普及流传。到了宋代，雕版印刷的各类年画已在我国各地流行，其中以钟馗、神荼、郁垒、秦叔宝、尉迟敬德等门神画和道教神像纸祃等印刷品为最常见，并且出现了专营这种纸画的作坊。宋代时称这种民间年画为"纸画儿"。每逢年节，人们都要买些纸画儿张贴在家中的大门上，堂屋内、卧室、厨房、粮仓甚至厕所的门上或墙壁上，以示辞旧迎新，祈福禳灾，同时也起到增添节日热闹气氛的作用。

宋元以后，不仅在全国各地兴起了许多专营年画的作坊，还出现了若干相对集中的出产地，因它们在技术上，内容上、艺术风格和艺术形式都形成了自己的不同特点而名扬天下，例如北方的杨柳青、武强、高密、杨家埠、平阳府；南方的桃花坞、朱仙镇、漳州、佛山、夹江、绵竹等等。有的地方至今依然是年画艺术的重要传承地。

明清时期是年画艺术发展的鼎盛时期，不仅普通百姓过年要张贴年画，就连宫廷王府，贵族世家也要贴年画。年画的内容和形式也更为多种多样了。除了传统的门神、土地、灶君、戏剧、小说、历史故事，宗教神佛故事人物，以及美人、童子外、还出现了山水、花卉、鸟兽鱼虫等多种题材。这一时期的雕版技术更加细致，套色印刷也更成熟，故年画更加漂亮了，到晚清时有些年画还使用了一些西方的绘画方法，例如明暗透视等技法。

年画在明代时称为画贴，到了清代道光时期，始统称为"年画"了。但因其绘画的内容不同、功能不同、形式不同，张贴地方不同，以及裱装不同，又赋予了其他名称，例如门神画、中堂瑞符画、窗花等等。

年画因张贴的位置不同，装裱和画面的横竖大小也不相同。门神画多为两幅一对，贴于左右门扇各一幅，为立幅，不用装裱。中堂，张贴于堂屋正中，多裱成立轴，两边各配立轴小幅楹联。灶神，多为竖幅或斗方，张贴于厨房，不用装裱。吉祥瑞符，多是斗方小幅，上面印有吉祥图案，多张贴于门窗等处，总之，人们张贴年画已不仅仅是为在年节时祈福禳灾之用，也是民间群众为增添年节时喜庆热闹气氛的一项民俗活动内容。今天年画已成为中华民族广大群众喜闻乐见的一种民间艺术形式，演变成了一种最常见的民俗文化之一。

由于年画源起的宗旨是为驱邪镇鬼，祈福纳祥，所以年画从其一出现就与我国古代的鬼神信仰有着密切的关系。道教创立后，早期年画中具有驱邪镇鬼的神荼、郁垒和唐时的钟馗，秦叔宝、尉迟敬德都逐渐被吸收到道教的神仙系统中。道教中的一些神仙人物随着人们对道教的信仰与传播也成为年画中具有祈福纳祥作用的重要题材，为年画增添了许多新的内容和功能。同样年画的广泛流传，也使道教的神仙为更多的群众所熟知和信仰。

在年画中出现较多的，除前面讲过的神荼、郁垒、钟馗、秦叔宝和尉迟敬德外，最主要的有：紫微大帝、天官大帝、南极仙翁、文昌帝君、关圣帝君、赵公元帅、西王母、碧霞元君、麻姑、八仙、刘海蟾、灶君、土地和五显财神等等。

紫微大帝，是道教尊神"四御"中之首位。道经称，紫微大帝是元始天尊的化身，仅服从于玉皇大帝的支配，居住于宇宙中的紫微垣，即北极星（紫微天宫）。紫微大帝执掌天经地纬，统率三界星神及地上山川诸神，能呼风唤雨，役使雷电鬼神。紫微大帝出现在年画中，大约是明代。因为紫微大帝能够统慑雷电鬼神，能降妖驱魔，故紫微大帝在年画中，是一位驱邪纳福之神。以其形象为年画的多张贴于堂屋正中，起到保佑户主平安吉祥的作用。

天官大帝，道教尊神三官大帝中的第一位，称上元一品天官赐福大帝。相传天官大帝是陈子祷与龙王的三公主所生之长子，元始天尊封其为上元一品九气天官紫微大帝，居于玄都元阳紫微上宫。总主天帝神王，上至高尊，三罗万象星君。因为天官能赐福于民，故被人们视为"福神"。因此，宋明以后就成为在年画中出现最多，最受人们喜爱的福神了。绘有天官大帝形象的年画称为"天官赐福"。画中天官大帝身穿大红官服，腰间佩有玉带，手持如意或金元宝，面相慈祥雍容。年节期间人们都喜欢在家中贴一张天官赐福的年画，乞望天官保佑一家平安幸福。

南极仙翁，又称寿星，即道教中南极老人星。因其为二十八宿长者，角亢也，故曰"寿"，其形象为高高的额头，白色须眉的老翁，矮身材，慈眉善目，身着文官袍服，一手执杖，一手拿桃，或配以鹿，鹤等象征长寿的吉祥物。南极仙翁又常与天官大帝和禄星（二十八宿中北方七宿内的"斗魁六星"）合画到一幅年画中，称之为"三星高照"图，据称能给人们带来福、禄、寿的好运。所以，南极仙翁和三星高图都是年画中很受人欢迎的图画。

财神，是道教中的俗神，因为财神能给人们带来财富，所以也是人们最喜欢的神仙，年画中最早的财神是商代大臣比干，相传他为商纣王挖出了自己的心以示无私心。因其无心，更无私心，所以是最公平的人。生意人最看重的是公平，所以比干就被视为代表公平的财神，后被称为文财神。其后，越国勾践的近臣范蠡也成人们心目中崇拜的财神，因为他三次散尽家财，后来又三次复兴家业，被寓意为生财有道、财源滚滚之意。范蠡后来也被尊为文财神。财神年画中最多的财神形象是晋国的赵公明和三国时的关羽。赵公明，道教中称正一玄坛元帅。其名始见于晋干宝《搜神记》和梁陶弘景的《真诰》。最早为五方神，后来相传他能保命禳灾，并精于计算，主持公道，买卖得利，被人们奉为财神。其形象为黑脸浓须，着甲执鞭，骑黑虎。故被尊为武财神。关羽为三国时蜀国大将，因其为人讲究义、理、智、信，在清时被尊为万世人表，因为做生意也要讲究仁、义、理、智、信。又因在小说《三国演义》中曹操许他"上马金，下马银"，也是财源滚滚，故他也被后人尊为财神，中国南方还有的地区尊奉五显财神。

八仙：是指道教神仙钟离权、李铁拐、吕洞宾、张果老、何仙姑、蓝采和、韩湘子、曹国舅八位。八仙的故事是中国民间受到人们的广泛喜好，其中的"八仙过海""八仙庆寿"都是年画中广受欢迎题材，多用于喜庆节日之用。

麻姑、道教的古神仙，晋代道教学者葛洪所撰《神仙传》曾有记载称，麻姑为建昌人，为古神仙王方平之妹，年十八即能掷米成珠。自称曾三次看到过东海变桑田。相传西王母寿辰时，麻姑在绛河畔酿灵芝酒为王母庆寿。故年画中有"麻姑献寿"图，表示贺寿之意。

其他如灶神，土地神为题材的年画也广受百姓欢迎，尤其农村为多，反映了中国作为农业文化对土地和家庭的特别关注之传统。

年画，已有上千年的历史，至今它依然是中国人年节时装饰家庭、增加节日氛围的一种广受欢迎的民间绘画艺术品。当代年画的题材更是丰富多彩，不仅有传统的内容，反映现代生活内容的年画也比比皆是，但神仙内容的年画依然占有相当重要的位置。

综上所述，我们可以看到年画与道教神仙信仰一样，都是根植于中华民族的传统文化，两者的关系十分密切：道教神仙信仰为中国年画艺术提供了丰富多彩的内涵，而年画艺术在民间广泛流传，又传播和普及了道教的神仙信仰。所以年画不仅是弘扬中国传统文化的载体，也成为传播神仙文化的载体。就是在今天，只要有炎黄子孙的地方，也一定会有年画，通过年画，使人们感受到中国人的神仙信仰和传统文化的存在。

宁夏灵武韩城隍信仰的组织管理机制的调查报告

宁夏大学文学院　**钟亚军**[1]

[摘　要] 现今的宁夏灵武城隍信仰的组织管理机制是由多元化的社会群体所构成的。20 世纪 80 年代以前，灵武城隍庙管委会组织是当地的普通信众自发组织的，其管理人员大多来自民间的普通信众。故而其组织管理处于松散的、粗放的低层次运转中，进而陷入困境。2012年灵武城隍庙管委会与当地的高庙（也称真武观、上帝庙）合并后，逐渐形成了由离退休的官员、精通民间信仰祭祀礼仪与普通信众等共治的组织管理机制，由此促使了灵武城隍庙社会管理机制的"转型"。
[关键词] 宁夏灵武城隍信仰　韩城隍传说　组织管理机制

宁夏回族自治区的灵武市，古称灵州。西汉惠帝四年（公元前 191 年）置灵州县，属北地郡。因其在黄河之洲，故而得名。1935 年，范长江游历中国西北来到灵武县城，留下了"灵州城中的大庙特别多差不多北半城全是庙宇，现虽残破凋零，然而庙门外庄严的铁像（如秦桧夫妇的裸体跪像，大狮像等），以及'仁至'、'义尽'这些森严的门额，都是当时守卫的官吏于无办法中鼓励士兵和骇士卒的手段"的记载。[2]文化大革命时期，当地的宗教寺庙屡遭毁坏，原来的城隍庙也被拆毁。改革开放初期，当地的信众捐资重建城隍庙。2016 年 4 月，宁夏灵武城隍出府被列入自治区级非物质文化遗产保护名录。同年 6-8 月间，笔者先后四次到宁夏灵武城隍庙与高庙展开田野调查。

本选题是基于田野调查而形成的报告。笔者认为，宁夏灵武城隍信仰（以下简称灵武城隍信仰）的组织管理机制是由多元化的社会群体所构成的。一方面，该城隍庙奉祀的是地方性的神。围绕该城隍神，信众们臆造出"韩城隍舍身救主，被朱元璋敕封为灵武城隍"的民间传说，并对此深信不疑。当地的文化精英们也为此著书立说来论证这一传说的"真实性"。在底层信众与文化精英的合力"经营"下，"韩城隍"的形象被信众们所接纳，成为教化人心的文化标识。

1　钟亚军，女，满族，宁夏大学教授，主要从事少数民族语言文学、民俗学研究
2　范长江著《中国西北角》，新华出版社，1980 年，第 197-198 页。

另一方面，灵武城隍信仰的管理组织是也是社会结构的一部分。"从社会结构而言，民间信仰是重要的一个社会结构因素，其宫庙分散在民间，代表着民间社会组织势力，甚至经常是整个社会集体的势力，并成为一种基层支撑力量。"[3]因此，灵武城隍信仰的组织管理机制的建构既是制度化的过程，也是民间信仰的组织化过程。而推动其制度化、组织化的社会群体是当地的离退休的世俗精英，以及精通祭祀仪式的人（包括阴阳、道士）等。

一、韩城隍的由来

据《光绪灵州志》记载，宁夏灵武城隍庙始建于明神宗时期，距今已有近600年的历史。城隍庙内供奉的城隍神被当地人称"韩城隍"，灵武的民间社会至今还流传着"韩诚救主"的传说。

明代的灵武城隍庙是按照什么制度修建的？据《嘉靖宁夏新志》记载："洪武元年，加之以爵：府曰公，州曰侯，县曰伯。"由此可以看出，明朝时期，城隍是国家祀典的神祗。这一点从《国榷》和《明实录》可以印证，"（明洪武三年，公元1370年）封京师及天下城隍神。应天、开封、临濠、太平、和、滁俱王爵一品，余府俱威灵公二品，州俱灵祐侯三品，县俱显佑伯四品。"笠年，朱元璋又下令革去城隍神的各种封号，只称府、州、县之城隍，定庙制，府州县城隍庙与当地官衙高广相当。至此明代建立起上下统属的城隍系统。《嘉靖宁夏新志》也记载"城隍庙摒去杂神…… 尊而撰矣"也是指洪武三年去城隍爵号、品级之事。故此说明，宁夏灵武城隍庙可能始建于明初。按照当时宁夏灵武的行政建制，其城隍庙很可能属于县制——"伯"。

灵武的韩城隍神是什么样的功臣循吏？在明清时期宁夏地方志资料中没有记载，但据灵武高庙管理委员会（以下简称灵武管委会）提供的《灵武道教文化》、《灵武城隍文化》等资料，以及当地流传的民间传说来看：韩城隍，名韩诚，[5]古灵州人。自幼从军，为朱元璋的护卫亲兵。在朱元璋与张士诚的交战中，为朱元璋挡箭落马身亡。朱元璋登基后，特敕封韩城为灵武城隍，赐王爵，

3　范丽珠、李向平、周越、陈进国、郑筱筠＜对话民间信仰与弥散性宗教＞，＜世界宗教文化＞，2013年第6期，第36页。

4　范丽珠、李向平、周越、陈进国、郑筱筠＜对话民间信仰与弥散性宗教＞，＜世界宗教文化＞，2013年第6期，第36页。

5　《弘治宁夏新志》、《嘉靖宁夏新志》均称韩诚。故本文采用此"韩诚"的说法。

赏穿黄龙袍，又赐地数百亩，葬于故里。当地人还说，在全国的城隍中仅有灵武的韩城隍身穿黄龙袍[6]

也许缘于民间传说，灵武城隍庙内的两个韩城隍塑像都身着黄袍，以示尊荣。灵武城隍庙内的韩城隍有两个：一个是泥塑的彩绘金身，一个是木制的金身。据当地信众介绍，两个城隍各有分工：泥塑彩绘城隍坐镇城隍庙受理善男信女的香火，处理日常事务；木制的城隍要在每年清明出府巡游，查看人间善恶，惩恶扬善。同时举行禳灾祛病，悼念超度亡者，祈求风调雨顺的仪式。

灵武是否确有韩诚其人？据《弘治宁夏新志》、《嘉靖宁夏新志》记载：明代永乐年间，灵州有一名武将名叫韩诚，曾任右军都督同知。其二子韩当、韩鹏都曾任宁夏卫指挥使；其孙韩忠、韩英都曾任都指挥金事。至于韩诚曾为朱元璋护卫之事，均未有记载。而只称"（韩城）永乐初来归，授右军都督同知。"[7] 由此说明，永乐年间韩诚依然健在，那么他为朱元璋牺牲的说法也就不成立。故而推测，宁夏灵武韩城隍并非是朱元璋亲自封赐的，大概是当地民众因韩诚祖孙三代曾在宁夏为官，并屡立战功，故而被当地的民众立祀祭拜，才有了"韩城隍"之说。至于"韩城隍"传说是从何时开始流传的，宁夏的地方志都没有明确的记载。不过当地人说，韩诚战死后，被人送回灵武葬在韩家响淌。为此，笔者曾向当地人所说韩诚的后人——韩荣进行求证。在自幼生活在韩家响淌的韩荣记忆里，从末听过韩氏家族内老人讲过韩城的故事，对韩诚的认识也模糊不清，也没有到过灵武城隍庙祭拜。韩氏家谱在文化大革命期间被烧毁，有关韩氏家族的世袭继承也成为空白。至于灵武地区流传的韩城隍传说，他也是听表兄朱先生介绍的。[8] 目前韩氏族人主要在宁夏从事建筑行业的承包工作，对于本家族的历史知之甚少。而且在明清地方志中，除了明代宁夏地方志有韩诚的记载，而清代地方志，如《嘉庆灵州志迹》、《光绪灵州志》和《乾隆宁夏府志》均没有有关韩诚的记载。其原因大概有两方面：一是由于时间的久远，加之战乱、自然灾害和族谱被毁等因素，韩氏家族的承继关系变得越来越模糊，

6　有关韩城隍的传说，还有另一种说法：元末，朱元璋在争夺天下的战争中，被陈友谅围困。后来与朱元璋长得十分相像的韩诚主动请命，换上了朱元璋服饰，在陈友谅面前，跳入湖中，溺水而亡。陈友谅下令大军撤兵。朱元璋乘机出兵，大败陈友谅。朱元璋得了天下后，论功封赏韩诚为灵武城隍，位赐黄袍加身，韩诚后裔为表忠心来到灵武驻防横城和清水营一带。以上内容参阅灵武市高庙管委会提供的《灵武道教文化》、《灵武城隍文化》等资料。

7　胡汝砺编，管律重修，陈明猷校勘《嘉靖宁夏新志》，宁夏人民出版社，1985年，第96页

8　朱先生的母亲是韩荣的姑姑。他是高庙管委会成员。

无法确定他们是否就是韩诚的后人。二是韩诚的后人在灵武几次大迁徙中早已搬迁到其他地方，而后来居住在韩家响淌的韩氏并不是韩诚的后人，所以其家族内也就没有了有关韩城的记忆。不过无论韩城的后人是否还在宁夏灵武地区，也无论韩城是否为救朱元璋而牺牲，这些历史史实都不重要，在当地人的记忆里，以韩诚为原型的城隍信仰是真实而神圣的。当地流传"本地城隍生前英烈，死后灵验"的说法更是将信仰与历史关联在一起，以此凝聚信众的信仰与期待。

二、城隍庙组织管理机构的变迁

灵武城隍信仰是由庙宇、神龛、仪式、传说与信众等诸多因素构成的一个庞杂系统。其中庙宇是承载神龛、仪式、传说和信众的空间场所，也是展开城隍信仰活动的公共场域。而管理该系统、保持该系统正常运转的是当地已经离退休的政府公务员、教师、普通市民和精通祭祀仪礼的人。他们大多是自愿加参与，或被民间社会推举出来或是子承父业。他们在城隍庙从事管理也基本属于公益或半公益的性质。

从明清时期的地方志记载来看，当时的灵武城隍信仰已有了"会"的民间组织管理机制。这一点可以从光绪年间当地士绅李孕英撰写的《重修城隍寝宫碑记》一文中看出：

> 我灵城城隍庙，自明神宗时建立，至今有百余年所。大殿以前，人人共见，间有凋残葺修者，连渎不乏，惟寝宫人迹罕至，独倾圮难堪，宫内合会李洁、汪若汉等，发心重葺，募化合郡善信以及诸匠役，为之塑神像，建献殿，而是月功成。

> 是役也。自会首外，独身任其事，而出力最多若安石卓。大碑、卧碑、雌雄二狮，株于山，运至庙，费支出于己而不受工价，则汪若海、赵用中等尽为捐。其铁器等项，则铁工尽为捐助。修殿宇，安宅门，补承尘，造窗格，而木工捐者亦半；妆严神像、彩画栋梁，而丹青各献其长。至若余工、土瓦、墁砖、修墙、平地、泥水匠役，亦各捐施不等。而就中总其成者，则有始终不殆之会首李洁急力完工之，唐有相同心劝赞之，周祥经理收掌之，孙弘起朝夕化募、捐资协助之，众会友故费力不多，而成功甚速，所谓'众轻易举'者是也。

　　自今上辛巳春兴工，至癸末五月落成，虽官府、士农、商贾、兵民以及老叟弱息，各随心喜，舍量力布施，要以首事诸人为善不倦，秉公无私，乃获不三年而告厥成功，宜胪列其名，详悉其事，而为之记。[9]

　　上述碑文比较详尽地记述了清光绪年间重修灵武城隍寝宫的经过，同时也记载了当时城隍庙的"会"组织架构：会首是李洁，会员有汪若汉等，至于唐有相、周祥、孙弘起、石安卓等是否是庙会的会员，碑文没有交代。但碑文称"宫内合会"显然是指城隍庙的庙会组织。其他如李洁、汪若汉是世俗社会的士绅，还是精通祭祀礼仪的人，碑文也没有明确的交代。但根据碑文推测：当时城隍庙的"会"是一种松散的组织，可能是民间信众自发组织形成的。此外，从城隍庙寝宫修建的过程也没有看到官方参与的痕迹。也许城隍被视"俗神"，难等大雅之堂，很难得到官方的支持。20世纪80年代初，灵武城隍庙重建也都是民间社会信众自己筹资修建，政府也没有参与。

　　文化大革命时期，灵武城隍庙被毁。至80年代初，灵武的信众筹资另选地址，用土坯盖起了简易的城隍庙，并成立了城隍庙管理委员会。由此城隍出府的仪式得以恢复，延续至今。2005年因城隍庙破旧不堪，大殿的部分墙壁倒塌，于是信众们又集资重建，现今城隍庙就是那时修建的。2012年城隍庙管委会被并入灵武市高庙管理委员会。城隍庙的管理都统归高庙管委会，原城隍庙管委会成员也纳入了高庙管委会组织内。[10]

　　现今灵武高庙管理委员会成立于1991年。主要管理高庙和城隍庙。管委会是高庙的常设管理机构，设会长一人，副会长二人，其余会员10多人。其主要职责是管理高庙、城隍庙的工作人员（包括佛教、道教的僧侣）、庙宇维修与文物保护、财务、治安与消防等。管委会的会长、副会长和部分成员是从政府或教育部门离退休的公务员、教师。基于他们原来的社会身份，他们在当

9　杨继国、胡迅雷主编《宁夏历代艺文集》（二），黄河出版传媒集团、宁夏人民出版社，2011年，第762-763页。

10　宁夏灵武高庙，也称真武观、上帝庙等。是集道教、佛教、孔子庙、城隍庙为一体的宗教场域。原高庙毁于清末的战乱中，1941年，在原址上重新修建。为保障修建工程的顺利实施，成立高庙修建委员会，时任国民党驻灵武暂九师师长卢忠良、灵武商会会长赵文秀任会长，县长赵旭东为主任委员，赵兴业为常务委员会筹办员，委员会下设工程、募捐、会计、总务四个股室，每个股室设正副负责人各一人。高庙建成后，为了管理好高庙，1945年成立了高庙管理委员会，灵武知名人士郭创业被推举为会长。1958年后，灵武高庙管委会基本处于解散的状态，文革期间，高庙被拆毁，高庙管委会也就荡然无存了。

地社会颇具威望，也是当地的世俗精英。

　　也许是这些世俗精英有在政府部门从政的经历，他们进行高庙管委会后，其模式有意无意间都借鉴政府的管理模式。尤其在举办一些重大活动时，其设置的组织机构基本借鉴了政府的组织模式。比如今年的中元节即将到来，他们组成了中元节庙会领导小组，其组织结构如下：

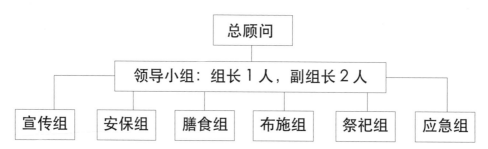

　　该组织机构设置有总顾问、领导小组、宣传、安保等，基本是借鉴了政府部门的组织架构。尤其"领导小组"的名称完全是从政府那里挪用过来。对于那些曾经在政府部门任过职的人来说，政府的管理模式是他们驾轻就熟的，拿来使用也是最为稳妥、最有效的选择。

　　灵武高庙管委会成员主要有离退休的官员、教师、精通民间信仰祭祀礼仪和由民间社会信众推举的普通信众。这种由多元社会群体组成的合力共治的管理模式的特点是：具有很高的权威性，并能借助权威凝聚各方力量，集中、高效地组织比较大规模的庙会。现在灵武高庙每年要举办正月十五元宵节、七月十五中元节、八月十五中秋节等庙会。每次庙会多则上万人少则一、二千人。与高庙管委会的组织管理模式不同，80 年代初成立的灵武城隍庙管委会的人员构成比较单一，主要是来自底层社会的普通信众，极少有离退休的政府官员、教师参加。因此该管理的模式简单、粗放，得到其他社会阶层支持的机会较少。2012 年城隍庙管委会与高庙管委会合并后，统称高庙管委会，原城隍庙管委会也随之消失。

三、高庙（城隍庙）管委会成员的角色地位

　　灵武高庙管委会成员的构成大致可以分为三类：一类是已离休、曾在政府机关或学校担任过公职、教师，并参与过高庙与城隍庙重建的人；第二类是熟悉掌握民间信仰祭祀仪式的人。他们掌握着祭祀仪式技能，在重大信仰活动中担当主祭人。第三类是或出自民间信仰家族世袭权威人的后裔（其父母曾参与

过高庙与城隍庙的重建），以及具有一定影响的普通百姓。上述三类人被推举为管委会的管理者，多是缘于他们有着深厚的社会关系与号召能力，以及精通和掌握着民间信仰祭祀礼仪的缘故，尤其那些从政府部门离休的官员、教师。作为世俗精英，他们在高庙、城隍庙的重修与维护出现资金短缺、动员社会各方资源等方面，都能起到积极的建设性作用。2005 年城隍庙大殿重建时，得到了"朱泽、刘秉义、白克勤、徐有望四位老人的鼎力支持。他们将建设高庙的资金挤出 3 万元，…… 灵武百姓克服困难集资 10 万元，对重建大殿予以支持。"[11]朱泽等人都曾在政府部门、学校任职，都曾参与过高庙管委会的管理工作。朱泽等人属于改革开放后的第二代高庙（城隍庙）管委会成员，如今他们都退出高庙管委会[12]。现在高庙管委会成员大多是第三代管理者。他们的平均年龄大约 65 岁以上。

目前灵武高庙管委会人员的遴选，基本是从当地离退休、有一定社会地位的人选择。在今年中元节庙会筹备会上，82 岁的原布施组负责人刘振海因年龄和身体缘故退出了管委会，管委会聘任了石怀山接替刘的工作。石先生曾在当地的一家银行担任过行长。此外还有一部分人是子承父业进入管委会。管委会这种遴选方式具有很强的主观性，体现不了民主推选的意愿，但是对于管委会来说，吸收那些离退休的人参与高庙的管理中，可以使高庙管委会增加更广的社会关系，赢得更高的社会的声誉与威望。而对于子承父业的人，他们从小耳熏目染，对高庙管委会的工作比较熟悉，和其他管委会人员也比较熟悉，工作起来隔阂较小。当然这种遴选方式也存在一定的弊端。比如容易形成管理上的唯"权"是举和家族垄断。但是对于城市的民间信仰的组织管理，这种半公益的管理模式，要实行从社会广泛的遴选管理人员，也很不现实，也很难操作。所以灵武高庙（城隍庙）管委会成员的遴选机制也是有待探讨的问题。

据笔者观察，有的离退休后进入高庙管委会的人，往往在不愿意向外人透露自己的过往的身份，有时还试图掩饰。笔者将他们称之为"隐形"的半官方人。当然，这种"隐形"的半官方身份主要是基于他们原来的社会身份。也正是他们这样的"隐形"的半官方身份使他们陷入纠结与窘境之中。因为上社会，对民间信仰"合法化"的问题、民间信仰的信众"底层化"的问题、民间信仰神鬼多元化等问题一直处于模糊的、边缘化的境地。在人们的观念意识（包括社会的文化

---

11 段怀君《故乡旧事》，宁夏人民出版社，2006 年，第 131 页。

12 据唐世俊介绍，第一代高庙管委会会长是由离休的原灵武县副县长陈玉祥担任。

精英们）里一直排斥、贬低与污名化民间信仰，再加上国内对于政府公职人员（包括离退休人员）从事宗教活动有所限制，也让他们进退维谷。于是，他们不得不将自己原有的社会身份与目前从事的宗教场所管理者的身份进行"调和"。如何"调和"？"文化"的标签就成为他们遮蔽原有社会身份最好的"护身符"。在今年城隍出府的仪式中，又恰好是灵武城隍出府仪式被列入宁夏非物质文化遗产保护名录，管委会的人都身穿黑色礼服，披带明黄色赔巾，"公祭"韩城隍（显然他们借鉴了国内祭祀黄帝、孔子大典的做法），以此来展示他们的"文化人的身份"。

第二类，熟悉、掌握了民间信仰祭祀礼仪的人。他们的身份极其特殊，因他们不仅掌握、熟悉具有某种宗教的仪式技能，还具有阴阳、火居道士等身份。顾氏家族一直都担当高庙与城隍庙仪式主祭人的角色。顾振民是顾氏家族的第八代传人，其祖父与父亲是灵武当地乃至西北地区颇具影响的阴阳。他本人是火居道士。火居道士是奉守道教经典规戒并熟习各种斋醮祭祷仪式的人。他们可以在家修行，并可以娶妻生子。顾氏家族是通过父子相传的传承方式来学习道教仪式的知识与技能，"是民间社会另一类信仰仪式的专家，他们多为个人、家庭、村中的庙宇组织，提供禳灾辟邪、醮仪等服务。"[13] 顾氏家族一直承担灵武高庙、城隍庙的祭祀仪式，并仅负责该方面的事情。相对于管委会中那些"隐形"的半官方人，顾氏家族对自己所从事的民间信仰活动也是心存芥蒂。当然，他们纠结与担心的不是自己的原有身份的问题，而是民间信仰的自由与从事民间信仰活动的是否"合法化"，不被"污名化"。笔者与顾振民交谈时，他对城隍出府仪典的内容总是避而不答。他对笔者表述最多的是，城隍出府仪式对地方文化恢复是有价值的，他们从事的民间信仰活动是一种独特的文化，而不同于封建迷信等。这种"焦虑"不安的心理，大概也是高庙管委会成员的普遍心理意识，也包括第三类人。

简而言之，灵武高庙管委会在地方民间信仰的恢复与重建的作用是有目共睹的。但在其管理组织的建构中却处于制度性宗教之外，[14] 尽管灵武城隍出府仪式被纳入省级非物质文化遗产保护名录，但在社会普遍观念里，民间信仰依然无法登上"大雅之堂"。而民间信仰系统的运转又需要包括离退休的政府官员、教师在内的世俗精英的参与，正如李向平所指出的："中国人的宗教、信仰具

13　李向平、李思明＜信仰与民间权威的建构——民间信仰仪式专家研究综述＞，＜世界宗教文化＞，2012 年第 3 期。

14　杨庆堃将我国宗教信仰分为制度性宗教与分散性宗教

有群体认同，具有各种祭祀仪式为其提供宗教活力，但却无法为这种认同、仪式直接提供独立的制度基础，确立自主的正式组织，因而只能依赖世俗权力结构中。"[15] 目前，灵武高庙管委会成员因社会上的观念意识和现行政策的制约，陷入了两难的境地。

如果忽略这种政策与观念上的窘境与纠结，单就民间信仰的管理而言，具有"隐形"半官方的离退休人员与精通民间信仰祭祀礼仪的人进入民间信仰的组织管理是利与弊共存的。有利的方面是民间信仰活动需要正面的引导与疏导，也需要在政府管理与民间信仰的组织管理之间保持信息的上听下达，渠道的畅通。离退休的世俗精英恰好能够起到这样的作用。而且他们曾在政府部门从政多年，积累的管理经验也有利于民间信仰的组织管理。再加上民间信仰是一个庞杂、散乱的多鬼神信仰，有时又夹杂着巫术、迷信等因素，又以驱邪禳病、祭祀鬼神、祈子多福、趋利禳灾等为目的。其功利性的特征往往也会导致民间信仰活动中参杂了一些封建糟粕，因此引导民间信仰活动的健康发展，疏导信众的迷信心理，既需要离退休的世俗精英的参与，也需要精通民间信仰祭奠礼仪的人将信仰与仪式进行规范化、标准化的推动。因为，"民间信仰仪式专家将仪式的标准化构成了"文化粘合剂"，把庞大、复杂和多元的社会维系起来，对创造一个一统的文化体系有着深远的影响。"[16]

有利也会有弊，由于具有"隐形"半官方身份的人与精通民间信仰祭祀礼仪的人共同掌握着灵武高庙（城隍庙）的管理权和管委会成员的遴选等，又因灵武高庙（城隍庙）管委会的组织结构还处于相对封闭、组织化程度较低的状态。所以，灵武高庙管委会的组织管理很容易陷入多人共治或家族式的管理模式。另外，具有"隐形"的半官方身份的人进入高庙（城隍庙）管委会，也是出于自愿和公益的目的，他们与高庙的关系也是相对松散而又不固定。所以管理人员的更替也是十分频繁，这也很不利于管委会的管理顺利实施。

四、城隍庙的庙宇经营

民间信仰"是在长期的历史发展过程中，在民众中自发地产生的一套神灵崇

15　李向平著《权利、革命与权力秩序：中国宗教社会学研究》，上海人民出版社，2006 年，第 371 页。

16　李向平、李思明 < 信仰与民间权威的建构：民间信仰仪式专家研究综述 >，< 世界宗教文化 >，2012 年第 3 期。

拜观念、行为习惯和相应的仪式制度。"[17] 其活动大多是围绕着庙宇而展开。从某种意义上说，庙宇是供奉神祇的场域，也是民众从事信仰活动的公共场域。因此庙宇场地的经营也是民间信仰的组织管理的重要组成部分。一般情况下，灵武高庙的资金管理包括两方面。一是资金支出。主要是用于庙宇的修葺，以及举办重大庙会活动。二是资金的收入。主要来源有门票、信众的捐献的香火钱。

灵武高庙的香火钱大都来源于每到正月十五、清明节、七月十五等庙会活动。每到举办庙会时，灵武以及附近城市的信众都要到高庙烧香拜神。此外，当地还有一个习俗，就是正月初一抢烧头香。即每年正月初一看谁起得早，能在高庙抢到第一烧香的机会。据说抢得烧头香的大都是商人，他们抢烧头香的目的，是祈求神灵保佑新年大吉大利，生意兴隆。当然抢到烧头香的机会，也要给高庙捐献几千或上万元的香火钱。没有抢到烧头香机会的人，只能祈求来年能抢得先机。他们也会捐上少量的香火钱。

灵武高庙的收入除了信众捐献的香火钱之外，2012 年，灵武的城隍庙管委会与高庙管委会合并后，管委会与当地政府协商，将城隍庙进行增扩，在城隍庙西侧修建了一个占地 6 亩的留芳园，供当地市民举办丧事之用。这一举措得到当地人的普遍赞誉，也增加了高庙管委会的收入。城隍庙的留芳园建有五排平房，一个大厅。笔者在城隍庙的留芳园遇到四家同时在这里举办丧事。其中一家的男主人说，自己住楼房，在小区里举办丧事，极不方便，还会引起邻居们的不满。城隍庙离市区有一段距离，在这里办丧事很方便。而且一些过去不知道的丧葬礼仪在这里也被恢复起来。最后他感叹说："死者为大嘛。人们就是这样讲究的。"

现在灵武的高庙与城隍庙的社会功能发生了分化：高庙成为当地市民进行祭拜、游览和休闲的地方。为此，2000 年高庙管委会与当地政府协商，在高庙门前修建了供民众休憩的广场。而城隍庙则成了当地人举办丧葬仪式的场所。也许因为城隍庙成了举办丧葬仪式的场所，当地民众出于忌讳的心理，来此祭拜城隍的香客越来越少了。

灵武城隍庙成了举办丧葬仪式的场所后，当地的丧葬仪式变得越来越复杂。唐先生告诉笔者，当地的丧葬仪式有置寿材、七星床子、口含钱、穿寿衣、购买灵前祭品、做道场、诵经、转麸子城、越庙取水、领牲、下葬等等 40 多

17　钟敬文《民俗学概论》，上海文艺出版社，1998 年，第 87 页。

个环节。现在葬礼的许多环节被恢复后，人们为了表达孝心、孝义，越来越重视丧葬礼仪了。这其中有尽孝的心理，也有攀比的心理。笔者看见的丧葬仪式中的越庙取水，孝子们在 6 个道士的引导下，要祭拜城隍庙内所有大大小小的庙宇，寓意纯洁的水将所有的污浊、妖孽洗尽，祈求生者长寿，死者早日托生。城隍庙对恢复传统葬礼礼仪，对增强世俗社会的家族内部认同的确有益。但是另一方面，丧葬仪式越来越烦琐，越来越冗长，甚至还要耗费大量的精力与财力，无形中也助长了的攀比之风。因此，引导当地民众移风易俗，简化丧葬礼仪也应该是灵武高庙管委会承担的社会责任之一。

简而言之，灵武城隍信仰的组织管理机制的建构，既有历史的因素，也有现实的因素。从历史的因素来看，相对于灵武高庙的儒道佛信仰，灵武城隍信仰很难得到官方的支持与维护。1941 年，在当时的国民政府支持下，灵武高庙得以重建。时任灵武的暂 9 师师长卢忠良和灵武商会会长赵文秀担任高庙修建委员会的会长，灵武县县长赵旭东担任主任委员。社会各界群众共同参与，至 1945 年，灵武高庙顺利完工，并成立的高庙管理委员会。灵武商人郭创业担任首任管委会的会长。与此同时，当时的灵武城隍庙确被国民政府征用作粮库，直到文化大革命时期，灵武城隍庙被拆毁，灵武高庙也没有幸免。

改革开放后，灵武的杨秀贞、李贺彩与蒋义等人，联合当地的信众捐款、捐物，重新选址后重建了城隍庙，恢复城隍出府仪式。这次城隍庙的重建完全是民间社会自己筹资、兴建，灵武地区的世俗精英与政府没有参与。与灵武城隍庙重建不同，1991 年灵武高庙是在当地的世俗精英与灵武市政府、自治区文化主管部门共同参与下重建的。因此，灵武高庙管委会的人员构成基本是以离休的政府官员、教师＋精通祭祀仪式的人（阴阳、道士）＋民间信仰家族世袭权威人的后裔（其父母曾参与过高庙与城隍庙的重建）和具有一定影响的普通百姓等多元组合模式。此外，灵武当地的商人与普通的信众，他们捐款、捐物，是高庙重建的重要的经济基础之一。当然，灵武高庙是一个儒道佛同奉合祀的庙宇，无论是官方，还是民间都非常重视高庙的重建与恢复。灵武城隍作为普通民众的信仰，在当时的社会环境下很难得到官方的支持。再加上，灵武城隍信仰的信众多为普通的百姓，他们大多来自底层社会。他们自发组织的城隍庙的管委会组织，基本处于低层面的、粗放式的管理，没有形成有效的管理机制。因此往往会陷入经营不下去的窘境。

从现实的因素来看，自 2005 年 9 月国家宗教事务局增设第四司，管理民间信仰与新兴宗教。2008 年民间信仰也被纳入非物质文化保护名录。各地的民间信仰活动得到国家的认可，从保护文化的角度，民间信仰被纳入非物质文化遗产名利，也使民间信仰获得发展的转机。2005 年，灵武城隍庙大殿修建时，得到灵武高庙 3 万的资金支持。2012 年灵武城隍庙与灵武高庙合并后，高庙（城隍庙）管委会先后将灵武城隍出府仪式申报为灵武市和省级的非物质文化遗产。相对于过去，灵武城隍信仰得到了政府的重视与扶持，在组织管理机制上也被高庙管委会的组织管理机制所"同化"，其庙宇的经济化经营方式的"转型"，都对灵武城隍信仰产生了深刻的影响。尤其是灵武城隍出府仪式被列入省级非物质文化遗产后，在政府、世俗精英共同主导与参与下，灵武城隍信仰的组织管理机制模式的改变将对其产生怎么的影响，还有待于进一步的观察与研究。

編後語

　　2014年12月，「香港黃大仙信俗」列入國家級非物質文化遺產名錄，為延伸保育非遺的工作及慶祝嗇色園建壇九十五周年，2016年9月，嗇色園與國際亞細亞民俗學會主辦、香港非物質文化遺產辦事處與珠海學院香港歷史文化研究中心協辦「黃大仙信俗與非物質文化遺產學術研討會暨第十七屆國際亞細亞民俗學會大會」在香港召開。這次會議，是由李耀輝監院提出並委託本人與國際亞細亞民俗學會籌備合辦而成。談到淵源，香港黃大仙信仰，是從廣州、西樵傳到本地，在本港發揚光大。珠海學院的源頭也是在廣東，於1947年在廣州創校，取名珠海大學，2016年邁向建校70周年。學術會議後，國際亞細亞民俗學會陶立璠會長宣佈理事會決議，國際亞細亞民俗學會香港分會成立，本人任香港分會會長。

　　國際亞細亞民俗學會自1996年成立以來，在日本名古屋、日本秋田、韓國首爾、韓國江陵、韓國平昌、蒙古烏蘭巴托、越南河內、臺灣台南、臺灣嘉義、中國襄樊、中國孝感等城市舉辦了16次學術會議，這是學會在中國香港召開的第一次盛會。大會收到來自日本、韓國、馬來西亞、緬甸與中國大陸、香港、澳門、台灣等地學者參會論文、簡報51篇。

　　需要說明的是，會議結束將結集成書，由於種種原因，出版計劃延擱下來。去年秋天，嗇色園委託書作坊出版社編輯整理，因個別與會者沒提交完整文稿，或已發表而不擬收進書內，故現書中收入論文43篇。責任編輯決定按當時交來的文稿原貌結集出版，為避免繁、簡體中文來稿在排版時，為統一文體而轉譯造成錯誤，所以均保留來稿文體排版。文集按會議的分場及發言順序編排，編輯除在文稿體例上作統一處理以外，文內任何文字不作增刪或錯漏的改動。

　　在此銘感各位專家學者蒞臨香港參加會議，與會學者對黃大仙信俗、跨地區的信仰、民俗的研究，提出了一些新視角、新認識和研究方法，這對未來非遺文化的承傳、保育、弘揚等方面提供豐富的資料。嗇色園支持結集成書，既是學術盛會的記錄，也深化非物質文化遺產研究，更有助黃大仙信仰走向世界。

游子安

珠海學院香港歷史文化研究中心副主任

國際亞細亞民俗學會香港分會會長

2022年3月12日

国际亚细亚民俗学会国际亚细亚民俗学会简介

　　1996年9月成立于北京。是年，在中央民族大学召开"东亚民俗文化国际学术讨论会"，参加会议的有来自日本、韩国、蒙古国、中国、美国和中国台湾、香港地区的民俗学者 100 多人。会议期间，中国民俗学者陶立璠，韩国民俗学者任东权、金善丰、日本民俗学者佐野贤治倡议并经与会学者的一致同意，由陶立璠在大会闭幕式上宣布成立国际亚细亚民俗学会。学会总部设在韩国，并由韩国学者申请，得到韩国政府批准，成为"社团法人国际亚细亚民俗学会"，法人代表金善丰。国际亚细亚民俗学会既是东亚各国民俗学者的学术团体，也是亚洲各国民俗学者进行学术交流的平台。学会成立20多年来，在中国、日本、韩国、蒙古国马来西亚以及中国台湾、香港地区召开过19次国际学术会议。会议中心议题涉及民俗文化的方方面面，如："面相21世纪的亚洲民俗文化"（中国）"亚洲各国的马文化与动物民宿"（韩国）"民俗学对21世纪的开发·自然·环境问题的贡献"（日本）"农耕民俗文化与游牧民俗文化"（蒙古国）"在全球一体化中的亚细亚民间文化的价值与多样性之民俗学"（越南）"文化遗产保护与社会可持续发展"（中国）"亚洲的稻作文化"（日本）"亚细亚的无形文化遗产与端午文化"（韩国）"越南与亚洲国家女神供奉文化"（越南）"亚细亚的山间民俗"（韩国）"重阳与亚洲孝道文化国际论坛"（中国）"黄大仙信俗与非物质文化遗产"（香港）等。每次学术会议都由会议主办国出版学术论文集，仅中国就出版了8集《亚细亚民俗研究》和其他论文集。国际亚细亚民俗学会的学术实践证明，通过亚洲民俗学者的共同努力和频繁的学术交流，不仅增进了亚洲各国民俗学者的相互了解和友谊，而且通过学术交流，对于促进亚洲民俗学的发展，起到了推动作用。

嗇色園簡介

　　嗇色園黃大仙祠創立於一九二一年，根植香港已逾百年光景。回顧歷史，本壇道脈源於廣東西樵山普慶壇。一九一五年，梁仁庵道長等從西樵山普慶壇揹負黃大仙師畫像南下香港設壇闡教，後獲仙師乩示於九龍竹園村興建黃大仙祠，並賜名「嗇色園」。初為道侶之清修道場，至一九五六年，由於信眾朝拜者不斷遞增，才正式開放予公眾人士入內參拜。

　　嗇色園向來本著仙師乩示的寶訓：「普濟勸善」為宗旨，百年來積極發展各項慈善事業。嗇色園黃大仙祠不但是香港著名的廟宇，更是著名的旅遊勝地，過去平均每天皆有上萬員的中外遊客、善信等前來膜拜黃大仙師，遊人如鯽，香火鼎盛。嗇色園更緊隨時代的步伐，並本著「自然」、「無為」的道教精神，於祠內廣植竹樹、花卉盆景等，同時提倡「環保上香」、全園網絡、電子驗籤及籤文打印機的服務；而為照顧行動不便之長者，去年更搭建了露天電梯，善信們進入山門後可乘電梯直達大殿平台。完全體現了現代化的宮觀管理模式。嗇色園既是全球首間「五常法」的宮觀，亦是推行品質管理體系認證的道教宮觀團體。在財務管理上，一直堅守審慎理財及量入為出的原則，以嚴謹態度適當分配及使用善款收益，藉以推動整體慈善發展、廟宇維修與及宣法弘道等項目。

　　嗇色園向來著重弘揚道教科儀文化，多年以來曾舉辦過很多大型的法會活動，包括道教文化展覽、廟會、讚星禮斗、大獻供及花燈廟會等，於本港造成影響，並獲海內外黃大仙信眾、同道的讚頌、支持。二〇一五年道教日，在香港紅磡體育館舉辦了「萬人祈福讚星禮斗大法會」，演法道教讚星禮斗科儀，為全港市民讚星祈福，場面盛大，傳為佳話。二〇一四年，嗇色園推動「香港黃大仙信俗」並成功列入國家級非物質文化遺產。二〇一六年，配合九十五周年紀慶的慶祝活動，首辦黃大仙師「上契結緣儀式」，為三百多名3歲至16歲孩童與仙師上契結緣，發揚黃大仙信仰及文化。近兩年為配合政府的防疫限制，仍適度地舉辦祈福科儀及高功班課程等活動，以關照眾善信暨玄門弟子心靈的需要。

　　除弘揚宗教文化外，嗇色園更是積極地發展多元化的社會公益善業；今天的嗇色園，已成為香港規模龐大的宗教慈善團體之一。在教育服務方面，自一九六九年創辦第一所中學起，至今已創辦了四所資助中學、三所資助小學、一所「一條龍型式」的中小學、六所非牟利幼稚園及幼兒中心，為本港學童提供多元化的教育服務。為讓教學更加全面，特設「可觀自然教育中心暨天文館」，以及「嗇色園生物科技流動實驗室」，讓學生可以跳出傳統教育模式的框框，享受更廣闊學習空間。嗇色園董事們認識到科技教育對學生未來發展極其重要，為此而特設全亞洲首創的生物科技流動實驗室，每年舉辦數十場不同程度的工作坊，讓學生在流動實驗室內學習「DNA」與遺傳、微生物世界及科學探究等方面知識。嗇色園教育單位更與香港大學合作，進行「香港大學與嗇色園轉化研究合作計劃」，為響應每年4月16日之世界聲線關注日，攜手舉行「學童聲線問題普遍程度研究成果發佈會」，以提升大眾對聲線健康的認知及瞭解。而過去（2006年）亦曾捐款港幣三百萬元，與香港五大宗教助香港教育學院成立「宗教教育與心靈教育中心」，以支持本港宗教與心靈等高等教育。

　　嗇色園之醫療服務，在本港社會亦享有歷史悠久之美譽。早於1924年已成立中藥局，為市民提供贈醫送藥服務，至今更是發展為多元化的醫療服務，包括：中藥局、中醫服務中心、西醫診所、牙醫診所、物理治療中心以及與香港理工大學合辦之「眼科視光學中心」等，為社區的大眾提供更廣泛的醫療服務。據初步統計，嗇色園屬下的醫療服務單位，每年有近十萬名市民受惠，而中藥局贈醫送藥的傳統也一直延續至今。過去，為慶祝香港回歸二十週年，同時提升市民的健康質素，嗇色園積極推動健康教育，每年舉行「健康普查日」活動，藉以提升大眾對健康的關注，養成定期驗身的好習慣。二〇一六年，為擴展牙醫服務，更推出「兒童齒科專科服務」，並添置先進牙科儀器，提供兒童齒科專科服務及加強社區牙齒口腔的教育。近年又拓展「中醫服務」至上環，並於皇后大道西設立中醫診所。

　　於安老護者的善業發展上，嗇色園目前已建有17間護理服務單位（包括：5間護理安老院、8間耆英鄰舍中心、2間耆英地區中心、2間健康服務中心），同時亦關注到本港社會「隱蔽長者」的問題，更於二〇一六年起，推行為期五年的「人道社區關愛計劃」，提供傳統以外的特色服務予長者，以「身心保健」、「持續學習」、「服務社群」及「完美終生」為主題，為隱蔽長者提供全面照顧，為獨居及缺乏支援之長者提供適切的服務。此項服務經過了為期兩年的磨合及經驗累積，現在服務已漸見成效。此外，為鼓勵長者更多的走出家門、參與運動，更於中心內購置運動器材，鼓勵長者積極使用，以防止身體機能之退化。近年，「嗇色園人道社區關愛計劃」，還特意為一群有特別需要的長者提供服務。過去5年，這個計劃已持續支援接近500多位獨居或低動機長者，其中不少更在獲得支援後重回社區。服務長者的義工人數亦累積超過500人，探訪及電話慰問的次數亦接近三萬人次。計劃由開始時只有13個支持機構，到今天整個計劃已有30個支持機構，16位專業顧問和8位關愛大使（李家仁醫生、可嵐女士、王梓軒先生、朱咪咪女士、李潔雲女士、陳倩女士及冼艷蘭女士等。）的支持。並特於2021年11月19日舉行「支持機構協作高峰會議及工作報告分享會2021」。

2021年，為慶賀創壇一百周年，於園內各殿堂進行全面的維修、保養及粉飾。首先，為照顧夜間善信祈福參神的需求，既把全園各殿堂進行燈飾設置，並實行於每月初一及十五，開放至晚上九時才閉園。至於保育及弘揚宮觀文化方面，嗇色園李耀輝監院在四年前提出了設立「文化委員會」，專責負責弘揚儒、釋、道等三教文化及黃大仙信仰文化。來年，將於新蒲崗商廈設立「嗇色園文藝苑」，為眾善信弟子提供一些傳統宗教文化及藝術等興趣課程。另外，園內的第三平台亦於去年建立了頗具現代化的「黃大仙信俗文化館」；同時，為弘揚道教「財神文化」，在信俗文化館之上層興建了「財神宮」；改建舊殿堂，興建「碧霞殿」，奉祀「碧霞元君」神明。

來年，本園已榮獲香港特別行政區政府運輸及房屋局支持及合作，於黃大仙祠旁空置地段籌建黃大仙區首個「過渡性房屋」，預算於2023完工，並將提供二百三十多個房屋單位，以此項目協助政府舒緩基層住屋問題。展望未來，嗇色園將一如既往，繼續弘揚仙師訓示「普濟勸善」的精神，發展多元社會善業，宣道弘法，把黃大仙師之信仰文化推向世界，讓普羅大眾認識與受惠。